Monika Balzer
Gerechte Kleidung

Inhaltsverzeichnis

Vorwort **5**

1 Bestandsaufnahme **7**
 1.1 Deutsche Textilwirtschaft: Musteratelier oder sterbender Industriezweig? 7

2 Abschied von Problemstoffen **39**
 2.1 Flut an Chemikalien außer Kontrolle? 39

3 Ausgewählte Problemstoffe **83**
 3.1 Azofarben mit gefährlichen Spaltprodukten 83
 3.2 Dispersionsfarbstoffe auf Chemiefasern: Echt oder unecht? 105
 3.3 Optische Aufheller: Was macht weißer als weiß? 119
 3.4 Chlorbleiche: Dreckig, aber billig und effektiv! 129
 3.5 Filzfreiausrüstung als Chlorquelle für das Abwasser 145
 3.6 Halogene in Farben: Unerwünscht? 153
 3.7 Pentachlorphenol und andere Chlorphenole: Odyssee ohne Ende? ... 159
 3.8 Färbebeschleuniger 175
 3.9 Schwermetalle aus der Textilfärberei 187
 3.10 Chrom aus der Gerberei 209

4 Management **229**
 4.1 Pilotprojekt Stoffstrommanagement bei Triumph 229

5 Spielregeln für den Welthandel **247**
 5.1 Neue Spielregeln für den Welthandel 247
 5.2 Selbstverpflichtung von Industrie und Handel 263
 5.3 Haben die Wölfe Kreide gefressen? Selbstverpflichtungen von
  Unternehmen? 275
 5.4 Mit externer Kontrolle: SA 8000 297
 5.5 Clean Clothes Campaign: Die Zivilgesellschaft fordert den Schutz
  von Menschen- und Arbeitsrechten 307
 5.6 Der faire Handel will mehr 329

6 Alternativen am Markt **349**
 6.1 Raus aus der Nische! – Zur wirtschaftlichen Entwicklung öko-sozialer
  Textil- und Bekleidungssortimente 349
 6.2 Fair-Trade: Der ganz andere Markt im Schatten 375
 6.3 Ökologisches Modedesign wird salonfähig oder „eco goes fashion" 389

7 Verbraucher **415**

7.1 Schere zwischen Wünschen und Handeln 415

7.2 Labels: Orientierung auf einen Blick? 431

Abkürzungen, Adressen **461**

Stichwortverzeichnis **473**

Vorwort

Vom Mantel bis zu den Schuhen, vom Slip bis zum Badetuch – Bekleidung und Textilien gehören zu den Grundbedürfnissen, denen sich niemand entziehen kann. Jeden betrifft das Thema, und jeder hat die Chance, in bestimmten Grenzen Politik mit dem Einkaufskorb zu machen. Wir leben auf einer Welt, die im Zeitalter der Globalisierung näher zusammenrückt, in der sich immer mehr Menschen die begrenzten Ressourcen teilen müssen. Deshalb interessiert, wie der Kuchen gerechter verteilt werden kann. Und welche Wege die Akteure eingeschlagen haben zum Schutz von Umwelt, Arbeitnehmern und Verbrauchern.

Fast alle Verbraucher haben den Wunsch nach Bekleidung, die ohne Gift hergestellt ist. Die meisten wollen ebenso, dass Unternehmen für die ökologischen und sozialen Bedingungen bei der Herstellung Verantwortung übernehmen. Doch in der Regel überwiegt die Ratlosigkeit. Verbraucher sehen keine praktischen Möglichkeiten, wo sie entsprechend einkaufen können und wie sie den Firmen ihre Meinung sagen können. Vielen fehlt das Vertrauen, dass ihre Meinungsäußerung tatsächlich etwas bewirkt.

Das vorliegende Buch bietet Informationen über Firmen, die etwas zur Lösung dieser Probleme beitragen. Leser und Leserinnen erfahren, was hinter Ökolabeln steckt. Sie finden Hilfestellung, die Glaubwürdigkeit von Informationen zu überprüfen und Verbraucher erfahren, was der Gesetzgeber tun könnte, um den Verbraucherschutz zu verbessern.

Der Handel sieht sich in der Zwickmühle. Alle zeigen mit dem Finger auf ihn, er sei der „Gatekeeper" an der zentralen mächtigen Schaltstelle, um umwelt- und sozialverträgliche Produkte in die Warenhäuser und Boutiquen zu bringen und dem Verbraucher die entsprechenden Label und Kollektionen schmackhaft zu machen. Das Buch „Tuchfühlung – Fashion Öko Fair" beschreibt, für welche Standards ein Konsens in Händlerkreisen besteht. Die Leser erfahren, wie große Handleshäuser ökologische und soziale Konditionen von ihren Lieferanten einfordern und sie ihr Sortiment schrittweise ökologisch umgestalten. Händler erfahren, wer Fachschulungen über Textil- und Lederökologie anbietet.

Hersteller und Händler müssen entscheiden, wo sie mit knappen Kassen zum Schutz der Umwelt am effektivsten investieren. Sie erfahren u.a. von einem neuen Ansatz im Umweltmanagement, der bessere Orientierung durch die Betrachtung der gesamten textilen Kette bietet. Das Buch berichtet über zahlreiche Forschungsprojekte, die sich mit Umweltmanagement, der Entwicklung von Ersatzstoffen oder neuen Verfahren befassen. Außerdem erfahren die Macher mehr über die Entwicklung der Rahmenbedingungen und darüber, was in der Kommunikation mit Verbrauchern wichtig ist, welche Art von Informationen Kunden besonders schätzen.

Befragt wurden Textilverbände – die Alternativen wie die Etablierten, Berufsgenossenschaften und Mediziner, Gewerkschaften, Verbraucherschützer, Eine-Welt- und Menschenrechtsgruppen. Angeklopft wurde bei Ministerien, Fachbehörden und Forschungsinstituten. Das vorliegende Buch beschreibt Erfahrungen aus Unternehmen, die neue Wege eingeschlagen haben, und von Meinungsforschern, die die Verbraucher unter die Lupe nehmen.

Die Leserinnen und Leser dürfen keine erschöpfende Aufarbeitung des wissenschaftlichen Sachstandes erwarten. Dazu ist das betrachtete Feld viel zu weit und der Blickwinkel ein subjektiver.

Das Buch nimmt die Leser mit in das Labyrinth der textilen Kette, analysiert Zusammenhänge und bietet allen Anknüpfungspunkte, die auf der Suche sind nach der Fashion von morgen - im Einklang mit Gesundheit, Umweltschutz und einem gerechteren Welthandel.

Stuttgart, Sommer 2000   Monika Balzer

Kapitel 1: Bestandsaufnahme

Deutsche Textilwirtschaft: Musteratelier oder sterbender Industriezweig

Kapitel 1.1

Frau Müller ist seit 33 Jahren in einem Bekleidungsunternehmen in der Westpfalz beschäftigt, eine typische Arbeiterin in der deutschen Nähindustrie. Sie hat ihr Handwerk ganz solide gelernt, im Akkord gearbeitet, sich ständig fortgebildet, kann auf jedem Arbeitsplatz eingesetzt werden. Produziert wird in ihrer Firma nur Kleidung vom Feinsten. So ein Kostüm kostet rund 2.000 DM. Das konnte sich Frau Müller noch nie leisten. Durch ihre Lernbereitschaft und Einsatzfreude hat sie es geschafft, ihren Arbeitsplatz zu behalten. Denn von den 500 Arbeitsplätzen sind heute nur noch 100 übrig geblieben. Produziert werden in der Westpfalz nur die Muster, der Rest ist nach Rumänien verlagert. Die Firma macht weiterhin Umsatz in Millionenhöhe, aber mit wesentlich weniger Beschäftigten als früher. Andere Kolleginnen, die weniger beweglich waren, sind zu Hause geblieben oder machen jetzt schlecht bezahlte Dienstleistungsjobs. Frau Müller bekommt als Facharbeiterin einen Bruttolohn von rund 2.714 DM pro Monat bei einer 36,5 Stundenwoche. In Steuerklasse 1 bleiben ihr davon noch rund 1.600 DM übrig, zu wenig, um davon alleine im Ballungsraum über die Runden zu kommen.[1]

Nach dem Zweiten Weltkrieg gab es in beiden Teilen Deutschlands einen Aufschwung der Textil- und Bekleidungsindustrie, gerade in den traditionellen Textilregionen wie dem Euregio-Gebiet zwischen Deutschland und den Niederlanden, der Schwäbischen Alb, dem sächsischen Vogtland, der Oberlausitz oder den Städten Wuppertal, Krefeld und Augsburg.[2] Auch andere Branchen wie die Chemieindustrie und der Textilmaschinenbau profitierten von diesem Aufschwung. Der Höhepunkt des textilen Beschäftigungsstands war 1957 mit 648.000 Arbeitsplätzen in der Textilindustrie und 1970 mit 385.000 Arbeitsplätzen in der Bekleidungsindustrie zu verzeichnen. 1970 begann der Abschwung.

■ **Beschäftigte Textil/Bekleidung**
Bis 1990 Westdeutschland, ab 1992 Gesamtdeutschland

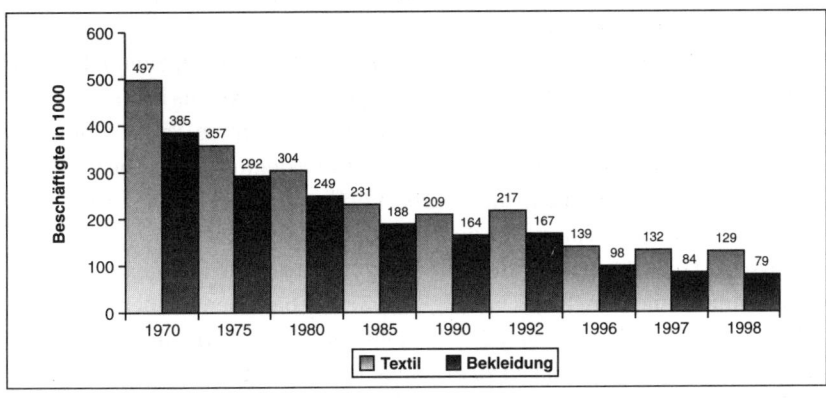

Quelle: Statistisches Bundesamt

Die Rede ist vom *„leisen Sterben"*, das von der Öffentlichkeit weit weniger beachtet abläuft als der Verlust von Arbeitsplätzen in der Metallbranche, wo mehr Männer betroffen sind und der Grad der gewerkschaftlichen Organisierung höher liegt. Traditionell dominieren in der Textilverarbeitung in den niedrigen Lohngruppen die Frauen mit ihren „geschickteren Händen", während die vorgelagerten Arbeitsschritte der Textil- und Lederherstellung noch überwiegend eine Männerdomäne darstellen.

Von 1970 bis heute ist die Zahl der Beschäftigten in beiden Branchen auf rund ein Fünftel geschrumpft (s. Grafik S. 9). Im Jahr 1998 sind es im Inland noch zirka 129.000 Arbeitsplätze in Textilbetrieben, 79.000 in der Bekleidungsbranche. Von den rund 330.000 Arbeitsplätzen der ostdeutschen Textil- und Bekleidungsindustrie zum Zeitpunkt der deutschen Wiedervereinigung waren Ende 1997 gerade noch etwa 20.000 Arbeitsplätze übrig geblieben. Niemand weiß genau, wann das Ende der Talfahrt erreicht ist. Doch das Tempo der Einsparung von Arbeitsplätzen hat sich gegenüber den Vorjahren erheblich verlangsamt. Ähnlich verlief die Entwicklung in der wesentlich kleineren Lederindustrie, wo die Zahl der Mitarbeiter von 26.300 in 1960 auf 3.150 schrumpfte, jetzt sogar wieder leicht steigende Tendenz hat.

Ehemals starke Textilstandorte wie Nordhorn im Euregio-Gebiet, die ostdeutschen Textilstandorte in Sachsen und Thüringen oder die strukturschwache Schwäbische Alb wurden durch den Kahlschlag besonders getroffen. Hunderttausende, vor allem Frauen, verloren einen qualifizierten Arbeitsplatz.[3] Allgemein fungiert die Textilindustrie, so auch in der Vergangenheit in Deutschland, als *die Leitbranche auf dem Weg ins Industriezeitalter.* Erst später erhielt der Maschinenbau z.B. in Württemberg seine überragende Bedeutung – zu einem guten Teil durch die Herstellung von Textilmaschinen. In der Bundesrepublik Deutschland konzentriert sich das Textil- und Bekleidungsgewerbe jetzt hauptsächlich auf die Länder Bayern, Baden-Württemberg und den Nordwesten Deutschlands.

Betrachtet man die *Produktionsentwicklung* in den vergangenen Jahren, so ist sie *rückläufig,* und zwar im Bekleidungsgewerbe stärker als im Textilgewerbe. Betrug der Produktionsindex als statistisches Maß für die Wertschöpfung in der Branche 1995 100 Prozent, so waren es im Bekleidungsgewerbe 1997 nur noch 85,7 Prozent und im Textilgewerbe 1997 noch 90,5 Prozent.[4] Die Grafik verdeutlicht die Entwicklung für den Textilbereich seit 1950.[5]

Auch die Gewerkschaft Textil-Bekleidung (GTB) konnte infolge des Mitgliederschwundes nicht mehr als Einzelgewerkschaft bestehen bleiben. *Nach 106 Jahren fusionierte die GTB zum 1. Juni 1998 mit der IG Metall,* um die gewerkschaftliche Handlungsfähigkeit zu erhalten. Der kleinen Schwester IG Leder ist es ähnlich ergangen. Im Sommer 1994 fusionierte sie mit der IG Chemie.

■ Beschäftigung, Produktion und Produktivität in der deutschen Textilindustrie

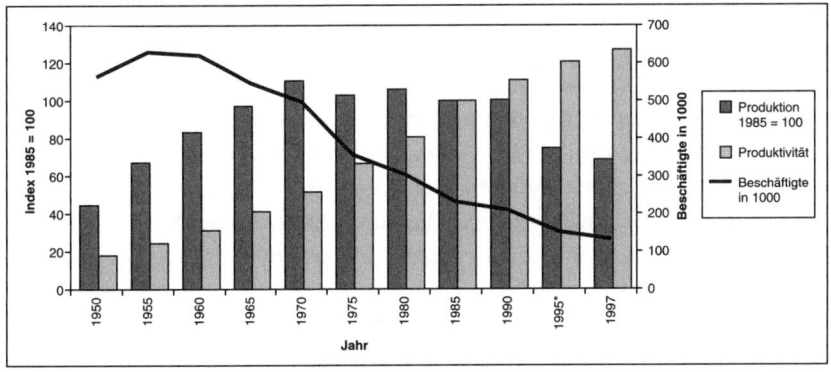

*) Neue Wirtschaftssystematik, seit 1995 einschließlich Ostdeutschland
Quellen: Statistisches Bundesamt

Angefangen von der Agrarchemie über die Chemiefasern bis zu Textilhilfsmitteln und Farbstoffen, das heißt dem Ursprungsprodukt der deutschen Chemie überhaupt, ist die *Chemieindustrie ganz wesentlich an der Textilproduktion beteiligt* und damit auch vom Abbau der heimischen Textilbranche mitbetroffen. Außerdem kann die Großchemie ihre Altprodukte wie Düngemittel, Grundchemikalien oder Farbstoffe immer schlechter absetzen. Auch die Massengüter bei den Chemiefasern und Kunststoffen lassen sich im Ausland wesentlich billiger herstellen. So waren in den 90er Jahren starke Einbrüche, Krisen-Joint-Ventures und Neuorientierungen in der Chemie die Folge wie bei Hoechst und Sandoz.[6] Hoechst trennte sich 1998 von den Bereichen Farben und Chemiefasern, um sich auf den Pharmabereich zu konzentrieren. Das Konsortium Koch/Saba (KoSa, Houston/Texas) kaufte das globale Polyestergeschäft, und die internationale Multikarsa-Gruppe erwarb das europäische Textilfasergeschäft inklusive der Marke Trevira von Hoechst.[7]

BASF und Ciba-Geigy arbeiten bei Textilfarbstoffen zusammen. Einige Sortimente werden bei Ciba, andere bei BASF produziert, das geschieht auch füreinander und Prozesse werden voneinander übernommen. Jean Luc Schwitzguébel, Leiter der Farbstoffdivision der Ciba-Geigy, bestätigt gegenüber den Melliand Textilberichten, dass „die Produktivität der Anlagen so hoch ist, dass die Lohnkosten nicht mehr die große Rolle spielen."[8] Die Farbstoffhersteller sehen ihre Chance in Innovation und Qualität. Ökologische und ökonomische Vorteile sind gefragt. Mit Maschinenherstellern abgestimmte Konzepte werden von den Kunden gewünscht.

Die *Strukturveränderungen* sind auch nicht spurlos an den deutschen *Anbietern von Fertigungstechnologie* vorbeigegangen, obgleich eine starke

Exportorientierung, d. h. weitgehender Absatz im Ausland, besteht. Die Produktion beispielsweise von Spinnmaschinen oder Nähautomaten ist in Deutschland rückläufig.[9]

Fachleute sind der Ansicht, dass die Textilindustrie in Deutschland und Europa nur erhalten werden könne, wenn die gesamte textile Kette bestehen bleibe. Tuchmachern sei es zum Beispiel unmöglich, auf das Wissen der Konfektionäre zu verzichten. Wanderten diese in Zukunft weiterhin aus Deutschland ab, werde auch in der tuchmachenden Industrie allmählich das Knowhow verschwinden, gute Stoffe herzustellen, gibt Philipp Moll, Vorstandsvorsitzender des Instituts für Nähtechnik e.V. (IfN) in Aachen, zu bedenken.[10] Klaus Steilmann, Europas viertgrößter Bekleidungshersteller, hält „einschneidende Maßnahmen für erforderlich, weil sonst eine *Kernkompetenz in Europa verloren geht*, die nicht allein wirtschaftliche Kompetenz betrifft, sondern insbesondere auch einen Aspekt unserer Kultur".[11]

Fachleute rechnen damit, dass die deutsche Bekleidungsindustrie voraussichtlich im Inland nur noch relativ wenig, aber qualitativ hochwertige und modisch sehr anspruchsvolle Waren fertigen wird. Während die arbeitsintensive Massenproduktion von Bekleidung zu Niedriglöhnen produziert wird, sind für die Produktion höherwertiger Stücke Produktionsflexibilität, Innovationen und schnelle Reaktion maßgebend.[12] Manfred Schallmeyer, Mitglied des IG-Metall-Vorstands in Frankfurt, erwartet, dass *in Deutschland voraussichtlich die Entwicklung, das Design, die Musterung und die Vervielfältigung bleiben werden, die Produktion aber fast vollständig im Ausland stattfinde.* Am Ende stehen das *Marketing, das Vertriebs- und Verkaufsmanagement* und die nachgelagerte Reparaturabteilung, wo „die Klamotten aus Fernost und Weißrussland und aus den Strafgefangenenlagern Chinas für den Ständer von C&A wenigstens halbwegs glatt gebügelt werden und in denen die Pestizide aus den Herrenschlüpfern aus Bangladesch herausgespült werden", wie Schallmeyer es plastisch beschreibt.[13] Der Gewerkschafter sieht Zukunftschancen in den Bereichen Mode und Hightech-Textilien bei weltweitem Handling der Produktion, wie es derzeit auch schon praktiziert wird.

Ähnlich urteilen die Experten bei einem Gespräch auf der Leipziger Messe. Axel Fischer vom Modehaus Fischer bekannte sich zum Dienstleistungsstandort Deutschland, sah aber hier den Produktionsstandort nur für hochautomatisierte Herstellung vor Ort. Hubert Weidemann, Präsident des DOB-Verbandes e.V., Köln: „Einziges Ziel kann sein, das Know-how im Lande zu bewahren." An eine Rückverlagerung von Arbeitsplätzen sei nicht zu denken.

Im Jahr 1998 hat die Branche wieder etwas Aufwind bekommen. Der Beschäftigtenabbau vermindert sich sichtbar. Es gibt wieder mehr Firmen, die schwarze Zahlen schreiben, deren Kapazitäten ausgelastet sind.[14]

Der Verband Gesamttextil erwartet, dass die Absatzbereiche sich weiter in Richtung technische Textilien (z.B. für den medizinischen Bereich, für Bautextilien oder Schutzbekleidung) verschieben, die Produktion von Bekleidungstextilien abnehmen und die heimische Produktion an Heim- und Haustextilien ihren Anteil halten werden.[15]

Als positives Zeichen wertet der Leiter des Textilforschungszentrums Hohenstein, Stefan Mecheels, dass die Industrie seit 1997 wieder sehr viel stärker auf die Forschung zukomme. Schon immer war die Nähe zur Forschung ein wichtiger Motor der Branche.

In Deutschland besteht mit 18 Instituten eine ausgeprägte textile Forschungslandschaft, die der überwiegend mittelständischen Industrie eine industrielle Gemeinschaftsforschung ermöglicht. Finanziert wird die Forschung zu fast gleichen Teilen aus Eigenmitteln der Industrie (53 Millionen DM/1997) wie öffentlichen Mitteln (59 Millionen DM/1997). Das Forschungskuratorium Gesamttextil, das die Zielrichtung vorgibt, setzt aktuell auf eine verstärkte interdisziplinäre Zusammenarbeit zwischen Unternehmen und Forschungsinstituten verschiedener Wirtschaftszweige.[16] Angestrebt wird, die Forschungsergebnisse noch schneller in die Produktion umzusetzen und mehr Unternehmen an der Umsetzung von Innovationen zu beteiligen.

Die Gewerkschaften haben erkannt, dass nur *Ausbildung, Fort- und Weiterbildung* der Branche eine Zukunft geben können. Zusammen mit den Spitzenverbänden der Textil- und Bekleidungsindustrie wurden konkrete Schritte zur Anpassung der Ausbildung an die aktuellen Erfordernisse vereinbart. Als konkrete Hilfestellung wurden ein Leitfaden zur Nachwuchswerbung und ein Berufsbildungshandbuch entwickelt. Tarifvertraglich wurden eine Fort- und Weiterbildung verankert, die Beschäftigten einen Weiterbildungsanspruch sichern. In den Betrieben wächst aktuell die Sorge, dass ein Defizit an qualifizierten Mitarbeitern und Führungskräften entsteht, da ein Drittel sich dem Rentenalter nähert.[17]

In das gleiche Horn stößt der Verband der europäischen Bekleidungs- und Textilorganisationen, Euratex,[18] um die Wettbewerbsfähigkeit der europäischen Textil- und Bekleidungsindustrie zu stärken. In seinem Maßnahmenkatalog stehen Jobentwicklung und Training wie auch die Entwicklung und Verbreitung neuer Produktionsverfahren in Verbindung mit den neuen Informations- und Kommunikationstechnologien ganz oben auf der Liste.

Hightech-Entwicklungen kosten und schaffen Arbeitsplätze

Niemand kann genau sagen, wie viel Arbeitsplätze in der Branche auf dem Konto der Rationalisierung und wie viel auf dem der Verlagerung zu verbuchen sind. Klar ist, dass es vor allem in der Textil-, aber auch in der Bekleidungs-

■ Von der Handarbeit zur völligen Automation

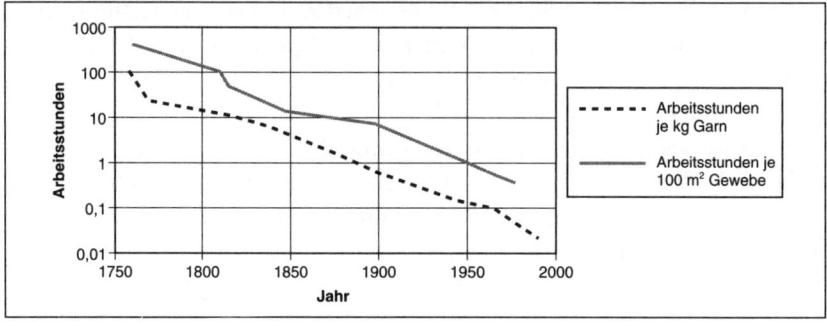

Quelle: Hans W. Krause 1999

produktion beträchtliche Produktionssteigerungen gab, wenn dort auch geringere.

Die Textil- und Bekleidungsbranche steht heute für Hightech mit vollautomatischen Fertigungsstraßen, die weitgehend elektronisch gesteuert werden. Industrieroboter übernehmen in der Textilindustrie Aufgaben wie das Verknüpfen von Fäden, die im 19. Jahrhundert zu Zeiten der Spinning Mule auch in Deutschland noch Kinderhände erledigt haben.[19] Seit Beginn des industriellen Zeitalters ist der Aufwand an menschlicher Arbeit, um Garn oder Gewebe herzustellen, jeweils alle 75 Jahre bzw. alle drei Menschengenerationen um einen Faktor 10 reduziert worden (s. Grafik: Von der Handarbeit zur völligen Automation).

Die Produktionsgeschwindigkeiten sind durch technischen Fortschritt und Rationalisierung also exponentiell gesteigert worden. „Als ich vor 40 Jahren anfing", beschreibt Seniorchef Frieder Gaenslen von der Tuchfabrik Gaenslen & Völter in Metzingen, „hat ein Weber 80 Schusseintragungen pro Minute an zwei Webstühlen gemacht. Heute macht er an vielleicht 10 bis 15 Webstühlen 400 bis 500 Schusseintragungen pro Minute. Wir mussten zwangsläufig durch Produktivitätssteigerungen bei gleich bleibender Produktionsmenge Arbeitskräfte verlieren."

Die Entwicklung der Technik gab der kapitalintensiveren Textilindustrie für den Arbeitsplatzabbau die entscheidenden Impulse. Durch die Rationalisierung von Betriebsabläufen mussten Mitarbeiter oft mehrere Stellen übernehmen. Für Gaenslen & Völter befindet sich die Konkurrenz eher unter den europäischen Nachbarn: „Für uns war die Konkurrenz aus Niedriglohnländern bisher kein Problem, weil wir hochwertige Stoffe für die Oberbekleidung herstellen", erläutert Gaenslen, „Italien ist für uns ein ganz wichtiger Konkurrent."[20]

Auch im Bekleidungsbereich sind viele zeitsparende Erneuerungen zu vermerken – von der Arbeitsorganisation, der Logistik bis zur Nähtechnologie, obwohl der Stellenwert der Kosten für Lohnarbeit hier wesentlich höher liegt. Von 1963 bis Mitte der 80er Jahre war in der Nähtechnologie eine sehr innovative Epoche, in der neue Konstruktionen wie Fadenabschneider oder Nähanlagen wie das Vernähen von Kleinteilen oder Konturen und Absteppanlagen entwickelt wurden.

In den 90er Jahren wurden im Bereich der Bekleidungstechnik Systeme gefragt, die Reaktionszeiten verkürzen. Computerunterstützte CAD/CAM-Systeme, so genannte integrierte Systeme, die vom Design über das Legen bis zum Zuschnitt alles vom gleichen Hersteller ermöglichten.^{21}

Aber computerunterstützte Konstruktion bringt *nicht nur Zeitgewinne, sondern auch Qualitätssprünge*. In die automatische Berechnung der Schnittkonstruktion können nicht nur die Standardmaße einfließen, sondern auch kundenspezifische Maße, was die Hightech der traditionellen „Gradierung" überlegen macht, wenn es darum geht, ein Modell in verschiedene Größen zu übersetzen.^{22} Nicht allein die dreidimensionale Konstruktion bietet neue Vorteile. Auch in der Nähtechnik verspricht die Naht an der Puppe in Zukunft bessere Ergebnisse. Dabei werden die Zuschnitte auf einen dreidimensionalen Formkörper aufgebracht – mit der rechten Warenseite nach innen, sodass die Nahtzugabe nach außen übersteht. In dieser geometrisch korrekten Form wird der Roboterarm mit Nähmaschine entlanggeführt, eine Technik für perfekte Passform.^{23}

Stefan Mecheels sieht auch in der *„Maßkonfektion zu Preisen wie von der Stange"* eine neue Chance für die Bekleidungsbranche. Da es hierbei auf Lieferschnelligkeit ankomme, sei die marktnahe Produktion ein wesentlicher Vorteil. Ein Forschungsprojekt des Bekleidungsphysiologischen Institutes des Forschungszentrums Hohenstein steht hinter diesem Vermarktungskonzept. Dabei werden die Körpermaße mit einem Scanner berührungslos erfasst. Mit den Daten wird weitgehend automatisch ein passender Schnitt erstellt, produziert und dem Kunden innerhalb von 14 Tagen zugestellt.^{24} Zur industriellen Maßkonfektion läuft derzeit eine Machbarkeitsstudie an der Forschungsstelle für allgemeine und textile Marktwirtschaft (FATM) an der Universität Münster gemeinsam mit dem Eco-Institut Bochum.^{25}

„Da sich die Maschinenleistung heutzutage ultra-hochleistungsfähig zeigt, lautet die neue Herausforderung, den gesamten Prozess mit Hilfe einer globalen Lösung zu optimieren," so Anne-Laure Frizon/Lectra Systèmes. Aus ihrer Sicht geht es daher darum, *Ressourcen zu optimieren, Stoffabfälle zu reduzieren, um Kosten zu sparen*. Denn rund 90 Prozent im Zuschnitt seien Materialkosten.^{26}

Auch unter dem Aspekt der Produktionsverlagerungen werden andere Anforderungen an die Technik formuliert. Nicht hochkomplizierte Hightech, nicht „schneller und schneller" sollen die Nähmaschinen laufen, sondern flexibel sollen sie an wechselnde Rahmenbedingungen angepasst werden können und dabei konstante Qualität gewährleisten.

Auch Software und CAD/CAM-Systeme müssen *möglichst flexibel in der Anwendung* sein und den Trend der Produktionsverlagerung problemlos mitmachen können. Intuitives Arbeiten soll ermöglicht werden. Große Bedeutung wird auch den neuen Medien zugemessen. So können Dienstleistungen auch übers Internet zur Verfügung gestellt werden und Serviceleistungen Investitionen in Hardware überflüssig machen.[27]

Umweltschutz als Kostenstelle oder Einsparquelle?

Bei der Standortwahl spielen für die Textilwirtschaft viele Aspekte eine Rolle. Wichtige Standortmerkmale sind zum Beispiel politische Stabilität, Steuerpolitik, Umweltauflagen, verfügbare technische Ausrüstung bzw. Dienstleistungen, genügend qualifizierte und motivierte Arbeitskräfte, Lohn- und Lohnnebenkosten, die Nähe zum Absatzmarkt oder bestehende Quotenregelungen für den Export. Die *Umweltkosten allein sind nicht entscheidend.*

Vom Standpunkt der Unternehmen wird eingewandt, dass im Ausland nur teilweise Umweltauflagen bestehen, deren Einhaltung zudem oft nicht kontrolliert wird. In vielen Fällen übersteigen Umweltanforderungen die finanziellen und technischen Voraussetzungen.

Bekanntes Beispiel für *katastrophale und irreparable Umweltschäden* ist das Austrocknen des Aralsees – vor allem verursacht durch den Baumwollanbau, verbunden mit der Vergiftung des Grundwassers in den Anbauregionen und der Versteppung der Landschaft. Usbekistan ist noch der wichtigste Lieferant für Baumwolle nach Deutschland.[28] Ein anderes Problem mit weltweiten Folgen ist die Verwendung von Methylbromid im Baumwollanbau. Es liefert den Hauptbeitrag an Brom in der Stratosphäre, das zum Ozonabbau beiträgt.[29]

Am Pranger stehen häufig die enormen Transportwege der globalisierten Produktion, die leicht eine Größenordnung von 20.000 km erreichen können. Für so genannte „heiße Ware", das heißt hochmodische Artikel, werden zum Teil im Flugzeug weite Transportwege in Kauf genommen. Verknüpft sind damit der Verbrauch fossiler Energieträger, hohe Stickoxid- und CO_2-Emissionen,[30] die sauren Regen erzeugen und zum Treibhauseffekt beitragen.[31]

Im Bereich der deutschen Lederproduktion hängt der Rückgang nicht in erster Linie mit den Umweltschutzauflagen zusammen, sondern vor allem mit der Konkurrenz aus Billiglohnländern wie der Volksrepublik China. Unternehmen wie Fritz Häuser in Backnang, die in den fetten Jahren nicht in den

Umweltschutz investiert haben, konnten die notwendigen Investitionen später nicht immer verkraften. Bei der Jahrestagung der Industrie 1994 karikierte ein Gerber die *Doppelmoral der Wirtschaftsordnung*: „Wer seinen Schlamm von Deutschland nach Polen bringt, handelt kriminell. Wer aber die Häute nach Polen exportiert und dort den Schlamm bei der Gerbung anfallen lässt, handelt marktwirtschaftlich."[32]

Die Zusammenhänge sind lange bekannt. Doch nur ansatzweise werden Umweltkosten den Unternehmen bisher in Rechnung gestellt. Und *globale oder volkswirtschaftliche Umweltschäden schlagen für Unternehmen unterschiedlich zu Buche*. Selbst innerhalb Europas bestehen Wettbewerbsnachteile für deutsche Textilfirmen durch unterschiedliche Umweltstandards. Innerhalb Europas bezahlen Textilveredler zum Beispiel in Frankreich nur ein Fünftel der Abwasserabgabe, die in Deutschland anfällt.[33] „Die Kosten zur Einhaltung der Umweltvorschriften in der Textilindustrie liegen in Deutschland bereits bei 9,2 % und in den meisten anderen EU-Ländern bei fast 5 % der Gesamtkosten, wobei eine mittelfristige Angleichung zu erwarten ist. In den meisten Entwicklungsländern sowie in den Ländern Mittel- und Osteuropas sind derartige Kosten dagegen praktisch zu vernachlässigen", schreibt Klemisch.[34] In den nächsten Jahren sollen die rechtlichen Vorschriften angeglichen werden. Hier besteht unbestreitbar ein enormer Regelungsbedarf.

Auf der anderen Seite hat sich ein *gutes Umweltmanagement* gerade in der Anfangsphase für Betriebe *als Kostenvorteil* erwiesen. Umweltkostenmanagement gilt in der Betriebswirtschaft als aussichtsreicher Controllingansatz, der in immer mehr Unternehmen in die Produktion integriert ist.[35] Der Weg, Problemstoffe zu vermeiden, ist grundsätzlich Lösungen überlegen, die erst am „End of the Pipe" aufwendige Reinigungstechniken erfordern. Unbestreitbar beugt mehr Sicherheit im Umwelt- und Arbeitsschutz Störfällen und Unfällen Kosten sparender vor. Schon jetzt ist sicher, dass auch in Zukunft all jene Unternehmen im Vorteil sein werden, die bereits Ressourcen schonend produzieren. Sie werden steigende Energie- und Wasserpreise, Abwasserabgaben, Versicherungskosten oder Abfallgebühren leichter verkraften können als die Konkurrenz. Diese Entwicklung ist auf einem begrenzten Erdball zwangsläufig. Manche Unternehmen nutzen ihren Umweltstandard zusätzlich lukrativ als *Marketinginstrument*. Der Verband Gesamttextil schreibt: „Der Wettbewerb um den Kunden wird dabei (beim Umweltschutz) zum entscheidenden Antriebsmotor."[36] Zu erwarten sind auch Einsparungen von Kosten und Arbeitsaufwand, wenn *Erleichterungen bei Genehmigungen oder Nachweispflichten für auditierte Unternehmen* eingeführt werden.[37] Das Ministerium für Umwelt und Verkehr Baden-Württemberg hat diesbezüglich am 26.02.1999 eine Verwaltungsvorschrift erlassen, die Audit-geprüften Betrieben Doppelanforderungen im Bereich der behördlichen Kontrolle ersparen will,[38] und andere Bundesländer wie Hessen erwägen dem zu folgen.

Kaufkraft oder Lohnkosten?

Was des einen Freud, ist des anderen Leid. Textilarbeiter und *Textilarbeiterinnen verdienen hierzulande ausgesprochen schlecht* – gemessen an den Lebenshaltungskosten und im Vergleich zu anderen Branchen. Von 41 Industriezweigen liegen die Branchen Bekleidung auf Platz 39 und Textil auf Platz 33. Sie gehören damit zu den Schlusslichtern. Es reiche oft gerade für die Existenz, meinen die Gewerkschaften. Was unterm Strich in textilen Lohntüten steckt, weiß kaum einer. In den niedrigsten Lohngruppen werden in der Bekleidungsindustrie 14,37 DM pro Stunde, das sind 2.302 DM brutto im Monat, verdient und in der höchsten 18,37 DM im Akkord. In der Textilindustrie liegt die niedrigste Einkommensgruppe bei 15,17 DM und die höchste bei 21,29 DM oder maximal 3.360 DM brutto monatlich.[39]

Bekleidungshersteller kalkulieren in Deutschland mit 70 Pfennig je Lohnminute, in Norditalien bis 29 Pfennig, in Osteuropa mit 23 Pfennig, Slowenien bis 10 Pfennig, in Bangladesch mit 12 Pfennig und in Vietnam mit 5 Pfennig.[40] Diese blanken Zahlen sagen noch nichts über die Qualität und Zuverlässigkeit der geleisteten Arbeit, welche Produktivität in ihr steckt. So konnte die Produktivität beider Sparten in Deutschland kontinuierlich gesteigert werden und stagnierte 1996 in der Textilindustrie zum ersten Mal seit zehn Jahren. *Je geleistete Arbeitsstunde wächst der Umsatz beständig.* Im Bekleidungsgewerbe ist er allein von 1995–97 je geleisteter Arbeitsstunde um 12,6 Prozent gestiegen. Der Umsatz pro Beschäftigter und Jahr liegt im deutschen Durchschnitt bei 250.000 DM.[41] „Im internationalen Vergleich sind die deutschen Löhne nicht zu hoch", meint das ifo-Institut München, „weil sie von einer überdurchschnittlich hohen Arbeitsproduktivität begleitet werden; und die Steuerbelastung der deutschen Unternehmen ist ebenfalls akzeptabel, weil mit ihnen öffentliche Infrastrukturen und Leistungen sowie private Humankapitalbildung auch zum Nutzen der Wirtschaft finanziert werden."[42] Im Vergleich zu ihren Leistungen verdient unsere Frau Müller also nicht gerade viel.

Umstritten ist auch der hohe Anteil der gesetzlichen Lohnzusatzkosten, der hier nicht analysiert werden soll. *Volkswirtschaftlich betrachtet bieten Niedriglöhne aber keine Perspektive.* Untersuchungen zu ausländischen Erfahrungen mit Niedriglöhnen und geringen sozialen Standards belegen, so der Gewerkschafter Gerd Pohl/NGG und der Wissenschaftler Claus Schäfer/WSI, dass sie eben nicht Vollbeschäftigung, sondern soziale und gerade auch ökonomische Probleme erzeugen. Das Beispiel USA demonstriere, dass niedrige Löhne Personen und Unternehmen davon abhalten, sich zu bilden oder auszubilden.[43]

Aus der Sicht der Textilgewerkschafter Klaus Priegnitz und Christine Wagner geht es angesichts weltweiter Massenarbeitslosigkeit gegenwärtig gar nicht darum, den angeblich raren Produktionsfaktor Arbeit in optimale Produktionsstrukturen zu drängen, sondern ihn überhaupt zu beschäftigen. So führe das riesige Potential unbeschäftigter Arbeitskräfte dazu, eine exportorientierte Wirtschaftspolitik zu betreiben, die in der Regel von Öko- und Sozialdumping begleitet sei. Arbeitnehmer in den westlichen Industriestaaten werden „mit den Arbeits- und Einkommensbedingungen in den Staaten Mittel- und Osteuropas erpresst. Sie sollen alles aufgeben, wofür sie und ihre Gewerkschaften in den letzten 100 Jahren gekämpft haben".[44] Um dem Sozialdumping entgegenzuarbeiten, fordern die Gewerkschaften die Aufnahme sozialer und ökologischer Mindeststandards in internationale Handelsverträge (s. a. Sozialstandards).

Ertragssicherung durch „Wanderzirkus"

Trotzdem betreibt die Bekleidungsbranche seit 30 Jahren ihren „Wanderzirkus", d.h. wechselt ihre Produktionsstandorte je nach Produktionskosten. Unter Berücksichtigung aller Organisations- und Transportkosten kann eine entsprechende Auslagerung betriebswirtschaftlich gesehen 40 bis 60 Prozent Kosteneinsparung bedeuten.[45]

„Die ideale Textilfabrik ist auf einem Schiff, das immer dort anlegt, wo die Löhne gerade am niedrigsten sind." Immer wieder wird dieses Bild zitiert, das der Präsident des Verbandes der Nordrheinischen Textilindustrie, Busse von der Firma Girmes, auf die Frage wählte, wie die ideale Textilfabrik im Jahre 2000 aussehen solle. Die Textilbranche befindet sich auf steter Wanderschaft nach neuen kostengünstigen Produktionsstätten.[46] Ein wesentlicher Motor für die Wanderung zu anderen Produktionsstandorten ist neben günstigeren Produktionsbedingungen auch die Nähe zu neuen Märkten, die noch nicht gesättigt sind.

Dabei setzen kapitalintensive Zweige der *Textilindustrie überwiegend auf den Standort Deutschland*, wobei auch hier die *Verlagerung von Teilen der Produktion tendenziell steigt*. In zunehmendem Maße werden Vorprodukte aus dem Ausland zugekauft, da sich insbesondere der Bereich der Spinnerei stark in den außereuropäischen Raum verlagert hat. Für die Zukunft erwartet der Verband Gesamttextil, dass die Inlandsfertigung in der Textilindustrie aufgrund der Arbeitskosten weiter zurückgehen wird und Joint Ventures oder eigene Werke im Ausland dagegen zunehmen werden. Über eine Million Menschen arbeiten weltweit im Ausland für deutsche Bekleidungshersteller und 63.000 Menschen für die Textilindustrie, stellt eine Studie von Gesamttextil 1996 fest.

- Im November 1998 berichtet das Magazin Bekleidung Wear zum Beispiel über die Schließung des Konfektionsbetriebs von *Schiesser in Wittgensdorf* mit 237 Mitarbeitern von 2210. Bereits 1996 waren hier 800 Stellen abgebaut worden, davon allein 150 in der mittleren Führungsebene. Zwei Werke im Bodenseegebiet wurden dichtgemacht, um „Ertragssicherung" zu betreiben. Produziert wird weiterhin in Tschechien und Griechenland.[47]

- Die *Steilmann-Gruppe* hat weitgehend ausgelagert: Von weltweit 18.200 Arbeitsplätzen befinden sich nur noch 3.000 in Deutschland. Noch vor vier Jahren waren es im Inland über 7.000 Beschäftigte. Am Standort Deutschland produziert die Steilmann-Gruppe nach wie vor ihre hochwertigen Kollektionen und Markenprodukte. Das wichtige Standbein in Osteuropa ist in Rumänien.[48]

- Auch der *Strumpfspezialist Kunert* musste sich der Karawane anschließen. Kunert verbuchte 1996 einen Rekordverlust von knapp 40 Millionen Mark und reagierte mit Rationalisierung und Produktionsverlagerungen nach Nordafrika (Marokko, Tunesien) und Osteuropa (Ungarn).

- Im Frühjahr 1999 wurde die Jeansproduktion bei der *Mustang-Gruppe* in Künzelsau geschlossen. (40–45 Maschinen und Hände sind an einer Jeans beteiligt, 12,5 Minuten Produktionszeit, pro Zuschnitt 40 Lagen.) Damit gingen 90 von 1.962 Arbeitsplätzen verloren. Begründung: Umsatzrückgänge, scharfer Wettbewerb und anhaltende Preiskämpfe. Bereits 1997 hatte Mustang 15 Prozent Absatzrückgang bei Jeans im Inland.[49]

- Auf der anderen Seite gewinnen z. B. die Jeans „Made in Turkey". Großen Erfolg hat die Firma *Erak* mit 1200 Angestellten und einer Exportrate von 40 Prozent, die für viele bekannte Marken und Handelsketten produziert wie Metro, Otto, Quelle, Kaufhof, Esprit oder H.I.S. Die Geschäftsführung sieht die Wirtschaftskrise im Fernen Osten als Chance für die Türkei, sich jetzt noch besser zu qualifizieren und zu positionieren.[50]

- Für Deutschlands größten Schuhproduzenten *Salamander*, der in Deutschland noch 1.400 Mitarbeiter im Markenbereich Schuhe beschäftigt, nimmt der Standort Ungarn eine Schlüsselrolle ein. Während in den ungarischen Werken die Produktivität auf das deutsche Niveau gebracht werden soll, sind Personaleinsparungen durch ein neues Logistikkonzept in Kornwestheim zu erwarten.[51]

- Selten gibt es auch in Deutschland gegenläufige Beispiele wie das von *Trigema*, dem Hersteller von T-Shirts und Tennisbekleidung aus Burladingen. Er erhöht ganz entgegen dem Trend die Anzahl seiner Mitarbeiter beständig. 1997 ist er auf gut 1.100 Mitarbeiter angewachsen und hat auch 1998 einen neuen Konfektionsbau in *Burladingen* eröffnet mit etwa 250 neuen Arbeitsplätzen.[52]

Schon heute bezeichnen sich Unternehmen der Branchen selbst als Global Players und Global Sourcers, deren wesentliche Tätigkeit im weltweiten Handling von Produktion und Marketing liegt. Etwa 55 Prozent der von deutschen

Bekleidungsherstellern angebotenen Waren werden in Billiglohnländern zusammengenäht (passive Lohnveredlung), überwiegend in Osteuropa. Und mehr als 30 Prozent der von deutschen Bekleidungsherstellern angebotenen Waren sind zugekaufte Fertigwaren im Wesentlichen aus Billiglohnländern. *Weniger als 15 Prozent der Waren, die von deutschen Bekleidungsherstellern angeboten werden, stammen noch aus Inlandsproduktion.*[53]

Unter dem Druck der Globalisierung haben die *deutschen Tarifverträge in der Textil- und Bekleidungsbranche auf Flexibilisierung* gesetzt. „Die Tarifverträge sind so gestaltet, dass es den Unternehmen möglich ist, Auftragsschwankungen auszugleichen und flexibel zu reagieren", erklärt Dieter Auch von der IG Metall, Bezirksleitung Stuttgart. In der Textilindustrie kann rund um die Uhr gearbeitet werden bei Maschinenlaufzeiten von 144 Stunden in der Woche. Diese können aber nur ausgenutzt werden, wenn ein ausreichendes Auftragsvolumen vorhanden ist. Die tarifvertraglichen Regelungen ermöglichen eine hohe Produktions- und Lieferflexibilität und bedeuten im internationalen Wettbewerb ein beachtliches Plus.

Die Vorteile hoher Flexibilität bei einem hohen technischen und Qualitätsstandard bestätigt die Industrie. Zum Beispiel die Erfahrung bei *Drews im sächsischen Meerane*, einem *Druck- und Veredlungsbetrieb*. 60.000 Meter Stoff laufen täglich von den Walzen der Meeraner Druckerei, mehr als 1000 verschiedene Muster. „Mit Masse kann man in Deutschland so gut wie kein Geld verdienen", meint Günter Drews. Neue Muster entstehen nicht mehr mit Stoff, Farbe und Schablone, sondern mit dem Computer. Entwürfe werden innerhalb von Stunden entwickelt, maximal in wenigen Tagen und werden gleich über den angeschlossenen Drucker auf die Probe gebracht. So können Kunden in wenigen Tagen neue Entwürfe auf dem Tisch haben. Bestellungen können so in einem, höchstens wenigen Tagen realisiert werden.[54]

Albert Hesse, Geschäftsführer der Mode Mac GmbH im Bereich Finanzen, Beschaffung und Organisation meint: *„Nicht die Großen fressen die Kleinen, sondern die Schnellen fressen die Langsamen."* U. a. wurde bei Mac an der Beschleunigung der internen Abläufe gearbeitet, die EDV den gestiegenen Anforderungen angepasst. In Vorbereitung ist ein noch besserer Austausch mit dem Kunden. Durch den Austausch von Verkaufsstatistiken will Mac die Produktionsplanung noch näher am Markt orientieren können.[55]

Textil- und Bekleidungsproduktion international

Laut einem Bericht der Internationalen Arbeitsorganisation arbeiten rund 24 Millionen Menschen weltweit in der Textil-, Bekleidungs- und Schuhproduktion. *Asien war beim Strukturwandel der letzten Jahrzehnte der größte Gewinner.* Weltweit hat besonders die Textilindustrie in der VR China expandiert, begleitet

■ Arbeitsplätze in der Textil-, Bekleidungs- und Schuhindustrie weltweit

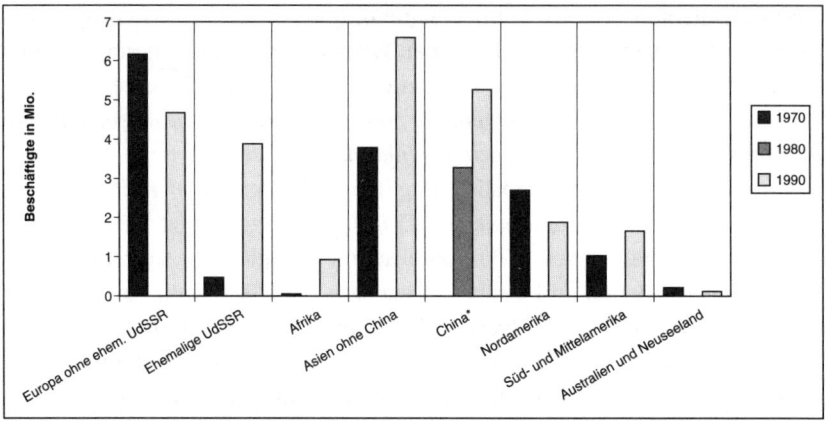

* ohne Schuhindustrie; Quelle: ILO 1996, Basis: 61 Staaten

vom starken Ausbau der eigenen Chemiefaserindustrie. Von 1970 bis 1990 gingen in Europa inklusive Osteuropa und Nordamerika dagegen 3,3 Millionen Arbeitsplätze in den Bereichen Textil, Bekleidung, Schuhe verloren, während Asien inklusive China 4,8 Millionen Arbeitsplätze dazu gewonnen hat (s. Grafik: Arbeitsplätze in der Textil-, Bekleidungs- und Schuhindustrie weltweit).[56]

In den 90er Jahren sind die Kapazitäten für Chemiefasern, Textilien und Bekleidung in Asien, insbesondere in Fernost, und in Osteuropa ausgebaut worden, in Westeuropa und Nordamerika fand lediglich eine Modernisierung und Konzentration statt, teilweise nur noch in Marktnischen. Auch in der Türkei hat die Textil- und Bekleidungsindustrie in den vergangenen Jahren erheblich an Marktbedeutung gewonnen.[57]

Die internationale Arbeitsteilung der Bekleidungsbranche spiegelt sich teilweise in der Verteilung des Marktvolumens von 4,4 Mrd. (in 1997) für die Nähtechnologie: Afrika/1,8 Prozent, Westeuropa/11 Prozent, Osteuropa/9,9 Prozent, Amerika/14,8 Prozent, Asien/58,9 Prozent.

Nicht ganz so drastisch wie in Deutschland, aber tendenziell ebenso trifft der Verlust von Arbeitsplätzen ganz Westeuropa, die Hochlohnländer Asiens mit dem Zentrum Japan sowie Nordamerika. Ein weiterer Zuwachs oder eine Stabilisierung wird in Ländern erwartet, wo ein Kosten- oder logistischer Vorteil besteht. „Das bedeutet, dass die *Marktanteile in den Regionen Westeuropa, Nordamerika und Japan weiter rückläufig* sein werden, China, Afrika und Südostasien sich stabilisieren werden und die Märkte Osteuropas (und hier vor allem Südosteuropa) sowie Mittel- und Südamerika weitere Marktanteile für sich verbuchen werden", schlussfolgert der Insider Wilhelm Thesing.[58]

Nun stehen die Niedriglohnländer der zweiten Generation wie Malaysia, die Philippinen oder Indonesien unter dem Druck nachrückender Staaten wie Weißrussland, El Salvador oder Vietnam. Freie Exportzonen sind als Standorte für die arbeitsintensive Bekleidungsbranche wichtiger geworden. In mehr als 60 Staaten ist die Zahl der Beschäftigten in *Freien Produktionszonen* bis Mitte der 90er Jahre auf über 54 Millionen in die Höhe geschnellt.[59] *Bei weitgehender Steuer- und Abgabenfreiheit profitiert gerade auch die Bekleidungsbranche von den billigen Arbeitskräften und der verbreiteten Unterdrückung von Gewerkschaften.*[60] Nach Angaben des Internationalen Bundes Freier Gewerkschaften (IBFG) wurden im Jahr 1998 branchenübergreifend 123 Gewerkschafter und Gewerkschafterinnen ermordet, 1.650 überfallen oder verletzt und 3.660 eingesperrt und 21.427 wegen gewerkschaftlicher Aktivitäten entlassen. Der IBFG ist davon überzeugt, dass diese Angaben nur die Spitze des Eisbergs repräsentieren.[61]

Gleichzeitig ist zu beobachten, dass nicht die so genannten Entwicklungsländer Investitionen anziehen. Die direkten Kapitalanlagen der deutschen Textilindustrie in den Entwicklungsländern spielen mit einem Gesamtwert von 34 Millionen DM nur eine untergeordnete Rolle.[62]

In Osteuropa dagegen werden zunehmend Kapazitäten in der Bekleidungsindustrie ausgebaut. *In den Reformländern hat die deutsche Textilindustrie inzwischen 192 Millionen DM investiert, das ist fast ein Sechstel ihrer Auslandsinvestitionen* von 1,3 Mrd. DM. An der Spitze der wichtigsten Investitionsländer stehen die USA vor den Niederlanden, Spanien, Frankreich, der Schweiz und Österreich. Auf Rang sieben folgt bereits Polen mit einem Investitionsvolumen von 65 Millionen vor der Tschechischen Republik mit 51 Millionen und Ungarn mit 21 Millionen auf Rang 15. Die Bekleidungsindustrie Weißrusslands wird in der Branche als „unentdecktes Aschenputtel" bezeichnet, wo Lohnkosten mit zehn bis zwölf Pfennig in der Minute halb so teuer sind wie in Polen oder Nordafrika. Die Arbeitskräfte seien hoch qualifiziert, hätten mit modernen Maschinen keine Probleme. Das grundsätzliche Problem, nicht nur in Osteuropa: 60 Prozent der Bevölkerung leben unter der offiziellen Armutsgrenze, und für Frauen bietet sich keine alternative Beschäftigung.[63]

Die Grafik (Die wichtigsten Nähstuben Deutschlands) zeigt die bedeutende Rolle der Staaten Mittel- und Osteuropas im Rahmen der passiven Lohnveredlung. *Passive Lohnveredlung* bedeutet, dass eine Rohware im Inland vorbereitet wird, im Ausland weiterverarbeitet wird, beispielsweise zusammengenäht, und als Halbprodukt, d.h. noch nicht ganz fertig, wieder importiert wird.

Ein Problem, das gerne verschwiegen und vertuscht wird, ist die wachsende Schattenwirtschaft. *Weit mehr neue Arbeitsplätze sind außerhalb von Fabriken entstanden, die noch flexibler und billiger sind.* Es handelt sich um Heim-

■ Die wichtigsten Nähstuben Deutschlands*

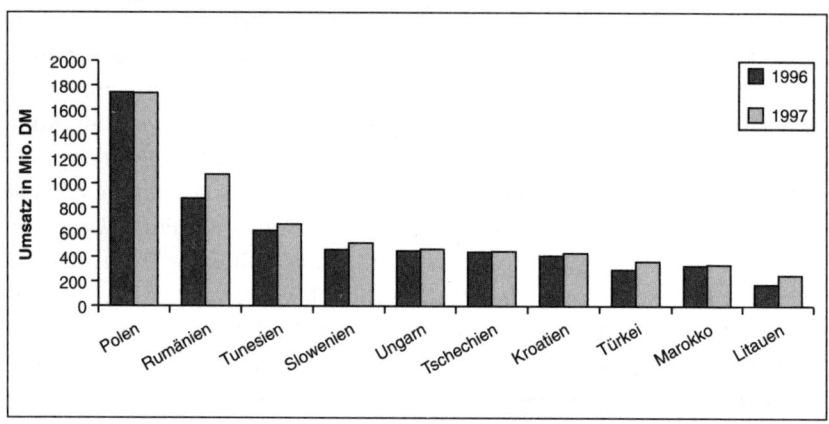

* Lieferländer passiver Veredlung; Quelle: Statistisches Bundesamt, BAVV

arbeit und Arbeit in kleinen Nähereien, die oft illegal abläuft. Dieser so genannte „informelle Sektor" wird um das Fünf- bis Zehnfache höher geschätzt als die Zahl der registrierten Arbeiter.[64]

Das Forschungsinstitut IBON (Philippines Databank and Research Center) in Manila/Philippinen untersuchte im Auftrag von Südwind[65] im Jahr 1996 Zulieferbetriebe deutscher Textileinzelhändler, die teilweise weniger als den gesetzlichen Mindestlohn zahlten, mit dem nicht einmal die Hälfte des täglichen Lebensbedarfs gedeckt werden kann. „Tatsache ist, dass der Großteil der Produktionsschritte oder der gesamte Prozess nicht in der Fabrik selbst stattfindet. Man beobachtet, dass die Produktion an Sweatshops vergeben wird, wo die Arbeitsbedingungen sehr schlecht sind. Man findet Kinderarbeit, und die Bezahlung ist sehr niedrig. Eine andere Form ist, dass diese Sweatshops ihre Arbeit an Familien weitergeben, das heißt auch an deren Kinder," erklärt Toni Tujan, Direktor von IBON, auf einer Pressekonferenz im Oktober 1997 in Bonn.

UNICEF in Pakistan hat in einer Untersuchung festgestellt, dass der Hauptgrund für die Kinderarbeit beim Nähen von Fußbällen in der Armut liegt. Die Familie ist auf das Zusatzeinkommen der Kinder angewiesen, so dass ein Verbot ihre wirtschaftliche Situation verschlechtern würde. Hauptursache sei der geringe Lohn für das Nähen, der in direktem Zusammenhang mit den niedrigen Preisen stünde, die die Importeure für die Bälle bezahlen.[66]

In vielen Fällen gilt: *Kinderarbeit drückt das Lohnniveau von Erwachsenen.* Aus diesem Grund sind in verschiedenen Bekleidungsfirmen Bangladeschs die Monatslöhne für Erwachsene im exportorientierten Sektor von 30 auf 10 US-Dollar gesunken, wie das Generalsekretariat der Internationalen Textil, Bekleidung und Lederarbeitervereinigung (ITGLWF) in einem Interview mit dem „Education International Magazine" 1993 mitteilte.[67]

In Australien wird die Zahl der Heimarbeiter in der Branche auf 300.000 geschätzt. „Ich arbeite 14 Stunden am Tag, jeden Tag der Woche. Letzte Woche habe ich $ 1,70 die Stunde verdient, das war mit meinem Mann und zwei Kindern, die mir viel geholfen haben", berichtet Jenny aus Australien. Die australische Textilgewerkschaft TCFUA (Textile, Clothing and Footwear Union of Australia) brachte 1998 12 Bekleidungshersteller vor Gericht, u.a. Nike und adidas, weil sie gegen nationale Vorschriften für Heimarbeiter verstoßen haben.[68]

Heimarbeit bedeutet meistens sehr schlechte Arbeitsbedingungen in Isolation:
- Die Bezahlung für gleichwertige Arbeit ist trotz höherer Kosten niedriger; Beispiele: Deutschland: 30–60 Prozent des niedrigsten Fabriklohns, Thailand: 20–60 Prozent des Mindestlohns, Kanada: 75 Prozent des Mindestlohns.[69]
- In der Regel keine Absicherung gegen Arbeitslosigkeit, keine medizinische Versorgung oder Fortbildung wie in Unternehmen.
- Kein gesetzlicher Schutz in Bezug auf Minimallöhne oder Sozialleistungen.
- Hohe Abhängigkeit von Auftraggebern.
- Die Arbeitsbedingungen sind oft ungenügend.[70]
- Meist keine gewerkschaftliche Organisation.

Gleichzeitig arbeitet die Studie des Internationalen Arbeitsamtes heraus, dass *mit steigender Industrialisierung das Lohnniveau wächst.* Exemplarisch kann das für Südkorea und Indonesien gezeigt werden (s. Tabelle).

Zu starken Einbrüchen in diesem positiven Trend hat die Wirtschaftskrise in Asien geführt, von der vorrangig Indonesien, Südkorea, Malaysia, Thailand und die Philippinen betroffen sind.[71]

■ **Arbeitsbedingungen in der Textil- und Bekleidungsindustrie in Asien**

Länder	Bangladesch	Indonesien	Süd-Korea
Veränderung des realen Lohnniveaus* von 1985 bis 1991–93	+ 0,2 Prozent	+ 15,1 Prozent	+ 71,6 Prozent
Behinderung gewerkschaftlicher Rechte	ja	ja	ja
Kinderarbeit	verbreitet	verbreitet	ja

* in der Textil-, Bekleidungs-, Leder- und Schuhindustrie
Quelle: ILO 1996 (s.o), Intern. Bund Freier Gewerkschaften: Jährliche Übersicht über die Verletzung von Gewerkschaftsrechten, Brüssel 1996

Konzentration und Kooperation in Produktion und Handel

In der gesamten Textilbranche setzt sich der *Konzentrationsprozess zu Lasten der kleinen Hersteller und Handelshäuser in zunehmendem Tempo* fort. Klar ist: Die Großen haben die nötigen finanziellen und logistischen Kapazitäten, um weltweit die günstigsten Produktionsstandorte auszunutzen oder strategische Allianzen zu bilden. Sie haben sich zu Meistern der Untervertragsvergabe entwickelt, die vorgelagerte Aufgaben anderen Unternehmen überlassen, die ihre Aufträge wiederum vergeben können. Zu den Zulieferern gehören Bekleidungshersteller mit weniger als hundert oder bis zu mehreren tausend Angestellten, die mehrere hunderttausend Teile pro Monat produzieren können wie zum Beispiel Layaltex in Hongkong.

Die Konzerne setzen die Hersteller unter Druck, möglichst billig zu produzieren, beschreibt Toni Tujan/IBON. Die einfachste Form, diesen Preisdruck weiterzugeben, sind Aufträge an Heimarbeiter. „Wenn also C&A und Otto … die Preise immer weiter drücken, sind sie mitverantwortlich für diese Art von Kinderarbeit, für das Nichtvorhandensein von Gewerkschaften, Niedriglöhne usw.", argumentiert Tujan.

Josef Albert Beckmann, Präsident von Gesamttextil, äußert sich besorgt über die Konzentration auf der Abnehmerseite: „Der Konzentrationsprozess im Handel hat in den vergangenen Jahren für die Zulieferer jetzt bedrohliche Ausmaße angenommen. *Die großen Gruppen und Ketten nutzen ihre Einkaufsmacht, um ihre Einkaufskonditionen zu verbessern, die Preise radikal zu drücken und Vereinbarungen zu erzwingen, die häufig Knebelverträgen gleichen.* Dies bringt insbesondere kleine und mittlere Lieferanten oft in schwere Bedrängnis und zunehmend in Existenznöte. Aus meiner Sicht ist es unverständlich und leichtfertig, wie das Kartellamt bei dieser dramatischen Entwicklung zusieht."[72]

Die Logistik und die Produktion für den Massenmarkt an Bekleidung sind darauf eingestellt, den immer schnelllebigeren Markt ständig nach den neuesten Trends mit Ware zu bedienen. Das funktioniert selten reibungslos.

„Die Konzentration des Handels nimmt natürlich zu, die Macht, der Preisdruck usw. Und doch auch im konzentrierten Handel ist es nicht so, dass dort keine Probleme bestehen. *Qualitätsprobleme sind nach wie vor an der Tagesordnung;* der hohe Importanteil bereitet nicht nur Freude", erläutert Stefan Mecheels, Leiter des Forschungszentrums Hohensteiner Institute. „Das kriegen wir in unserem Institut ständig mit. Das heißt, auch diese Großhandelsformen haben Interesse an einer Zusammenarbeit mit verlässlichen Partnern."[73] Und die Handelsunternehmen reagieren auf dieses Problem mit fortgesetzter *Lieferantenkonzentration.*

Verstärkt wird das Fressen und Gefressenwerden von der Rezession. Beim Wettlauf der Produktivitätssteigerung und geforderten Flexibilität können immer weniger Unternehmen mithalten. Verschiedene *Strategien* lassen sich beobachten:

- Einzelne Unternehmenseinheiten werden intern künstlich zu Konkurrenten gemacht und können eigenständig entscheiden, um flexibler zu sein. Beispiel Schiesser: Mit eigenen Lohn- und Planungssystemen will Schiesser die griechischen und tschechischen Betriebe umfunktionieren.[74] Unter dem Motto mehr *Eigenständigkeit* hat adidas bisherige Lizenznehmer in eigene Tochtergesellschaften oder Gemeinschaftsunternehmen umgewandelt. „So können wir besser auf Kundenwünsche und Marktveränderungen reagieren", so Finanzchef Michel Perraudin.[75]
- Großunternehmen schlucken ihre Konkurrenten und konzentrieren sich zunehmend auf ihr *Kerngeschäft*. Bei der jüngsten Fusionswelle hat im Dezember 1998 der Hamburger Textilkonzern Wünsche die Mehrheit an der Modemarke Cinque übernommen. Nach Joop ist dies bereits die zweite Akquisition, aber noch nicht die letzte.
- Unternehmen schließen sich zusammen, damit sich kapitalintensive Investitionen besser amortisieren oder Arbeitsplätze eingespart werden können. So arbeitet bei den Textilmaschinenherstellern Weltmarktführer Gerber Technologie (CAD/CAM-Anbieter) im 3 D-Bereich in Allianz mit dem Japaner Asahi Chemical Industry Co., Ltd., Tokio. Oder der schweizerische Berufs- und Behördenbekleidungshersteller Quitex, Hagendorn, beteiligt sich, um *Synergieeffekte* auszunutzen, maßgeblich an der Wattana Kälteschutz- und Berufsbekleidungs GmbH, Lichtenstein/Sachsen.[76]

Auch die *Banken und Kreditversicherungen*, die Warenlieferungen an die Hersteller versichern, *nehmen entscheidenden Einfluss auf die Existenz von Textilunternehmen* und den Konzentrationsprozess. Eine Betriebswirtin erzählt in einer Arbeitsgruppe auf einem Kongress im April 1998 in Stuttgart: „Ich habe in meiner langjährigen Erfahrung als Betriebswirtin feststellen müssen, dass die Banken auch am Standort der Textil- und Bekleidungsindustrie in Deutschland sehr viel Einfluss haben, dass letztendlich die Banken doch diejenigen waren, die den Hebel umgelegt haben, die Betriebe kaputt, vollends platt gemacht haben – trotz voller Auftragsbücher."[77] Das Traditionsunternehmen Calwer Decken und Tuchfabrik musste zum Beispiel im Frühjahr 1998 Konkurs anmelden, weil die Kreditversicherung, die Lieferungen von Garn- oder Wolllieferanten versichert, von heute auf morgen ihre Limite gestrichen hatte.[78] Auch eine Jungunternehmerin, die besonders ökologisch wirtschaftet, klagte darüber, dass sie in der Textilbranche kein Existenzgründungsdarlehen erhielt und die Banken nur an hohen Umsätzen interessiert seien.[79]

Im Fusionsfieber muss die *Hitliste der deutschen Top 10 der Textilindustrie* ständig aktualisiert werden. Freudenberg mit seinen Vliesstoffen und die Hartmann-Gruppe, der Spezialist für Verbandsstoffe, zählen zu den wichtigen Größen. Ihre Umsätze mit 1,8 bzw. 1,4 Mrd. DM wirken noch schmächtig im Vergleich zu den amerikanischen Mischkonzernen Sara Lee Corp. (11,5 Mrd.) oder Coats Viyella (mit 6,4 Mrd.). Die Textil-, die Leder- und auch die Bekleidungsbranche bestehen aber in Deutschland überwiegend aus mittelständischen Unternehmen. Die meisten haben bis hundert Beschäftigte, und der größte Teil der Beschäftigten arbeitet in Betrieben mit 100 bis 200 Mitarbeitern.[80]

Nicht weniger dynamisch als die Textilbranche wechselt die *Rangfolge der „Top 10" der Bekleidungslieferanten Europas*, angeführt von der Benetton-Gruppe, gefolgt von der französischen LVMH-Gruppe (Moet Hennessy Louis Vuitton), den deutschen Unternehmen adidas und der Triumph International Gruppe. Vertrauter klingen die Namen der größten deutschen Bekleidungslieferanten (s. Grafik).

Die großen *Umsatzgewinner der Bekleidungsbranche* sind die Konzerne wie Dolce e Gabbana (+30 Prozent), Armani (+22 Prozent) oder der größte deutsche Luxuskonzern Escada (+11Prozent) und die Sportkonzerne, insbesondere adidas (+55 Prozent) oder Fila (+28 Prozent) beim Bekleidungsumsatz. Dazu kommen einige Firmen mit besonders erfolgreichen Marketingstrategien, die ihre Mode zum Beispiel über ein eigenes Ladennetz vertreiben oder Shop-in-Shops eröffnen. „Starke Modemarken im anspruchsvollen Modesegment werden zu Lifestyle-Marken: das heißt, sie diversifizieren (Boss etwa macht ab 1998 auch Damenmode und eine eigene Sportswear-Linie) und vergeben Lizenzen", schreibt die TextilWirtschaft im Oktober 1998.[81]

Seit 1992 befinden sich *deutsche Bekleidungshersteller auf Talfahrt.* Jedes dritte Unternehmen verzeichnete Einbußen, teilweise sogar erhebliche. 1997

■ **Die größten deutschen Bekleidungslieferanten 1997**

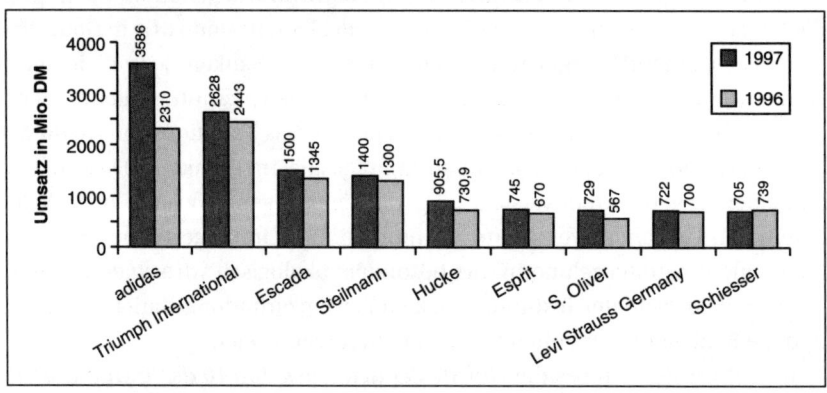

Quelle: TextilWirtschaft Nr. 44/98

konnte die positive Entwicklung im Außenhandel die Talfahrt bremsen. Die Zeichen stehen weiter auf Konzentration. Bekleidungslieferanten mit über 150 Mio. DM Umsatz entwickelten sich 1997 mehrheitlich positiv, über zwei Drittel der Firmen melden Pluszahlen.[82]

Bekleidung Wear, das Branchenmagazin für die Nähindustrie, erkennt den Trend zu offenen Strukturen. Die *Anzahl der kleinen Konfektionäre steige* ständig, weil sie flexibler reagieren können und auch neue CAD-Systeme für viele erschwinglich werden. Große Unternehmen konkurrieren dagegen über die Steigerung der Effizienz und Reduktion der Kosten durch den Einsatz von Technologie. Sie arbeiten mit den neusten Windows-basierten Technologien, während kleine und mittelständische Unternehmen kaum genügend Ressourcen haben, um auf eine Automatisierung umzustellen. Insgesamt wird der Markt für die Hersteller immer schwieriger, weil Produkt-Design- und Herstellungskosten gestiegen sind und die Produktionszyklen immer kürzer werden.[83]

Es liegt nahe, dass der Preiskrieg der Konkurrenten auf dem Rücken vorgelagerter Stufen in der textilen Kette ausgetragen wird. Viele deutsche Hersteller sehen darin eine Chance, ihre *Produkte auch selbst zu vermarkten*. Rund ein Fünftel der größten deutschen Unternehmen verfügen bereits über Einzelhandelsgeschäfte. So zum Beispiel auch Trigema, die 50–55 Prozent ihrer Produktion in so genannten Festgeschäften in Süddeutschland vertreibt.

Die Industrie reagiere oft durch Outsourcing statt durch Bündelung ihrer innovativen Kräfte, moniert der Branchenguru Klaus Steilmann. Er wirbt für Innovationsnetzwerke und strategische Allianzen und verweist auf die eigene erfolgreiche Kooperation mit Quelle.[84]

Die Deutsche Gesellschaft für Mittelstandsberatung mbH (DGM) z.B. – und damit ist sie nicht allein – bescheinigt der Textil- und Bekleidungsindustrie, dass Kooperationen hier noch in den Kinderschuhen steckten. *Bei Design und Entwicklung wie Vertrieb und Marketing seien Kooperationen bisher kaum verwirklicht.*[85]

Wie in der Produktion setzt sich der Trend zur Konzentration auch im Textileinzelhandel fort. Die zehn größten Unternehmensgruppen im Textileinzelhandel haben ihren Marktanteil von 37,1 auf 38,5 Prozent ausgeweitet. Mehr als jede fünfte mit Textilien umgesetzte Mark fließt auf das Konto der Top 3, und *die ersten 35 Unternehmen decken 50 Prozent des Textilumsatzes ab* (s. Grafik: Die Größten im Textileinzelhandel in Deutschland). Die Abbildung berücksichtigt die 15 größten Textileinzelhändler in Deutschland.

Die Textilpleiten trafen 1998 vor allem die Mittelständler, darunter auffallend viele Kaufhäuser wie Fischer in Chemnitz oder Kappenbach in Uelzen. Vor zehn Jahren existierten noch etwa 62.000 mittelständische Anbieter, heute sind es noch 52.500. Nach wie vor ist die Struktur der Branche überwiegend

■ Die Größten im Textileinzelhandel in Deutschland

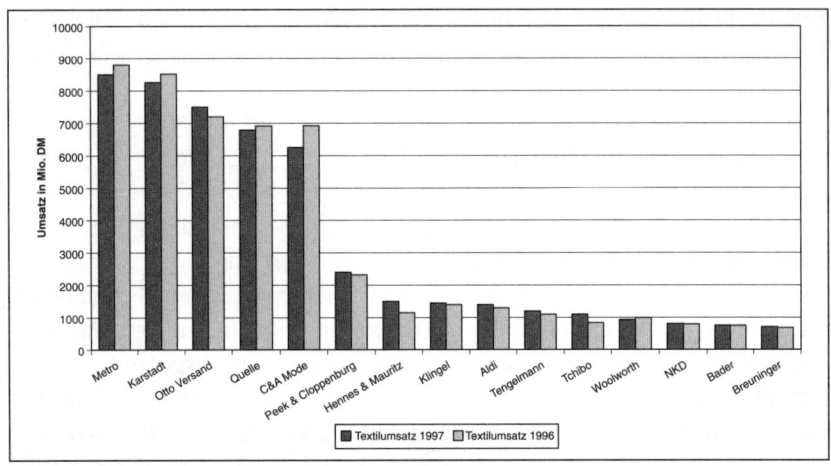

Quelle: TextilWirtschaft 39/1998

mittelständisch. Rund 39.000 Unternehmen setzen jährlich weniger als eine Million Mark um, eine Größe, die als Untergrenze für einen überlebensfähigen Vollerwerbsbetrieb gilt.

Das Ringen der Großen geht weiter mit der Fusion von Schickedanz/Quelle-Karstadt oder mit der Metro-Übernahme von Allkauf und Kriegbaum.

Der Textilumsatz von Branchenfremden wie Warenhäusern, Discount- und Drogeriemärkten oder Kaffeeröstern behauptet sich, während der Fachhandel unter die Zwei-Drittel-Marge gefallen ist. Tchibo kletterte zusammen mit Eduscho auf Platz 11 der Rangliste. Auch Aldi und Tengelmann verbesserten ihre Position. Der Facheinzelhandel, der angesichts der Entwicklung das Nachsehen hat, gründet vermehrt Einkaufsgemeinschaften und Erfahrungsaustauschgruppen. Hier erwarten Fachleute (KSA, Düsseldorf) in den nächsten zehn Jahren weitere Rückgänge.

Besonders die *„vertikalen" Spezialisten* wie Hennes & Mauritz, die von der Produktion bis zur Vermarktung alles in einer Hand haben, nehmen den klassischen etablierten Handelsunternehmen Umsätze ab. Neu dazugekommen sind Wettbewerber aus dem Ausland wie Marks & Spencer oder Springfield und neue Vertriebsformen wie das Factory-Outlet-Center (der fabriknahe Verkauf), mit dem z. B. Boss in Metzingen großen Erfolg hat.[86]

Jüngstes Beispiel für den *Abbau von Arbeitsplätzen im Textilhandel* ist der Schöpflin-Standort der Quelle-Schickedanz-Gruppe in Lörrach mit 900 Mitarbeitern. Ende Juli 1999 wird das Versandhaus Schöpflin geschlossen wegen erwarteter Verluste in Höhe von 40 Millionen.[87] Mit Beschäftigungsabbau und der Umwandlung von Voll- in Teilzeitstellen versuchen die Eigentümer im Textilhandel allgemein dagegenzuhalten. Der Nachfragerückgang bzw. die Stagnation fordert Arbeitsplätze. 1996 waren in Deutschland im Einzelhandel mit Bekleidung 348.900, im Sektor Textilien 25.200 und in der Ledersparte 90.000 Personen beschäftigt. Von 1995 bis 1997 sank die Zahl der Beschäftigten im Großhandel mit Bekleidung und Schuhen bzw. Textilien parallel zum Umsatz und sogar darüber hinaus um 8,5 bzw. 9,9 Prozent. Während Vollzeitstellen abgebaut werden, entstehen zunehmend Teilzeitstellen. Im gleichen Zeitraum ging die Zahl der Beschäftigten im Einzelhandel um 4 bzw. 3,7 Prozent zurück, jedoch ist hier schon mehr als die Hälfte teilzeitbeschäftigt, Tendenz steigend.[88]

Wenn der Verteilungskampf tobt, interessiert die Frage: *Wo bleibt wie viel vom Ladenpreis?* Gewerkschafter kritisieren, dass der Handel den Löwenanteil beim Profit einstreicht. Hier gehe es nicht um Spannen von 10 oder 15 Prozent, sondern um 150 bis 300 Prozent. Die Außenhandelsvereinigung des Deutschen Einzelhandels hält dagegen, dass man mit den Margen in den letzten vier, fünf Jahren wirklich keine großen Sprünge machen könne.[89]

■ **Wo bleibt wie viel von der Handelsspanne?**

	Nikes Air Pegasus aus Asien, 70 US-$	Jeans aus Osteuropa
Löhne	3,9 %	ca. 1 %
Material	12,8 %	13 %
Miete, Maschinen	4,3 %	
Profit Fabrikation	2,5 %	
Gebühren	4,2 %	11 %
Transport	0,7 %	
Forschung, Entwicklung	0,3 %	25 %
Promotion, Werbung	5,7 %	
Verkauf, Administration	7,2 %	
Profit Marke	8,9 %	
Einzelhändler (Personal, Miete, Administration, Profit)	50,5 %	50 %

Quelle: CCC-EU 1998, Aktionszeitung der Kampagne für „Saubere" Kleidung 1/99, S. 7; EvB, Let's go fair, S. 14

Die Kampagne für „Saubere" Kleidung in Europa wollte es genauer wissen und hat zum Beispiel ausgerechnet, wie viel eine Arbeiterin in Osteuropa vom Preis einer Jeans erhält, die sie zusammennäht. Der Lohnanteil geht runter bis auf ein Prozent des Verkaufspreises (s. Tabelle: Wo bleibt wie viel von der Handelsspanne?)[90] Bettina Musiolek, Sozioökonomin und Mitglied der Kampagne, schreibt: „Eine Hose für circa 150 Mark wird in einer halben Stunde genäht, die Lohnkosten dafür machen (in Deutschland) also 7,50 DM aus – gerade fünf Prozent des Verkaufspreises! Gegenüber dem Lohnniveau anderer Branchen liegen die Näherinnen-Löhne am unteren Ende – vergleichbar mit anderen typischen, weil billigen Frauenarbeitsplätzen (s.o.). Dennoch, gegenüber den Näherinnen aus Osteuropa, Asien oder Mittelamerika sind sie teuer, denn die verdienen nur 15 Pfennige bis zwei Mark die Stunde. Der Lohnanteil am Verkaufspreis beginnt bei 0,15 Prozent."[91]

Ähnlich fällt das Ergebnis bei der Kalkulation für ein Paar „Nikes Air Pegasus" aus, das von der Washington Post für die USA und der Erklärung von Bern für den Schweizer Markt recherchiert worden ist. 3,9 Prozent entsprach dem Lohnanteil der asiatischen Schuharbeiterin.[92]

Absatz zwischen Marktsättigung und Export

Der europäische Markt ist global gesehen ein beachtlicher Wirtschaftsfaktor. Die 15 Mitgliedstaaten der Europäischen Union haben mit rund 370 Millionen Konsumenten einen um 38 Prozent größeren Markt als die USA. Mit 62 Prozent wird der *Löwenanteil des EU-Textilexports innerhalb der Mitgliedstaaten* abgewickelt.[93] Seit Beginn der 70er Jahre steht der westdeutsche Markt unter einem verstärkten Importdruck aus Niedriglohnländern. Der Importüberschuss an Bekleidung und Textilien erreichte 1996 sein Maximum mit 23,3 Mrd. und zeigt nun leicht fallende Tendenz (20,7 Mrd./1998, davon 14,17 Bekleidung). In der Rangliste der bedeutendsten Exportländer für Bekleidung nach Deutschland liegt China ganz vorn, gefolgt von der Türkei und Polen (s. Grafik S. 33). Bei den Importen fällt die stärkere Verflechtung mit den Staaten des früheren Ostblocks auf. *Während die Einfuhren aus den EU-Staaten rückläufig sind, nehmen die aus den Staaten Mittel- und Osteuropas überdurchschnittlich zu.* Größter Lieferant aus dieser Region ist Polen mit Waren im Wert von 2,5 Mrd. DM.

Schon seit Ende der 70er Jahre ist in Westdeutschland bei Textil- und Bekleidungsprodukten eine *Marktsättigung* zu beobachten. In den letzten Jahren gibt es sogar beim privaten Verbrauch von Textil- und Bekleidungsprodukten einen deutlichen Rückgang.

Seit 1988 sinkt beständig der Anteil des Einkommens, den westdeutsche Verbraucher für den Kauf von Bekleidung aufwenden. Bezogen auf einen Vier-Personen-Haushalt mit mittlerem Einkommen waren das im Jahr 1998 191 DM

■ Die wichtigsten Importländer von Bekleidung

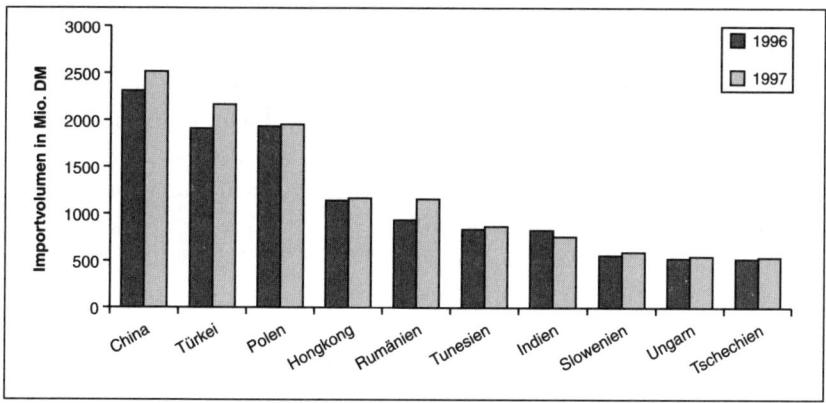

Quelle: Statistisches Bundesamt, BAW

■ Ausgaben für Textilien und Bekleidung je Haushalt pro Monat*

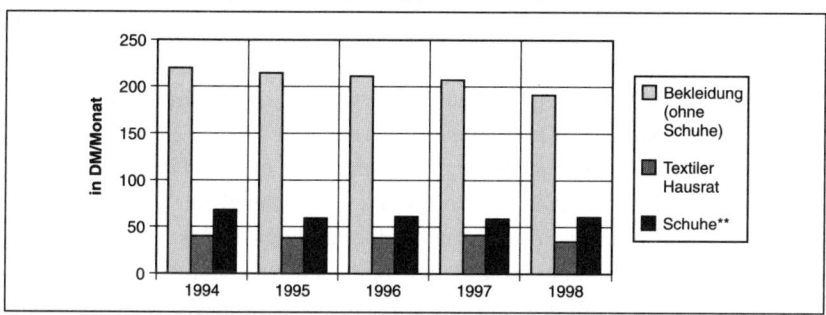

* 4-Personen-Haushalt mit mittlerem Einkommen in Deutschland, ** in alten Bundesländern
Quelle: Statistisches Bundesamt

für Bekleidung (ohne Schuhe) plus 34 DM für textilen Hausrat. Darunter fallen Teppiche, Heimtextilien und Haushaltswäsche. (Grafik: Ausgaben für Textilien und Bekleidung 1994–1998).

Bei den Ausgaben für Bekleidung bestehen deutliche soziale Unterschiede. Während ein Rentnerhaushalt mit zwei Personen nur um die 100 Mark pro Monat ausgibt, sind es beim Angestelltenhaushalt mit gehobenem Einkommen für vier Personen 400 Mark und mehr. *Fachleute machen für die sinkende Inlandsnachfrage vor allem das gesunkene Realeinkommen verantwortlich.* Berücksichtigt werden müssen auch die hohen Arbeitslosenzahlen. Nicht zu unterschätzen sind die Zukunftsängste, die das Geld fester in der Tasche stecken lassen. Aus der Sicht des Handels erscheint die Sparquote mit derzeit rund 12 Prozent viel zu hoch.[94]

So blieb 1997 im fünften Jahr hintereinander weniger als zuvor in den Kassen des deutschen Textileinzelhandels. Dort landeten nach Schätzungen des Bundesverbands des Textileinzelhandels 117,5 Mrd. DM, ein Minus von 1,5 Prozent im Vergleich zum Vorjahr. In dieser Summe sind allerdings Textilerlöse in Lebensmittelgeschäften nicht enthalten. Auch ganz oben „krieselt" es. Die anhaltende Konsumflaute hat die Großen wie Metro, Karstadt, Quelle und C&A nicht verschont. Außer Otto haben die ersten fünf Konzerne kräftige Umsatzeinbußen hinnehmen müssen.[95]

Die Ausfuhr scheint das Zünglein an der Waage. Seit 1993 wächst der Export der deutschen Wirtschaft und mit ihm die Exportüberschüsse von Jahr zu Jahr. Erst 1996 entsteht auch ein Plus bei den Ausfuhren in den Branchen Textil und Bekleidung, deren wirtschaftliche Entwicklung überwiegend von einem dynamischen Exportgeschäft getragen wird. Während der Inlandsumsatz im Bekleidungsgewerbe zurückging, legte der Auslandsumsatz von Textilien und Bekleidung 1997 glatte 10,5 Prozent zu. Auch in 1998 setzte sich diese Entwicklung in leicht gebremstem Tempo fort. Ähnlich verhält sich die Entwicklung in der Lederindustrie. Während der Auslandsumsatz in großen Schritten wächst,[96] wurde im Inland erst 1997 auf 1998 mit einem dicken Plus von 10,5 Prozent die Stagnation bzw. Rezession gebrochen. Ganz wesentlich hierfür ist die gewachsene Nachfrage deutscher Hersteller bei Autoleder.

Handelspolitisch fordern die Textilverbände eine weitere Liberalisierung in der neuen Welthandelsrunde. Konkret treten Gesamttextil, der Bundesverband der Bekleidungsindustrie, die Außenhandelsvereinigung des Deutschen Einzelhandels und der Fachverband der Textilindustrie Österreichs in einer gemeinsamen Erklärung im Frühjahr 1999 für die Erstellung eines Zeitplans zum substantiellen Abbau aller Zölle ein: „Als Zwischenschritt muss ein einheitliches niedriges Zollniveau bei Textilien und Bekleidung erreicht werden. Einige Staaten müssen dafür ihre Zölle deutlich senken." Unabhängig davon sprechen sich die Unterzeichner für eine zeitgerechte und vollständige Umsetzung der Verpflichtungen der Mitgliedstaaten der Welthandelsorganisation (WTO) aus der Uruguay-Runde aus. Das *Agreement on Textiles and Clothing (ATC) sieht bis zum Jahr 2005 die Integration des Sektors in die allgemeinen WTO-Regeln vor*, das heißt den vollständigen Abbau bisher bestehender Beschränkungen für WTO-Mitglieder.[97]

NGOs verweisen darauf, dass durch die Anwendung des Multifaserabkommens von 1974, das bis zum Jahr 2005 auslaufen soll (ATC), den Dritte-Welt-Staaten jährlich schätzungsweise 4 bis 15 Mrd. US-Dollar an Einnahmen aus Textilexporten verloren gegangen sind. Von ihrer Seite wird befürchtet, dass auch nach Auslaufen dieses Abkommens im Jahre 2005 *protektionistische Maßnahmen* der Industrieländer durch GATT-konforme Schutzklauseln *fortgesetzt werden könnten.*[98]

Gemeinsam mit dem Bundesverband Bekleidungsindustrie versucht Gesamttextil die überwiegend mittelständischen Unternehmen bei der *Erschließung internationaler Märkte* zu unterstützen und empfiehlt, Kooperationen zu gründen.

Ein Blick auf die Statistik bestätigt wieder die Dominanz Mittel- und Osteuropas. Die Ausfuhren in EU-Mitgliedstaaten sind nicht so stark gewachsen wie die Lieferungen in Länder Mittel- und Osteuropas, die um 14 Prozent auf 7,9 Mrd. DM geklettert sind. Wichtigstes Abnehmerland ist Polen, das sich in der gleichen Größenordnung wie Italien oder Großbritannien bewegt.[99]

Der Unternehmensberater Hermann Fuchslocher aus Düsseldorf urteilte bei einem Gespräch zur Zukunft der Branche, dass Wettbewerbsfähigkeit überwiegend nur durch Sourcing in Niedrigpreisländern realisierbar sei und Wachstum langfristig nur durch den Export.[100]

Literaturhinweise, Anmerkungen:

1 Nach: Erika Rohleder, langjährige Geschäftsführerin der Gewerkschaft Textil und Bekleidung in der Westpfalz, 1.5.1996, EFD-Seminar, „Kleines Geld – große Macht", Schwerte

2 Hermann J. Wirtz: „Leute machen Kleider ..." in: Entwicklungspolitische Korrespondenz 3/1993; Kleidung aus der Weltfabrik, DGB Bildungswerk, Materialien Nr. 49, Düsseldorf 1996

3 Eva Schmidt: Auch in Zukunft Textilien aus Baden-Württemberg? S. 45–48. In: UmweltGerechte TextilWirtschaft – Vision oder Wirklichkeit? Kongreß 2.4.1998 Stuttgart, Hrsg.: Evang. Akademie Bad Boll, Zentrum für Entwicklungsbezogene Bildung, Wirtschaftsministerium Baden-Württemberg, Stuttgart 1998

4 Die Bekleidungsindustrie in der Bundesrepublik Deutschland 1997, Bundesamt für Wirtschaft, Eschborn, Aug. 1998, S. 1, (Produktionsindex arbeitstäglich und erzeugerpreisbereinigt auf der Basis von 1995)

5 Gesamttextil: Jahrbuch der Textilindustrie 1998, S. 54, Eschborn, Sept. 1998

6 Hans Otto Eglau in: Die Zeit 15.3.1996

7 vgl. Bekleidung Wear 22/1998, Hoechst und Koch/Saba: Polyesterverkauf beendet, S. 46

8 Interview von Wolfgang Möck, Melliand Textilberichte 4/1996: 216 f.

9 vgl. Statistisches Jahrbuch 1998, S. 213

10 Aachener Textiltagung: Über den Tellerrand schauen... Bekleidung Wear 20/1998: 46 f., 25

11 Klaus Steilmann: Innovativ in die Zukunft, S. 12–19, in: UmweltGerechte TextilWirtschaft, s.o.

12 International Labour Organization: Globalization of the footwear, textiles and clothing industries, Geneva 1996

13 Manfred Schallmeyer: Die Textil- und Bekleidungswirtschaft – global player oder Zukunftsverlierer? In: UmweltGerechte TextilWirtschaft s.o., S. 30–39

14 Marlis Heinz: „Nicht so verflucht pessimistisch" Gedankenaustausch von Branchenexperten in Leipzig, in: Bekleidung Wear 1/1999, S. 51

15 Gesamttextil: Jahrbuch 1998, s.o.

16 Pressemitteilung Gesamttextil vom 10.8.1998

17 Dieter Auch/IG Metall: Die Politik ist gefordert, in: UmweltGerechte TextilWirtschaft s.o., S. 56–59

18 European Apparel and Textile Organisation, Maßnahmenkatalog 3/1998

19 Klaus Priegnitz/Christine Wagner: Niedriglöhne in der Textil- und Bekleidungsindustrie, S. 152–161, in: G. Pohl/C. Schäfer 1996, s.o.

20 Frieder Gaenslen: Sich der Herausforderung stellen, S. 51, in: UmweltGerechte TextilWirtschaft, s.o., S. 49–53

21 Gastkommentar Wilhelm Thesing: Märkte und Technologie der nähenden Industrie von morgen, in: Bekleidung Wear 22/1998, S. 24–27

22 Barbara Fendt: CAD Cutting Line: Körpermaßkonstrukion im Mittelpunkt in: Bekleidung Wear 20/1998, S. 22f.

23 Basisüberlegungen zu Paßform und Nähtechnik, in: Bekleidung Wear, 22/1998, S. 32–34

24 Stefan Mecheels: Neue Chancen für die Zukunft, in: UmweltGerechte TextilWirtschaft, s.o., S. 54–55

25 vgl. Bekleidung Wear, 20/1998, S. 47

26 Der intelligente Zuschnitt, in: Bekleidung Wear 20/1998, S. 29

27 Barbara Fendt: 1. Bobbin World, Atlanta, in: Bekleidung Wear: 19/1998, S. 26–32

28 Günter Lerch: Die Stadt Aralsk liegt heute am Ende der Welt. In: Frankfurter Allgemeine vom 28.5.93; Unten Gift. In: Der Spiegel 5/1988, S. 143f.; Usbekistan war 1998 der wichtigste Lieferant von Baumwolle nach Deutschland mit einem Anteil von 44%/50.200 t, Turkmenistan – 1996 noch auf Rang 3 – hat mit 1000 t kaum noch Bedeutung. Melliand Textilberichte 1–2/1999, S. 6

[29] Öko-Tex International, TESTEX, Zürich/Schweiz, Edition 7/1997, S. 7

[30] Gesamttextil ist 1995 der Selbstverpflichtungserklärung der deutschen Industrie zum Energiesparen und zur Vermeidung von CO_2-Emissionen beigetreten. Ziel der Bundesregierung: 25–30% bis 2005, Bezugsjahr = 1987

[31] Eva Schmidt, s.o.

[32] FAZ vom 23.03.1994

[33] Töpfer Planung + Beratung GmbH, Reduktion der Abwasserbelastung in der Textilindustrie, UBA-Forschungsbericht 102 06 511, von Harald Schönberger unter Mitarbeit von Ulrich Kaps, Berlin 1993

[34] Herbert Klemisch: Umweltschutz in der Textil- und Bekleidungsbranche. Ein Handbuch für Betriebsräte und Beschäftigte. KNI Paperbacks, Klaus Novy Institut, Köln 1999, S. 84

[35] s. a. H. Fischer, C. Wucherer u.a.: Umweltkostenmanagement, Hanser Verlag

[36] Jahrbuch der Textilindustrie 1998, S. 82

[37] Umweltbericht der Kunert AG 1996/97

[38] siehe Amtsblatt des Landes Baden-Württemberg vom 26.02.1999

[39] vgl. Dieter Auch, s.o.

[40] Thomas Biskupek: Bekleidungsindustrie Weißrußlands: Ein noch unentdecktes Aschenputtel, in: Bekleidung Wear 20/1998/, S. 6–11

[41] vgl. Bundesamt für Wirtschaft 1998, s.o.

[42] Pohl/Schäfer: Niedriglöhne, 1996; s.u.; Rolf Münster: Der Kampf gegen die Massenarbeitslosigkeit ist zu gewinnen, in: Ökonomy 1/99, S. 4–8

[43] G. Pohl, C. Schäfer 1996, s.o.

[44] Priegnitz/Wagner: Niedriglöhne in der Textil- und Bekleidungsindustrie, S. 152–161 in: Pohl/Schäfer, s.o.

[45] Eva Schmidt, s.o. S. 45

[46] vgl. Schallmeyer, s.o.

[47] Schiesser-Gruppe: Konfektion in Sachsen schließt, in: Bekleidung Wear, 22/1998, S. 42

[48] Jahresbilanz der Steilmann-Gruppe 1996, Waiblinger Kreiszeitung 7.8.1998

[49] Mustang-Gruppe: Künzelsau bald ohne Jeansfertigung, in: Bekleidung Wear 22/1998, S. 45, Stuttgarter Zeitung vom 12.12.1998 „Mustang baut weniger Stellen ab als geplant"

[50] Regina Röttgen: Jeans Made in Turkey, in: Bekleidung Wear 22/1998, S. 16 f.

[51] Thomas Spengler: Ungarn wird zu Lurchis neuer Heimat, in: Stuttgarter Zeitung vom 12.06.1999

[52] Sylvie Nützel-Lange: Trigema: Konfektionsneubau offiziell eröffnet, in: Bekleidung Wear 20/1998, S.40

[53] Jürgen Engel-Bock: Internationale Spielregeln gegen Öko- und Sozialdumping, S. 78, in: UmweltGerechte TextilWirtschaft s.o., S. 77–81

[54] Manfred Schulze: Drews Meerane: Mit Flexibilität und Qualität den Standort Deutschland sichern, in: Bekleidung Wear 22/1998, S. 15

[55] Mac Mode: Weder klein noch langsam, in: Bekleidung Wear 1/1999, S. 33–35

[56] ILO 1996, s.o.

[57] vgl. Hans-J. Koslowski: Informationen folgen globalen Märkten, in: Melliand Textilberichte 3/1997, S. 109

[58] Gastkommentar Wilhelm Thesing: Märkte und Technologie der nähenden Industrie von morgen, S. 24, in: Bekleidung Wear 22/1998, S. 24–27

[59] vgl. ILO 1996, s.o.

[60] vgl. ILO 1996, Materialien DGB Bildungswerk Nr. 46: Freie Produktionszonen – Grenzenlose Gewinne! Düsseldorf

[61] ICFTU Annual Survey of Violations of Trade Union Rights, 6/1999; Adresse: s. Anhang

[62] Pressemitteilung Gesamttextil Eschborn vom 8.6.1998

[63] siehe oben: Bekleidung Wear 20/1998, S. 8

[64] ILO-Pressespiegel „Globalization Changes the Face of Textile, Clothing and Footwear Industries, Zitat vom stellvertretenden ILO-Direktor Kari Tapiola, in: Frankfurter Allgemeine Zeitung vom 29.10.1996 und Die Welt vom 29.10.1996

[65] Südwind, AMRC, IBON: Kleiderproduktion mit Haken und Ösen, Texte 6, Siegburg 1997

[66] Gerd Nickoleit, gepa/Fair Handelshaus: Soziale Standards, soziale Entwicklung und fairer Handel, 12.08.1998

[67] vgl. ILO 1996, Seite 92

[68] A Code for Homeworkers: Australia's Fair Wear Campaign. In: Clean Clothes newsletter no. 11, August 1999, S. 9

[69] vgl. ILO 1996, S. 87–91

[70] vgl. ILO 1996, S. 87–91

[71] Südwest Presse 04.04.1998, Pressemitteilung Gesamttextil 05.02.1998

[72] Wirtschaftspressekonferenz von Gesamttextil und Messe Frankfurt am 26.10.1998 in Frankfurt

[73] Mecheels, s. o., S. 67

[74] Barbara Fendt: Schiesser: Nabelschnur zerschneiden, in: Bekleidung Wear, 21/1998, 28 f.

[75] Stuttgarter Zeitung vom 12.3.1997

[76] Bekleidung Wear 1/1999, S. 49

[77] UmweltGerechte TextilWirtschaft, s. o., S. 65

[78] UmweltGerechte TextilWirtschaft, s. o., S. 66

[79] UmweltGerechte TextilWirtschaft, s. o., S. 67

[80] Statistisches Jahrbuch 1998, S. 198 f.

[81] Irene Gerke: Umsatzrekord mit Luxus und Sport, in: TextilWirtschaft 44/1998, 29.10.1998, S. 56–62

[82] I. Gerke, s.o.

[83] Trend zu offenen Strukturen, in: Bekleidung Wear 20/1998, S. 23 f.

[84] Steilmann, s.o., S. 14

[85] Thomas Spengler: „Maschen der Textilindustrie nicht eng genug geknüpft", Stuttgarter Zeitung 20.6.1997

[86] Stephan Maderner: Kampf der Kolosse, in: TextilWirtschaft 39/98, 24.09.1998, S. 147–154

[87] Quelle-Schickedanz-Gruppe: Aus für Schöpflin-Standort Lörrach, in: Bekleidung Wear, 22/1998, 45

[88] Statistisches Jahrbuch 1998

[89] Konrad Neundörfer, S. 100, in: UmweltGerechte TextilWirtschaft, s. o.

[90] CCC-EU 1998, Aktionszeitung Kampagne für Saubere Kleidung 1/1999, S. 7

[91] Bettina Musiolek (Hrsg.): Ich bin chic, und Du mußt schuften, S. 20, Brandes & Apsel, Frankfurt a.M. 1997

[92] vgl. Erklärung von Bern (EvB), Let's go fair, Broschüre, S. 14, Zürich 1/97

[93] Steilmann s. o.

[94] Bundesamt für Wirtschaft 1998, S. Marderner, s. o.

[95] vgl. S. Marderner, s. o.

[96] Von 1997/330 Mio. DM auf 1998/360,26 Mio. DM oder 9,2% Steigerung, Quelle: VDL-Rundschreiben Nr. 2/1999, Frankfurt

[97] Gesamttextil, Eschborn, Pressemitteilung vom 22.04.1999

[98] Südwind 1997, s. o., S. 86 f.

[99] Pressemitteilung Gesamttextil 13.10.1998: Textilhandel mit MOE-Ländern wächst überdurchschnittlich.

[100] Barbara Fendt: HFU-Unternehmergespräch: Export nebenher betreiben? Nein! Bekleidung Wear 1/1999, S. 52

Kapitel 2: Abschied von Problemstoffen

Flut an Chemikalien außer Kontrolle? Kapitel 2.1

Ist die Flut an Chemikalien, die im Textilbereich eingesetzt werden, außer Kontrolle geraten? *Zum Verarbeiten, Veredeln und Färben bzw. Bedrucken von Textilien wird eine Fülle von Chemikalien eingesetzt, deren Auswirkungen auf Umwelt und Gesundheit häufig nicht ausreichend bekannt sind.* Der Textilhilfsmittelkatalog von 1994/95 führt 6.791 Handelsprodukte auf, der „Colour Index" als auslaufendes Verzeichnis der Textil-Farbmittel weist rund 4.000 Substanzen aus. Längst nicht alle davon sind am Markt noch relevant. Nach Angaben der deutschen Veredelungswirtschaft werden ca. 600 unterschiedliche Substanzen als Textilausrüstungs- und Hilfsmittel verwendet. 1500 Textilfarben und Pigmente sollen insgesamt auf dem Markt sein, davon ca. 800–900 Farbmittel, die in größerem Umfang marktrelevant sind.[1]

Stoffflut außer Kontrolle?

Welche Informationen liegen im *Umweltbundesamt* beispielsweise darüber vor, wie sich der Einsatz chlor- oder schwermetallhaltiger Chemikalien, die besonders umweltrelevant sind, in der Textilindustrie entwickelt hat? Dazu Horst Fischer: „Über einzelne Chemikalien und ihre Einsatzmengen liegen im Umweltbundesamt nur in äußerst begrenztem Umfang Erkenntnisse vor. Von der Vielzahl der in der Textilherstellung eingesetzten Textilhilfsmittel ist nur ein begrenzter Teil nach dem Wasch- und Reinigungsmittelgesetz (WRMG) mitteilungspflichtig... Wir erhalten zudem nur Rahmenrezepturen und keine exakten Angaben zu den einzelnen Inhaltsstoffen. Zudem gibt es häufig Überschneidungen in den Anwendungsbereichen, sodass sich der Textilveredlung kaum spezifische Mengen zuordnen lassen, auch wenn im Rahmen der Mitteilungspflichten Produktions- und Vertriebsmengen, auch schätzungsweise, anzugeben sind. Farbmittel fallen ohnehin nicht unter das WRMG. Demgemäß liegen uns auch keine verlässlichen bzw. nur veraltete Daten zur Mengenentwicklung von chlorhaltigen Farbmitteln, Reinigungsmitteln oder Bleichmitteln vor. Auch gibt es keine Zahlen zu den Einsatzmengen schwermetallhaltiger Farbmittel oder entsprechender Frachten im Abwasser." Den Behörden fehlen also zuverlässige aktuelle Informationen der Textilbranche über den Einsatz potentiell gefährlicher Stoffe.

Ob eine Substanz in der Umwelt bzw. für den Menschen gefährlich wird, ist von ihren Eigenschaften abhängig. Kurz gesagt handelt es sich vor allem um *möglicherweise giftige, Krebs erregende, hormonell wirksame, fruchtschädigende oder erbgutverändernde Substanzen oder um langlebige Stoffe, die sich in der Umwelt anreichern können.* Der zweite Faktor ist das Ausmaß der Belastung, in welcher Konzentration der Stoff vorkommt und von Organismen aufgenommen wird (Exposition). Über beide Bereiche weiß man zu wenig, insbesondere welche Wechselwirkungen der Cocktail von Stoffen inklusive Abbauprodukten im Ökosystem entfaltet. Besondere Aufmerksamkeit richtet sich auf die wenig abbaubaren Stoffe und solche mit irreversiblen (nicht reparablen) Wirkungen.[2] Wie viele Stoffe der Textilwirtschaft sind überhaupt nach heutigen Anforderungen untersucht?

Altstoff oder Neustoff – EINECS oder ELINCS?

Die Bezeichnung Altstoff oder Neustoff hat nichts mit dem Produktionsdatum zu tun. Altstoffe sind also keine überlagerten Chemikalien, die ein Betrieb irgendwo aus der Versenkung holt. Es hängt vielmehr davon ab, wann ein Stoff auf den Markt gebracht worden ist. In der EU gibt es zwei große Systeme, nach denen Chemikalien bewertet werden: das Inventar der Altstoffe und das der Neustoffe.

Bis zur Einführung des Chemikaliengesetzes im September 1981 wurde ein großes Stoffinventar angelegt, das sog. *EINECS* (*E*uropean *In*ventory of *E*xisting *C*hemical *S*ubstances), das alle Altstoffe umfasst, ca. 100.000 Substanzen, von denen heute noch ca. 10.000 bis 20.000 von Bedeutung sind.

Danach wurden in Europa alle Substanzen nach einem einheitlichen Verfahren zugelassen und gekennzeichnet. Sie sind im Stoffinventar *ELINCS* (*E*uropean *Li*st of *N*otified *C*hemical *S*ubstances) verzeichnet. Diese Einstufung ist für die Wirtschaft rechtsverbindlich und gilt europaweit für die Vermarktung. Der Hersteller muss das entsprechende Etikett anbringen mit der Einstufung inklusive Gefahrenhinweisen und Sicherheitsratschlägen.

Das Problem der schlecht untersuchten Altstoffe

Von schätzungsweise 100.000 Stoffen, die vor In-Kraft-Treten des Chemikaliengesetzes produziert, verkauft und angewendet wurden (Altstoffe), sind nur etwa 2.500 Stoffe von Behörden eingestuft. In vielen Fällen (schätzungsweise 28.000) liegt die Einstufung von Stoffen oder Zubereitungen beim Hersteller oder Inverkehrbringer selbst. Das heißt, der Hersteller bewertet nach festgelegten Regeln, ob ein Produkt beispielsweise als gesundheitsschädlich, sensibilisierend oder umweltgefährdend usw. eingestuft und gekennzeichnet werden muss.

Von rund 4.000 besonders problematischen Chemikalien, darunter 2.500 mit Vermarktungsmengen über 1.000 Tonnen pro Jahr, fehlen für die Hälfte die wichtigsten Basisdaten. Nur für 300 Stoffe liegen diese vollständig vor. Im Schneckentempo werden die Stoffe von nationalen und europäischen Stellen bewertet. In den letzten fünf Jahren waren es nur 20 Stoffe, die mit immensem Aufwand auf alle möglichen Risiken untersucht wurden. Beschleunigung ist durch die Mitarbeit der Industrie zu erwarten. Der Europäische Chemieverband hat sich dazu selbst verpflichtet, bis zum Jahr 2005 die Grunddatensätze für 900 Chemikalien vorzulegen.[3]

Altstoffe, die im Rahmen des Altstoffprogramms der *EU-Altstoff-Verordnung* eingestuft werden, werden sozusagen zu „neuen Altstoffen" und tauchen im Anhang I der EU Richtlinie 67548 mit auf,[4] in der nach dem Chemikaliengesetz zugelassene Altstoffe und Neustoffe verzeichnet sind.

Aktuell werden die Daten von Unternehmen ausgewertet, die zwischen 1990 und 1994 Altstoffe in jährlichen Stoffmengen zwischen 10 und 1000 Tonnen produzierten oder in die EU einführten. Sie mussten Basisdaten über die Chemikalien an das Europäische Büro für chemische Stoffe (ECB) in Ispra/Italien liefern. Ziel ist das Erkennen von Gefahren und Bestimmen von Handlungsschwerpunkten.[5] Die Basisdaten geben aber nur Auskunft über einige gefährliche Eigenschaften, nicht über die Exposition von Mensch und Umwelt.

Wie viele Textil- oder Lederhilfsmittel oder Farbmittel zu den so genannten Altstoffen zählen, deren ökologische und gesundheitliche Relevanz nicht ausreichend abgeklärt ist, *ist eine Frage, auf die Behörden und Verbände derzeit eine Antwort schuldig bleiben.* Ebenso in der Frage, wie viele davon zu den gefährlichen Stoffen zählen.

Neustoffe

Etwas Licht in die Anzahl von Stoffen, die bereits untersucht sind, bringen die Anmeldungen im europäischen Katalog der sog. Neustoffe (ELINCS). *Die Angaben, die Hersteller hier gegenüber dem Gesetzgeber machen müssen, werden zum großen Teil vertraulich behandelt.* Verwendungsbereiche und erwartete Wirkungen werden nicht mitgeteilt.

Seit 1981 sind bei der Anmeldestelle Chemikaliengesetz der Bundesanstalt für Arbeitsschutz und Arbeitsmedizin in Dortmund 345 neue Stoffe für die textilverarbeitende Industrie angemeldet worden, 82 Prozent davon sind Farbmittel (s. Tabelle S. 44). Einige Stoffe lassen sich keiner Kategorie zuordnen, da anfangs keine systematischen Kategorien bestanden. Identitätsgleiche Stoffe, die von verschiedenen Herstellern angemeldet wurden, sind zusammengefasst. Außer den deutschen wurden auch andere europäische Anmeldungen berücksichtigt.

Folgt man den Aussagen der Industrie, dass heute rund 600 Textilhilfsmittel eingesetzt werden, sind davon nur 63 als Neustoffe angemeldet, also etwa nur ein Zehntel. Günstiger erscheint die Untersuchungslage bei den Farben. Von 1.500 Textilfarbmitteln, die insgesamt am Markt gehandelt werden sollen, sind 282 in Europa angemeldet. Das sind 19 Prozent.

Der internationale Herstellerverband von Farbmitteln, *ETAD* (Ecological and Toxicological Association of Dyes and Organic Pigments Manufacturers), *schätzt den Anteil der zugelassenen (notifizierten) Farbmittel auf nur 10 Prozent*

■ Anmeldungen von Neustoffen für die textilverarbeitende Industrie in Europa

Farbmittel	**282**
Textilhilfsmittel insgesamt, davon:	**63**
Fixiermittel	3
Bleichmittel	4
Appretur/Weichmacher	4
Dispergiermittel/Emulgatoren	2
Adsorbens von Geruchsstoffen	2
Optische Aufheller	3
Imprägniermittel	2
Imprägniermittel/Fungizid	1
Pestizide für Polymere	2
Reinigungs-/Wasch-/Desinfektionsmittel	1
Flammschutzmittel	7
Antistatik-Stoffe	1
Komplexbildner	1
UV-Absorber	3
Stabilisierungsmittel	2
Zwischenprodukte u. Sonstige	25
Summe	**345**

Quelle: Bundesanstalt für Arbeitsschutz und Arbeitsmedizin, Mai 1999

der Gesamtproduktion, d. h. fast 90 Prozent der produzierten Farbmittel stehen noch im Altstoffverzeichnis EINECS. Seit den 70er Jahren sind davon rund 20 bis 30 bedeutende Substanzen in langzeitigen Karzinogenitätsstudien verschiedener chemischer Klassen untersucht worden.[6] Die ETAD räumt ein, dass *nicht immer ausreichend Informationen über die Stoffe zur Verfügung stehen*. Für die Altstoffe, die weniger getestet worden sind als die neuen, gibt es Informationslücken, die noch nicht geschlossen sind.

Rund 45 Prozent aller Farbstoffe sollen aus China oder den osteuropäischen Ländern stammen, für die keine ausreichenden Begleitinformationen zur Verfügung stehen.[7]

Die Bundesanstalt für Arbeitsschutz und Arbeitsmedizin hat im September 1998 eine *Liste empfehlenswerter Farbmittel* vorgelegt, bei denen im Anmeldeverfahren keine gefährlichen Eigenschaften erkannt wurden, die eine Einstufung oder Kennzeichnung notwendig machten. Werden diese Farbmittel eingesetzt, verringert sich das gesundheitliche Risiko für die Beschäftigten.[8]

Hinweise über den Umfang eingesetzter Altstoffe vermitteln die Untersuchungen auf *Mutagenität von Textilabwässern* mit dem Ames-Test, die die Hydrotox GmbH Freiburg im Auftrag des Umweltbundesamtes 1995 durchführte: 7 von 18 untersuchten Textilbetrieben (39 %) hatten mindestens einmal eindeutig mutagenes Abwasser, bei vier Betrieben wurde wiederholt mutagenes Abwasser gezogen. Im Hamsterzelltest wurden sieben Proben untersucht, wovon drei eindeutig mutagen waren. Mit neu zugelassenen Chemikalien sollte Mutagenität im Abwasser nicht nachweisbar sein, denn die Zulassungsbedingungen nach dem Chemikaliengesetz schreiben einen bakteriellen Test auf Genmutationen und einen nicht bakteriellen Test auf Chromosomenaberrationen vor. Standardtests sind hier der Ames-Test und der Hamsterzelltest.[9]

Das *deutsche Chemikaliengesetz* verbietet nur wenige besonders gefährliche Chemikalien. In der Chemikalien-Verbotsverordnung werden verschiedene Stoffe genannt, die in Chemikalien oder Zubereitungen und teilweise auch Endprodukten verboten sind. Dazu gehören u. a. Dioxine und Furane, Cadmium und seine Verbindungen, polychlorierte Biphenyle und Terphenyle (PCT) und Pentachlorphenol. Für Textilien und Leder ist das Verbot von Pentachlorphenol in Erzeugnissen am bedeutsamsten.[10]

Wo bleiben die Schadstoffe in der Umwelt?

Zur Veredlung ihrer Produkte setzt die deutsche Textilindustrie nach Angaben des Bundesumweltministeriums derzeit jährlich rund 13.000 Tonnen Farbstoffe, 102.000 Tonnen Textilhilfsmittel und 204.000 Tonnen an Grundchemikalien ein. Vor allem die Textilhilfsmittel gelten als wesentliche Belastungsquelle für die Umwelt.[11]

Ins Abwasser gelangen sämtliche Grundchemikalien, etwa ein Fünftel der Farbstoffe und knapp drei Viertel der Textilhilfsmittel. „Die organischen Stoffe werden in den Abwasserbehandlungsanlagen nur zum Teil biologisch abgebaut oder durch Adsorption an den Klärschlamm eliminiert, sodass erhebliche Mengen in die Oberflächengewässer gelangen. Zur Bewertung des ökotoxikologischen Gefahrenpotentials der Einzelstoffe liegen in der Regel

■ **Relevante Emmissionspfade bei der Veredlung von Textilien**

Abluft	Prozess	Abwasser
Halogenierte Lösungsmittel	Entschlichten/ Vorbehandeln	Schlichtemittel, vorbehandeln in der Waschflotte
	Waschen	Laugen, Tenside in der Waschflotte
	Mercerisieren	Natronlauge (meist im Kreislauf geführt)
	Bleichen	Chlorhaltige Waschflotte
Carrier, Lösemittel, Essigsäure	Färben/Drucken	Farbstoffe, Färbereihilfsmittel Schwermetalle
Lösemittel, Restmonomere	Chemisch ausrüsten	Appreturen, Chemikalienreste, Lösemittel in der Abwasserflotte
Veredlungschemikalien, Reaktions- und Zersetzungsprodukte (Formaldehyd)	Trocknen/ Fixieren	

Quelle: Kathleen Spilok/Umweltbundesamt: Umweltrelevante Aspekte in der textilen Produktionskette. GSF-Bericht 17/1994, S. 42

keine hinreichenden Stoffdaten vor", schreibt das Umweltbundesamt 1997.[12] *Ein Teil der schwer oder nicht abbaubaren Stoffe wird in den Klärschlamm oder in die Oberflächengewässer verlagert.*[13]

Kritische Emissionen bestehen auch über den Luftweg. Wenn Stoffe wärmebehandelt werden, zum Beispiel auf 200 Grad erhitzt werden, um ihre Form zu stabilisieren, entweichen zahlreiche Substanzen. Insbesondere sind das verschiedene Hilfsmittel in der Spinnerei und Weberei (Schlichten, Präparationen, Avivagen, Spulöle). Je nach betrieblicher Situation führen diese Stoffe, wenn sie durch Hitze gespalten werden, zu starken Geruchsbelästigungen, Nebel und blauem Dunst.[14]

Um das Abgasverhalten von technischen Anlagen abschätzen zu können, müssen die Hilfsmittel- und Farbmittelhersteller nicht ihre Rezepturen offen legen. Der Gewerbeaufsicht werden lediglich so genannte Emissionsfaktoren genannt, nach denen die Stoffe bestimmten Kategorien zugeordnet werden. Die exakten Rezepturen der Textilhilfsmittel bleiben „under cover".

Selbstverpflichtung: Gewässerökologische Klassifizierung
Schon die Enquete-Kommission „Schutz des Menschen und der Umwelt" des Deutschen Bundestags hatte in ihrem Abschlussbericht empfohlen, eine

Informationsstelle zur ökologischen Klassifizierung von Textilchemikalien einzurichten. Diese Empfehlung hat die Umweltministerkonferenz des Bundes und der Länder im Mai 1995 aufgegriffen und das Bundesministerium für Umwelt, Naturschutz und Reaktorsicherheit (BMU) gebeten, zusammen mit den Ländern und den Verbänden der Textilhilfsmittel-, Lederhilfsmittel-, Gerbstoff- und Waschrohstoff-Industrie (TEGEWA) und Textilveredlungs-industrie[15] (TVI) eine ökologische Bewertung von Textilhilfsmitteln zu erstellen. Sie soll den Anwendern ermöglichen, besonders umweltverträgliche Produkte auszuwählen, vor allem in Bezug auf ihre gewässerökologische Bedeutung.

Im November 1997 hat die *TEGEWA ein Konzept zur Einstufung von Textilhilfsmitteln nach gewässerökologischer Relevanz vorgelegt, das zwischen wenig relevanten, relevanten und stark abwasserrelevanten Mitteln unterscheidet* (s. Grafik: Klassifizierungskonzept für Textilhilfsmittel).

Die Hersteller sollen dem Konzept entsprechend ihre Produkte freiwillig selber einstufen und werden vom Verband TEGEWA stichprobenartig überprüft. Der Verband der Textilveredlungsindustrie empfiehlt seinen Mitgliedern ergänzend, nur noch nach diesem System eingestufte Mittel zu verwenden und dabei nach Möglichkeit weniger abwasserrelevante zu bevorzugen. Firmen, die nicht dem TEGEWA angehören, werden aufgefordert, sich der Selbstverpflichtung anzuschließen. Teil der Selbstverpflichtung ist es auch, dass alle zwei Jahre über Anzahl und Mengen der Textilhilfsmittel nach

■ **Klassifizierungskonzept für Textilhilfsmittel der TEGEWA**

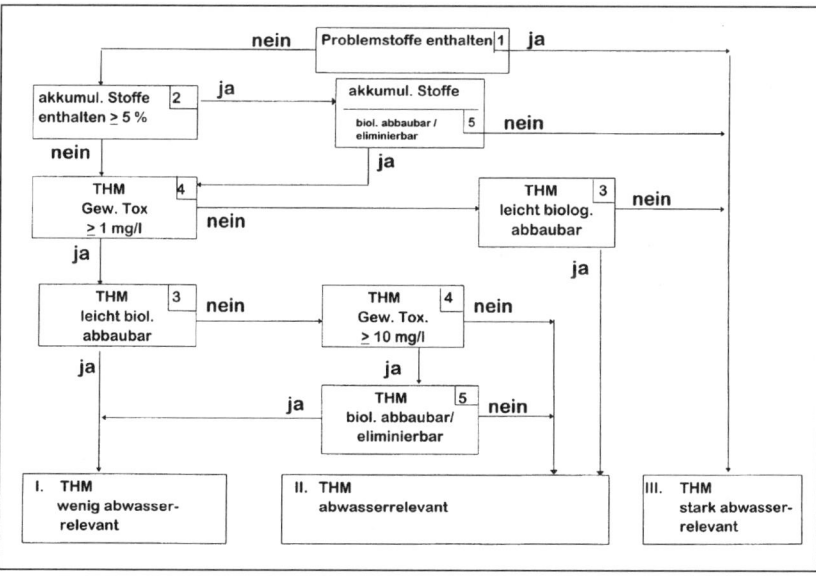

■ **Klassifizierung von Textilhilfsmitteln nach ihrer Gewässerrelevanz**

In Deutschland verkaufte Textilhilfsmittel	1997		1998	
	Anzahl	Menge (t)	Anzahl	Menge (t)
Klasse I	2.821	98.446	3.020	105.983
Klasse II	1.499	29.972	1.485	29.422
Klasse III	460	27.574	417	23.830
Gesamt	4.780	155.992	4.922	159.235

den Abwasserrelevanzstufen berichtet wird. Erster Informationstermin beim Bundesumweltministerium über den Ist-Zustand war der 31.03.1999. Horst Fischer im Umweltbundesamt bedauert, keine Informationen zu einzelnen Textilhilfsmitteln erhalten zu haben, sondern nur eine summarische Übersicht. „Erfreulich ist, dass sich im *Vergleich der Jahre 1997 und 1998*, also im ersten ‚Vertrags'-Jahr, eine *deutliche Tendenz der Abnahme der in Klasse III eingestuften Mittel* zugunsten der Klasse I-Mittel sowohl nach Anzahl als auch nach verkaufter Menge abzeichnet. Damit ist zumindest ein positiver Trend eingeleitet."

Als Gegenleistung für die Umsetzung ihrer Selbstverpflichtung erwarten die Verbände, dass Verbote bzw. Einsatzbeschränkungen von Textilhilfsmitteln nach dem Chemikaliengesetz oder dem Lebensmittel- und Bedarfsgegen-ständegesetz nicht ausgesprochen werden, wenn das System sich bewährt.[16]

„Die Firmen werden jetzt bei der Produktauswahl gezielt darauf achten, in welche Klassen diese Stoffe eingeteilt sind. Daneben muss man auch noch die Wassergefährdungsklassen berücksichtigen, die eine größere Rolle spielen, weil sie Einfluss auf die Lagerung im Betrieb haben. Ich halte das Klassifizierungs-konzept für ganz wichtig", erläutert Michael Pöhlig vom TVI-Verband. „Es soll den Betrieben den Hinweis geben, muss ich in Zukunft substituieren oder nicht. Viele Betriebe haben ein Umwelt- oder Abwasserkataster, in dem diese Klassifizierung berücksichtigt werden kann und nur noch solche Produkte eingesetzt werden, die für den Betrieb tragbar sind – möglichst Klasse I entsprechen, und alles andere nach und nach substituiert wird."

Responsible Care?

Bereits 1995 hat die Chemische Industrie sich auf das Konzept des „Responsible Care" verpflichtet. Dazu gehören *Grundsätze und Richtlinien für verantwortliches Handeln aller Mitarbeiter im Hinblick auf Produktsicherheit, Umweltschutz, Anlagen- und Arbeitssicherheit sowie der Dialog mit der*

Öffentlichkeit. Zum Konzept gehören Ansätze des *Integrierten Umweltschutzes,* um Umweltprobleme von vornherein durch moderne Technologien und Innovationen zu verhindern. *Produktverantwortung* seitens der Industrie gelte für die gesamte Produktlinie von der Wiege bis zur Bahre unter Berücksichtigung von Ressourcenbedarf und Gefährdungspotentialen für Mensch und Umwelt. Auch sollten umweltrelevante Daten der Firmen für die Öffentlichkeit zugänglich gemacht werden.[17]

Was überzeugend klingt, verlangt im Bereich der Textilhilfsmittel- und Farbmittel nach praktischer Umsetzung. Während „Responsible Care" fordert, dass umweltrelevante Daten der Firmen der Öffentlichkeit zugänglich gemacht werden, schafft das Vorgehen der TEGEWA zur gewässerökologischen Klassifizierung keine Transparenz über hergestellte und eingesetzte Textilhilfsmittel und deren ökotoxikologische Bewertung. Welche Inhaltsstoffe in den Produkten enthalten sind und zu einer bestimmten Einstufung führen, bleibt weiterhin Betriebsgeheimnis.

Zudem ist die *Selbstverpflichtung der TEGEWA* wachsweich formuliert. *Sie enthält lediglich eine Empfehlung an die Mitgliedsfirmen,* aber keine Erklärung, beispielsweise auf stark abwasserrelevante und abwasserrelevante Mittel (Kategorien II oder III) zu verzichten, wenn bessere Alternativen zur Verfügung stehen. Betont wird „das Auslösen von Marktmechanismen zur Entwicklung umweltverträglicher Produkte", also ein „liberales" Vorgehen, das der Industrie grundsätzlich freie Hand lässt.

Die ökologische Bewertung wird in der Selbstverpflichtung auf eine gewässerökologische begrenzt. Abluft- oder Abfallprobleme werden nicht berücksichtigt. Damit wird der im Konzept des „Responsible Care" selbst formulierte Anspruch der Produktverantwortung von der Wiege bis zur Bahre heruntergeschraubt: „Das Klassifizierungskonzept erhebt *keinen Anspruch darauf, eine differenzierte ökotoxikologische Bewertung* von Textilhilfsmitteln vorzunehmen", schreibt die TEGEWA. Schließlich legen andere Bewertungssysteme umfangreichere Kriterien zugrunde, berücksichtigen u.a. auch den anaeroben Abbau wie das Konzept von Lepper und Schönberger, das im Auftrag des Umweltbundesamtes entwickelt wurde, bemerkt das Öko-Institut, Freiburg.[18]

Uwe Wölcke, Leiter der Abteilung „Gefährliche Stoffe" der Bundesanstalt für Arbeitsschutz und Arbeitsmedizin, kritisiert, dass deutsche Chemieunternehmen zu wenig in die Entwicklung nachhaltiger chemischer Stoffe oder Produkte investieren, sondern die Anstrengungen sich zu sehr auf konkrete, am Markt schnell umsetzbare Innovationen ausrichten. Nach seiner Meinung droht die Gefahr, dass *Deutschland von anderen Ländern, wie den USA, durch die Entwicklung nachhaltiger und technisch überlegener Stoffe überholt wird.*

Neue innovative Produkte könnten Gefahrstoffe ersetzen und damit zu mehr Sicherheit und Gesundheit bei der Arbeit beitragen.[19]

Für die Vergabe der Naturtextillabel des *Internationalen Verbandes der Naturtextilwirtschaft* (IVN) werden wesentlich anspruchsvollere Anforderungen an die Abbaubarkeit bzw. Eleminierbarkeit von Chemikalien aus dem Abwasser formuliert. Nur ein Teil der als wenig abwasserrelevant in Klasse I eingestuften Chemikalien sind für die Produktion zertifizierter Textilien zulässig (s. Abb. unten).

Der LD50 für die orale Toxizität (d.h. 50 Prozent der Versuchstiere sterben im Fütterungsversuch) muss über 2.000 mg/kg liegen. Die Grafik zeigt die gestaffelten Anforderungen an die zulässige Giftigkeit verwendeter Substanzen. Je giftiger ein Stoff auf Fische, Daphnien oder Algen wirkt, umso höher sind die Anforderungen an dessen Abbaubarkeit. Damit sollen auch längerfristige Folgeschäden für Gewässer ausgeschlossen werden. Eine Ausnahmeregelung besteht für Substanzen, die in Kreislaufsystemen geführt werden und zu über 70 Prozent zurückgeführt werden (sowie Natriumdithionit in der Küpe).[20]

■ **Anforderungen an die Abbaubarkeit bzw. Eliminierbarkeit von Chemikalien laut IVN-Richtlinien**

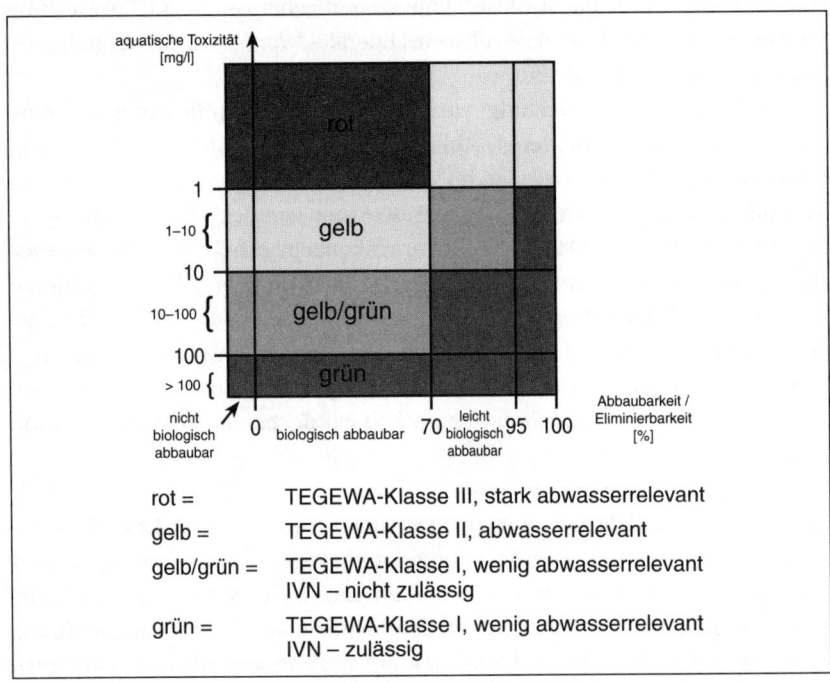

Quelle: IVN-Richtlinien 7/1999

Abwasserregelung im Reformstau

Seit 1986 besteht aufgrund des Wasserhaushaltsgesetzes (WHG) die Notwendigkeit, die Anforderungen an die Abwassereinleitungen der Textilindustrie zu novellieren.[21] Basis war und ist auch nach der 6. Novelle des WHG 1996 dafür der § 7a des Wasserhaushaltsgesetzes. Hier wird gefordert, dass eine Erlaubnis für das Einleiten von Abwasser nur erteilt werden darf, „wenn die Schadstofffracht des Abwassers so gering gehalten wird, wie dies bei Einhaltung der jeweils in Betracht kommenden Verfahren nach dem Stand der Technik möglich ist." Darüber entscheidet die Bundesregierung durch Rechtsverordnung mit Zustimmung des Bundesrates. Was den Stand der Technik branchenbezogen darstellt, wurde in den Anhängen zur Rahmen-Abwasser-Verwaltungsvorschrift, jetzt Abwasserverordnung definiert. So sind die Mindestanforderungen an Abwässer aus der Lederherstellung oder Pelzveredlung im Anhang 25 geregelt,[22] für die Textilindustrie im Anhang 38, für die Wollwäschereien im Anhang 57 usw. Mit der *Wasserhaushaltsgesetznovelle* war durch die Einführung neuer Begriffe die *Überarbeitung dieser Anhänge notwendig* geworden, die nun in überarbeiteter Form in der Abwasserverordnung erscheinen.

Die Abwasserverordnung gilt als Ausführungsverordnung des WHG grundsätzlich für Direkteinleiter. Das sind nur etwa 12 von knapp 300 Textilbetrieben. Etwa 280 Textilbetriebe sind Indirekteinleiter, leiten also ihre Abwässer in die öffentliche Kanalisation. Für Indirekteinleiter wird die Abwasserverordnung nur anwendbar über entsprechende Gesetze bzw. Verordnungen der Länder. Die Bundesländer müssen sicherstellen, dass die Anforderungen der Abwasserverordnung auch für Indirekteinleiter umgesetzt werden und haben dazu eigene Landeswassergesetze und Verordnungen geschaffen.

Seit 1986 besteht wie erwähnt der gesetzliche Auftrag, die Verwaltungsvorschrift für die Textilindustrie für das Einleiten von Abwasser in Gewässer von 1984 an den aktuellen Stand der Technik anzupassen. Seit 13 Jahren wird auf diesem Schlachtfeld gekämpft. Die Verwaltung verlangt nach einer klaren Regelung, während die Industrielobby auf Zeit spielt. Bereits im März 1993 hatte die Bundesregierung den Anhang 38 verabschiedet, dem der Bundesrat Ende Mai 1993 zustimmte. Allerdings beschloss der Bundesrat, dass die Anforderungen an die „temporären Abwasserteilströme" nur gelten, wenn dies technisch machbar und wirtschaftlich zumutbar ist, eine Änderung, der die Bundesregierung nicht zustimmen konnte.[23] Durch die Krise der Textilindustrie hatten die Wirtschaftsminister der Länder ihr Veto eingelegt. Als Kompromissformel sollte die Umsetzung der Anforderungen an die temporären Abwasserteilströme zeitlich gestreckt werden. Zahlreiche weitere Entwürfe wurden formuliert. Es gab eine Entschließung des Bundesrates, die freiwillige Selbstverpflichtungserklärung von TEGEWA und TVI und verschiedene Forschungsvorhaben, die gestartet wurden. Aber was hat sich dadurch für die Betriebe verändert?

In der Zwischenzeit bestimmen die Verwaltungen selbst, was den Stand der Technik darstellt, sagt das BMU. Vonseiten der Industrie heißt es, die Entwurfsfassung des Anhang 38 würde aber dennoch in der Genehmigungspraxis von Behörden berücksichtigt. Noch gravierender als die Abwassergrenzwerte sei die Regelung, nach der unverbrauchte Reste von Einsatzstoffen, Chemikalien und insbesondere Druckpasten nicht mehr über das Abwasser entsorgt werden dürfen.[24]

Dass das tatsächlich der Fall ist, kann bezweifelt werden. Warum wurde dieses eklatante Vollzugsdefizit sonst nicht früher beseitigt? Im Umweltministerium Baden-Württemberg geht man davon aus, dass sich die Einführung von Teilbehandlungsmaßnahmen durch die Verzögerung des Anhangs 38 in die Länge gezogen hat, die Textilbetriebe mit den alten Anforderungen leben konnten und auch der Vollzug auf den neuen Anhang gewartet hat.

Im *Juni 1999 lag ein Entwurf zum Anhang 38* für Textilabwasser zur Anhörung der Verbände vor. Anschließend wurden die Stellungnahmen zwischen Bund und Ländern beraten. Im Dezember 1999 hat das Kabinett dem Entwurf zugestimmt. Nach Zustimmung des Bundesrates ist die neue Fassung am 1. Juni 2000 in Kraft getreten.

Die neue Fassung (Dritte Verordnung zur Änderung der Abwasserverordnung, 29.05.2000) des Anhang 38 enthält zunächst im Teil B *allgemeine Anforderungen*. „Die Schadstofffracht ist so gering zu halten, wie dies nach Prüfung der Verhältnisse im Einzelfall durch folgende Maßnahmen möglich ist." Im Maßnahmenkatalog sind acht Punkte vorgesehen. Mehrere betreffen die Abbaubarkeit von synthetischen Schlichten, Komplexbildnern und Tensiden. Als besonders Gewässer belastende Verfahren werden die chlorierende Druckvorbehandlung von Wolle und Wollmischsubstraten ausgeschlossen, ebenso der Einsatz von Alkylphenolethoxilaten (APEO), sofern sie nicht auf dem Textil gebunden bleiben. Auch wird grundsätzlich das Minimieren, Rückhalten und Wiederverwenden bestimmter Färbe- und Hilfsmittel gefordert, u. a. die Aufbereitung und der Wiedereinsatz des hoch belasteten Waschwassers aus der Druckerei oder die Rückhaltung von Resten der konzentrierten Farbklotzflotten (Farbbäder, die mit einer Walze aufgetragen werden). Reste synthetischer Schlichten, Ausrüstungsbäder oder Druckpasten etc. sollen minimiert, zurückgehalten und wieder verwendet werden. Ist eine Wiederverwendung nicht möglich, müssen mindestens 80 Prozent des CSB bzw. 95 Prozent der Färbung durch Abwasserbehandlung entfernt werden.

„Es kann nicht sein, dass halb leere Druckfarbdosen, die nicht mehr gebraucht werden, in den Abguss gekippt werden. Das ist in keiner anderen Branche in der Form möglich. Aber in der Textilbranche gab es bisher keinen Ansatzpunkt, das zu verhindern. Diese Möglichkeit will man sich eröffnen", kommentiert Textilabwasserexperte Maurer vom Umweltministerium Baden-Württemberg.

Der Nachweis für die Einhaltung der allgemeinen Anforderungen ist in einem Abwasserkataster zu erbringen.[25]

Formuliert werden im Anhang 38 weiterhin *allgemeine Anforderungen an das Abwasser an der Einleitungsstelle in das Gewässer* (Teil C) für den Chemischen (CSB: 160 mg/l) und Biologischen Sauerstoffbedarf (BSB_5: 25 mg/l), Fischgiftigkeit, Färbung, die Gehalte an Stickstoff (N_{ges}: 20 mg/l), Phosphor und Sulfit. Diese Anforderungen treffen die wenigen Direkteinleiter, deren Abwässer keine kommunale Kläranlage passieren.

Bevor das Textilabwasser der Indirekteinleiter mit anderem Abwasser in der öffentlichen Kanalisation vermischt werden darf bzw. bei Direkteinleitern mit Abwasser anderer Herkunft vermischt werden darf, gelten die *Anforderungen an das Abwasser vor Vermischung* (Teil D). Hier werden kritische Parameter abgefragt wie Schwermetalle, adsorbierbare organisch gebundene Halogene (AOX) und Kohlenwasserstoffe bei Synthesefasern. Die hier geforderten Grenzwerte für Chrom, Kupfer und Nickel gelten auch für Restfarbklotzflotten, konzentrierte Ausziehbäder oder Restdruckpasten, die nicht wiederverwendbar sind.

Kann der Betrieb diese Anforderung nicht einhalten, muss er selbst durch eine Abwasserbehandlung für die Einhaltung sorgen. Eine Ausnahme gestattet der § 3 Absatz 4 der Abwasserverordnung, wo eine gemeinsame Behandlung von Abwässern unter bestimmten Randbedingungen zulässig ist, dann nämlich, wenn auf der kommunalen Kläranlage dieselbe Reinigungsleistung erbracht wird, wie sie bei einer Behandlung im Einzelstrom möglich wäre, und keine zusätzlichen Belastungen durch Regenüberlauf oder die Ausgasung flüchtiger Substanzen entstehen können.

In den *„Anforderungen für den Ort des Anfalls"* (Teil E) geht der Gesetzgeber direkt an den Prozess, an die anfallenden Teilströme. Über ein Einleitungsverbot wird hier die Verwendung verschiedener Stoffe bzw. die Verwendung schadstoffbelasteter Rohstoffe quasi ausgeschlossen. Dazu gehören u. a.: Alkylphenolethoxilate (APEO) aus Wasch- und Reinigungsmitteln, hochgiftige Arsen- und Quecksilberverbindungen oder zinnorganische Verbindungen aus der Konservierung, chlororganische Carrier aus der Färbung und chlorabspaltende Bleichmittel, ausgenommen Natriumchlorit zum Bleichen von Synthesefasern.

Für genehmigte Einleitungen bestehender Anlagen werden mehrere *Ausnahmeregelungen* (Teil F) zugelassen: Die Grenzwerte für Kupfer und AOX an das Abwasser vor der Vermischung werden von 0,5 auf 1 ppm verdoppelt, und für konzentrierte Ausziehfärbungen mit schlechter Fixierrate werden keine Anforderungen für Schwermetallgehalte an den Teilstrom gefordert! Auch dürfen Restdruckpasten aus dem Druckgeschirr im Abwasser am Ort des Anfalls enthalten sein, wohl ein Zugeständnis an konstruktive Mängel älterer Druckmaschinen (s. a. Schwermetalle S. 203f., AOX S. 141f., Carrier S. 178).[26]

Die Kostenschraube der Abwassergebühren

Auch steigende Kosten für Rohstoffe, Energie und Abwässer zwingen die Textilveredler zum ökologischen Handeln. Mit Bezug auf die Schwermetallfrachten sind das steigende Abwassergebühren. Der Großteil der Textilveredlungsbetriebe in Deutschland leitet seine Abwässer in die kommunalen Kläranlagen, die flächendeckend zur Verfügung stehen. Dass nur wenige Betriebe eine eigene Kläranlage gebaut haben und ihre Abwässer separat klären, wird mit der seit Jahrzehnten unbefriedigenden Ertragslage begründet.

In den meisten Fällen werden die Abwässer nicht vorbehandelt – bis auf ganz grundlegende Maßnahmen wie einen Mengenausgleich und eine Neutralisation. Aus der Textilveredlung kommen große Abwassermengen mit hohen Schadstofffrachten, die häufig kostengünstig behandelt werden, dass *nicht selten die Bevölkerung nach dem Gemeinlastprinzip die Abwasserentsorgung der Textilbetriebe durch ihre Abwassergebühren mitträgt.*[27]

Die Grafik zeigt den Anteil produktionsspezifischer Abwässer, die in den sieben bedeutendsten Branchen in Deutschland in betrieblichen Anlagen behandelt werden.

Die Betreiber der kommunalen Kläranlagen legen die Kosten für den Betrieb über die Abwassergebühren und Starkverschmutzerzuschläge auf ihre Einleiter um. Die Starkverschmutzerzuschläge sind von den eingeleiteten Schadstofffrachten abhängig. Um die Abwassergebühren zu ermitteln, nehmen die städtischen Tiefbauämter in den kreisfreien Städten oder die Unteren Wasserbehörden in den Landkreisen Abwasserproben und ermitteln die Schadstoffkonzentrationen.

„Die Kostenseite spielt eine ganz große Rolle – auch bei der Abwasserbehandlung. Wenn ein Betrieb nur durchschnittlich 0,50 Mark pro Kubikmeter bezahlt, ist der noch nicht an einer eigenen Kläranlage interessiert im Vergleich zu einem anderen, der 8 DM pro Kubikmeter bezahlt", kommentiert Pöhlig/TVI-Verband. In welchem Ausmaß führt die Kostengestaltung für Textilabwasser bisher zu einer betriebsinternen Abwasserbehandlung von

■ Abwasserbeseitigung im verarbeitenden Gewerbe in Deutschland 1995

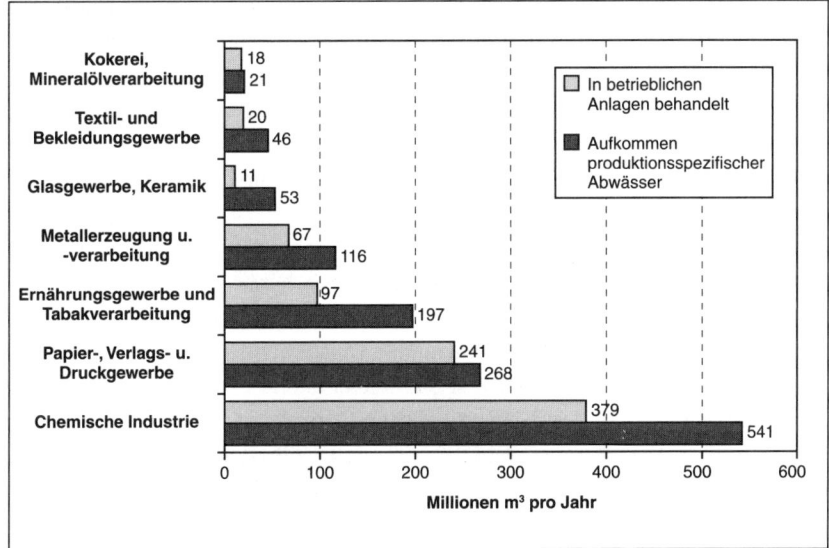

Quelle: Stat. Bundesamt, Fachserie 19, Reihe 2.2, 1995

Teilströmen? Dies scheint betriebswirtschaftlich die entscheidende Frage. Aus der Sicht von Herrn Maurer/Umweltministerium Baden-Württemberg hat sich die Teilstrombehandlung in vielen Bereichen noch nicht durchgesetzt, da die Kosten nicht so hoch sind, dass dadurch ein Druck zur Teilstrombehandlung entsteht. „Hier müssen noch andere Faktoren wie ordnungsrechtliche Vorgaben dazukommen, um hier den Leidensdruck noch zu erhöhen und in Richtung Teilstrombehandlung zu gehen."

Die *verursachergerechte Zuordnung von Kosten* soll auch im Abwasserbereich als Steuerungsinstrument dienen, um Umweltbelastungen zu reduzieren, argumentiert das Umweltbundesamt.[28]

Offen bleibt die Frage, ob die Abwassergebühren für Textilabwasser die Mehrkosten der Abwasserreinigung und Kanalbenutzung tatsächlich abdecken. An den Betreibergesellschaften der Kläranlagen sind die Landkreise im Allgemeinen beteiligt, die gleichzeitig ein politisches Interesse daran haben, Arbeitsplätze in der Region zu erhalten.

Zum prozess- und produktionsintegrierten Umweltschutz

Bei *End of Pipe-Technologien*, wie sie in der Textilbranche noch überwiegen, werden Umweltbelastungen sehr oft von einem in das andere Medium verschoben, z. B. Schwermetalle aus dem Abwasser durch Fällung/Flockung in voluminöse Schlämme, die schwer zu entsorgen sind. Das Problem wird auf diese Weise nur vom Abwasser in den Abfall verlagert, aber nicht gelöst. Bei organischen Schadstoffen haben stoffzerstörende Verfahren (oxidativer oder reduktiver Abbau) eine echte Entsorgungswirkung. Deshalb werden sie Verfahren nachgeschaltet, die die Stoffe konzentrieren wie die Verdampfung, die Membranverfahren, Adsorption oder Fällung. Solche Prozesse sollten möglichst energiesparend gestaltet werden.[29] Aber die Verfahren sind weder ökonomisch noch intelligent.

„Wir wollen weg von ‚End of Pipe-Technologien‘, also vom nachsorgenden Umweltschutz. Der *prozess- und produktionsintegrierte Umweltschutz* beinhaltet auch eine Bestandsaufnahme, wie die Umweltrelevanz der Einzelstoffe ist, um ggf. Textilhilfsmittel auszutauschen. Dieser Schritt ist oft nicht einfach, lässt jedoch Umweltbelastungen erst gar nicht entstehen", argumentiert Monika Kohla vom Verband der Nord-Westdeutschen Textilindustrie.

Zahlreiche Forschungsprojekte, die sich mit der *Optimierung von Stoffströmen* in der Textilwirtschaft beschäftigt haben, unterstützten die Industrie auf diesem Weg. Im Auftrag des Umweltbundesamtes hatte zum Beispiel die Firma Peter Töpfer Planung und Beratung bereits 1993 eine umfangreiche Studie erstellt über die Möglichkeiten zur Reduzierung der mit Abwasser emittierten Stofffrachten im Bereich der Textilveredlung.[30]

Mit *neuen Technologien* wie der Plasmatechnik oder dem Inkjet-Verfahren können in Zukunft Färbe- bzw. Druckprozesse weiter optimiert und damit auch bedenkliche Stoffe minimiert werden. Durch Ultraschall oder die Niederdruck-Niedertemperatur-Plasmabehandlung in der Wollfärbung kann die Farbstoffaufnahme und die Gleichmäßigkeit der Färbung erhöht werden. Die Plasmabehandlung von Wolle erhöht auch die Echtheit der Färbung.[31] Durch die Plasmabehandlung von Seide können sauerstoffhaltige Gruppen in die Faseroberfläche eingebaut werden, die die Anfärbbarkeit der Faser erhöhen.[32] Auf der anderen Seite können Farbbäder wieder verwendet werden oder durch Nanofiltration (mit porenfreien Lösungs-Diffusionsmembranen) recyclingfähige Konzentrate gewonnen werden.[33]

In vielen Betrieben werden Restdruckpasten über den Abwasserpfad entsorgt. Ihre Wiederverwendung ist nach Kenntnis des Umweltbundesamtes noch nicht weit verbreitet. Eine effektive Umwelttechnik, durch die verschiedene Entlastungseffekte auf ökologischer und ökonomischer Ebene entstehen, ist das Restfarben-Recycling. Ein niederländischer Maschinenbauer hat zum Beispiel in Zusammenarbeit mit Druckern und Veredlern eine *Restfarben-Recycling-Anlage* zur Wiederverwendung von Druckpasten entwickelt, das Total Printpaste Return System (TPR). Das System arbeitet durch Computeridentifizierung der Kübel sehr zuverlässig und ohne Abstriche in der

Farbqualität. Damit wird die Umwelt entlastet und werden Kosten gespart. Pro Druckmaschine sollen in Europa etwa 150 Tonnen Farbstoff jährlich ins Abwasser gelangen, insgesamt in Europa 165.000 Tonnen Farbstoff, schreibt die Fachzeitschrift Melliand Textilberichte. Wie viel Restpaste im Einzelfall entsteht, ist von der Häufigkeit der Musterwechsel abhängig. Bei sechs Musterwechseln pro Tag entstehen dadurch bereits rund 200 Kilogramm an Farbresten. Durch den Trend zu kleineren Produktionseinheiten steigen der Restfarbenanfall und parallel die Umweltkosten. Pro Druckmaschine sollen durch das Recycling etwa 150.000 ECU eingespart werden können, sodass die Technik sich schnell amortisiere.[34]

Initiativen: Dialog Textil-Bekleidung und Öko-Label

Aus der Sicht des Umweltbundesamtes kommt dem Textilhandel die Verantwortung zu, ergänzend zu internationalen Vereinbarungen vergleichbare Mindestanforderungen auch im außereuropäischen Raum zur Grundlage der Handelsbeziehungen zu machen. Ein solches Vorgehen sei auch unabhängig von internationalen umweltpolitischen Maßnahmen möglich.

Nicht als Reaktion auf politischen Druck, sondern proaktiv haben sich zahlreiche Unternehmen aus den Branchen Textil und Bekleidung für die Kontrolle von Problemstoffen stark gemacht. Das geschieht durch diverse *Öko-Label* bzw. die Öko-Infos des „Dialog Textil-Bekleidung". Unter den Öko-Labeln für Textilien hat der Öko-Tex Standard 100 bisher die größte Marktbedeutung erlangt. Mit der Einführung der neuen Label für Naturtextilien setzt der Internationale Verband der Naturtextilwirtschaft (IVN) anspruchsvolle neue Maßstäbe (s. Öko-Label, Kapitel 7).

In der Interessengemeinschaft *„Dialog Textil-Bekleidung"* (DTB) arbeiten seit über zehn Jahren *mittlerweile 134 europäische Hersteller* aus den Branchen (Umsatz von 20 Milliarden DM) mit dem Ziel der Qualitätssicherung und – verbesserung zusammen. Es geht um Problemlösungen auf dem Weg des Dialogs – nicht der Konfrontation. Auch der Handel ist dabei Dialogpartner. Gearbeitet wird in zahlreichen Arbeitskreisen und Projekten. Zum Problem Schadstoffe wurden so genannte *„Öko-Infos" für Bekleidungstextilien, Zutaten und Leder* entwickelt. Die Beteiligten suchen auf diese Weise nach praktikablen Lösungen, die effektiv sind. In den Öko-Infos werden zehn Standards abgefragt, die von beiden Branchen gemeinsam erarbeitet wurden und entsprechende Garantien beinhalten. Sie betreffen Formaldehyd, Pestizide, Farbstoffe, Färbehilfsmittel, Schwermetalle, Hautneutralität und Echtheiten.

Hier werden einerseits gesetzliche Mindeststandards abgefragt wie die Grenzwerte für gefährliche Azofarben und den Konservierungsstoff Pentachlorphenol, aber auch darüber hinausgehende Standards wie kritische

Dispersionsfarbstoffe oder Echtheiten von Färbungen. Das Öko-Info kann zur *freiwilligen Information* zwischen Handelspartnern dienen. Überwiegend soll es aber in der Interessengemeinschaft zum *Bestandteil der verbindlichen Lieferbedingungen* gemacht werden. Im Vergleich zu den Öko-Labeln sind die Anforderungen des Öko-Infos weniger streng formuliert, da es um ein sicheres Grundniveau an Standards gehen soll, so Anna Nieß, Mitbegründerin des DTB bei der Firma Bogner in München.[35]

Textilien als toxikologische „Black-box"

Textilien sind meistens eine „Black-box". Das Textilkennzeichnungsgesetz sieht bisher nur Angaben über die Textilfasern vor, aber nicht über verwendete Hilfsstoffe oder Farben. Was an Appretur bzw. Ausrüstung Bekleidung umgibt, fällt unter das Lebensmittel- und Bedarfsgegenständegesetz. Nach § 30 dieses Gesetzes ist es verboten, Bedarfsgegenstände derart herzustellen oder zu behandeln, dass sie geeignet sind, die Gesundheit zu schädigen. Die Einhaltung der gesetzlichen Vorschriften liegt zunächst in der Eigenverantwortung des Herstellers. Die Überwachung dieser Vorschriften ist Sache der Bundesländer. In der Hand der Länder liegt auch das Instrumentarium, diese Verstöße abzustellen. *„Da für diese Bedarfsgegenstände vom Gesetzgeber weder eine Zulassungs- noch eine Anmeldepflicht vorgesehen ist, fehlen den Behörden jedoch umfassende Kenntnisse über diese Produkte"*, räumt Thomas Platzek vom Bundesamt für gesundheitlichen Verbraucherschutz und Veterinärmedizin (BgVV) ein, und auch dass es „über die Verwendung von Farb- und Ausrüstungsmitteln, insbesondere auf importierten Textilien, keine ausreichende Information gibt".[36] Platzek leitet die *Arbeitsgruppe „Textilien" im BgVV*, die sich im Auftrag des Bundesministeriums für Gesundheit seit 1992 mit gesundheitlichen Gefahren aus Textilien beschäftigt mit dem Ziel, Prioritäten für den gesundheitlichen Verbraucherschutz aufzuzeigen und Forschungsbedarf zu formulieren. Sie sollte interessenneutral zusammengesetzt sein mit Sachverständigen aus Wissenschaft, Medizin, Überwachung, Wirtschaft und Verbrauchervertretung.[37]

Toxikologische Prüfung von Farb- und Hilfsmitteln

Seit Jahren mahnen Verbraucher- und Umweltverbände, dass der größte Teil der Veredelungschemikalien in seiner Auswirkung auf die menschliche Gesundheit nicht untersucht sei und entsprechende Zulassungsvorschriften fehlen.[38]

Im November 1996 veröffentlichte das BgVV *Grundsätze über die toxikologische Prüfung von Farb- und Hilfsmitteln für Bekleidungstextilien*, anhand derer die Hersteller von Textilhilfs- und Textilfarbmitteln ihre Produkte überprüfen sollen. Dabei *orientieren sich die Vorgaben für den Informations- und Prüfbedarf an der zu erwartenden Exposition,* d. h. daran, welcher Belastung der Verbraucher effektiv ausgesetzt ist.

Die erste Stufe zur Beurteilung hätte üblicherweise heißen müssen: Wie sind die eingesetzten Stoffe toxikologisch zu beurteilen? Das Problem sind zahlreiche Altstoffe, die noch nicht untersucht sind. „Um nicht unnötige Tierversuche durchzuführen, haben wir gefragt: Was kann den Verbraucher überhaupt gefährden", begründet Volker Schröder vom Verband der Chemischen Industrie (VCI) das Vorgehen. Selektiert wird nach der erwarteten Exposition, die mit einem Modell abgeschätzt wurde. Als ein Kriterium dafür wird die Molekülgröße herangezogen, wobei das BgVV davon ausgeht, dass bei einem Molekulargewicht von über 700 wahrscheinlich keine Aufnahme über die Haut stattfindet. Damit wurden viele Hilfsmittel auf polymerer Basis gar nicht weiter untersucht. Unberücksichtigt bleibt damit u.a. das Risiko giftiger Spaltprodukte, die durch äußere Einflüsse beim Tragen entstehen können, z. B. durch die Einwirkung von Schweiß, Sonnenlicht, die Hautflora, Reibung usw. Ermittelt werden nur toxikologische Basisinformationen, also ein Minimalprogramm. Außen vor bleibt z.B. die Frage, ob eine Substanz die Fortpflanzungsfähigkeit beeinträchtigt oder fruchtschädigend wirkt.

Wie gehen die Verbände nun vor? Der Verband TEGEWA und der VCI-Fachausschuss Farbstoffe und organische Pigmente haben vorgesehen, bei Textilhilfsmitteln repräsentative Vertreter mengenmäßig bedeutsamer Inhaltsstoffe zu identifizieren und diese auf mutagene und sensibilisierende Eigenschaften sowie die Gehalte auf dem Textil zu untersuchen. Prüfbedarf wird in erster Priorität bei Egalisiermitteln, Lauffaltenverhinderern, Antielektrostatika und Hydrophobiermitteln gesehen.

„Von diesen Klassen untersuchen wir Stoffe, überprüfen den Gehalt auf dem Textil und in erster Annäherung, was sich beim Tragen vom Textil löst. Das messen wir mit einem Extraktionsverfahren, einer künstlichen Schweißlösung," so Schröder. Für Aluminiumoxichlorid, ein Antielektrostatikum, sind die Untersuchungen bereits abgeschlossen. Es ist weder sensibilisierend noch mutagen.

Am Deutschen Wollforschungsinstitut wurde ein *Prüfsystem* erarbeitet, um die *Exposition des Menschen* mit chemischen Stoffen aus Textilien zu ermitteln. Der Tragesimulator berücksichtigt die beim Tragen auftretende Reibung, unterschiedliche klimatische Voraussetzungen und Schweiß in verschiedener Menge und Zusammensetzung. Als Hautmodelle wurden Schweinehaut, Wollgewebe und Kollagenfolien eingesetzt. Für chromhaltige Metallkomplexfarbstoffe konnte bereits nachgewiesen werden, dass das Modell reproduzierbare Werte für die Migration chemischer Stoffe aus Textilien liefert.[39]

Das Problem scheint derzeit, die Exposition überhaupt darlegen zu können. Unter Umständen ist auch die Analytik nicht empfindlich genug, wird vermutet. Da die Standardanalytik versagt, wird überlegt Leitstrukturen herauszugreifen, auch größere Moleküle, die einen Nachweis ermöglichen sollen, wie Benzylverbindungen, die im UV-Bereich ein Signal abgeben, Metallverbindungen oder Lecithin, das nachweisbares Phosphor enthält.

Wie bei den Textilhilfsmitteln wurden auch bei den *Farbstoffen* nach verschiedenen Gesichtspunkten Prioritäten gesetzt: Welche Marktbedeutung und Verbreitung haben die fraglichen Farbstoffe, und welche Farbmengen können beim Tragen solcher Textilien aufgenommen werden? Die erste Priorität geben die Hersteller etwa zehn Dispersionsfarbstoffen, die in Deutschland bzw. Großbritannien hergestellt werden und deren Verwendung für Polyamid und Zelluloseacetat nicht ausgeschlossen werden kann. Das heißt, es entstehen Färbungen mit geringeren Echtheiten auf diesen Substraten, die zu kritischen Belastungen führen könnten. Im Jahr 2000 soll die Untersuchung des VCI über Dispersionsfarben abgeschlossen sein (s. a. Dispersionsfarben)[40]

Internationales Untersuchungsprogramm gefordert

Schon 1994 hat die Arbeitsgruppe „Textilien" beim BgVV formuliert, dass mit den Angaben der deutschen Farbstoffhersteller und Textilindustrie das Gefährdungspotential von Farb- und Ausrüstungsmitteln nicht allein abgeschätzt werden kann, da der Importanteil 85 Prozent beträgt. Welche Substanzen in Importware anzutreffen sind, sollte die chemische Überwachung durch die Bundesländer untersuchen.[41] Im Sinne des Verbraucherschutzes sollte wegen der hohen Importquote bei Textilien aus der Sicht des BgVV auch ein *Untersuchungsprogramm für Textilhilfsmittel und Textilfarbmittel auf internationaler Ebene* initiiert werden.[42]

Gleichzeitig darf nicht vergessen werden, dass nationale Regelungen über Schadstoffe in Gebrauchsgegenständen nicht nur die Herstellungsbedingungen im Inland beeinflussen, sondern auch die Herstellungsverfahren in den Exportländern. Auf diese Weise wird der Abschied von Problemstoffen indirekt vorangetrieben, wie das am Beispiel kanzerogener Azofarben gezeigt werden kann (s. Azofarben).

Trotzdem lehnt die Politik es ab, hier Verantwortung zu übernehmen und eine Vorreiterrolle zu besetzen. „Im Hinblick auf den sehr hohen Importanteil bei Bekleidungstextilien und die Tatsache, dass Bekleidungsgegenstände für den gesamten europäischen Markt produziert werden, aber auch aus Gründen der Durchsetzbarkeit von Maßnahmen ist es sachgerecht, die notwendigen Regelungen in diesem Bereich nicht im nationalen Alleingang, sondern auf

Gemeinschaftsebene zu treffen", erläutert das Bundesministerium für Gesundheit. Das Pochen auf eine europäische Lösung vertagt das Problem.

Vorbeugender Verbraucherschutz?

Dass vorbeugender Verbraucherschutz betrieben wird, daran bestehen erhebliche Zweifel, wenn man die Stimme der Verbraucherzentralen hört: Als Vertreterin war meistens Julia Nill von der Verbraucher-Zentrale Baden-Würtemberg e.V. in der AG Textil des BgVV vertreten. Die Verbraucher-vertretung wurde in diesem Gremium nicht gerade mit offenen Armen empfangen. Der Industrie war es unangenehm, mit kritischen Fragen konfrontiert oder an nicht gemachte Hausaufgaben erinnert zu werden. Doch selbst bei der Gruppenleitung fanden verbraucherrelevante Äußerungen kein Gehör, was sich u.a. darin zeigte, dass die Aussagen der Chemikerin Nill grundsätzlich nicht in den Protokollen erschienen. *Ein kritischer und befruchtender Dialog konnte so nicht stattfinden,* man war viel lieber unter sich, was dann darin gipfelte, dass nur noch „ein kleiner Kreis" eingeladen wurde – die Verbrauchervertretung gehörte nicht dazu. Auf die Frage, wie die Überparteilichkeit dieser Arbeitsgruppe gewahrt wird, wenn hier keine Vertretung dieser sachlich wichtigen Interessensgruppe stattfindet, antwortet das auftraggebende Bundesministerium für Gesundheit, dass „das BgVV entscheidet, wer als Experte zu den Sitzungen der Arbeitsgruppe ‚Textilien' und der Arbeitskreise eingeladen wird." Das BMG hält es anscheinend für unerheblich, ob tatsächlich eine Ausgewogenheit der Interessenvertretung in fachlich entscheidenden Gremien gewahrt wird.

Für eine gesundheitliche Bewertung von Textilhilfsmitteln und Textil-farbmitteln sind aus der Sicht der Verbrauchervertretung Informationen der Hersteller und die Einbeziehung wissenschaftlicher Erkenntnisse notwendig. In gleichem Maße muss jedoch auch der Gedanke eines vorsorgenden Verbraucherschutzes einfließen. Diese Strömungen gebündelt und zu einem Ergebnis zusammengeführt zu haben, könne das BgVV nicht für sich reklamieren. Das Gremium sei einseitig zusammengesetzt, kritischen Stimmen, auch aus der Forschung, werde kein Raum gegeben. Von Behörden, die sich von Amts wegen um die Gesundheit der Bevölkerung sorgen sollten, könnte man anderes erwarten, so die Position von Julia Nill.

Erhebliche *Kommunikationsstörungen* bestehen auch zwischen dem BgVV und der Forschungsgemeinschaft Öko-Tex. „Wir sind das erfolgreichste Textil-Label auf der Welt, aber das BgVV spricht nicht mit uns", kommentiert Rainer Weckmann vom Forschungsinstitut Hohenstein. Schlechte Noten vergibt der Wissenschaftler zum Beispiel der gesetzlichen Azo-Regelung, für die bereits die 6. Novelle angekündigt war, die immer noch mit Fehlern behaftet sein soll (s. a. Azofarben).

Was heute über das Chemierisiko von Bekleidung ans Licht der Öffentlichkeit gelangt, kann aus der Sicht der Verbraucherschützer nur die Spitze des Eisbergs erhellen. „Untersuchungen im Auftrag unabhängiger Testzeitschriften und auch der Kontrollbehörden stoßen immer wieder auf Überschreitungen von Grenzwerten für gesundheitsgefährdende Chemikalien in Textilien und Bekleidungsleder", bemängelt Evelyn Keßler, Abteilungsleiterin bei der Verbraucherzentrale Baden-Württemberg. Mögliche Kombinationswirkungen werden nicht berücksichtigt.

Biotests

Wegen der Vielfalt von Substanzen, die in der Textilveredlung eingesetzt werden, und ihrer Umwandlungsmöglichkeiten fordern Wissenschaftler zusätzliche Biotests. Dabei kann zwischen Tests an Zellkulturen und Mikroorganismen unterschieden werden. Um akut toxische Wirkungen auf Hautzellen zu untersuchen, die unabhängig von allergischen Reaktionen auftreten können, wurde z.B. der Keratinozytenatmungstest entwickelt.[43]

Bereits im Mai 1995 hatte sich die AG „Textilien"/BgVV gegen diesen Test ausgesprochen, da er zu toxischen Wirkungen, die bei Textilien im Vordergrund stünden, praktisch keine Aussage ermögliche.[44] Darüber bestehen unterschiedliche Auffassungen.

Schon lange wird der Ames-Test mit Salmonellen angewendet, um mutagene Wirkungen zu untersuchen. Der Test wurde von Ames mit dem Ziel entwickelt, die Krebs erregende Wirkung von Chemikalien vorauszusagen. In verschiedenen unabhängigen Untersuchungen an 639 kanzerogenen Chemikalien brachte der Ames-Test in 70 Prozent ein positives Ergebnis. Um den Verdacht einer Krebs erregenden Wirkung zu erhärten, werden jeweils höhere Organismen getestet. Auf der Ebene des Zelltests können das Hamsterzellen oder menschliche Zellkolonien sein. Im Hamsterzelltest werden geimpfte Zellen angefärbt und auf Chromosomenveränderungen mikroskopisch ausgewertet. Zurzeit wird der Ames-Test für die Untersuchung der Mutagenität im Abwasser novelliert. Außerdem soll hierfür auch der Umo-Test eingeführt werden.

Die Kunert AG nutzte als ökologischer Vorreiter Biotestverfahren in Zusammenarbeit mit dem Hydrotox Labor in Freiburg, um die eigene Produktpalette an Farben und Chemikalien kritisch auf Toxizität und Mutagenität zu prüfen. In der Konsequenz wurden entsprechende Stoffe „auf die Schwarze Liste gesetzt und in Zusammenarbeit mit den verantwortlichen Lieferanten durch umweltschonendere Einsatzstoffe ersetzt. Zusätzlich wurden von allen Farbstofflieferanten Garantieerklärungen eingefordert."[45]

Positiv- und Negativlisten

Um Gesundheitsrisiken zu mindern, wird schon seit Jahren von verschiedener Seite gefordert, *die Anzahl der eingesetzten Stoffe zu reduzieren. Ein bedeutendes Instrument dazu sind Positiv- bzw. Negativlisten.* Das heißt, nur ausgewählte Chemikalien sind zulässig oder bestimmte werden ausgeschlossen bzw. als unerwünscht bewertet.

Die dänische Regierung hat eine *„Liste unerwünschter Substanzen"* (list of undesirable substances) veröffentlicht, die nach vorläufiger Risikoabschätzung als unerwünscht gelten und möglicherweise Vermarktungsbeschränkungen erfahren.[46] Im Zusammenhang mit Anforderungen an Gütesiegel für Textilien fordert Jens Soth, Geschäftsführer der EPEA – Internationale Umweltforschung GmbH in Hamburg, die Einführung einer Positivliste, auch Präferenzliste genannt. Hier handelt es sich um kein neues Instrument. Für die Verarbeitung von Produkten aus kontrolliert biologischem Landbau sieht die EG Bio-Verordnung Positivlisten vor. Ebenso fordern die IFOAM-Basisrichtlinien für die Verarbeitung von Textilien aus zertifizierten ökologischen Fasern, dass das Zertifizierungsprogramm Positivlisten zugelassener Substanzen führen muss oder Negativlisten, falls Substanzen nicht erlaubt sind.[47]

Verbraucherverbände fordern eigenständiges Produktgesetz

In eine ähnliche Richtung zielen die Forderungen der *Arbeitsgemeinschaft der Verbraucherverbände* (AgV): „Solche Chemikalien sollten zulassungspflichtig und der *gesamte Textilbereich am besten in einem eigenständigen Produktgesetz* geregelt werden. Darin ließen sich alle Anforderungen an die materielle Beschaffenheit und Deklarationsvorschriften zusammenfassen und die bisher noch fehlenden Grenzwerte, die Kennzeichnung von Ausrüstungschemikalien und Hinweise zur Pflege ergänzen." Auch die VerbraucherInitiative fordert schon seit 1990 ein eigenes Textilgesetz.[48] Jürgen Billigmann, zuständig für Produktsicherheit bei der AgV, kritisiert die Rechtslage: „Das Textilkennzeichnungsgesetz ist eine Irreführung schon im Titel, weil nur ein kleiner Teil der Produktqualität transparent gemacht wird. Unsere Forderungen stehen alle noch im Raum, sowohl die nach mehr Transparenz, als auch die nach einer stärkeren rechtlichen Reglementierung. Verbotsregelungen für besonders gefährliche Stoffe, Grenzwerte für andere. Das betrifft sowohl Textilien wie Leder."

Im Zusammenhang mit der Resolution „Kinder in Gefahr!!" 1993 hat sich die *Arbeitsgemeinschaft Allergiekrankes Kind* (AAK) in Herborn mit einem Bündel an allgemeinen Forderungen an den Bundestag gewandt, das sich teilweise mit der AgV-Position deckt, aber den Schutz von Kindern noch stärker betont. Denn der kindliche Organismus, dessen Immunsystem sich erst entwickelt, ist besonders empfindlich. Zudem haben Kinder eine relativ größere Körperoberfläche bezogen auf ihr Körpergewicht und eine dünnere Haut, was sie sensibler macht. Die AAK fordert daher u. a. eine Herabsetzung von Grenzwerten im Hinblick auf den Gesundheitsschutz von Kindern und die Umkehr der Beweislast zugunsten der Verbraucher, wenn Hersteller giftige Zutaten verwendet haben. Eine verbesserte Kennzeichnungspflicht für Textilien sollte die Verwendung von Pestiziden und Formaldehyd ebenso berücksichtigen wie Farbstoffe, optische Aufheller und spezielle Ausrüstungen. Die Herstellung und Verwendung giftiger, allergieauslösender und krebsverdächtiger Textilchemikalien müsse aus der Sicht des Vereins grundsätzlich verboten werden.[49]

Seit Jahren drängt die Arbeitsgemeinschaft der Verbraucher auch darauf, die *Kapazitäten der überforderten Chemischen Untersuchungsämter aufzustocken.* Der Staat setze in erster Linie auf die Sorgfaltspflicht der Anbieter. Über 85 Prozent der hier verkauften Bekleidung ist im Ausland hergestellt. Die Importeure sind verantwortlich, dass die nationalen Bestimmungen eingehalten werden. Sie müssen dafür sorgen, dass die Qualitätskontrolle hier vor und nach der Einfuhr gute Arbeit leistet. Die Chemischen Landesuntersuchungsanstalten ziehen Stichproben, um die Einhaltung der Gesetze zu überwachen, und veröffentlichen ihre Ergebnisse in ihren Jahresberichten. Die Verbraucherzentralen kritisieren, dass die Behörden, wenn sie bei ihren Kontrollen fündig werden, *die Namen der „Schwarzen Schafe" nicht veröffentlichen,* die einzelne Firma deshalb keinen Imageverlust erleidet.[50] Im Frühjahr 1999 führte die AgV bei den Chemischen Landesuntersuchungsanstalten eine Umfrage zu Tests über Rückstände in Leder durch. Aus dem Großteil der bereits eingegangenen Antworten leitet Jürgen Billigmann insgesamt ab, „dass die Überwachungsintensität der Untersuchungsämter bundesweit gesehen eher zu gering ist" – schon allein auf die Quantität der Stichproben bezogen. Ein weiteres Ergebnis ist, dass detaillierte Informationen über schadstoffbelastete Produkte „von Amts wegen unter Verschluss" bleiben, die konkret beanstandeten Produkte daher anonym bleiben. In einem Fall wollte das Untersuchungsamt auch solche Auskunft „nur gegen Cash" geben.

Von einem *„Freedom-of-Information-Act"* (FOIA), einem freien Zugang von Bürgern zu behördlichen Informationen wie in den USA, sind die Deutschen noch weit entfernt. 1966 verabschiedete der US-Kongress den Freedom-of-Information-Act, der auf folgendem Prinzip beruht: Die Regierung gehört der Öffentlichkeit, wie auch die Information, die sie hat. Jede Person hat – wenn auch mit Einschränkungen – das Recht, jedes Dokument einzusehen.[51] In der Tradition des deutschen Obrigkeitsstaats sitzen die Behörden dagegen vielfach auf ihren Informationen.

Eine Regulierungsfunktion durch Öffentlichkeit hat in den USA auch das *Emissionsregister für toxische Stoffe* (Toxic Release Inventory), wobei diskutiert wird, dieses auf das Inverkehrbringen toxischer Produkte auszudehnen. Dieser Ansatz könnte auch in Europa auf die Altstoffproblematik regulierend wirken – und das auf Kosten sparende Weise. Allein einen Grunddatensatz für einen Stoff zu erstellen kostet 200.000 DM.[52]

Krank durch die Chemie am Arbeitsplatz?

Viele anerkannte Berufskrankheiten in den Branchen Textil und Leder werden nicht auf Chemikalien zurückgeführt, sondern auf Lärm, einseitige Belastungen des Bewegungsapparates und sehr häufig auf Asbestfaserstäube. Gehörschäden durch Lärm kommen am häufigsten aus der Weberei. Erkrankungen durch Asbest (Asbestose, Lungenkrebs, Mesotheliom) treten immer noch als Spätfolge der Verarbeitung auf. Asbestfasern wurden früher in besonderen Spinnereien und Webereien zu textilen Produkten (Handschuhe, Schutzkleidung, Asbestbänder u. ä.) verarbeitet.

Die Grafik über die zehn am häufigsten anerkannten Berufskrankheiten in den Wirtschaftszweigen Textil, Bekleidung und Leder zeigt Lärm und Asbestose an der Spitze, gefolgt von *Hautkrankheiten* und *allergischen Atemwegserkrankungen* auf den *Plätzen 3 und 4.*

■ **Die zehn häufigsten Berufskrankheiten in den Wirtschaftszweigen Textil, Bekleidung und Leder**
Anzahl der anerkannten Berufskrankheiten von 1985 bis 1997

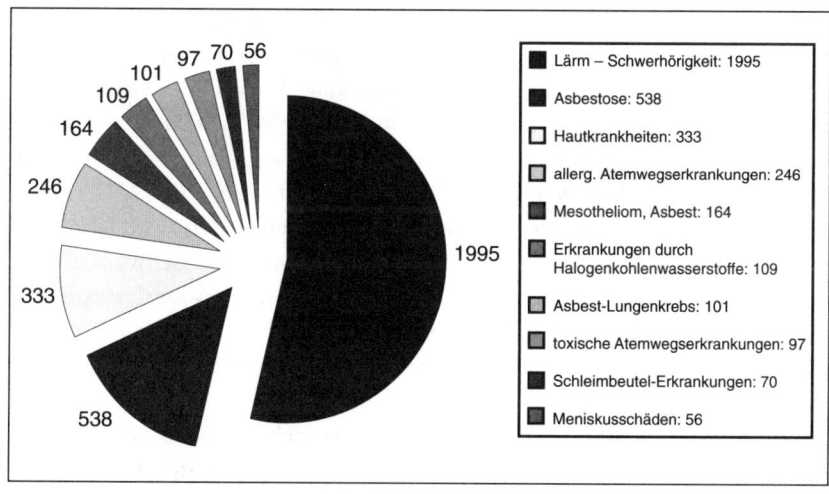

Quelle: HVBG Sankt Augustin 1999

Haut- und Atemwegserkrankungen

Für die Häufigkeit von Kontaktallergien am Arbeitsplatz gibt es in Deutschland kaum epidemiologisch aussagekräftige Untersuchungen. Auch die Berufskrankheitenstatistik kann lediglich Schwerpunkte von kontaktallergiegefährdeten Arbeitnehmergruppen aufweisen. Die Zahl der Meldungen an die Berufsgenossenschaft für Hautkrankheiten insgesamt zeigt in den letzten Jahren einen dramatischen Anstieg; dahinter wird auch ein entsprechender Anstieg der Kontaktallergien vermutet.[53]

Hautkrankheiten und Atemwegserkrankungen sind zum Teil irritativ/ toxisch und zum Teil allergisch bedingt. Sie können von verschiedenen Stoffen verursacht werden, die reizend oder ätzend wirken bzw. eine allergische Reaktion auslösen, also sensibilisieren.

Typische Quellen von Kontaktallergenen bei Textilarbeitern sind Farbstoffe, Appreturen und Ausrüstungsmittel, Beizen, Imprägniermittel und Gummistoffe.[54] Diese Kontaktallergene können allergische Hautekzeme verursachen, die meistens an den Händen lokalisiert sind. Die juckenden Hautausschläge beginnen an den Kontaktstellen mit den Stoffen und können sich auf andere Hautpartien ausbreiten. Kontaktallergien haben im Berufsleben gravierende Folgen. Werden sie als Berufskrankheiten angezeigt, zwingen sie die Betroffenen dazu, ihren Beruf aufzugeben.

Allergische Atemwegserkrankungen verlaufen typischerweise in drei Stadien: Zuerst entstehen Fließschnupfen, dann Atemnot und Husten und letztlich nachfolgende schwer wiegende Komplikationen.

Unter den *Anzeigen auf Verdacht einer Berufskrankheit* liegen die Hautkrankheiten 1997 in allen Branchen (nicht nur Textil/Bekleidung/Leder) an zweiter Stelle nach den physikalischen Einwirkungen, gehören also in die Spitzengruppe beruflich verursachter Erkrankungen. In weniger als der Hälfte der Fälle (42 %) wird der Verdacht offiziell bestätigt. *Doch in weit mehr Fällen – nämlich in 75 % der Fälle, in denen die berufliche Verursachung festgestellt wurde – waren besondere versicherungsrechtliche Voraussetzungen nicht erfüllt, d.h., die Berufskrankheit wurde nicht anerkannt und entschädigt.*

In den Branchen Textil, Bekleidung, Leder ist in den letzten zwölf Jahren bei den *Hautkrankheiten die Zahl der anerkannten Fälle* (mit Schwankungen) angewachsen. Das gilt auch für die *allergischen Atemwegserkrankungen.* Noch deutlicher als bei den Hautkrankheiten ist hier das Hoch der frühen 90er Jahre wieder abgeebbt. Zu berücksichtigen ist dabei allerdings, dass die Zahl der Vollarbeiter im Vergleich zu 1985 bis 1997 auf ein Niveau von 77 Prozent geschrumpft ist. Damit relativiert sich der Rückgang der anerkannten Fälle wieder teilweise (s. Grafik: Entwicklung der anerkannten Fälle).

■ Allergische Atemwegserkrankungen und Hautkrankheiten in den Wirtschaftszweigen Textil, Bekleidung und Leder
Entwicklung anerkannter Berufskrankheiten von 1985 bis 1997

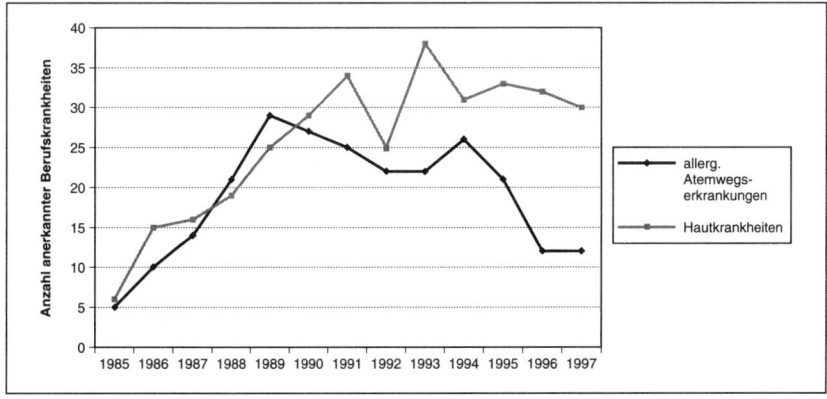

Quelle: HVBG Sankt Augustin 1999

Unter den anerkannten Fällen allergisch bedingter Atemwegserkrankungen ist bei den Konfektionären und den Lederverarbeitern eine Häufung zu beobachten; auch die Textilfärber und Siebdrucker treten hervor. Bei den Hautkrankheiten (als anerkannte Berufskrankheiten) liegen ebenfalls die Lederverarbeiter vorn, gefolgt von den Lederherstellern und Konfektionären (s. Grafik).

■ Hautkrankheiten in Branchen Textil, Bekleidung und Leder
nach Berufsgruppen 1985/1991/1997

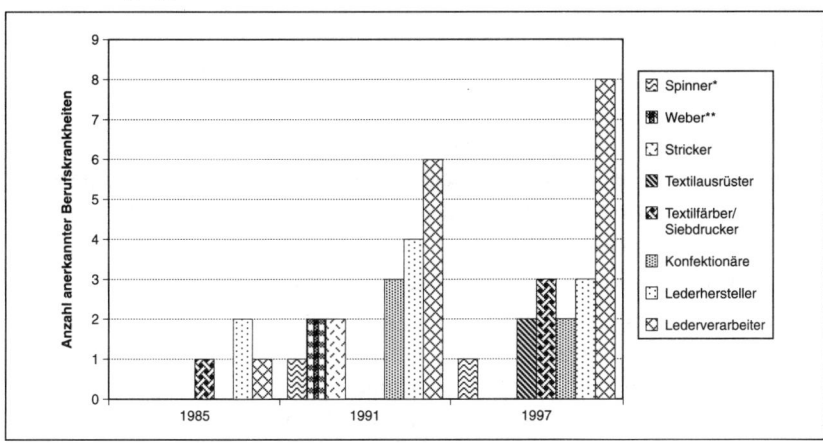

Quelle: HVBG Sankt Augustin 1999
Anmerkungen: * Spinner, Spinnvorbereiter, Spuler, Zwirner; ** Weber, Webvorbereiter

■ Allergische Atemwegserkrankungen in den Wirtschaftszweigen Textil, Bekleidung und Leder
nach Berufsgruppen 1985/1991/1997

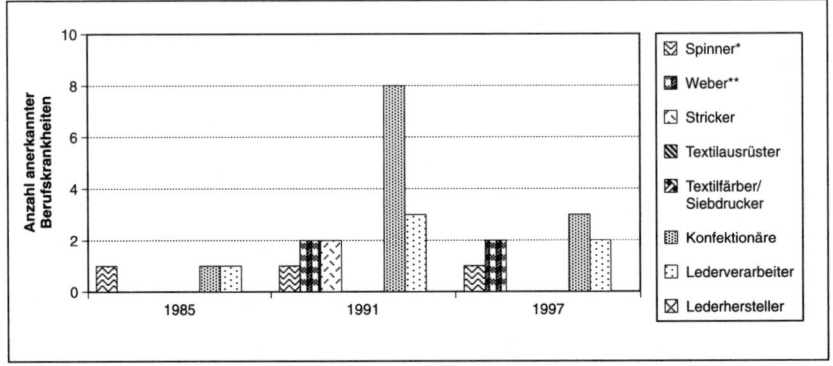

Quelle: HVBG Sankt Augustin 1999

Anmerkungen: * Spinner, Spinnvorbereiter, Spuler, Zwirner; ** Weber, Webvorbereiter

Rechtliche Grundlage im Arbeitsschutz in Deutschland

Im Bereich des Arbeitsschutzes gegenüber gefährlichen Stoffen ist in der Bundesrepublik im internationalen Vergleich schon ein hoher Standard erreicht. Wird mit gefährlichen Stoffen oder Zubereitungen umgegangen, legt die *Gefahrstoffverordnung* fest, welche Arbeitsschutzmaßnahmen zu treffen sind. Gerade die Umsetzung des *Fünften Abschnitts* der Gefahrstoffverordnung mit allgemeinen Umgangsvorschriften für Gefahrstoffe ist wichtig. Zunächst muss der Arbeitgeber ermitteln, ob im Betrieb Gefahrstoffe eingesetzt werden *(Ermittlungspflicht).*

Ist das der Fall, so muss immer wieder überprüft werden, ob diese durch weniger gefährliche Ersatzstoffe ausgetauscht werden können *(Ersatzstoffpflicht).*

Wenn das aus technologischen Gründen nicht möglich ist, muss durch Maßnahmen wie geschlossene Anlagen, Absaugen an der Entstehungsstelle, raumlufttechnische Maßnahmen, damit die Belastung der Beschäftigten zu den freigesetzten chemischen Stoffen so weit minimiert werden, dass die geltenden Grenzwerte dauerhaft sicher eingehalten werden *(Überwachungspflicht).* Bei Arbeitsplatzgrenzwerten für Gefahrstoffe unterscheidet man zwischen solchen, die in der Luft am Arbeitsplatz im Atembereich der Beschäftigten gemessen werden (Maximale Arbeitsplatzkonzentrationen = MAK-Werte und Technische Richtkonzentrationen = TRK-Werte für krebserzeugende Stoffe) und den Biologischen Arbeitsplatztoleranzwerten (BAT-Werte), die im Blut oder Urin gemessen werden.

Technische Schutzmaßnahmen rangieren vor organisatorischen und persönlichen Schutzmaßnahmen. Dies dient auch dazu, Belastungen wie das Tragen von Atemschutz möglichst zu vermeiden *(Rangfolge der Schutzmaßnahmen)*. Der Arbeitgeber hat weiterhin *Betriebsanweisungen* zu erstellen. Darin wird auf Gefahren für Mensch und Umwelt hingewiesen, die mit dem Umgang mit den Gefahrstoffen verbunden sind, und welche erforderliche Schutzmaßnahmen und Verhaltensregeln festgelegt werden. Mitarbeiter müssen vor der Beschäftigung die entsprechenden Informationen erhalten und danach mindestens einmal jährlich mündlich und arbeitsplatzbezogen über den Umgang mit Gefahrstoffen geschult werden. Im Betrieb verwendete Gefahrstoffe müssen außerdem in einem *Gefahrstoffverzeichnis* aufgelistet werden. Ergänzt werden die Maßnahmen durch arbeitsmedizinische Vorsorgeuntersuchungen. Neben der Gefahrstoffverordnung gibt es zahlreiche Unfallverhütungsvorschriften.

1996 ist mit dem In-Kraft-Treten des neuen Arbeitsschutzgesetzes (ArbSchG) der *Präventionsgedanke gestärkt* worden. An der Umsetzung der Schutzziele in den Betrieben ist der Betriebsrat beteiligt. Kernstück ist die in § 5 ArbSchG festgelegte Gefährdungsbeurteilung für den Arbeitsplatz und ihre Dokumentation.[55]

Und wer kontrolliert die Einhaltung?

Ein gutes Gesetz steht und fällt mit dessen praktischer Umsetzung innerhalb des Unternehmens, das heißt dem Engagement der Unternehmensleitung und der Beschäftigten – insbesondere des Betriebsrates sowie dessen Kontrolle, für die in Deutschland die *Berufsgenossenschaften und Arbeitsschutzbehörden* zuständig sind. Im Sozialgesetzbuch VII (SBG VII) sind die Stellung und das Aufgabengebiet der Berufsgenossenschaften neu festgelegt worden. Zu ihren Aufgaben gehören die Verhütung von Arbeitsunfällen, Berufskrankheiten und arbeitsbedingten Gesundheitsgefahren und die Wiederherstellung von Gesundheit und Arbeitskraft sowie finanzielle Entschädigung (Renten usw.).

Die Arbeitsschutzbehörden, d.h. meistens die Gewerbeaufsichtsämter, sind für die Überwachung der staatlichen Gesetze und Verordnungen im sozialen und technischen Arbeitsschutz zuständig (Gefahrstoffverordnung, Unfallverhütung, Mutterschutz, Arbeitszeitrecht usw.).

Die Berufsgenossenschaft Textil-Bekleidung führt so genannte *Schwerpunktaktionen* durch, in denen sie Unternehmer über weniger gefährliche Ersatzprodukte sowie technische oder organisatorische Schutzmaßnahmen informiert. Mitteilungsblätter informieren die Betriebe über Schutzmaßnahmen beim Umgang mit Gefahrstoffen. Mit Checklisten und Musterbetriebsanweisungen bietet die Berufsgenossenschaft Hilfestellungen.

Wie im Umweltbereich steht auch im Arbeitsschutz der starke internationale Wettbewerb einer schnelleren Umsetzung von Verbesserungen entgegen. Auf der anderen Seite werden Verbesserungen beispielsweise im Lärmschutz durch höhere Produktionsgeschwindigkeiten wieder „aufgefressen".[56]

Wissenslücken und Schwierigkeiten in Klein- und Mittelbetrieben

Die Enquete-Kommission „Schutz des Menschen und der Umwelt" mahnt, dass Arbeitnehmer häufig giftigen Stoffen in einem Umfang ausgesetzt sind, aus dem nicht hinnehmbare Risiken resultieren. Dem traditionellen Arbeitsschutz stehen aus ihrer Sicht zwei Hürden im Weg: massive *Wissenslücken* bezüglich der Humantoxizität von Stoffen und zur stofflichen Exposition von Arbeitnehmern sowie die Schwierigkeiten von Klein- und Mittelbetrieben bei der Anwendung des Maßnahmenrepertoires. Hier fehlt es an Fachwissen, stört die Flut der komplizierten Vorschriften und mangelt es an finanziellen Mitteln für zu treffende Maßnahmen.[57]

Die Lederindustrie-Berufsgenossenschaft in Mainz sieht keinen weiteren Regelungsbedarf im Arbeitsschutz, „wohl aber Mängel in der Kontrolle, insbesondere bei so genannten *Kleinstunternehmen*, die nur aus einer Person bestehen, oder von ausländischen Firmen, die für einen gewissen Zeitraum ihr eigenes Sozialrecht ‚importieren'. Hier ergibt sich das Problem, dass zahlreiche gesetzliche Regelungen nur für Arbeitnehmer greifen. Der Gesetzgeber hat bisher nur auf das Problem der ausländischen Kleinfirmen reagiert, insbesondere im neuen Sozialgesetzbuch SGB VII ist vorgesehen, dass die Berufsgenossenschaften auch ausländische Unternehmen überwachen sollen und dass diese auch die Unfallverhütungsvorschriften einzuhalten haben. Letztendlich ist aber *das Problem der Ein-Mann-Unternehmen noch unbefriedigend gelöst*, da hier unter geschickter Umgehung der bestehenden Regelungen ein wesentlich geringeres Schutzniveau scheinlegalisiert werden kann."

Die SPD-Fraktion fragte die Bundesregierung im Mai 1998 nach der vermehrten Gefährdung von Arbeitnehmern durch Krebs erregende Arbeitsstoffe in Klein- und Mittelbetrieben. Die Bundesregierung räumte in ihrer Antwort ein, dass *Klein- und Mittelbetriebe bei der Einführung von Ersatzstoffen in der Regel schlechter gestellt* sind als größere Betriebe und ein grundsätzliches Problem darin liege, dass kein wirtschaftlicher Anreiz gegeben ist, sondern in vielen Fällen der Ersatz kurzfristige Mehrkosten verursacht. Aufgrund der positiven Erfahrungen mit branchenbezogenen Gefahrstoff-Informationssystemen wie in der Bauwirtschaft sei eine weitere Förderung solcher Initiativen sehr wünschenswert.[58]

Zum Thema Gefahrstoffe bietet die Technologieberatungsstelle beim DGB Landesbezirk Niederrhein verschiedene Informationsmaterialien (s. Anmerkungen). Zur *Gefährdungsanalyse* hat die Berufsgenossenschaft Textil- und Bekleidung nach Groß- und Kleinbetrieb differenzierte Gefährdungskataloge erstellt, die nach allgemeinen Gefährdungen und Gefährdungen an bestimmten Arbeitsplätzen unterscheiden.[59] Das Berufsgenossenschaftliche Institut für Arbeitssicherheit (BIA) des Hauptverbands der gewerblichen Berufsgenossenschaften in Sankt Augustin hat ein umfassendes *Gefahrstoffinformationssystem* entwickelt. Aus der GESTIS Stoffdatenbank können über das Internet gezielt Informationen zu Einzelstoffen abgerufen werden (http://www.hvbg.de/bia/stoffdatenbank).

Pilotprojekt integrierte Managementsysteme

In einem neuen Managementansatz befasst sich der Verband der Nord-Westdeutschen Textilindustrie, dem rund ein Viertel der deutschen Textilindustrie angehört, mit *integrierten Managementsystemen, die sowohl Qualität als auch Umwelt und Arbeitssicherheit in den betrachteten Prozessen nach einheitlichen Prinzipien und Regeln berücksichtigen.* „Bislang war es vielfach so, dass Unternehmen singuläre Qualitätsmanagementsysteme aufgebaut haben (mit einer Zertifizierung gemäß ISO 9001) und zu einem späteren Zeitpunkt vielleicht ein Umweltmanagementsystem hinzugefügt haben (Zertifizierung nach ISO 14001 oder nach der EG-Öko-Audit-Verordnung). Oft blieb der Arbeitsschutz außen vor", beschreibt Monika Kohla, Leiterin des Umweltreferates des Verbands der Nord-Westdeutschen Textilindustrie in Münster, die Situation. „Gerade hinsichtlich der Dokumentation ist für den Bereich Arbeitssicherheit sicherlich noch einiges verbesserungswürdig", so Kohla. Im Rahmen eines vom nordrhein-westfälischen Wirtschaftsministerium geförderten Pilotprojekts hat der Verband nun begonnen, integrierte Managementsysteme aufzubauen. Am Projekt sind vier Unternehmen beteiligt, die gefördert werden, sowie zwei kooperierende Unternehmen, die intensiv mitarbeiten. Aus der Sicht des Textilverbandes erscheint der Aufbau integrierter Managementsysteme zukunftsträchtig, „da singuläre Managementsysteme, die nebeneinander betreut und gepflegt werden müssen, einen zusätzlichen Arbeitsaufwand benötigen und unnötig Personal einbinden. Wir werden uns daher verstärkt bemühen, die Ergebnisse dieses Pilotprojektes auf eine breite Basis zu stellen und im Rahmen von Informationsveranstaltungen oder Veröffentlichungen möglichst viele Unternehmen zu erreichen", erklärt die Leiterin des Umweltreferats des Nord-Westdeutschen Textilverbands.[60]

Europäische Mindeststandards im Arbeitsschutz

Die BG Textil-Bekleidung wünscht sich als Ziel des europäischen Arbeitsschutzes, dass „die in Deutschland bestehenden Verwendungsbeschränkungen für bestimmte Gefahrstoffe europaweit einheitlich umgesetzt werden". Die enormen Anstrengungen im Umwelt- und Arbeitsschutz sollten jetzt aus der Sicht der deutschen Lederindustrie auf internationaler Ebene harmonisiert und wirksam kontrolliert werden, fordert Otto Sauer, stellvertretender Vorsitzender des Verbandes der Deutschen Lederindustrie.[61] Und von der Lederindustrie Berufsgenossenschaft heißt es: „Hinsichtlich der europäischen Entwicklung ist zu bemerken, dass wir seit Jahren eine Anpassung im deutschen Gefahrstoffrecht an die europäische Entwicklung haben. Dies wird sich auch weiter, insbesondere im Grenzwertkonzept, fortsetzen."

Was als rechtliche Grundlage ganz langsam Konturen annimmt und vielleicht den ersten Schritt darstellt, *ist vom Arbeitsalltag der Textil- und Lederarbeiter und -arbeiterinnen noch weit entfernt.* Klaus Priegnitz/IG Metall in Frankfurt beschreibt, dass die Durchsetzung von allgemein gültigen Mindeststandards auch im Arbeitsschutz innerhalb der EU noch lange nicht erreicht sei. In Portugal werde der niedrigere Standard noch als komparativer Kostenvorteil bewertet. In Mittel- und Osteuropa bestehe kein Arbeitsschutz. „Da gehen sie durch Farbreste oder durchgerostete Treppen im Unternehmen."

Vor dem Hintergrund der überwiegend abgelaufenen Verlagerung der Herstellung von Textilien und Lederwaren ins Ausland stellt sich verschärft die Frage nach einheitlichen internationalen Standards. *Als grundsätzliche Richtlinie befasst sich die Richtlinie 89/391/EWG mit der Durchführung von Maßnahmen zur Verbesserung der Sicherheit und des Arbeitsschutzes* der Arbeitnehmer bei der Arbeit. Darauf bezogene Einzelrichtlinien[62] behandeln spezielle Probleme wie persönliche Schutzausrüstungen, Gefährdung durch Karzinogene, Gefährdung durch biologische Arbeitsstoffe oder den speziellen Schutz von stillenden Arbeitnehmerinnen. Diese Richtlinien sind durch zahlreiche Regelwerke in deutsches Recht umgesetzt worden.[63] Die Einzelrichtlinie vom 7. April 1998 98/24/EG wurde erlassen, um den Schutz von Gesundheit und Sicherheit der Arbeitnehmer vor der Gefährdung durch chemische Arbeitsstoffe zu verbessern. *Grundgedanke ist die Einführung von Mindeststandards in der EU, dass „sämtliche Arbeitnehmer in der Gemeinschaft einen bestimmten Mindestschutz genießen, wodurch mögliche Wettbewerbsverzerrungen vermieden werden".*

Beim Arbeitgeber liegen die Pflichten, alle Risiken für Sicherheit und Gesundheit zu bewerten, um vorgesehene Vorbeugungs- und Schutzmaßnahmen zu ergreifen. Er muss sich entsprechende Informationen beschaffen.

Arbeitnehmer und ihre Vertreter müssen Zugang zu entsprechenden Informationen erhalten. Auf Gemeinschaftsebene sollen Arbeitsplatz-Richtgrenzwerte formuliert werden, die in nationales Recht überführt werden sollen. Es können auch verbindliche Arbeitsplatzgrenzwerte auf EU-Ebene formuliert werden, die auf nationaler Ebene nicht überschritten werden dürfen. Bis zum 5. Mai 2001 sollen die Mitgliedsstaaten die erforderlichen Rechts- und Verwaltungsvorschriften erlassen.

Vonseiten des Bundesverbands der Industrie (BDI) ist man der Auffassung, dass der Änderungsbedarf vermutlich lediglich in einer systematischen Anpassung der Gefahrstoffverordnung an das Arbeitsschutzgesetz liegt. „Inhaltlich sind die einschlägigen deutschen Regelwerke auf einem derart hohen Schutzniveau, dass keine erheblichen Änderungen notwendig sein werden", so Monika Kohla vom Verband der Nord-Westdeutschen Textilindustrie.

Chemieindustrie in der Pflicht

An zentraler Stelle für Fortschritte zu mehr Sicherheit sitzen die internationalen Herstellerverbände der Chemieindustrie wie die ETAD. Mit freiwilligen Verzichtserklärungen für Substanzen, die besonders gesundheitsschädlich sind, tun sich die Hersteller schwer. Das fängt schon bei den beim Menschen nachweislich Krebs erregenden Stoffen an (s. a. Azofarben). Einfacher durchsetzbar ist die Pflicht zur Deklaration. Nach dem Ethik-Kodex der ETAD ist jedes Verbandsmitglied verpflichtet, ein Sicherheitsdatenblatt für jeden synthetischen Farbstoff, der verkauft wird, mitzuliefern. Seit 1991 sind hier bestimmte Amine als krebserzeugend zu klassifizieren und zu kennzeichnen. Auch außerhalb Europas wird für Klassifizierung und Kennzeichnung der Produkte der EU-Standard gemäß Ethik-Kodex gefordert. Wesentlich für die Transparenz von Informationen innerhalb des Verbandes ist die Literaturdatenbank für Mitgliedsunternehmen.[64]

Europäischer „Stand der Technik"

Innerhalb der EU ist nach Einschätzung des Umweltbundesamtes in den nächsten 15 Jahren eine Angleichung des Umweltrechts zu erwarten und damit eine Verminderung der Umweltbelastungen.

Zur Kontrolle von Chemikalien besteht auf EU-Ebene eine Vielzahl von Regelwerken, die Gefahrstoffe und Risiken erfassen und managen (s. Tabelle). Eingangs wurden schon die Regelungen zur Anmeldung neuer Stoffe und Erfassung von Altstoffen erwähnt.

■ Regelungen auf EU-Ebene zur Kontrolle von Chemikalien

	Reguliert durch		Inhalte der Regelung
Gefahrstoff-Erfassung	Gefährliche Stoffe: 6. Änderung 7. Änderung Übliche Zubereitungen	79/831/EEC 92/32/EEC 88/379/EEC	Anmeldung neuer Stoffe Prüfanforderungen, Klassifizierungskriterien Vereinheitlichte Kennzeichnung, Verpackungsanforderungen
Risikoerfassung	Evaluierung und Kontrolle von Risiken durch – Altstoffe – Neue Stoffe	 Council Reg. 793/93/EEC Reg. 1488/94 93/67/EEC	Berichterstattung
Risiko-Management	Sicherheitsdatenblätter Abfälle Integrierte Ver- schmutzung, Vorbeu- gung und Kontrolle Marketing und Ge- brauch	91/155/EEC 91/689/EEC 91/156/EEC 94/62/EC 96/91/EC 76/769/EEC	Gefahrstoff Kommunikation Reduktion der Umwelt- belastung Risikoverminderung

Quelle: nach Motschi/Clarke 1998

In den vergangenen Jahren wurde die Meldepflicht neuer Stoffe verschärft. Entscheidend für die Meldepflicht neuer Stoffe ist die produzierte Menge. Diese wurde schrittweise gesenkt, und zwar auf 100 kg (79/831/EEC) und später 10 kg (92/32/EEC). Für gefährliche Stoffe und Zubereitungen wurden Sicherheitsdatenblätter obligatorisch. *Die meisten Farbmittel sind Altstoffe mit geringen jährlichen Verkaufsmengen, die nicht vom EU-Altstoffprogramm (793/93/EEC) erfasst werden* und für die keine formalen Anforderungen zur Datenerhebung bestehen.[65]

Das europäische Recht kennt im Risikomanagement von Stoffen bisher noch kein einstweiliges Stoffverbot, wenn entsprechende Anhaltspunkte vorliegen, aber die Daten für eine ausreichende Beurteilung noch fehlen. Ein solches Vorgehen, das diskutiert wird, könnte das Vorsorgeprinzip stärken.[66]

Vonseiten der Textilverbände besteht ein Interesse, das Klassifizierungskonzept für Textilhilfsmittel auch in anderen europäischen Ländern einzuführen. Dafür wurde in verschiedenen EU-Staaten bereits Vorarbeit geleistet.[67] Einen Ansatz dafür bietet die Richtlinie des Rates der EU über die integrierte Vermeidung und Verminderung der Umweltverschmutzungen für die betroffenen Industrien (IVU-Richtlinie), in der die „besten verfügbaren Techniken" zur Verminderung der Emissionen formuliert werden. Dabei soll der Einsatz weniger gefährlicher Stoffe berücksichtigt werden. Bereits im Frühjahr 1998 fand ein erster Workshop zur Erarbeitung von Emissionsstandards für die Textilveredlungsindustrie im Rahmen der IVU-Richtlinie statt. Zurzeit ist aber noch nicht absehbar, wann die Arbeiten abgeschlossen sein werden, heißt es im Umweltbundesamt.[68] Derzeit werden Vorschläge gemacht und Informationen ausgetauscht, aber keine Standards oder Grenzwerte formuliert. Das ist ein nächster Schritt, der im Moment noch nicht diskutiert wird.

Übereinkommen zum Schutz von Ostsee und Nordatlantik
Auch im Rahmen internationaler *Übereinkommen zum Schutz des Nordatlantiks und der Nordsee (OSPARCOM) sowie der Ostsee (HELCOM) wurden für die Textilveredlungsindustrie Mindeststandards und im Wesentlichen Empfehlungen zur Minderung der Emissionen über den Abwasserpfad erarbeitet.* Leitlinien sind Formulierungen zum besten Stand der Technik (BAT) und zur besten Umweltpraxis (BEP), die in den Mitgliedsstaaten in die Praxis umzusetzen sind.

Die Empfehlungen der Helsinki-Kommission zum Schutz der Ostsee berücksichtigen zusätzlich auch den Luftpfad, sind insgesamt aber wesentlich weniger differenziert und umfassend wie die der OSPAR-Kommission (OSPAR = Oslo und Paris). Beide Verträge sehen ähnliche Grenzwerte für das Abwasser vor, wobei auch Grenzwerte bezogen auf die bearbeitete Materialmenge formuliert werden (vgl. Schwermetalle).

Der Stand der Technik definiert nicht allein Beschränkungen für Problemstoffe und deren Substitution, sondern auch optimierte Verfahrenstechniken oder die Behandlung von Abwässern und Abfällen. Unter „BEP", die beste Umweltpraxis, fallen Aspekte wie Information, Kommunikation, Beurteilung und Forschung.

Wie der Name (Recommendation) schon sagt, handelt es sich dabei um *Empfehlungen, über deren Umsetzung oder Nichteinhaltung nach einigen Jahren berichtet werden soll.* Ob die Empfehlungen die beabsichtigte Wirkung zeigen, ist von der Umsetzung in nationales Recht durch die Vertragsstaaten abhängig. Man kann davon ausgehen, dass die Genehmigungsbehörden sich langfristig an solchen Verträgen orientieren und Maßnahmen bei neuen Anlagen in fünf Jahren eine Wirkung zeigen. „Aber die *Nichtumsetzung hat keine Sanktionen* zur Folge – die einzige wäre eine schlechte Öffentlichkeit", erläutert Dieter Cohors-Fresenborg vom Umweltbundesamt. Recommendations haben noch nicht den Status einer völkerrechtlichen Verpflichtung. Dennoch geht Cohors-Fresenborg davon aus, dass in Deutschland diese

Vereinbarung in die Praxis umgesetzt wird. Deutschland hat bei der Verhandlung um die PARCOM-Maßnahmen seinerzeit auf strengere Werte und eine verbindlichere Festschreibung als „Decision" gedrängt, konnte sich jedoch nicht durchsetzen. Kurzfristig verpflichtende „Decisions" sind im Textil- oder Lederbereich von der OSPAR-Kommission noch nicht gefällt worden.

Die PARCOM-Empfehlungen versuchen den deutschen Stand der Technik europaweit einzuführen. Für einige Länder ist das ein Fortschritt, für andere wie Holland, Dänemark oder die Schweiz ändert sich dadurch nichts. „In anderen europäischen Ländern können hingegen Schwierigkeiten auftreten, mit der derzeitigen installierten (bzw. eher nicht installierten) Technik die Referenzwerte einzuhalten bzw. den BAT-Beschreibungen nachzukommen, da zum Teil weder Abscheidvorrichtungen noch Kläranlagen vorhanden sind. Insofern sind die PARCOM-Empfehlungen zum Teil eine gewisse Herausforderung", so Georg Maue/Umweltbundesamt. Zu den Vertragsstaaten gehören neben Staaten der EU auch Island, Norwegen und die Schweiz. Zu den HELCOM-Vertragsstaaten zählen auch osteuropäische Staaten wie Litauen, Polen und Russland.[69]

Über die Umsetzung der Richtlinie in den HELCOM-Vertragsstaaten soll zum Treffen der Helsinki-Kommission im Jahr 2000 erstmals berichtet werden. In diesem Jahr müssen die Vertragsstaaten zum ersten Mal ihre Berichte erstellen. Auch die OSPAR-Maßnahmen zu Textilien werden in diesem Jahr abgefragt und erstmals von Belgien zur POINT-Sitzung vorgestellt.

Internationale Konventionen: PIC und POP

Als Folge der Konferenz von Rio entstand international eine größere Aufmerksamkeit für den Bedarf einer nachhaltigen Entwicklung zum Schutz der Umwelt. Ein Effekt war das wachsende Bemühen internationaler Gremien für Chemikaliensicherheit, speziell in Entwicklungsländern, eine feststellbare Beschleunigung in der Entwicklung chemischer Kontroll-Gesetzgebung.

Die Chemieindustrie sieht sich daher einer wachsenden Fülle von Regelwerken gegenübergestellt und ist, um Kosten zu sparen, an *möglichst einheitlichen Regelungen interessiert, wie sie bereits in der EU oder den USA existieren.*[70]

Auf internationaler Ebene sind Schritte zu beobachten, wie der Handel mit bestimmten giftigen Pestiziden und Industriechemikalien vermindert, zumindest stärker kontrolliert werden kann. Neben PCP stehen Quecksilberverbindungen oder Hexachlorbenzen auf der Initialliste der 22 Pestizide und 5 Industriechemikalien, auf die das *PIC-Verfahren (prior informed consent)* angewendet wird. Am 11.09.98 haben 57 Staaten, darunter Deutschland und die Europäische Union, die *Rotterdamer Konvention* (bisher als PIC-Konvention bekannt) unterzeichnet, mittlerweile sind es 63 Unterzeichnerstaaten. Das PIC-Verfahren wird allerdings erst völkerrechtlich verbindlich, wenn es durch 50 Staaten ratifiziert wurde. Bis Mitte 1999 war das noch nicht erfolgt. In der Zwischenzeit soll es gemäß einer Resolution der Konferenz freiwillig geschehen. Durch das PIC-Verfahren sollen *Importländer in die Lage versetzt werden, bei bestimmten Chemikalien über deren Import zu entscheiden.* Ist die Anwendung von Chemikalien in mindestens zwei Ländern in verschiedenen Regionen aus Gründen des Gesundheits- oder Umweltschutzes verboten oder stark beschränkt, so darf nur mit Zustimmung des Importlandes exportiert werden. „Unter das Verfahren können sowohl Wirkstoffe bzw. Stoffe wie auch Handelsprodukte fallen, deren Anwendung unter den Bedingungen in Entwicklungsländern oder in den Transformationsländern besonders gefährlich ist." Damit soll ein Riegel gegen die Verschiebung von Chemierisiken nach Süden und Osten entstehen.

Auf der Rotterdamer Konferenz untermauerte Klaus Töpfer als Executive Director des Umweltprogramms der Vereinten Nationen (UNEP) die Bedeutung des Vertrags: „Wenn ungefähr 70.000 verschiedene Chemikalien auf dem Markt sind und 1.500 neue jedes Jahr hinzukommen, sind viele Regierungen nicht in der Lage, die vielen, möglicherweise gefährlichen Substanzen, die täglich über die Grenzen kommen, zu überwachen."[71] Gerade die Länder der „Dritten Welt" leiden besonders stark unter Vergiftungsfällen. „Im ‚World Labour Report 1994' des Internationalen Arbeitsamtes heißt es unter Berufung auf eine seriöse Quelle, dass sich 99 % aller tödlich endenden Vergiftungsfälle in der Dritten Welt ereignen würden, obwohl dort nur 20 % aller global verbrauchten Pestizide zum Einsatz kämen."[72] Carina Weber vom Pestizid Aktions Netzwerk (PAN) e.V. sieht eine *wichtige Begleitmaßnahme der Umsetzung darin, die Alternativen für PIC-Pestizide zu fördern und bekannter zu machen.* Dazu seien ergänzende Aktivitäten der staatlichen und nichtstaatlichen Entwicklungszusammenarbeit gefragt. Bisher ist das PIC-Verfahren noch nicht in Kraft.

Viele Stoffe der PIC-Konvention sind zugleich *„POPs", das heißt nicht oder sehr schwer abbaubare organische Stoffe (persistent organic pollution).* Im Juni 1998 wurde in Montreal ein erster Entwurf für eine *POP-Konvention* zur Kontrolle dieser POPs verfasst. Nach dem Modell der FCKW sollen schrittweise Produktions- und Konsumptionsverbote für genau benannte und nachweisbar schädliche Stoffgruppen mit Fristen und Mengenbegrenzungen formuliert werden. Zunächst sollen zwölf als besonders kritisch eingestufte Chemikalien verbannt bzw. eingeschränkt werden. Weitere Stoffe sollen nach einem festgelegten Verfahren aufgenommen werden können. Nach der fünften Verhandlungsrunde ist für das Frühjahr 2001 die Verabschiedung der Konvention geplant. Bei manchen POPs sind Staaten des Südens hauptsächliche Verursacher. Sie fordern wie beim Klimaschutz, dass die reichen Staaten des Nordens die Mehrkosten auffangen, die beim Umstieg auf unbedenkliche Ersatzstoffe und Verfahren anfallen. Internationale Unterstützung für ökologisch beste Alternativen sei gefordert. Das Montrealer Ozon-Protokoll könnte wegen seiner Flexibilität als Vorbild für das zukünftige POP-Regime dienen. Durch das Prinzip der Mehrheitsentscheidung mit Zweidrittel (die die Mehrheit der Entwicklungs- und Industrieländer einschließen muss) bestimmte hier nicht der Langsamste das Tempo. Andere dynamisierende Elemente des Montrealer Protokolls sind die Pflicht zu regelmäßigen Berichten der Staaten über Erfolge und Misserfolge sowie die regelmäßige wissenschaftliche und politische Überprüfung der Umsetzung der Konvention. Erwartungsgemäß torpediert die Chemie-Industrie die Regelungen der POP-Politik.[73]

Im nächsten Kapitel werden verschiedene Problemstoffe exemplarisch betrachtet, die aufgrund ihrer Gefahren für Gesundheit bzw. Umwelt besondere Bedeutung haben und teilweise bereits reguliert, teilweise aber auch umstritten sind:

- Krebs erregende Amine aus Azo-Farben,
- chlororganische Carrier und andere Färbebeschleuniger,
- kritische Dispersionsfarbstoffe,
- das Konservierungsmittel PCP und seine Verwandten,
- Schwermetalle in der Färbung und Chromgerbung,
- verschiedene Quellen für chlororganische Verbindungen im Abwasser und
- optische Aufheller.

Literaturhinweise, Anmerkungen:

[1] Umweltbundesamt: Nachhaltiges Deutschland. Wege zu einer dauerhaft-umweltgerechten Entwicklung, Erich Schmidt Verlag, Berlin 1997

[2] Enquete-Kommission „Schutz des Menschen und der Umwelt" des Deutschen Bundestages (Hrsg.): Die Industriegesellschaft gestalten, Economica Verlag, Bonn 1994

[3] Gerd Winter: Tausend gefährliche Chemikalien: Keiner weiß, wie giftig sie sind. Frankfurter Rundschau 07.05.1999 Der Weltchemieverband ICCA hat im Oktober 1998 seinen Mitgliedern eine Beteiligung am OECD-Altstoffprogramm empfohlen. Demnach soll u. a. ein SIDS-Datensatz für 1.000 Großstoffe mit besonderer Umwelt- und Verbraucherrelevanz bis zum Jahr 2004 von den Herstellern arbeitsteilig erstellt werden. Die Daten sollen von der OECD auch für ein „Hazard Assessment" benutzt werden und die Umsetzung des EU-Altstoffprogramms beschleunigen. Vgl.: Altstoffe weltweit auf dem Prüfstand. In: chemie report 12/1998, S. 10–12

[4] die durch § 4a in die Gefahrstoffverordnung übernommen wurde

[5] Pressemitteilung: Bundesanstalt für Arbeitsschutz und Arbeitsmedizin (baua), 66/1998 vom 06.05.1998

[6] s. http://www.etad.com

[7] Elisabeth Heine, Helga Thomas, Hartwig Höcker: Chemische Substanzen – Eine Methode zur Erfassung ihrer Freisetzung aus Textilien. In: Textilveredlung 3, 4 1999, S. 6–16

[8] Pressemitteilung baua 110/98 vom 21.09.98; die Liste kann bei der Bundesanstalt für Arbeitsschutz und Arbeitsmedizin per Fax angefordert werden (02 31/90 71-524) oder im Internet unter der Adresse http://www.baua.de/prax/chem/posli.htm heruntergeladen werden.

[9] Öko-Institut: Stoffstrommanagement und Bewertung im Textilbereich, Freiburg im Juli 1998, S. 166 ff.

[10] Karl Sander: Azo-Farbstoffe und andere Schadstoffe in Textilien – Aktueller Kenntnisstand, S. 93-116, hier: S. 95, in: Umweltverträglichkeit von Textilien, Dokumentation zur 2. Bielefelder Fachtagung 1996, Hrsg.: M. Haemisch, H. Kahle, L. Kehmann, Verlag Hans Jacobs, Lage 1996

[11] vgl. Textilindustrie steht zum Gewässerschutz. In: Bekleidung Wear 2/1998, S. 15. Aktuelle Angaben sprechen von 159.000 t Textilhilfsmitteln in 1998, s. Klassifizierung.

[12] Umweltbundesamt: Nachhaltiges Deutschland 1997, s. o., S. 198

[13] Kathleen Spilok/UBA: Umweltrelevante Aspekte in der textilen Produktionskette. In: GSF-Bericht 17/1994, Bd. 4, S. 37–46; S. 43

[14] s.a. Länderausschuss für Immissionsschutz (Hrsg.): Bausteine für Regelungen bei Textilveredlungsanlagen, Sitzung vom 26.–28.10.1994, Erich Schmidt Verlag, Berlin 1997

[15] Im Verband der deutschen Textilveredlungsindustire (TVI) sind ungefähr 100 von 150 Textilveredlungsunternehmen in der Bundesrepublik Deutschland organisiert.

[16] Gewässerökologisch orientierte Klassifizierung von Textilhilfsmitteln, TEGEWA und TVI-Verband übergeben Selbstverpflichtungen für verbesserten Gewässerschutz, 9/98

[17] Kirstin Mägefessel-Herrmann: „Responsible Care" – Eine Initiative der chemischen Industrie möchte zur „zukunftsfähigen Entwicklung" beitragen. Zukünfte Nr. 13 10/1995, S. 52–54; 1999 hat der VCI, Frankfurt a.M. den 4. Responsible Care Bericht herausgebracht.

[18] vgl. Öko-Institut 1997, s.o., S. 42f.

[19] Pressemitteilung: baua 126/98 vom 14.10.98

[20] Internationaler Verband der Naturtextilwirtschaft: IVN-Richtlinien, Stand 07.07.1999, Stuttgart

[21] Joachim Michael Marzinkowski: Am laufenden Meter. Die Textilveredlungs-

industrie muß mit weiteren Umweltschutzauflagen rechnen. In: Müllmagazin
4/1992, S. 15–18

22 GMBl. 1996 S. 729

23 vgl. H. Schönberger 1993, S. 520

24 Reinhard Schneider, Uwe Halder: Neue
Entwicklungen im Pigmentdruck. In:
Melliand Textilberichte 4/1996, S. 225–228

25 Darstellung, wo welche Massenströme an
Abwasser verfahrensbezogen innerbetrieblich anfallen

26 Dritte Verordnung zur Änderung der
Abwasserverordnung vom 29.5.2000 in:
BGBl I 31.5.2000, S. 751 ff.

27 H. Schönberger, 1993 (s.o.)

28 Umweltbundesamt: Nachhaltiges
Deutschland, Berlin 1997, s. o.

29 vgl. H. Schönberger 1993, S. 514, s. o.

30 Harald Schönberger: Reduktion der
Abwasserbelastung in der Textilindustrie.
Hrsg. Umweltbundesamt, UBA-Texte
Nr. 3/94, Berlin 1994 (entspricht o.g.
Forschungsbericht)

31 Umweltfreundliche Veredlungsverfahren
für Wolle durch Vorbehandlung mit elektrischen Gasentladungen. In: Melliand Textilberichte 4/1997, S. 253, (AiF- Nr. 9658 B)

32 A. Giehl, K. Schäfer, H. Höcker: Zum
Einsatz von Ultraschall in der Woll-
färbung. DWI-Reports 119, 436, 1997; A.
Krakowski, B.M. Müller, J. Föhles, B.
Severich, R. Kaufmann, H. Höcker:
Plasmabehandlung von Seide. DWI-
Reports 119, 475, 1997

33 G. Kratz, A. Virnich: Wiederverwendung
von Flotten aus diskontinuierlichen
Färbungen mit substantiven Farbstoffen.
Melliand Textilberichte 78, 344, 1997; T.
Schäfer, J. Trauter, J. Janitza: Aufarbeitung
von Färbereiabwässern durch Nanofiltration. In: Textilveredlung 32, 72, 1997

34 Im April 1997 ging bei der Hubert Eing
Textilveredlung GmbH, Gescher eine
Anlage nach dem Total Printpaste Return
System in Betrieb. Neue Restfarben-
Recyclinganlage. In: Melliand
Textilberichte 7–8/1997, S. 512

35 Dialog Textil-Bekleidung (DTB): Wir
stellen uns vor! Mappe, München, Adresse
s. Anhang

36 Thomas Platzek: Gesundheitsgefährdung
durch Bekleidungstextilien. In: Bundesgesundheitsblatt 7/1997, S. 238–240

37 Arbeitsgruppe „Textilien" beim BGA,
Bericht über die 1. Sitzung des Arbeitskreises „Gesundheitliche Bewertung" am
22.06.1993, Bundesgesundheitsblatt
9/1993, S. 350

38 Evelyn Keßler: Ungewisse Qualitäten:
Aus der Boutique in den Altkleidersack?,
S. 117–119, in: UmweltGerechte
TextilWirtschaft – Vision oder
Wirklichkeit? Kongreß 2.4.1998 Stuttgart,
Hrsg.: Evang. Akademie Bad Boll,
Zentrum für Entwicklungsbezogene
Bildung, Wirtschaftsministerium Baden-
Württemberg, Stuttgart 1998

39 Elisabeth Heine, Helga Thomas und
Hartwig Höcker, 1999 s.o.

40 Bericht der 8. Sitzung der AG Textilien
beim BgVV, 1/1998, S. 19

41 Bundesgesundheitsblatt 9/1993 s.o., AG
„Textilien", 2. Sitzung, 15.11.1993, Bundesgesundheitsblatt 4/1994, S. 165–166

42 AG „Textilien", 6. Sitzung, 4.12.95, Bundesgesundheitsblatt 3/1996, S. 114–115

43 Tankred Schewe, Karin Markgraf,
Christiane Schewe, Susanne Fischer,
Renate Getter, Manfred Mayer:
Stoffwechselschädigung menschlicher
Hautzellen durch Orthophenylphenol
(OPP). In: Melliand Textilberichte 9/1997,
S. 631–632

44 Arbeitsgruppe „Textilien" beim BgVV, Bericht der 5. Sitzung... am 18.05.1995, Bundesgesundheitsblatt 9/1995, S. 359–360

45 Umweltbericht Kunert, Immenstadt
1996/97, S. 13

46 Gerd Winter s. o.

47 IFOAM 1999, S. 44

48 vgl. AgV-Jahresbericht 1996, Bonn, S. 20;
T. Strütt-Bringmann: Der Stoff aus dem
die Kleider sind, VerbraucherInitiative
1994 (1. Aufl. 1990), S. 141 ff.

[49] Stellungnahme der Arbeitsgemeinschaft Allergiekrankes Kind, Herborn an den Petitionsausschuß des Deutschen Bundestages, Bonn zur Resolution „Kinder in Gefahr!!" vom 17.06.1993

[50] Verbraucher-Zentrale Hamburg: Betrifft: Leder, Hamburg 1997, S. 27

[51] vgl. Thomas Lenius: USA als Vorreiter. In: Globus 4/1995, S. 14

[52] Gerd Winter, FR 07.05.1999, s.o.

[53] Chemikalien und Kontaktallergie. Zusammenfassender Bericht über das Symposium am 22.8.1995 in Berlin, Bundesgesundheitsblatt 3/1996, s. 111–114

[54] Heinz Wohlgemuth: Allergene gegen die Haut., S. 63, In: BIFAU Textilallergie, Umweltreihe Hefte 15, S. 35–65, Berlin 1999

[55] vgl. Herbert Klemisch: Umweltschutz in der Textil- und Bekleidungsbranche. Ein Handbuch für Betriebsräte und Beschäftigte, Hans Böckler Stiftung, Klaus Novy Institut Köln 1999; hier werden die Grundlagen und das Vorgehen im Rahmen einer Gefährdungsanalyse skizziert.

[56] vgl. TB GB-Stellungnahme 3/1993

[57] Enquete Kommission Mensch und Umwelt, 1994 s.o.

[58] Antwort der Bundesregierung auf die Große Anfrage mehrerer SPD-Abgeordneten und der Fraktion der SPD: Umwelt, Schadstoffe, Gesundheit. Bundestagsdrucksache 13/10 592, 5.51998.

[59] 3 Broschüren: Gefahrstoffe kurz und bündig; Gefahrstoffschutz – Grundwissen; Wer macht was im Gefahrstoffschutz in NRW? Bezug: DGB-Technologieberatungsstelle Niederrhein, Goebenstr. 4, 41061 Mönchengladbach, Tel. 02161/209750, Fax. 02161/13512; Arbeitsstoffe in der Textilindustrie, Handlungsmöglichkeiten für Betriebsräte, Technologieberatungsstelle DGB Niedersachsen, Dreyerstr. 6, 301169 Hannover, sechs Mark, Tel. 05 11/1 63 04-0, Fax 05 11/1 63 04-20; Textil- und Bekleidungsberufsgenossenschaft, Oblatenwallstr. 18, 86153 Augsburg, Tel. 0821/3159-0, Fax: 0821/3159-201

[60] Adresse des Verbands s. Anhang

[61] Deutsche Lederindustrie – Anhaltender Umsatzzuwachs. In: Bekleidung Wear 19/98, S. 33

[62] im Sinne des Artikel 16, Abs. 1 der Richtlinie 89/391/-EWG

[63] Gesetz zur Umsetzung der Richtlinie 89/391/EWG, Arbeitsstättenverordnung, Arbeitssicherheitsgesetz, Arbeitsmittelbenutzungsverordnung, Allgemeine Bergverordnung und Gefahrstoffverordnung

[64] H. Motschi, E.A. Clarke/ETAD in: Rev. Prog. Coloration Volume 28/1998: 71–79, ETAD, 25th Annual Report 1998

[65] H. Motschi, E.A. Clarke: Regulatory developments affecting European manufacturers and processors of dyes and pigments. In: Review of Progress in Coloration 28/1998, S. 71–79

[66] Gerd Winter, s.o.

[67] Umweltbundesamt: Nachhaltiges Deutschland, 1997, S. 198

[68] TEGEWA Selbstverpflichtung 1998 (s.o.); Richtlinie 96/61/EG vom 24.9.96

[69] OSPAR Commission: Oslo and Paris Conventions for the Prevention of Marine Pollution; PARCOM Recommendation 94/5, Annex, POINT 98/4/9-E(L); Summary Record OSPAR 97/15/1, Annex 12; Helsinki Commission: Convention on the Protection of the Marine Environment of the Baltic Sea Area, 16th Meeting, 3/95, Annex 14

[70] vgl. Motschi/Clarke 1998, s.o.

[71] Carina Weber: PIC-Konvention durch 57 Staaten unterzeichnet. In: PAN Pestizid-Brief 9/1998, S. 2–3

[72] Carina Weber 1998

[73] Frank Biermann, Christine Wank: Die POP-Konvention: Nord-Süd-Konflikt oder Kooperation? In: Forum Umwelt & Entwicklung Rundbrief 3/1998, S. 22–24

Kapitel 3: Ausgewählte Problemstoffe

Azofarben mit gefährlichen Spaltprodukten

Kapitel 3.1

Was sind Azofarben, und warum sind sie gefährlich?

„Kr. Vorarbeiter, 29 J(ahre) im Fuchsin-Kochraum thätig, erkrankte im Spät-sommer 1892. Er glaubte die Ursache seiner Krankheit in seiner Beschäftigung suchen zu müssen, da Blutharnen bei seinen Kameraden nicht selten vor-komme. Die ersten Symptome bestanden in lebhaftem Brennen in der Harn-röhre. Urin oft trüb, manchmal roth. Zuweilen gingen Blutgerinnsel ab. Der Harnstrahl war auch ohne Blutabgang öfters unterbrochen ... Nach reichlicher Durchspülung der Blase entdeckte ich sofort einen Tumor ...“ beschreibt der Chirurg Ludwig Rehn 1895 die Untersuchung eines Anilinarbeiters der Farb-werke Hoechst, der die Krebs erregende Wirkung bestimmter Azofarben ent-deckte.[1]

Rund hundert Jahre später, Anfang der 90er Jahre, kommen die sog. Azo-farben in der Öffentlichkeit ins Gerede. Sie sind *benannt nach der chemischen Struktur der farbgebenden Gruppe*, nämlich einer Stickstoff-Doppelbindung $(R_1-N = N-R_2)$. *Nicht alle Azofarben sind gefährlich.*

Azofarben gehören, nach ihren chemischen Eigenschaften beurteilt, ganz *verschiedenen Farbstoffklassen* an. Wenn man sie nach dem Färbeprozess ein-teilt, können es Reaktivfarbstoffe sein, Entwicklungsfarbstoffe, saure oder basische Farbstoffe, Dispersionsfarben usw. Gefärbt werden damit unzählige Tonnen an Verpackungen, Papier, Leder und Textilien aus Natur- wie auch Kunstfasern.

Und wie viele gefährliche Azofarben verbergen sich hinter diesem Begriff? Nach Marktstudien der chemischen Industrie fallen darunter noch 109 Han-delsfarbstoffe, die für die Leder- und Textilfärbung vermarktet werden.[2] *Die meisten davon enthalten als gefährliche Bausteine im Farbkörper Benzidin und dessen Abkömmlinge oder o-Toluidin* als so genannte aromatische Amine.[3] Nicht einbezogen in diese Bilanz sind die schwer- oder unlöslichen Pigmente in Druckfarben. Pigmente und lösliche Farbstoffe fallen unter den Oberbegriff der Farbmittel. „Bedenkt man allerdings, dass weltweit der Marktanteil an Azo-farbstoffen 60 Prozent des Farbmittelmarkts beträgt und ein großer Teil davon aus den ausgelisteten (verbotenen, d. Red.) aromatischen Aminen hergestellt werden, dann lässt sich schlussfolgern, dass weiterhin ein großer Prüfbedarf besteht...“.[4] Im Juli 1995 berichtete die Wochenzeitung „Die Woche“ über die „Grellbunte Gefahr“, dass vor allem Färbereien in China und Indien diese noch einsetzten, aber auch in Kleidern aus Italien und Frankreich seien Chemiker fündig geworden.[5] Eric A. Clarke, Generalsekretär des Herstellerverbands ETAD (Ecological and Toxicological Association of Dyes and Organic Pigments Manufacturers) mit Sitz in Basel nimmt an, dass *in den letzten fünf Jahren der Marktanteil an den kritischen Azofarben um 90 bis 95 Prozent gesunken* ist! Eine offizielle Statistik gibt es darüber allerdings nicht.

In Deutschland dürfen gefährliche Azofarben nicht mehr verwendet werden. Entscheidend für das Verbot sind hierzulande nicht die Farbstoffe, sondern bestimmte aromatische Amine, genauer gesagt *24 verschiedene Komponenten, die nachgewiesen krebsverdächtig bzw. Krebs erregend* sind. Diese aromatischen Amine können als Verunreinigung in den Farbmitteln vorkommen und auch von den Farbstoffen abgespalten werden. Dies geschieht durch eine „reduktive Spaltung", die chemisch gesehen eine Elektronenaufnahme beschreibt und die Doppelbindung des Stickstoffs knackt (R_1-N = N-R_2 $\xrightarrow{\text{Reduktionsmittel}}$ R_1-NH_2 NH_2-R_2)

Ein Risikofaktor bei Farbstoffen und Pigmenten, die mit kanzerogenen aromatischen Aminen hergestellt werden, sind zunächst immer potentielle Verunreinigungen mit solchen Zwischenprodukten aus der Herstellung.

Nach der Gefahrstoffliste, die Auskunft über die gesetzlich anerkannte Einstufung von Stoffen gibt, wirken die verbotenen aromatischen Amine beim Menschen bekanntermaßen krebserzeugend (1) oder sollten beim Menschen als krebserzeugend angesehen werden (2). *Beim Menschen bekanntermaßen Krebs erregend sind folgende vier aromatische Amine* und deren Salze: 4-Aminodiphenyl, Benzidin, Naphtylamin und deren Salze sowie 4-Chlor-o-Toluidin.[6]

Durch die Haut aufgenommen kann die Abspaltung dieser Krebsgifte auch im menschlichen Körper geschehen, und zwar im Stoffwechsel von Menschen und Säugetieren durch Enzyme, so genannte Azoreduktasen, die in der Leber oder durch Darmbakterien gebildet werden und die Azo-Gruppe spalten. Es gibt auch Experimente, die darauf hinweisen, dass die Azospaltung beim Durchdringen der Haut ablaufen kann und Bakterien der Haut, die die Haut natürlicherweise besiedeln, in der Lage sind, Azofarbstoffe zu spalten.[7]

Bei *schwer löslichen Pigmenten* scheint das nicht der Fall zu sein. „Für eine hypothetische Azospaltung der fraglichen Pigmente auf Textilien unter Einfluss von Hautbakterien, Sonnenlicht oder sonstigen Einflüssen gibt es keine experimentellen Belege."[8] Bisher hat man nur Pigmente auf der Basis eines einzigen Amins (3,3'-Dichlorbenzidin) durch aufwendige Untersuchungen auch auf seine Langzeitwirkungen getestet. „Mit letzter Sicherheit kann die Bioverfügbarkeit der einzelnen Farbpigmente nur durch entsprechende Experimente ausgeschlossen werden", urteilt Thomas Platzek vom Bundesinstitut für gesundheitlichen Verbraucherschutz und Veterinärmedizin.[9] Wichtige Gelb- und Orange-Azopigmente mit den kritischen Komponenten werden für den Textildruck weiter genutzt.[10] Als Reaktion auf die Kritik hat BASF drei neue Gelb- und Orangepigmente entwickelt.

Azofarben sind nicht nur als Krebsgifte, sondern auch als *Auslöser von allergischen Kontaktekzemen* bekannt. In den Jahren 1992 und 1993 untersuchten Dermatologen aus der Universitätsklinik Erlangen Patienten, bei denen der

Verdacht auf eine Allergie auf Bekleidungsfarben bestand. In 14 Fällen ermittelten sie positive Reaktionen auf eine oder mehrere getestete Textilfarben. Am häufigsten wurden Reaktionen auf bestimmte aromatische Amine mit chemisch ähnlicher Struktur beobachtet, so genannte *parasubstituierte aromatische Amine* (p-Phenylendiamin und p-Aminoazobenzol, gefolgt von p-Toluylendiamin).[11] Para-Toluylendiamin zählt zu den verbotenen Aminen. „Die anderen paraständigen Amine sind durchaus als Kupplungskomponenten in Azo-Farbstoffen vorhanden bzw. denkbar. Ihr allergenes Potential kann aber erst nach reduktiver Spaltung wirksam werden," erklärt Rainer Weckmann, Direktor der Abteilung Warenprüfung der Hohensteiner Institute, die bei der Prüfung des Öko-Tex Standard Textilien auf aromatische Amine untersuchen. P-Phenylendiamin (PPD) belegt auf der „Allergenhitliste" der Deutschen Kontaktallergiegruppe 1994 den fünften Platz.[12]

In Indien haben Dermatologen beobachtet, dass die Azofarbe brilliant crocein (CSM), ein roter Farbton, der in der Kosmetik und zum Färben von Wolle, Seide, Baumwolle und Papier verwendet wird, in seltenen Fällen zu *Depigmentierung* der Haut an den Kontaktstellen führt. Was die indischen Ärzte überrascht, ist dass auch PPD diesen Effekt erzeugen kann, und zwar in viel kürzerer Zeit.[13]

Aus der Sicht des Umweltschutzes können Krebs erregende aromatische Amine, wenn sie im Verarbeitungsprozess frei werden,[14] auch zum *Gefahrstoff im Abwasser* werden.

Krebsgifte am Arbeitsplatz: Aromatische Amine
Menschen, die direkten Kontakt mit gefährlichen Azo-Farben bzw. entsprechend gefärbten Materialien haben, erkranken vermehrt an *Blasenkrebs.* Epidemiologen machen dafür aber *nicht allein aromatische Amine verantwortlich.* In den stärker industrialisierten westlichen Staaten wie Italien werden *etwa die Hälfte der Fälle auf das Rauchen* zurückgeführt, ein Viertel auf die berufliche Exposition gegenüber aromatischen Aminen und das restliche Viertel auf die berufliche Exposition gegenüber Farben, Lösungsmitteln, Lederstaub, Druckfarbe, einigen Metallen, PAH, Verbrennungsprodukten und Dieselabgasen.[15]

Die *Latenzzeit*, d. h. die Dauer vom Kontakt mit dem Gefahrstoff bis zum Ausbruch der Krankheit, kann bis zu 40 und mehr Jahre betragen. Häufiger tritt die Krankheit in der chemischen Industrie, in der Färberei und bei Verarbeitern wie Schuhmachern und Schneidern auf.[16] Im Jahr 1998 wurden der Berufsgenossenschaft der *Chemischen Industrie 148 Anzeigen auf Verdacht einer Berufskrankheit (BK 1301)* angezeigt, von denen 45 Fälle anerkannt wurden. Vier dieser anerkannten Fälle sind bei der Herstellung von Farben, Lacken und Klebern entstanden. Von 1985 bis 1997 wurden in den Wirtschaftszweigen

Textil, Bekleidung und Leder in Deutschland nur 25 Blasenkrebsfälle als Berufskrankheit anerkannt. Zwei von drei anerkannten Fällen im Jahr 1997 waren allein unter den Lederherstellern zu beobachten.

„Als Auslöser für Berufskrankheiten sind in erster Linie die in der Vergangenheit eingesetzten krebserzeugenden Azofarbstoffe zu nennen. Unserer Berufsgenossenschaft wurden in den vergangenen Jahren zwischen *5 und 8 Verdachtsfälle* pro Jahr angezeigt. Bei einer Latenzzeit von ca. 35 Jahren waren die Erkrankten im Mittel *in den sechziger Jahren zu den damals noch eingesetzten krebserzeugenden Azo-Farbstoffen exponiert"*, schreibt *die Berufsgenossenschaft Textil-Bekleidung.* In der Lederindustrie wurden 1997 drei Verdachtsfälle von Krebs durch aromatische Amine gemeldet. Die Lederindustrie Berufsgenossenschaft sieht sie nicht als besonders hohes aktuelles Risiko für Berufserkrankungen, aber als historisch relevant. Seit 1936 sind sie in der Berufskrankheitenverordnung anerkannt. Und vonseiten des Industrieverbands der Deutschen Lederindustrie heißt es: „Azofarben, die Krebs erregende Bestandteile abspalten, sind für uns kein Problem mehr. Schon lange vor der Veröffentlichung des Verbotes der bedenklichen Azofarbstoffe wurden sie in Deutschland in der Ledererzeugung nicht mehr eingesetzt".

In der Gefahrstoffverordnung ist ein *verschärftes Substitutionsgebot für krebserzeugende Stoffe* niedergelegt (6. Abschnitt, § 36 Abs. 2). Sie verbietet im § 15a ohnehin, dass Arbeitnehmer 4-Aminobiphenyl, Benzidin sowie 2-Naphthylamin und deren Salzen ausgesetzt sein dürfen. Die Gefahrenhinweise R 45 „Kann Krebs erzeugen" oder R 49 „Kann Krebs erzeugen beim Einatmen" müssen solche Farben kennzeichnen. Entsprechende Farben „dürfen Betriebe aus Gründen des Gesundheitsschutzes der Beschäftigten grundsätzlich nicht einsetzen".[17] Auch auf europäischer Ebene ist der Handel mit Stoffen, die mehr als 0,1 Gewichtsprozent an den drei oben genannten aromatischen Aminen enthalten, verboten.[18]

Die *Technische Regel für Gefahrstoffe (TRGS) 614*, die im Mai 1999 verschärft wurde, enthält Verwendungsbeschränkungen für Azofarbstoffe, die in Krebs erzeugende aromatische Amine gespalten werden können. Darin werden *neuerdings 24 aromatische Amine* charakterisiert, zuvor waren es 20. Dort heißt es: „Eine Gefährdung ist möglich, wenn Azofarbstoffe vom Körper aufgenommen und resorbiert werden. Die Aufnahme von diesen Farbstoffen in den menschlichen Körper ist durch Einatmen und Verschlucken von Stäuben und Aerosolen sowie durch Hautkontakt möglich. Das Expositionsrisiko über die Haut muss besonders bei solchen Arbeitsgängen beachtet werden, bei denen Azofarbstoffe einer reduktiven Spaltung unterzogen werden und bei denen kanzerogene aromatische Amine in unterschiedlichem Umfang auftreten können, zum Beispiel beim Färben, Drucken, Farbstoffabziehen nach Fehlfärbungen oder Reinigen der Färbeapparatur oder Ansatzbehälter ...“[19] Es wird u.a. empfohlen, für Zwischen- oder Endprodukte aus Textilien und Leder solche potentiell Krebs erzeugenden Farbstoffe nicht mehr zu verwenden. Für Textilfasern und Leder stehen in ausreichender Anzahl Ersatzstoffe zur Verfügung, heißt es unter dem Punkt Ersatzstoffe.

Welchen Rang hat eine solche Empfehlung für die Umsetzung in der Praxis? Dazu antwortet Martin Henn von der Bundesanstalt für Arbeitsschutz und Arbeitsmedizin: „Die *Pflicht zum Ersatz* gilt grundsätzlich. Es gibt aber Ausnahmen, wenn es technisch nicht möglich ist oder aus wirtschaftlichen oder sonstigen Gründen nicht zumutbar ist, das sieht die Gefahrstoffverordnung vor. Die Technischen Regeln müssen dann nicht im Wortlaut beachtet werden, wenn mit anderen Maßnahmen ein gleiches Schutzniveau gegeben ist.“ Die Pflicht, auf gefährliche Azofarbstoffe zu verzichten, besteht, wenn sie unter das Lebensmittel- und Bedarfsgegenständegesetz fallen. Dann ist auch die Herstellung nicht mehr zugelassen. Der Gewerbeaufsicht in Tübingen, einer typischen Textilregion, sind Ausnahmefälle, in denen auf gefährliche Azofarben nicht verzichtet worden wäre, allerdings nicht begegnet.

Azopigmente auf der Basis krebserzeugender Amine werden von den Herstellern und Lieferanten in der Regel nicht als Krebs erzeugend eingestuft und sind daher auch nicht z. B. im Sicherheitsdatenblatt mit R 45 „Kann Krebs erzeugen“ gekennzeichnet. Die Berufsgenossenschaft rät daher präventiv, von der Bedarfsgegenständeverordnung verbotene Azopigmente und solche, über die keine Erkenntnisse vorliegen, nicht mehr zu verwenden.[20] Die Bundesanstalt für Arbeitsschutz und Arbeitsmedizin hat eine Liste von Farbmitteln zusammengestellt, die als neue Stoffe angemeldet sind und keine gefährlichen Eigenschaften aufweisen, die eine Kennzeichnung erforderlich machen.[21]

Im Bereich der Azopigmente ist das Risiko, unter reduktiven Bedingungen doch Krebs erregende Amine freizusetzen, noch nicht völlig ausgeschlossen, da entsprechende Untersuchungen fehlen (s. o.). „Die Pigmente sind im Moment noch nicht bewertet“, erläutert die Bundesanstalt für Arbeitsschutz und Arbeitsmedizin. „Die bisher vorliegenden Daten und Informationen geben keine ausreichenden Hinweise, um hier eine Einstufung vorzunehmen.“ Dass die Pigmente noch nicht ausreichend untersucht und bewertet sind, ist eine Lücke im Arbeitsschutz.

Für den *Verband der Textilveredlungsindustrie* sind kanzerogene Amine aus Pigmenten derzeit aber *kein Thema*. Hier sieht man nicht die Notwendigkeit, weitere Initiativen zu ergreifen. „Die Entscheidung des Veredlers vor Ort fällt auch nach modischen Aspekten, der braucht diesen Stoff unbedingt, um diesen Farbton färben zu können“, argumentiert Michael Pöhlig vom Gesamtverband der deutschen Textilveredlungsindustrie.

Wenn in der Industrie mit diesen Gefahrstoffen umgegangen wird, werden *Arbeitsplatzmessungen* durchgeführt. Das geschieht auch schon in Kooperation mit den Berufsgenossenschaften. Die Textil- und Bekleidungs-Berufsgenossenschaft hat im Jahr 1996 im Rahmen einer Schwerpunktaktion in über 500 Mitgliedsbetrieben die Einhaltung des Verbotes der Verwendung Krebs erzeugender Azofarbstoffe überprüft.

Anlagen, in denen mit solchen Stoffen umgegangen wird, sind nach dem Bundesimmissionsschutzgesetz genehmigungspflichtig und müssen bei Zulassung dem Stand der Technik entsprechen. Die alten Richtwerte der TA-Luft stecken aus der Sicht der Behörden dabei den unteren Level des Zulässigen ab. Um die Abluft zu reinigen, stehen verschiedene Techniken zur Verfügung wie Verbrennen, Absorption oder Auswaschen.

International haben Azofarben, die Blasenkrebs erzeugen können, noch einen bedeutenden Stellenwert. Jens Soth, Geschäftsführer bei der EPEA – Internationale Umweltforschung GmbH in Hamburg, die die Industrie in ökologischen Fragen berät – sieht insbesondere durch seine Kontakte zu Gewerkschaftern die gefährlichen Azofarben als vordringliches Problem an.

Die Internationale Textil-, Bekleidungs- und Lederarbeiter-Vereinigung schreibt, dass „sowohl Farbstoffe zum Bedrucken wie auch Farb- und Ausrüstungschemikalien ... *oft unter falschem Namen verkauft*" werden. Deshalb sei es stets wichtig, dass die wissenschaftlichen Angaben über die Giftigkeit des Produktes vorhanden sind. Im Sinne des Arbeitsschutzes weist die Dachorganisation der Gewerkschaften auf die Informations- und Ermittlungspflichten der Arbeitgeber hin.[22] Auch muss sichergestellt werden, dass das Gewicht festgestellter Verunreinigungen an kanzerogenen Aminen nicht größer oder gleich 0,1 Prozent ist. „Krebserzeugende Farbstoffe sind zu ersetzen und die Bereiche, in denen mit diesen Arbeitsstoffen gearbeitet wird, müssen hermetisch abgeschlossen werden", schreibt die Internationale Textil-, Bekleidungs- und Lederverarbeiter-Vereinigung.[23]

Für Klaus Golka, der sich am Institut für Arbeitsphysiologie in Dortmund mit aromatischen Aminen befasst, ist ganz klar, dass diese Schadstoffe in *Leder ein größeres Problem* darstellen als im Textilbereich. Eine Forschergruppe aus Genua hat die *Sterblichkeit von Arbeitern* einer Chrom-Gerberei, in der auch gefärbt wurde, untersucht. Fabio Montanaro und andere beobachteten eine deutliche Häufung von Blasenkrebsfällen, die die Epidemiologen eindeutig auf benzidinhaltige Lederfarben zurückführten. Untersucht wurden 1244 Beschäftigte, davon 870 Männer und 374 Frauen, die zwischen 1955 und 1988 in der Chromgerberei beschäftigt waren.[24] Auch andere Untersuchungen von Gerbereiarbeitern in Shanghai bzw. der Toskana beschreiben das häufigere Auftreten von Blasenkrebs durch den Kontakt zu Lederfarben, die Abkömmlinge von

Benzidin abspalten können. Das Risiko für Blasenkrebs lag in der *chinesischen Gerberei besonders hoch.*[25]

Bunte Gefahr: Gesundheitsrisiko für Verbraucher?

Vom Bayerischen Staatsministerium wurde im September 1994 die schriftliche Anfrage von Raimund Kamm, Grüner Abgeordneter im Bayerischen Landtag, über Krebs erregende Stoffe in Textilien für nichtig erklärt: Barbara Stamm zitiert den Abschlussbericht der Enquete-Kommission des Deutschen Bundestages „Schutz des Menschen und der Umwelt", wonach gesundheitliche Belastungen des Verbrauchers durch Textilien/Bekleidung so gering seien, dass ein gesetzgeberischer Handlungsbedarf aufgrund humantoxischer Stoffe in Bekleidungstextilien im Allgemeinen nicht bestehe.[26] Eine Studie der Europäischen Kommission zum Krebsrisiko von Textil- oder Lederprodukten, die mit gefährlichen Azofarben gefärbt wurden, quantifizierte das signifikante Risikoniveau unter dem, was als „worst case"-Szenario bekannt ist. Der Bericht bewertete das Verbraucher-Risiko als sehr gering.[27]

Über die Belastungssituation gibt es verschiedene Ansichten, denn ein Großteil der Bekleidungstextilien (über 85 Prozent), die hierzulande verkauft werden, werden im Ausland produziert und können daher auch heute noch gefährliche Azofarben enthalten. *Parallel zur Einführung der deutschen Azo-Verbotsverordnung sank die Zahl der belasteten Laborproben.*

Frank Kuebart von der Kölner eco-Umweltinstitut GmbH konnte beobachten, dass positive Befunde auf kritische Azofarben in Textilien stark zurückgegangen sind. Fand das eco-Umweltinstitut 1995 noch 40 Prozent belastete Proben, waren es 1996 nur noch 26 Prozent.[28]

Den abnehmenden Trend bestätigen auch die Prüferfahrungen des *TÜV Rheinland.* Bemerkenswert ist die *deutlich höhere Belastung von Leder.* 1996 fand das Labor in 526 Lederproben immerhin 96 mit den gesuchten Krebsgiften, das entspricht einer Rate von 18,3 Prozent im Gegensatz zu 6,1 Prozent bei Textilproben.[29] Bei schwarzen und tiefbraun gefärbten Ledern traten Befunde von Benzidin verstärkt auf.

Gerhard Nickolaus vom Prüf- und Forschungsinstitut für die Schuhherstellung (PFI) in Pirmasens beobachtet, dass die Zahl der Funde *verbotener Azofarben in Textilien und Leder schon seit langem stagniert bei rund 10 Prozent* belasteter Proben (über dem gesetzlichen Grenzwert). Untersucht werden hier im Auftrag von Herstellern und Handel viele tausend Produkte jährlich. Bei Textilien und Leder waren es 1998 über 7000 Untersuchungen, das heißt, der Umfang lässt eine annähernde Aussage über die Rückstandssituation am deutschen Markt zu, obgleich keine Zufallsauswahl für eine statistisch sichere Aussage stattgefunden hat.

Eine extreme Belastung von Lederprodukten kam bei einem Test der *Verbraucher-Zentrale Hamburg* 1996 an die Öffentlichkeit. In 20 Lederbekleidungsartikeln haben Chemiker verbotene Azofarben, in zwei Fällen sogar im Grammbereich, nachgewiesen. Eine Herrenjacke enthielt 5.500 ppm Benzidin, eine Damenjacke 4.900 ppm. Das sind extrem hohe Werte, die ein gesteigertes Gesundheitsrisiko für den Träger bzw. die Trägerin befürchten lassen.[30]

Immer wieder werden Belastungen in Lederwaren oder Textilien entdeckt. Im Februar 1998 untersuchte der *Westdeutsche Rundfunk* in Köln Schuhe und T-Shirts auf verbotene Azofarben und wurde fündig. Die Labors entdeckten Benzidin in vier Paar Schuhen von Urban, donnay, Millenium und Tschibo und den Verwandten Dimethoxibenzidin in einem Perfect-T-Shirt von Inferno.[31]

Im Jahr 1998 hat das *Öko-Test Magazin* in vier Warentests kanzerogene Azofarben nachgewiesen. Betroffen waren 4 von 28 untersuchten Traghilfen für Babys im Mai, eines von 19 Seidentüchern im Juli, 2 von 21 Baby-Schlafsäcken im August und fünf von 17 getesteten Handpuppen im Dezember. Gerald Prior, Laborchef des Bielefelder Labors CTL, führte die extremen Rückstände von 260–1491,5 ppm in Handspielpuppen auf ein spezielles Färbeverfahren zurück. Dabei würden die bedenklichen Amine direkt verwendet und reagierten erst auf dem Stoff miteinander.[32]

Die *Öko-Szene hat die gefährlichen Azofarben anscheinend schon besser im Griff.* Die Chemikerin Ulrike Siemers vom Bremer Umweltinstitut untersucht Waren für die Öko-Branche auf problematische Azofarben: „Bei den Öko-Herstellern ist der Trend, dass Textilien rückstandsfrei sind. Bei Leder beobachten wir noch Rückstände, weil es nur eine bestimmte Menge an Leder auf dem inländischen Markt gibt. Wenn die Ware eingeführt wird, kann noch ein schwarzes Schaf darunter sein, auch wenn Zertifikate angeblich vorliegen. Aber die Tendenz ist ganz klar rückläufig."

Damit Farbstoffe für den Verbraucher überhaupt zum gesundheitlichen Problem werden können, müssen sie zunächst *in den Körper gelangen.* Ob das möglich ist, ist wesentlich von der Echtheit der Farben abhängig, vor allem gegenüber Absonderungen der Haut wie Schweiß oder Talg und Reibung. Für die Echtheit von Textilfarben gibt es in Deutschland bzw. Europa allerdings noch keine gesetzlichen Vorschriften. Farbstoffe können also durch Abrieb oder durch Auflösung von der Faser getrennt werden. Abrieb wird rein physikalisch durch Reibung verursacht. Teilweise sind zum Auflösen chemischer Bindungen Enzyme oder andere Stoffe erforderlich, die im Schweiß oder Speichel zur Verfügung stehen.[33] Die Aufnahme von Textilfarben durch die Haut, die vielfach unbemerkt geschieht, wurde von der ETAD in einem Modell abgeschätzt. Hier werden bei Textilien mit hoher Farbechtheit aufgenommene Dosen von 10–20 ng/kg Körpergewicht pro Trageereignis kalkuliert. Bei weniger echten Farben seien auch beim Erwachsenen Aufnahmen bis maximal 7 mg pro Kilogramm Körpergewicht denkbar. Bei Staubpartikeln z. B. von Pigmenten wird nicht erwartet, dass sie durch die Haut aufgenommen werden können.[34]

Hersteller und Handel schwenken um

Die großen Farbstoffhersteller haben Anfang der 70er Jahre begonnen, freiwillig auf die Herstellung von Azo-Farbstoffen mit Benzidinkomponente zu verzichten. Seit den frühen 90er Jahren dürfen Mitglieder im Herstellerverband ETAD keine Benzidin-haltigen Farbmittel mehr herstellen, verlangt der ETAD-Kodex.[35] „Wir wollen uns noch weiter distanzieren von diesen Farbstoffen", sagt Eric A. Clarke, Generalsekretär der ETAD. *Die internationale Dachorganisation der Farbmittelhersteller konnte sich bisher nur auf den Ausschluss von Benzidin einigen, aber nicht auf dessen Abkömmlinge oder die anderen beim Menschen als Krebsgifte erkannten aromatischen Amine,* die in Farbprodukten relevant sind. „Anfang der 90er Jahre haben wir anerkannt, dass Mitgliedsfirmen Azofarben, die kanzerogene Amine abspalten können, als krebserzeugend etikettieren müssen. Mit der deutschen Verbotsregelung mussten die deutschen Firmen diese Produkte als kanzerogen anerkennen. Es gibt verschiedene Auflagen für die Kunden, wenn sie diese Farben kaufen. Viele Farbenhersteller haben aus diesem Grund diese Produkte aufgegeben", beschreibt Clarke die Entwicklung. In der ETAD sind alle großen Farbmittelhersteller Mitglied, aber es fehlen zum Beispiel einige chinesische Hersteller. Insgesamt sind 41 Unternehmen dabei, die nach eigener Schätzung 70 Prozent des Marktvolumens abdecken sollen.

Der freiwillige Verzicht auf die Herstellung der Krebs erzeugenden bzw. verdächtigen Azofarben ist bisher sozusagen im Ansatz stecken geblieben. Er gilt nur für Benzidin, dessen gesundheitsschädliche Wirkung in der Medizin zuerst entdeckt wurde, nicht einmal für die anderen beim Menschen anerkanntermaßen Krebs erregenden Amine, geschweige denn für alle nach dem deutschen Lebensmittel- und Bedarfsgegenstände-Gesetz verbotenen 20 bzw. demnächst nach EU-Recht möglicherweise 22 oder 24 Verbindungen.

Während die Farbmittelhersteller Schwerfälligkeit zeigen, befinden sich inzwischen die gesetzlichen Regelungen der in Deutschland verbotenen *Azo-Farben in den Einkaufsbedingungen aller seriösen Händler.* Natürlich nehmen es nicht alle gleich ernst. Die Arbeitsgemeinschaft von Textil und Bekleidungsunternehmen namens „*Dialog Textil-Bekleidung*" (s. DTB) fragt in ihrer Checkliste zur ökologischen Qualitätskontrolle, den so genannten Ökoinfos, nach der Einhaltung der Azo-Verordnung. In der Regel wird vom Lieferanten eine Garantie gefordert, dass in Oberstoffen, Futter und Zutaten und auch in Leder die gesetzlichen Vorschriften eingehalten werden.

Lederbezüge für Stühle, Sessel oder für den Kfz-Bereich werden von der Verbots-Verordnung nicht erfasst. Jedoch legen die Hersteller immer mehr Wert darauf, auch für diese Produktgruppen mit unbedenklichen Farbstoffen zu färben.[36]

Dieses Vorgehen soll schon *weltweit zu erheblichen Verbesserungen* geführt haben. Konfektionäre machen ihren Lieferanten auch strengere Vorgaben bezüglich der verwendeten Pigmente.[37]

Die indische Gewerkschafterin Chanda Korgaokar, Bildungs- und Forschungsreferentin der Bekleidungsgewerkschaft INTUC, bestätigt das im Mai 1996: „Das Verbot von Azo-Farbstoffen im Bekleidungsbereich hat Auswirkungen auf Indien gehabt. Denn viele Einzelhandelsorganisationen haben Druck auf die Hersteller ausgeübt."[38]

Selbst in der Nische des „Fairen Handels" ist durch die neuen Anforderungen der Bereich Färbung mehr ins Blickfeld gerückt worden. Im Rahmen der EFTA (European Fair Trade Association) wurden Empfehlungen für Färbemittel erarbeitet und standen Fragen zur Klärung von Abwässern auf der Tagesordnung.

Was in positive Richtung angestoßen wurde, läuft nicht immer in gleicher Weise reibungslos weiter. Der Öko-Test von Handspielpuppen im Dezember 1998 hat das Manko an zwei Beispielen aufgezeigt: Die Firmen Kersa und Steiff hatten ihre Waren unabhängigen Kontrollen unterworfen, die allerdings nicht zuverlässig arbeiteten.[39]

Außer den stichprobenartigen Kontrollen gibt es für den Handel auch die Möglichkeit, durch *Auditierung und Zertifizierung des Färbebetriebs* sicherzustellen, dass verbotene Stoffe nicht verwendet werden. Auch hier gilt: doppelt hält besser, ist aber auch eine Kostenfrage.

Bei Produkten, die *anerkannte Öko-Label* tragen, kann der Verbraucher auf unabhängige Kontrolle vertrauen (s. Kap. 7). Entsprechende Ware macht bisher am Markt aber nur wenige Prozent aus. Die hier betrachteten Öko-Label (s. Tabelle) berücksichtigen alle Krebs erregenden Amine aus Azofarben, zumindest die gesetzlich vorgeschriebenen MAK-Gruppen III A1 und A2. Coop Schweiz ist besonders streng. Für die Öko-Kollektion „Coop NATURA Line" wird neben den MAK-Gruppen III A1 und A2 auch die Gruppe B einbezogen, zu denen unter anderem das p-Phenylendiamin gehört. Das sind acht weitere Verbindungen, bei denen aufgrund neuerer Forschungen ein „nennenswertes krebserzeugendes Potential zu vermuten ist und die dringend der weiteren Abklärung bedürfen".

Das neue EU-Label für Textilien, die Euro-Blume, berücksichtigt bereits 22 aromatische Amine, d.h. *auch 4-Aminoazobenzol und o-Anisidin.*[40]

IFOAM, die internationale Vereinigung des biologischen Landbaus, hat besonders strenge Regeln formuliert. Die Basis-Richtlinien von IFOAM zur Ver-

■ **Kontrolle gefährlicher Azofarben durch ausgewählte Öko-Label**

	Coop NATURA Line	IVN Better Best	Öko-Tex Standard 100[1]	Toxproof TÜV-Rhein-land	Otto: future collection/ schadstoff-geprüft[2]
MAK III Amine	A1, A2, B	A1, A2	A1, A2	A1, A2	A1, A2

Anmerkungen:
A1: beim Menschen erwiesenermaßen krebserzeugend; A2: im Tierversuch krebserzeugend;
B: wegen möglicher krebserzeugender Wirkung beim Menschen Anlass zur Besorgnis
[1] Stand: 1/1999; o-Anisidin ist bereits unter A2-Aminen enthalten, insgesamt 21
[2] für Bekleidung mit und ohne Hautkontakt; Stand 10/1998; Verbot Krebs erregender Stoffe in Anlehnung an die EU-Blume, d. h. zusätzliche Berücksichtigung von 4-Aminoazobenzol und o-Anisidin.

arbeitung von Textilien, die derzeit noch Empfehlungscharakter haben, schließen kritische aromatische Amine zukünftig für die Verarbeitung von zertifizierten Öko-Textilien aus. Verboten sind demnach Farbstoffe, die aromatische Amine freisetzen können, von denen man weiß oder vermutet, dass sie karzinogen sind. Diese Formulierung legt nahe, dass auch aromatische Amine der Gruppe III B einbezogen sind.[41] Diese bleiben in der aktuellen Fassung der IVN-Richtlinien für die Naturtextillabel außen vor (möglicherweise als Zugeständnis an die wirtschaftliche Machbarkeit). Im Gegensatz zu den früheren Richtlinien des Arbeitskreises Naturtextil werden jetzt auch Mindestanforderungen an die Echtheit der Färbungen der Textilien gestellt. Die Schweißechtheit und die Reibechtheit im trockenen Zustand müssen mindestens gut bis befriedigend sein (3–4). Im nassen Zustand werden schlechte Reibechtheiten toleriert (2). Baby und Kinderbekleidung muss zusätzlich speichelecht sein.

Die Mühlen der Gesetze mahlen langsam

Im Arbeitsschutz werden alle Azofarbmittel so behandelt wie die entsprechende Aminkomponente. Die „Technische Regel für Gefahrstoffe" 614 (TRGS) enthält weitgehende Verwendungsbeschränkungen für gelöste Azofarbstoffe, die in krebserzeugende aromatische Amine gespalten werden können.

Gemäß der Chemikalienverbotsverordnung besteht ein Herstellungs- und Verwendungsverbot für Benzidin, Naphthylamin und 4-Aminobiphenyl, die alle beim Menschen eindeutig Krebs erregend wirken (MAK Gruppe III A1) und eine Bedeutung für die Farbstoffsynthese hatten bzw. zum Teil noch haben. Chlor-o-toluidin, das auch zur Gruppe A1 zählt, wurde erst durch das Lebensmittel- und Bedarfsgegenständegesetz verboten.

Da aus dem beruflichen Umgang das Risiko der Azo-Farben eindeutig belegt war, mussten Farbstoffe auf der Basis Krebs erregender Amine im Sinne des vor-

beugenden Verbraucherschutzes verboten werden. Verbraucher können verständlicherweise nach 20, 30 oder 50 Jahren keinen Nachweis führen, dass ein bestimmtes Kleidungsstück für ihre Erkrankung verantwortlich ist. Weder kennen sie die Chemie ihrer Bekleidung, noch dokumentieren sie ihre Bekleidungsgewohnheiten. Außerdem kommen noch andere Ursachen für Blasenkrebs infrage.

Damit war der Gesetzgeber gefordert. Bereits 1993 hatte das Bundesministerium für Gesundheit die geplante Verbotsverordnung für gefährliche Azofarben als Teil des Lebensmittel- und Bedarfsgegenständegesetzes angekündigt. Dann begann eine *atemberaubende Odyssee von Einschränkungen und Aufschüben.* Die zweite Änderungsverordnung (vom 15.07.1994) machte noch keinerlei Einschränkungen zum Geltungsbereich, die dritte (vom 16.12.1994) verschob die Termine um ein halbes Jahr, die vierte (vom 20.07.1995) brachte die ersten Sonderregelungen und erneut Aufschub um drei bzw. vier Jahre und die fünfte weitere Erleichterungen für den Handel. – Das heißt, fünf und mehr Jahre Aufschub konnten Industrie und Handel durchsetzen.[42] Das Gesundheitsministerium klagte den Textilhandel an, er habe zu spät reagiert, der Handel erwiderte, dass die Umsetzung in der Praxis einer kleinen Revolution gleichkomme. Am 25.09.1996 erließ das Bundesministerium die fünfte Verordnung zur Änderung der Bedarfsgegenständeverordnung, der noch einmal eine Änderung folgte.

Das Resultat: Was bis zum 31.3.1996 mit verbotenen Azofarben hergestellt und eingeführt wurde, durfte noch bis Ende 1998 verkauft werden. Für Produkte aus Recyclingfasern galt der 31.12.1999 als Stichtag.[43] Noch ist das Ende der Fahnenstange nicht absehbar. Diese Frist sollte nun durch die sechste Verordnung um ein Jahr bis Ende 2000 verlängert werden.[44]

Ausgenommen von der Regelung sind Arbeits-, Berufs- und Schutzbekleidung sowie Uniformen und Dienstbekleidung und gebrauchte Bedarfsgegenstände. Für sie wird keine zeitliche Begrenzung mehr genannt. In der 4. Verordnung war dafür noch der 31.12.1999 Stichtag für den erneuten Verkauf. Mit der jetzigen Regelung wird das finanzielle Risiko für den Handel uneingeschränkt höher bewertet als das Gesundheitsrisiko für Beschäftigte, die die Krebsgifte mit der Uniform anziehen müssen. Aus welchen Gründen hat man das so entschieden, lautet die Frage an Frau Noble im Bundesministerium für Gesundheit? „Diese Dinge werden ja langfristig eingekauft, Uniformen zum Beispiel. Bei neuen Uniformen wird das natürlich mit berücksichtigt. Das ist ganz klar. Bei den Dingen, die jetzt schon im Lager waren, konnte man nicht festlegen, bis da und dahin sollten die aufgebraucht sein." Auch bei Secondhandware besteht kein Schutz vor Krebs erregenden Azofarben.

Eine weitere Ausnahmeregelung konnte zu Lasten der Verbraucher sozusagen als Nachschlag zur 5. Änderungsverordnung durchgesetzt werden. Die *Lederindustrie erhielt eine um ein Jahr verlängerte Herstellungs- und Import-*

frist im Vergleich zu den sonstigen Bedarfsgegenständen, nämlich bis zum 31. März 1997. Warum das? „Die Umstellung auf andere Farbstoffe war bei Leder etwas schwieriger als bei Textilien", begründet Noble. „Die Färbung von Leder erfordert eine ganz andere Färbetechnik. Dafür gibt es optimale Formulierungen (Rezepturen, d. Red.) von Farbmischungen. Das zu ändern war schwierig, weil die Ersatzprodukte nicht die entsprechenden Eigenschaften hatten. Es waren größere Versuchsreihen notwendig, um dies zu optimieren."

Bedarfsgegenstände im Sinne dieses Gesetzes sind eigentlich alle Produkte, die „nicht nur vorübergehend mit dem menschlichen Körper in Berührung kommen". Die *Änderungsverordnung listet die Warengruppen dagegen definitiv auf und schränkt somit den Bereich der Gültigkeit ein*:

1. Bekleidung, Materialien zur Herstellung von Bekleidung
2. Bettwäsche, Schlafdecken, Kopfkissen, Schlafsäcke
3. Handtücher, Strandmatten, Luftmatratzen
4. Masken, Haarteile, Perücken, künstliche Wimpern
5. Schmuckgegenstände, die auf der Haut getragen werden, Armbänder
6. Brustbeutel, Rucksäcke
7. Krabbeldecken, Bezüge von Liegen und Sitzen für Säuglinge und Kleinkinder
8. Windeln, Binden, Slipeinlagen, Tampons.

Damit werden Ausnahmen geschaffen wie zum Beispiel Polstermöbel. Auch fehlt Spielzeug in der Auflistung! Aus dem Bundesamt für gesundheitlichen Verbraucherschutz und Veterinärmedizin ist diesbezüglich zu hören, dass „das Bundesministerium für Gesundheit bereits entsprechende Vorschläge eingebracht" habe.[45] Im Dezember 1998 fordert Hiltrud Breyer, Mitglied des Europäischen Parlaments für Bündnis 90/Die Grünen, die Bundesregierung auf, die Bedarfsgegenständeverordnung im Punkt Spielzeug nachzubessern. Hier reiche eine einfache Änderung, die auch im Einklang mit der EU-Gesetzgebung stünde. Die EU-Richtlinie zur Produktsicherheit erlaube den Mitgliedsstaaten, im Alleingang Verbote zu verhängen.[46] Für die 6. Änderung zur Bedarfsgegenstände-Verordnung war Spielzeug in der Diskussion.

Eine Ausnahmeregelung bestand auch für *Pigmente*, die den Anforderungen des Gesetzes nicht entsprachen, d.h. sich in die Krebs erregenden Amine unter den festgelegten Bedingungen aufspalten ließen. Sie durften noch bis 31.3.1998 hergestellt und eingeführt und bis 30.9.1998 in Verkehr gebracht werden. Kriterium für das Verbot ist die Aufspaltbarkeit. „Der Begriff Pigment ist kein geschützter Begriff. Es gibt Pigmente, die werden als Pigmente bezeichnet, haben aber doch eine gewisse Löslichkeit, es sind teillösliche Farbstoffe. Die sollen natürlich mit unter die Regelung fallen und fallen unter die Regelung. Pigmente, die durch die Analysemethode nicht aufgespalten werden, fallen nicht darunter, weil man davon ausgeht, dass sie auch unter physiologischen Bedingungen nicht gespalten werden können und demnach nicht bioverfügbar sind", erläutert Frau Noble.

Das Bundesministerium für Gesundheit hat die *wasserunlöslichen Pigmente*, die Krebs erregende Amine enthalten, von dem Verbot ausgenommen, da in Tierversuchen ihre Bioverfügbarkeit nicht nachgewiesen werden konnte. Allerdings sind bisher nur einige der betreffenden Azo-Pigmente tatsächlich untersucht worden. Für die Staubpartikel, die durch Reibung frei werden können, wird keine Aufnahme durch die Haut erwartet. Ein Risiko, das durch die Verunreinigung der Pigmente nicht ganz auszuschließen ist, schätzt die Textilkommission als höchstens minimal ein.[47]

Die Bedarfsgegenständeverordnung (25.9.1996) verbietet Azofarbstoffe, die durch Aufspaltung von Azogruppen eines der nachfolgenden Amine bilden können:

- 4-Aminodiphenyl
- Benzidin
- 4-Chlor-o-toluidin
- 2-Naphthylamin
- o-Aminoazotoluol
- 2-Amino-4-nitrotoluol
- p-Chloranilin
- 2,4-Diaminoanisol
- 4,4'-Diaminodiphenylmethan
- 3,3'-Dichlorbenzidin
- 3,3'-Dimethoxybenzidin
- 3,3'-Dimethylbenzidin
- 3,3'-Dimethyl-4,4'-diaminodiphenylmethan
- p-Kresidin
- 4,4'-Methylen-bis
- (2-Chloranlin)
- 4,4'-Oxydianilin
- 4,4'-Thiodianilin
- o-Toluidin
- 2,4-Toluylendiamin
- 2,4,5-Trimethylanilin.

Im Entwurf zur 6. Änderungsverordnung sollten vier weitere aromatische Amine aufgenommen werden.[48] Dieses Vorhaben ist wieder zurückgenommen worden, um eine verfahrensbedingte Verzögerung des Verbots von Weichmachern in Spielzeug zu vermeiden. Nun versucht die Bundesregierung, die eigenen Vorstellungen in der Azo-Frage in die neue EU-Regelung einzubringen.

Zur *Untersuchungsmethode:* Es gibt ein Standardverfahren für die reduktive Spaltung des Farbstoffs und ein weiteres für Leder. Während Leder zunächst entfettet wird, sehen beide Verfahren eine reduktive Spaltung des Azo-Farbstoffs bei 70 °C, einem pH von 6 in Natriumdithionit-Lösung vor und verlangen den Nachweis durch mindestens zwei chromatographische Verfahren. Diese Verfahren wurden im Februar 1996 nach falsch positiven Befunden optimiert und gelten für *Leder bzw. für Wolle, Baumwolle, Viskose und Seide*. Auch für Polyester wurde eine Methode im Ringversuch geprüft und auch in die amtliche Sammlung aufgenommen. Zurzeit werden Standardverfahren für *Polyacryl und andere Kunstfasern* entwickelt.

Erst bei Befunden oberhalb von 30 ppm gilt bei beiden Methoden der Nachweis als erbracht. Frank Kuebart vom eco-Umweltinstitut erklärte den relativ hohen Wert damit, dass in der Praxis des Färbens noch zum Teil unerklärliche Kontaminationen aufgetreten seien. Von einigen Händlern werden niedrigere Orientierungswerte gefordert, da es sich um hochgradig Krebs erregende Stoffe handelt, für die es keine Grenzwerte gibt, unterhalb dessen sie als unbedenklich gelten. Vor In-Kraft-Treten der Verordnung hat u. a. der TÜV Rheinland mit einem Grenzwert von 5 ppm gearbeitet, die analytische Nachweisgrenze liegt bei 1 ppm. Das Öko-Test Magazin geht bei seinen Tests bis zur Nachweisgrenze. Mit den Richtlinien zu „Better" und „Best" des IVN hat sich die Naturtextilbranche der gesetzlichen Regel angepasst. Für A. Virnich, der an der Erarbeitung der Analysemethode beteiligt war, stellt die Rechtssicherheit den vordergründigen Aspekt für den gesetzlichen Schwellenwert dar. In untersten Konzentrationsbereichen könnten falsch positive Ergebnisse nicht ausgeschlossen werden.[49]

Eine *methodische Lücke* bestand noch für den Nachweis der potentiell Krebs erregenden Dispersionsfarbstoffe und für Farbstoffe auf der Basis des kanzerogenen p-Aminoazobenzols. Die Wissenschaftler vom Institut für Makromolekulare Chemie und Textilchemie der Technischen Universität Dresden unter der Leitung von Volker Rossbach haben diese Lücke geschlossen. Angewandt wird ein Verfahren namens *PADIS*, das Dünnschichtchromatographie, Scannen und Datenverarbeitung kombiniert. „Wer jeden Tag solche Analysen durchführt, erkennt bereits mit bloßem Auge am Farbton des chromatographischen Flecks, an seiner Form, an der Verteilung der Nebenflecken und an der Laufhöhe, um welchen MAK-Farbstoff es sich handelt." Das Verfahren zeichnet sich durch einen geringen apparativen Aufwand aus und kann direkt vor Ort ausgeführt werden.[50] Als generelles Nachweisverfahren für gefährliche Azofarben kam es zu spät. „Das viele Geld, was man in die Azofarbstoffanalytik gesteckt hat, muss sich erst einmal amortisieren, bevor man überhaupt bereit ist, an etwas Neues zu denken", begründet Rossbach die Entwicklung.

Auf Landesebene *kontrollieren die Chemischen Landesuntersuchungsanstalten* die Umsetzung der Azo-Verordnung. Die Chemische Landesuntersuchungsanstalt Freiburg zum Beispiel hat 1997 160 gefärbte Gegenstände auf verbotene Azofarben untersucht, von denen 10 Proben, also 6,3 Prozent mit über 30 ppm an MAK-Aminen belastet waren. Bekleidungstextilien allgemein waren weniger stark belastet. Ausreißer wurden bei textilen Arbeitshandschuhen, Lederhandschuhen, Ledersesseln und Plüschtieren beobachtet. Betrachtet man das Vorkommen verbotener aromatischer Amine, tauchen Benzidin und seine Abkömmlinge am häufigsten auf.[51]

Positive Befunde entsprechen einem Straftatbestand und stellen kein „Kavaliersdelikt" dar. *Das LMBG droht mit Freiheitsstrafen bis zu drei Jahren oder Geldstrafen.* Welche Konsequenzen hatte das bisher für die betroffenen Unternehmen? Diese Frage muss hier offen bleiben. Jedenfalls haben bisherige Fälle noch keine breitere Öffentlichkeit erreicht. Große Image-Verluste mussten die Firmen also nicht hinnehmen.

Aus juristischer Sicht wird die zivilrechtliche Haftung für die Praxis als relevanter bewertet, in der Gesetzesverstöße durch Verbraucher- und Wirtschaftsverbände oder die Wettbewerber und Vertragspartner verfolgt und sanktioniert werden können.[52] Bislang ist das aber in der Frage der kanzerogenen Azofarben nicht der Fall. Zum einen könnten Wettbewerber Revanche befürchten, zum anderen sind die Nachweise sehr kostenaufwendig.

Harmonisierung auf europäischer Ebene

Im Bereich des Arbeitsschutzes ist durch zahlreiche Regelungen eine Angleichung der Bedingungen innerhalb Europas zu erwarten. Entsprechend der Gefahrstoffverordnung hat die EU in einer Richtlinie vom April 1998 (98/24/EG) drei beim Menschen Krebs erregende aromatische Amine verboten, weitere Regelungen sind zu erwarten.

Die Empfehlungen der OSPAR-Kommission zum Schutz der Meere fordern dazu auf, gefährliche Azofarben nicht mehr zu verwenden.[53]

Zum Schutz der Verbraucher besteht in den Niederlanden eine ähnliche gesetzliche Regelung bezüglich gefährlicher Azofarben wie die Verbotsverordnung im Lebensmittel- und Bedarfsgegenständegesetz in Deutschland. Andere EU-Mitglieder wie Frankreich, Österreich und Dänemark beabsichtigen, solche Regelungen einzuführen.[54] Auch auf europäischer Ebene steht nun für den Verbraucherschutz eine Regelung der Azofarbstoffe bevor.

Als Resümee kann festgehalten werden, dass die Frage der Krebs erzeugenden Amine in Farbstoffen für Textilien und Leder in Deutschland schon weitgehend geregelt ist - mit einigen beschriebenen Lücken, u. a. bei den Pigmenten oder Produkten aus Recyclingfasern bzw. in der Frage der Kontrollen importierter Ware - ganz im Gegensatz zur europäischen und internationalen Ebene, auf die sich in Zukunft verstärkt der Fokus richten wird.

Literaturhinweise, Anmerkungen:

1 Klaus-Dieter Thomann: Vom ersten Verdacht zur anerkannten Berufskrankheit: Zur Geschichte der Entdeckung berufsbedingter Erkrankungen der Harnwege (BK-Nr. 1301). Arbeitsmed. Sozialmed. Umweltmed. 34, 1/1999, S. 36–41

2 (darunter verschiedene Farbstoffklassen, Kupplungskomponenten und Entwickler; die chemische Basis ist in 42% Benzidin, in 21% Dimethylbenzidin, in 17 % Dimethoxybenzidin und in 7% o-Toluidin. Vgl. Ulrich Sewekow: Ledererzeugnisse im Zeichen der deutschen Verbraucherschutzgesetzgebung. In: Das Leder 9/1997, S. 187–192) Im Katalog der Altstoffe, der bis 1981 geführt wurde (EINECS), enthalten 278 Farben solche Komponenten mit einem Colour Index-Namen, von denen man annimmt, dass sie noch im Handel sind, sind es 83.

3 H. Motschi, E.A. Clarke: Regulatory developments affecting European manufacturers and processors of dyes and pigments. In: Review of Progress in Coloration 28/1998, S. 71–79

4 K. Hübner, E. Schmalz, V. Rossbach: Identifizierung potentiell kanzerogener Azofarbstoffe mit dem Analysensystem PADIS. In: Melliand Textilberichte 10/1997, S. 720–724, zitiert in R. A. Moll 1995

5 Gerald Traufetter: Grellbunte Gefahr. In: Die Woche vom 14.07.1995, S. 25

6 BIA-Report: Gefahrstoffliste 1998, Hauptverband der gewerblichen Berufsgenossenschaften, Erich Schmidt Verlag, Berlin 1998

7 Thomas Platzek: Gesundheitsgefährdung durch Bekleidungstextilien. In: Bundesgesundheitsblatt 7/1997, S. 238–240

8 Arbeitsgruppe Textilien beim BgVV, Bericht der 6. Sitzung vom 4.12.1995 in Berlin. In: Bundesgesundheitsblatt 3/1996, S. 114–115

9 Thomas Platzek: Wie groß ist die gesundheitliche Gefährdung durch Textilien wirklich? In: Melliand Textilberichte 11/1996, S. 774–778, hier S. 775

10 Ulrich Sewekow, Aloys Westerkamp: Probleme bei Analysen nach textilen Ökostandards und der Bedarfsgegenständeverordnung. In: Melliand Textilberichte 1-2/1997, S. 56-63

11 Folgende aromatische Amine, nämlich p-Phenylendiamin, p-Aminoazobenzol, p-Toluylendiamin, p-Aminodiphenylamin, p-Aminoazoltolnol, können als Bestandteil von Farbstoffen oder als Verunreinigung vorkommen. Klaus-Peter Peters, Angelika Heese, Otto Paul Hornstein, Dermatologische Universitätsklinik Erlangen: Dermatologische Probleme durch Kleidung. In: GSF-Forschungsbericht 17/1994, S. 29-36, vgl. hier S. 35/36

12 BIFAU, Umweltreihe Heft 15: Textilallergie, Berlin 1999, S. 22

13 A.K. Bajaj, R. K. Pandey, K. Misra et al.: Contact depigmentation caused by an azo dye in alta. In: Contact Dermatitis 38, 1998, S. 189-193

14 zum Beispiel im Ätzdruckverfahren, bei dem auf ein farbiges Gewebe eine Paste aufgedruckt wird, die die Färbung zerstört; Harald Schönberger: Tiefer eintauchen. In: Müllmagazin 1/1993, S. 22-27, vgl. hier S. 26

15 siehe auch: Vineis ,P., Pirastu, R.: Aromatic amines and cancer. Cancer Causes Control 8(3)/ 1997, S. 346-355

16 Z.W. Myslak, H.M. Bolt: Berufliche Exposition gegenüber Azofarbstoffen und Harnblasenkarzinom-Risiko. In: Zbl. Arbeitsmedizin 38/1988, S. 310-321; P. Versen: Berufsbedingte Krebserkrankungen im Bereich der gewerblichen Berufsgenossenschaften. In: Arbeitsmedizinisches Kolloquium 1979, S: 11-29

17 Textildruck: Herstellen und Verarbeiten von Druckpasten – Reinigen von Walzen und Kübeln. In: der sicherheitsschirm 2/1996, S. 10/11

18 Directive 89/677/EEC

19 Bekanntmachung des BMA vom 1. Mai 1999 – IIIc 1-35125-5-/Neufassung der TRGS 614, Bundesarbeitsblatt 5/1999, S. 90–92

[20] ETAD-Veröffentlichung zum Verbot von Azofarbmitteln nach der Bedarfsgegenständeverordnung. In: der sicherheitsschirm 1/98, S. 14, 15

[21] Amtliche Mitteilungen der Bundesanstalt für Arbeitsschutz und Arbeitsmedizin 3/1998

[22] „Arbeitgeber und Betriebsarzt müssen immer nach der Sicherheitskarte mit allen toxikologischen Angaben, Betriebsanweisungen und den erforderlichen persönlichen Schutzmaßnahmen gefragt werden." Bei Farbstoffen muss die Farbindexnummer bekannt sein. Beim Bedrucken und Färben muss zum Schutz vor krebserregenden Stoffen oder solchen, die Missbildungen des Fötus verursachen können, bei der Benutzung in jedem Unternehmen „ermittelt werden, welche angewandten Farbstoffe aus Substanzen gewonnen werden, die den verschiedenen Regelungen für krebserzeugende Arbeitsstoffe unterliegen". Siehe: Internationale Textil-, Bekleidungs- und Lederverarbeiter-Vereinigung (ITBLAV): Gesundheit und Sicherheit für Frauen, Broschüre, Brüssel, o. J., S. 11, 12

[23] ITBLAV, s.o.

[24] Fabio Montanaro, Marcello Ceppi, Paul A. Demers, Riccardo Puntio, Stefano Bonassi: Mortality in a cohort of tannery workers. In: Occupational Environmental Medicine 54/1997, S. 588-591; Beobachtet wurde u.a. eine standardisierte Mortalitätsrate (SMR) von 242 für Blasenkrebs.

[25] (standardised incidence ratio 273); Chen JG. A cohort study on the cancer experience among workers exposed to benzidine-derived dyes in Shanghai leather-tanning industry. Chinese Journal of Preventive Medicine 1990, 24, S. 328-31; Seniori Costantini A. Paci E., Miligi L., Buiatti E. Martelli C. , Lenzi S. Cancer mortality among workers in the Tuscan tanning industry. Br. J. Ind. Med. 1989; 46, S. 384-388

[26] Schriftliche Anfrage des Abgeordneten Raimund Kamm, MdL an den Bayerischen Landtag vom 21.09.1994; Antwort von Barbara Stamm, Staatsministerin des Bayerischen Staatsministeriums für Arbeit und Sozialordnung, Familie, Frauen und Gesundheit vom 13.12.1994

[27] The Risk of Cancer Caused by Textiles and Leather Goods Coloured with Azo Dyes, Draft Final Report prepared by LGC (Teddington) Ltd., (19. Sep. 1997) zitiert nach Motschi/Clarke 1998

[28] Vortrag von Frank Kuebart am 11.10.1996 auf der AKN-Färbefachtagung

[29] Damals war die Azo-Verordnung noch nicht in Kraft. Daher arbeiteten die Chemiker noch mit einem Grenzwert von 5 ppm im Gegensatz zu 30 ppm heute.

[30] Verbraucher-Zentrale Hamburg: Betrifft: Leder Bekleidung – Schuhe – Möbel. Broschüre, Hamburg 1997, vgl. hier Seite 42: In 7 von 20 Produkten dokumentierte die Verbraucher-Zentrale krebserregende Amine, davon lagen 4 Fälle über der gesetzlichen Grenze von 30 ppm.

[31] Krebs durch Schuhe? – Verbotene Azo-Farben in Schuhen und Kleidung, WDR, 17.02.1998, 13:44 Uhr

[32] Marina Arnold: Öko-Test Traghilfen, Öko-Test-Magazin 5/1998, S. 35-43; Kein Glanzstück: Öko-Test Seidentücher, Öko-Test-Magazin 7/1998, S. 31-35; Stefan Becker: Drecksäcke, Öko-Test: Baby-Schlafsäcke, Öko-Test-Magazin 8/1998, S. 33-41; Sabine Gerasch: Kasperle ist krank, Öko-Test: Handspielpuppen, Öko-Test-Magazin 12/1998, S. 33-39

[33] Heinz Wohlgemuth, Margrit Kalcklösch: Wissenswertes zum Thema Textilallergie. In: Arzt und Umwelt (umwelt-medizingesellschaft) 9, 4/1996, S. 221–226

[34] Th. Platzek in: Melliand Textilberichte 11/1996, s.o.

[35] vgl. EDTA, Ecological and Toxicological Association of Dyes and Organic Pigments Manufacturers: 25th Annual Report 1998, Basel April 1999

[36] U. Sewekow: Ledererzeugnisse im Zeichen der deutschen Verbraucherschutzgesetzgebung, in: Das Leder 9/1997, S. 187–192

[37] Reinhard Schneider, Uwe Halder: Neue Entwicklungen im Pigmentdruck. In: Melliand Textilberichte 4/1996, S. 225–239, hier: 227

[38] Monika Balzer: Beispiel Indien: eine Gewerkschafterin berichtet. In: Textil und Bekleidung, BUND-Themenheft, Stuttgart 1996, S. 57

[39] Öko-Test Handspielpuppen, Öko-Test Magazin 12/1998, s.o.

[40] Amtsblatt der Europäischen Gemeinschaft 5.3.1999

[41] IFOAM (International Federation of Organic Agriculture Movements): Basis-Richtlinien für ökologische Landwirtschaft und Verarbeitung, 12. vollständig überarb. Aufl., Tholey-Theley, November 1998, S. 45

[42] Karl Sander: Azo-Farbstoffe und andere Schadstoffe in Textilien – Aktueller Kenntnisstand, S. 93-116, hier S. 96, in: Umweltverträglichkeit von Textilien, Dokumentation zur 2. Bielefelder Fachtagung 1996, Hrsg.: M. Haemisch, H. Kahle, L. Kehmann, Verlag Hans Jacobs, Lage 1996

[43] Platzek, in: Melliand Textilberichte 7/1997, s. o.

[44] Mitteilung des BBI vom 19.04.1999

[45] Platzek, M.T. 7/1997: 240, s. o.

[46] Öko-Test 12/1998, s. o.

[47] Arbeitsgruppe „Textilien" beim BgVV, Bericht über die 6. Sitzung des Arbeitskreises „Gesundheitliche Bewertung von Textilhilfsmitteln und –farbmitteln" der Arbeitsgruppe „Textilien" des BgVV am 4.12.1995 in Berlin. In: Bundesgesundheitsblatt 3/1996, S. 114-115

[48] nämlich p-Aminoazobenzol, 2-Methoxianilin, 2,4-Xylidin sowie 2,6-Xylidin; Mitteilung des BBI (Verbände der Bekleidungsindustrie), Köln vom 19.04.1999

[49] Diskussion zum Vortrag von Karl Sander/IfAU Fachtagung 1996, s. o. S. 121

[50] Hübner et al. 10/1997 s. o.

[51] Ausreißer wurden bei textilen Arbeitshandschuhen (1 von 8 Proben = 12,5%), Lederhandschuhen (4 von 12 Proben = 33,3%), Ledersesseln (2 von 2 Proben = 100%) und Plüschtieren (2 von 12 Proben = 16,7%) beobachtet. In: Chemische Landesuntersuchungsanstalt Freiburg, Jahresbericht 1997, S. 73, 74

[52] RA Stephan v. Petersdorff-Campen/von Rospatt und Partner: Wettbewerbsrecht und Produkthaftung – Risikofelder für den Vertrieb von Textilien, S. 125–145. In: IfAU Fachtagung „Umweltverträglichkeit von Textilien" 19.06.96, Verlag Hans Jacobs, Lage 1996

[53] PARCOM-Recommendations bezüglich gefährlicher Azo-Textilfarben: „(69) Azofarben auf Benzidinbasis sollten auf keinen Fall verwendet werden; (72) Azofarben, die unter reduktiven Bedingungen aromatische Amine freisetzen können, die krebsverdächtig sind, sollten nicht verwendet werden."; OSPAR Commission, POINT 98/4/9-E(L)

[56] Motschi/Clarke 28/1998, s. o.

Dispersionsfarbstoffe auf Chemiefasern: Echt oder unecht?

Kapitel 3.2

Was charakterisiert Dispersionsfarbstoffe?

Dispersionsfarbstoffe sind schwer lösliche synthetische Farbstoffe, die chemisch gesehen überwiegend zu den Azofarbstoffen oder Anthrachinonfarben gehören. Beim Färben dringen die relativ kleinen Farbstoffmoleküle durch Diffusion in die Hohlräume der Synthesefaser ein, wo sie nur schwach fixiert sind. Das Färbeprinzip besteht darin, dass die Substanzen in den Chemiefasern gelöst werden. Es entsteht *keine feste chemische Verbindung*. Die wichtigsten Fasertypen für diese Färbung sind *Polyester, Acetat, Triacetat und Polyamid*. Je nach Material und Färbeverfahren variiert die Echtheit der Färbung. Im Textildruck setzt man Dispersionsfarbstoffe überwiegend für Polyestermaterialien ein.

Schlechte Echtheiten zeigen Dispersionsfarben auf Polyamiden,[1] die häufig im Mieder- oder Strumpfbereich verwendet werden. Die Abteilung Warenprüfung im Forschungsinstitut Hohenstein beobachtet allerdings, dass der Trend weggeht von Dispersionsfarbstoffen auf Polyamid. Hier lautet die Empfehlung: Bei Polyamid sollte man Farbstoffe einsetzen, die für die Faser entwickelt wurden und den Wollfarbstoffen ähneln. Dispersionsfarbstoffe sind nicht so optimal dafür geeignet.

Warum stehen bestimmte Dispersionsfarbstoffe in der Kritik?

Beim Tragen können Dispersionsfarbstoffe aus körpernahen Kleidungsstücken durch Schweiß oder Abrieb wieder frei werden, vor allem wenn die Färbung weniger echt ist. Die gute *Fettlöslichkeit von Dispersionsfarbstoffen begünstigt, dass sie durch die Haut aufgenommen* werden können. Zwar wächst mit der Dosis die Wahrscheinlichkeit von Hautreaktionen, doch kann kein unbedenklicher Schwellenwert für besonders empfindliche Personen benannt werden.[2]

Bestimmte Dispersionsfarbstoffe sind als *Kontaktallergene* relevant. Zwanzig Dispersionsfarbstoffe wurden von der Forschungsgemeinschaft Öko-Tex als allergisierend eingestuft. Vom Bundesgesundheitsministerium wurden allerdings nur 8 als gesundheitlich bedenklich bewertet (s. Tabelle). Die Farbstoffe Dispersionsorange 37, 59 und 76 sind identisch. Außerdem sind unter den acht genannten zwei Farbstoffe, von denen zusätzlich Krebs erregende bzw. erbgutverändernde Eigenschaften bekannt sind (Dispersionsblau 1) bzw. diskutiert werden (Dispersionsgelb 3).[3] Das *Sensibilisierungsvermögen der Farben ist unterschiedlich stark*. Als hoch sensibilisierend gelten Dispersionsblau 106 und Dispersionsblau 124. Weniger stark wirken Dispersionsorange 3, Dispersionsgelb 3 und Dispersionsrot 1. Da sie aber in großem Umfang in der Textilfärberei eingesetzt werden, wurden die häufigsten Sensibilisierungen auf diese drei Farbstoffe beobachtet.[4]

■ Auf diese Dispersionsfarbstoffe sollte verzichtet werden

Öko-Tex Standard 100	AG Textilien/Bundes-ministerium für Gesundheit	Euro-Blume für Textilien[1]
Dispersionsblau 1	Dispersionsblau 1	Dispersionsblau 1
Dispersionsblau 3	Dispersionsblau 35	Dispersionsblau 3
Dispersionsblau 7	Dispersionsblau 106	Dispersionsblau 35
Dispersionsblau 26	Dispersionsblau 124	Dispersionsblau 106
Dispersionsblau 35		Dispersionsblau 124
Dispersionsblau 102		
Dispersionsblau 106		
Dispersionsblau 124		
Dispersionsgelb 1	Dispersionsgelb 3	Dispersionsgelb 3
Dispersionsgelb 3		
Dispersionsgelb 9		
Dispersionsgelb 39		
Dispersionsgelb 49		
Dispersionsorange 1	Dispersionsorange 3	Dispersionsorange 3
Dispersionsorange 3	Dispersionsorange 37/76	Dispersionsorange 37/76
Dispersionsorange 37/762		
Dispersionsrot 1	Dispersionsrot 1	Dispersionsrot 1
Dispersionsrot 11		
Dispersionsrot 17		

[1] von der EU-Kommission im Rahmen der Anforderungen an das Eco-Label für Textilien als allergen bewertet, Dispersionsblau 1 wurde ausgeschlossen; bei den Übrigen wurde kein genereller Verzicht gefordert, aber gute Farbechtheit (ISO 105-E04).
[2] die Farbstoffe Dispersionsorange 37, 59 und 76 sind identisch

Ansgar Wennemer vom TÜV Rheinland hält manche medizinische Publikation über weitere Farbstoffe für fragwürdig, denn diese würden nie in reiner Form verwendet, so dass allergische Reaktionen möglicherweise auch auf Verunreinigungen zurückgeführt werden könnten. „Es ist möglich, dass die alten Medizinberichte nicht richtig sind, weil die Allergie vielleicht Nebenprodukte dieser Farbstoffe ausgelöst haben, die damals nicht in der Reinheit wie heute herstellbar waren. Da wären wir offen, wenn der Farbstoffhersteller uns nachweist, dass einer von den 20 (im Öko-Tex Standard 100 benannten) kein Allergieauslöser ist, sondern irgend ein Nebenprodukt, das man 1958 oder 1954 noch nicht abtrennen konnte. Dann würden wir diesen auch zurücknehmen", räumt Rainer Weckmann vom Forschungsinstitut Hohenstein ein.

Von Arbeitsschützern in Italien werden noch weitere Dispersionsfarbstoffe in der Liste der potentiellen Kontaktallergene genannt, nämlich Dispersionsblau 85 und 153, Disperionsrot 153, Dispersionsgelb 27, Dispersionsorgane 13 und Dispersionsbraun 1.

In welchem Ausmaß und wo werden diese Stoffe noch eingesetzt?

Zahlreiche Testergebnisse lassen vermuten, dass auch problematische Dispersionsfarbstoffe noch in großem Ausmaß von der Textilindustrie verwendet werden, zwar kaum noch in Deutschland, aber im Ausland. Die nachfolgend *untersuchten Stückzahlen sind viel zu klein*, um eine repräsentative Aussage zu gestatten. Doch weisen sie in jedem Fall eindeutig auf deren Relevanz hin. Im Arbeitskreis „Textilien" des BgVV wurde darauf aufmerksam gemacht, „dass einige dieser Farbmittel eine erhebliche wirtschaftliche Bedeutung bei bestimmten importierten Textilien haben".[5]

Die Chemische Landesuntersuchungsanstalt Freiburg hat bei der Untersuchung von 60 Paar Damenstrumpfhosen und -Strümpfen in 7 Fällen (11,7 Prozent) sensibilisierende Farbstoffe nachgewiesen.[6]

Im Oktober 1996 untersuchte Öko-Test Dessous auf problematische Dispersionsfarbstoffe: neun von 31 Damenbodys waren mit Substanzen gefärbt, die Allergien auslösen oder krebsverdächtig sind.[7]

Im Mai 1998 fand das Öko-Test-Magazin in untersuchten Traghilfen für Babys und Kleinkinder in 2 von 28 Tests allergene bzw. krebsverdächtig Dispersionsfarbstoffe.[8]

Das Berliner Analyselabor BIFAU berichtete im Januar 1997 über Funde bei allergenen Dispersionsfarbstoffen (blau, gelb, rot) und schlechten Echtheiten sowie von Dispersionsblau auf Bettwäsche.[9]

Bei der Untersuchung einer Serie von 28 Teilen Unterwäsche hinsichtlich allergieverdächtiger Dispersionsfarbstoffe ermittelte das Prüflabor Porst & Partner aus Fürth bei fünf Proben (18 %) einen positiven Befund. In allen Proben wurde Dispersionsorange 3 gefunden, in zwei Proben zusätzlich Dispersionsgelb 3, das als krebsverdächtig gilt.[10]

In 10 von 31 untersuchten Slips und Bustiers in den Farben schwarz und rot konnte das Öko-Test Magazin im Juni 1999 allergieauslösende Dispersionsfarben nachweisen.[11]

Gesundheitsrisiko für den Verbraucher?

Ein Krebsrisiko für Verbraucher durch kanzerogene Dispersionsfarbstoffe ist nicht auszuschließen. Ebenso wie bei aromatischen Aminen sind Betroffene nicht in der Lage, diesbezüglich einen Beweis zu führen (s. a. Azofarben).

In den 60er und 70er Jahren waren Dispersionsfarben Auslöser von Strumpffarben-Allergien, mit dem Wechsel der Mode später auch von der Leggingsallergie. Bei einer allergischen Kontaktdermatitis wird die Haut rot und fängt an zu jucken. Trennen Betroffene sich vom auslösenden Kleidungsstück, gehen die Symptome nach vier bis fünf Tagen von selbst wieder zurück. Als Auslöser sind Strümpfe jeder Art, Leggings, aber auch Dessous oder Unterröcke bekannt, alles Kleidungsstücke mit direktem Hautkontakt. In bestimmten Fällen sind *höhere Belastungen mit den Farbstoffen beim Tragen hautnaher Bekleidung* zu erwarten, wenn die Ware nämlich mit einem neuen *Farbton überfärbt* wurde oder ein *falsches Fasermaterial* gewählt wurde, das vom Farbhersteller nicht vorgesehen ist, urteilt das BgVV.[12]

Das Risiko, an einer Allergie auf Textilfarben zu erkranken, wird von Schulmedizinern gering eingeschätzt. In den deutschen Hautkliniken werden Kontaktallergien in etwa 1–2 Prozent der Fälle Textilien zugeordnet. Dabei sind als Kontaktallergene hauptsächlich Farbstoffe bedeutsam. Über die Häufigkeit von Allergien auf Bekleidungsinhaltsstoffe kann in der Gesamtbevölkerung wegen *fehlender epidemologischer Daten* keine sichere Aussage gemacht werden. Möglicherweise ist die Dunkelziffer groß.

Detektivarbeit notwendig

Vom zeitlichen Verlauf tritt die Allergie verzögert auf, wird erst nach 6 bis 72 Stunden wahrgenommen. Erschwerend kommt hinzu, dass die Farbstoffe im Handel mit zahlreichen Nebenprodukten vermischt sein können. Dispersionsblau 3 zum Beispiel enthält ein Gemisch von 8 verschiedenen Substanzen. Die Qualität der Farben, was deren Reinheit betrifft, soll sich im Laufe der Jahre verbessert haben und unter den Herstellern schwanken. Für beobachtete allergene Eigenschaften kommen auch *Verunreinigungen* in Frage. Schließlich stehen dem Allergologen bzw. Hautarzt unter Umständen *viel zu wenige Testsubstanzen* zur Verfügung, und die relevante ist möglicherweise nicht dabei.

Ein Beispiel für die Detektivarbeit, die Allergologen leisten, ist der Fall einer 62 Jahre alten Frau. Sie entwickelte ein allergisches Kontaktekzem, nachdem sie einige Stunden ein marineblaues Polyesterkostüm getragen hatte. Überall, wo das Innenfutter oder die Unterwäsche die Haut bedeckt hatten, war keine Hautreaktion aufgetreten, wie das für Kontaktekzeme charakteristisch ist. Nachforschungen beim Hersteller ergaben, dass zum Färben fünf Komponenten benutzt worden waren (blau, rot, gold-gelb, gelb), die wieder aus mehreren Einzelpigmenten bestanden. Manche davon wurden vom Hersteller nicht offen gelegt. Schon vorher hatte die Frau auf Nickel, Kobalt und p-Phenylendiamin allergisch reagiert. Jetzt war ihr Test zusätzlich gleich auf sechs Farben positiv: Dispersionsrot 1 und 17, Dispersionsbraun 1, Dispersionsorange 3 sowie Dispersionsblau 106 und 124.[13]

Durch Spaltung lassen sich von ganz verschiedenen Dispersionsfarbstoffen wie Dispersionsblau 106 und 124 oder Dispersionsrot 17 und Dispersionsorange 3 *p-Phenylendiamin-Abkömmlinge* erzeugen, die als der *eigentliche allergene Part* des Moleküls diskutiert werden. Abkömmlinge von p-Phenylendiamin sind weit verbreitet in der Industrie, werden in Kosmetika oder Farbfilmentwicklern verwendet, und verschiedene sind wohl bekannte Allergene. Dadurch kann es zu Kreuzreaktionen auf Spaltprodukte kommen.[14]

Neben den Dispersionsfarben sind *Allergene auch aus anderen Farbstoffgruppen* bekannt, und die allergische Reaktion auf Textilfarben kann an einer anderen Körperstelle lokalisiert sein, zum Beispiel im Gesicht oder in der Nähe von Schweißdrüsen im Achselbereich.

Gesundheitsrisiko am Arbeitsplatz?

Bestimmte Dispersionsfarben sind als Kontaktallergene bekannt. Dispersionsfarbstoffe, auf die nach der Empfehlung der Arbeitsgruppe „Textilien" verzichtet werden sollte, sind alle zumindest als sensibilisierend zu kennzeichnen.[15] Sie sollen vonseiten der deutschen Textilveredler kaum noch zum Färben von Textilien verwendet werden.[16] Hautkrankheiten sind, wie einleitend beschrieben (s. Kap. 2, Seite 66), ein ernstes Problem unter den Berufskrankheiten. Als sensibilisierend eingestufte Stoffe müssen mit dem R-Satz 43 „Sensibilisierung durch Hautkontakt möglich" gekennzeichnet sein. Ein möglicher Hautkontakt besteht in der Textilindustrie insbesondere an Arbeitsplätzen, wo Farben gemischt oder abgewogen bzw. Druckpasten angesetzt werden oder Färbeapparate gereinigt werden.

Dispersionsblau 1 ist bereits als kanzerogener Stoff eingestuft (R45), bei Dispersionsgelb 3 ist eine Neueinstufung im Jahr 2000 zu erwarten. Ein Hersteller hat Dispersionsgelb 3 als krebsverdächtig eingestuft. Die Einstufung wird nun auf EU-Ebene nachgeprüft. Wenige Dispersionsfarbstoffe sind mit dem Hinweis „R40 irreversibler Schaden möglich" gekennzeichnet. Dabei handelt es sich meist um Dispersionsfarbstoffe, die durch reduktive Spaltung krebsverdächtige aromatische Amine (s. Azo-Spaltung) freisetzen können, wie z. B. Dispersionsorange 3, das p-Phenylendiamin freisetzt. Werden Farbreste an einem Färbeapparat mit einem Reduktionsmittel entfernt, kann Phenylendiamin freigesetzt werden, das „Allergien verursachen und als hautresorptiver Stoff durch die Haut in den Körper gelangen" kann.[17] Das Gleiche kann beim Ätzdruck passieren, wenn Beschäftigte nach dem Dämpfen Hautkontakt mit dem Textil haben.[18]

Im Prinzip muss jeder Betrieb, der mit Farbstoffen umgeht, prüfen, welche Gefährdung für die Beschäftigten vom jeweiligen Sortiment ausgeht und ob weniger gefährliche Stoffe eingesetzt werden können. Viele Betriebe *sollen als Ersatzstoffe für kritische Dispersionsfarben z. B. Säurefarbstoffe* bevorzugen.

An Arbeitsplätzen, wo Farben gemischt und abgewogen werden, sind Absaugvorrichtungen vorgeschrieben oder müssen Staubmasken getragen werden. Zum Abwiegen, Mischen, Abfüllen von Farben und für Reinigungsarbeiten in der Farbküche müssen den Beschäftigten Schutzhandschuhe zur Verfügung gestellt werden, damit ein direkter Hautkontakt vermieden werden kann. Abgelagerter Farbstaub muss regelmäßig entfernt werden.[19]

Hersteller und Prüfinstitute gehen voraus

Bedenkliche Dispersionsfarbstoffe durch unbedenkliche zu ersetzen, ist für Hersteller keine Schwierigkeit. Es stehen genügend Alternativen zur Verfügung. Notwendig ist ein kritischer Eingangsfilter, den die Veredler an die Auswahl ihrer Farben bzw. die Einkäufer an die Bedingungen für ihre Lieferanten stellen. Der Spezialist für Beinkleider, Kunert, hat sehr früh mit einem solchen Eingangsfilter eingesetzte Chemikalien kritisch geprüft. Stark allergene Farbstoffe, wie verschiedene Dispersionsfarbstoffe, wurden durch unproblematische ersetzt.[20] In ihrem Umweltbericht 1996/97 schreibt die *Kunert AG: „Der freiwillige Verzicht auf den Einsatz von Dispersionsfarbstoffen konnte konzernweit durchgesetzt werden:* 1996 ging der Verbrauch nochmals um 76,1 Prozent gegenüber dem Vorjahr zurück (noch 200 von insgesamt 60.310 kg, d. Red.). 1997 wurden die Restbestände von den Färbereilagern abgezogen. Zusätzlich wird das Einsatzverbot für Dispersionsfarbstoffe durch Stichprobenkontrollen überprüft und ein jährliches Budget dafür eingeplant."[21]

Den Farbherstellern ist es gelungen, mit neuen Farbkörpern (thiophene, benzodifuranone) mit Dispersionsfarben hohe Echtheiten zu erreichen (Dispersol XF u. Dispersol SF von BASF) und eine reduzierende Nachwäsche einzusparen, d. h. auch Kosten und die Umweltbelastung zu verringern.

Die *Öko-Infos des Dialog Textil-Bekleidung* (s. Kap. 2) fragen 9 Dispersionsfarbstoffe ab. Bei der jüngsten Aktualisierung wurde auch das kanzerogene Dispersionsblau 1 in die Liste aufgenommen, die mit der Empfehlung des Gesundheitsministeriums übereinstimmt. Wegen fehlender praktischer Relevanz war der Farbstoff zunächst unberücksichtigt geblieben. Das Öko-Info beinhaltet u.a. auch Angaben zur Schweißechtheit und Speichelechtheit bei Kinderbekleidung.[22] Als Bestandteil der Lieferbedingungen dient das Öko-Info auch als rechtsverbindliche Garantie unter den Geschäftspartnern für den Verzicht auf die benannten Dispersionsfarben.

Zu einem kritischen Standard für Dispersionsfarbstoffe, den viele Hersteller und Händler im Einkauf anwenden, zählt der *Öko-Tex Standard 100* mit 20 ausgeschlossenen Farbstoffen. *Toxproof* dagegen, das Label des TÜV-Rheinland, bleibt konservativ bei der Forderung der Arbeitsgruppe „Textilien", lediglich auf jene acht allergisierenden Dispersionsfarben zu verzichten. Coop Schweiz markierte dagegen die andere Seite und benannte für den *Coop NATURA Line*-Standard 1996 unter den potentiell allergenen oder stark giftigen Farbstoffen noch insgesamt 28 Dispersionsfarben, darunter die meisten (15) der 20 bereits genannten Stoffe und außerdem: Dispersionsschwarz 1, 2, 11;

■ **Was fordern Öko-Textil-Label bezüglich Dispersionsfarbstoffen?**

	Coop NATURA Line	IVN Better Best	Euro-Blume	Öko-Tex Standard 100[1]	Toxproof TÜV-land	Future collection/ schadstoff-geprüft Otto[2]
Kritische Dispersionsfarbstoffe	–	8**)	9[3]	20**)	8	9**)

Anmerkungen:
**) grundsätzlich keine allergisierenden oder Krebs erregenden Farbstoffe
[1] dazu zählen eine von drei kanzerogenen (Disperse Blue 1) plus 19 weitere Dispersions-farben (s. Kasten), Stand: 1/99;
[2] für Produkte mit und ohne Hautkontakt, Stand 10/98; Definition in Anlehnung an die EG-Richtlinie (EU-Ecolabel, s.o.); dazu zählen 6 kanzerogene, u.a. Disperse Blue 1, und 8 potentiell sensibilisierende Dispersionsfarben
[3] allergene Farbstoffe möglich bei Schweißechtheiten von mindestens 4

Dispersionsorange 13, 149, Dispersionsrot 15, 151 und Dispersionsgelb 4, 7, 23, 54, 56, 64.[23] „Im revidierten Produktanforderungsprofil sind diese Dispersionsfarben nicht mehr aufgeführt, da sie nur für die Färbung von Synthetiks (Polyester) verwendet werden, was wir nicht einsetzen. Für Baumwollfärbung sind sie kein Thema", erläutert Brigitte Zogg von Coop Schweiz die Veränderung. Mit dem Zertifizierer IMO arbeitet Coop daran, die NATURA-Line-Kriterien noch genauer zu fassen.[24]

Im Entwurf der *IFOAM-Richtlinien* für die Verarbeitung von Textilien reicht bereits die Vermutung aus, dass ein Farbmittel allergen oder karzinogen ist, um es von der Produktion auszuschließen.[25] Diesen vorsorgenden Ansatz hat der *Internationale Verband der Naturtextilwirtschaft (IVN)* in den Richtlinien für die Naturtextillabel Better und Best nicht aufgenommen. Grundlage für den Ausschluss krebserzeugender, fruchtschädigender oder sensibilisierender Farbstoffe ist die gesetzliche Einstufung (gemäß den Technischen Regeln für Gefahrstoffe).[26] Zugleich sollte bedacht werden, dass Dispersionsfarbstoffe für die Naturtextilbranche uninteressant sind, da hier keine Synthetiks gefärbt werden müssen. Für Dispersionsfarbstoffe wurde ein Grenzwert von 30 ppm für Rückstände in Fasern, Geweben und Gestricken vorgesehen, der sie als Farbmittel ausschließt. Zusätzlich wurde der Empfehlung des Bundesministeriums für Gesundheit bezüglich Dispersionsfarbstoffen gefolgt.

Gesetzliche Maßnahmen im Reformstau

Das Bundesinstitut für gesundheitlichen Verbraucherschutz und Veterinärmedizin (BgVV) hatte bereits 1993 der Industrie empfohlen, auf allergisierende Dispersionsfarben zu verzichten. Vom Arbeitskreis „Textilien" wurde 1996 darauf hingewiesen, dass es *dringend notwendig sei, Textilien auf diese Farbstoffe zu untersuchen*, eine Forderung an die Adresse der Chemischen Landesuntersuchungsämter.[27] Als rechtliche Grundlage für die Untersuchung fehlt jedoch die gesetzliche Regelung, voraussichtlich fehlen auch die notwendigen Mittel.

In einer umfangreichen Studie wertete das Bundesgesundheitsministerium verfügbare Daten hinsichtlich des Risikopotentials von Dispersionsfarbstoffen bis November 1997 aus. „Bestimmte, *als sensibilisierend zu kennzeichnende Dispersionsfarbstoffe sollten vorsorglich zumindest bei körpernah getragenen Textilien nicht mehr verwendet werden*", lautete die Schlussfolgerung des BgVV.[28]

Das Bundesinstitut hatte im August 1996 Grundsätze für die toxikologische und allergologische Prüfung von Farb- und Hilfsmitteln für Bekleidungstextilien veröffentlicht.[29] Auf die Frage nach den Ergebnissen verweist das BgVV an den Herstellerverband für Hilfsmittel TEGEWA bzw. den VCI. Im aktuellen *toxikologischen Untersuchungsprogramm des VCI* geht es um 9 bis 10 andere Dispersionsfarbstoffe, von denen eine Gefährdung nicht ausgeschlossen werden kann. Sie haben einen bestimmten Marktanteil und werden von Deutschen bzw. einem englischen Farbstoffhersteller produziert. „Ziel ist zu sagen, dieser oder jener Farbstoff könnte Probleme bereiten. Wenn ihr den trotzdem einsetzen wollt, dann nur in einer Färbung mit hoher Echtheit", erläutert der VCI. Die Untersuchung läuft über zwei Jahre und soll im Jahr 2000 abgeschlossen sein.

Warum hat sich die Textilkommission bei den oben genannten acht bzw. zehn Farbmitteln und auf körpernah getragene Bekleidungstextilien beschränkt? Dazu schreibt das BgVV, „dass hier seitens der Bundesregierung europäische Regelungen angestrebt werden, dieser Prozess ist noch nicht abgeschlossen. Die wissenschaftlichen Grundlagen, nach denen Öko Tex 20 Substanzen wegen ihres sensibilisierenden Potentials gelistet hat, sind mir nicht bekannt." Und das Textilforschungsinstitut Hohenstein kontert: „Das BgVV hat in Zusammenarbeit mit der Farbstoffindustrie (!) halt nur acht Farbstoffe als allergen eingeschätzt. Entscheidungskriterium: Vorliegen von entsprechenden Veröffentlichungen." Später erfuhr der Forscher, dass das BgVV die in der ETAD zusammengeschlossenen Firmen gefragt hat, welche denn nun die Richtigen, welche die Gefährlichen seien. Julia Nill erläutert das Vorgehen als Vertreterin der Verbraucherzentralen in der Arbeitsgruppe „Textilien": „Die Frage der Dispersionsfarbstoffe wurde im Sinne der Industrie entschieden, das heißt Stoffe mit ‚nur' begründetem Verdacht auf Schädlichkeit wurden noch nicht ausgeschlossen, der vorbeugende Verbraucherschutz kommt zu kurz."

Doch die kritischen Dispersionsfarben sind bislang keineswegs verboten. Verbraucherschützer fragen sich: Schafft nun die Grüne Gesundheitsministerin Andrea Fischer, was Horst Seehofer nicht vermochte?

Schon vor mehr als einem Jahr hat das Bundesgesundheitsministerium einen *„Antrag an die EU-Kommission mit der Forderung nach gemeinschaftlichen Regelungen zur Beschränkung der Verwendung* von allergieauslösenden Dispersionsfarbstoffen in Bekleidungstextilien" formuliert.[30] Auf Nachfrage beim Bundesministerium für Gesundheit war zu erfahren, dass das Thema in Brüssel zunächst nicht mit Priorität behandelt werde. Der zuständige Arbeitskreis habe sich zunächst die Azofarbstoffe vorgenommen, was auch begrüßt worden sei.

Die EU-Kommission habe wissenschaftliche Ausschüsse eingerichtet, u.a. einen für Umwelttoxikologie, in dem wahrscheinlich der Vorschlag zum Thema Dispersionsfarbstoffe behandelt werde.

Die *Industrie verhält sich stur* und zäh, bewegt sich keinen Millimeter zu viel. Auf die Frage an die Textilveredlungsindustrie, ob sie nicht in der aktuellen Situation eine Vorreiterrolle übernehmen wolle und auf als krebserzeugend, mutagen oder fruchtschädigend erkannte Farbstoffe im Rahmen einer Selbstverpflichtungserklärung verzichten wolle, lautet die Antwort: „Von unserer Seite bisher noch nicht. Es gibt bisher noch keine Gespräche mit der TEGEWA (dem Verband für Hilfsmittelhersteller, d. Red.), aber ich möchte nicht ausschließen, dass wir auf dem Gebiet aktiv werden. Derzeit laufen Untersuchungen", so Michael Pöhlig.

Es erscheint widersprüchlich, dass Krebs erregende Azofarben verboten sind, aber als mutagen und Krebs erregend bekannte bzw. verdächtige Dispersionsfarben wie *Dispersionsblau 1 und Dispersionsgelb 3* für Bedarfsgegenstände aus Textilien und Leder nach dem Lebensmittel- und Bedarfsgegenständegesetz nicht verboten sind. Gerade Dispersionsfarben bergen das Risiko von Färbungen geringer Echtheit mit entsprechend größerer Aufnahme in den Organismus. Und analytisch ist der Nachweis dieser Farben zweifelsfrei möglich. Ob hier die Bundesregierung nicht aktiv werden wolle, lautete meine Anfrage im April 1999. Doch das Bundesgesundheitsministerium lehnte es erneut ab, zu dieser Frage Stellung zu nehmen. Verschiedene Gremien seien mit dem Thema beschäftigt, aber aufgrund der Arbeitsbelastung des entsprechenden Bereichs sei es nicht vertretbar, mich hierüber in Kenntnis zu setzen.

„Jene acht kritisierten Dispersionsfarben (die laut BMG nicht mehr verwendet werden sollten, d. Red.) sind sensibilisierend auf bestimmten Substraten. Aber auf Polyester, wofür sie eigentlich entwickelt wurden, haben sie so eine gute Farbechtheit, dass die Gefährdung gar nicht mehr auftritt", bemängelt der VCI aus der Sicht der Hersteller. Der internationale Herstellerverband von

Farbmitteln *ETAD sieht den Lösungsweg weniger in dem Verbot sensibilisierender Stoffe als in einem höheren Echtheitsniveau der Färbungen.* „Wir sollten die Konsumenten überhaupt nicht übermäßig exponieren. Textilien, die besonders in engem Kontakt mit der Haut getragen werden, sollten nach Stand der Technik echt gefärbt sein. Für mich ist das die praktischere Lösung. Praktisch hat jetzt das EU-Textil-Label (die Euro-Blume) diesen Weg beschritten. Beim Ecolabel der EU darf man jetzt die vom Öko-Tex Standard 100 als sensibilisierend eingestuften Farbstoffe auch anwenden, wenn der Echtheitsgrad mindestens vier beträgt," erläutert Eric Clarke, Generalsekretär der ETAD.

Die Hersteller der Farbmittel suchen nach einer möglichst bequemen Lösung, die es ihnen ermöglicht, jedes Produkt, das auf den Markt gebracht wurde, so lange als möglich Gewinn bringend zu verkaufen. Hier heißt der Lösungsansatz nicht, das Problem an der Wurzel zu packen und den Problemstoff nicht mehr herzustellen, sondern erst am Ende der Produktionskette eine bessere Echtheit bei riskanten Stoffen zu fordern, um den Verbraucher weniger zu belasten. *Ein halbherzig erscheinender Lösungsweg, der in jedem Fall Risiken in der Produktion und der industriellen Verarbeitung völlig ausblendet.* Zugleich bieten gute Echtheiten aber eine wichtige Basis für besseren Verbraucherschutz, wenn auch keine hinreichende. Die riskanten Stoffe müssen ausgeschlossen werden.

Auf europäischer Ebene wird der Stand der Technik und Umweltpraxis gemeinsam formuliert. Hier ergibt sich die Chance, im Sinne des Verbraucherschutzes neben dem Ausschluss kritischer Dispersionsfarbstoffe generell ein hohes Echtheitsniveau für Färbungen festzuschreiben, insbesondere bei Dispersionsfarben. Die Forderung generell hoher Farbechtheiten, vor allem gegen Schweiß, wäre auch eine praktische Maßnahme, um der lückenhaften toxikologischen Untersuchung der Stoffe zu begegnen.

Literaturhinweise, Anmerkungen:

1 Arbeitsgruppe „Textilien" beim BGA. Bericht über die 1. Sitzung des Arbeitskreises „Gesundheitliche Bewertung" am 22.6.1993, Bundesgesundheitsblatt 9/93, S. 350

2 s.a. Arbeitsgruppe „Textilien" beim BgVV. Bericht über die 7. Sitzung des Arbeitskreises „Gesundheitliche Bewertung von Textilhilfsmitteln und -farbmitteln" am 12.06.96 in Berlin. In: Bundesgesundheitsblatt 10/1996, S. 381

3 Dispersionsfarbstoffe im Kreuzfeuer: Jetzt handeln. In: Bekleidung Wear 2/1998, S. 14

4 Heinz Wohlgemuth, Margrit Kalcklösch: Wissenswertes zum Thema Textilallergien. In: Arzt und Umwelt (umwelt-medizingesellschaft) 9, 4/1996, S. 221–226

5 Arbeitsgruppe „Textilien" beim BGA. Bericht über die 2. Sitzung des Arbeitskreises „Gesundheitliche Bewertung" am 15.11.93. In: Bundesgesundheitsblatt 4/1994, S. 165f.

6 Arbeitsgruppe „Textilien" beim BgVV. Bericht über die 5. Sitzung … am 18.05.95 in Berlin, 9/1995, S. 359–360

7 Ute Bertrand: Keine gute Masche. Öko-Test Magazin 10/1996, S. 24–31

8 Marina Arnold: Öko-Test Traghilfen, Öko-Test-Magazin 5/1998, S. 35–43

9 UmweltNachrichten BIFAU (Berliner Institut für Analytik und Umweltforschung e.V.), 1/1997

10 Dispersionsfarbstoffe im Kreuzfeuer: Jetzt handeln. In: Bekleidung Wear 2/1998, S. 14

11 Allergien durch Unterwäsche. In: Öko-Test-Magazin 6/1999, S. 8

12 Th. Platzek: Gesundheitsgefährdung durch Bekleidungstextilien. In: Bundesgesundheitsblatt 7/1997, S. 238–240

13 Bisher nicht als Textilfarbenallergen aufgefallen, wurden zwei Pigmente von Dispersionsrot 153 diskutiert. Polyvalente Sensibilisierung gegen Azo-Dispersionsfarbstoffe hauptsächlich durch Gruppenallergien gegen Azofarbstoffe. In: Dermatosen 46/ 3/1998, S. 135; Quelle: Nakagawa, M. et al. Contact Dermatitis 34, 6–11 (1996)

14 C. Hansson, S. Ahlfors, O. Bergendorff: Concomitant contact dermatitis due to textile dyes and to colour film developers can be explained by the formation of the same hapten. In: Contact Dermatitis 37/1997, S. 27–31

15 vgl. Bundesgesundheitsblatt 4/1994, S. 165f., 3/95, S. 101–103

16 BgBl 4/1994, s. o.

17 Umgang mit Dispersionsfarbstoffen beim Färben von Synthesefasern. In: der sicherheitsschirm 2/1995, S. 7–9

18 Textildruck: Herstellen und Verarbeiten von Druckpasten – Reinigen von Walzen und Kübeln. In: der sicherheitsschirm 2/1996, S. 10–11

19 der sicherheitsschirm 2/1995, s. o., S. 9

20 vgl. Ökol. Briefe vom 12.4.1995

21 Der Umweltbericht der Kunert AG 1996/97, Kunert AG, Immenstadt

22 Dialog Textil-Bekleidung: Öko-Info, DTB-Empfehlung 5/1999, München

23 Öko-Institut: Stoffstrommanagement und Bewertung im Textilbereich, Freiburg 1998

24 Öko Institut Freiburg 1998, s. o.

25 IFOAM Basis Richtlinien, 1998, s. o., S. 45

26 IVN-Richtlinien 7/1999

27 Platzek 1996

28 Platzek 7/1997, s. o., S. 240

29 Aus dem Arbeitskreis „Gesundheitliche Bewertung von Textilhilfsmitteln und –Farbmitteln" der Arbeitsgruppe „Textilien" des BgVV: Prüfung der gesundheitlichen Unbedenklichkeit von Textilhilfsmitteln und –farbmitteln. In: Bundesgesundheitsblatt 11/1996, S. 430

30 Bekleidung Wear 2/1998, S. 14, s. o.

Optische Aufheller: Was macht weißer als weiß?

Kapitel 3.3

Wie funktionieren optische Aufheller?

Was die Bleiche bei Synthetiks nicht schafft, ein strahlendes Weiß, leisten optische Aufheller. *Sie wandeln UV-Licht in wahrnehmbares blaues oder grünes Licht um.* Zusammen mit dem Rot- oder Gelbstich der Wäsche erscheint sie uns dann strahlend weiß.[1]

Chemisch gehören Weißtöner verschiedenen Stoffgruppen an. In der *Waschmittel- und Papier-Industrie decken Stilbenaufheller* (Dislufo-Tetrasulfo- und Hexasulfo-Typen) *zusammen mit DSBP* (Disufostyryl-biphenyl-Typen) *rund 99 Prozent des gesamten Verbrauchs ab.*

In der *Textilindustrie werden für Kunstfasern andere, chemisch unterschiedliche FWAs* (Fluorescent Whitening Agents) verwendet, chemisch ungefähr 40 Individuen.[2] Für Baumwolle werden heute meist Abkömmlinge der Stilbendisulfonsäure-triazin-Reihe, für Chemiefasern und Waschmittel oft Abkömmlinge von Bis-styrylbiphenyl gewählt und für Polyester sind Stilbenderivate der Benzoxazol-Reihe von großer Bedeutung.[3] Ständig werden neue Derivate entwickelt. Nach Auskunft von Ciba *verbraucht die Textilindustrie 5 bis 7 Prozent der FWAs* insgesamt.

Je nach Faserart werden bestimmte optische Aufheller ausgewählt und gemischt. Bei Wolle wird in der Praxis nicht immer zu Aufhellern als Ergänzung zur Bleiche gegriffen, da sie die *Vergilbung der Wolle* fördern.[4] Rund 100 verschiedene Weißtöner sollen in Handelsprodukten enthalten sein, mit denen etwa ein Zehntel aller Textilien eingefärbt werden. Die größten Mengen werden für Waschmittel verwendet.[5] Bei *Chemiefasern können die FWAs schon der Spinnmasse zugemischt* werden, was sie sehr wasch- und lichtecht werden lässt. Als Ausrüstung werden sie für alle Arten von Fasern verwendet und häufig mit Harzen fixiert.

Der Textilfachmann Alfons Hofer berichtet über verschiedene Aspekte, die Gebrauchseigenschaften dieser Hilfsmittel betreffen. Weil optische Aufheller sich durch Waschen und Lichteinfluss verändern, werden sie *Vollwaschmitteln zugesetzt.* Der Hauptanteil der produzierten Weißtöner soll über die Waschmittel (Gewichtsanteil von 0,1–0,3 Prozent) in die Umwelt gelangen. In Deutschland sind das rund 986 Tonnen laut einer Erhebung des Industrieverbandes Körperpflege Waschmittel von 1991.[6] Denn mit der Wäsche sollen verloren gegangene Weißtöner wieder ersetzt werden.[7] Beim Waschen mit diesen Hilfsmitteln werden aber auch praktische Nachteile beobachtet. Dunkel gefärbte Textilien können ihren Farbcharakter stark verändern oder bei Pastelltönen kann es zu Farbverschiebungen kommen. Für Synthetiks geeignete FWAs neigen unter Lichteinfluss oder in zu hoher Dosierung zum Vergilben.[8]

Optische Aufheller im Arbeitsschutz

Bei einem schweren *Explosionsunfall* auf dem Firmengelände der Ciba Spezialitätenchemie im südbadischen Grenzach-Wyhlen ist am 10. Juli 1998 ein 37-jähriger Chemikant ums Leben gekommen, vier weitere Menschen wurden verletzt. Nach Ciba-Angaben war es in einem Produktionsgebäude für Farbstoffe und optische Aufheller zu der Explosion mit anschließendem Feuer gekommen. Nach Angaben des Herstellers soll für die Bevölkerung keine Gefahr bestanden haben.[9] Jeder Unfall ist einer zu viel. Zugleich stellt sich die Frage, wie häufig so etwas vorkommt. Im Vergleich zu anderen Branchen liegt die Unfallquote in der deutschen Chemieindustrie relativ niedrig, auch niedriger als in der Textil- und Lederbranche. Generell sind die meldepflichtigen Arbeitsunfälle in den letzten Jahrzehnten erheblich zurückgegangen.[10]

Ein ganz anderer Aspekt in der Produktion von optischen Aufhellern sind möglicherweise bedenkliche Zwischenprodukte. Von Arbeitsmedizinern wird untersucht, ob ein Stilbenabkömmling, das so genannte „DAS" (CAS 81-11-8), das als Zwischenprodukt in der Herstellung von optischen Aufhellern vorkommt, sich ungünstig auf die männliche *Fruchtbarkeit* auswirkt. Von *Estrogen-ähnlichen Verbindungen* ist das bekannt. Es gibt zwei Untersuchungen, eine 1981–83 und ein Follow-up 1991. In der ersten Studie wurde festgestellt, dass von 39 Arbeitern einer DAS-Produktionsanlage 37 Prozent einen erniedrigten Testosteronspiegel hatten, 14 Prozent unter Impotenz und 36 Prozent unter verminderter Libido litten. Während der Follow-up-Studie 1991 wurde ein geschlossenes Produktionssystem für DAS eingeführt, das die Exposition gegen DAS verringerte, aber nicht vollständig ausschloss. Vorher mussten Arbeiter regelmäßig den Reaktor betreten und chemische Reste entfernen. In der zweiten Arbeit wird berichtet, dass DAS-exponierte Arbeiter und frühere DAS-exponierte Arbeiter öfter Impotenz und verminderte Libido aufwiesen als Arbeiter, die dem Stoff nicht ausgesetzt waren. Trotzdem bleiben den Autoren auch Zweifel bei der Interpretation der Ergebnisse, da Libido und Impotenz viele Ursachen haben können.[11]

Auf Anfrage bei der TEGEWA (Verband der Hilfsmittelhersteller), ob noch als sensibilisierend gekennzeichnete optische Aufheller in der Textilveredlung eingesetzt werden, erhielt ich eine Veröffentlichung von Klaschka,[12] die jegliche Bedenken von Zweiflern, dass noch gesundheitlich problematische FWAs im Verkehr sind, aus dem Weg räumt. Auf Nachfrage beim Textilhilfsmittelhersteller Clariant GmbH sollen der Abteilung Produktsicherheit in Frankfurt in den letzten 15 Jahren *keine Fälle von Sensibilisierungen durch optische Aufheller bekannt geworden* sein. Clariant könne aber nicht ausschließen, dass noch sensibilisierende Stilbenderivate am Markt seien. Ein solches Produkt hätte aber wenig Erfolg.

Belastung für die Umwelt?

Auch bei optischen Aufhellern besteht seitens der Behörden keine Klarheit über die eingesetzten Verbindungen. Denn im Rahmen der *Mitteilungspflichten zum Wasch- und Reinigungsmittelgesetz* wird lediglich die Rahmenrezeptur verlangt. Bei der Angabe von Inhaltsstoffen genügt bei Weißmachern neben dem Massenanteil die Angabe des Grundkörpers, zum Beispiel Pyrazolin-Derivat. Erst wenn Anhaltspunkte vorliegen, dass sich Inhaltsstoffe schädlich auf den Naturhaushalt bzw. die Trinkwasserversorgung auswirken, muss der Hersteller Angaben zur Umweltverträglichkeit vorlegen.

Bei den Angaben zu vermarkteten Gesamtmengen an Inhaltsstoffen in Wasch- und Reinigungsmitteln werden Weißmacher nicht erfasst, da sie zu weniger als 2 Prozent eingesetzt werden.[13]

In älteren Veröffentlichungen wird auf die schlechte Abbaubarkeit von Weißmachern hingewiesen. In der Kläranlage seien die optischen Aufheller aus Waschmitteln (Stilbenabkömmlinge) kaum abbaubar. Sie lagerten sich dort hauptsächlich im Klärschlamm ab. Auch im Schlick von Oberflächengewässern würden sie nachgewiesen.[14]

Stilbenderivate werden aktuell in Rahmen des OECD-Altstoffprogramms untersucht, da sie zu den Substanzen mit einer Jahresproduktion über 1000 Tonnen und weltweiter Verbraucher- und Umweltrelevanz gehören. Bis zum Jahr 2004 wollen die Hersteller fehlende physikalisch-chemische und toxikologische und ökotoxikologische Grunddaten arbeitsteilig ermitteln. Weltweit gibt es sieben Hersteller von Stilbenderivaten mit überregionaler Bedeutung.

In den vergangenen Jahren haben die Herstellerfirmen *Ciba und Bayer* gemeinsam in einem *Forschungs- und Monitoringprogramm* die Umweltverträglichkeit optischer Aufheller untersucht.[15] Analysiert wurden Wasser, Schlamm und Boden von Flüssen und Seen in der Schweiz und Deutschland auf die drei bedeutendsten optischen Aufheller, zwei vom Typ DAS und einer vom Typ DSBP (Disufostyryl-biphenyl). Und die vielen anderen optische Aufheller aus der Textilindustrie? Sie könnten allenfalls lokal im Vorfluter nachgewiesen werden, schreibt Ciba auf Anfrage. Nach den Aussagen der Forscher von Ciba und Novartis besteht bei den untersuchten FWAs keine Tendenz zur Bioakkumulation. Die Ergebnisse zeigen eine rasche Abbaubarkeit anfangs durch Lichteinfluss gefolgt von biologischem Abbau. Aus der Abschätzung der akuten und chronischen Toxizitäten der drei untersuchten Weißtöner in Wasser, Schlamm und Boden wurde *kein aktueller Handlungsbedarf* bzw. kein Risiko für die Umwelt abgeleitet.

Ein Diskussionspunkt sind die *Melamine:* Beim Abbau von DAS entstehen wahrscheinlich Abkömmlinge der Melamine, eine Produktklasse, deren geringe biologische Abbaubarkeit bekannt ist, die aber geringe Toxizität aufweist.

Die Ciba Spezialitätenchemie erwartet keine Anreicherung, weil die Melaminderivate gut wasserlöslich sind und eine geringe Tendenz zur Adsorption an den Humus zeigen.

Über das Umweltverhalten von DSBP (4,4'-distyryl-biphenyl-Derivat) konnte nachgewiesen werden, dass es in Oberflächengewässern rasch photolytisch gespalten wird. Nach Auskunft des Herstellers Ciba entstehen zwei chemisch definierte Spaltprodukte, die biologisch leicht abbaubar sind. (Nach einer raschen Isomerisation werden sie in 28 Tagen zu über 70 Prozent photolytisch gespalten. Die Spaltprodukte werden nach OECD 301F völlig abgebaut.)[16]

Wie verhält sich der Anteil von DSBP, der nicht auf diesem Weg abgebaut wird, sondern im Schlamm abgelagert wird? Während FWAs durch ihre Fluoreszenz im Wasser leicht nachweisbar sind, ist ihr Nachweis durch die komplexe Struktur des Humus schwierig. Deswegen gibt es hierüber nur Berechnungen, aber keine Ergebnisse von Monitorings. Für DSBP hat Ciba deshalb eine Untersuchung des *Verhaltens beim Schlammaustrag* in der Landwirtschaft gestartet. Die Arbeiten werden von der Eidgenössischen Anstalt für Wasserversorgung, Abwasserreinigung und Gewässerschutz in Dübendorf (EAWAG), einer Forschungsanstalt der ETH, durchgeführt und sollen bis spätestens 2003 abgeschlossen sein. Auch das Verhalten von Stilbenaufhellern soll im Boden weiter untersucht werden.

Gesundheitsrisiko für Verbraucher?

Aufgrund ihrer reaktiven Amino- und Hydroxylgruppen reagieren Weißtöner nicht nur mit den Fasern, sondern auch mit den obersten Hautschichten. Verschiedene mit Chemiefasern versponnene Weißtöner, wozu Cumarine, Alkoxynaphthalimide und nicht-sulfonierte Stilben- bzw. Thiofuran-bis-benzoyazole gehören, tauchen nicht unter den Allergieverdächtigen auf. Hier ist der Hautkontakt wahrscheinlich sehr gering.

Zu den *kritischen Weißtönerklassen* zählen die Stilbenabkömmlinge: Bistyrylbiphenole und Diphenylpyrazoline, die für Baumwolle, Wolle und Waschmittel verwendet werden. *Ende der 60er Jahre* wurden zwei *Pyrazolinweißtöner*, die für Wolle und Polyamide verwendet werden, als hochpotente Allergene identifiziert (Monochlor-diphenylpyrazolin und Dichlor-diphenylpyrazolin). In Dänemark und Spanien wurden jeweils um die hundert Allergiefälle durch Pyrazolinweißtöner dokumentiert. Danach tauchten keine Fälle mehr auf.

Ende der *50er Jahre wurde über Photoallergien durch Stilbenderivate* in Waschmitteln berichtet, die zu der Gruppe der Triazin-stilbendisulfon-Derivate gehören.

Vonseiten des BgVV heißt es, „dass in der Arbeitsgruppe Textilien optischen Aufhellern keine besondere Priorität eingeräumt wurde".

In einem Forschungsprojekt am Deutschen Wollforschungsinstitut (DWI) haben Wissenschaftler die *Hautverträglichkeit von veredelter Wolle* im Vergleich zu unbehandelter Wolle untersucht. Das Material war unterschiedlich ausgerüstet worden (Hercosett-Wolle, chromgefärbte, reaktivgefärbte und gebleichte Wolle). Auch verschiedene optische Aufheller wurden berücksichtigt (anionische: CI 113, CI 312, CI 351; kationische: CI 382), die von ihrer Struktur Pyrazolin-, Stilben- oder Styrylderivate darstellen.

Mit verschiedenen Methoden (künstlichen Schweißlösungen mit und ohne Enzyme) wurden Stoffe aus der Wolle gelöst, unter anderem Eiweiße, Farbstoffe, Chrom und optische Aufheller. Die Menge an herausgelösten Eiweißen, die als Allergene infrage kommen könnten, wurde durch die Anwesenheit von Weißtönern nicht beeinflusst. Bei den anionischen Aufhellern wurde beobachtet, dass sie sich zu größeren Molekülen zusammenlagern können. Mit Pricktestuntersuchungen wurde die Hautverträglichkeit dieser Inhaltsstoffe dermatologisch untersucht. Bei diesem Test wird ein Tropfen der Testlösung aufgetragen und die Haut anschließend durch den Tropfen oberflächlich mit einer Nadel angestochen, was dem Test seinen Namen gab. Nach einer festgelegten Zeit wird die Testreaktion abgelesen. Bei der Auswahl der Probanden wurde darauf geachtet, dass sowohl Menschen mit einer allergischen Veranlagung (Atopiker) wie Nichtatopiker berücksichtigt wurden. 26 Testpersonen wurden mit Schweißextrakten, die optische Aufheller enthielten, auf eine allergische Reaktion vom Soforttyp (Typ I) untersucht, 21 davon hatten eine Unverträglichkeit auf Wolle. Zusätzlich wurden die Probanden befragt. Die Möglichkeit einer Photosensibilisierung wurde nicht berücksichtigt. Gabriele Wortmann berichtet über die Ergebnisse aus der Arbeitsgruppe: „Die dermatologische Prüfung unserer Schweißmodellextrakte zeigte keinen signifikanten Zusammenhang zwischen dem Empfinden ‚ich kann die Wolle nicht auf der Haut vertragen' und den aus der Wolle herausgelösten Substanzen (unbehandelte Wolle und ausgerüstete Wollprodukte). In den Fällen von positiven Prick-Testergebnissen lag eine Uritcaria Factica (Nesselsucht) vor, also eine bei bestimmten Menschen, besonders Atopikern, stark ausgeprägte Neigung, auf mechanische Reize wie durch die Prozedur des Prick-Tests mit Hautrötungen zu reagieren. So dass zum jetzigen Zeitpunkt der Untersuchungen keine Anhaltspunkte für eine allergische Ursache der Hautunverträglichkeit von Wollartikeln durch Wolle (pur) oder durch untersuchte nassveredelte Wollprodukte vorliegen." An dem Thema wird in Aachen weiter gearbeitet.[17]

In welchem Ausmaß werden optische Aufheller eingesetzt?

Optische Aufheller werden in großem Umfang in der Textilveredlung verwendet. Das belegen u. a. die verschiedenen Untersuchungen des Öko-Test Magazins im Jahr 1998:

- 10 von 17 Handspielpuppen enthalten optische Aufheller;[18]
- 11 von 21 Baby-Schlafsäcken sind mit Weißtönern ausgerüstet;[19]
- 7 von 28 (ein Viertel) der Traghilfen war mit optischen Aufhellern versehen.[20]

Betrachtet man die drei Tests gemeinsam, so wurden in 42 Prozent der Fälle FWAs eingesetzt. Auch wenn es sich hier keinesfalls um repräsentative Fallzahlen handelt, geben die Tests doch darauf einen Hinweis, dass optische Aufheller in großem Umfang eingesetzt werden.

Maßnahmen seitens der Hersteller bzw. Labelling
Von den deutschen Verbänden der Waschmittel- und Waschmaschinenherstellenden Industrie (IKW und ZVEI) wurde eine Arbeitsgruppe „Dermatologische Aspekte beim Waschen" eingerichtet, die aktuelle Daten zu Waschmittelrückständen und deren dermatologischer Relevanz erheben soll.[21]

Nicht alle Hersteller befürworten Weißtöner. Abgelehnt werden sie z. B. vom Internationalen Verband der Naturtextilwirtschaft (IVN), Coop Schweiz und vom Otto Versand. Der Otto Versand schreibt 1997 in seiner Broschüre zur Öko-Kollektion: „Optische Aufheller erhöhen den Weißgrad von gebleichten Textilien. Sie sind nicht biologisch abbaubar und können zu Hautirritationen führen." „Der Verzicht auf … optische Aufheller entlastet die Produktionsabwässer."[22] „Es gibt hier eine offene Diskussion über Hautirritationen", erklärt Michael Arretz vom Otto Versand. Dass Hautreaktionen auf optische Aufheller möglich sind, ist für ihn nur eine Kann-Formulierung. „Was noch hinter dem Verzicht auf optische Aufheller steht, ist der Umweltaspekt, dass diese Substanzen nicht abbaubar sind. Die verbleiben in der Umwelt. Von daher haben wir uns in der ‚future collection' bei optischen Aufhellern genau wie bei schwermetallhaltigen Farbstoffen entschieden", so Arretz.

Die EU-Kommission hat aktuell die optischen Aufheller nicht in die Vergabekriterien für das Öko-Textillabel eingeschlossen, doch sie bereits auf die Liste der Themen gesetzt, die bei der nächsten Revision im Jahr 2002 berücksichtigt werden sollen.[23]

■ **Anforderungen von Öko-Labeln für Textilien bezüglich optischen Aufhellern**

Öko-Label	Coop NATURA Line	IVN-Richt-linie	Öko-Tex Standard 100	Toxproof TÜV-land	Future collection Otto	Schadstoff-geprüft Otto
Optische Aufheller	keine	keine	zulässig	zulässig	keine	zulässig

Literaturhinweise, Anmerkungen:

1 R. Grächter, H. Müller: Taschenbuch der Kunststoff-Additive, Hanser Verlag, Wien 1983; M. Peter: Grundlagen der Textilveredlung, Deutscher Fachverlag, Frankfurt 1985

2 Chemisch gesehen können optische Aufheller unterschiedlichen Substanzgruppen zugehören: dem Pyrazolintyp, Bezimidazole, Naphtalimide und Cumarine, Stilbenylderivate, Thiophenylbenzoxazolylderivate. (Vgl. T. Martini, in: Textilveredlung 1/1988, 2–8). Ständig werden neue Derivate entwickelt wie Stilbentriazine. (Grabtschew 1994) Heute sollen in der Regel Vertreter des Diaminostilbendisulfonsäure-Typs verwendet werden. (Vgl. F. Klaschka: Zur Diskussion toxikologischer Eigenschaften von optischen Aufhellern. In: Dermatosen 42/1994, S. 66–70)

3 Heinz Wohlgemuth: Allergien gegen Ausrüstungsmittel, (4. optische Aufheller und Fluoreszensfarbstoffe S. 117–121). In: BIFAU (Berliner Institut für Analytik und Umweltforschung e.V.) Hefte 15: Textilallergie, Berlin 1999

4 Deutsches Wollforschungsinstitut, Forschungsprojekt Nr. 8713, s. u.

5 Wohlgemuth 1999, s. o.

6 986,3 Tonnen: Einsatzmenge optischer Aufheller in Haushaltswaschmitteln und Reinigungsmitteln in der Bundesrepublik Deutschland 1991; lt. IKW und TEGEWA Frankfurt 1992, nach: Öko-Institut e.V.: Produktlinienanalyse Waschen und Waschmittel, Forschungsbericht 96–102 07 202, Umweltbundesamt (Hrsg.) Berlin 1996

7 Heinz Wohlgemuth, 1999, s. u.

8 Alfons Hofer, Textil- und Modelexikon, Deutscher Fachverlag, Frankfurt 1997

9 Meldung der Stuttgarter Zeitung vom 11.7.1998

10 Im Chemiebereich ist die Unfallquote (je 1000 Vollarbeiter) von 1960 bis 1997 von 109,41 auf 22,02 zurückgegangen. In den Branchen Texil und Leder wurde die Quote im gleichen Zeitraum etwa halbiert von 60,66 auf 29,33. Vgl. BG-Statistiken für die Praxis 1997, Hauptverband der gewerblichen Berufsgenossenschaften, Sankt Augustin 1998, S. 17

11 vgl. Beeinflussung der andrologischen Funktionen bei Männern durch Berufsexposition gegenüber einem Stilbenderivat: I. Hormonstatus- und Körpermerkmale, II. Libido und Potenz. In: Dermatosen 46/Heft 5/1998, S. 218 f.; nach: Grajewski, B. et al.^{a}, Whelan E.A. et al.^{b} Amer. J. Indust. Med. 29, 49–57^a, 59–65^b (1996)

12 F. Klaschka: Zur Diskussion toxikologischer Eigenschaften von optischen Aufhellern. In: Dermatosen 42/1994, S. 66–70

13 Umweltbundesamt: Betrifft: Verfahrensregelungen zur Mitteilung der Angaben nach § 9 Wasch- und Reinigungsmittelgesetz (hier S. 12 f, 33)

14 Stiftung Verbraucher-Institut: Öko-Waschzettel, Berlin 1986

15 Peter Richner, J. Kaschig, M. Zeller: Latest Results from Monitoring Studies and Environmental Risk Assessments (ERAs) of Fluorescent Whitening Agents (FWAs), Ciba Specialty Chemicals Inc. Consumer Care Chemicals, Presentation at the Seventh Annual Meeting of SETAC in Amsterdam, 6.–10. April 1997

16 Richner, Peter; Kaschig, Jürgen: Degradable Fluorescent Whitening Agents? Scientific Contributions to Overcome a Prejudice, Ciba, SETAC 1999

17 S. Büsdorf, G. Wortmann, K.P. Peters, H. Höcker: Untersuchungen zur Hautverträglichkeit von Wolle, DWI-Reports 119, 391 (1997)

18 Sabine Gerasch: Kasperle ist krank, Öko-Test: Handspielpuppen, Öko-Test-Magazin 12/1998, S. 33–39

19 Stefan Becker: Drecksäcke, Öko-Test: Baby-Schlafsäcke, Öko-Test-Magazin 8/1998, S. 33–41

20 Marina Arnold: Öko-Test Traghilfen, Öko-Test-Magazin 5/1998, S. 35–43

21 Arbeitsgruppe „Textilien" beim BgVV. Bericht über die 8. Sitzung des Arbeitskreises „Gesundheitliche Bewertung von Textilhilfsmitteln und –farbmitteln" der Arbeitsgruppe „Textilien" des BgVV am 6.10.1997 in Berlin. In: Bundesgesundheitsblatt 1/1998, S. 18f.

22 Otto Versand: Textilien, Mode, die in die Welt paßt, Broschüre, Hamburg 1997

23 European Commission, Eco-label Homepage – Textiles, 15.04.1999

Chlorbleiche: Dreckig, aber billig und effektiv!

Wie kommt das Chlor ins Abwasser?

Zu den *wichtigen „Chlorquellen" im Textilabwasser* gehören hauptsächlich Hilfsmittel wie Lichtschutzmittel oder Mottenschutzmittel, Farbstoffe, Pestizidrückstände aus der Herstellung von Naturfasern oder Leder, Bleichmittel und die Filzfreiausrüstung von Wolle.[1] Ob und in welchem Umfang Abwasser belastet wird, hängt ganz wesentlich vom gewählten Verfahren ab. Geschlossene Produktionsverfahren und die Wiederverwendung eingesetzter Chemikalien entschärfen das Problem, ohne es vollständig zu lösen. Am „End of the Pipe" gibt es Schwierigkeiten, die halogenierten Kohlenwasserstoffe wieder aus dem Abwasser zu holen.

In diesem Unterkapitel wird auf fünf „Chlorquellen" näher eingegangen: die Chlorbleiche, halogenhaltige Farbmittel, die Filzfreiausrüstung, das Pestizid Pentachlorphenol und Färbebeschleuniger, die teilweise chloriert sind.

Gemessen werden chlororganische Verbindungen im Abwasser mit dem *Summenparameter „AOX"*, gleichbedeutend mit *a*dsorbierbare *o*rganisch gebundene Halogene. Das X steht für die Halogene Brom, Jod und Chlor. Für die AOX-Messung wird das Abwasser mit Aktivkohlepulver versetzt oder über eine Aktivkohlesäule geschickt. Alle organischen Verbindungen lagern sich dabei an die große Oberfläche des Materials an, auch halogenhaltige. Dann wird die Aktivkohle verbrannt, wobei der Kohlenstoff sich mit dem Luftsauerstoff zu Kohlendioxid verbindet und entweicht. Chlor, Brom und Jod, die übrig bleiben, werden gemessen und auf Chlor umgerechnet.

Wann wird im Textilbereich mit Chlor gebleicht?

„Wichtigste AOX-Quelle in der Textilproduktion sind Bleichprozesse mit chlorhaltigen Chemikalien, wie Natriumchlorit ($NaClO_2$) und Natriumhypochlorit (NaClO)", schreibt Öko-Tex International in den Vorbemerkungen zum Öko-Tex Standard 1000.[2] *Von seiner Bleichwirkung ist Natriumhypochlorit bei cellulosischen Faserstoffen wesentlich stärker als Natriumchlorit, erzeugt aber eine deutliche höhere Abwasserbelastung.* Deswegen soll in Deutschland nicht mehr mit Hypochlorit gebleicht werden, lautet der allgemeine Tenor. Erwähnt wird aber noch die Verwendung von Natriumhypochlorit für die Bleiche von Spitzen und Stickereien.[3] Laut Umweltbundesamt bereitete das chlorfreie Bleichen von feinen Baumwollgeweben lange Zeit Schwierigkeiten, sei nun aber durch eine verfeinerte Prozessführung in den Griff bekommen worden. Die *Natriumchloritbleiche gilt als universelles Bleichmittel*, das auch für Polyester eingesetzt wird und ebenso für Polyamid, Baumwolle und Viskose, weil diese Fasern Eigenfarben mitbringen. Dabei bleicht die chlorige Säure ($HClO_2$), die aktiven Sauerstoff freisetzt, Textilien faserschonend und ist daher auch für alle Faserstoffe geeignet, die gegen starke Oxidationsmittel empfindlich sind wie

Viskose. Für Fasern, die wegen ihres hohen Ligningehaltes lange Bleichzeiten erfordern, verkürzt Chlorit das Verfahren. Insgesamt haben alle Chlorbleichverfahren den Vorteil, dass sie wesentlich schneller wirken als die Ersatzstoffe. Sie führen zu einem Weißgrad, wie er im einstufigen Verfahren mit Wasserstoffperoxid nicht erreicht werden kann. Das steigert den Durchsatz der Maschinen und senkt die Produktionskosten. Daher nimmt die Natriumchloritbleiche als sehr *kostengünstiges Verfahren* international noch großen Raum ein. Und „heute wird für viele Sortimente ein brillantes Weiß gewünscht", beobachtet Textilforscher Hellwich aus Thüringen.

„AOX ist doch eigentlich in Deutschland tot – bezüglich Zellulose", höre ich im Deutschen Textilforschungszentrum Nord-West. Als Alternative zur Chlorbleiche ist *Wasserstoffperoxid* (H_2O_2) schon lange bekannt und für Baumwolle das bevorzugte Verfahren, das hier zu weit über 90 Prozent angewendet wird. Die Berufsgenossenschaft Textil- und Bekleidung erklärt: „Aus Umweltschutzgründen *(Abwassergebühren)* wurde das Chlorbleichverfahren in Deutschland meist durch das Peroxidbleichverfahren ersetzt ..." Trotzdem gibt es noch einige Nischen, in denen Chlor als Bleichmittel immer noch relevant ist.

Der Aufsichtsbereich Tübingen ist ein traditioneller Textilstandort, an dem zahlreiche Textilveredler ansässig sind. Auf Nachfrage bei der Gewerbeaufsicht teilte die Behörde mit, dass hier nur noch ein oder zwei Betriebe mit Natriumchlorit ($NaClO_2$) bleichen. *Speziell bei Synthesefasern aus Polyester sollen andere Bleichmittel nicht den gewünschten Weißgrad ergeben.* Nach Auskunft des Textilveredlungsverbands soll Natriumchlorit insbesondere bei der Bleiche von Polyester noch eine große Rolle spielen, zum Beispiel von Gardinen. Bei *Polyamiden sei die Chloritbleiche aber kein Thema* mehr.

Die Ospar-Kommission zeigt in ihren internationalen Empfehlungen zum Schutz der Meere (s.a. Kap. 2) auch Probleme im Stand der Technik auf. Dort heißt es, dass einige Synthetiks, vor allem Polyamide, mit Wasserstoffperoxid nicht korrekt gebleicht werden können.[4] Auch bei unserem Nachbarn Italien gehören u.a. Natriumchlorit und -Hypochlorit noch zur Palette der Agenzien in der Textilbleiche. Aufschluss über Anwendungsbereiche, in denen die Industrie in Europa bei der Bleiche noch nicht auf Chlorchemikalien verzichten will, geben auch die Ausnahmeregeln des europäischen Gütesiegels für Textilien unter dem Punkt Bleiche. Hier ist nicht nur von einigen synthetischen Fasern, sondern auch von Wolle, Hanf, Leinen, Baumwolle und Zellulose-Kunstfasern die Rede.[5]

Chlorbleiche als Umweltgefahr

Der Otto Versand schreibt: „Ausbleichen von Textilien mit Hilfe von chlorhaltigen Mitteln führt zu starken Belastungen von Wasser und Lebewesen, wenn sie nicht in geschlossenen Kreisläufen erfolgt."[6] Im wissenschaftlichen Fachjargon klingt die Erläuterung des Öko-Tex Standards 1000 so: „Halogenierte organische Verbindungen können Wasser auf Jahre verschmutzen, da halogenierte Chemikalien persistent (sehr schwer abbaubar, d. Red.) und toxisch sind."[7]

Wird mit Hypochlorit gebleicht, entsteht in Nebenreaktionen unter anderem das *krebsverdächtige Trichlormethan* (Chloroform). Selbst Benzol kann durch Hypochlorit zu Chlorbenzolen umgesetzt werden. In Spuren wird dies vermutlich auch in Hypochlorit-Bleichbädern erfolgen. Etwa die Hälfte des entstehenden AOX sind leicht flüchtige chlororganische Verbindungen, insbesondere Trichlormethan. *Im Vergleich zur Hypochloritbleiche entsteht bei der Chloritbleiche nur 10 % bis max. 20 % der AOX-Menge und kein Trichlormethan.* Die AOX-Bildung ist bei Synthesefasern niedriger als bei Naturfasern. Welche AOX-Mengen gebildet werden, wird von verschiedenen Faktoren beeinflusst. In Kombination mit der Wasserstoffperoxidbleiche kann beim Einsatz von Natriumhypochlorit wieder ein Großteil der Trichlormethan- und AOX-Fracht zerstört werden. Dagegen können leicht chlorierbare Hilfsmittel die AOX-Bildung zusätzlich noch steigern.[8]

Über schwer flüchtige halogenorganische Kohlenwasserstoffe schreibt Klaus König aus der Vorarlberger Umweltschutzanstalt in Bregenz/Österreich, dass Bioakkumulation möglich ist, die Giftigkeit von halogenorganischen Verbindungen ungeklärt sei und sie zum Teil die Kläranlage durchbrechen, also in den nächsten Bach bzw. Fluss gelangen. „Der AOX-Wert des gereinigten Abwassers von Vorarlberger Kläranlagen beträgt bis zu 60 mg/l!"[9] Die Verhältnisse mögen sich in den letzten zehn Jahren am Bodensee zum Positiven verändert haben, das grundsätzliche Problem besteht immer noch. „Schon in der Kanalisation auf dem Weg zur Kläranlage gast ein Teil der leicht flüchtigen AOX aus", beschreibt Nikolaus Geiler vom Freiburger Arbeitskreis Wasser im Bund Bürgerinitiativen Umweltschutz (BBU). Dieser *Strip-Effekt setzt sich in der Kläranlage fort*, die wie eine große Spraydose die flüchtigen Stoffe in die Luft verteilt. Ein Teil der schwer flüchtigen AOX lagert sich dem Klärschlamm an, ein anderer kann von der Kläranlage nicht aus dem Abwasser entfernt werden. *Kläranlagen sind gewöhnlich nicht entsprechend eingerichtet, um halogenorganische Kohlenwasserstoffe vollständig zu entfernen.* Auch im Klärschlamm sind AOX unerwünscht. Im Berliner Umweltbundesamt erklärt Abwasserexperte Mehlhorn: „Wir wissen, dass kommunale Kläranlagen, und das hängt natürlich von den Verbindungen ab, die hinter dem AOX stehen, ca. 50, 60, manchmal sogar 70 Prozent des AOX zurückhalten. Die werden zum Teil abgebaut, manchmal auch adsorbiert an Klärschlamm." Mit anderen Worten *durchbrechen 30 bis 50 Prozent der AOX-Menge die Kläranlage.* Bei der ökotoxikologischen Bewertung der bunt gemischten Fraktion muss selbst der Experte passen.

Die Chloritbleiche findet im schwach sauren Bereich statt, wo weniger Fette und Wachse durch Verseifung aus der Faser herausgelöst werden als bei der alkalischen Wasserstoffperoxidbleiche. Das wirkt sich auch günstig auf die CSB-Belastung (Maß für den chemischen Sauerstoffbedarf) der Abwässer aus. Andererseits wirkt das frei werdende Chlordioxid als stark korrodierendes Gas, das auch zu starker Geruchsbelästigung führt. *Chloremissionen belasten also auch die Abluft.*

Anlagen, von denen Emissionen in größerem Umfang in die Abluft ausgehen können, fallen unter das Bundesimmissionsschutzgesetz und müssen genehmigt werden. Das betrifft auch Dampfkesselanlagen für die Bleiche, die eine Abgasreinigung nach Stand der Technik nachweisen müssen. Die Betriebe haben normalerweise einen Abgaswäscher nachgeschaltet, um das Chlordioxid aus den Abgasen herauszuwaschen, beschreibt die Gewerbeaufsicht Tübingen. Solche genehmigungspflichtigen Anlagen seien von vornherein besser überwacht.

Gesundheitliche Risiken für Verbraucher?

In der Öko-Szene werden Bedenken geäußert, dass Dioxinrückstände aus der Chlorbleiche im fertigen Textil verbleiben und durch Tragen und Waschen auf die Haut gelangen könnten.[10] Für diese Aussage habe ich bisher keine Bestätigung finden können. Im Forschungsinstitut Hohenstein vertritt man die Position, dass sich am Endprodukt die Chlorbleiche nicht mehr nachweisen lasse und in Textilien keine spezielle Dioxinproblematik gegeben sei.

Arbeitsschutz bei der Chlorbleiche

Bei der Chlorbleiche entsteht aus Hypochlorit auch giftiges Chlorgas und aus Natriumchlorit reizendes Chlordioxid, das bei nicht sachgemäßer Handhabung in die Umgebung gelangen kann.[11] Bleichprozesse müssen aus Sicherheitsgründen *in geschlossenen Anlagen* ablaufen. Trotzdem kann es vorkommen, dass reizende Gase der Bleichbäder frei werden und bei den Beschäftigten Schleimhautreizungen entstehen.[12] Die Berufsgenossenschaft Textil-Bekleidung räumt ein, dass durch Bleichmittel toxisch bedingte obstruktive *Atemwegserkrankungen* entstehen können.[13] Die Berufsgenossenschaft unterrichtet hierzulande ihre Mitgliedsbetriebe u. a. über den sicheren Umgang mit ätzenden Bleichchemikalien wie Wasserstoffperoxid, Natriumchlorit oder Natriumdithionit (Natriumhydrosulfit), mit denen Beschäftigte in Berührung kommen können.[14]

Für eine Dioxinproblematik und eine damit verbundene Chlorakne, wie sie bei der Chlorbleiche von Zellstoff bekannt ist (s.a. PCP),[15] habe ich keine Hinweise erhalten. Beim Dioxinuntersuchungsprogramm in Baden-Württemberg ist die Textilindustrie als Branche nicht aufgefallen.

Alternativen zur Chlorbleiche

Im Auftrag des Umweltbundesamtes hat das Institut für Textil- und Verfahrenstechnik in Denkendorf einen Maßnahmenkatalog erarbeitet, um das Problem der AOX-Belastung von Abwässern der Textilindustrie anzugehen.[16] Damals stand die Novelle des Anhang 38 für das Textilabwasser vor der Tür mit einem AOX-Grenzwert von 0,5 mg/l. Die Speziallisten aus Denkendorf haben zwölf Veredlungsbetriebe unter die Lupe genommen und einen Maßnahmenkatalog erarbeitet. Hier steht die Streichung von chlorhaltigen Bleichmitteln ganz oben auf der Liste oder der Ersatz einzelner chlorhaltiger Hilfsmittel oder Farbstoffe. Durch die Reinigung der Fasern vor einer Chloritbleiche wird das AOX-Problem um den Faktor 10 verringert. Hauptsächlich Aminosäuren, die auf der Baumwolle haften und die AOX-Verbindungen liefern, können durch Abkochen vorher entfernt werden.[17]

Im Denkendorfer Branchenkonzept sind die nächsten Schritte eine optimierte Chemikaliendosierung und Verfahrenstechnik und das Recycling von Betriebsmitteln, zunächst der Reste. „Das Recycling zum Beispiel von Bleichlaugen kommt auf den Verschmutzungsgrad an. Das sind recht verdünnte Abwässer. Von daher kann man sicherlich einen Teil wieder verwenden, wenn man es günstig aufbereitet", lautet die Einschätzung in Denkendorf.

Eine interessante Alternative zu chlorhaltigen Bleichmitteln bietet die *Peressigsäure*. Das Verfahren wurde *zur Bleiche von Zellulosefasern wie Baumwolloder Leinenrohgeweben* entwickelt.[18] Untersucht wurden auch Gewebe, Spitzen und Stickereien aus Baumwolle und Baumwolle-Polyester.

Es handelt sich um so genannte Gleichgewichts-Peressigsäure, die durch Umsetzung von Essigsäureanhydrid mit Wasserstoffperoxid hergestellt wird. In wässriger Lösung zersetzt sich Peressigsäure zu Wasser und Essigsäure und hat daher eine gute Umweltverträglichkeit. Persessigsäure kann unter milden Bedingungen aktiviert werden, was den neutralen bis leicht basischen pH-Wert und die mäßige Energiezufuhr betrifft. Das entlastet die Umwelt und wirkt faserschonend. Das Verfahren bringt einen guten Weißgrad. Für hohe Anforderungen kann es mit einer zusätzlichen Wasserstoffperoxid-Bleiche kombiniert werden. Auch im Vergleich zu Wasserstoffperoxid können mit Peressigsäure Wasser, Chemikalien und Energie eingespart werden.[19]

Aus der Sicht von Hartmut Hellwich, der am Textilforschungsinstitut in Thüringen Vogtland (TITV), Greiz, das Thema bearbeitet hat, eignet sich Peressigsäure auch für die Bleiche von Polyester.

Selbst wenn die Peroxidbleiche bei einem basischen pH-Wert von 11/12 geführt wird, gebe es keine Probleme mit der Synthesefaser. Polyester wird dann eher etwas weicher.

Betrachtet man die chemische Kraft (Redoxpotential) der Bleichmittel im Vergleich, *wirkt Peressigsäure mit ca. 1020 Millivolt stärker als Wasserstoffperoxid* mit ca. 840 Millivolt, und Chlorit liegt dazwischen. Das klassische Natriumhypochlorit (NaClO) markiert mit 1410 Millivolt die Spitze.

Warum ist das Verfahren aber nicht so erfolgreich, obwohl Peressigsäure ein höheres Redoxpotential aufweist? In der Baumwolle müssen Rückstände von Samenschalen entfernt werden, damit ein besseres Warenbild entsteht. „Die Erfahrung hat gezeigt, dass je nach der Charge der Baumwolle sich manche Schalen doch alkalisch auflösen lassen (umweltschonender ist das Verfahren im neutralen Bereich, d. Red.), dass die Alkalien vielleicht eine bessere Quellung bewirken. Hier könnte noch mehr Entwicklung erbracht werden. Die deutsche Textilindustrie verfügt im Moment über wenig Mittel, die sie zur Verfügung stellen könnte, damit ein solches Verfahren weiterentwickelt wird", begründet K. Poulakis von der Binder GmbH in Holzgerlingen. Der Textilveredler hat positive Erfahrungen bei der Bleiche mit Peressigsäure mit Baumwolle und Bastfasern gesammelt. Versuche mit Polyamid waren weniger erfolgreich.

Bei der Arbeit mit Essigsäureanhydrid als Ausgangssubstanz müssen Risiken gemanagt werden. Das chemische Verfahren muss exakt eingehalten werden, damit keine Explosionsgefahr besteht. (Es darf kein Überschuss an Essigsäureanhydrid entstehen, das mit Peressigsäure zum stark explosiven Diacetylperoxid reagiert.) Zum anderen fällt Essigsäureanhydrid unter das Betäubungsmittelgesetz, sodass über jedes Gramm genau Buch geführt werden muss. Dass es trotzdem funktioniert, belegen Betriebe aus der Papierindustrie. Wer diesen Zulassungsproblemen aus dem Weg gehen will, kann auch die fertige Gleichgewichts-Peressigsäure einkaufen.[20] Obwohl das Verfahren kostengünstiger geworden ist, konnte es sich in der Textilbranche bisher nicht durchsetzen. Vielleicht liegt es an der konservativen Haltung, vielleicht an den Mehrkosten im Vergleich zu anderen Bleichmitteln, vermutet Hellwich. Betrachtet man aber den Gesamtprozess, werden durch Energieeinsparung, reduzierte Technologiezeiten und bessere Abwasserqualitäten Kosten gesenkt.[21] Aus der Sicht der Forscher aus Denkendorf und Greiz besteht für die Industrie aktuell kein Druck, auf das umweltfreundlichere Verfahren umzuschwenken.

Biotechnische Verfahren, die mit Enzymen arbeiten, erscheinen aus ökologischer Sicht besonders viel versprechend, sind aber längst nicht so weit entwickelt wie die Bleiche mit Peressigsäure. Mit der Enzymtechnik hoffen die Forscher, eine weitere Alternative zur stark alkalischen Vorbehandlung der Baumwolle zu schaffen. Das könnte Kosten sparen und gewässerbelastende Salzfrachten mindern. Generell können abwasserbelastende Chemikalien abgelöst werden und Prozesswasser leichter im Kreislauf geführt werden.

Dierk Knittel vom Deutschen Textilforschungszentrum Nord-West (DTNW) fächert ein breites Spektrum an Begleitstoffen in der Baumwolle auf, die nicht nur mit Chlor oder Sauerstoff, sondern prinzipiell auch auf enzymatische Weise intelligent abgebaut werden könnten. Das sind Pectine, Peptide, Wachse, Hemicellulosen, Lignin und Pflanzenfarbstoffe. Nach dem Schlüssel-Schloss-Prinzip knackt das passende Enzym die jeweilige Substanz, also z. B. Pectinasen die Pectine, Lipasen die Wachse oder Peroxidasen Lignin und Farbstoffe. Während im Krefelder *DTNW die Versuche auf Baumwolle* laufen, arbeitet das Deutsche Wollforschungsinstitut (DWI) in Aachen an *biotechnischen Verfahren zur Wollveredlung.*

Das beginnt schon auf der Stufe der Rohwollwäsche, wo Wolle enzymatisch gebleicht werden kann. Je nach Ziel werden maßgeschneiderte Enzyme gesucht, die Eiweiße, Fette oder Zellulosen abbauen. In der *Bleiche* hat man mit Proteasen bereits deutliche Bleicheffekte erzielt. Pflanzenreste biotechnisch abzubauen ist allerdings nicht einfach. „Außerdem beschäftigen wir uns damit, wie Pflanzenreste wie Grassamen oder Steinkletten, die ganz fest in der Wolle hängen, sich auf enzymatischem Weg entfernen lassen", beschreibt Elisabeth Heine. Solche Rückstände werden sonst mit einer *Carbonisur* mit Schwefelsäure entfernt, wobei unter Umständen die Wolle leiden kann und Nachteile für die Färbung entstehen. Die Natur hat beim Verholzen die Grundsubstanz Zellulose vor Abbau mit Lignin geschützt. Um das schwer abbaubare Lignin zu entfernen, wird nicht Lignin selbst, sondern der benachbarte Baustein Xylan angegriffen, der direkt an die Zellulose angrenzt. Damit soll der Zugang für die Arbeit der Zellulasen geschaffen werden, die den Hauptbestandteil der Pflanzenreste in der Wolle, die Zellulose, abbauen.

Im Moment suchen die Textilforscher in Aachen und Krefeld noch immer nach besser geeigneten Enzymen für alle Bereiche. Diesbezüglich kooperieren die Aachener mit einem *Spezialisten für „Extremozyme"* der TU Hamburg-Harburg. Das sind Enzyme aus besonders stabilen Einzellern, die zum Beispiel hohe Temperaturen aushalten oder hohe Salzkonzentrationen, und in deren Stoffwechsel man angepasste Enzyme findet. *Mit stabilen Enzympräparaten können Verfahren im Industriemaßstab beschleunigt und die Zahl der Prozessschritte reduziert werden.* Dierk Knittel erklärt: „Bei allen Enzymen besteht das Problem, dass sie großmolekular sind und dort hinkommen müssen, wo sie arbeiten sollen, nämlich in die Polymerketten der Fasern. Damit die Faser besser aufquillt, wird die Temperatur erhöht." Thermostabile Enzyme werden bereits in der Waschmittelindustrie und der Papierbleiche industriell eingesetzt. Mittel- bis langfristig wollen die Forscher in Kooperation mit industriellen Partnern ihre Projekte zur Serienreife bringen (s. a. Filzfreiausrüstung).[22]

Ein neues Feld in der biotechnologischen Entwicklung, das allerdings nur als „End of the Pipe"-Technologie fungiert, befasst sich mit der *Enzymbehandlung von Abwasser*, beispielsweise zum Abbau von aromatischen oder phenolischen Verunreinigungen von Abwasser aus der Bleiche.[23]

Maßnahmen seitens der Hersteller und Labelgeber?

Auch die Anlagenbauer stellen ihre Systeme auf neue umweltschonendere Verfahren um. So hat zum Beispiel *Brückner Apparatebau* GmbH, Erbach eine neue Anlage zum kontinuierlichen Waschen und Bleichen von Schlauchwaren konzipiert. Im Vergleich zum Vorgängermodell wurde die Hypochloritbleiche durch eine Entmineralisierungsstufe ersetzt. Die neue Anlage ist konzipiert zum Bleichen mit Peroxid oder zum zweistufigen Bleichen mit Peressigsäure/Peroxid und zum Aufbringen von optischen Aufhellern. Mit einem neuen Dämpfer konnte der Chemikalienverbrauch erheblich reduziert werden.[24]

Von den *Öko-Labels* wird die Chlorbleiche unterschiedlich bewertet. Klare Opposition gegen die Chlorbleiche beziehen unter den betrachteten Labelgebern der Internationale Verband der Naturtextilwirtschaft (IVN) und die Firmen Coop Schweiz und Otto Versand mit ihren Öko-Textil-Kollektionen. Der IVN erlaubt für zertifizierte Produkte der höchsten Qualitätsstufe „Best" die Bleiche mit Peroxiden wie Wasserstoffperoxid, Natriumperoxid und Peressigsäure. Für die zweite Qualitätsstufe „Better" wird zusätzlich die Bleiche mit Natriumdithionit gestattet. Damit ist der Nachfolger des Arbeitskreises Naturtextil von seiner früheren Extremposition abgerückt. In den überholten AKN-Richtlinien (Version 2.3) hieß es: „Eine Vorbleiche mit Wasserstoffperoxid ist für gefärbte Ware erlaubt. Auf den Einsatz zusätzlicher Bleichhilfsmittel ist zu verzichten." Wenig verständlich blieb die Einschränkung der Sauerstoffbleiche „für gefärbte Ware" (damit ein bestimmter Farbton reproduzierbar gefärbt werden kann). Warum sollen Verbraucher nicht den Wunsch nach strahlendem Weiß haben dürfen? Nicht alle mögen jenen elfenbeinfarbenen Ton, der von der Fachzeitschrift TextilWirtschaft als „zahnbelagsfarben" karikiert wurde. Für einige Hersteller scheint aber der Verzicht auf ein leuchtendes Weiß zum Öko-Profil des Hardliners zu gehören.

Der IFOAM-Standard, der aktuell noch den Charakter einer Empfehlung hat, aber mittelfristig die übergreifende Richtlinie für zertifizierte Öko-Textilien darstellt, schließt chlorhaltige Bleichmittel in seinen Richtlinien aus.[25]

Weder der *Öko-Tex Standard* 100 noch der Öko-Tex Standard 1000 hat die Chlorbleiche als besonders umweltbelastendes Verfahren ausgeschlossen. Der Öko-Tex Standard 100 ist diesbezüglich von Umweltschützern häufig kritisiert worden, unter anderem vom Öko-Test Magazin.[26] Als Begründung hatten die

■ **Welche Öko-Label für Textilien schließen chlorhaltige Chemikalien aus?**

Sind Chlor-chemika-lien zu-lässig?	Coop Natura Line[5]	IVN-Qualitäts-zeichen Better Best	Öko-Tex Standard 100[1]	Toxproof TÜV-Rhein-land	Future collec-tion Otto[2]	Schad-stoff geprüft Otto[2]	IFOAM Rahmen-richt-linien[3]	Euro-Blume[4]
Chlor-bleiche	keine	keine	zulässig	zulässig	keine	zulässig	nein	zulässig
Halogen-haltige Farben	AOX $< 0{,}3\%$	$< 10\%$[7] $< 5\%$	zulässig	zulässig	zulässig	zulässig	AOX $< 1\%$	zulässig
Chlor-wasser[6] für Wolle	kein[5]	kein	zulässig	zulässig	zulässig[5]	zulässig	AOX $< 1\%$	zulässig

Anmerkungen:
1 Stand: 1/1999
2 für Produkte mit und ohne Hautkontakt, Stand 10/1998
3 11/98; IFOAM vergibt selbst kein Label. Die Richtlinien setzen aber einen internationalen Rahmen für Öko-Textil-Label aus kontrolliert biologischen Rohstoffqualitäten.
4 Stand: 3/1999
5 Kein Elementarchlor oder chlorabspaltende Verbindungen; bisher wird keine Wolle gekennzeichnet, AOX-Grenzwert von 3 g/kg Farb- und Hilfsstoff, Stand 7/1999
6 siehe unten, Seite 147
7 Stand 1. 1. 1999, zukünftig soll zwischen temporären und permanentem AOX unterschieden werden, s. S. 156

Wissenschaftler angeführt, dass sie nichts versprechen wollten, was sie nicht überprüfen könnten. „Bei der Chlorbleiche, egal mit welchem Bleichmittel auch immer gearbeitet wird, entsteht im Textil keine Markersubstanz, mit der wir nachher im Labor am fertigen Kleidungsstück nachweisen könnten, dass es chlorgebleicht ist. Weil wir nicht betrogen werden wollten, haben wir solche Kriterien von Anfang an nicht aufgenommen", so Weckmann.[27]

In den Erläuterungen zum Öko-Tex Standard 1000, der einem Öko-Audit des Textilbetriebs gleichkommt, wird die Chlorbleiche negativ bewertet. Es heißt, „ein Ersatz durch Peroxidbleiche ist anzustreben." Allerdings fehlt ein Verbot. Öko-Tex International untersucht und bewertet die Abwässer und die Abluft. Wird mit Chlor gebleicht, schnellt der AOX-Wert in die Höhe und erzeugt bei ungünstiger Prozessführung oder der Verwendung von Hypochlorit Minuspunkte im Bewertungssystem der Emissionen. Chlordioxid, das bei der Chlorbleiche in die Abluft gelangt, wird in der Bewertung des Standards nicht berücksichtigt.[28]

Schon eingangs wurde erwähnt, dass für die Vergabe der Euro-Blume für Textilien bei der Chlorbleiche umfangreiche Ausnahmeregelungen aufgenommen wurden. „Im Allgemeinen müssen die AOX-Emissionen im Abwasser des

■ Öko-Tex Standard 1000, Auszug: AOX

Bewertung für die Einleitung in eine öffentliche Abwasserreinigungsanlage

Bewertung	-3	-2	-1	0	+1
AOX	5,0 mg/l	2,0 mg/l	1,0 mg/l	0,4 mg/l	0,1 mg/l
AOX*	20 mg/l	15 mg/l	10 mg/l	4 mg/l	1 mg/l

* als Chlor bei Filzfreiausrüstung von Wolle

Bewertung für die Einleitung in ein fließendes Gewässer

AOX (als Cl)	5,0 mg/l	2,0 mg/l	1,0 mg/l	0,4 mg/l	0,1 mg/l

Quelle: Öko-Tex International, Öko-Tex Standard 1000, Ausgabe 7/1997, Seite 40

Bleichprozesses weniger als 40 mg Cl/kg betragen. In den nachstehenden Fällen muss die Konzentration weniger als 100 mg Cl/kg betragen:
- Wolle vor dem Drucken,
- Lein- und sonstige Bastfasern,
- Baumwolle mit einem Polymerisierungsgrad unter 1800 für Fertig-Weißwaren.

Diese Anforderung gilt nicht für die Produktion von Cellulose-Kunstfasern (wie Viskose, d. Red.)." 40 mg Cl/kg entspricht dem Hundertfachen des Wertes, der im Öko-Tex Standard 1000 mit 0 Punkten bewertet wird! Dieser Vergleich macht deutlich, dass die Textilveredler hier gute Lobbyarbeit geleistet haben. Das Thema Chlorbleiche steht aber bereits für die nächste Anpassung der Richtlinien im Jahr 2002 auf der Tagesordnung.[29]

Welche Maßnahmen hat der Gesetzgeber ergriffen?

Im Anhang 43, der die Abwässer aus der Herstellung von Viskose und Celluloseacetatfasern der Chemischen Industrie betrifft, wird die Verwendung von Chlor oder chlorabspaltenden Mitteln in Bleichbädern bereits ausgeschlossen.[30]

Die Direkteinleiter (die ihre Abwässer nicht über eine kommunale Kläranlage, sondern direkt in das Gewässer einleiten), das betrifft 12 von knapp 300 Textilbetrieben in Deutschland, mussten nach der alten 38. Verwaltungsvorschrift aus dem Jahr 1984 noch gar keinen AOX-Wert einhalten. Nach dem Beschluss des Bundesrates vom 28.05.1993 war für das Gesamtabwasser von Textilbetrieben, die ihre Abwässer in die kommunalen Kläranlagen einleiten, ein *AOX-Wert von 0,5 mg/l* und ein Behandlungsschwellenwert von 3 mg/l für Teilströme verbindlich. Die Novelle des Anhang 38 wurde wegen einer Klausel des Bundesrates zur wirtschaftlichen Zumutbarkeit aber von der Bundesregierung nicht akzeptiert, das heißt nicht rechtskräftig. Der gleiche Grenzwert für AOX gilt auch für Gesamtabwasser aus der Lederherstellung oder Pelzveredlung (Anhang 25).

Im novellierten Anhang 38 für die Textilindustrie (29.05.2000) ist für vorhandene Einleitungen aus genehmigten Anlagen nur noch ein Grenzwert von 1,0 mg/l AOX vorgesehen. Für neue Anlagen, mit deren Bau erst nach In-Kraft-Treten der Verordnung (1. Juni 2000) begonnen wird, soll der strengere AOX-Wert von 0,5 mg/l gelten, eine Kategorie ohne große praktische Relevanz in einem Industriezweig, der vor dem Hintergrund der globalen Entwicklung eher auf Schrumpfung eingestellt ist.

In wieweit erscheint ein solcher Grenzwert gerechtfertigt? Wenn die Natriumchloritbleiche gut geführt wird, lässt sich ein AOX-Wert von 0,5 mg/l einhalten. Ein Grenzwert von 1,0 mg/l fordert somit nicht einmal eine gute Prozessführung!

Sollte vor sechs Jahren beim Summenparameter AOX noch 0,5 mg/l eingeführt werden, sind es jetzt glatt doppelt so viel – bei einem Parameter, der ökotoxikologisch einer Wundertüte gleicht, in dem auch höchst problematische Stoffe stecken können. Warum geht das Umweltministerium hier rückwärts, gibt scheinbar schon Erreichtes auf? Haben sich die Fachleute von der Industrie, die mit der Abwanderung droht, nach 13 Jahren Verhandlungen einschüchtern lassen? Das Umweltbundesamt hatte einen AOX-Wert von 0,5 mg/l vorgeschlagen. Wie kommt der aktuelle Wert zustande? Die Erklärung aus dem Umweltbundesamt lautet, man habe aus dem Anhang der Chemischen Industrie abgeschrieben. Außerdem werden analytische Schwierigkeiten ins Feld geführt. Im Bundesumweltministerium will man keinen Rollback in der AOX-Regelung erkennen: „Es ist derzeit so, dass nicht einmal 1,0 mg/l überall einhaltbar ist... Da bleibt noch viel übrig, hier etwas zu tun. Und man kann nur als Stand der Technik feststellen, was auch Stand der Technik ist."

Einschränkungen trifft der neue Anhang 38 allerdings für den Einsatz der Chlorbleiche. Bei Wolle und Wollmischsubstraten wird grundsätzlich der Verzicht auf eine chlorierende Durckvorbehandlung in den allgemeinen Anforderungen gefordert. Unter den chlorabspaltenden Bleichmitteln darf nur das schwächere Natriumchlorit verwendet werden, und das ausschließlich zum Bleichen von Synthesefasern, wenn der Nachweis geführt wird. Freies Chlor aus dem Einsatz von Natriumchlorit darf im Abwasser (am Ort des Anfalls) nicht enthalten sein. Reste des Bleichmittels werden durch den Zusatz reduzierender Schwefelverbindungen unschädlich gemacht. „Wenn jemand nachweist, dass er zum Beispiel ganz weiße Polyesterhemden macht, dann darf er Natriumchlorit verwenden", erläutert Mehlhorn. Bleibt die Frage, warum drängt die Politik nicht zum Einsatz der umweltschonenderen Peressigsäure? Vonseiten des Textilforschungsinstituts Thüringen Vogtland heißt es: „Es besteht keine Notwendigkeit die Chloritbleiche abzulösen, da diese aufgrund eines völlig anderen Chemismus (gegenüber Natriumhypochlorit) kaum AOX erzeugt. Peressigsäure ist ebenfalls als Bleichmittel für Polyester gut geeignet, aber auch hier stehen die genannten Gründe einer Industrieeinführung entgegen." Mit anderen Worten, es gibt zwar eine funktionierende Alternative, aber vor dem Hintergrund der zu erfüllenden Grenzwerte keinen Anlass, diese einzuführen.

Die Grünen hatten 1989 ein Szenario für den Ausstieg aus der Chlorchemie vorgelegt. Zu den Fällen, wo ein kurzfristiger Ausstieg erfolgen sollte, gehören u.a. Einsatzbereiche des Chlors, wo chlorfreie Verfahren vorhanden sind, wie zum Beispiel bei der Zellstoffbleiche. „In diesen Bereichen sind kurzfristig klare Verbote auszusprechen."[31] Von diesen grünen Zielen ist im novellierten Anhang 38 einiges auf der Strecke geblieben. Es bleibt der Eindruck, dass die Industrie im Verhandlungsmarathon ein vor Kompromissen strotzendes Papier ausgehandelt hat.

Internationale Empfehlungen zur Chlorbleiche?

Was sagen die Mindeststandards und Empfehlungen OSPARCOM und HELCOM zum besten Stand der Technik und der besten Umweltpraxis zum Thema Chlorbleiche und zum AOX? Die Ospar-Kommission erwähnt eingangs, dass die Notwendigkeit der Bleiche nicht in jedem Fall gegeben ist. „Die Bleiche mit Wasserstoffperoxid wird bevorzugt werden vor chlorhaltigen Bleichmitteln. In jedem Fall sollte der Gehalt an gefährlichen halogenorganischen Verbindungen in Gewässereinleitungen minimiert werden. Wasserstoffperoxid wird daher das wichtigste Bleichmittel, mit einer Betonung auf hoch effizienten Verfahren und Verwendung umweltfreundlicher Stabilisatoren.

In zahlreichen Fällen wird der Einsatz von Chlor ohne sachliche Begründung immer noch akzeptiert, wenn für die notwendige Abwasserbehandlung gesorgt ist:
- für Produkte, die weiß bleiben müssen,
- für Artikel, die bedruckt werden,
- für feine Qualitäten, um den Grad ihrer Polymerisation zu reduzieren,
- für einige Synthetiks, hauptsächlich Polyamide, die mit Wasserstoffperoxid nicht korrekt gebleicht werden können.[32]

Gleichzeitig wird empfohlen, bei der Chlorbleiche Proteine und Pectine vorher von der Faser zu entfernen, um die Bildung gefährlicher halogenorganischer Verbindungen zu vermeiden.[33] Als Grenzwert sehen die PARCOM- und HELCOM-Recommendations einen AOX-Wert von *1 mg Cl/l* vor. Gemäß

HELCOM sollte fallweise entschieden werden, ob beim Bleichen chlorhaltige Substanzen durch andere wie Wasserstoffperoxid ersetzt werden.[34] Das heißt, auf internationaler Ebene wird dieses Problem zwar erkannt, es werden aber weitgehende Ausnahmeregelungen zugelassen. Lösungswege, die die Problemstoffe tatsächlich vermeiden, haben noch nicht erste Priorität.

Literaturhinweise, Anmerkungen:

[1] Thomas Schröer, Verband der Deutschen Lederindustrie, erklärt, dass auf AOX-haltige Konservierungsmittel nicht völlig verzichtet werden kann, „weil man ab und zu Konservierungsmittel abwechseln muss, um mögliche Resistenzbildungen zu verhindern."

[2] Öko-Tex International, Prüfgemeinschaft Umweltfreundliche Textilien: Öko-Tex Standard 1000, Ausgabe 07/97, c/o TESTEX, Zürich, Schweiz

[3] B. u. H. Hellwich, Eurostich Magazin 12/97, s. u.

[4] Oslo and Paris Conventions for the Prevention of Marine Pollution ; OSPAR Commission, PARCOM Recommendation 94/5, Annex, POINT 98/4/9-E(L); Summary Record OSPAR 97/15/1, Annex 12;

[5] s. auch Maßnahmen Prüfinstitute, S. 138 f.; EU-Kommission, Entscheidung der Kommission vom 17.02.1999 zur Festlegung von Umweltkriterien für die Vergabe eines Umweltzeichens für Textilerzeugnisse. In: Amtsblatt der Europäischen Gemeinschaft vom 05.03.1999

[6] Otto Versand: Textilien, Mode, die in die Welt paßt. Broschüre, Hamburg 1997

[7] Öko-Tex International 1997, s. o.

[8] Harald Schönberger: Reduktion der Abwasserbelastung in der Textilindustrie. Hrsg. Umweltbundesamt, Forschungsbericht, Berlin 1993, S. 87–105

[9] K. König: Textilabwässer in Vorarlberg, Situation in Hinblick auf den Gewässerschutz. In: Textilveredlung 6/1989 (24), S. 234–238

[10] Öko TEX Messekatalog, Wirtschaftsgemeinschaft der hessischen Handelsvertreter GmbH, Januar 1999, S. 123

[11] Textil- und Bekleidungs-Berufsgenossenschaft (BG TB): Schreiben an die Enquete-Kommission Schutz des Menschen und der Umwelt vom 22.2.93 zur Sachverständigenanhörung zum Thema „Die Stoffe, aus denen unsere Kleider sind – Stoffströme in der Textilen Bekleidungs-Kette" am 18. und 19. März 1993

[12] Internationale Textil-, Bekleidungs- und Ledervereinigung (ITBLAV), Gesundheit und Sicherheit für Frauen, Broschüre, Brüssel, ohne Jahr, S. 13

[13] BG TB 1993, s. o. S. 6

[14] BG TB 1993, s. o. S. 6

[15] vgl. Dermatosen 46/Heft 5/1998, S. 206–211 s. PCP

[16] Quellen von adsorbierbaren organisch gebundenen Halogenen (AOX) in Abwässern der Textilindustrie und Maßnahmen zu ihrer Vermeidung. (WA I 4) In: Umwelt Nr. 12/1993, S. 494

[17] Diese Empfehlung hat sich für die Praxis als zu teuer herausgestellt. Für Polyester hat eine Wäsche vorab jedoch den gegenteiligen Effekt (vgl. Schönberger 1993, S. 99, 103).

[18] U. Denter und E. Schollmeyer des Deutschen Textilforschungszentrum Nord-West e.V. in Krefeld; K. Poulakis von der Gottlieb Binder GmbH & Co. in Holzgerlingen. In: Textilveredlung 3/4/1996, S. 50–55

[19] Brigitte Hellwich; Hartmut Hellwich: Peressigsäure-Bleiche – Ein chlorfreies und

umweltverträgliches Verfahren zur Erzielung hoher Weißgrade bei Spitzen und Stickereien. In: Eurostich Magazin, Aus. 5, Nr. 28, 12/1997
Durch die Stabilisierung mit Phosphonaten ist Wasserstoffperoxidbleiche etwas in Verruf gekommen. Beim Bleichen mit aktivem Sauerstoff aus H_2O_2 belastet nicht Chlor, aber Hilfsmittel wie Silikate, Phosphonate und Phosphate und hohe Mengen an anorganischen Salzen ($MgSO_4$, Wasserglas, NaOH) das Abwasser. Um hier die Alkalien wieder zu entfernen, sind zudem aufwendige Waschprozesse notwendig.

20 Schönberger schreibt, dass die Kosten für die Herstellung aus Essigsäureanhydrid und Wasserstoffperoxid 2-5mal niedriger liegen. Schönberger 1993, S. 106 (s. o.)

21 B. u. H. Hellwich, Eurostich Magazin 12/1997, s. o.

22 Elisabeth Heine, Wiebke Lorenz, Anke Ruers, Karin Schumacher, Beate Tetzlaff, Hartwig Höcker/Deutsches Wollforschungsinstitut an der RWTH Aachen e.V.: Neue Biotechnologische Produkte für die Wollveredlung. In: DWI Reports 1999/122, S. 179–185; E. Heine, H. Höcker: Enzyme treatments for wool and cotton. In: Rev. Prog. Coloration Volume 25/1995, S. 57–63

23 B. Pietrangeli, F. Israel-Roming. Biotecnologie ambientali: applicazioni enzimatiche nel trattamento dei rifiuti. Fogli d' Informazioni ISPESL 1/1998, pag. 85-92

24 Anlagen zum kontinuierlichen Waschen und Bleichen von Schlauchwaren. In:

Melliand Textilberichte 5/1997, S. 344 (Tubolavar/Galaxy-Anlagenbausystem)

25 IFOAM (International Federation of Organic Agriculture Movements): Basis-Richtlinien für ökologische Landwirtschaft und Verarbeitung, 12. vollst. überarb. Aufl., Tholey-Theley, November 1998, siehe 8.6.4.

26 Marcus Brian: Gütesiegel: Kontrolliert, irritiert. In: Öko-Test Magazin 6/1997, hier S. 23

27 Rainer Weckmann: Der Öko-Tex Standard 100. In: UmweltGerechte TextilWirtschaft - Vision oder Wirklichkeit? Kongreß 2.4.1998 Stuttgart, Hrsg.: Evang. Akademie Bad Boll, Zentrum für Entwicklungsbezogene Bildung, Wirtschaftsministerium Baden-Württemberg, Stuttgart 1998, S. 141–144, hier S. 142

28 Öko-Tex Standard 1000, Ausgabe 07/1997, s. o.

29 EU-Kommission 05.03.1999, s. o.

30 Rahmen-Abwasser-VwV über Mindestanforderungen, Anhang 43: Herstellung von Chemiefasern, Folien und Schwammtuch nach dem Viskoseverfahren sowie Celluloseacetatfasern, GMBl. 1996, S. 729

31 Garbe, Ch. et al. nach: Günter Eder: Karriere einer Chemikalie. In: Müllmagazin 2/1993, S. 11–17, hier S. 17

32 PARCOM-Recommendation, s. o., (59)

33 PARCOM-Recommendation, s. o., (64)

34 Convention on the Protection of the Marine Environment of the Baltic Sea Area, Helsinki Commission, 16th Meeting, 3/1995, Annex 14, S. 84/85

Filzfreiausrüstung als Chlorquelle für das Abwasser

Kapitel 3.5

Die Wolle sei immer noch kritischer in der Frage der AOX, heißt es in der Forschung. Denn Wolle wird gewöhnlich pflegeleicht ausgerüstet (Easy Care), damit sie beim Waschen – insbesondere in der Waschmaschine – ihre Form und Größe behält und anschließend nicht verfilzt. Als wirkungsvollstes Verfahren gilt das *Chlor-Herkosett-Verfahren*, bei dem als Oxidationsmittel seit 30 Jahren üblicherweise *Chlorgas oder Natriumhypochlorit* verwendet wird.[1] Dieses Verfahren ist preiswert und weit verbreitet, gut ausgereift im Gegensatz zu dem wesentlich umweltschonenderen Verfahren mit Enzymen usw. Entsprechend vorbehandelte Wolle bringt hohe Farbechtheiten. „Von daher ist das Chlor-Herkosett-Verfahren immer noch eine wichtige AOX-Quelle", bestätigt Horst Fischer, Textilfachmann im Umweltbundesamt. Nicht nur die Chlorlauge ist hier AOX-Quelle, sondern auch die Kunstharzausrüstung, nämlich das Polyamidharz, das in einer mehrstufigen Reaktion mit *Epichlorhydrin* als Hilfsmittel hergestellt wird. In Deutschland gibt es aktuell noch zwei Firmen, die dieses Verfahren bei der Veredlung von Wolle einsetzen.

Eine weitere Chlorquelle in der Filzfreiausrüstung von Wolle ist *Dichlorisocyanurat*, das reaktionsfähiges Chlor abspaltet und in Nebenreaktionen zu AOX-relevanten Substanzen führt. In der Vorbehandlung von Wolle für den Druckprozess sollen andere Oxidationsmittel wie die Peroxomonoschwefelsäure nicht die gewünschte Farbtiefe und Gleichmäßigkeit im Druckbild bringen.[2]

Im Chlor-Herkosett-Filzfreiausrüstungsprozess entstehen *extrem hohe AOX-Konzentrationen* (über 250 mg/l im Harzbad und über 100 mg/l im Softener). Dabei werden sowohl durch das Chlorbad wie durch das Harzbad leicht flüchtige AOX gebildet, hauptsächlich *Trichlormethan* (161,8–1211,5µg/l), aber auch schwer flüchtige Verbindungen (chlorierte Aminosäuren, Dichlorpropanole und Chlorpropandiol). Betrachtet man die entstehenden AOX-Frachten pro Stunde, ist der Chloreinsatz die überwiegende Quelle, aber auch das Harzbad ist nicht zu vernachlässigen.[3]

Weil beim Chlor-Herkosett-Verfahren mit gasförmigen Gefahrstoffen umgegangen wird, darf es nur in geschlossenen Apparaten angewandt werden unter Einhaltung der entsprechenden MAK-Werte am Arbeitsplatz.

Entwicklung von Alternativen?

Bereits auf der Aachener Textil-Tagung im November 1992 referierte Klaus Reincke von der BASF Ludwigshafen über maschinenwaschbare Wolle von hoher Qualität durch chlorfreie Produkte. Als praxisreife Alternative zu Chlor benannte Reincke *Peroxymonosulfat*verbindungen, die zwar eine niedrigere Antifilzwirkung und ein blasseres Druckergebnis als Nachteile mitbringen, aber andere Vorteile wie keine Vergilbung und fast keinen Geruch vorzuweisen haben. Diese Vorbehandlung stellt daher höhere Anforderungen an die Wirkung von Polymeren in der zweiten Stufe, um die Wollware als waschmaschinenfest kennzeichnen zu können. Von BASF wurden dazu *drei AOX-freie Polymere* entwickelt: *Basolan SW* (Polyether mit Reaktivgruppen), *Basolan MW* (aminofunktionelles Polysiloxan) und *Basolan F* (polyquaternäre Verbindung). Die beiden Ersten sorgen zusätzlich für einen permanent weichen Griff, das Dritte steigert am meisten die Farbechtheit. „Die Substitution durch AOX-freie Produkte ist inzwischen für die diskontinuierliche Filzfreiausrüstung weitgehend ohne Qualitätseinbuße möglich geworden, nur für die kontinuierliche Kammzugausrüstung und die Druckvorbehandlung besteht noch Entwicklungsbedarf", fasst Reincke zusammen.[4]

Aktuell arbeitet das Deutsche Wollforschungsinstitut (DWI) u. a. an der Entwicklung biotechnischer Verfahren zur Filzfreiausrüstung. Bereits vor zehn Jahren ist die *enzymatische Filzfreiausrüstung* als umweltschonende Alternative entwickelt worden. Bisher werden enzymatische Verfahren auf Wolle nur in geringem Umfang eingesetzt, z. B. von den Firmen Living Crafts und Christoph Fritzsch GmbH.

In der Vergangenheit wurde angestrebt, ein rein enzymatisches Verfahren zur Filzfreiausrüstung zu entwickeln. Dies ist bislang nach den Anforderungen des Wollsiegels (Woolmark) mit einer reinen Enzymbehandlung noch nicht gelungen, denn man kann die Filzneigung damit nur reduzieren. Zwar war von der *Schoeller Hardturm AG* ein enzymatisches Verfahren zur Filzfreiausrüstung patentiert worden, das auch industriell angewendet wurde, aber wieder eingestellt worden ist. Nachdem die Bremer Woll-Kämmerei (BWK) Schoeller aufgekauft hatte, wurde z. B. Living Crafts das Verfahren mit rund 6 DM pro Kilo zu teuer. (Im Vergleich zum Enzymverfahren ist das Herkosett-Verfahren allerdings wesentlich billiger, kostet statt 5–6 DM nur 1,50–1,80 DM und ist leichter zu handhaben.) Aus der Sicht der BWK war aber nicht der Preis allein entscheidend. Denn das Verfahren brachte auf Wollpartien unterschiedlicher Herkunft und Feinheit keine reproduzierbaren Ergebnisse.

Bei einer *Neuentwicklung muss die ganze Produktionskette einbezogen sein*. Selbst wenn das Ausrüstungsverfahren einwandfrei funktioniert, kann sich das Material anschließend in der Spinnerei, der Färberei oder der Weberei als ungeeignet erweisen. Die Maschinen können verkleben, die Wolle sich purpur statt grün anfärben usw. Ein solcher Durchlauf durch die Kette dauert jeweils rund drei oder vier Monate Versuchszeit.

In der Umstellung von Textilveredlungsverfahren auf biotechnische Verfahren befürchten Verbrauchervertreter Risiken. „Eingesetzte Enzyme werden im Allgemeinen *gentechnisch hergestellt*. Es ist nicht auszuschließen, dass auch proteindesignte Enzyme eingesetzt werden. Diese neuartigen Enzyme werden in Bezug auf die Herstellungsverfahren ‚optimiert'. Da sie in dieser Form in der Natur nicht vorkommen, ist nicht auszuschließen, dass z.B. vermehrt Allergien auftreten. Ob und in welcher Form Enzyme, die im Herstellungsprozess eingesetzt werden, auf dem fertigen Textil zurückbleiben und ob dies zu gesundheitlichen Auswirkungen führen kann, darüber ließ uns die Industrie bisher im Dunkeln", bemängelt Julia Nill von der Verbraucherzentrale Baden-Württemberg e.V.

Unter den *ökologischen Pluspunkten für enzymatische Verfahren* steht ganz oben die Lösung der AOX-Problematik, die mit dem Chlor-Herkosett-Verfahren entsteht. Abwasserbelastende Chemikalien wie Chlorwasser werden durch Enzyme ersetzt. Durch biotechnische Verfahren kann das Prozesswasser leichter im Kreislauf geführt werden, sodass neben der Chemie auch Wasser gespart wird. Hier zeichnen sich viele Einsparpotentiale ab, die die Umwelt entlasten und den Preis senken. Noch sind Enzyme zu teuer, das soll aber nicht so bleiben: „Nur, wenn sie in großen Mengen produziert werden können, kann das ganze Verfahren preiswerter werden. Es wird sich in jedem Fall rechnen, weil die Einsparung der restlichen Prozesschemikalien auch zu Buche schlagen wird und die Wassereinsparung deutlich werden wird", davon ist Elisabeth Heine vom DWI überzeugt.

Denkbar ist die *Kombination des biotechnischen enzymatischen mit einem chemischen oder physikalischen Verfahrensschritt.* Auf der Aachener Textiltagung im November 1998 beschreibt Hartwig Höcker, Direktor des DWI, dass die Effekte der Enzymbehandlung von Wolle erheblich durch eine *Plasmabehandlung* unterstützt werden können. Eine Plasmabehandlung kann man sich folgendermaßen vorstellen. Durch das Anlegen einer hohen Spannung wird ein Stromfluss durch ein Gas erzeugt. In einem „kalten Plasma" befinden sich die Oberflächen der Fasern in einem angeregten Zustand, in dem sie sich verändern lassen. Je länger und je höher die elektrische Leistung der Plasmabehandlung, umso größer ist der Effekt. Dabei oxidiert die Oberfläche, verändert ihre Struktur, und es entstehen negative Ladungen. Bei Wolle kann auf diese Weise u.a. die Filzeigenschaft verringert werden. Wenn anschließend mit Harzen nachbehandelt wird, könne das Ergebnis mit dem Chlor/Herkosett-Verfahren konkurrieren, urteilt Höcker.[5]

In einem groß angelegten Forschungsprojekt, an dem neun Firmen und Institute (u.a. das DWI und Bayer) unter Koordination der Bremer Woll-Kämmerei beteiligt sind, werden verschiedene AOX-freie Alternativen zur Filzfreiausrüstung entwickelt. In zwei Verfahren wird Peroxomonoschwefelsäure als Oxidationsmittel erprobt mit anschließender Kunstharzausrüstung. Die Firma Schoeller Hardtum AG hatte bereits unter der Bezeichnung „Superwash 2000" ein ähnliches Verfahren eingeführt, das als Oxidationsmittel Permanganat verwendet in Kombination mit einem halogenarmen Harz, mit dem die Chlor-Herkosett-Qualität nahezu erreicht werden soll,[6] aber eben nicht „halogen-frei".

Alternativ dazu wird im Projekt die oben beschriebene Plasmatechnik untersucht, wieder in Kombination mit einer Kunstharzausrüstung. Dabei handelt es sich um ein neu entwickeltes chlorfreies Verfahren, das den *Problemstoff Epichlorhydrin ersetzt.*

Epichlorhydrin (1,3-Dichlor-2-propanol) sollte nicht nur aus ökologischer, sondern auch aus arbeitsmedizinischer Sicht ersetzt werden: Der Stoff wirkt akut reizend auf Haut und Schleimhäute, führt zu Erbrechen und durch Dämpfe zu Atemnot. Aus den vorliegenden Informationen wurde abgeleitet, dass *Epichlorhydrin für den Menschen als Krebs erregend angesehen werden sollte.* Beim Umgang mit dem Gefahrstoff sind umfassende technische und persönliche Arbeitsschutzmaßnahmen notwendig.[7]

Die Laborversuche für das Plasmaverfahren sind beendet. Bis Ende 1999 soll die Pilotanlage stehen. Erst wenn diese positive Ergebnisse bringt, wird man in eine Großanlage investieren.

„Ein Kostenvergleich zwischen Plasmatechnologie und dem herkömmlichen Hercosett-Verfahren hat gezeigt, dass beide Verfahren gleich zu bewerten sind. Räumliche Probleme bei der Bremer Woll-Kämmerei (hohe Umbaukosten) haben eine Praxiseinführung der Plasmatechnik bisher verhindert. Zurzeit werden die Forschungsergebnisse ausgewertet, mit dem Ziel einer Umsetzung dieser Technologie in der Praxis", erläutert Michael Pöhlig vom TVI-Verband.

Von den Naturtextilherstellern wurde die Filzfreiausrüstung mit Kunstharzen generell abgelehnt. Um Produkte trotzdem langlebig zu gestalten, ist die Entwicklung von alternativen Verfahren gerade Herstellern von Unterwäsche und Strümpfen ein besonderes Anliegen. In der Sache engagiert sich seit Jahren die Firma *Living Crafts* aus Achberg und ist aktuell an einer *Neuentwicklung* in Kooperation mit dem DWI beteiligt. Living Crafts bietet ein breites Sortiment am Unterwäsche und Strumpfwaren.

Anfangs hatte die Firma mit dem Ausrüstungsspezialist Schoeller gearbeitet. Auf der Suche nach einer preisgünstigeren Möglichkeit fand Björn Eschner ein Firma von der Schwäbischen Alb. Durch das hier praktizierte Verfahren werden die Schuppen der Wolle durch Proteasen bei der Garnausrüstung zum Teil abgetragen. Für den Naturtextilhersteller ist es wichtig, dass die Enzyme auf biotechnischem Wege gewonnen werden und nicht mit Hilfe der Gentechnik. Das Verfahren zur Patentanmeldung läuft noch.

Bei *Mischgarnen aus Baumwolle-Wolle bzw. Wolle-Seide ist Eschner mit den Ergebnissen der reinen Enzymbehandlung voll zufrieden.*

In der Färberei bedeuten enzymbehandelte Wollen eine Herausforderung, da bei zu schnellem Aufziehen der Farbe Probleme mit Flecken und Ungleichmäßigkeiten im Warenbild auftreten. Diese Fehler versucht der Hersteller durch sehr langsames Färben zu lösen. Trotzdem sind die Farben auf diese Weise nicht hundert Prozent reproduzierbar. So genannte Nuancierungsfarbstoffe, die ein ungleichmäßiges Aufziehen der Farben verhindern, werden aus ökologischen Gründen nicht eingesetzt. Daher muss bei der Verarbeitung von Kombinationen auf gleiche Garnpartien geachtet werden.

Probleme bereitet das Enzymverfahren auf reiner Wolle. Wenn die Schuppen in hohem Maße abgetragen werden, wird die Wolle zwar besonders weich und glänzend, ist aber weniger reißfest. Daher will Living Crafts für die Ausrüstung von reiner Wolle gemeinsam mit dem DWI das Enzymverfahren mit einem Plasmaverfahren koppeln. Im Plasmaverfahren werden die Oberflächenstrukturen der Wolle mit schwachen elektrischen Gasentladungen verändert. Durch Plasmabehandlungen kann die Wolle reißfester werden, die Filzneigung vermindert und ihre Anfärbbarkeit erhöht werden. Als Vorbereitung für das Enzymverfahren soll auf der Wolle eine gleichmäßige Angriffsfläche geschaffen werden, damit die Enzyme nicht an einzelnen Stellen zu stark angreifen. Im Herbst 1999 waren die ersten Versuchschargen geplant. Wenn das Verfahren bis zur Serienreife entwickelt ist, soll es dem Markt zur Verfügung stehen.

In den *IVN-Richtlinien* wird die *Filzfreiausrüstung* für Produkte mit der Auszeichnung „Best" abgelehnt. Für das Better-Label sind enzymatische und physikalische Verfahren erlaubt. Bei Enzymen lautet die Empfehlung, keine gentechnisch gewonnenen oder veränderten Substanzen einzusetzen. Die Chlorierung von Wolle ist in der Vorbehandlung generell ausgeschlossen.[8]

Maßnahmen des Gesetzgebers

Für die Wollwäschereien gilt ein eigener Anhang für das Abwasser, der *Anhang 57* der Abwasserverordnung, den zum Beispiel die Bremer Woll-Kämmerei einhalten muss.[9] Dort heißt es: „Das Abwasser aus der Filzfreiausrüstung von Wollkammzug darf Chlor oder chlorabspaltende Verbindungen aus der Vorbehandlung des Kammzuges nicht enthalten." Zu Deutsch heißt das, *aus der Filzfreiausrüstung darf kein Chlor ins Abwasser* gelangen. Wenn das trotzdem geschieht, müssen die Betriebe die belasteten Abwässer relativ aufwendig separat klären. Die Bremer Woll-Kämmerei (BWK) darf maximal 0,5 mg/l AOX ins Gewässer einleiten. Hoch belastete Abwässer und Klärschlämme werden hier eingedampft und verbrannt. Wenig belastete Abwässer werden weiter biologisch aufbereitet, was die Belastung weiter um 80 Prozent senkt. Die dabei anfallenden Klärschlämme können landwirtschaftlich genutzt werden und sind wegen ihres Nährstoffgehalts sogar erwünscht.

Es ist klar, dass gerade bei der Filzfreiausrüstung noch problematisch hohe AOX-Werte entstehen. Im Vergleich zur Chlorbleiche dürfen nach dem Maßstab des Öko-Tex Standard 1000 die AOX-Werte um ein Zehnfaches höher liegen als bei der Chlorbleiche (s. Tabelle Öko-Tex Standard 1000, Auszug: AOX, S. 140). Bei der Filzfreiausrüstung wird ein Wert von 1 mg/l von der Prüfgemeinschaft Öko-Tex International als positiv bewertet.

Und genau dieser Wert findet sich in der neuen Regelung des Anhang 38. 1 mg/l ist der AOX-Grenzwert, der auf internationaler Ebene von Öko-Tex und den Kommissionen HELCOM und OSPAR im Rahmen der Empfehlungen zum Schutz des Nordatlantiks und der Ostsee verfolgt wird. *Offensichtlich findet ein Rollback auf das niedrigere internationale Niveau statt.*

Im Bereich der Öko-Label, die mit umweltschonenderen Herstellungsverfahren den Weg weisen sollen, versagt die EU-Blume bei der Filzfreiausrüstung. Was die Verwendung halogenierter Stoffe oder Zubereitungen betrifft, macht die Europäische Kommission eine großzügige Ausnahmeregelung für die Krumpfechtausrüstung bei Wolle.[10] Die Labelgeber hätten zumindest vorbildliche Grenzwerte beim AOX formulieren können. Zugleich drückt sich hier das Manko aus, dass es für Unternehmen, die nicht auf die Filzfreiausrüstung verzichten wollen, noch nicht für alle Anwendungsbereiche adäquate chlorfreie Alternativen gibt, trotz der *Basolan*-Serie von BASF. Die dargestellten Forschungsansätze lassen aber erwarten, dass in mittlerer Zukunft weitere großtechnisch anwendbare AOX-freie Ausrüstungsverfahren zur Verfügung stehen.

Literaturhinweise, Anmerkungen:

[1] M. Peter/Rouette: Grundlagen der Textilveredlung, Deutscher Fachverlag, Frankfurt 1989, S. 444

[2] vgl. H. Schönberger 1993, S. 128, s. Chlorbleiche

[3] vgl. H. Schönberger 1993, S. 122–126

[4] Klaus Reincke: Maschinenwaschbare Wolle von hoher Qualität durch chlorfreie Produkte. In: Melliand Textilberichte 5/1993, S. 408–417

[5] Hartwig Höcker/Deutsches Wollforschungsinstitut an der RWTH Aachen e.V.: Unkonventionelle Verfahren in der Wollausrüstung – Stand und Perspektiven. Vortrag auf der Aachener Textiltagung vom 25.11.1998

[6] vgl. H. Schönberger 1993, S. 126

[7] vgl. BIA-Report: Gefahrstoffliste 1998, HVBG; GESTIS-Stoffdatenbank

[8] Internationaler Verband der Naturtextilwirtschaft: IVN-Richtlinien, Stand 7/1999, Stuttgart

[9] Abwasserverordnung, Anhang 57, Wollwäschereien. Bundesgesetzblatt Jhg. 1999, Teil I, Nr. 6, Bonn 18.02.1999, S. 137

[10] EU-Kommission, 5.3.1999, s. o., Prozesse und Chemikalien, Abschnitt 28

Halogene in Farben: Unerwünscht?

Kapitel 3.6

Andere AOX-Quellen im Textilabwasser sind beispielsweise Farbmittel, das heißt lösliche Farbstoffe und schwer bzw. unlösliche Pigmente. Nach Auskunft der Industrie kommen Farbstoffe mit organisch gebundenem Halogen häufiger vor. AOX kann durchaus noch von dem einen oder anderen Farbstoff ins Abwasser gelangen.

Reinhard Schneider und Uwe Halder von der BASF AG schreiben in der Fachpresse, dass „zahlreiche Pigmente organisch gebundenes Chlor" enthalten. „Diese Pigmente tragen zur AOX-Belastung im Abwasser bei. Chlor ist unverzichtbarer Bestandteil des Farbkörpers und kann heute noch nicht ersetzt werden. Das ist eine Aufgabe für die Zukunft."[1] Im Forschungsbericht zur Reduktion der Abwasserbelastung, der 1993 im Auftrag des Umweltbundesamtes erstellt wurde, werden Druckereiabwässer, die halogenierte Küpenfarbstoffe verwenden, in der AOX-Frage als besonders problematisch bewertet.[2]

Unter den löslichen Farbstoffen sind vor allem *Reaktivfarbstoffe* als AOX-Quelle relevant, die Halogene unterschiedlicher Reaktivität in der reaktiven Gruppe enthalten und in der Regel weniger vollständig aus dem Färbebad auf die Faser aufziehen. Die Entwicklung „AOX-freier" und „hoch-fixierender" Reaktivfarbstoffe wird vorangetrieben. Durch die Entwicklung sog. Mehrankersysteme konnten bei einzelnen Farbstoffen deutliche Verbesserungen erzielt werden.

Alternativen

Zur *Substitution* von chlorhaltigen Farbstoffen, zu denen einige Reaktiv- und Küpenfarbstoffe gehören, sollen ausreichend Ersatzstoffe zur Verfügung stehen, heißt es seitens der Textilforschung. Die meisten deutschen oder Schweizer Farbenhersteller hätten intensiv daran gearbeitet und chlorhaltige Farben weitgehend entfernt.

Neben dem Ersatz der Problemstoffe gibt es nachgelagerte Strategien, um deren Einsatz zu verringern bzw. die Stoffe unschädlich zu machen. Im Deutschen Wollforschungsinstitut befasst sich ein Forschungsprojekt mit *biotechnologischen Verfahren (Enzymen) zur Optimierung des Anfärbe- und Griffverhaltens von Wolle,* damit geringere Chemikalienmengen in der Färbung ausreichend sind (s. S. 137).

Durch die Auswahl des jeweils günstigsten Verfahrens können in Abhängigkeit von der zu färbenden bzw. zu bedruckenden Stoffpartie die anfallenden Schadstofffrachten minimiert werden. Das „Kalt-Klotz-Verweilverfahren", das energiesparend bei Raumtemperatur abläuft, hat sich für die Reaktivfärbung von Baumwolle oder Viskose durchgesetzt. Um die Farbstoffverluste im System zu verringern, können die jeweils günstigsten Apparate bevorzugt werden (Zwickel bzw. kleinste Chassis-Größen), die Restmengen in den Farbstoffleitungen und Ansatzbehältern verringert werden, die verbrauchten Mengen mit Hilfe der Erfahrung genauer vorausberechnet und noch brauchbare Restmengen wieder verwendet werden. Auf diese Weise werden die Systemverluste verringert. Nicht in jedem Fall ist das Kalt-Klotz-Verweilverfahren umweltschonender. Bei nicht optimierten Systemverlusten und kleinen Partielängen kann das Ausziehverfahren geringere Farbstoffverluste bringen.[3]

Aus Farbstoffen können hohe AOX-Frachten im Abwasser entstehen, zum Beispiel 5.240 mg/l Färbeflotte. Durch die Wiederverwendung der Färbeflotte kann der Veredler in bestimmten Fällen[4] die Abwasserbelastung verringern und Kosten einsparen (s.a. Schwermetalle).[5]

Das Recycling von Restfarben aus Druckmaschinen wurde bereits beschrieben (s. S. 56). Zurzeit arbeitet die Industrie daran, schwerbelastete Abwässer innerbetrieblich zu reinigen und nicht mehr zur Kläranlage zu leiten. Am Institut für Textil- und Verfahrenstechnik Denkendorf wurden auch Verfahren entwickelt, um *Druckereiabwässer auf kostengünstige Weise zu reinigen*, zu entfärben und wiederverwendbar zu machen. Zur Behandlung der Abwässer dient ein kombiniertes Verfahren aus chemischer Oxidation und Kohlebiologie (biologische Stufe mit Braunkohlenkoks als Träger). In Langzeitversuchen an Praxisabwässern konnten unter anderem hohe AOX-Konzentrationen weitestgehend eliminiert werden.[6]

Maßnahmen seitens der Hersteller und Prüfinstitute

Für die Verwendung chlorhaltiger Pigmente, Druckpasten und Farbstoffe und zum Färben bzw. Drucken notwendiger Hilfsmittel hat der *Internationale Naturtextilverband* Orientierungswerte für die Vergabe der Label Better Werte beim AOX-Gehalt kleiner 10 Prozent formuliert und für Best 5 Prozent. Damit ist man keineswegs zufrieden. Schon jetzt hat der IVN für die kommende Revision differenzierte Werte angekündigt, die die Abbaubarkeit AOX-haltiger Reaktivgruppen von Reaktivfarbstoffen berücksichtigen, denn es kommt auf den Gehalt des permanenten AOX an. Vorgesehen sind in Zukunft als Orientierungswerte für permanentes AOX im Farbkörper von Reaktivfarben < 0,1 (Best) bzw. 0,3 % (Better). Der Gehalt an temporärem AOX im Reaktivanker, der wieder abgebaut wird, soll für Best-Naturtextilien unter 2 bzw. für Better-Naturtextilien unter 5 Prozent liegen. Die Empfehlung lautet: „Ausschließliche Verwendung AOX-freier Farbstoffe".

Auch die Anforderungen der Schweizer *Coop NATURA Line* sehen einen AOX-Grenzwert für Farb- und Hilfsstoffe von 3 g/kg (d. h. 0,3 %) in der Totalgehaltsanalyse vor. Damit bemühen sich die ökologischen Hardliner, ihren alten Grundsätzen treu zu bleiben.

Im neuen *IFOAM*-Standard für die Verarbeitung von Textilien wird festgeschrieben, dass Betriebsmittel AOX und Substanzen, die deren Bildung bewirken können, maximal in einer Konzentration von 1 Prozent enthalten dürfen.[7]

Maßnahmen des Gesetzgebers

Unter den allgemeinen Anforderungen werden im Anhang 38 (29.05.2000) mehrere Punkte genannt, die den Eintrag von Farbmitteln in die Gewässer verringern und sich auf diese Weise zugleich positiv auf den AOX-Wert auswirken. Die Schadstofffracht muss so gering gehalten werden, wie das nach Prüfung der Möglichkeiten im Einzelfall möglich ist. Nicht angewandte, unverbrauchte Reste von Farbstoffen dürfen nicht über den Abwasserpfad entsorgt werden. Das betrifft auch restliche Farbklotzflotten[8] bzw. Druckpasten, die die Farben in konzentrierter Form enthalten. *Druckpasten müssen wieder verwendet werden.* Die Wiederverwendung von Farbbädern, insbesondere von konzentrierten Farbklotzflotten wird allerdings nicht gefordert. Das soll in der Praxis nur realisierbar sein, wenn häufig die gleichen Farben gebraucht werden.

Das besonders belastete Waschwasser aus der Druckerei, das bei der Druckdeckenwäsche sowie beim Reinigen des Druckgeschirrs anfällt, muss aufbereitet und wieder eingesetzt werden.

Bestimmte Argumente sprechen dafür, die AOX-Frage bei Farbmitteln im Abwasser *differenzierter zu bewerten.* Nicht jede halogenhaltige Substanz ist gefährlich. Von verschiedenen Farbstoffen ist bekannt, dass sie fest gebundenes Halogen enthalten, wie chlorierte Phthalocyanine, einige Dispersionsfarbstoffe oder viele Küpenfarbstoffe. Von diesen weiß man aber auf der anderen Seite, dass sie von der akuten Toxizität völlig unauffällig sind. Zum Teil ist das auch für die chronische Toxizität bekannt. Bei Reaktivfarben wie Chlortriazin oder Dichlortriazin wird die reaktive Chlorgruppe durch die Anlagerung von Wasser abgespalten und bis zum einfachen Kochsalz abgebaut. Die reaktiven chlororganischen Gruppen der Reaktivfarbstoffe sind nicht persistent wie bei den stabilen Chlorbenzolen oder -phenolen.[9] *Wesentlich ist der Anteil des permanenten AOX im Farbkörper.* Es wird kritisiert, dass die Sicherheitsdatenblätter hier nicht differenziert deklarieren, wie viel Prozent des AOX-Gehaltes eines Farbstoffs schwer abbaubar sind.

Restdruckpasten lassen sich nicht in jedem Fall wieder verwerten, können überaltert oder mikrobiologisch angegriffen sein. Dann besteht entweder die Option, sie einer Hausmüll- oder Sondermüllverbrennungsanlage zuzuführen, je nachdem wie sie nach dem europäischen Abfallkatalog zugeordnet werden oder, wenn es sich um Reaktiv- oder Küpendruckpasten handelt (keine Pigmentdruckpasten), sie in einem *Faulturm der kommunalen Kläranlage* mitbehandeln zu lassen. Das erscheint auch als der kostengünstigere Weg, mit dem zusätzlich Faulgas gewonnen wird. Dieser Entsorgungspfad erfordert aber ein schadstoffarmes Substrat, da die Mikroorganismen auf Gifte empfindlich reagieren. Druckpasten, die beispielsweise Schwermetalle oder organohalogenhaltige Farbstoffe enthalten, sollten ausgeschlossen sein, fordert der Textilabwasserexperte Schönberger. Besondere Aufmerksamkeit ist gefordert, wenn die Schlämme auf landwirtschaftliche Flächen ausgebracht werden.[10] Was zunächst viel versprechend war, hat sich eher als *Nischenpfad* erwiesen, der nur im Einzelfall möglich und sinnvoll ist. Ob der Weg im Einzelfall von den zuständigen Behörden akzeptiert werden kann, ist vom Klärschlamm in der jeweiligen Anlage abhängig und von den Problemstoffen in den Pasten.

Auch *konzentrierte Farbbäder* (Restklotzflotten, Konzentrate aus der Nanofiltration) lassen sich *ohne Luftsauerstoff (anaerob) abbauen*. Da mit anaerobem Abbau bessere Erfolge erzielt werden könnten, wird immer noch diskutiert, ob man nicht lieber einige konzentrierte Farbflocken im Faulturm anaerob behandelt. Eine ganze Reihe von Farbstoffen wird dort gut abgebaut und nicht unter Zutritt von Luftsauerstoff in der biologischen Stufe.

Literaturhinweise, Anmerkungen:

[1] Reinhard Schneider, Uwe Halder: Neue Entwicklungen im Pigmentdruck. In: Melliand Textilberichte 4/1996, S. 225–228, hier S. 227

[2] H. Schönberger 1993, S. 525, s. Chlorbleiche

[3] H. Schönberger 1993, s. o., S. 160–167

[4] H. Schönberger beschreibt die Mehrfachverwendung auf stehendem Bad für Säurefarbstoffe auf Polyamid, basische Farbstoffe für Polyacrylnitril, Direktfarbstoffe für Baumwolle und Dispersionsfarbstoffe für Synthesefasern, insbesondere Polyester. Die Farbstoffrückgewinnung aus ausgezogenen Farbbädern wird bei Indigo zum Färben von Baumwollgarnen für Blue-Jeans praktiziert. Vgl. Schönberger 1993, S. 172ff., 190

[5] Joachim Michael Marzinkowski: Am laufenden Meter. Die Textilveredlungsindustrie muss mit weiteren Umweltschutzauflagen rechnen. In: Müllmagazin 4/1992, S. 15–19, hier 17

[6] Untersuchung zur schlammarmen Reinigung und Wiederverwendung von Druckereiabwässern. (Forschungsbericht AiF-Nr. 9699), in: Melliand Textilberichte 3/1997, S. 176

[7] IFOAM: Basis-Richtlinien, Tholey-Theley 1998, (8.5.3.)

[8] Farbklotzflotten sind stark konzentrierte Farbbäder, die ähnlich dem Druck auf die textilen Flächen aufgetragen werden. Dabei fällt kein Abwasser an. Um allerdings die Maschinen zu reinigen, mit denen die Farblösung aufgetragen wird, entsteht wenig stark konzentriertes Abwasser.

[9] vgl. H. Schönberger 1993, s. o., S. 144–148

[10] vgl. H. Schönberger 1993, s. o. S. 437–444

Pentachlorphenol und andere Chlorpenole: Odyssee ohne Ende?

Kapitel 3.7

Wozu dient PCP?

Pentachlorphenol (PCP) gehört zu den problematischsten Umweltchemikalien. PCP hat *ausgeprägte bakterien- und pilztötende Eigenschaften, wirkt anhaltend auf viele Mikroorganismen* und lässt sich im Vergleich zu anderen Pestiziden ausgesprochen billig herstellen. Daher wurde bzw. wird es als Konservierungsmittel in großem Umfang eingesetzt. PCP dient dem Holzschutz, der Konservierung von Zellstoff, Papier und Pappe, zur *Imprägnierung von Leder, Textilien oder Textilhilfsmitteln.* In tropischen Ländern schützt PCP Baumwolle vor dem Verrotten während der Lagerung und beim Transport.[1] In einigen Ländern wird Pentachlorphenol zum Teil noch immer zur *Konservierung* von Flotten und Schlichtemitteln, die unter extremen klimatischen Bedingungen leicht ,verderben' können, eingesetzt. Bei Leder können die Rohhäute, verschiedene Gerbereihilfsmittel und Zwischenprodukte mit PCP konserviert sein. Die Wege, auf denen das Pestizid in Bekleidung gelangt, können aber auch sehr verschlungen sein. Karl Sander vom TÜV Rheinland erzählt von hoch belasteten Seidenbatikstoffen, bei denen wahrscheinlich das Topfkonservierungsmittel PCP enthielt, das dem Abdeckmittel in der Batik zugesetzt wurde. In einem anderen Fall mit Schuhen wurde der Latexkleber mit PCP konserviert.[2]

In Deutschland weitgehend verboten

1989 wurde die Pentachlorphenolverordnung in Kraft gesetzt und 1993 in die Chemikalienverbotsverordnung übernommen. Der Grenzwert von *5 mg/kg (ppm)* erfasst Pentachlorphenol sowie dessen Salze und Ester und gilt für das Inverkehrbringen von Erzeugnissen aller Art. Tetra- (TeCP) oder Trichlorphenole (TCP), die statt fünf nur vier oder drei Chloratome am Phenolring enthalten, werden von der Verordnung nicht erfasst.[3] Sie werden aber ebenso wie Chlorkresole zunehmend als Ersatzstoffe eingesetzt.

Warum ist PCP gefährlich?

PCP wurde von der Senatskommission zur Prüfung gesundheitsschädlicher Arbeitsstoffe der Deutschen Forschungsgemeinschaft *(MAK-Kommission)*, deren Urteil für die Bewertung von Stoffen in Deutschland maßgeblich ist, als eindeutig *Krebs erregender Arbeitsstoff* ausgewiesen. In Deutschland ist PCP strenger eingestuft als auf europäischer Ebene. Die Gefahrstoff-Verordnung ordnet PCP und dessen Salze bezüglich des kanzerogenen Potentials in die *Kategorie 2* zu den Stoffen, die beim Menschen als krebserzeugend angesehen werden sollten, die *EU dagegen nur in Kategorie 3* zu Stoffen, die wegen möglicher erbgutverändernder Wirkung auf den Menschen zur Besorgnis Anlass geben, über die jedoch nicht genügend Informationen für eine befriedigende Beurteilung vorliegen.

In Deutschland ist PCP auch *als möglicherweise erbgutverändernd* eingestuft und zählt zu den Stoffen, die als *fruchtschädigend* (entwicklungsschädigend) für den Menschen angesehen werden sollten.[4]

Ebenso wie PCP wirken auch andere Chlorphenole schädlich auf *Nervensystem, Leber und Nieren*. „Zu Tri- und Tetrachlorphenolen vertritt das Bundesinstitut für gesundheitlichen Verbraucherschutz und Veterinärmedizin den Standpunkt, dass in Anbetracht des ähnlichen toxikologischen Wirkprinzips eine regulatorische Gleichstellung mit Pentachlorphenol angemessen wäre", antwortet Thomas Platzek vom BgVV auf meine Anfrage. Die Wissenschaftler bemängeln, dass die Datenlage über die gesundheitlichen Auswirkungen von PCP in niedrigen Dosierungen unzureichend ist.

Der Schadstoff wird über die Haut, die Atmung und auch mit der Nahrung aufgenommen. Die *Aufnahme geschieht nicht nur direkt, etwa durch Hautkontakt zum belasteten Kleidungsstück, sondern auch über die Migration* zum Beispiel aus verseuchtem Leder in den Hausstaub, Textilien oder Nahrungsmittel.[5]

Die Grundbelastung der Allgemeinbevölkerung mit PCP ist in der Bundesrepublik Deutschland rückläufig und wird von der *Kommission „Human-Biomonitoring" (HBM) des Umweltbundesamtes*[6] deutlich unter 10 Mikrogramm pro Tag geschätzt. Das sog. „Holzschutzmittelsyndrom", das Betroffene als Folgeerkrankung jahrelanger Exposition gegenüber PCP in Wohnräumen beschreiben, wird wissenschaftlich bisher nicht anerkannt. Zur Klärung hält die HBM eine wissenschaftliche Studie für wünschenswert.[7]

Technisch wird PCP nicht als reiner Stoff gewonnen, sondern kann – je nach Charge – mit unterschiedlichen Anteilen von Tetrachlorphenol versetzt sein. Außerdem *kann Pentachlorphenol bis in den Prozentbereich mit Dioxinen und Furanen verunreinigt sein*. Hepta- und octachlorierte Dioxine (mit sieben bzw. acht Chloratomen) sind in PCP besonders häufig enthalten.[8] Das heißt, ein Kilogramm technisches PCP kann mehrere Gramm hochgiftige Dioxine und Furane enthalten. Aus diesem Grund dürfen in Deutschland Erzeugnisse, die mehr als 5 mg/kg Pentachlorphenol oder -verbindungen enthalten, nicht in den Verkehr gebracht werden. Das gilt völlig unabhängig von der Art des Erzeugnisses.

Das Pestizid ist *sehr giftig für Wasserorganismen und kann in Gewässern langfristig schädliche Wirkungen haben. Es gilt als stark ökotoxisch und persistent*.[9] Durch das weite Einsatzgebiet wurde PCP in alle Ökosysteme eingetragen, belastete Menschen, Tiere und die Umwelt. PCP hat selbst nur eine geringe Tendenz zur Anreicherung in Organismen (Bioakkumulation) im Gegensatz zu den polychlorierten Dioxinen und Furanen, mit denen es verunreinigt ist, denn diese zählen zu den stabilsten Verbindungen unter den chlorierten Kohlenwasserstoffen.

Wo und in welchem Ausmaß werden Chlorphenole noch eingesetzt?

Indien galt im Jahr 1991 als eines der Problemländer, in denen auch heute noch PCP hergestellt und verwendet wird. Aber sogar bei unserem Nachbarn *Frankreich oder in den USA* wird dieses Krebsgift weiterhin produziert und in Verkehr gebracht, ebenso in *Taiwan* und der *Volksrepublik China.* Von den italienischen Arbeitsschutzbehörden ist zu erfahren, dass Rückstände von PCP und TCP in importierten Textilrohfasern gefunden werden. Im Urteil der HBM heißt es, „dass durch den Import von PCP-behandelten Produkten, insbesondere Leder und Textilien, ein geringer Eintrag bestehen kann".[10] Deutlicher klingen die Worte aus dem BgVV: „Man muss davon ausgehen, dass in vielen Ländern die aus deutscher Sicht notwendigen Maßnahmen zur Reduktion des Eintrags von Dioxinen nicht vorgenommen werden."[11]

In der Frage *produktionsbedingter Dioxinrückstände* verweist das Umweltbundesamt neben PCP auf bestimmte Farbmittel, nämlich anthrachinoide Küpenfarbstoffe und Pigmente sowie Farbstoffe und Pigmente, die über Chloranil als Zwischenprodukte hergestellt wurden und heute durch die Chemikalienverbotsverordnung geregelt sind.

„Neuere Untersuchungen oder Berichte über das Vorkommen von Dioxinen in Textilien sind mir nicht bekannt. Grundsätzlich ist jedoch ein Vorkommen insbesondere bei importierten Textilien nicht auszuschließen, da eine diesbezügliche dichte Überwachung der Importe aufgrund des außerordentlich hohen Aufwandes kaum möglich ist", lautet die Einschätzung aus dem Umweltbundesamt.

PCP und Arbeitsschutz?

Wie es um den Arbeitsschutz in der Produktion von PCP und bei dessen Einsatz in der Textil- und Lederindustrie bestellt ist, kann hier nicht beantwortet werden. Für die Luft am Arbeitsplatz gilt in Deutschland ein MAK-Wert (Maximale Arbeitsplatz Konzentration) von 0,001 mg/m^3 PCP. Da der Stoff verboten ist, stellt er für die Arbeitsmedizin hierzulande kein Thema mehr dar, war vom Institut für Arbeitsphysiologie in Dortmund zu erfahren. Auf die Frage nach der gesundheitlichen Relevanz von Chlorphenolen in der deutschen Textil- und Bekleidungsbranche ist die Textil- und Bekleidungs-Berufsgenossenschaft nicht eingegangen.

Vonseiten der Berufsgenossenschaft der Lederindustrie in Deutschland wird hier wegen der Verbotsregelung kein besonderer Handlungsbedarf gesehen: „Sie sind daher nicht als besonders hohes aktuelles Risiko zur Erlangung von Berufserkrankungen anzusehen, spielen jedoch historisch eine Rolle."

Wenn Arbeiter/innen durch bestimmte chlororganische Verbindungen belastet sind, vor allem polychlorierte Dioxine (PCDD) und Furane (PCDF), die bei der Produktion von PCP entstehen, wird von Ärzten am häufigsten über *Chlorakne* berichtet. „Seit dem Ende des letzten Weltkrieges hat es in verschiedenen Industrieländern (USA, Frankreich, Niederlande, Großbritannien, Österreich, Tschechoslowakei, Bundesrepublik Deutschland, Italien) wiederholt Episoden gehäuften Auftretens von PCDD- und PCDF-Intoxikationen gegeben."[12]

„Das Hauptproblem dürfte in den Ländern bestehen, in denen die gefährlichen Chemikalien eingesetzt werden ohne entsprechende Vorrichtungen zum Schutz der Umwelt und oft von Arbeitern ohne spezielle Kleidung und in Unkenntnis der möglichen Gefahren", vermutet Renate Ell in der Süddeutschen Zeitung. „Das macht die Produktion in industriell wenig entwickelten Ländern unter anderem so billig."[13] Damit hat sie vermutlich immer noch recht, wenn auch PCP zunehmend verdrängt wird.

Wie ist die Belastungssituation für den Verbraucher?

Im Jahr 1991, zwei Jahre nach dem PCP-Verbot, hat das ARD-Umweltmagazin Globus über PCP in Leder berichtet, und ein Untersuchungslabor zitiert, dass noch 20 bis 30 Prozent der Proben den gesetzlichen Grenzwert überschreiten.[14] Seither sind die PCP-Rückstände deutlich gesunken. 1996 waren es beim TÜV Rheinland in Köln noch 4,3 Prozent der Textilproben, die den Grenzwert überschritten. *Je nach Herkunft könnten erhebliche Unterschiede bestehen, heißt es aus dem Kölner Untersuchungslabor, erwartungsgemäß befindet sich häufiger belastete Ware in Lieferungen aus Fernost.* Tetra- und Trichlorphenole sollen relativ selten als Ersatzstoffe eingesetzt werden. Trichlorkresole dienen als PCP-Ersatzstoff. „Chlorkresole untersuchen wir nicht systematisch, sehen wir eigentlich nur, wenn es Beschwerden gibt über Lederprodukte. Dann machen wir Übersichtsanalysen. Dabei stellen wir auch fest, wenn diese Produkte verwendet werden", beschreibt Karl Sander. Und bei der Interpretation der Ergebnisse muss berücksichtigt werden, dass es sich nicht um eine zufällig ausgewählte Stichprobe handelt, sondern um eine Selektion von Händlern, die freiwillig ihre Produkte rückstandskontrollieren lassen, was die Ergebnisse wahrscheinlich schönt, gibt Sander zu bedenken.

■ **Prüferfahrungen des TÜV Rheinland beim Schadstoff PCP in Textilien 1996**[15]

	insgesamt	bis 0,5 mg/kg	0,5–5 mg/kg	über 5 mg/kg*
Anzahl der Proben	1832	1669	84	79
Anteil in Prozent	100	91,1	4,6	4,3

Methode: QSA 2.516.218
*Grenzwert der Chemikalienverbotsverordnung

Das *Prüf- und Forschungsinstitut für die Schuhherstellung (PFI)* in Pirmasens, das jährlich etliche tausend Lederproben untersucht, meist im Auftrag des Handels, beobachtet *noch in etwa 2 Prozent der untersuchten Proben Pentachlorphenol* (über dem gesetzlichen Grenzwert). Über die Belastung mit anderen Chlorphenolen kann Gerhard Nickolaus/PFI keine Auskunft geben, da die Auftraggeber ausschließlich auf die Einhaltung der gesetzlichen Anforderungen untersuchen lassen.

Beim Rohstoff Baumwolle scheint PCP nicht mehr bedeutend zu sein. Im Jahr 1996 zeigten umfangreiche Untersuchungen der Bremer Baumwollbörse, dass Rohbaumwolle aus aller Welt nur wenig mit Pestiziden belastet war. Während der Verarbeitung kann die Ware auch später noch mit Farbstoffen oder der Schlichte mit PCP kontaminiert werden. Schlichte ist ein Hilfsmittel, um die Kettfäden beim Weben zu schützen. Bernhard Küster vom Institut für Textilchemie[16] in Denkendorf hat unter anderem untersucht, wie gut die Vorbehandlung von Textilien PCP-belastete Baumwolle wieder reinigt. Um den Einfluss der Schlichte zu klären, wurden Baumwollwaren mit und ohne Schlichte untersucht. 1,8 mg/kg PCP waren aufgebracht worden, anschließend wurde entschlichtet, alkalisch abgekocht und gebleicht. Entschlichtete Ware konnte durch Abkochen nur bis zu einem *Restgehalt von 6,8 Prozent* der aufgebrachten PCP-Menge oder 0,112 mg/kg vom PCP gereinigt werden, ähnlich wie bei anderen Pestiziden. Als Grund dafür wird die unvollständige Benetzung des Gewebes angenommen. Wird PCP auf Ware mit *Schlichtemittel aufgebracht*, dann erhält man nach dem Entschlichten einen *Rest-PCP-Gehalt von 10 bis 20 Prozent*, der durch einen nachfolgenden Abkoch- oder Bleichprozess nicht weiter gesenkt wird. Für den Chemiker erscheint die Diskussion über chlororganische Pestizide auf gut vorbehandelten Textilien daher überflüssig. Dennoch können aus der Sicht Küsters Reste von Konservierungsmitteln auf Importware nicht ausgeschlossen werden.[17]

Dass durch das Tragen PCP-belasteter Kleidungsstücke *Gesundheitsrisiken möglich* sind, belegt ein Fallbeispiel. Im Arbeitskreis der Umweltmedizinischen Beratungsstellen und Ambulanzen wurde 1997 über eine Patientin berichtet, die durch eine PCP-behandelte Lederhose erheblich belastet war.[18] Die mehrfach gemessenen Belastungen im Blutserum überschritten teilweise den Wert, bei dem vonseiten des Umweltbundesamtes eine gesundheitliche Beeinträchtigung für möglich gehalten wird (70 mg/l = HBM-II-Wert). Bei einer solchen Belastung ist eine umweltmedizinische Betreuung notwendig und sollten umgehend Maßnahmen ergriffen werden, um die Belastung zu verringern.[19] Markus Dettenkofer vom Freiburger Institut für Umweltmedizin und Krankenhaushygiene bedenkt bei seiner Anamnese auch kontaminierte und illegal eingeführte Lederprodukte, denn „die Importkontrollen von

Gebrauchsgegenständen auf PCP sind nur als vereinzelte Stichproben zu werten".

Auf dem *Öko-Markt* sieht die Rückstandssituation wesentlich besser aus. Ulrike Siemers berichtet über Prüferfahrungen des Bremer Umweltinstituts, das für Öko-Hersteller Produkte unter anderem auf PCP untersucht. „Bei Textilien ist es ganz klar so, dass es höchst selten ist, dass wir das nachweisen können. Es gibt auch da mal wieder Ausrutscher, aber es ist selten." Das Bremer Umweltinstitut untersucht Öko-Textilien auch auf Trichlorphenole, die sie „hin und wieder finden. Das macht schätzungsweise kein Prozent aus", erklärt Siemers.

Trend zu PCP-Ersatzstoffen

Was sich am Öko-Markt leise andeutet, wird im konventionellen Bereich überdeutlich, auch in den *Öko-Test-Ergebnissen* – die Umgehung des PCP-Verbots. Im August 1996 hatte die *Verbraucher-Zentrale Hamburg* 20 niedrigpreisige Lederbekleidungsartikel auf Schadstoffe untersuchen lassen und nicht einen empfehlenswerten darunter gefunden. Zwar wurde in keinem Fall der PCP-Grenzwert von 5 ppm überschritten, dafür fanden die Tester in 17 Lederproben den giftigen Ersatzstoff Trichlorphenol (TCP). In 10 Fällen überschritt die TCP-Konzentration den TÜV-Richtwert für schadstoffgeprüftes Leder von 1 ppm. Zwei Proben enthielten mehr als 1 ppm Tribromphenol bzw. Tetrachlorphenol.[20]

Ende der 90er Jahre wiesen Testergebnisse des Öko-Test-Magazins bei Textilien auf Belastungen mit diversen ähnlichen Verbindungen hin.

- In 6 von 21 untersuchten *Baby-Schlafsäcken* wurden halogenorganische Verbindungen nachgewiesen, die nicht im Einzelnen aufgeschlüsselt wurden. Dort heißt es: „Viele gelten als allergieauslösend oder krebserzeugend, manche reichern sich in der Umwelt an."[21]
- Erhebliche Rückstände brachte der Öko-Test von *Seidentüchern* im Juli 1998 ans Licht. Von 19 untersuchten Tüchern überschritten 3 den gesetzlichen Grenzwert von 5 ppm PCP. In weiteren 5 Tüchern war das Pestizid nachweisbar. Acht Schals waren mit anderen Chlorphenolen belastet.[22]

Ganz klar lässt sich auch an der Untersuchung der Zeitschrift *Öko-Haus* im April 1997 das Ausweichen auf PCP-Ersatzstoffe ablesen. Andere Chlorphenole und Chlorkresole konnten in hohen Konzentrationen nachgewiesen werden.

Von 58 Proben auf PCP in Textilien und Leder, die die *Chemische Landesuntersuchungsanstalt Freiburg* 1997 durchgeführt hat, haben 12 Prozent (7 Proben) den Grenzwert von 5 ppm überschritten. Besonders hohe Belastungen waren bei Seidenschals (80 ppm) und Lederhandschuhen (20 ppm) gemessen worden. Häufig, aber nicht hoch belastet war auch Bettwäsche. Chemiedirektorin Schneider beobachtet das Ausweichen auf PCP-Ersatzstoffe: „Als PCP-Erstatzstoffe werden bei der Lederherstellung unter anderem niederchlorierte

■ **Schadstoffgehalte in Lederhandschuhen (Arbeitshandschuhe)**

Schadstoff	Maximum (mg/kg)	Durchschnitt (mg/kg)	Anzahl belasteter Handschuhe
Pentachlorphenol	9	3,0	9
Andere Chlorphenole	171	30,2	8
Chlorkresole	250	68,3	18

Quelle: Untersuchung von Öko-Haus 4/1997, 36 Handschuhpaare

Phenole wie zum Beispiel 2,4,6-Trichlorphenol oder 2,3,4,6-Tetrachlorphenol verwendet. So enthielten die Lederriemen, die die Holzblätter eines Bilderbuches für Kinder unter drei Jahren zusammenhielten, 18 mg/kg 2,4,6-Trichlorphenol und 23 mg/kg 2,3,4,6-Tetrachlorphenol."[23]

Chlorkresole, die auch von großen Herstellern wie Bayer oder Ciba zur Lederkonservierung angeboten werden, haben technische Vorteile. Im Gegensatz zu den Phenolen ist aufgrund der Molekülstruktur eine Dioxinbildung bei der Herstellung nicht möglich. Außerdem wirken sie auf ein breiteres Spektrum von Mikroorganismen hemmend. Trotzdem kann Chlorkresolen kein Freibrief ausgestellt werden. Sie kommen beim Menschen als Kontaktallergene in Frage[24] und sind möglicherweise sehr giftig.[25] In der Gefahrstoffliste wird Chlorkresol (4-Chlor-m-kresol)[26] als *gesundheitsschädlich, reizend und sensibilisierend* charakterisiert. Die R-Sätze warnen vor Gesundheitsschäden bei Berührung mit der Haut und beim Verschlucken, vor der Gefahr ernster Augenschäden und der möglichen Sensibilisierung durch Hautkontakt. Da Chlorkresol gut durch die Haut aufgenommen werden kann, muss durch organisatorische und arbeitshygienische Maßnahmen sichergestellt werden, dass kein Hautkontakt mit dem Konservierungsstoff entsteht. Außerdem wirkt Chlorkresol *sehr giftig für Wasserorganismen.*

„Dass sich die derzeit eingesetzten heterozyklischen[27] Verbindungen als völlig unproblematisch erweisen, davon ist nicht auszugehen. Langzeitstudien, die aber möglichst im Vorfeld eingesetzt werden sollten, könnten dies klären", gibt Julia Nill, Verbraucherzentrale Baden-Württemberg, zu bedenken. Zur Lederkonservierung werden auch diverse andere Substanzen wie Formaldehyde und Phenole eingesetzt, die nicht unproblematisch sind.

Dioxinrisiko durch PCP?

Das mit PCP gekoppelte Dioxinrisiko aus Bekleidung bewertet Rainer Weckmann für den Textilbereich als gering. Der Leiter der Abteilung Warenprüfung der Hohensteiner Institute, die im Rahmen des Öko-Tex Standards Textilien auf

Schadstoffe prüfen, sieht in Dioxinen und Furanen kein spezielles Problem von Bekleidung und Textilien, da sie hauptsächlich bei Verbrennungsprozessen entstünden. Hier soll erwähnt werden, dass Analysen auf Dioxine und Furane auch sehr teuer sind und nur unter hohen Sicherheitsvorkehrungen durchgeführt werden dürfen. Da PCP in Leder ein größeres Problem darstellt, ist auch die Dioxinkontamination hier wahrscheinlich gewichtiger.

Michael Horstmann und Michael McLachlan vom Lehrstuhl Ökologische Chemie der Universität Bayreuth hatten als Erste 1994 über Dioxine und Furane berichtet. Es handelt sich hauptsächlich um *hepta- und octachlorierte Derivate*, die auffällig in *PCP* und der Substanz *Chloranil* enthalten sind, dem Ausgangsstoff einer Farbstoffgruppe. Als *Eintragspfad der Dioxine* sind auch *chlororganische Carrier* (s. Färbebeschleuniger) möglich. Die Wissenschaftler aus Bayreuth fahndeten nach den Quellen dieser Dioxine in Klärschlamm.[28] Bei ihren Untersuchungen von Textilien, hauptsächlich Baumwoll-T-Shirts, waren die meisten nicht oder nur gering belastet. Es gab jedoch auch einige Ausreißer. Die Belastungen beliefen sich auf 50–60 ng PCDD/F pro kg Trockenmasse.[29] Eine Textilprobe überschritt den Höchstwert der Chemikalienverbotsverordnung.[30] „Die in einzelnen Textilien gefundenen relativ hohen Dioxingehalte sind jedoch technisch vermeidbar und unter dem generellen Ziel der Minimierung der Dioxinbelastung nicht hinzunehmen", urteilt das BgVV. Doch das gesundheitliche Risiko beim Tragen dioxinbelasteter Kleidung bereitet dem Leiter der AG Textilien keine Sorgen: „Der Hauptanteil der in den betreffenden Textilien gefundenen chlorierten Dibenzodioxine und Furane bestand aus höher chlorierten Verbindungen ..., denen nur ein Toxizitäts-Äquivalent-Faktor von 0,001 zugemessen wird. Es konnte zwar gezeigt werden, dass diese Dioxine und Furane beim Tragen kontaminierter Textilien teilweise auf die Haut übergehen, sie ließen sich jedoch nur in den äußeren Schichten der Haut nachweisen. Von dort werden die Substanzen weitgehend über die Schuppen der Haut wieder abgegeben. Die tatsächliche Belastung des Verbrauchers über derartige Textilien ist als sehr gering anzusehen."[31]

Welche Maßnahmen wurden vonseiten der Hersteller und Prüfinstitute ergriffen?

In Deutschland gehen die Gerbereien verschiedene Wege, um den Einsatz *problematischer Konservierungsstoffe zu vermeiden*. Dazu Thomas Schröer vom Verband der Deutschen Lederindustrie: „Wir arbeiten ausschließlich mit Frischware vom Schlachthaus oder gesalzener Ware, die nur mit Kochsalz konserviert ist, ohne Naphthalin, PCP und so weiter. Der Verzicht auf PCP hat sich aufgrund der deutschen Verbotsregelung auch international immer mehr durchgesetzt."

Johann-Peter Schomisch von der Schomisch GmbH, Essen-Kettwig, zum Beispiel verzichtet auf eine synthetische Konservierung und verarbeitet nur frische Ware. „Konserviert werden die Häute auf dem Transport vom Schlachthaus *im Sommer mit Eis und in der Gerberei im Kühlhaus*, sofern das Material nicht sofort verarbeitet werden kann", so Schomisch.

Aufgrund von freiwilligen Selbstkontrollen im Handel und Retouren an belasteter Ware werden Lieferanten selektiert. Für Karl Sander vom TÜV Rheinland „ist es schon eine *Elite der Kaufmannschaft*, die gewissenhaften Kaufleute, *die ihre Ware vorher auf Rückstände untersuchen lässt.*" Trotzdem bleibt die Wirkung nicht aus, sind Rückstandsquoten rückläufig und soll der Einsatz von PCP auch international verringert worden sein.

Auch in den Öko-Infos des *DTB* für Bekleidungstextilien inklusive Zutaten bzw. Leder wird die Einhaltung der PCP-Verordnung neben anderen Pestiziden abgefragt. Empfohlen wird, ein Zehntel des gesetzlichen Grenzwertes bei PCP und seinen Verbindungen nicht zu überschreiten. Der DTB beschränkt sich bisher auf PCP und berücksichtigt noch nicht andere chlorierte Phenole bzw. Kresole.

Einige Hersteller wie Coop Schweiz oder der Otto Versand, Verbände wie IFOAM oder der Arbeitskreis Naturtextil bzw. dessen Nachfolger IVN und anerkannte Prüfinstitute wie die Forschungsgemeinschaft Öko-Tex oder der TÜV Rheinland haben *selbst niedrigere Grenzwerte als den gesetzlichen Grenzwert von 5 ppm* für die Untersuchung auf PCP gewählt (siehe Tabelle). Der Internationale Verband der Naturtextilwirtschaft (IVN) schließt in allen Verarbeitungsschritten den Einsatz von Phenolen und Chlorphenolen in Chemikalien und Hilfsstoffen aus.[32]

PCP-Gehalte bis maximal 0,5 mg/kg, also einem Zehntel des gesetzlichen Grenzwertes, fordert unter anderem das Toxproof-Zeichen des TÜV Rheinland bei Textilien für Kleinkinder.

Belastungen zwischen 0,5 und 5 ppm, bei denen aus der Sicht von Sander vom TÜV-Rheinland ganz sicher noch keine akute Toxizität, aber eine deutlich feststellbare Belastung gegeben ist, lagen 1996 bei 4,6 Prozent (s. o.). Als wirklich beunruhigend bezeichnet er Gehalte, die den Grenzwert von 5 ppm überschreiten. Der Otto Versand hat seine Grenzwerte für PCP und TeCP bei der „future collection" zum Oktober 1998 um eine Zehnerpotenz von 0,5 auf 0,05 ppm (ein Hundertstel des gesetzlichen Grenzwerts) verschärft.

Ulrike Siemers vom Bremer Umweltinstitut hält den gesetzlichen Grenzwert für Augenwischerei, weil er die Verwendung von PCP nicht verhindert: „Viele (Lieferanten, d.Red.) halten den Grenzwert mit 3 oder 4 ppm ein. Es wird so lange gemischt, bis der Wert hinkommt." Die Nachweisgrenze für PCP liege im Textilbereich zwischen 0,005 und 0,010 ppm, für Leder bei mindestens 0,1 ppm.

Markus Dettenkofer vom Freiburger Institut für Umweltmedizin hält es „aus der Perspektive des präventiven Verbraucherschutzes sicher für angemessen, wenn sog. Öko-Label einen niedrigeren PCP-Wert als die genannten 5 mg/kg (= 5 ppm, d.Red.) Material fordern. Wenn ein solches Label vergeben wird, sollte eine möglichst niedrige Belastung durch bedenkliche Substanzen wie PCP dokumentiert sein. Umgekehrt bedeutet dies nicht, dass bei einem Wert dicht unter 5 mg/kg (zum Beispiel in einem Bekleidungsstück aus Leder) nach derzeitigem Wissensstand schon eine Gesundheitsgefährdung zu befürchten ist."

Öko-Label beziehen teils auch andere Chlorphenole wie Tetrachlorphenol (TeCP) in ihre Untersuchungen mit ein, auf die infolge des PCP-Verbots gerne ausgewichen wird, um das Verbot zu umgehen. Seit Februar 1997 ist TeCP limitierendes Prüfkriterium des Öko-Tex Standards 100. Rainer Weckmann erklärt: „Die anderen Textil- und Lederprüfinstitute haben das daraufhin (wie üblich) abgeschrieben und übernommen". In der Analytik werde Trichlorphenol automatisch mit Tetrachlorphenol erfasst, weil sie aus produktionstechnischen Gründen zusammen auftreten. Auch die IFOAM Basisrichtlinien, die mittelfristig die übergreifende Richtlinie für zertifizierte Öko-Textilien darstellen, sehen für die Verarbeitung von Textilien vor, dass weder PCP noch TeCP in Betriebsmitteln enthalten sein darf.[33] Coop hat für die NATURA Line-Produktion sämtliche Chlorphenole ausgeschlossen.

■ **In wieweit berücksichtigen Öko-Label für Textilien Chlorphenole?**

	Coop Natura Line	IVN Better Best	Öko-Tex Standard 100[1]	Toxproof TÜV-Rheinland	Future collection[2]	Schadstoff-geprüft Otto[2]
			in mg/kg = ppm			
Pentachlor-phenol (PCP)	< 0,05	0,01	0,5	0,5	0,05	0,5
2,3,5,6 Tetrachlor-phenol (TeCP)	*	0,01	0,5	0,5	0,05	0,5
Trichlorphenol	*	n.n.	–	0,5	–	–
Gesamtgehalt Pestizide inkl. PCP/TeCP	0,2	0,1/1,0/ 0,5[4]	1,0	1,0[3]	< 1,0	–

[1] Produktklassen mit und ohne Hautkontakt, nicht für Babys
[2] hautfern und hautnah getragene Bekleidung, Stand 10/1998; für Baby und Kinderbekleidung gelten strengere Anforderungen
[3] Summengrenzwert schließt nur Insektizide ein, nicht Chlorphenole
[4] 0,1 ppm: Zellulosefasern, Seide; 1,0 ppm: Schurwolle; 0,5 ppm: Fasern aus kontrolliert biologischer Tierhaltung
* Chlorphenole sind nach Coop-Standard in der Verarbeitung nicht zulässig.

Besteht Harmonisierungsbedarf auf internationaler Ebene?

Der Rat der EG hat am 21.03.1991 die Beschränkungsrichtlinie zu Pentachlorphenol angenommen und einen *sehr laschen Richtlinienwert von 1000 ppm* formuliert (das 200-Fache der deutschen Regelung).[34] Unter den Ausnahmeregelungen heißt es in der Richtlinie 76/769/EWG unter anderem, dass PCP in den zulässigen Konzentrationen eingesetzt werden darf „für die Imprägnierung von Fasern und schweren Textilien, die auf keinen Fall aber für Bekleidung oder als Dekorationsmaterial für Möbel verwendet werden dürfen".[35] Mit Erfolg hat sich die Bundesregierung für die Beibehaltung der eigenen schärferen Regelung auf der Basis der Ausnahmeregelung des Art. 100a Abs. 4 des EWG-Vertrages berufen. *Österreich übernahm den strengen deutschen Grenzwert*, während er noch in den meisten anderen EU-Staaten bei 1000 ppm liegt. Bei unserem Nachbarn Frankreich wird PCP weiterhin produziert.[36]

Durch das PIC-Verfahren (prior informed consent) der Rotterdamer Konvention (s. Kap. 2, S. 76) müssen Importländer vor dem Import von PCP informiert werden, den sie ablehnen können.

In den *Empfehlungen der OSPAR-Kommission* zum Schutz der Meere (s. Kap. 2, S. 75 f.) heißt es zum Stand der Technik und besten Umweltpraxis in den Nassprozessen der Textilindustrie, dass importierte Rohmaterialien (Fasern, Textilien und Chemikalien) unter anderem auf *PCP untersucht* werden sollen, um im Gewässerschutz präventiv tätig zu werden. Substanzen, die PCP oder p-Chlorphenol enthalten, sollten vermieden werden. Für Chemikalien, die toxische, schwer abbaubare oder sich in Organismen anreichernde Substanzen enthalten, sollen Substitutionsmöglichkeiten erforscht werden. Auch die *HELCOM Empfehlungen zum Schutz der Ostsee sehen den Ausschluss von PCP* als Gefahrstoff vor. Wie bereits beschrieben liegt auf EU-Ebene noch keine Formulierung des aktuellen Stands der Technik vor. Es gibt Befürchtungen, dass mit der Verwirklichung der Währungsunion in der EU Gebrauchsgegenstände, die die deutschen Grenzwerte für PCP überschreiten, leichter importiert werden können.

Die europäische Gesetzgebung hinkt in der Frage des PCP weit hinter der Wirklichkeit her, noch weiter als die deutsche Regelung, die auch überholt ist. Da die Hersteller auf andere chlorierte Phenole wie Tri- und Tetrachlorphenol oder Tribromphenol ausweichen, fordern *Verbrauchervertreter das Verbot der gesamten Substanzgruppe.* „Es ist dringend erforderlich, dass der Einsatz von PCP-Ersatzstoffen gesetzlich geregelt wird", lautet die Schlussfolgerung der Verbraucherzentralen auf Testergebnisse zu Rückständen in Leder.[37] Auf Anfrage, ob das Bundesumweltministerium im Bereich der Chlorphenole eine Novelle plant, ist ausnahmsweise eine prompte Antwort zu erhalten, nämlich „dass eine Änderung der Chemikalienverbotsverordnung im Hinblick auf Verwendungsbeschränkungen und Verbote von Tri- und Tetrachlorphenolen derzeit nicht beabsichtigt ist."

Jürgen Billigmann von der Arbeitsgemeinschaft der Verbraucherverbände (AgV) bedauert die Untätigkeit der Rot-Grünen Koalition in der Sache: „Es gibt bisher keine politischen Aktivitäten, keine Bereitschaft, dies aufzugreifen, obwohl die SPD seinerzeit in ihrer bundespolitischen Oppositionsrolle dies immer mit unterstützt hat." Damit der politische Apparat in Bewegung kommt, wäre intensive Lobbyarbeit notwendig. Aktuell prangert die AgV mangelhafte Rückstandsuntersuchungen unter anderem auf Konservierungsstoffe in Lederprodukten an.

Literaturhinweise, Anmerkungen:

1 vgl. Bernhard Küster, Institut für Textilchemie, Denkendorf: Bestimmung von halogenorganischen Verbindungen im Veredlungsprozeß der Baumwolle. In: Melliand Textilberichte 5/1996, S. 312–314; Kommission „Human-Biomonitoring" des Umweltbundesamtes: Stoffmonographie Pentachlorphenol – Referenz- und Human-Biomonitoring-Werte (HBM). In: Bundesgesundheitsblatt 6/1997, S. 212–222; M. Gagelmann, H.-D. Stürmer: Was ist PCP? In: Globus 6/1993, S. 155

2 Karl Sander: Azo-Farbstoffe und andere Schadstoffe in Textilien – Aktueller Kenntnisstand, S. 93–116, hier S. 97, in: Umweltverträglichkeit von Textilien, Dokumentation zur 2. Bielefelder Fachtagung 1996, Hrsg.: M. Haemisch, H. Kahle, L. Kehmann, Verlag Hans Jacobs, Lage 1996

3 Chemikalien-Verbotsverordnung, 19. Juli 1996, Abschnitt 15: Pentachlorphenol

4 BIA-Report: Gefahrstoffliste 1998, Hauptverband der gewerblichen Berufsgenossenschaften, Sankt Augustin 1998

5 Bundesgesundheitsblatt 6/1997, s. o., S. 219

6 Die Kommission „Human-Biomonitoring" des Umweltbundesamtes ist beim Institut für Wasser-, Boden- und Lufthygiene des Umweltbundesamtes angesiedelt.

7 Bundesgesundheitsblatt 6/1997, s. o., S. 219

8 Gagelmann 1993, s. o.

9 vgl. Gefahrstoffliste 1998, R50/53 für Pentachlorphenol und dessen Salze; vgl. auch Ulrich Sewekow: Ledererzeugnisse im Zeichen der deutschen Verbraucherschutzgesetzgebung, in: Das Leder 9/1997, S. 187–192

10 Bundesgesundheitsblatt 6/1997, s.o., S. 212

[11] Thomas Platzek: Wie groß ist die gesundheitliche Gefährdung durch Textilien wirklich? In: Melliand Textilberichte 11/1996, S. 774–778, hier: S. 776

[12] Karl-Heinz Schulz et al.: Zur Einschätzung der Minderung der Erwerbsfähigkeit durch Chlorakne. In: Dermatosen 46/Heft 5/1998, S. 206–211

[13] Renate Ell: Vom T-Shirt in die Kläranlage. In: Süddeutsche Zeitung vom 17.2.1994

[14] Dieter Lehner: PCP – Die schleichende Vergiftung. In: Globus 11/1991, S. 314f.

[15] Karl Sander 1996, s. o.

[16] der Deutschen Institute für Textil- und Faserforschung Stuttgart

[17] Küster, in: Melliand Textilberichte 5/1996, s. o., S. 313

[18] Michael Lacour, Thomas Zunder, Markus Dettenkofer: Ist Pentachlorphenol (PCP) eine unbedeutende Altlast? In: medizin + umwelt 12, 1/99, S. 23–25

[19] Bundesgesundheitsblatt 6/1997, s.o., S. 218

[20] Verbraucher-Zentrale Hamburg: Betrifft: Leder, Hamburg 1997, S. 42f.

[21] Stefan Becker: Drecksäcke, Öko-Test: Baby-Schlafsäcke. In: Öko-Test-Magazin 8/1998, S. 33–41

[22] Kein Glanzstück: Öko-Test Seidentücher, Öko-Test-Magazin 7/1998, S. 31–35;

[23] Chemische Landesuntersuchungsanstalt Freiburg, Jahresbericht 1997, S. 72

[24] K.E. Andersen, K. Hamann: Contact Dermatitis 11 1/1984; S. 11–20; USEPA; Ambient Water Quality Criteria Doc: Chlorinated Phenols p. C-117 (1980) EPA 440/5-80-032;

[25] Nur sehr wenige toxikologische Daten über p-Chlor-m-Kresol sind verfügbar. Eine Quelle hat die Substanz als sehr toxisch eingestuft mit einer möglichen tödlichen Dosis beim Menschen von 50 bis 500 mg/kg. Vgl. Sittig, M.: Handbook of Toxic and Hazardous Chemicals and Carcinogens, 1985. 2nd ed. Park Ridge, NJ: Noyes Data Corporation, 1985. p. 230

[26] Für die Bewertung von Chlorkresol (4-Chlor-m-kresol) wird auf 4-Chlor-3-methylphenol verwiesen.

[27] Heterozyklische Verbindungen enthalten außer Kohlenstoff auch andere Verbindungen im ringförmigen Molekül. Phenole und Kresole dagegen haben einen Benzolring.

[28] Environmental Science and Pollution Research, Bd. 1, Nr. 1, S. 15, 1994

[29] Kathleen Spilok, Umweltbundesamt: Umweltrelevante Aspekte in der textilen Produktion. In: GSF-Bericht 17/1994, Bd. 4, S. 37–46, hier: S. 43, Platzek in: Melliand Textilberichte, 11/1996, s.o., S. 776

[30] Arbeitsgruppe „Textilien" beim BgVV. In: Bundesgesetzblatt 3/95; Wenn unter anderem octachloriertes Dibenzo-p-dioxin und Dibenzofuran enthalten sind, ist ein Summengrenzwert von 100 mg/kg anzuwenden. Vgl. Chemikalienverbotsverordnung 1996, Abschnitt 4: Dioxine und Furane

[31] Platzek, in: Melliand Textilberichte 11/1996, s. o., S. 776

[32] Internationaler Verband der Naturtextilwirtschaft: IVN-Richtilinien vom 07.07.1999, Stuttgart

[33] vgl. IFOAM (International Federation of Organic Agriculture Movements): Basis-Richtlinien für ökologische Landwirtschaft und Verarbeitung, 12. vollst. überarb. Aufl., Tholey-Theley, November 1998, Punkt (8.5.3.), S. 44

[34] In der Richtlinie 76/769 EWG des Rates der Europäischen Gemeinschaften (27.07.76) zur Angleichung der Rechts- und Verwaltungsvorschriften der Mitgliedsstaaten für das Inverkehrbringen und die Verwendung bestimmter gefährlicher Stoffe und Zubereitungen regelt der Anhang 23 Pentachlorphenol.

[35] Chemikalien-Verbotsverordung, 19. Juli 1996, Abschnitt 15: Pentachlorphenol

[36] Verbraucher-Zentrale Hamburg 1997, s. o., S. 28, HBM, 1997, s. o.

[37] Verbraucher-Zentrale Hamburg 1997, s. o., S. 29, 40

Färbebeschleuniger

Kapitel 3.8

Wozu dienen Färbebeschleuniger?

Wie der Name verrät, handelt es sich um Hilfsmittel zum leichteren Färben von Textilfasern, die für Dispersionsfarbstoffe eingesetzt werden. Es sind organische Lösemittel, welche die schwer wasserlöslichen Farbstoffe in die Fasern schleusen. Gefärbt werden damit vorwiegend Woll-Polyester-Mischungen und Mischgewebe aus Bauwolle und Polyester, wobei es auf den Polyesteranteil ankommt. Nach Angaben des TVI-Verbandes entfallen 90 Prozent des Carrierverbrauchs in Deutschland auf die Färbung von Polyester/Woll-Mischgeweben, die bei Temperaturen um 100 °C gefärbt werden. Durch die Hochtemperaturtechnik wurden Färbebeschleuniger auch für die Färbung von reinem Polyester und Triacetat überflüssig. Auch durch die Entwicklung von speziellen carrierfrei-färbbaren Polyesterfasern stehen neue Alternativen zur Verfügung. Insbesondere bei tiefen blauen und schwarzen Färbungen sollen Färbebeschleuniger aber weiter gebraucht werden, um die nötige Gleichmäßigkeit zu erzielen. Mit gleichem Ziel werden ähnliche Substanzen auch unter anderem Namen eingesetzt: die Egalisiermittel und Diffusionsbeschleuniger. Sie erleichtern das Färben und bringen zuverlässigere Resultate.

Welche Carrier werden noch eingesetzt?

Als Carrier kommen viele bedenkliche aromatische Kohlenwasserstoffe infrage, die teilweise chloriert sind: Trichlorbenzol, o-Phenylphenol, Benzylalkohol, Biphenyl, Dicyandiamid, Naphthalin, Perchlorethylen, 1,3,5 Trimethylbenzol. Die genannten Stoffe gelten in Deutschland schon lange nicht mehr als Stand der Technik und sollen nach Zusicherung der Hersteller nicht mehr verwendet werden. Vor allem außerhalb des EU-Raumes kann aber nicht ausgeschlossen werden, dass sie noch auftreten.[1]

Nach Mitteilung des Umweltbundesamtes hat die deutsche Textilveredlungsindustrie mit Ausnahme eines Betriebes (nach Kenntnisstand von 1995) schon seit längerem auf chlororganische Carrier verzichtet.

In den Konventionen zum Schutz der Meere, OSPARCOM und HELCOM, werden zu Carriern Empfehlungen formuliert. Die Helsinki-Kommission fordert die Substitution von so gefährlichen Substanzen wie Trichlorbenzolen.[2] Und die OSPAR-Kommission führt zum Färben aus: „Carrier, die Chlor enthalten (Trichlorbenzole, chlorierte Aromaten), sollten nicht verwendet werden".[3] Das heißt, auf den Verzicht weniger besonders verheerender Vertreter konnte die internationale Gemeinschaft sich im Rahmen dieser vergleichsweise unverbindlichen Empfehlungen einigen.

In Deutschland wurde das Verbot chlororganischer Carrier indirekt durch den Immissionsschutz fixiert: „Mit chlorhaltigen Färbebeschleunigern gefärbte Ware darf ab dem 01.07.1997 keiner thermischen Behandlung (z. B. Trocknung,

Thermofixierung, Thermosolierung) zugeführt werden."[4] Mit der Novelle des Anhang 38 für die Abwässer der Textilindustrie sind ab Juni 2000 nach langem Vollzugsdefizit chlororganische Carrier auch im Textilabwasser verboten worden. Sie dürfen im Abwasser am Ort des Anfalls nicht enthalten sein.[5] Weitere rechtliche Beschränkungen hofft die Industrie durch die gewässerökologische Klassifizierung von Textilhilfsmitteln zu verhindern.

Heute werden in Deutschland im Wesentlichen noch folgende Substanzen bzw. deren Abkömmlinge als Färbebeschleuniger verwendet:
- Benzylbenzoate,
- (n-Alkyl-)Phthalimide,
- Xylole,
- Biphenyl und
- aromatische Carbonsäureester (Bernsteinsäureester).

Von der Menge betrachtet werden von klassischen Carriern, weitestgehend vertreten durch Phthalimide, Benzoesäureester und Aromaten, in Deutschland jährlich schätzungsweise 500 Tonnen eingesetzt. Berücksichtigt man alle sonstigen Beschleunigunghilfen, wächst die Menge auf 1.000 bis 2.000 Tonnen an, stellt die Unternehmensberatung Enviro Tex GmbH aus Augsburg fest. Das Unternehmen erarbeitete bis Juli 2000 im Auftrag des Bayerischen Umweltministeriums eine Studie über Färbebeschleuniger. In dem Zusammenhang wurde eine Erhebung zum Einsatz von Carriern in überwiegend bayerischen Betrieben durchgeführt. Enviro Tex sieht die umweltschonenden Carrier auf der Basis von Benzylbenzoat im Kommen. Eine andere wichtige Basiskomponente seien die Phthalimide, wenig verbreitet, aber noch gebraucht sei das wassergefährdende Biphenyl. Probleme bereitet auch der Einsatz von Xylolen. Enviro Tex findet gelegentlich Spuren von chlorierten Aromaten, die vermutlich über importierte Garne eingeschleppt werden. – Die fettlöslichen Quellmittel wie Chlorbenzol, Diphenyl oder o-Phenylphenol haben nämlich eine ausgezeichnete Wirksamkeit, so dass bei der Anwendung nur geringe Mengen notwendig sind. Nachteilig ist meistens ihre gesundheitliche Bedenklichkeit.

Wo die Carrier letztlich in der Umwelt bleiben, weiß man nicht so genau. Das will Enviro Tex[6] nun an ausgewählten Unternehmen testen. „Das Wort Carrier", erklärt der Unternehmensberater Dieter Sedlak, „ist heute nicht mehr opportun. Man redet nur noch über Färbebeschleunigungsmittel und Diffusionshilfen. Aber das ist eigentlich das Gleiche."

Darunter gibt es auch die Substanzgruppe der Phthalate, die ziemlich verbreitet sind, aber umstritten. Phthalsäureester sind aus dem Bereich der Weichmacher bekannt. Die Wirkung der Phthalimide ist im Prinzip dieselbe, bestätigt das Institut für Textilchemie in Denkendorf. Denn man muss die Polyesterfaser für die Farbstoffe bereits bei Kochtemperatur zugänglich machen.

Von der Technik her kann Polyester bei 130 °C im Hochdruckbehälter (HT) ohne Carrier relativ echt gefärbt werden. Bei Polyester-Woll-Mischungen funktioniert das allerdings nicht, da Wolle nicht so hohe Temperaturen verträgt. „Heutzutage färbt man HT bei 130 °C. Wenn ich Wolle dabei habe, kann ich höchstens bei 115°C färben, aber je näher ich an die 130 °C komme, umso geringer sind die Konzentrationen, die ich an Carrier brauche, um ein bestimmtes Färbeergebnis zu erzielen, so dass die Problematik der Carrier, wie sie vor 15 oder 20 Jahren geherrscht hat, so nicht mehr gegeben ist", beschreibt Bernhard Küster. Auch die Polyester-Woll-Mischungen werden in diesen Apparaten gefärbt. Bezogen auf den eingesetzten Polyesteranteil werden maximal fünf Prozent an Carrier eingesetzt.

In Deutschland ist die Hochtemperaturfärbung üblich. Ob im Hochdruckbehälter gefärbt werden kann, ist eine Frage der verfügbaren Technik. Auch in Italien soll seit Beginn der 90er Jahre der Einsatz von Carriern zur Verbesserung des Arbeitsschutzes zunehmend verschwunden sein. Welche Carrier im Ausland verwendet werden und mit Importware ins Land kommen, ist offiziell nicht bekannt. Bisher fehlt den Chemischen Landesuntersuchungsanstalten die gesetzliche Grundlage, diesbezüglich in größerem Umfang zu untersuchen. Nur eine gezielte Analyse kann einen zuverlässigen Überblick schaffen.

Auf Rückstände an diversen halogenorganischen Verbindungen in Textilien verweist das Öko-Test Magazin im Mai 1998. In von Öko-Test untersuchten Traghilfen waren halogenorganische Verbindungen in einem Großteil der Modelle zu finden: 12 von 28 Tests waren positiv, zwei enthielten zusätzlich bedenkliche Dispersionsfarbstoffe, was klassische Carrier vermuten lässt.[7]

Im Rahmen einer wissenschaftlichen Untersuchung wurden 800 Proben von Importware aus außereuropäischen Ländern auf den Carrier Orthophenylphenol untersucht. In 169 Proben wurde die Substanz nachgewiesen, wobei der Gehalt zwischen 1 und 800 ppm variierte, d. h., ein Teil der Waren enthielt für den Verbraucher möglicherweise gesundheitsgefährdende Konzentrationen.[8]

Warum sind bestimmte Carrier gefährlich?

Trichlorbenzol gilt z. B. als besonders toxisch. Trichlorbenzole schädigen vor allem Leber und Niere. 1,2,4-Trichlorbenzol wirkt außerdem schädigend auf die Nebenniere und beeinträchtigt die Funktion des Zentralen Nernvensystems (zentraldepressorisch). Leichte Schilddrüsenveränderungen werden bei allen drei Isomeren beobachtet.[9] Nach der MAK-Liste der Senatskommission der Deutschen Forschungsgemeinschaft zur Prüfung gesundheitsschädlicher Arbeitsstoffe 1998 besteht für 1,2,4-Trichlorbenzol ein Krebsverdacht. Diese Einstufung trifft auch auf Naphthalin (TRGS 905) zu.

Ein anderer Carrier, der heute in Deutschland nicht mehr eingesetzt werden soll, ist Ortho-Phenylphenol (2-Phenylphenol). Unter den akuten Gefahren wird eine mögliche Augenreizung oder -schädigung gesehen, vor allem wenn die Substanz direkt einwirkt. Der Stoff wirkt reizend auf Haut und Schleimhäute. Auf der Haut ist erst ab höheren Konzentrationen mit Reizungen zu rechnen, eine sensibilisierende Wirkung wurde äußerst selten beobachtet. Chronisch kann o-Phenylphenol zu Hautentfärbungen führen, wie beim beruflichen Umgang beobachtet wurde. Auch wird auf mögliche chronische Reizwirkungen der Atemwege hingewiesen.[10] Aktuelle Untersuchungen der Zellatmung kultivierter menschlicher Hautzellen belegen, dass Orthophenylphenol in Konzentrationen, wie sie in einigen Bekleidungsstücken vorkommen, die Zellatmung hemmt und dadurch die Zellen schädigt. (Hemmeffekt ab 30 mmol/l nachweisbar). Die Ergebnisse werden in Zusammenhang mit früheren Beobachtungen über die stark hautreizende und entzündungsauslösende Wirkung des Carriers gebracht.[11]

Die Textilkommission des BgVV stellt fest, dass nicht für alle möglicherweise eingesetzten Carrier die Daten zur Toxizität vorlägen, die für eine gesundheitliche Bewertung erforderlich wären.

Phthalate sind keine offiziellen Carrier, fungieren aber als solche. Auch das Umweltbundesamt benennt verschiedene Phthalate als wesentliche Ersatzstoffe chlororganischer Carrier, „von denen jedoch auch nicht in allen Fällen komplette gesundheits- und umweltrelevante Datensätze vorliegen", räumt das Umweltbundesamt ein. Ihren Einsatz hält Dieter Sedlak nicht mehr für zeitgemäß, gerade nachdem neue Wirkungen im hormonschädigenden Bereich vermutet werden. Wenn eine Substanzgruppe toxikologische Wirkprofile entwickelt, dann liege es meistens an der Gruppe. – Phthalsäureanhydrid wirkt als Aerosol kanzerogen und sensibilisiert die Atemwege.[12] – Unter den Phthalaten soll es auch eine ökologisch günstigere Gruppierung geben.

Dibutylphthalat wurde im Arbeitskreis Textil des BgVV diskutiert und aus toxikologischer Sicht unter den angegebenen Bedingungen als unbedenklich erklärt.[13]

Für die Auditierung von Betrieben nach dem Öko-Tex Standard 1000 wurde die Verwendung von Phthalimiden ausgeschlossen. Als Begründung nennt Erich Zippel vom Österreichischen Textil-Forschungsinstitut (ÖTI) in Wien: „Ausgeschlossen wurden sie, weil eine Reihe von Phthalimidverbindungen mit verschiedenen Einsatzgebieten zukünftig als teratogen (fruchtschädigend) eingestuft werden wird."

Gewässerökologisch werden verschiedene Carrier kritisch bewertet: Zum Beispiel wurden alle Trichlorbenzole als stark wassergefährdend eingestuft (Wassergefährdungsklasse 3) oder gelten Dichlorbenzole, Naphthalin, Phenylphenol, Xylole und Diphenyl als wassergefährdend (Wassergefährdungs-klasse 2).[14]

Die *Benzylbenzoate* sind nach dem summarischen Urteil der Enviro Tex-Studie *das schonendste Mittel*, das als am meisten empfehlenswert bewertet wird, dessen war sich der Geschäftsführer auch schon vorab sicher.

Verbraucherschutz: Färbebeschleuniger auf der Haut?

Werden Textilien nach dem Stand der Technik hergestellt, sollen Carriergehalte nach Auskunft von Experten unter 0,2 Prozent liegen. Daraus entstünden nur niedrige Expositionen beim Tragen. Bei mangelhaft ausgerüsteter und gefärbter Ware sei allerdings ein *gesundheitliches Risiko nicht auszuschlie-ßen*.[15] Konkret bedeutet das, die Carrier sind in diesem Fall vom Veredler nicht vollständig entfernt worden. Nach dem Färben können noch bis 3,7 Prozent der Carrier auf der Faser liegen.[16] Diese Reste müssen nach dem Trocknen herunter gewaschen werden, beschreibt Textilhersteller Carl Meiser aus Albstadt, der in seiner Firma in der Textilfärberei keine Carrier mehr verwendet. Aus Polyester-Woll-Mischgewebe, die mit Carriern gefärbt werden, wird hauptsächlich Oberbekleidung hergestellt, so dass nur ein geringerer Hautkontakt stattfindet, ganz im Gegensatz zu Mischgeweben aus Baumwolle-Polyester, aus denen häufig Oberhemden oder Blusen geschnitten werden.[17]

Zum Carrier o-Phenylphenol merkt das BgVV an, „dass eine Risikoabschätzung, die in der AG Textilien vorgenommen wurde, keine gesundheitsgefährdende Exposition von Verbrauchern ergeben hat".

Von toxikologischer Seite bestehen zum Schutz der Verbraucher bisher keine speziellen Regelungen für Färbebeschleuniger. Die Textilkommission monierte 1996, dass keine experimentellen Daten zur Freisetzung von Carriern aus Textilien unter Tragebedingungen existieren.[18] Im Rahmen des vom BgVV eingeforderten Untersuchungsprogramms sollen dazu Daten ermittelt werden, ebenso über die toxikologische und allergologische Prüfung der Stoffe. Egalisiermittel gehören zu den Stoffgruppen, für die von der TEGEWA ein bevorzugter Prüfbedarf gesehen wird (s. Kap. 2, S. 59).

Auf der europäischen Ebene hatte das Bundesgesundheitsministerium Anfang 1998 einen „Antrag an die EU-Kommission mit der Forderung nach gemeinschaftlichen Regelungen zur Beschränkung der Verwendung von Trichlorbenzol in Bekleidungstextilien" gestellt.[19] Auf Nachfrage erklärt das Bundesministerium für Gesundheit, dass das Thema in Brüssel aufgeschoben wurde.

Schon lange im Blickpunkt sind die problematischen Carrier bei aufgeschlossenen Texil- und Bekleidungsunternehmen. Von Mitgliedern des *DTB* wird der Einsatz von Carriern abgefragt. Neben Chloraromaten berücksichtigt das „Öko-Info" auch Biphenyl. Die Praktiker haben schon vor anderen die Relevanz dieses umweltgefährdenden Carriers erkannt.[20]

Durchweg untersuchen wichtige Öko-Label auf Rückstände von Carriern und fördern zugleich Arbeits- und Umweltschutz. In der Regel wird die ganze Großfamilie chlororganischer Substanzen von den Richtlinien umfasst, teilweise mit Einschränkungen. Die Richtlinien des *Internationalen Naturtextilverbandes* (IVN) schließen generell den Einsatz von Phenolen und Chlorphenolen sowie organische Halogenverbindungen als Lösemittel aus. Zudem gelten ein AOX-Wert für Färbereihilfsmittel von < 0,1% und die grundsätzlichen Anforderungen an die Toxizität bzw. Abbaubarkeit von Hilfsmitteln (Gewässertoxizität LD 50 > 100 mg/l). Darauf wird im Prozess stichprobenhaft untersucht. Der *Öko-Tex Standard 100* prüft Babybekleidung auch auf Toluol (0,1 mg/m^3) und aromatische Kohlenwasserstoffe (0,3 mg/m^3). Im Kreis ihrer technischen Ausschüsse diskutiert und beobachtet die Forschungs- und Prüfgemeinschaft Öko-Tex auch den Carrier o-Phenylphenol, bisher allerdings ohne Entscheidung.

Die Forschungsgemeinschaft Öko-Tex International schließt im *Öko-Tex Standard 1000* neben chlororganischen Carriern auch Phthalimide aus (s. o.). Für die Chemiker der Analyselabors ist hier noch Entwicklungsarbeit zu leisten. „Für Phthalimide, die eine chemische Gruppe an Verbindungen mit verschiedenen Vertretern darstellen, ist eine Prüfmethode erst im Ansatz verfügbar", erläutert Erich Zippel vom ÖTI.

In der Produktion von *Coop NATURA Line*-Produkten der Schweizer Coop sind halogenierte Carrier und Biphenyle nicht zulässig.

Der *IFOAM-Standard*, der mittelfristig die übergreifende Richtlinie für zertifizierte Öko-Textilien darstellt, bleibt in der bisherigen Fassung im Punkt Carrier zurückhaltend. Hier werden nur chlororganische Carrier ausgeschlossen.[21]

■ **Untersuchung auf Carrier in Öko-Labeln für Textilien**

Carrier	Coop Natura Line	IVN Better Best	Öko-Tex Standard 100^1	Toxproof TÜV-Rheinland	Schadstoff-geprüft Otto^2	Euro-Blume
Halogenierte Aromaten	Σ < 0,5 ppm	–^{3}	1,0 ppm*	n. n.	Σ 1 ppm	keine

Anmerkungen:

1   Stand: 01/1999; * Dichlorbenzole, Trichlorbenzole, Tetrachlorbenzole, Pentachlorbenzole, Hexachlorbenzol, Chlortoluole, Dichlortoluole, Trichlortoluole, Tetrachlortoluole, Pentachlortoluole

2   für Produkte mit und ohne Hautkontakt, Stand 10/1998

3   Stichproben in der Produktion, AOX für Färbereihilfsmittel < 0,1 %; aktuell keine Prüfung im Endprodukt (AOX), Stand 1. 1. 1999

■ **Einstufung von Carriern im Arbeitsschutz**

Carrier	Einstufung nach Gefahrstoffverordnung	Maximale Arbeitsplatz Konzentration (MAK)
Diphenyl (= Biphenyl)	reizend, umweltgefährlich	1 mg/m^3
o-Dichlorbenzol*	gesundheitsschädlich, umweltgefährlich	300 mg/m^3
Trichlorbenzol*, alle Isomere	„Herstellereinstufung beachten"	38 mg/m^3
Xylole	reizend, gesundheits- schädlich, entzündlich	440 mg/m^3
Trimethylbenzol, alle Isomere	Reizend, gesundheits- schädlich, entzündlich	100 mg/m^3
Benzylbenzoat	reizend	–

* Chloraromaten sind lt. Bausteineregelung nicht zulässig (s.o.); Anhang 38 der Abwasserverordnung für Textil-abwasser schließt sie ebenfalls aus.
Quelle: HVBG: Gefahrstoffliste 1998

Zum Arbeitsschutz im Umgang mit Carriern

Beim Färben und Trocknen werden die Färbebeschleuniger wieder in die Luft abgegeben. Bei offenen Systemen befindet sich nach Angaben der Experten Peter und Rouette bereits die Hälfte oder mehr der eingesetzten organischen Lösemittel in der Umluft. Beim Trocknungsprozess am Spannrahmen wird der Rest größtenteils ausgetrieben. Für die Beschäftigten sind Reizungen von Haut, Augen und Atmungsorganen das nächstliegende Risiko. In den Warnhinweisen heißt es u. a., „gesundheitsschädlich beim Einatmen und Berühren der Haut".

Im Einzelfall kann es sich wie bei den hier verbotenen Chlorbenzolen um stark gesundheitsschädliche Stoffe handeln. Schon in geringen Konzentrationen verbreiten viele Carrier sehr unangenehme Gerüche.[22] Wie stark die Beschäftigten diesen Stoffen ausgesetzt sind, hängt im Einzelfall von den Produktionsbedingungen und der Stoffauswahl ab: welche Mengen wie stark flüchtiger Verbindungen eingesetzt werden, ob die Prozesse in geschlossen Systemen ablaufen oder die Problemstoffe direkt abgesaugt werden.

Carrier in der Umwelt: Wenn die Fische bäuchlings schwimmen

Färbebeschleuniger, die zu den chlorierten Kohlenwasserstoffen gehören, sind biologisch schwer abbaubar und zählen zu den wassergefährdenden Stoffen (s. o.). Wenn sie die Kläranlage passieren, stellen sie eine Gefahr fürs Gewässer

■ Einstufung von Färbebeschleunigern nach Wassergefährdungsklassen

Trichlorbenzole, alle Isomere	stark wassergefährdend (Klasse 3)
Dichlorbenzol, alle Isomere	wassergefährdend (Klasse 2)
Naphthalin	wassergefährdend (Klasse 2)
Phenylphenol	wassergefährdend (Klasse 2)
Xylol, alle Isomere	wassergefährdend (Klasse 2)
Diphenyl	wassergefährdend (Klasse 2)
Dibuthylphthalat (Phthalsäuredialkylester)	schwach wassergefährdend (Klasse 1)
Benzylbenzoat	schwach wassergefährdend (Klasse 1)
Dicyandiamid	schwach wassergefährdend (Klasse 1)

Quelle: Verwaltungsvorschrift Wassergefährdende Stoffe, Anhang I, Bundesanzeiger 29. 05. 99, s.a.
http://www.umweltbundesamt.de/wgs

dar. Das stark wassergefährdende Trichlorbenzol hat – bevor es endgültig verboten wurde – in Bächen und Flüssen der Schwäbischen Alb öfters zu Fischsterben geführt, erinnert sich Nikolaus Geiler aus Freiburg vom Arbeitskreis Wasser im BBU. Auch in der Kläranlage sind chlororganische Verbindungen unerwünscht, weil sie die Faulung zum Aufarbeiten der Schlämme stören können. Die bakterielle *Tätigkeit im Belebtschlamm der Kläranlage* kann u. a. durch solche Carrier für Tage *außer Betrieb* gesetzt werden.[23] Auch das Biphenyl, das in Einzelfällen noch hier eingesetzt wird, ist sehr giftig für Wasserorganismen. In den Warnhinweisen der Gefahrstoffliste heißt es: *„Kann in Gewässern längerfristig schädliche Wirkung haben."*

Nach dem Wasserhaushaltsgesetz (§ 19 g ff) werden u. a. Textilhilfsmittel *Wassergefährdungsklassen* (0–3) zugeordnet, ein System, das zur Einschätzung möglicher Risiken beim Transport oder der Lagerung eingeführt wurde. Zur Einstufung wird die akute Giftigkeit der Stoffe an Bakterien, Fischen und Säugetieren untersucht, außerdem die biologische Abbaubarkeit. In Einzelfällen werden weitere Wasserorganismen wie Algen und Daphnien oder andere Parameter getestet wie die chronische Giftigkeit, Krebs erregende, erbgutverändernde oder fruchtschädigende Eigenschaften oder die Fähigkeit zur Anreicherung im Lebewesen.

Aus gewässerökologischer Sicht wird auch *Orthophenylphenol* als bedenklich eingestuft. Im Katalog der wassergefährdenden Stoffe ist Phenylphenol in Kategorie 2 als wassergefährdend eingestuft.[24] Ökotoxikologische Testorganismen (Leuchtbakterien und Daphnien) reagierten auf diese Substanz sogar noch empfindlicher als menschliche Zellkulturen. Verschiedene Wissenschaftler plädieren daher dafür, den Einsatz von o-Phenylphenol drastisch zu reduzieren oder völlig darauf zu verzichten.[25]

Der Gesamtverband der Textilveredlungsindustrie merkt an, dass die so genannten „umweltfreundlichen Carrier" auf Esterbasis jedoch eine wesentlich niedrigere Wirksamkeit aufweisen, so dass neben höherer Einsatzkonzentration geringere Farbstoffausbeuten festgestellt werden. Als ökologisch verträgliche Ersatzstoffe gelten Carbonsäureester und Benzylbenzoate. Beide Substanzgruppen lassen sich in biologischen Kläranlagen leicht abbauen. Für bestimmte Carrier ist in niedriger Konzentration eine *Abwasserbehandlung* in chemisch-biologischen Kläranlagen möglich. Wichtig ist dabei, dass die Abwässer gleichmäßig belastet sind, damit die Bakterien im Belebtschlamm sich daran angepasst haben.

Je nachdem wie stark flüchtig Carrier sind, werden sie zum *Problem in der Abluft*. Die Lösemittel werden vom Färbebad auf der Faser verschleppt und beim Trocknen wieder abgedampft.[26] „Bei Xylolen kommt es zu größeren Grenzwertproblemen. Hier gibt es nur eine Möglichkeit, sich mit einer Abgasreinigung zu helfen", urteilt Enviro Tex. Weil das auf eine *thermische Nachverbrennung der Abgase* hinausläuft, die *ökologisch und ökonomisch eher von Nachteil* ist, muss geprüft werden, ob die Xylole nicht komplett zu ersetzen sind.

Das Bundes-Immissionsschutzgesetz regelt u. a. in seiner Technischen Anleitung zur Reinhaltung von Luft (TA-Luft) *maximale Immissionskonzentrationen* bestimmter luftverunreinigender Stoffe. Organische Stoffe werden den Klassen I, II, III zugeordnet, für die bestimmte Grenzwerte gelten. Handelt es sich darüber hinaus laut MAK-Liste um krebserzeugende Stoffe, sind sie zu minimieren bzw. wenn möglich zu ersetzen. Von oben genannten Carriern fallen Phenol und Biphenyl in die gefährlichste Kategorie/Klasse I. Trimethylbenzole, Naphthalin und Perchlorethylen oder Xylole gehören in die Klasse II, und aromatische Carbonsäureester oder Benzylbenzoate fallen nach TA-Luft in die Klasse III.[27]

Als *Resümee* kann in der Frage der Färbebeschleuniger festgehalten werden, dass auch in Deutschland trotz technologischem Fortschritt noch Problempunkte zu lösen sind wie der Einsatz besonders gewässerbelastenden Biphenyls oder die Grenzwertprobleme bei Xylolen und der Einsatz der toxikologisch fragwürdigen Gruppe der Phthalate.

Aus der Sicht des Verbraucherschutzes fehlt es an Transparenz bei der toxikologischen Bewertung eingesetzter Stoffe, gibt es keine breiten Untersuchungen über mögliche Rückstände dieser Substanzen in Importware und fehlen gesetzliche Regelungen, die gesundheitsgefährdende Färbebeschleuniger ausschließen bzw. Grenzwerte formulieren.

Damit auf EU-Ebene, die als Plattform für die Lösung dieser internationalen Frage gilt, in Sachen Carrier (Egalisier- und Dispergiermittel inklusive) eine umfassende Regelung getroffen wird, ist engagierte Lobbyarbeit unerlässlich. Wünschenswert wäre, dass nicht allein Trichlorbenzol – wie bisher vorgeschlagen – ausgelistet wird, sondern generell halogenierte Aromaten und außerdem Phthalimide, o-Phenylphenol und Biphenyl.

Literaturhinweise, Anmerkungen:

1 Dispersionsfarbstoffe im Kreuzfeuer: Jetzt handeln. In: Bekleidung Wear 2/1998, S. 14

2 HELCOM 16/17, Annex 14, S. 84, s. Kap. 2

3 OSPAR Commission: POINT 98/4/9-E(L), s. Kap. 2

4 Bausteine für Regelungen bei Textilveredlungsanlagen, LAI-Schriftenreihe (Hrsg.: Länderausschuss für Immissionsschutz) Band 17, Erich Schmidt Verlag, Berlin 1997.

5 Vgl. Dritte Verordnung zur Änderung der Abwasserverordnung, Anhang 38 für die Textilindustrie, Abschnitt E; 29.05.2000, BGBl I, 31.05.2000, S. 763

6 Kontakt: Enviro Tex GmbH, Dieter Sedklak, Provinostr. 52, 86153 Augsburg, Tel. 0821/56 57 13, 5 69 79 60

7 Marina Arnold: Öko-Test Traghilfen, Öko-Test-Magazin 5/1998, S. 35–43

8 Tankred Schewe, Karin Markgraf, Christiane Schewe, Susanne Fischer, Renate Getter, Manfred Mayer: Stoffwechselschädigung menschlicher Hautzellen durch Orthophenylphenol (OPP). In: Melliand Textilberichte 9/1997, S. 631–632

9 Deutsche Forschungsgemeinschaft: Gesundheitsschädliche Arbeitsstoffe. Toxikologisch-arbeitsmedizinische Begründungen von MAK-Werten, VCH-Verlag.

10 GESTIS-Stoffdatenbank, BIA, http://www.hvbg.de/bia/stoffdatenbank

11 T. Schewe et.al. 1997, s. o.

12 s. TRGS 900

13 Arbeitsgruppe „Textilien" beim BgVV, Bericht über die 6. Sitzung … am 4.12.1995 in Berlin, Bundesgesundheitsblatt 3/1996, S. 114–115

14 vgl. Verwaltungsvorschrift Wassergefährdende Stoffe vom 18.4.1996, Anhang I

15 Thomas Platzek: Wie groß ist die gesundheitliche Gefährdung durch Textilien wirklich? In: Melliand Textilberichte 11/1996, S. 774–778; T. Platzek: Gesundheitsgefährdung durch Bekleidungstextilien. In: Bundesgesundheitsblatt 7/1997, S. 238–240

16 Arbeitsgruppe „Textilien" beim BGA, Bericht der 3. Sitzung des Arbeitskreises „Gesundheitliche Bewertung" vom 15.06.1994, Bundesgesundheitsblatt 8/1994

17 Arbeitsgruppe „Textilien" beim BgVV. Bericht über die 5. Sitzung … am 18.05.1995 in Berlin, Bundesgesundheitsblatt 9/1995, 359–360

18 Platzek 1996, s. o.

19 Bekleidung Wear 2/1998, s. o.

20 Öko-Info DTB-Empfehlung Stand 9/1997, entsprechende Regelung in Version 1999

21 vgl. IFOAM: Basisrichtlinien für ökologische Landwirtschaft und Verarbeitung, Tholey-Theley 1998, (8.5.3.) S. 44

22 M. Peter/Rouette: Grundlagen der Textilveredlung, Deutscher Fachverlag, Frankfurt 1989, S. 874

23 Peter/Rouette 1989, S. 872, s. o.

24 vgl. Verwaltungsvorschrift Wassergefährdende Stoffe, Anhang I, Bundesanzeiger vom 29.05.1999

25 vgl. Tankred Schewe/Ertox et al., Melliand T. 9/1997: 631–632

26 Peter/Rouette 1989, s. o., S. 874

27 vgl. BImSchG, § 3.1.7 und Anhang E

Schwermetalle aus der Textilfärberei

Kapitel 3.9

Der Begriff Schwermetalle bezeichnet *Metalle mit großer Dichte*, mit einem spezifischen Gewicht von über 4,5 g/cm^3. Bestimmte unter ihnen braucht der Mensch als Bausteine zum Beispiel von Enzymen oder Hormonen. Kobalt ist wesentlich für Vitamin B$_{12}$, Chrom für den Glucosetoleranzfaktor (Voraussetzung für den Zuckerstoffwechsel), Kupfer ist u. a. Bestandteil der Cytochromoxidase, ein Enzym der Atmung. Solche Spurenelemente, dazu gehörten auch Mangan, Nickel, Selen, Zink u.a., braucht der menschliche Organismus, wie schon der Name sagt, nur in Spuren. Andere *Schwermetalle wie Quecksilber, Blei und Cadmium haben keine lebensnotwendigen Funktionen, sondern wirken als „pures Gift".* Problematisch ist insbesondere die Anreicherung von Schwermetallen über die Nahrungskette.[1]

Im August 1993 hatte das Magazin Öko-Test sich 15 schwarze und 15 blaue Jeans zur Untersuchung vorgenommen. Die Tester fanden verschiedene Schwermetalle, darunter Rückstände von Kupfer, auch Blei, Quecksilber, Nickel und nicht zuletzt Chrom. *„Die gesamte Textilbranche arbeitet aber daran, in absehbarer Zukunft umweltfreundlichere Farben und Technologien einzusetzen"*, hieß es.[2]

Der Abschied von diesen Problemstoffen gelingt aber nur sehr langsam. Im Oktober 1996 kreidete das Öko-Test-Magazin die Schwermetalle Chrom und Zink in Bodys für Frauen und Männer in 32 Prozent der untersuchten Fälle an.[3] Im Juli 1998 fand das Verbrauchermagazin die Schwermetalle Chrom und Kupfer in 9 von 19 Seidentüchern.[4] Über Rückstände von Nickel urteilte das Öko-Test-Magazin im August 1998, dass sich bei zwei von 21 untersuchten Baby-Schafsäcken die Mengen noch senken ließen, 6 Schlafsäcke konnten Nickel abgeben.[5]

Obwohl hier nur wenige Textilien untersucht wurden, ist es bezeichnend, dass *Chrom, Kupfer und Nickel dabei sind, jene drei Schwermetalle, die noch am häufigsten in Farbstoffen eingesetzt* werden.

Welche Schwermetalle werden noch eingesetzt?

Schwermetalle sind teilweise als unerwünschte *Verunreinigungen* in den Farbstoffen und Pigmenten enthalten. Solche Verunreinigungen können durch das Herstellungsverfahren bedingt sein, bei dem das entsprechende Schwermetall im Überschuss eingesetzt wird und anschließend bei der weiteren Aufarbeitung nicht wieder abgetrennt wurde. Bis zu 14 Prozent nicht komplex gebundenes Chrom sind z. B. in der Acid Blue 158 gemessen worden.[6]

Die Chemiker Sewekow und Westerkamp schreiben, dass einige Schwermetalle sozusagen nur als „Hintergrundrauschen" vorkommen sollten, da sie in der Textilindustrie nicht als Hilfsmittel oder in Farbstoffen eingesetzt werden. Dazu gehören die besonders giftigen Blei-, Cadmium- und Quecksilberverbindungen.

Als Bestandteil von *Metallkomplexfarbstoffen* sind Chrom-, Kobalt-, Kupfer- und Nickelverbindungen in der Textilveredlung verbreitet. Bei einzelnen Produkten werden die Zentral-Ionen Mangan und Eisen eingesetzt. Gefärbt werden damit Wolle, Polyamid und Baumwolle.[7] Als besonders relevant werden Kupfer und Nickel aus Phthalocyanin-Farbkörpern für türkisgrüne und marineblaue Farbstoffe bezeichnet, die nur schlechte Fixiergrade bringen.[8] Gibt es dafür keine schwermetallfreien Ersatzstoffe?

Speziell bei der Färbung von Wolle, und das betreffe alle Farbnuancen, können die Gebrauchseigenschaften von mit Metallkomplexfarbstoffen auf Chrombasis Gefärbtem nicht mit metallfreien Farbstoffsystemen erreicht werden, zum Beispiel die Lichtechtheit, Reib- oder Waschechtheit, begründet der Gesamtverband der deutschen Textilveredlungsindustrie (TVI-Verband). Teilweise wurde Chrom (in Säure-Chrom-Komplexfarbstoffen) durch Kobalt ersetzt, wodurch aus ökologischer Sicht nichts gewonnen wird.[9] Unter den schwermetallhaltigen Farbpigmenten muss auch Zinkoxid erwähnt werden.[10]

Schwermetalle sind nicht allein Teil des Farbkörpers, sondern dienen auch als *Echtheitsverbesserer:* In Metallkomplexfarbstoffen erhöht Kupfer einerseits die Lichtechtheit der Farbstoffe ganz wesentlich oder wird für die gewünschte Farbnuance gebraucht.[11] Bei der Färbung von Baumwolle mit Reaktivfarbstoffen können durch Kupfer und Nickel die Lichtechtheiten von Blau und Türkistönen signifikant verbessert werden.[12]

Chromfarbstoffe, die im Nachchromierungsverfahren mit giftigem Dichromat fixiert werden, haben an den Wollfarbstoffen noch einen Marktanteil von 30 Prozent. Sie bieten hohe Echtheiten und liegen niedrig im Preis.[13] Sie sollen zu einem großen Prozentsatz durch Metallkomplexfarbstoffe ausgetauscht werden können.[14]

Warum sie immer noch verwendet werden, begründet der TVI-Verband bei den Farbtönen Blau, Rot und Schwarz auf Wolle mit einigen Fabrikationsechtheiten (Potting-Echtheit), die mit metallfreien Farbstoffen nicht zu erreichen sind. Die Potting-Echtheit beschreibt die Widerstandsfähigkeit der Färbung gegen kochendes Wasser. In der Praxis ist der Pottingprozess zwar nicht mehr relevant, aber die Echtheit für bestimmte Artikel noch wesentlich, zum Beispiel bei Mischungen zwischen Weiß und Schwarz oder Dunkelrot und Weiß, wo kein Ausbluten der Farbe stattfinden darf, oder bei Wollstoffen, die intensiv gewalkt werden, damit sie verfilzen.

Schwermetallverbindungen können dazu dienen, *Farbstoffe zu zerstören* bzw. zu oxidieren. Zinksalze und Zinnverbindungen werden u.a. zum Ätzen eingesetzt, um Fehlfärbungen beispielsweise abzuziehen.[15] Als Oxidationsmittel für Schwefel- und Küpenfarbstoffe wird traditionell Kaliumdichromat verwendet.[16] Bei Küpenfarbstoffen ist das in Deutschland nicht mehr üblich. Insbesondere in Fernost soll Dichromat als Oxidationsmittel für Schwefelfarben noch verbreitet sein. Schönberger berichtet 1993 von 60 Prozent.[17]

Gesundheitsrisiko schwermetallhaltiger Farbmittel bzw. Hilfsmittel
Die Giftigkeit von Schwermetallen ist sehr unterschiedlich – von der chemischen Verbindung, von der Dosis und der Dauer der Aufnahme abhängig, davon, ob die Substanzen als Stäube eingeatmet, über die Haut aufgenommen oder verschluckt werden usw.

Beim Schwermetall Chrom ist die Oxidationsstufe entscheidend für die gesundheitliche Beurteilung. Gefährlich ist das sechswertige Chrom. Hier kann schon ein Gramm Kaliumdichromat, wenn es verschluckt wird, beim Menschen tödlich wirken. Es kommt zu Magen- und Darmblutungen, Leber- und Nierenschäden. Würde man dagegen das dreiwertige Chromsulfat essen, hätten selbst 350 g keine toxische Wirkung.

Als Folge chronischer Belastung erzeugt Chrom (VI) Erbgutveränderungen, die im Labor zum Beispiel an Kolibakterien und Hamsterzellkulturen beobachtet wurden.[18]

Das sechswertige Chrom ist wegen seiner toxischen, allergenen und erbgutverändernden Eigenschaften ein Gefahrenpotential, das in der Textilveredlung und Gerberei (s. a. S. 211) spezielle Vorsichtsmaßnahmen erfordert. Bei der Nachchromierung von Wolle muss mit geschlossenen Anlagen gearbeitet werden und jeder Kontakt mit der Substanz vermieden werden.

Ein Krebsrisiko besteht nach Auskunft des BgVV für Chrom (VI) nach heutigem Wissen nur nach Aufnahme über die Atemwege.

Die Analyse arbeitsplatzbezogener Krebsrisiken von 1985–89 zeigt für die Exposition durch Schwermetalle leicht erhöhte Sterblichkeiten. Die Standardisierte Mortalitätsrate (SMR) lag für Männer bei 1,22, bei Frauen bei 1,60. Risiken über 1 zeigen das erhöhte Sterblichkeitsrisiko. Für Krebse der Lunge und Pleura gehören Schwermetalle zu den bedeutenden Risiken (SMR 1,16). *Epidemiologisch untersucht wurden auch die Lederhersteller, für die als wichtigste Schadstoffe Chrom, Arsen* und chlorierte Kohlenwasserstoffe genannt wurden. Lederhersteller gehören nach dieser Analyse zu den Tätigkeitsgruppen mit deutlich erhöhtem Krebsrisiko (SMR 2,16, basierend nur auf 5 Fällen, sodass mit einem hohen Zufallsfaktor gerechnet werden muss!). *Für die Textilarbeiter werden in dieser Arbeit Schwermetalle nicht unter den bedeutenden Problemstoffen genannt, sondern nur Textilstäube.*[20]

Unter den Anzeigen auf Verdacht einer Berufskrankheit befinden sich in Deutschland in der *Textilbranche in den letzten Jahren kaum Fälle*, die auf Chrom und Nickel oder Blei und Quecksilber zurückzuführen sind.[21] Gemeint

■ **Krebserregende Schwermetallstäube in der Produktion**

Stäube/Aerosol	Bewertung	Berufsgruppe	Branche	Betroffene Organe
Chrom-VI-Verbindungen[1]	K 1/2 ≥ 1 Prozent stark gefährdend	Chrompigment-hersteller Textilhersteller/ Verarbeiter Lederhersteller	Chem. Industrie Textilindustrie Lederindustrie	Kehlkopf Atemwege
Kobalt und dessen schwer lösliche Salze	K 3 ≥ 1 Prozent stark gefährdend	Textilfärber, Siebdrucker	Textilindustrie	Lunge
Arsensäure und ihre Salze	K 1	Leberbeklei-dungshersteller/ verarbeiter; Weber, Textilfärber, Siebdrucker Kunststoff-verarbeiter	Lederindustrie Textilindustrie Chem. Industrie	Kehlkopf, Mund, Nasenneben-höhlen, Speiseröhre, Blase, Haut, Leber
Nickel-Verbindungen[2]	K 1/3	Textilfärber, Siebdrucker	Textilindustrie	Atemwege

Nach der Gefahrstoffliste sind:
K 1 = beim Menschen bekanntermaßen krebserzeugend;
K 2 = Stoffe, die als Krebs erzeugend für den Menschen angesehen werden sollten;
K 3 = Stoffe, die wegen möglicher krebserzeugender Wirkung beim Menschen Anlass zur Besorgnis geben.
[1] Calciumchromat, Strontiumchromat, Zinkchromat und Chrom-III-Chromat
[2] Nickel-monoxid, -dioxid, -sulfid (K 1); Nickelsulfat, -dihydroxid, -carbonat, Nickel (K 3)
Quellen:[19]

sind hier die Fälle der BK-Nr. 1101 (Erkrankungen durch Blei und seine Verbindungen), 1102 (Erkrankungen durch Quecksilber und seine Verbindungen), 1103 (Erkrankungen durch Chrom und seine Verbindungen) und BK-Nr. 4109 (Bösartige Neubildungen der Atemwege und der Lunge durch Nickel oder seine Verbindungen).

Es ist zu vermuten, dass wichtige Kontaktallergene wie Chrom, Nickel oder Kobalt, insbesondere Chrom, als Ursache allergisch bedingter Haut- bzw. Atemwegskrankheiten eine Rolle spielen. Die Entwicklung der allergisch bedingten Berufskrankheiten der Atemwege und der Haut wurden im zweiten Kapitel bereits dargestellt. Welcher Anteil dieser Fälle, die auch durch zahlreiche andere Stoffe bedingt sein können, auf allergene Schwermetalle zurückzuführen sind, konnte im Rahmen dieses Buchprojekts nicht weiter recherchiert werden.

Gesundheitsrisiken durch Schwermetalle in Bekleidung?

Die in Bekleidung aus Farbmitteln vorkommenden Schwermetalle sind unter Umständen als *Kontaktallergene* relevant. Gemeint sind hier Chromat, Nickel und Kobalt, die zu den wichtigen Kontaktallergenen gehören.[22]

Über Schwermetalle im Textilbereich berichtet die Arbeitsgruppe Textil beim BgVV, dass die *Metallionen Chrom, Kobalt, Kupfer und Nickel aus den Metallkomplexfarbstoffen wandern* können. Chrom-VI kann auch aus der Wollfärbung stammen. Durch die Färbung können Wolle und Seide Chrom abgeben. Über die Nachchromierung der Beizenfarbstoffe für Wolle schreibt das BgVV: „Durch Überdosierung des Dichromats beim Nachchromierungsprozess kann es zu hohen eluierbaren (herauslösbaren) Chrom(VI)-Gehalten im Endprodukt kommen."[23]

Nickel und Kobalt sind als Kontaktallergene im Textilbereich nur von metallenen Haken oder Ösen bekannt. Und Chromatsalze sind äußerst selten als Ursache von Bekleidungsekzemen beobachtet worden, sie sollen eher in der Leder- als in der Textilindustrie eine Rolle spielen, heißt es aus dermatologischer Sicht (s. a. S. 224 f.).[24]

Bei Prick-Test Untersuchungen auf Chromat aus chromgefärbter Wolle konnte das Deutsche Wollforschungsinstitut keine Hautreaktionen festzustellen (s. S. 125). Weitere Forschungsergebnisse des DWI stehen noch aus.

Schwermetalle aus der Färberei als Umweltproblem

Die Berufsgenossenschaft Textil und Bekleidung erklärt: „Aus Umweltschutzgründen (Abwassergebühren) wurde... auch der Einsatz von schwermetallhaltigen Farbstoffen aus diesem Grund auf ein Mindestmaß reduziert". Wie viel Schwermetalle beim Färben mit schwermetallhaltigen Farbstoffen ins Abwasser gelangen und dort zum Umweltproblem werden können, hängt vom Ausziehgrad der Färbung bzw. der Fixierrate ab. Für die Färbung von Wolle und Polyamid mit Metallkomplexfarbstoffen werden nach Angaben des TVI-Verbandes sehr hohe Ausziehgrade erreicht (98 Prozent). Auch für Baumwolle sollen ähnliche und niedrigere Werte für alle Farbstoffklassen gelten, ausgenommen für Reaktivfarbstoffe.

Für die *Färbung von Baumwolle mit Reaktivfarbstoffen werden u. U. wesentlich niedrigere Werte erreicht (55–97 Prozent)[25], sodass der prozentuale Gehalt an Schwermetall mehr ins Gewicht fällt.* Fallen also eher die Schwermetallfrachten der Reaktivfarbstoffe ins Gewicht? Die Abwassertechnische Vereinigung (ATV) benannte vor Jahren speziell die Metallkomplexfarbstoffe als Problem im Textilabwasser. „Der Gehalt an Schwermetallen ist niedrig. Eine Ausnahme bildet der Fall, wenn Metallkomplexfarbstoffe eingesetzt werden."[26] Genaue Angaben, welche Schadstofffrachten mit verschiedenen Farbstoffklas-

■ Aufziehgrad von Farbmitteln für die Textilfärberei

Farbstoffe	Wichtigste Fasertypen	Aufziehgrad in %
Reaktiv	CO, CV, LI (WO)	55–97
Küpen	CO, CV, LI, (SE)	75–95
Dipsersions	PES, CA, CTA, PA	88–99
Substantive	CO, CV, LI	64–96
Säure	WO, PA	85–98
Metallkomplex	WO, PA	82–98
Schwefel	CO, CV, LI	60–95
Kationische	PAN, (PA)	96–100
Pigmente	alle	100
Chrom	WO	95–98

CA = Acetat, CO = Baumwolle, CTA = Triacetat, CV = Viskose, LI = Leinen, PES = Polyester, PA = Polyamid, PAN = Polyacryl, SE = Seide, WO = Wolle
Quelle: Schulze-Rettmer[25]

sen eingebracht werden, sind aktuell noch nicht möglich. Um verschiedene Verfahren zu vergleichen, ist es auch notwendig, die Schadstofffrachten der einzelnen Prozesse vergleichen zu können. Hierüber soll ein Forschungsprojekt Daten ermitteln, das die Fraunhofer Gesellschaft in Karlsruhe derzeit im Auftrag des Umweltbundesamtes durchführt.

Kupfer und Chrom sind für die Abwasserbakterien sehr giftig. Diese Wirkung ist für die *Abwasserreinigung ein Risiko,* denn die Reinigungsleistung der Bakterien im Belebtschlamm von Kläranlagen kann durch Chromat oder andere Schwermetalle für Tage außer Betrieb gesetzt werden.[27] Wenn Schwermetalle in Oberflächengewässer eingeleitet werden, bedeutet das eine *Gefahr für alle Wasserorganismen.*

Grundsätzlich hat der Gesetzgeber hier einen Riegel vorgeschoben, indem alle Einleitungen genehmigungspflichtig sind. Nach dem Wasserhaushaltsgesetz wird die Giftigkeit von Stoffen u. a. für die Einstufung in Wassergefährdungsklassen an verschiedensten Organismen untersucht, zum Beispiel an Bakterien, Algen, Daphnien, verschiedenen Nutzpflanzen oder Regenwürmern. Zu den Standardtests gehört die Hemmung von Leuchtbakterien (s. Grafik). Gemessen wird die *Hemmung der Leuchtintensität von Leuchtbakterien.* Aufgetragen ist die Konzentration an Schwermetall, bei der die Intensität um

■ Giftigkeit von Schwermetallen im Leuchtbakterientest

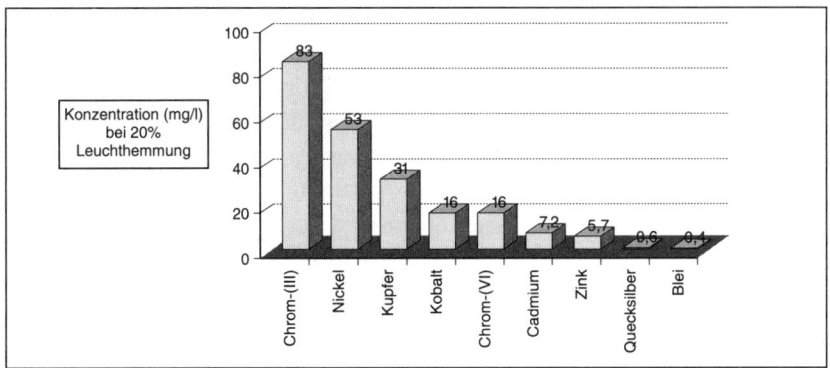

Konzentration (mg/l) bei 20% Leuchthemmung

Chrom-(III): 83, Nickel: 53, Kupfer: 31, Kobalt: 16, Chrom-(VI): 16, Cadmium: 7,2, Zink: 5,7, Quecksilber: 0,6, Blei: 0,4

Quelle: Georg Schwedt/TU Clausthal 1994

20 Prozent verringert ist. Der Test vermittelt also einen Anhaltspunkt über die unterschiedliche Giftigkeit von Schwermetallen für Bakterien.

Kupfer, Chrom, Kobalt oder Nickel, die mit den Farbmitteln ins Abwasser gelangen, reichern sich im Klärschlamm an. Die Spurenelemente, die in der Erdkruste natürlicherweise vorkommen, werden in konzentrierter Form zu Problemstoffen, weil sie nicht abgebaut werden. *Werden nicht die entsprechenden Umweltschutzmaßnahmen getroffen, belasten sie die Gewässer, Böden und Organismen und reichern sich in der Nahrungskette an.*

Die Klärschlämme aus der Abwasserbehandlung sind, wenn zu viele Schwermetalle (oder andere Schadstoffe) enthalten sind, nicht mehr für die pflanzenbauliche Verwendung geeignet und müssen dann teuer deponiert bzw. verbrannt werden. Dafür stehen nur in begrenztem Umfang geeignete Deponieräume zur Verfügung.

Nicht alle Kommunen, die Textilabwasser behandeln, haben Probleme mit der Klärschlammbelastung. Es kommt vor, dass ein hoher Anteil von Textilabwässern dazu führt, dass die *Klärschlämme nicht mehr ausgebracht, sondern deponiert werden müssen.* Ein solches Beispiel ist die Kläranlage im Wehrtal am Hochrhein.

Zur Reinigung von Textilabwässern werden schon sehr lange Eisen-, Aluminiumsalze oder Kalk zur Fällung und Flockung verwendet. Gelöste Metallionen können dadurch ausgefällt werden. Dieses kostengünstige Verfahren, das noch immer eingesetzt wird, erscheint nicht mehr zeitgemäß. Nach der TA Abfall müssen *Schlämme aus Textilfärbereien als Sonderabfälle verbrannt oder deponiert* werden. Zu diesen Schlämmen zählen auch Fällschlämme aus der Abwasserreinigung. Heute dürfen solche Schlämme nicht mehr auf Hausmülldeponien abgelagert werden.[28]

Auch wenn die Umweltprobleme durch Schwermetalle in der Färberei in Deutschland in Kürze geregelt werden, ist zu bedenken, dass selbst unter den Mitgliedstaaten der OSPAR-Kommission im *europäischen Raum der Ausbau von Kläranlagen noch sehr lückenhaft* ist und nicht selbstverständlich von einer umweltschützenden Behandlung der Klärschlämme und Abfälle an Farbresten ausgegangen werden kann. Generell werden Lösungswege gesucht, die die Entstehung der Problemstoffe von vornherein vermeiden und damit Kosten auf betriebswirtschaftlicher Ebene und noch viel mehr auf volkswirtschaftlicher Ebene sparen – getreu dem alten Motto: zuerst vermeiden, dann vermindern und zuletzt behandeln.

Entwicklung von Alternativen

Eingangs wurde die Nachchromierung zur Echtheitsverbesserung von Chromfarbstoffen beschrieben. Ein erster Schritt stellt hier eine *verfahrenstechnische Optimierung* durch anionische Substanzen und die Steuerung des pH-Werts dar. Dadurch kann die Restchrommenge im Chromierungsbad bereits drastisch verringert werden (von 20,8 auf 0,35 mg/l, nach 60 Min.). In der Praxis sind solch niedrige Gehalte nicht die Regel. Die Restgehalte an Chromat bewegen sich eher in einer Größenordnung von 3 bis 14 mg/l. Günstig auf die zurückbleibende Chrommenge wirken sich auch der Verzicht auf das Chlor-Herkosett-Verfahren und die Plasmabehandlung von Wolle aus.[29]

Als Alternative zu Metallkompelxfarbstoffen auf Wolle wurden im Rahmen eines Forschungsprojektes am DWI *Oxidationshaarfärbesysteme* untersucht.[30] „Als wir das Projekt begonnen haben, hofften wir ein Farbstoffsystem entwickeln zu können, bei dem man aus mehreren kombinierbaren Edukten eine ganze Farbpalette erzeugen kann. Nach bisherigen Erkenntnissen ist dies nicht realisierbar. Die im Rahmen des Forschungsvorhabens durchgeführten Untersuchungen haben gezeigt, dass die Applikation der Farbstoffprecursor auf Wolle im Sinne einer kommerziellen Ausziehfärbung mit anschließender Oxidation möglich ist. Oxidationshaarfarbstoffe für das Färben von Wolle stellen unseres Erachtens nur einen Ersatz für einzelne Farbtöne dar, weshalb wir unsere Forschungsaktivitäten auf dunkle Farbnuancen fokussiert haben", beschreibt Ingo Vogel vom DWI die Erfahrungen.

Der Wissenschaftler arbeitet an Farbnuancen, speziell an einem dunklen Marineblau, das ins Schwarz übergeht. Die Applikation der Farbstoffprecursor, d.h. Vorstufen, die aus mehreren Komponenten bestehen können, und die anschließende Oxidation mit beispielsweise Wasserstoffperoxid geschieht bei niedrigen Temperaturen (etwa 60 °C) und kurzen Behandlungszeiten im wässrigen Medium. Damit weist diese Färbemethode ein Potential zu einer *echten Niedrigtemperaturfärbung* von Wolle auf – mit *Ersparnissen an Energie und*

Zeit bei signifikanter Verbesserung der Wollqualität. Gleichzeitig bieten die Oxidationshaarfarbstoffe eine Alternative zu Chromfarbstoffen, da sie frei von toxikologisch bedenklichen Schwermetallen sind. Durch den Einsatz von Tensiden konnten die anfangs unbefriedigenden Reib- und Schweißechtheiten auf gute Werte von 4 verbessert werden. Andere Echtheiten werden zurzeit noch untersucht. „Da neue Färbesysteme immer den Vergleich mit den hochechten Chromfärbungen antreten müssen, ist es schwer, hier ein neues Färbeverfahren zu etablieren", so Vogel. Bisher ist noch kein Nachfolgeprojekt in Angriff genommen worden.

Die Wissenschaftler am Aachener DWI haben nach weiteren Alternativen für dunkle Farbtöne auf Wolle gesucht, die toxische Schwermetalle vermeiden. Exzellente Färbeergebnisse lassen die Anwendung des *Blauholzfarbstoffs* in der Wollfärbung als echte Alternative erscheinen. Auch die erzielten Echtheiten waren zufrieden stellend. Allerdings erscheint der Badauszug als kritischer Punkt.[31] Mit der Qualität des Farbstoffs variierte die Abwasserbelastung. „Mit dem Naturfarbstoff können Sie nicht so gute Ergebnisse erzielen im Hinblick auf die Abwasserbelastung wie mit synthetischen Chargen. Zum anderen hängt es davon ab, wie man den Farbstoff lagert", erläutert die Chemikerin E. Schuh.

In Syntheseversuchen hat die Forscherin neue Chromophore hergestellt, *Porphinderivate*, die von den natürlichen Porphyrinen schon relativ weit entfernt sind. Porphinderivate ähneln von ihren chemischen Eigenschaften den Phthalocyaninen, die durch ihre Stabilität und Echtheit in der Färbung überzeugen. Um die neuen Farbkörper in eine applizierbare Form zu bringen, wäre weitere Forschungsarbeit notwendig, für die allerdings kein Folgeprojekt bewilligt wurde.

Die *Ciba Spezialitätenchemie* AG, Basel/Schweiz hat ihr Reaktivfarbensortiment im Bereich Schwarz- und Marinetöne erweitert *(Lanasol Marine B, Lanasol Schwarz R und Schwarz PV),* wo sie eine Alternative zu Chromfarbstoffen darstellen. Schenkt man den Färbern Glauben, so sei das schönste Schwarz nur mit Chromfarbstoffen erreichbar. Aus der Sicht der Fachleute wird das Urteil teilweise bestätigt, da der Farbstoff mit einer einzigen Verbindung erzeugt wird, gleichmäßig aufzieht und durch den Metallkomplex nur schwer wieder aus der Faser diffundieren kann. Bei Reaktivfarben besteht der Farbstoff aus mehreren Komponenten, die zu einem unruhigen Warenbild führen können, wenn sie sich an unterschiedlichen Stellen der Wollfaser anlagern. Färber sprechen dann von schipprigen Färbungen. Ciba hat ein neues Schwarz herausgebracht (Lanasol Schwarz PV), das gute gleichmäßige Resultate bringen soll und auch vom Preis mit den Chromfarben mithält. Bei den Gebrauchsechtheiten stehen die Reaktivfarben den Chromfarben nicht nach. Bei den Fabrikationsechtheiten sind bestimmte Punkte (Potting, Überfärben) kritisch.[32]

Zum Färben von Wolle und Wolle/Polyamid-Fasermischungen hat die Ciba Spezialitätenchemie AG ein weiteres Sortiment metallfreier Säurefarbstoffe auf den Markt gebracht. Das *Neolan-A-Farbstoffsortiment* enthält acht Farbstoffe (Zitronengelb, Goldgelb, Rot- und Bordeauxtöne, Königsblau, Grün- bis Olivetöne), die teilweise kombiniert werden können und ein weites Nuancenspektrum abdecken. Im Vergleich zu den Metallkomplexfarbstoffen liege das Nassechtheitsniveau etwas tiefer, soll aber für den DOB-Bereich ausreichen. Dafür sollen die Farbstoffe brillanter wirken. Das Färbeverfahren soll einen hohen Ausziehgrad bieten, gute Egalität und zuverlässige Ergebnisse.[33]

Initiativen von Bekleidungsherstellern und Prüfinstituten

„Generell kann auf eine Reihe dieser (schwermetallhaltigen, d. Red.) Farbmittel verzichtet werden, wenn man auf bestimmte Farbtöne verzichtet oder Einschränkungen in der Echtheit in Kauf nimmt", so Textilexperte Fischer vom Umweltbundesamt. Da es nicht für alle Farbtöne umweltverträgliche Substitute oder gebrauchs- und verarbeitungstechnisch gleichwertige Alternativen gibt, wäre hier der Verbraucher gefragt, gewisse Einschränkungen zugunsten umweltverträglicher Produkte oder Produktionsweisen zu akzeptieren. Ist dies tatsächlich eine Frage, über die der Verbraucher entscheiden kann? Im konventionellen Handel, der 99 % des Marktes abdeckt, wird er i. d. R. nicht über die Qualität verwendeter Farben informiert. Verschiedene Hersteller sind initiativ geworden, haben schwermetallfreie Ersatzstoffe und eigene Standards entwickelt. Die *Kunert* AG hat sich als eine der Ersten für den Ersatz problematischer Textilhilfsmittel und Farbstoffe stark gemacht. Kunert realisierte tiefschwarze Färbungen für Microfaser-Strumpfhosen ohne Chrom und entwickelte neue Färbemethoden, um Metallkomplexfarbstoffe zur Färbung von Strumpfhosen zu ersetzen.[34] Kunert konnte die Abwasserbelastung durch Schwermetalle von 1996 bis 1998 um über 50 Prozent senken und liegt mittlerweile bei nur noch 14,7 kg in der gesamten Unternehmensgruppe.[35]

Die Forschungs- und Prüfgemeinschaft *Öko-Tex International* hat mit Öko-Tex 1000 einen internationalen Standard zur Zertifizierung von Unternehmen in der textilen Kette entwickelt, der u.a. auch die Schwermetalle in Textilabwässern bewertet (s. Tabelle). Zu einem einheitlichen Katalog harter Kriterien, zu dem u. a. der Ausschluss von Farbstoffen und Pigmenten gehört, die Blei oder Cadmium enthalten, kommt ein Bewertungssystem von Bonus- und Maluspunkten für die Emissionen in Abwasser und Abluft. Das Niveau der neutralen Bepunktung liegt für die wichtigsten Schwermetalle Chrom, Kupfer und Nickel leicht unter der deutschen Entwurfsfassung des Anhang 38 (s. u.).

Nach Öko-Tex 1000 gehört Dichromat als Oxidationsmittel und zur Verbesserung von Farbechtheiten zu den unzulässigen Technologien. Für dunkle

Wollfärbungen macht der Standard Abstriche. „Dort, wo sich nach dem Stand der Technik der Einsatz von Kaliumdichromat nicht verhindern lässt (dunkle Wollfärbung), ist für eine ausreichende Behandlung des Abwassers zu sorgen."[36] (Nicht für alle Produkte erscheinen solch hohe Echtheitsanforderungen gerechtfertigt, sodass dann schwermetallfreie Alternativen zur Verfügung stehen.)

Das Öko-Tex Bewertungssystem fordert zur Klärung der Textilabwässer eine mehrstufige Abwasserreinigungsanlage, deren Funktionsfähigkeit sicherzustellen ist.

Differenzierte Anforderungen stellt die EU-Kommission an die Vergabe des neuen EU-Labels *(Euro-Blume) für Textilien,* was den Einsatz schwermetallhaltiger Farben und Hilfsmittel betrifft. Sie geht hier einige Kompromisse ein zugunsten der Industrie und der Echtheiten.[37] Schwermetalle zum Entfärben oder Depigmentieren sind nicht mehr erlaubt.

Die zulässigen Verunreinigungen von Farbstoffen mit Schwermetallen entsprechen den Anforderungen der ETAD-Übereinkunft. Für Pigmente, für die bisher keine Übereinkunft besteht, liegen die formulierten Werte ähnlich, in einzelnen Punkten sind sie aber weniger streng.[38]

■ **Öko-Tex Standard 1000, Auszug: Schwermetalle**

Bewertung für die Einleitung in eine öffentliche Abwasserreinigungsanlage

Bewertung	−3	−2	−1	0	+1
Chrom ges.	2,0 mg/l	1,5 mg/l	1,0 mg/l	0,4 mg/l	0,1 mg/l
Chrom VI	0,7 mg/l	0,4 mg/l	0,2 mg/l	0,1 mg/l	0,02 mg/l
Kobalt	2,0 mg/l	1,5 mg/l	1,0 mg/l	0,4 mg/l	0,1 mg/l
Kupfer	2,0 mg/l	1,5 mg/l	1,0 mg/l	0,4 mg/l	0,1 mg/l
Nickel	2,0 mg/l	1,5 mg/l	1,0 mg/l	0,4 mg/l	0,1 mg/l

Bewertung für die Einleitung in ein fließendes Gewässer

Chrom ges.	2,0 mg/l	1,5 mg/l	1,0 mg/l	0,4 mg/l	0,1 mg/l
Chrom VI	0,7 mg/l	0,4 mg/l	0,2 mg/l	0,1 mg/l	0,02 mg/l
Kobalt	2,0 mg/l	1,5 mg/l	1,0 mg/l	0,4 mg/l	0,1 mg/l
Kupfer	2,0 mg/l	1,5 mg/l	1,0 mg/l	0,4 mg/l	0,1 mg/l
Nickel	2,0 mg/l	1,5 mg/l	1,0 mg/l	0,4 mg/l	0,1 mg/l

Das Nachchromieren von Wolle wird nicht ausgeschlossen; es werden Färbeverfahren mit begrenztem Chromeinsatz gefordert. Die vorgegebenen Mengen liegen allerdings weit über dem Stand der Technik.[39] Ebenso wird mit Metallkomplexfarbstoffen verfahren, die Kupfer, Chrom oder Nickel enthalten. Wieder werden die Mengen der Schwermetalle begrenzt, die bezogen auf die Menge des gefärbten Materials ins Abwasser gelangen dürfen. Allerdings sind die Mengen sehr großzügig bemessen.[40]

Die Anforderungen an die Abwasserbehandlung sind minimal, betreffen nur den Chemischen Sauerstoffbedarf (CSB), den pH-Wert und die Temperatur. Dabei liegt der Chemische Sauerstoffbedarf (als Parameter für die insgesamt chemisch abbaubaren Stoffe) mit 25 g/kg zwei Kommastellen über dem Wert, der im Rahmen der PARCOM-Empfehlungen und auch auf deutscher Ebene für die Einleitung ins Gewässer gefordert wird (0,16 g/l). Mischabwässer aus Textilveredlungsbetrieben haben CSB-Werte in der Größenordnung von 0,4 bis 3,0 g O_2/l – ohne Abwasserbehandlung![41]

Von einem anderen Stern – könnte man meinen – kommen die Richtlinien der Naturtextilhersteller, die eindeutig Position gegen die Verwendung von Schwermetallen bezogen haben. Der *IFOAM-Standard* schließt Schwermetalle in Konzentrationen von mehr als 1 Prozent in Betriebsmitteln aus. Für Farben gilt die ETAD-Übereinkunft für Schwermetallverunreinigungen. Ausgeschlossen werden weiter Schwermetallfarbstoffe und komplex gebundene Metalle über 1 g Metall pro Kilogramm Textil. Eine Ausnahmeregelung kann für Pigmente eingeräumt werden, die Kupfer enthalten, wenn keine Alternative verfügbar ist. Die Rahmenrichtlinien fordern eine funktionsfähige interne und externe Abwasserbehandlung als Voraussetzung für eine Zertifizierung eines Öko-Textils. Welche Anforderungen an die Abwasserbehandlung im Einzelnen formuliert werden, dafür soll das Zertifizierungsprogramm Richtlinien erarbeiten.[42]

Der *IVN* hat die Anforderungen konkretisiert in seinem zweistufigen Konzept. Für Naturtextilien mit dem Label *„Best"* des IVN gilt wie bisher: Die Farbkörper selbst müssen schwermetallfrei sein. Metallkomplexfarben sind verboten. Schwermetalle dürfen nur in Spuren als Verunreinigung vorkommen gemäß der ETAD-Übereinkunft. Das gilt auch für Färbe- und Druckhilfsmittel.

Bei Naturtextilprodukten mit dem Label *„Better"* gibt es Ausnahmen in Bereichen, in denen Alternativen fehlen: Blau-, Grün- und Türkisfarbstoffe dürfen bis 5 Prozent Kupfer enthalten, und für die Färbung von Seide sind Metallkomplexfarben zulässig, jedoch kein Einsatz von Chromierungsfarbstoffen (Nachchromierung). In der Abwasserbehandlung fordert der IVN für die Verarbeitung zertifizierter Produkte generell mindestens eine zweistufige Kläranlage für abwasserrelevante Betriebe (Vorbehandlung, Färbung, Veredlung).[43]

Umfangreiche Anforderungen an das rückstandskontrollierte Endprodukt sind u.a. bei Schwermetallen sozusagen nach vorne verlagert worden in die Kontrolle der Produktion. Denn was am Anfang nicht eingesetzt wird, kann das Endprodukt nicht belasten. Daneben bestehen Orientierungswerte für das Produkt, die gestaffelt sind nach Artikeln für Babys und Kleidung mit Hautkontakt bzw. Oberbekleidung (s. Tabelle).

Auch der Otto Versand bekennt sich in seiner *„future collection"* dazu, ausschließlich schwermetallfreie Farbstoffe einzusetzen – im Gegensatz zu den Anforderungen an sein Label „schadstoffgeprüft".

Besonders anspruchsvoll sind auch die Anforderungen der Schweizer *Coop NATURA Line*. Sie schließen ökologisch und toxikologisch schädliche Schwermetalle u.a. in Farben und Fixiermitteln für Textilien aus. Einen Kompromiss machen die Schweizer bei einigen Farbvarianten im Druckbereich, die Kupfer in Spuren enthalten können.[44] Bezüglich der Abwasserbehandlung für NATURA Line Produkte schreiben die Coop-Richtlinien sogar eine dreistufige Abwasserbehandlung mit mechanischer, biologischer und chemischer Stufe vor, wenn die Abwässer stärker mit Phosphaten belastet sind. Werden Phosphatbildner restriktiv eingesetzt, genügt auch eine zweistufige Abwasserreinigung.[45]

Die Chemiker Ulrich Sewekow von Bayer AG, Leverkusen, und Aloys Westerkamp von der DyStar Textilfarben GmbH & Co., Leverkusen *kritisieren die Grenzwerte für Schwermetalle* des Öko-Tex Standards. Die Versuchsbedingungen seien unrealistisch. Im Versuch arbeite man bei der Extraktion mit einem Verhältnis Ware zu Schweiß von 1:20, während auch bei starkem Schwitzen maximal eine Relation von 1:2 entstünde. Dadurch würden größere Schwermetallmengen aus dem Material herausgelöst, als beim Tragen tatsächlich zu erwarten sei. Die Bewertung vernachlässige auch, dass die extrahierbare Menge an Spurenstoffen kontinuierlich abnehme, sofern nicht durch Umwelteinflüsse neue dazukämen. „Um nicht die Ergebnisse aufwendiger Forschungsprogramme abwarten zu müssen, beschränkte man (Öko-Tex, d.Red.) sich auf Minimalkonzentrationen (Trinkwasser-Verordnung), unterhalb derer nach menschlichem Ermessen kein schädlicher Einfluss zu befürchten ist. Besser wäre allerdings eine Festsetzung auf Grund wissenschaftlich fundierter Erkenntnisse und einer sorgfältigen Risikobewertung, zumal über die Toxikologie von Metallen genügend Wissen vorhanden ist." Bei den essentiellen Metallen (Chrom, Kobalt, Nickel und Kupfer) plädieren Sewekow und Westerkamp für eine Neuorientierung. Zink sei vermutlich wegen mangelnder toxikologischer Relevanz aus dem Anforderungskatalog gestrichen worden.[46] Für die Prüfgemeinschaft Öko-Tex sind diese Argumente kein Grund zu Veränderungen: „Bezüglich der Schwermetalle haben wir keinen Diskussionsbedarf", antwortet Rainer Weckmann vom Forschungsinstitut Hohenstein.

■ **Schwermetallhaltige Farben ade?**

	Coop Natura Line	IVN		Öko-Tex Standard 100[1]	Toxproof TÜV- Rhein- land	Future collec- tion*	Schad- stoff- geprüft Otto	Euro- Blume
		Best	Better					
Schwer- metalle in Farbmitteln	nein, mit Aus- nahmen	nein	teil- weise	zulässig	zulässig	nein	zulässig	zulässig

Grenzwerte für lösliche Schwermetallrückstände im Textil (in mg/kg)

		Ober- beklei- dung	Haut- nahe Bekl.[4]					
Antimon (Sb)		0,2	0,2	10,0		–		300[2]
Blei (PB)	< 0,05	1,0	0,2	1,0	0,8	1,0		–
Cadmium (Cd)	< 0,1	0,1	0,1	0,1	0,1	0,1		–
Kobalt	< 1	4,0	1,0	4,0	1	4,0		–
Nickel	< 1	4,0	1,0	4,0	1	4,0		–
Kupfer	< 10	50	25	50,0[3]	20	50,0		–
Arsen	< 0,05	0,2	0,2	1,0	0,2	1,0		–
Quecksilber	< 0,2	0,02	0,02	0,02	0,02	0,02		–
Zink	< 5	–	–	–	20	–		1000[1]
Zinn	–	–	–	–	1,0	–		–
Chrom ges.	< 1	2,0	1,0	2,0	1	2,0		–
Chrom VI	< 0,02	0,5	0,5	n. n.	n. n.	n. n.		–

* hautfern und hautnah, Stand ab 10/1998
[1] bei Elastanen
[2] bei Polyester
[3] keine Anforderung für metallische Zubehöre
[4] Babybekleidung und Kleidung mit Hautkontakt

Selbst wenn bestimmte Schwermetallgrenzwerte von Öko-Labeln aus humanökologischen Gründen fragwürdig erscheinen, so haben diese auch eine nicht zu unterschätzende Funktion für den internationalen Arbeits- und Umweltschutz, insbesondere unter nicht optimalen Arbeitsbedingungen der Textilindustrie in Entwicklungs- und Schwellenländern, in denen Expositions- risiken zu bedenken sind und es an Klär- und Abfalltechnik mangelt.

Gesetzliche Regeln und Vereinbarungen

Für Cadmium und Quecksilber besteht in Deutschland nach der *Chemikalien-verbotsverordnung* ein Verwendungsverbot.[47] Analog dazu bewertet die TEGEWA in ihrem gewässerökologischen Klassifizierungskonzept (s. S. 47) die Textilhilfsmittel, die Arsen, Blei, Cadmium und Quecksilber sowie deren Verbindungen enthalten, als Problemstoffe, auf die unbedingt verzichtet werden sollte.

Die Europäische Kommission zur Festlegung von Kriterien für chemische Produkte hat unter anderem Richtlinien für den Schwermetallgehalt von Farbmitteln formuliert, zu denen Textilfarbstoffe gehören. Die angegebenen Grenzwerte beziehen sich auf Verunreinigung von Farbstoffen.

Farbstoffe dürfen nach der *ETAD-Übereinkunft* nicht mehr als folgende Stoffgehalte enthalten:

Antimon 50 ppm	Arsen 50 ppm	Barium 100 ppm
Blei 100 ppm	Cadmium 20 ppm	Chrom 100 ppm
Eisen 2500 pp	Kupfer 250 ppm	Mangan 1000 ppm
Nickel 200 pp	Quecksilber 4 ppm	Selen 20 ppm
Silber 100 pp	Zink 1500 ppm	Zinn 250 ppm

Die Novelle des Anhang 38 für Textilabwässer aus der Textilindustrie und -veredlung ist zum 1. Juni 2000 in Kraft getreten. Wesentlich für die Reduktion von Schwermetallfrachten sind neben den Grenzwerten u. a., dass unverbrauchte Reste von Druckpasten oder Färbeklotzflotten nicht mehr über das Abwasser entsorgt werden dürfen. Für die besonders konzentrierten Chargen (Teilströme) wurden für das Abwasser vor Vermischung spezielle Anforderungen formuliert, aber nicht für die schwach konzentrierten Auszieh-färbungen.

Für Restmengen an Färbeklotzflotten und Druckpasten, die nicht wiederverwendbar sind, gelten für Chrom, Kupfer und Nickel die gleichen Anforderungen (je 0,5 mg/l) wie für mit gering belasteten Spülwässern vermischte Abwässer der Betriebe.

Diese strengen Schwermetallwerte gelten auch für konzentrierte Farbbäder (Ausziehfärbungen mit mehr als 3 Prozent) mit einer schlechten Fixierrate (weniger als 70 Prozent). Die letzte Anforderung gilt allerdings nur für neue Anlagen. Man trifft mit dieser Regelung also nur ganz wenige Fälle und beschränkt sich auf sehr konzentrierte Farbbäder mit schlecht aufziehenden Farbstoffen. Dahinter stecken vor allem die *nickel- oder kupferhaltigen Phthalocyanin-Komplexfarbstoffe*, die bestimmte Türkistöne erzeugen. Da diese Türkistöne nur durch dieses Chromophorsystem erzeugt werden können, taucht diese farbgebende Gruppe in verschiedenen Farbstoffklassen auf, in Dispersionsfarben, Reaktivfarben, Säurefarben. Weil der Phthalozyaninkomplex ein relativ großes Molekül ist, das schlecht in die Fasern migriert, erreichen diese Farben nur eine niedrige Fixierrate, die bis zu 50 Prozent heruntergehen kann, aber üblicherweise 60 bis 70 Prozent erreicht.

Für die *Behandlung der Reste an Färbeklotzflotten* beschreibt der Textilabwasserexperte Schönberger im Forschungsbericht für das Umweltbundesamt 1993: „Die Separierung der unvermeidbaren Rest-Farbklotzflotten ist schnell und einfach möglich (1 Jahr). Dabei sind schwermetallhaltige und schwerme-

■ **Einleitungsgrenzwerte für Metalle in Textilabwässern**

Anhang 38 Anforderungen an Textilabwässer vor Vermischung (bzw. am Ort des Anfalls*), Auszug: Schwermetalle	OSPAR 1997 Auszug: Einleitungsgrenzwerte für Metalle				
	Qualifizierte Stichprobe o. 2 Std.-Mischprobe, mg/l	Stand der Technik mg/l	Fracht in mg/kg behandelten Textil		
			Spinnerei, Weberei	Textilveredlung	Mehrstufige Textilunternehmen
Chrom ges.	0,5	0,5	–	50	50
Chrom VI	0,1**	0,1	–	10	10
Kupfer	0,5	0,5	50	50	75
Nickel	0,5	0,5	50	50	75
Zink	2,0	2,0	200	200	300
Zinn	2,0	1,0	–	100	100
Arsen	*	0,2	20	20	30
Antimon	–	1,0	100	100	150
Blei	–	0,1	–	10	10
Cadmium	–	0,01	–	1	1
Kobalt	–	0,5	–	50	50

OSPAR, Summary Records, 97/15/1, Annex 12, S. 4;
Anhang 38 Textilherstellung, Textilveredlung, 29. 5. 2000
* Arsen und Quecksilber und ihre Verbindungen sowie zinnorganische Verbindungen aus Konservierungsmitteln dürfen im Abwasser am Ort des Anfalls nicht enthalten sein.
** Die Anforderungen für Chrom VI gelten am Ort des Anfalls. Chromat darf nicht aus der Oxidation von Schwefel- bzw. Küpenfarbstoffen stammen.

tallfreie Restflotten getrennt zu halten. Die schwermetallfreien können mit Ozon entfärbt werden oder via kommunalem Faulturm entsorgt werden (1 Jahr), während die *schwermetallhaltigen aufkonzentriert* (mit Membran- und Eindampfanlagen, d. Red.) und einem *stoffzerstörenden Schritt* wie der Hochdrucknass- oder Gasphasenoxidation unterzogen werden müssen (3 Jahre)."[48]

Die Umsetzung der Anforderungen, die die letzten sechs Jahre hinausgezögert wurde, könnte also schon längst Realität sein.

Nächster Punkt, an dem die Industrie die Anforderungen des Anhangs 38 aufweichen konnte, ist die *Ausnahmeregelung für Kupfer*. Für bestehende Anlagen wurde bei Kupfer (im Abwasser vor der Vermischung) 1 mg/l statt 0,5 vorgeschlagen.

Generell darf das Abwasser am Ort des Anfalls (im Teilstrom) *keine giftigen Chrom (VI)-Verbindungen* aus dem Einsatz als Oxidationsmittel für Schwefel- und Küpenfarbstoffe enthalten. Die Regelung ließ anfangs die Küpenfarbstoffe außen vor, weil Dichromat hierfür in Deutschland nicht mehr eingesetzt wird. Offenbar haben die kritischen Nachfragen in der Sache gefruchtet. Schließlich werden sicher andere Staaten die deutsche Regelung zum Vorbild nehmen.

Vergleicht man die Anforderungen in der Frage der Schwermetalle im Abwasser im Anhang 38 mit den internationalen Empfehlungen der OSPAR-Kommission, so sind die *Grenzwerte für Einleitungen fast vollständig identisch*. Nur in der Frage des Zinns liegt der deutsche Wert höher. Auch fällt auf, dass in der deutschen Regelung für zahlreiche Elemente keine Grenzwerte mehr aufgenommen sind. Die Schwermetalle Quecksilber und Arsen dürfen wie erwähnt nicht mehr aus Konservierungsmitteln stammen. Für diese und andere hat man wegen fehlender quantitativer Relevanz, wie bei Kobalt, Blei und Cadmium, im Anhang 38 keine Grenzwerte formuliert.

Internationale Empfehlungen zu Schwermetallen aus Textilfarben

Die Vorschläge der OSPAR- und HELCOM-Kommissionen zum Schutz der Meere klingen sehr moderat. Die OSPAR-Kommission hat in ihren Empfehlungen zum Stand der Technik und besten Umweltpraxis auch zahlreiche Punkte mit Bezug zu Schwermetallen genannt, u. a.:

- Pigmente, die Cadmium enthalten, sollten nicht mehr verwendet werden.
- Metallhaltige Farben (Kupfer, Chrom, Nickel, Kobalt etc.) sollten ersetzt werden, wenn derselbe Grad an Echtheit mit anderen Farben oder Techniken erreicht werden kann.
- Die Oxidation von Küpen- und Schwefelfarben sollte so bald wie möglich ersetzt werden, oder, wenn das nicht möglich ist, streng kontrolliert werden. Zwei Ersatzstoffe für das Oxidationsmittel Kaliumdichromat sind Laugen und Wasserstoffperoxid.

- Hinsichtlich der Schwermetalle erzeugen Metallkomplexfarbstoffe und Chromfarben auf Wolle einige Probleme. Neue Applikationsverfahren wie „low-chrome" und Nachchromierung mögen die Fortsetzung der Anwendung dieser Methoden ermöglichen.
- Farbstoffe sollen vorab auf den Gehalt an Chrom (4,0 mg/l) und Kupfer (0,5 mg/l) untersucht werden.

Die Helsinki-Kommission fordert zur Verringerung der Schwermetallbelastungen u. a.:
- den Ersatz von Chrom-VI als Oxidationsmittel für Schwefelfarben,
- keine Verwendung von Arsen und Quecksilber und deren Verbindungen als Biozide.[49]

Literaturhinweise, Anmerkungen:

1 Ibrahim Elmadfa, Claus Leitzmann: Ernährung des Menschen, Verlag Eugen Ulmer, Stuttgart 1988; Katalyse-Umweltgruppe: Umweltlexikon, Kiepenheuer & Witsch, Köln 1985

2 Regine Cejka: In die Hose gegangen. In: Öko-Test-Magazin 8/1993, S. 41–42

3 Ute Bertrand: Keine gute Masche. In: Öko-Test-Magazin 10/1996, S. 24–31

4 Kein Glanzstück. In: Öko-Test-Magazin 7/1998, S. 31–37

5 Stefan Becker: Drecksäcke. In: Öko-Test 8/1998, 33–41

6 Schönberger 1993, S. 149, s. Kapitel 2

7 Ulrich Sewekow, Aloys Westerkamp: Probleme bei Analysen nach textilen Ökostandards und der Bedarfsgegenständeverordnung. In: Melliand Textilberichte 1–2/1997, S. 56–63

8 Schönberger 1993, s.o. S. 149; 236f. Die schlechte Fixierbarkeit der Phthalocyanin-Reaktivfarbstoffe in den Tönen marineblau und türkis begrenzt u.a. den umweltschonenden Einsatz des Kontinue-Kalt-Verweilverfahrens mit Reaktivfarbstoffen im Textildruck.

9 Schönberger, 1994, s.o. S. 149

10 Arbeitsgruppe Texilien beim BgVV; Bericht über die 9. Sitzung am 29.9.98, Berlin. In: Bundesgesundheitsblatt, ursprünglich für 3/1999 angekündigt

11 Sewekow/Westerkamp 1997 (s. o.)

12 Joachim Grütze, DyStar, Produktmanagement Reaktivfarbstoffe, Vortrag auf AKN-Fachtagung 11.10.1996 in Köln

13 vgl. Klaus Hannemann, Hermann Flensberg: Reaktivfarbstoffe für Wolle – eine Alternative zu den Nachchromierungsfarbstoffen. In: Melliand Textilberichte 3/1997, S. 160–164, (hier S. 160); Sewekow/Westerkamp 1997 (s. o.)

14 Schönberger 1993, s.o., S. 201

15 Arbeitsgruppe „Textilien" 3/1999 (s. o.)

16 Sewekow/Westerkamp 1997; OSPAR/POINT 98/4/9-E(L); HELCOM 16/17, Annex 14 (s. Kapitel 2)

17 Schönberger 1993, s.o., S. 152

18 Georg Schwedt/Institut für Anorganische und Analytische Chemie, TU Clausthal: Beiträge zur Frage der Umweltverträglichkeit von Chrom aus Leder, 2. Aufl. 1994, S. 11

19 TRGS 910-24, BArBl. 11/83 S. 35; TRGS 910-15, BArBl. 9/83 S. 35, HVBG: Gefahrstoffliste 1998; Bundesanstalt für Arbeits-

schutz u. Unfallforschung, Dortmund, Forschungsbericht 347, BII: Berufsbedingte bösartige Tumoren, T. Miebs, Ch. Witting, V. Krieg, U. Witting, H. Kollmeier, Dortmund 1983

20 G. Enderlein, G. Heuchert, H. Stark/Bundesanstalt für Arbeitsschutz und Arbeitsmedizin, Abt. Epidemiologie: Analyse arbeitsplatzbezogener Krebsrisiken basierend auf dem Abgleich von Registern. In: Arbeitsmedizin, Sozialmedizin, Umweltmedizin Jg. 33, 2/1998, S. 47–55

21 BK-Nr. 1101, 1102, 1103, 4109

22 Nickel(II)-sulfat war bei vergleichenden Untersuchungen in Hautkliniken in Cleveland/Ohio und in Köln/Nordrhein-Westfalen von 1988–1991 das häufigste Kontaktallergen. Zu den Hauptallergenen beider Länder zählten u.a. Kobalt(II)-chlorid und Kaliumdichromat. An der Kölner Universitätshautklinik reagierten 15,5 Prozent der getesteten Patienten positiv auf Nickelsulfat, 7,6 Prozent auf Kobaltchlorid und 5,2 Prozent auf Kaliumdichromat. Vgl. Dermatosen 46, 234–243 (1998); Die Deutsche Kontaktallergiegruppe, ein Zusammenschluß deutscher Kliniken, bestätigt grundsätzlich diese Aussage. Sensibilisierungshäufigkeiten in 1994: Nickelsulfat: 16,4%; Kobaltchlorit: 4,8%; Kaliumdichromat: 4,7%; nach: Textilallergie, BIFAU, Umweltreihe Hefte 15

23 Arbeitsgruppe „Textilien" 3/1999, s. o.

24 Otto P. Hornstein: Textilverträglichkeit bei Hautkrankheiten. In: Melliand Textilberichte 3/1989, S. 222–227; hier S. 224

25 Rainer Schulze-Rettmer: Das Problem der Restfärbung des Abwassers von Färbereien. In: Textilveredlung 31 1,2/1996, S. 13–18

26 ATV-Arbeitsbericht, Korrespondenz Abwasser 9/1989, S. 1080

27 Peter/Rouette 1989, S. 872, s. Carrier

28 Schönberger 1993, s. o. S. 346

29 Schönberger, 1994, s. o. S. 201–203

30 I. Vogel, H. Thomas, K. Wolf , DWI Reports 117, 649, 1996; dieselben, Abschlußbericht

AiF 9702 „Alternative Farbstoffe für das Färben von Wolle" 1996; I. Vogel, H. Thomas, K. Wolf: Alternative Farbstoffe für das Färben von Wolle, DWI-Reports 119, 624, 1997

31 E. Schuh und K. Wolf: Porphinderivate zur Schwarzfärbung von Wolle. In: Melliand Textilberichte 7–8/1997, S. 535

32 Hannemann/Flensberg 3/1997, s.o.

33 K. Hannemann, P. Runser: Metallfreie Säurefarbstoffe für das Färben von Wolle und Wolle/PA-Fasermischungen. In: Melliand Textilberichte 4/1999, S. 278–280

34 vgl. Ökol. Briefe vom 12.04.1995

35 Presseinfo der Kunert AG vom 07.07.1999

36 Öko-Tex International: Öko-Tex Standard 1000, Ausgabe 07/97, c/o Testex, Zürich, S. 37

37 EU-Kommission: Entscheidung der Kommission vom 17. Februar 1999 zur Festlegung von Umweltkriterien für die Vergabe eines Umweltzeichens für Textilerzeugnisse (1999/178/EG). In: Amtsblatt der Europäischen Gemeinschaft vom 05.03.1999

38 Statt 20 ppm Cadmium sind hier 50 ppm zulässig, statt 4 ppm Quecksilber 25 ppm, statt 50 ppm Antimon 250, bei Zink aber statt 1500 nur 1000 ppm.

39 a) höchstens 1,8 Prozent Kaliumdichromat und höchstens 1,5 Prozent Natriumdichromat (oww) für die Schwarzchromierung, höchstens 1 Prozent dieser Stoffe für andersfarbige Chromierungen; b) das verbrauchte Chrombad darf nicht mehr als 5 mg Cr(III)/l oder 0,5 mg Cr(VI)/l enthalten. – Von Schönberger waren für das optimierte Verfahren Werte unter 1 mg Cr/l genannt worden (s.o.).

40 Machen Metallkomplexfarbstoffe mehr als 20 Prozent der Farbstoffkomponenten aus, so dürfen weniger als 7 Prozent der für den Prozess verwendeten Farbstoffe in die Abwasserbehandlungsanlage gelangen (unabhängig von deren Standort, d.h. auf dem Betriebsgelände oder außerhalb desselben). Die Emissionen in die Gewässer

dürfen nach der Behandlung folgende Werte nicht übersteigen: Kupfer: 75 mg/kg (Stapelfasern, Garn oder Gewebe), Chrom: 50 mg/kg, Nickel: 75 mg/kg.

[41] Die Angabe bezieht sich auf Untersuchungen von Gesamtabwasser von 25 Textilveredlungsbetrieben in den Jahren 1987–1988. Vgl. Schönberger 1993, S. 26 (s. o.)

[42] IFOAM: Basis-Richtlinien 1998, S. 45 siehe (8.5.3.), (8.6.6.); bzgl. Abwasserbehandlung: S. 42/(8.4.2), s. Kapitel 2

[43] Internationaler Verband der Naturtextilwirtschaft: IVN-Richtlinien Version 1.1 1999, Stuttgart

[44] COOP Schweiz: Hintergrundinformationen, Mai 1998, S. 17; Richtlinie Coop NATURA Line, Februar 1999

[45] vgl. Öko-Institut Freiburg: Stoffstrommanagement und Bewertung im Textilbereich. Freiburg 1998, S. 210–215

[46] Sewekow/Westerkamp 1997, s.o.

[47] Konkret heißt das: Quecksilberverbindungen und -zubereitungen dürfen demnach nicht mehr „zur Imprägnierung von schweren industriellen Textilien und von zu deren Herstellung vorgesehenen Garnen" in Verkehr gebracht werden. Bekleidung und Accessoires einschließlich Handschuhe aus Vinylchloridpolymeren dürfen maximal 0,01 Prozent Cadmium enthalten, und metallische Oberflächen an Textilien und Bekleidung dürfen nicht mit Cadmium behandelt sein (ChemVerbotsV 19.07.1996)

[48] Schönberger 1993, S. 522

[49] OSPAR Commission: Oslo and Paris Conventions for the Prevention of Marine Pollution ; PARCOM Recommendation 94/5, Annex, POINT 98/4/9-E(L); Summary Record OSPAR 97/15/1, Annex 12; Helsinki Commission: Convention on the Protection of the Marine Environment of the Baltic Sea Area, 16th Meeting, 3/95, Annex 14

Chrom aus der Gerberei | Kapitel 3.10

Bekleidungsleder für den deutschen Markt stammt nach Auskunft der Deutschen Lederindustrie größtenteils aus dem außereuropäischen Ausland, zum Beispiel aus Indien, Fernost, der Türkei oder Nordafrika. Anders verhält es sich mit Autoleder oder Möbelleder, das hauptsächlich aus Deutschland, Österreich, Italien und den Niederlanden kommt.

Weltweit wird bei einem Anteil von ca. 80 Prozent des erzeugten Leders in der Hauptgerbung mit dem Schwermetall Chrom gegerbt. Daraus resultiert global ein Chromgerbstoffverbrauch von 350.000 Tonnen pro Jahr.[1]

Gesundheitsrisiko Chromgerbung?
Beim Schwermetall Chrom ist die Oxidationsstufe entscheidend für die gesundheitliche Beurteilung. Gefährlich ist das sechswertige Chrom, das im Gegensatz zum dreiwertigen schon in geringen Mengen für den Menschen tödlich wirkt (s. S. 191).

Das sechswertige Chrom ist wegen seiner toxischen und erbgutverändernden Eigenschaften ein Gefahrenpotential, das in der Gerberei spezielle Vorsichtsmaßnahmen erfordert. Sechswertiges Chrom wirkt auch als starkes Allergen.

Bei der Chromgerbung, die in den meisten Fällen praktiziert wird, wird heute ausschließlich die gesundheitlich unbedenkliche dreiwertige Chrom-Verbindung eingesetzt. Auf die Frage, in wieweit international noch mit sechswertigem Chrom gearbeitet wird, antwortet die Berufsgenossenschaft Lederindustrie: „Die Gerbung mit Chrom (III) wurde im Jahr 1858 in Deutschland durch Knapp und im Jahr 1893 vom M. Dennis in Amerika publiziert und trat von dort aus ihren Siegeszug durch die Welt an. Die kostenintensive *Zweibadgerbung mit Chrom (VI)* wurde weltweit schon in den 30er Jahren durch die Gerbung nach

■ **Die wichtigsten Importländer Deutschlands für Leder* 1998**

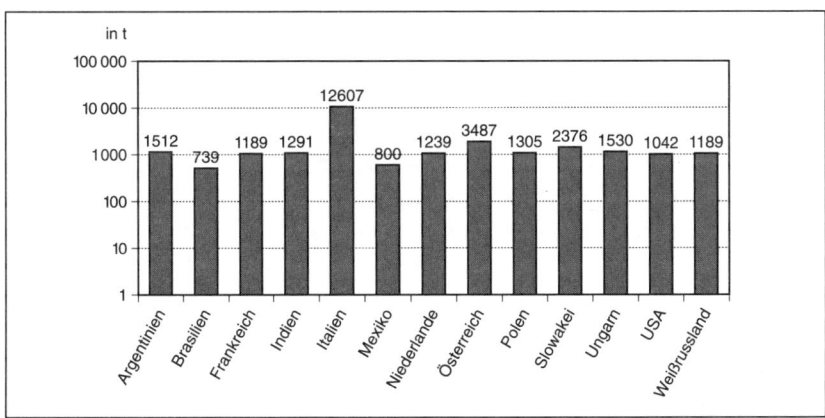

* ohne Lederfaserstoff; Quelle: VDL, Stat. Bundesamt 1999

Dennis weitgehend verdrängt." In Italien wird sechswertiges Chrom noch selten eingesetzt, um spezielle Leder (capretto oder chevraux) zu gerben. Die Verbraucher-Zentrale Hamburg mahnt: „Fachleute gehen davon aus, dass man in einigen Billiglohnländern auch heute noch mit Chrom (VI) gerbt."[2]

Bei der Zweibadgerbung werden die sechswertigen Chromverbindungen, die als Gerbstoff unwirksam sind, erst in dreiwertige umgewandelt. Zwischen den verschiedenen Oxidationsstufen des Chroms besteht ein so genanntes *Redoxgleichgewicht,* das sich in Abhängigkeit von äußeren Einflüssen wie dem pH-Wert (saures bzw. basisches Milieu) verschiebt. Beim Gerben und auch bei nachfolgenden Verfahren wie dem Färben muss darauf geachtet werden, dass der *pH-Wert nicht im basischen Bereich über 9* liegt, damit kein giftiges Chromat entsteht.

Wird Chrom (VI) eingeatmet, besteht ein erhöhtes Risiko für Lungenkrebs. Eine epidemiologische Studie aus Italien (Biella, 1990) beobachtete eine starke *Häufung von Lungenkrebs* bei Gerbereiarbeitern, andere Studien aus der Toskana (1989) und Schweden (1994) beobachteten nur eine geringe Häufung. Das betrifft auch eine Gerberei in Genua, wo sich 1984 noch eine leichte Häufung bei Lungenkrebs gezeigt hatte, die bei einer Folgestudie 1994 nicht mehr beobachtet werden konnte. Es ist wahrscheinlich, dass die Exposition gegenüber Chrom (VI) mit dem Wechsel vom Zweibad- zum Einbad-Verfahren abgenommen hat.[3]

Unter den Anzeigen auf Verdacht einer Berufskrankheit in Deutschland befinden sich in der Lederbranche in den letzten Jahren kaum Fälle, die auf Chrom zurückzuführen sind (BK-Nr. 1103). Nicht die Schwermetalle sollen in der Praxis noch Probleme bereiten, sondern beispielsweise der Spritzer an Säure, mit der gearbeitet wird, heißt es bei der Berufsgenossenschaft. Eine große Kluft liegt im Arbeitsschutz generell zwischen den Arbeitsbedingungen von Lederindustrie und Handwerk.

Mangelhafter Arbeitsschutz in indischen Gerbereien

Über große Defizite im Arbeitsschutz und über Kinderarbeit in Gerbereien in Indien berichtet die Aktionsgemeinschaft Solidarische Welt.[4] *Peace Trust, eine Sozialorganisation in Dindigul im südindischen Bundesstaat Tamil Nadu, hat die Folgen der Gerberei untersucht.* „Die Arbeiter und Angestellten der Gerbereien stellen eine Risikogruppe dar", erläutert J. Paul Bhaskar: „Nur wenige Fabriken, wenn überhaupt, versorgen ihre Arbeiter mit groben Gummihandschuhen und einem Schutz für die Füße, der aus gebrauchten Gummischläuchen improvisiert wird. Da eine große Anzahl der Arbeiter Kinder sind, erweist sich dieser Schutz als jämmerlich inadäquat und die meisten Arbeiter leiden unter *Kontakt-Dermatitis* und einer Reihe von anderen Krankheiten."[5] Bruni Weißen,

Mitarbeiterin der Arbeitsgemeinschaft Solidarische Welt, hat in Begleitung von Peace Trust Menschen in den Gerberzentren in Dindigul/Tamil Nadu und nördlich davon in Warangal/Andhra Pradesh besucht. *Der fünfzehnjährige Kaliswam zum Beispiel muss zum Familieneinkommen beitragen* und verdient für sein Alter in der Gerberei nicht schlecht. Er wünscht sich Gerbereibesitzer zu werden. „Kaliswam reinigt die großen Trommeln nach dem Gerben und trägt die halb garen Häute und Felle zu den Arbeitern. *In der Trommel wird ihm manchmal schlecht,* es gibt nur eine kleine Öffnung um hineinzukriechen, und die Luft ist voll von den Ausdünstungen der Gerbchemikalien. Immer wenn er merkt, dass ihm übel oder ohnmächtig wird, gibt er ein Zeichen, dass man ihn herausholen soll. In der Trommel arbeitet niemand an zwei Tagen hintereinander, auch nicht die schon älteren Kollegen."[6] Bruni Weißen beschreibt neben schlechten Bedingungen in kleinen „Klitschen" auch einen *nachgelagerten voll technisierten Großbetrieb mit vergleichsweise guten Arbeitsbedingungen.*

Von Gerbereiarbeiterinnen in Warangal, die im Gegensatz zu denen in Tamil Nadu gewerkschaftlich organisiert sind, berichtet Weißen, dass Leder eine bestimmte Zeit in einer Tonne kopfüber über offenes Feuer gebracht wird. Die freigesetzten Dämpfe führen bei den Abreiberinnen zu schwarzen Flecken auf den Beinen und wiederkehrenden Fieberanfällen.

Verarbeiter mischen sich nicht ein

Bisher gibt es vonseiten der Leder verarbeitenden Industrie keine Initiativen, ökologische bzw. soziale Mindeststandards in der Produktion international durchzusetzen – zum Beispiel im Bereich der Abwasserbehandlung, der Abfallbeseitigung oder im Bereich des Arbeitsschutzes. Dazu Gerhard Nickolaus vom Prüf- und Forschungsinstitut für die Schuhherstellung in Pirmasens, das Leder für die Lederhersteller, Verarbeiter und den Handel untersucht: „Man lässt die Ware auf Stoffe untersuchen, die direkt für den Verbraucherschutz relevant sein können, die z. B. Hautreaktionen auslösen können." Die *Verarbeiter wüssten in den seltensten Fällen, wie die Produktionsbedingungen aussehen,* weil viele das Leder über Zwischenhändler, das heißt große Importeure, beziehen, die in aller Welt die Leder einkaufen. Bei den Direkteinkäufern sei das anders. Die sehen die Bedingungen vor Ort. „Aber es gibt meines Erachtens die *Philosophie, man solle sich da nicht einmischen*", beobachtet Gerhard Nickolaus. Außerdem finden die Auseinandersetzungen über dieses Thema meistens mit der Oberschicht statt, die nicht direkt davon betroffen ist.

Umweltprobleme durch Chromgerbung

Die Lederindustrie gehört zu den entsorgenden Industriezweigen. Rund 70 Prozent der Häute stammen von geschlachteten Rindern und Büffeln, das sind rund 300 Millionen geschlachtete Tiere pro Jahr.[7] In den letzten 100 Jahren hat die Chromgerbung die pflanzliche Gerbung weitgehend verdrängt. Als Gründe dafür gelten, dass gleichartiges Leder in großen Mengen produziert werden sollte und günstige Gebrauchseigenschaften wie hohe Weichheit, hohe Temperaturbeständigkeit und Strapazierfähigkeit des Chromleders erzielt werden sollten. „Für uns richtet sich die Gerbart nach den Eigenschaften des Leder, das erzeugt werden soll. Weiches, lichtechtes Leder kann nur mit Chromgerbung erzeugt werden. Für ein ‚standiges' Leder nutzt man eher die Vegetabilgerbung oder kombinierte Verfahren", erklärt Thomas Schröer vom Verband der Deutschen Lederindustrie.

Ökologisch gesehen erzeugt die Chromgerbung erhebliche Probleme, die sich vor allem in so genannten Entwicklungsländern negativ auswirken:
- Pro Tonne Rohhaut fallen im Abwasser 5–6 kg Chrom an.[8]
- Der kontaminierte Klärschlamm eignet sich nicht mehr für die landwirtschaftliche Verwertung.
- Bei der Entsorgung der Schlämme aus der Gerberei ist die Lederindustrie derzeit auf die Deponierung angewiesen. Sofern dies unter geordneten Bedingungen abläuft, ist daraus keine Gefahr für die Umwelt zu befürchten. Probleme bereiten die nur begrenzt zur Verfügung stehenden Deponieräume, sodass für Schlämme und chromhaltige Lederabfälle andere, ökologisch wie wirtschaftlich sinnvollere Wege gesucht werden.

Probleme mit Abwassergrenzwerten für Chrom

Blickt man auf die deutschen Grenzwerte für Chrom in Abwässern aus der Lederherstellung oder Pelzveredlung (Anhang 25), dann gibt es strengere Grenzwerte für Chrom (VI) (0,05 mg/l). Für Abwässer aus der Gerbung gilt für Chrom insgesamt ein Grenzwert von 1 mg/l. Dieser Wert liegt doppelt so hoch wie bei Abwässern aus der Textilveredlung (0,5 mg/l Anhang 38), wo Chrom in der Färbung vorkommt.[9] Er fordert aber von den Gerbereien eine kostenaufwendige Behandlung der Abwässer. Wenn aus den Rest-, Wasch- und Abwelkflotten der Chromgerbung die Chromverbindungen mit Alkalien ausgefällt sind, bleiben in der Regel 10 mg/l Chrom. Weitere Schritte zur Abwasserreinigung müssen folgen.

In die Abwässer aus der Nasszurichtung, die als nächster Prozess folgt, werden bis zu 20 Prozent des in Wet-blue-Ledern (feuchtes Leder nach der Gerbung) enthaltenen Chroms wieder ausgewaschen. Hier behindern andere Hilfsmittel, insbesondere die Fettungsmittel, trotz Anwendung hoher Mengen an Flockungs- und Fällungsmitteln den Fällungsprozess, so dass *Gerbereien Probleme haben, den Grenzwert (1 mg/l Chrom) zuverlässig einzuhalten.*[10]

Wird die Rückgewinnung von Chrom möglich?

Um die eingesetzten Mengen an Schwermetall in der Chromgerbung zu verringern, werden verschiedene Techniken angewandt: In „hochauszehrenden" Gerbverfahren kann der Chromoxidgehalt auf ein Prozent abgesenkt werden. „Das *Recycling des Chroms aus der Gerbflotte ist bereits Stand der Technik.* Das Chrom wird ausgefällt, aufgelöst und wieder verwertet," beschreibt Schröer. „Das geht aber nicht in jedem Fall. Bei hoher Lederqualität kann man das Recyclingmaterial nicht einsetzten, weil es so verunreinigt ist, dass es die Färbung negativ beeinflusst. Das geht beispielsweise nur bei Spaltleder oder bei solchem Leder, das eine stärkere Oberflächenbeschichtung mit Farbpigmenten erhält."

Bei der Verarbeitung des Materials wird die Dicke der Häute eingestellt. Dabei fallen so genannte Chromfalzspäne an, die 5–10 % des Hautgewichtes ausmachen. In Deutschland sind das allein 10.000 bis 15.000 Tonnen jährlich, in der EU etwa 100.000 Tonnen. Aus diesem Abfallmaterial kann (zumindest in Deutschland) *Lederfaserstoff (Lefa)* hergestellt werden, aus dem zum Beispiel Bucheinbände oder Gürtelrücken produziert werden.[11] Außerdem können *Proteinhydrolysate* gewonnen werden, die unter anderem als Rohstoff für Kosmetik eine Rolle spielen.[12]

Bei niedrigen Chromgehalten kann die *biologische Abwasserbehandlung* Chromverbindungen aus dem Wasser entfernen. Dabei wird die Fähigkeit der Mikroorganismen genutzt, Metalle bzw. ihre Verbindungen entweder im Zellinnern zu akkumulieren oder an die Zelloberfläche zu binden. Das Problem sind anschließend die chromhaltigen Schlämme.

„Die Versuche, Chrom aus den Abfällen oder Klärschlämmen im Prozess zu recyceln, sind gescheitert. Die weiterverarbeitende Industrie entchromt auch die Materialien. Aber es ist noch nicht gelungen, das Chrom aus dem Schlamm herauszuholen, jedenfalls nicht mit einer Methode, die finanzierbar ist. Es ist noch kein verhältnismäßig preisgünstiges Verfahren entwickelt worden", heißt es vonseiten der Lederindustrie.

Die Forschung untersucht die Abtrennung des Chroms aus Hydrolysaten und Abwässern unter anderem mit *Membran-Technologie*, aber auch die thermische Umsetzung von Chromlederabfällen und -schlämmen vor dem Hintergrund der möglichen Rückgewinnung und Wiederverwertung des Chromrückstands. Am Forschungsinstitut für Leder- und Kunstledertechnologie (FILK GmbH) in Freiberg haben Wissenschaftler die Entfernung von Chromverbindungen mit der Membran-Technologie untersucht. Durch Ultrafiltration können die großmolekularen Substanzen, die sonst hinderlich wirken, vor der Fällung abgetrennt werden. Aber trotz Ultrafiltration können noch Probleme auftreten.

Ein anderer Ansatz ist die Abtrennung von Chrom durch *Flüssigmembranpermeation*, eine neue Trenntechnik, die mit einer „flüssigen Membran" arbeitet, so genannten multiplen Emulsionen. Damit lassen sich in Flüssigkeiten gelöste Stoffe wie Schwermetallionen relativ schnell gegen das Konzentrationsgefälle abtrennen. Gleichzeitig kann mit dieser Technik der Schlammanfall auf ein Minimum verringert werden. Aus dem abgetrennten Chromhydroxidschlamm der Nasszurichtungsflotte können die Gerbstoffe zurückgewonnen werden oder er kann deponiert werden. „Obwohl noch kein umfassendes technisches Lösungskonzept vorliegt, wird die Anwendung der Flüssigmembranpermeation perspektivisch weltweit als eine aussichtsreiche Prozessstufe auch bei der industriellen Abwasserreinigung gesehen", schreiben Hellinger und Mühlbach/FILK. Bei Abwässern bis 50 mg/l Chrom konnte mit Flüssigmembranpermeation zuverlässig der gesetzliche Grenzwert eingehalten werden. Doch zunächst muss eine technische Lösung für das Verfahren zur Teilstrombehandlung erarbeitet werden.[13]

Das *Chrom (VI)-Problem bei der Verbrennung* soll nach Untersuchungen von Georg Schwedt an der TU Clausthal vermeidbar sein, das Risiko mit angemessener Technik vernachlässigbar gering. Bei der Rückgewinnung ist auch ein Wiedereinsatz im Metallbereich ein angestrebtes Ziel.[14] Doch auch die Verbrennung des chromhaltigen Klärschlamms ist heute kein Thema. Dazu Thomas Schröer: „Die Verbrennung von Schlamm birgt die Gefahr, dass in einem an sich ungefährlichen Material das giftige Chromat unnötigerweise erzeugt wird." Außerdem ist die deutsche Lederbranche zu klein, um eine spezielle Anlage zu betreiben. Hier fallen etwa nur 10.000 bis 12.000 Tonnen an Chromschlämmen jährlich an. „Bei der konzentrierten Verbrennung von Chromschlämmen würde jedoch in der Luft kein Chromatproblem entstehen, sondern nur in der Asche, die anschließend im sauren System reduziert werden könnte. Dieses Verfahren ist jedoch für die Praxis *unverhältnismäßig teuer und ohne ökologische Vorteile.* Daher plädiert der Verband der Deutschen Lederindustrie weiterhin dafür, die chromhaltigen Klärschlämme aus der Abwasserreinigung der Lederfabrik zu deponieren, ein Verfahren, das auch behördlicherseits als für die Umwelt unproblematisch und bewährt anerkannt ist," so Schröer.

Chromgerbung als internationales Umweltproblem

Die Chromgerbung ist ein internationales Umweltproblem. Ein Großteil der Chromleder, die nach Deutschland importiert werden (ca. 38 Prozent), wird in Entwicklungs- und Schwellenländern und in Ländern Osteuropas gegerbt (s. Tabelle). Hier ist zu befürchten, dass in vielen Fällen keine ausreichenden Umweltschutzmaßnahmen ergriffen werden.

In Indien beispielsweise wurde die Gerberei als einträgliche Devisenquelle ab den 70er Jahren gefördert, ohne dass für die Klärung der Abwässer und Ent-

■ Einfuhr von Leder* ausgewählter Ländergruppen 1998 nach Deutschland, in Tonnen

Entwicklungs- und Schwellenländer		Osteuropa	
Argentinien	1.512	Polen	1.305
Bangladesh	49	Russland	517
Brasilien	739	Slowakei	2.376
Indien	1.291	Slowenien	129
Indonesien	267	Tschech. Rep.	247
Mexiko	800	Ungarn	1.530
Pakistan	562	Weißrussland	1.189
Philippinen	206		
Südafrika	430		
Thailand	159		
Uruguay	165		
VR China	132		
Summe	6.312		7 293
In % der Einfuhr	17,6 %		20,3 %

* ohne Lederfaserstoff
Quelle: Verband der Deutschen Lederindustrie 5/1999 nach Unterlagen des Statistischen Bundesamtes, Wiesbaden

sorgung der Abfälle gesorgt wurde. Die fatalen Konsequenzen für die Bevölkerung in den Gerberzentren beschreibt die Aktionsgemeinschaft Solidarische Welt (ASW). Das Ledergewerbe raubt und vergiftet das Wasser, verseucht die Böden, so dass das Land nicht mehr bewirtschaftet werden kann, und macht die Menschen krank. Die Bevölkerung findet außer in Gerbereien keine Beschäftigungsmöglichkeit mehr, viele wandern ab. Weit verbreitet ist die Praxis der Gerbereien, die Felder neben der Gerberei aufzukaufen und zum Versickern der Abwässer zu nutzen. Um an sauberes Trinkwasser zu kommen, müssen Frauen im Nord-Arcot-Distrikt täglich mehrere Stunden laufen. Manche bringen Trinkwasser von ihren Arbeitsstellen mit. Viele junge Leute haben bereits die Dörfer verlassen. *Mindestens 200 Dörfer im Kreis Ambur im Nord-Arcot-Distrikt haben ihr fruchtbares Land eingebüßt.* Ähnlich im südlicher gelegenen Dindigul, das später zum Zentrum der Lederherstellung geworden ist.

Die Sozialorganisation Peace Trust berichtet, dass in der *Region um Dindigul über 300 Hektar Land zur Wüste gemacht worden sind,* acht große Wasserreservoire ausgetrocknet und das Trinkwasser von 350 der 367 Brunnen unbrauchbar geworden ist. Als gesundheitliche Folgen beschreibt Peace Trust, dass *Fehl- und Totgeburten, Lepra, Tuberkulose und Nachtblindheit deutlich häufiger* vorkommen als anderswo.[15] Die Aktion Solidarische Welt, die auch die Region bereist hat, berichtet über *Magen-Darm-Probleme, Asthma oder Wachstumsstörungen bei Kindern und Brechdurchfall bei Säuglingen* aufgrund verseuchter Muttermilch. Die Bevölkerung muss die Konsequenzen tragen. Dieser Raubbau stieß natürlich auch in Südindien auf harsche Proteste. Mit verseuchtem Trinkwasser gefüllte Tonkrüge zerschellten z. B. vor den Büros der zuständigen Beamten, es gab Hungerstreiks. Durch den Druck der Öffentlichkeit wurde in Dindigul eine politische Lösung im gemeinsamen Bau einer Kläranlage anvisiert.[16]

Dindigul ist nur ein Beispiel für viele Standorte in so genannten Entwicklungsländern, in denen *die Durchsetzung von Umweltmaßnahmen auf erhebliche Widerstände stößt, vor allem weil das Geld fehlt.* Seit 1995 hat sich in Indien kaum etwas geändert, schreibt Bernd Scheel/ASW. „Wird eine Ledergerberei wegen Umweltverschmutzung geschlossen, entstehen dafür zwei neue, die kaum besser sind." Kollegin Bruni Weißen sieht selbst in höheren Lederpreisen, die den Bau von Kläranlagen ermöglichten, noch nicht die Lösung des Problems. Auch nicht in der Verwendung von pflanzlichen Gerbstoffen. Denn die *Lederproduktion verbraucht in erheblichem Maße Wasser,* das anderenfalls fehle, auch als Trinkwasser. Und eine geschlossene Kreislaufwirtschaft, die mit wenig Wasser auskommt, sei in der Lederproduktion vorerst nicht zu erwarten.[17]

Impulse zur Verbesserung der Umweltbelastung durch die Gerberei entstehen zum Beispiel auf europäischer Ebene. Im Rahmen der europäischen IVU-Richtline zur integrierten Vermeidung von Umweltproblemen werden unter anderem *„Beste Verfügbare Techniken"* für die Gerbung von Leder zusammengetragen und ausgetauscht, zu denen ein erster Entwurf vorliegt. Hier geht es aktuell nur um Vorschläge und Informationsaustausch, aber nicht um die Formulierung verbindlicher Standards oder Grenzwerte.

Keine unproblematischen Alternativen

Welche Alternativen zum Chromleder stehen zur Verfügung, und wie sind die zu bewerten – diese Frage brennt unter den Nägeln. Durch die Kritik an der Chromgerbung werden zunehmend synthetische Gerbstoffe eingesetzt, die andere, bisher wenig bekannte Nachteile mit sich bringen. Im Auftrag des Bundesministeriums für Wirtschaft und Technologie hat das Forschungsinstitut für Leder- und Kunstledertechnologie Freiberg in Kooperation mit dem Lederinstitut – Gerberschule Reutlingen eine *vergleichende Ökobilanz verschiedener Gerbarten für Möbelleder* durchgeführt.[18] Verglichen wurden Chromgerbung, das Wet-white-Verfahren auf der Basis von Glutardialdehyd und synthetischen Gerbstoffen, eine Kombination aus Chromgerbung und Glutardialdehydvorgerbung und eine vegetabile Gerbung auf der Basis eines Mimosaextraktes. Durch differierende Rezepturen für verschiedene Verwendungsbereiche sind die gewonnenen Aussagen nur begrenzt auf andere Einsatzfelder übertragbar. Die Studie hat nur die Umweltbelastung, nicht den Arbeitsschutz betrachtet.

Der Vorteil der geringeren Schwermetall- und Salzbelastung der Abwässer im *Wet-white-Verfahren* wird mit anderen schwer abbaubaren Stoffen erkauft. Aldehyde, die in den Abwässern aus der Nasszurichtung kommen (Nachgerbung, Färbung, Fettung), wirken auf Wasserorganismen sehr giftig. Als Verwertung der Lederabfälle kommt in erster Linie die Verbrennung in Frage. Chemische Rückstände in den Klärschlämmen (Phenole) sprechen gegen eine Deponierung oder Verwertung im Pflanzenbau. Diese starken Nachteile werden beim *Kombinationsverfahren mit Chrom* abgeschwächt. Vorteil der Variante: Die Gewässertoxizität der „Nasszurichtungsflotten" war am niedrigsten. Als Entsorgung des Lederabfalls kommt wegen der niedrigeren Chromgehalte auch die Verwendung im Pflanzenbau in Frage.

Da von der Studie der Arbeitsschutz nicht berücksichtigt wurde, muss erwähnt werden, dass der Ersatzstoff Glutardialdehyd nach der Gefahrstoffliste als sensibilisierend und fruchtschädigend gekennzeichnet wird und am Arbeitsplatz nur niedrige Konzentrationen in der Luft zulässig sind ($0{,}4\ mg/m^3$). Eine lange Liste von Warnhinweisen muss bei der Kennzeichnung genannt werden: „Giftig beim Einatmen und Verschlucken, verursacht Verätzungen, Sensibilisierung durch Einatmen und durch Hautkontakt möglich und sehr giftig für Wasserorganismen".[19] „Wenn man mit Glutardialdehyd arbeitet, muss das unter strengen Arbeitssicherheitsbedingungen geschehen, beispielsweise in geschlossenen Gefäßen und mit eventuellem Einsatz einer Absauganlage", kommentiert der Verband der Deutschen Lederindustrie.[20]

Die *vegetabile Gerbung* mit Mimosa war am teuersten, hatte den höchsten Wasserverbrauch, die längsten Prozesszeiten. Dabei wurden die größten Mengen an organisch hoch belastetem Abwasser, Schlamm und Lederabfall erzeugt. Die Analyse der Abwässer weist im Vergleich zur Chromgerbung sogar auf höhere Gehalte an schwer abbaubaren Stoffen. Als Abbauprodukte des vegetabilen Gerbstoffs entstehen nämlich auch aggressive Stoffe, die aber nach dem heutigen Stand der Abwasserbehandlung z. B. durch die Zugabe von Fällungsmitteln wieder unschädlich gemacht werden.

Die Vorteile des schwermetallfreien Verfahrens sind andererseits: kein Chrom im Produkt oder in Abfällen. Was die Verwertbarkeit der Lederfalzspäne betrifft, brachte die Mimosagerbung sehr gute Resultate. Positiv bewertet werden die Möglichkeiten der pflanzenbaulichen Verwertung und thermischen Entsorgung. Betrachtet man die Gebrauchseigenschaften für die Verwendung als Möbelleder, fiel die Qualität gegenüber anderen Verfahren deutlich ab. Daher sind vegetabile Leder für Polster kein klassischer Einsatzbereich und ist der Vergleich mangels praktischer Relevanz unter Fachleuten umstritten.

Aus der Sicht des Umweltschutzes scheint heute die Frage nach dem Stand des Arbeitsschutz und der Umwelttechnik, ob mit geschlossenen Anlagen gearbeitet wird, ob die Abwässer aus der Gerberei angemessen geklärt werden und belastete Schlämme auf eine geeignete Deponie kommen oder ob die Gesundheit von Beschäftigten geschädigt, das Leben in Oberflächengewässern zerstört, das Grundwasser verseucht und landwirtschaftliche Nutzflächen belastet werden. Wesentlich erscheint außerdem, bei der Beurteilung den gesamten Prozess zu betrachten, auch in Hinblick auf die Frage der Eignung des Produkts und dessen Langlebigkeit.

Die Firmen LEKA und Schomisch praktizieren die Alternativen

LEKA, seit Jahren in der Öko-Szene bekannt, bietet hauptsächlich mit Alaun (Kalium-Aluminiumsulfat) oder Mimosa *gegerbte Schaffelle*, aber auch daraus gefertigte Felldecken, Hausschuhe, Handschuhe usw. Die Mimosagerbung geschieht mit Rindenextrakt der Schwarzen Akazie, die in afrikanischen und südamerikanischen Plantagen angebaut wird. Von der Wollseite kann das Fell gereinigt werden, von der Lederseite nur bedingt. Für waschbare Felle wählt LEKA die Weiß-Gerbung, wofür in der Gerberei Alaunsalze mit Naturharzen kombiniert werden.

Die Felle werden weder gebleicht, gefärbt noch chemisch gereinigt. Dadurch bleibt das Wollfett im Fell erhalten und schützt vor Anschmutzung. Das Naturprodukt erscheint so an Partien, die der Sonne intensiv ausgesetzt waren, mehr gelblich, erläutern Kalle und Gabi Bensmann, die jungen Geschäftsführer der Firma aus Raisting im Oberland.

Aus *sämisch gegerbtem Hirschleder* fertigen die Raistinger Hosen, Westen und Jacken auf Maß direkt für Endkunden. Sehr exklusive Produkte, die traditionell mit Dorschtran gegerbt werden. Wirksam sind dabei die ungesättigten Fettsäuren in Kombination mit Jod und Luftsauerstoff. 70 Arbeitsgänge und 9 Monate vergehen vom Einarbeiten der Rohhäute bis zum letzten Schleifgang und dem anschließenden Färben mit Farbhölzern. Es entsteht ein Produkt mit sehr angenehmen Trageeigenschaften, allerdings kein Massenprodukt.

LEKA kooperiert mit zwei Gerbereien in Süddeutschland, für die sie hohe Summen in die Klärtechnik investiert haben, um die hiesigen Anforderungen an die Abwasserbehandlung erfüllen zu können.[21]

„ecopell" heißt die Marke für umweltschonendes Leder der Schomisch GmbH in Weidnau, die ursprünglich aus dem Lederhandel kommt. „Der tierische Rohstoff sollte so verarbeitet werden, dass keine schädlichen Stoffe in der Natur angehäuft werden", lautet die Geschäftsidee von Johann-Peter Schomisch. In Arzignano/Italien sammelte der Öko-Pionier erste Erfahrungen mit pflanzlicher Gerbung und wechselte im Jahr 1994 in die Möllerwerke nach Bielefeld, eine deutsche Lohngerberei, die nach höchsten Umweltstandards arbeitet. Seit 1997 produziert Schomisch ausschließlich pflanzlich gegerbtes Leder für die Schuh-, Lederwaren- und Möbelindustrie. Bei ecopell bleibt die Oberfläche naturbelassen, wird mit pflanzlichen Tensiden und Ölen gepflegt; bei Möbelleder dagegen kann Schomisch nicht auf das Angebot Polyurethan-beschichteter Möbelleder verzichten, die lichtechter und pflegeleichter sind als das reine Naturprodukt.

Vorgegerbt wird mit synthetischem Glutardialdehyd, sodass die Gerbung in zwei Tagen möglich wird, das heißt ein industrielles Verfahren zur Massenproduktion. Das Risiko des Gefahrstoffs Glutardialdehyd (s. o.) hält Johann-Peter Schomisch in der hoch technisierten Anlage der Möllerwerke für vertretbar. Nachgegerbt wird mit Gerbstoffen aus den Fruchtbechern der türkischen Eiche, den Fruchtschoten des peruanischen Tarabaumes oder den Wurzeln der einheimischen Rhabarberpflanze. Nicht in Frage kommen Gerbstoffe von Wildpflanzen, deren Bestand durch die Entnahme gefährdet wird, wie bei den Quebrachobäumen, aus denen ein großer Teil der heute verwendeten pflanzlichen Gerbstoffe gewonnen wird. In manchen Regionen Südamerikas soll diese Baumart durch Übernutzung bereits nahezu verschwunden sein.[22] Durch das Kombinationsverfahren reduziert sich der Bedarf an pflanzlichem Gerbstoff auf ein Drittel und das Leder wird wesentlich weicher.

Was potentielle Rückstände an Aldehyden betrifft, haben Untersuchungen zur Hautverträglichkeit von ecopell-Nappaleder durch das Fresenius-Institut sehr gute Ergebnisse erbracht.[23] Schomisch vermarktet seine Produkte u. a. über die Naturtextilversender Hess Naturtextilien und Panda.[24]

Gesundheitliche Risiken durch den Gebrauch von Chromleder

Zur Prüfung der Gebrauchseigenschaften wird Chromleder nach einem genormten Verfahren mit einer künstlichen Schweißlösung ausgelaugt. Dabei wird der Chrom (III)-Gehalt als Anteil der Trockensubstanz des Leders bestimmt. In der oben erwähnten Studie lagen die Chromoxidgehalte im Chromleder zwischen 5 und 18 Prozent. Ein bestimmter Anteil des Gerbstoffs ist nicht fest mit dem Kollagen verbunden und lässt sich unter bestimmten Bedingungen wieder aus dem Leder herauslösen. Gerhard Nickolaus vom Prüf- und Forschungsinstitut für die Schuhherstellung, Pirmasens: „Für Chromleder besteht ein *Richtwert von 200 mg/kg lösliches Chrom-(III)*. Nur in Ausnahmefällen liegt ein Wert darüber. Das ist ein *relativ unkritischer Parameter*. Problematischer ist sicher das sechswertige Chrom."

Rückstände an giftigem Chrom (VI) im Produkt

Das Prüf- und Forschungsinstitut beobachtet aktuell etwa *8–10 Prozent Positivbefunde an Chrom (VI)*.[25] Hier werden etliche tausend Lederproben im Jahr untersucht, ob Polstermöbel, Bekleidungsleder oder Täschnerleder. Besonders auffällig wurden den Chemikern die *Schweinsfutterleder aus China*, die weit über 100 mg/kg an Chromat enthalten können. „Das ist uns bis heute ein Rätsel, wie so extrem hohe Chrom (VI)-Werte erzeugt werden", kommentiert Nickolaus.

Eine nicht unerhebliche Anzahl Lederproben untersuchte auch der TÜV Rheinland. Karl Sander berichtet, dass im Zeitraum von 1997–99 von 910 Lederproben 174 Proben Chrom (VI) in einer Konzentration über 3 mg/kg[26] enthielten. Das entspricht 19,1 Prozent.

1997 prüfte die Zeitschrift Öko-Haus 36 *Handschuhpaare aus Leder*. Dabei fanden die Tester skandalös hohe Rückstände an Chromaten. Auch die Bau-Berufsgenossenschaft Frankfurt am Main analysierte Arbeitshandschuhe aus Leder auf Chromat-Gehalte. Die Oecotrophologin Siglinde Ludwig von der Bau-Berufsgenossenschaft Frankfurt stellte in pakistanischen Arbeitshandschuhen Chrom (VI)-Gehalte bis über 40 mg/kg fest, das Magazin Öko-Haus sogar fast das Dreifache (s. Tabelle). Lederne Arbeitshandschuhe, wie sie normalerweise in Baumärkten angeboten werden, entsprechen der Kategorie I der EN-Norm 388 (420).[27] In der Kategorie II und III muss der Handschuhtyp eine Baumusterprüfung bei anerkannten Prüfstellen bestehen. Dies bedeutet, es dürfen nur bis zu 10 ppm an Chromaten enthalten sein. Dadurch werden die Handschuhe teurer. Insbesondere für Arbeitsplätze, wo größere Stückzahlen benötigt werden, werden die schadstoffgeprüften Handschuhe daher seltener verwendet.

■ **Chrom (VI)-Gehalte in Arbeitshandschuhen aus Leder**

Untersuchung von Öko-Haus 4/1997, 36 Handschuhpaare

Schadstoff	Maximum (mg/kg)	Durchschnitt (mg/kg)	Anzahl belasteter Handschuhe
Chrom (VI)	110	23,8	11

Untersuchung der Bauberufsgenossenschaft Frankfurt, Lederhandschuhe verschiedener Herkunft

Chrom (VI)	1,90	1,48	6/Herkunft Deutschland
Chrom (VI)	–	ca. 20,00	ca. 10/Herkunft China
Chrom (VI)	–	ca. 40,00	ca. 10/Herkunft Pakistan

Quelle: Reinhold Rühl in: Dermatosen 46, Heft 4 (1998), S. 178, Prüfmethode nach EN 420

Kann Chrom (VI) bei der Herstellung und beim Tragen entstehen?

Sechswertiges und dreiwertiges Chrom können durch die Aufnahme oder Abgabe von Elektronen ineinander übergehen. Eine Bedingung dafür ist ein basisches bzw. ein saures Milieu, eine Frage, auf die in der Lederherstellung stark geachtet werden muss. Wie erklärt der Verband der Deutschen Lederindustrie die Herkunft von Chrom (VI)?[28] „Das kann passieren, wenn in Ländern, wo Fragen des Umwelt- und Gesundheitsschutzes weniger eine Rolle spielen, *Gerbprozesse nicht gewissenhaft kontrolliert und geführt* werden, zum Beispiel die pH-Verhältnisse nicht beachtet oder die Leder zum Beispiel nicht richtig neutralisiert werden. Nicht auszuschließen ist, dass in Entwicklungsländern gelegentlich noch unreine Chromgerbstoffe zum Einsatz kommen, indem *aus Preisgründen billiges Chromat* eingekauft und dann unsachgemäß reduzierter Gerbstoff eingesetzt wird. Dagegen ist der Bezug der Chromgerbstoffe von renommierten Anbietern aus der chemischen Industrie frei von diesem Problem. Grundsätzlich ist ein Chromatvorkommen im Leder also sicher vermeidbar."

Auch in der Verarbeitung kann durch *alkalihaltige Klebstoffe*, wenn sie in größeren Mengen verwendet werden, sechswertiges Chrom entstehen. Bis zu einem gewissen Maß puffert das Leder durch seine Säure auch den Kleber. Warum im Moment keine überzeugende Alternative zu den alkalischen Klebern zur Verfügung steht, begründet Gerhard Nickolaus: „Es gibt auch saure Kleber im Angebot, die aber zu langsam abbinden, so dass die geklebten Teile sich zu lange verschieben können. Andere alkalifreie Kleber sind lösemittelhaltig, enthalten unter anderem Aceton oder Ethylacetat. Jahrelang haben wir uns dafür eingesetzt, dass die Hersteller die wässrigen Systeme nehmen sollen. Jetzt wieder umzusteigen, ist für sie nicht so einfach, denn die Betriebe haben sich darauf eingestellt. Und wenn man über Jahrzehnte mit Lösemitteln arbeitet, kann das auch Schäden hinterlassen."

Außer alkalischen Klebern sind auch *kalkhaltige Materialien* im Baugewerbe ein Gefahrenpunkt für die Bildung von Chrom (VI), wenn mit Lederhandschuhen gearbeitet wird.[29]

Denkbar für die Umwandlung von dreiwertigem in sechswertiges Chrom sind auch *extreme Einwirkungen von Hitze oder Sonnenlicht*. Nun stellt sich die Frage, inwieweit bei normalem Gebrauch, zum Beispiel durch den *menschlichen Schweiß*, basische Verhältnisse für die Bildung von Chrom (VI) entstehen können. Denn Leder ist von sich aus relativ sauer. Extrakte liegen bei pH 3–4 und müssten über 7,5 erreichen. Die Ledersalze puffern also den basischen Schweiß eine lange Zeit ab und bringen selbst auch Puffersalze in das Material ein. Bei der Alterung von Schweiß wird dieser basischer, denn der ausgeschiedene Harnstoff wird von Bakterien zu Ammoniak abgebaut. Dabei sind Werte von pH 9 im Schweiß durchaus möglich. Das Deutsche Wollforschungsinstitut hat große individuelle Unterschiede in den ausgeschiedenen Harnstoffkonzentrationen beobachtet.[30] Ältere Untersuchungen an Lederstiefeln mit dem noch fehlerhaften Verfahren zur Bestimmung von Chrom (VI) ermöglichen keine Aussage über die Bildung von Chromat durch Schweißeinwirkung, und aktuelle Untersuchungen liegen zu dieser Frage aus dem Prüfinstitut Pirmasens nicht vor.

Chromat als Allergen

Welcher Anteil Chrom herauslösbar ist, hängt auch in entscheidendem Maße von der Oberflächenbehandlung ab. Aus so genanntem Anilinleder, das nicht gefettet oder lackiert wird, können Stoffe viel leichter in die Haut übergehen. Zudem wird das gefährliche Chrom (VI) viel leichter aufgenommen als Chrom (III). „Es gibt kein Forschungsprojekt, das zeigt, wie viel Chromat ich von der Oberfläche eines Leders aufnehmen kann", erklärt Bernhard Brandt von der Berufsgenossenschaft Leder in Mainz.

Wichtig für die gesundheitliche Beurteilung von Leder sind die Konzentrationen an sechswertigem Dichromat, die pro Flächeneinheit an den Körper abgegeben werden. *Dichromat ist als Kontaktallergen um ein Vielfaches wirksamer als dreiwertiges Chrom.* Erst ab einem Schwellenwert ist eine Sensibilisierung wahrscheinlich oder entsteht bei einer bereits allergischen Person eine Reaktion. Dazu Johannes Geier aus der IVDK-Zentrale (s. u.) an der Universitäts-Hautklinik Göttingen: „Bei Patienten, die *bereits eine Chromatallergie erworben* haben, beispielsweise durch Zement, *reichen i. d. R. ganz niedrige*

Konzentrationen aus, um ein Ekzem auszulösen. Bei solchen Patienten besteht ein erhöhtes Risiko, ein Ekzem auszulösen, vor allen Dingen durch das Tragen von chromgegerbten Lederschuhen. Wenn das Leder korrekt gegerbt ist, lässt sich normalerweise kaum Chrom herauslösen. Aber heutzutage werden auch *Billigleder* verarbeitet, deren Quelle nicht mehr nachvollziehbar ist. Dann ist das Risiko sicherlich höher, dass sich mehr Chrom herauslösen lässt, insbesondere durch den *Fußschweiß. Starkes Schwitzen erhöht das Risiko.* Das *Sensibilisierungsrisiko durch Chromleder ist dagegen deutlich geringer*, weil dazu höhere Konzentrationen notwendig sind. Sowohl das eine wie auch das andere Risiko zu quantifizieren, ist nicht möglich", erklärt der Dermatologe.

Der Dermatologe Hornstein schreibt, dass Chromatsalze äußerst selten als Ursache von Bekleidungsekzemen festgestellt worden sind und eher in der Leder- als in der Textilindustrie eine Rolle spielen.[31] Mehr Aufschluss bringen die Daten des Informationsverbunds Dermatologischer Kliniken (IVDK). Seit 1988 besteht der IVDK, an dem anfangs 9 und heute 30 Hautkliniken die Daten von Patienten mit Kontaktallergien auswerten. Bis Mitte 1997 waren das 50.000 Patienten. Johannes Geier analysierte die IVDK-Daten von Januar 1996 bis Juni 1997 in Bezug auf Patienten mit Verdacht auf Handschuhallergien, das waren 510 Frauen und 212 Männer. Bei den *Männern* konnte er für Dichromat-Allergien eine Häufung feststellen (7,9 Prozent bei männlichen Patienten mit Verdacht auf Allergie durch Handschuhinhaltsstoffe versus 4,6 Prozent der männlichen Vergleichsgruppe ohne). Lässt man die medizinischen Berufe außen vor, steht die Sensibilisierung auf Dichromate bei berufsbedingten Hauterkrankungen mit 20,8 Prozent der Fälle unter den Allergenen vorn. „Da aus dieser Gruppe nur die Hälfte der Patienten mit Dichromat-Allergie aktuell oder früher im Baugewerbe tätig waren, können diese Sensibilisierungen nicht ohne weiteres auf einen früheren Zementkontakt zurückgeführt werden. *Vielmehr ist hier zu vermuten, dass Chromate aus Lederhandschuhen für die Unterhaltung der Kontaktallerige von Bedeutung* sind", schlussfolgert Johannes Geier.[32]

Und wo ist die Ursache von *Dichromat-Allergien bei Frauen* zu suchen, die nur selten mit Zement Kontakt haben? Johannes Geier und Peter Frosch, Direktor der Hautklinik der Städtischen Kliniken Dortmund, analysierten die IVDK-Daten, um die Ursache dieser Allergien auf Dichromat zu erforschen. Während zwischen 1993 und 1997 im IVDK Dichromat-Sensibilisierungen bei Männern von knapp 6 Prozent auf 4 Prozent abnahmen, hielt sich der Wert bei den Frauen zwischen 3,5 und 3,8 Prozent. Von 28.600 Frauen, die auf den Stoff getestet wurden, zeigten 1.024 eine positive Reaktion auf Dichromat. Das Interessante dabei: die Füße waren sechsmal häufiger betroffen als bei der Vergleichsgruppe (bei 101 Patientinnen = 9,9 % versus 1,7 %). Auch die Hände waren bei Dichromat-positiven Frauen häufiger betroffen (in 348 Fällen = 34 %

versus 26%). Gleichzeitig mit der Sensibilisierung auf Dichromat beobachteten die Dermatologen unter den Patientinnen mit Fußekzem eine Häufung auf typische Schuhallergene. Neben Dichromat reagierten sie auf Formaldehyd, das aus der Gerbung bzw. Nachgerbung stammen kann, auf p-Phenylendiamin und verschiedene Azofarbstoffe aus Schuhfarben sowie mehreren Inhaltsstoffen aus Klebern und Gummibestandteilen. Diese *Ergebnisse deuten auf das Chromleder von Schuhen als wahrscheinliche Ursache der Dichromatallergie bei Fußekzem* hin. Dem häufigeren Auftreten der Handekzeme konnten die Dermatologen keine eindeutige Quelle zuordnen.[33]

Wie meistern Allergiker die Lage?

Für Chromatallergiker ist es nicht einfach, geeignete Schuhe zu finden. Alle Teile der Füße können vom Ekzem betroffen sein. Aber ohne geeignete Schuhe geht es nicht, nimmt der Leidensweg kein Ende. Schuhkauf nach dem Prinzip Versuch und Irrtum ist nervenaufreibend und teuer. Pflanzlich gegerbte Schuhe sind die Ausnahme. Susanne Freeman, Dermatologin in New South Wales/Australien beschreibt Strategien, mit denen Patienten mit Schuhekzem größtenteils ihre Probleme in den Griff bekommen konnten. In 23,6 Prozent der untersuchten Fälle (55 Patienten) war die Allergie durch Chromat bedingt. *Für Allergiker ist es in den meisten Fällen sehr schwierig, Herstellerangaben über die entsprechenden Stoffe zu erhalten.* Freemann erzählt von verschiedenen Fällen, in denen sich das Problem gelöst hat, obwohl sie nicht auf Lederschuhe verzichten wollten. Sie wählten unterschiedlich gegerbte neue Schuhe von guter Qualität, zum Teil Spezialanfertigungen. Denn in alten Schuhen sind die Chemikalien durch den Schweiß stärker mobilisiert. Durch tägliches Wechseln der Schuhe können diese besser austrocknen, und doppelte Socken können mehr Schweiß auffangen.

Eine Büro-Angestellte, die unter dem Druck steht, immer modische Schuhe zu tragen, und bereits auf alle möglichen Schuhallergene reagierte, wählte als Strategie, gute neue Qualitäts-Lederschuhe zu tragen und unter dem Schreibtisch, wenn es niemand sehen kann, die Schuhe abzustreifen.[34]

Das Bundesministerium für Gesundheit lehnte es trotz mehrfacher Nachfrage ab, zur Chrom (VI)-Problematik in Gebrauchsgegenständen aus Leder bzw. Textilien Stellung zu nehmen. Die Frage steht im Raum, ob hier ein Handlungsbedarf vonseiten der Bundesregierung gesehen wird. *Verschiedene Gremien seien mit dem Thema beschäftigt,* begründet das Bundesgesundheitsministerium, aber aufgrund der Arbeitsbelastung des entsprechenden Bereichs sei es nicht vertretbar, mich hierüber in Kenntnis zu setzen.

Bisher besteht *für Chrom (VI) keine spezielle Regelung im Lebensmittel- und Bedarfsgegenständegesetz.* Nach der Chemikalienverordnung (Abschnitt 20) dürfen Stoffe und Zubereitungen, die an den privaten Endverbraucher abgegeben werden, bestimmte Grenzwerte von als krebserzeugend, erbgutverändernd oder fortpflanzungsgefährdend eingestuften Stoffen (lt. Gefahrstoffverordnung) nicht überschreiten. Diese Regelung trifft aktuell noch nicht auf Chrom (VI)-Verbindungen zu, da sie nur als atembare Stäube als Krebs erregend eingestuft sind, nicht aber bei Hautkontakt.

Ein Teil der Hersteller bzw. Händler untersucht im Rahmen der Qualitätssicherung auf Rückstände an Chrom (VI), wie zum Beispiel gemäß „Öko-Info für Leder" des Dialog Textil-Bekleidung. Für Verbraucher ist *schadstoffgeprüftes Leder* außerhalb der Öko-Schiene nur selten gekennzeichnet. Vor allem die Chromat-Allergiker sind zudem darauf angewiesen, dass das Gerbverfahren gekennzeichnet ist und ein alternatives Angebot pflanzlich gegerbter Ware besteht.

Es gibt wenige positive Ausnahmen. Einige Öko-Label für Leder untersuchen u. a. auf Rückstände von Chrom (VI)-Salzen: das SG-Schadstoffgeprüft-Siegel des TÜV Rheinland und das Siegel „Leder, umweltgerecht hergestellt, schadstoffgeprüft" von der Gerberschule Reutlingen.

Literaturhinweise, Anmerkungen:

1 Heinz-Peter Germann, in: Gerbereiwissenschaft und Praxis 1995, S. 8–17

2 Verbraucher-Zentrale Hamburg e.V.: Betrifft: Leder – Bekleidung, Schuhe, Möbel, Hamburg 1997, Seite 10; „In einigen Ländern, besonders in Asien, wird aber auch heute noch die so genannte Zweibadchromgerbung eingesetzt", schreiben Geier, Nickolaus und Fuchs. Vgl. J. Geier, G. Nickolaus und Th. Fuchs: Durch Lederschuhe provozierte Psoriasis pustulosa plantaris bei Chromatallergie. In: Allergologie, Jhg. 18, 10/1995, S. 433–435

3 Montanaro, Ceppi, Demers, Puntoni, Bonassi 1997, s. Azofarben

4 Die Entwicklungsorganisation aus Berlin betrachtet die Lederproduktion und Verarbeitung aus entwicklungspolitischer Sicht. Sie hat 1995 eine Materialsammlung zur Lederindustrie zusammengetragen, eine Diaserie und eine zusammenfassende Broschüre erstellt. Aktionsgemeinschaft Solidarische Welt: Es stinkt zum Himmel … Materialsammlung zur Lederindustrie (8 DM); Broschüre ASW-Test: „Es stinkt zum Himmel"; Dia-Serie zur Ledergerberei in Südindien (15 DM Ausleihgeb.); Bezug: ASW, Hedemann-

str. 14, 10969 Berlin, Tel. 0 30/2 51 02 65, Fax: 2 51 18 87

5 P. Krishnaswamy: Dindigul: Eine Region wird zur Wüste gemacht, in: Südasien 1–2/1992, nach ASW, Berlin 1995, s. o.

6 Bruni Weißen: Sie werden uns das Leben noch schwer machen. In: Südasien 4/93, nach ASW 1995, s. o.

7 B. Trommer, H.-J. Kellert: Ökologischer Vergleich der Gerbarten. Juli 1999, Gerbereifachschule Reutlingen

8 Alexander/BLC 1992, nach Germann 1995

9 GMBl. 1996 S. 729

10 Klaus Hellinger, Rita Mühlbach, FILK GmbH, Freiberg: Entfernung von Chromverbindungen aus Prozeßflotten der Naßzurichtung. In: Das Leder 4/1997, S. 77–85

11 Germann 1995

12 Trommer/Kellert 1999, s. o.

13 Hellinger/Mühlbach 1997, s. o.

14 Germann 1995, S. 15

15 P. Krishnaswamy 1992 s.o. nach ASW 1995

16 „Es stinkt zum Himmel", ASW 1995

17 Bruni Weißen, in: Es stinkt zum Himmel, Materialsammlung, S. 51

18 Trommer/Kellert 1999

19 vgl. BIA-Report: Gefahrstoffliste 1998: Gefahrstoffe am Arbeitsplatz, St. Augustin 1998, S. 332

20 Für Aldehyde gibt es bei Leder bisher keine begrenzenden gesetzlichen Vorschriften, nur Empfehlungen von Prüfinstituten, die sich im Bereich von 150 bis 200 ppm bewegen.

21 Adresse: LEKA, Kalle und Gabriele Bensmann, Gewerbegebiet 4, 82399 Raisting, Tel. 0 88 07/9 19 14 oder 9 41 70, Fax 08807/1241

22 Schournal, Akutelles aus dem Hause Schomisch, Essen-Kettwig, Nr. 1, Mai 1996, S. 1–2

23 Schournal, Schomisch, Essen-Kettwig, Nr. 6, Mai 1998, S. 4

24 Bekleidung Wear 3/1999, S. 43; Schomisch GmbH, Johann-Peter Schomisch, Heinrich-Nicolausstr. 31, 87480 Weidnau, Tel. 0 83 75/92 19-0, e-mail: schomisch.

kettwig@t-online.de, Internet: http://www.ecopell.de

25 mit über 3 mg/kg, Werte unter 3 gelten als zu unsicher nach dem derzeit verfügbaren Verfahren

26 Bestimmungsgrenze/Verfahren: DIN 53314

27 Für Schutzkleidung sieht das EU-Recht eigene Regelungen vor. Die EU-Norm 420 beschreibt Anforderungen an Handschuhe. Die Regelung ist schon an sich widersprüchlich. Einerseits dürfen demnach alle Teile, die in direktem Kontakt mit dem Benutzer stehen, nicht die Gesundheit und Hygiene des Benutzers schädigen. Andererseits muss der Hersteller alle potentiellen Allergene darin angeben. Für das Krebs erregende Chrom (VI) wird ein Grenzwert von 2 mg/kg angegeben. Die anerkannten Prüfstellen können nach dem aktuelle Verfahren 3 mg/kg zuverlässig bestimmen.

28 – die Beachtung der Nachweisgrenze und korrekte Analytik vorausgesetzt

29 Bericht der Arbeitsgruppe Textil beim BgVV vom 29.9.1998, ursprünglich für Bundesgesundheitsblatt 3/99 angekündigt

30 Susanne Gudewill: Schweiss – Zusammensetzung, physikalische Eigenschaften und Verhalten in Textilien. In: Textilveredlung 23/1988, S: 265–268

31 Otto P. Hornstein: Textilverträglichkeit bei Hautkrankheiten. In: Melliand Textilberichte 3/1989, S. 222–227; (S. 224)

32 Dermatosen 46, Heft 4 /1998, S. 179

33 Vortrag auf einer Tagung der Arbeitsgemeinschaft Berufsdermatologie (ABD) (04.–06.03.1999) von J. Geier (IVDK-Zentrale an der Universitäts-Hautklinik Göttingen) und Peter J. Frosch (Hautklinik der Städt. Klinik Dortmund, Lehrstuhl Dermatologie der Universität Witten/Herdecke) in Aachen: „Verbreitung und Bedeutung von Dichromat als Allergen bei Frauen".

34 Susanne Freeman: Shoe dermatitis, in: Contact Dermatitis, Jhg. 36, S. 247–251/1997

Kapitel 4: Management

Pilotprojekt | Kapitel 4.1
Stoffstrommanagement bei Triumph

Was die „Enquete-Kommission Mensch und Umwelt" in Ansätzen schon 1994 für die Textilbranche versucht hat, hat das Öko-Institut für ein Unternehmen differenziert durchgeführt, ein Umweltmanagement, das die Stoffströme der gesamten textilen Kette berücksichtigt.

Im Oktober 1998 hat das Freiburger Öko-Institut nach einem Jahr seinen Abschlussbericht zum *Forschungsprojekt „Stoffstrommanagement und Bewertung im Textilbereich"* vorgelegt. Auftraggeber sind das Ministerium für Umwelt und Verkehr Baden-Württemberg und die Triumph International AG, Heubach. Es war eine Premiere im doppelten Sinne: Das Pilotprojekt erstellte zum ersten Mal eine Stoffstromübersicht für einen bedeutenden Konfektionär und entwickelte ein neues ökologisches Bewertungssystem im Textilbereich. Erstmals liegt damit für ein Unternehmen ein ökologisches Informationssystem vor, das eine wesentlich umfassendere Datenbasis bietet.

Eine neue Methode

Mitte der 90er Jahre wurde der Begriff des Stoffstrommanagement geprägt, aus der Einsicht, dass es im Umweltschutz nicht ausreicht, jeweils einem neuen Schadstoff des Monats den Kampf anzusagen. Die qualitative und quantitative Relevanz von Umwelteinflüssen muss in der Gesamtschau betrachtet werden. Der neue Ansatz steht für die zielorientierte, effiziente und medienübergreifende Beeinflussung von Stoffströmen durch viele beteiligte Akteure. Stoffflüsse, das sind Umsätze von Materialien, Energieträgern, Produkten, Abfällen oder Schadstoff-Emissionen. Die Zielvorgaben stammen aus dem ökologischen und ökonomischen Bereich und berücksichtigen auch soziale Aspekte.

Die Stoffstromübersicht für Triumph International bezieht wie eine Produktlinienanalyse vor- und nachgelagerte Prozesse wie Herstellung der Vorprodukte, Waschen oder Entsorgen mit ein, beschränkt sich aber nicht auf ein Produkt, sondern bildet eine Jahresbilanz des In- und Outputs der Stoffflüsse, die mit einer Jahresproduktion an Bekleidung von Triumph verbunden sind.[1]

Den Nutzen dieser Sisyphusarbeit sieht Dirk Bunke, Projektleiter beim Öko-Institut, in konkreten quantitativen Aussagen: „Es ist gut zu wissen, an diesem Produkt oder jener Leistung hängen so und so viele Kilogramm CO_2, SO_2 oder NO_x, dass man die Zahlen konkret auf dem Tisch hat und Veränderungen hochrechnen kann." Teilbilanzen und Detailuntersuchungen würden sehr viele erstellt, aber in den seltensten Fällen vor dem Hintergrund einer orientierenden Totalperspektive. Dabei sei der Aufwand dafür eher niedriger. *„Wer die Übersicht als Hintergrund hat, tut sich viel leichter zu entscheiden, wo gehe ich ins Detail",* urteilt Bunke.

Bei der *ökologischen Bewertung von Stoffströmen und Produkten* unterscheidet das System *Kriterien für branchenübergreifende Umweltproblemfel-*

der, die sich auf die Emission von Massenschadstoffen, den Ressourcenverbrauch und das Abfallaufkommen beziehen, und *Kriterien für textil- und bekleidungsspezifische Problemfelder*. Hierzu zählen problematische Abwasserbelastungen bzw. Einsatzstoffe oder die Humanverträglichkeit der Produkte. Neben gesellschaftlich festgelegten Zielen wie dem CO_2-Reduktionsziel oder dem Kreislaufwirtschafts- und Abfallabgabengesetz fließen auch diskutierte Umweltziele und soziale Kriterien ein, wie sie u.a. aus anerkannten Gütesiegeln für Textilien ablesbar sind (s. Abbildung).

■ **Struktur und Elemente des integrierten ökologischen Bewertungssystems für den Textil- und Bekleidungsbereich**

Branchenübergreifende Umweltproblemfelder

Rohstoffverbrauch

Energieverbrauch

Schadstoff-Emission

Klimarelevante Schadstoffe
Säurebildner
Photooxidantienbildner

Wasserverbrauch

Abfallaufkommen

Branchenspezifische Umweltproblemfelder Textil- und Bekleidungsbereich

Problematische Abwasserbelastung

Ökotoxische Wirkung

Mutagene Wirkung

Endokrine Wirkung

Gehalt an persistenten Stoffen

Problematische Einsatzstoffe

Eingangsfilter Humantoxikologie

Eingangsfilter Ökotoxikologie

Pestizide, Biozide, Düngemittel

Humanverträglichkeit der Produkte

Schadstoffgehalt

Allergisierende Stoffe

Mutagene Stoffe

Migrationspotential Gefahrstoffe

Für die ökologische Bewertung der Massenströme werden die erhobenen *Daten bestimmten Umweltproblemen zugeordnet und in Gesamtwerten zusammengefasst.* Folgende Problemfelder werden berücksichtigt:

1. Verbrauch *energetischer Ressourcen* (Energieaufwand an Primärenergie),
2. Verbrauch *nichtenergetischer Ressourcen* (Wasser, Mineralien),
3. *Treibhauseffekt* (Kohlendioxid, Methan, Lachgas),
4. *Versauerung von Ökosystemen* durch die Emission von Säuren bzw. sauer reagierenden Gasen (Stickoxide, Schwefeldioxid, Salzsäure, Flusssäure),
5. *Bildung von Photooxidantien:* Emissionen von leicht flüchtigen organischen Verbindungen einschließlich Methan (VOC, Volatile organic compounds) und leicht flüchtigen organischen Verbindungen ohne Methan (NMVOC, Non-methane-volatile organic compounds),
6. *Eutrophierung von Ökosystemen* (Verbrauch an Düngemitteln),
7. *Abfallaufkommen* differenziert nach Abfallarten,
8. Verbrauch an *Pestiziden.*

Für den Treibhauseffekt und das Versauerungspotential stehen für die Einzelschadstoffe Gewichtungsfaktoren zur Verfügung, sodass ein Gesamteffekt errechnet werden kann. Die Photooxidantien werden nicht gewichtet, sondern als Summenparamter angegeben.

Einige Schadstoffe sind durch die Vergabe von Umweltbelastungspunkten vergleichbar. Sie können auf der Basis nationaler Umweltziele für einzelne Schadstoffe (die CO_2-, SO_2- und VOC-Emissionen) errechnet werden. Dirk Bunke erklärt den Vorteil der Bewertungsform: „Sie ermöglichen es im Einzelfall Handlungsmöglichkeiten zu vergleichen. Wir haben vielleicht Handlungsoption A ‚hohe CO_2-Emissionen aber niedrige SO_2-Emissionen‘ und Handlungsoption B ‚niedrige CO_2-Emissionen und hoher SO_2-Ausstoß‘. Wenn Sie in dem Fall entscheiden müssen, müssen Sie CO_2- und SO_2-Emissionen gegeneinander abwägen. In der Gewichtung kommt die gesellschaftliche Wertung zum Ausdruck."

Bei der Bewertung *problematischer Abwasserbelastungen* werden *Indikatoren für vier Eigenschaften* vorgeschlagen: Das sind die toxischen Wirkungen auf Wasserorganismen (Tests mit Fischen, Algen oder Leuchtbakterien), die erbgutverändernden Wirkungen (Ames-Test, Hamsterzelltest), der Gehalt an schwer abbaubaren Stoffen (Zahn-Wellen-Test) und die hormonellen Wirkungen (verschiedene Testverfahren werden derzeit vereinheitlicht)[2].

Um vorbeugend Produktions- und Produktbelastungen zu vermeiden, wird empfohlen, in der Produktion eingesetzte Chemikalien vorab auf humantoxische bzw. ökotoxische Eigenschaften zu testen.

Der *„Eingangsfilter" Humantoxikologie* erlaubt eine Einschätzung der Arbeitsstoffe und eine erste Abschätzung des fertigen Produkts. Für eindeutig kanzerogene, erbgutschädigende oder fruchtschädigende Substanzen (gemäß Technische Regel für Gefahrstoffe 905), die vorrangig ersetzt werden müssen, wird als Kenngröße die Gesamtmenge angegeben. Für andere Gefahrstoffe wird aus den R-Sätzen das Wirkpotential abgeleitet, aus dem *kombiniert mit der Flüchtigkeit und dem Verfahrensrisiko Gefahrstoff-Einheiten errechnet und zusammengefasst* werden. Stoffe mit minimalen Risiken nach TRGS 440 werden zur Gesamtmenge gesundheitlich unbedenklicher Eingangsstoffe aufsummiert. Außerdem sollten bereits bekannte problematische Einzelstoffe und Stoffgruppen aufgeführt werden. Zur Prüfung werden im Auftrag des Berliner Bundesinstituts für gesundheitlichen Verbraucherschutz und Veterinärmedizin (BgVV) neue Bewertungsansätze diskutiert und Testverfahren entwickelt. Biologische Testverfahren mit dem ganzen Produkt wie der Ames-Test können die Einzelstoffuntersuchungen sinnvoll ergänzen.

Der *„Eingangsfilter" Ökotoxikologie* empfiehlt eingesetzte Stoffe durch ihre *Wassergefährdungsklasse zu charakterisieren* und zu bilanzieren. Die eingesetzten Textilhilfsmittel sollten zusätzlich den *Klassen I, II und III* (nicht bis stark abwasserrelevant, s. S. 47) *der TEGEWA* (Verband der Textilhilfsmittel-, Lederhilfsmittel-, Gerbereihilfsmittel- und Waschrohstoffindustrie) zugeordnet werden. Stoffe, die nicht jeweils unter die erste Kategorie fallen, werden als ökologisch besonders problematisch eingestuft. Ergänzend sollten bereits bekannte Problemstoffe berücksichtigt werden.

„Wir hätten gerne, dass man von jedem Textilhilfsmittel die Rezeptur kennt", wünscht sich Bunke. Aber die Rezepturen der Textilhilfsmittel und -farbstoffe werden seitens der Hersteller und Anwender möglichst vertraulich behandelt. So mussten die Forscher öfters mit Vergleichsdaten arbeiten, da die Farb- und Textilhilfsmittelhersteller sich nicht in die Karten schauen lassen wollten. „Wir haben ganz bewusst, weil es Vertraulichkeitsprobleme gibt, beim ökologischen Eingangsfilter auf die freiwilligen Vereinbarungen, die derzeit von der TEGEWA und TVI (Gesamtverband der deutschen Textilveredlungsindustrie) erprobt werden, Bezug genommen, die innerhalb der nächsten Jahre zu einer wesentlich höheren Transparenz führen sollen. Es wird dann bekannt sein, welche Textilveredlungsmittel eingesetzt werden und ob sie in die Klasse I, II oder III gehören", erklärt der Projektleiter.

Von Verbraucherseite hat in den letzten Jahren nicht nur eine Sensibilisierung in ökologischen Fragen, sondern auch gegenüber den *sozialen Bedingungen* der Produktion stattgefunden, gerade im Textil- und Bekleidungsbereich. Das Öko-Institut empfiehlt dem Konfektionär, sich bei der Formulierung von Mindestanforderungen an bekannten und akzeptierten Standards wie dem *Verhaltenskodex der Clean Clothes Campaign* oder den sozialen Kriterien des Arbeitskreis Naturtextil (jetzt *IVN*) zu orientieren. Grundlage sollten auf jeden

Fall die zentralen *Anforderungen der Internationalen Arbeitsorganisation (ILO)* sein.

Vergleich von Handlungsalternativen

Bei der Stoffstromübersicht handelt es sich um einen neuen methodischen Ansatz, der an bereits bestehende internationale Normen und Bewertungssysteme anknüpft. Der Projektleiter sieht die Stoffstromübersicht allerdings nicht als Konkurrenz zu Öko-Audit oder Öko-Bilanz: „Wir stellen ein Instrument vor, das eine orientierende Übersicht ermöglicht, auf der speziellere Instrumente sinnvoller eingesetzt werden können als bisher." Das *Informationssystem kann als Entscheidungsgrundlage im Umweltmanagement, in der Produktentwicklung und für den Dialog mit Kunden und Lieferanten* dienen.

Das Bewertungssystem ist handlungsbezogen und hat die vergleichende Bewertung als Schwerpunkt. Je nach Fragestellung können damit gezielt die ökologischen Auswirkungen *verschiedener Handlungsalternativen verglichen* werden. Der Fokus kann auf die Totalperspektive schalten und beispielsweise den Gesamtenergieverbrauch nach Aktivitäten analysieren, es können aber auch einzelne Handlungsfelder näher betrachtet werden oder produktbezogene Bilanzen leichter bewertet werden.

Die Anwendbarkeit wurde vorab *mit Vertretern der Branche und der Behörden diskutiert.* Bei einem Akteursworkshop waren u.a. Vertreter der TEGEWA, des Dialog Textil-Bekleidung, der Lieferanten und des Bundesinstituts für gesundheitlichen Verbraucherschutz und Veterinärmedizin (BgVV) mit dabei. Dirk Bunke ist froh über den Austausch u.a. mit der Textilforschung: „Wir haben in diesem Projekt mit einem Projektbeirat gearbeitet, in dem u. a. Mitarbeiter des TVI Denkendorf dabei waren, und wir sind sehr froh darüber, dass wir hier einen fruchtbaren Austausch hatten. Die Textilforschungsinstitute haben auf der einen Seite eine genaue Detailkenntnis, was zum Beispiel die Färbeverfahren angeht, Optimierungspotentiale und dergleichen. Wir bringen ein breites und produktübergreifendes Wissen ein, was Produktlinienanalysen und Ökobilanzen betrifft."

Die *Herstellung der Agrarchemikalien und Textilhilfsmittel/-farbstoffe wurde aus dem System ausgeklammert.* Auch wird nicht zwischen nachwachsenden und fossilen Rohstoffen differenziert. Zur Gegenüberstellung von Produktalternativen der konventionellen mit der Naturtextilschiene fehlen so wesentliche Schritte. Aus diesen Gründen erklärt Bunke: „Im Projekt konnten wir nur eine erste orientierende Stoffstromübersicht realisieren. Nachwachsende Rohstoffe und die Berücksichtigung der Düngemittelherkunft haben wir als typische Vertiefungsaufgaben und Notwendigkeiten formuliert. Diese Schritte sind sehr aufwendig. Wir haben jetzt praktisch diese Übersicht von Null an angelegt. Mehr konnten wir in dem Zeitrahmen von einem Jahr nicht realisieren." Ob Triumph das System noch differenzieren wird, ist noch nicht diskutiert. Dazu Harald Heigl, Leiter des Umweltreferats, der bei Triumph International in München für das Projekt zuständig ist: „Wir müssen uns erst einmal *mit dem neuen System vertraut machen* und es einige Runden anwenden, dann können wir neue Felder bearbeiten." Für die weitere Datenerhebung wurde die Vorgehensweise ausführlich dokumentiert und die Anwendung des Bewertungssystems bei Triumph in Seminaren und Diskussionen vorbereitet. Hier knüpft das *Anschlussprojekt zum ökologischen Bewertungssystem* an, das seinen Schwerpunkt auf der Bilanzierungssoftware Umberto hat. Um den permanenten Datenfluss neuer Daten zu regeln, müssen Schnittstellen festgelegt werden. „Welche Fachabteilungen müssen Daten zuliefern, wie müssen die aufbereitet sein und wer kann von der Software profitieren – die Produktentwicklung, der Einkauf oder die Verwaltung? Das heißt auch Schulungen auf Umberto, einer relativ komplexen Software, die zum Leben gebracht werden muss", umschreibt Heigl die Perspektiven.

In Zukunft geht es beim betrieblichen Umweltschutz um mehr Effizienz der Maßnahmen. Doch die *ökonomischen Daten werden vom System nicht gleichzeitig sichtbar gemacht.* Dirk Bunke: „Wir haben jetzt dem Unternehmen eine Möglichkeit gegeben, dass es in quantitativer Weise sagen kann, die und die ökologischen Auswirkungen hängen an einer bestimmten Handlungsoption. Was die Option kostet, müssen andere Leute sagen." Beim Öko-Audit war der Anreiz des Kostensparens ein wesentlicher Motor. Den ökonomischen Anreiz schätzt der Projektleiter fürs Stoffstrommanagement ähnlich ein: „Man hat eher Einsparmöglichkeiten bei den Eingangsmaterialien, also beim Zukauf der textilen Vorprodukte, und kann *Ausgaben für Umweltschutzmaßnahmen sinnvoller zuordnen*, weil man vorher überlegen kann, wo es sich lohnt oder nicht."

In der Darstellung der Ergebnisse betont das Öko-Institut zwar den Stellenwert einer sozialverträglichen Produktion. Doch die Sozialverträglichkeit ist nicht Gegenstand des ökologischen Bewertungssystems. „Ursprüngliche Aufgabenstellung war, ein ökologisches Bewertungssystem zu entwickeln", begründet Bunke. „Ökologie spielt sich heutzutage im *Gesamtfeld Nachhaltigkeit* ab. Damit sind die sozialen Aspekte dabei. Wir sollten im Projekt auch aufzeigen, was in Zukunft in der Bewertung wichtiger werden wird. Und diese sozialen Aspekte werden aus unserer Sicht in Zukunft wichtiger. Deswegen war es für uns ein Anliegen, dass wir es hinein nehmen. Es hat aber in der Tat nicht das Gewicht erhalten können, als wenn wir von Anfang an mit einem Nachhaltigkeitsthema beauftragt worden wären."

Inwieweit lassen sich einzelne Ergebnisse des Projektes nun auf andere Unternehmen der textilen Kette übertragen? Geht das nur für Konfektionäre oder auch für andere Unternehmen? Dazu Bunke: „Wenn man sich anschaut, wie die Stoffstromübersicht gegliedert ist – in produktbezogene und produktunabhängige Stoffströme – findet man *viele Handlungsfelder, die auch andere Unternehmen betreffen: Beispiel Einkauf, Vertrieb, Marketing mit den Werbemitteln.* Das sind Geschäftsbereiche, wo auch vergleichbare Umweltauswirkungen zu erwarten sind. Ein Unternehmen, das sich diesen Überblick verschaffen möchte, kann vergleichen und schauen, wo gibt es vielleicht Änderungen, aber kann sonst methodisch in gleicher Weise vorgehen. Darin steckt der Pilotcharakter."

Ergebnisse und erste Konsequenzen

Von der Firmenphilosophie gehört für Triumph ökologisches Wirtschaften zu den Grundvoraussetzungen. Seit 1994 ist das Unternehmen Mitglied im Bundesdeutschen Arbeitskreis für Umweltbewusstes Management (B.A.U.M. e.V.), der sich einem vorbeugenden und ganzheitlichen Umweltschutz verpflichtet hat. Die Stoffstromübersicht von Triumph zeigt, dass von einem Konfektionär dieser Größenordnung (1997 Umsatz der Gruppe Deutschland: *460.587 TDM; 2.419 Mitarbeiter in Deutschland) erhebliche Stoffströme ausgelöst und beeinflusst werden, die sich jährlich in einer Größenordnung von mehreren tausend Tonnen bewegen.* Wie vergleichbare Unternehmen produziert Triumph hauptsächlich im Ausland, d.h. lässt in Osteuropa nähen und kauft Fertigwaren aus Fernost bzw. Portugal und der Türkei zu. Einen Auszug aus der Stoffstromübersicht zeigt die Tabelle (s. u.).[3] Sie zeigt Stoffströme, die mit einer Jahresproduktion Bekleidung der Triumph International AG verbunden sind. Dargestellt werden exemplarisch ausgewählte Einzeldaten aus der Input-Output-Bilanz von Triumph und aus der zugehörigen Stoffstromübersicht, die vor- und nachgelagerte Prozesse mit berücksichtigt. Vergleicht man die Daten aus der Input-Output-Bilanz Triumph mit der Stoffstromübersicht, wird deutlich, dass *erst die Berücksichtigung vor- und nachgelagerter Prozesse ein vollständiges Bild der damit verknüpften Stoffströme und Umweltbelastungen* zeichnet. „Welche ökologische Relevanz das hat, was wir tun in der Kette, ist mit den ermittelten Daten, Zahlen und Fakten gut herausgekommen", urteilt Heigl. Bei Primärenergie und Abfällen liegen der Verbrauch bzw. Anfall außerhalb der Werkstore zum Beispiel sechsmal so hoch, im Bereich Wasser/Abwasser ist das Verhältnis noch wesentlich krasser. Mit Stolz werden bei Triumph die Energiesparerfolge im Werk Heubach zitiert, wo sie als Erste mit Siemens eine Heizungsregulation eingeführt haben, die einzelne Räume unabhängig regelt, oder elektronische Vorschaltgeräte, die die Nähmaschinen nur während des Nähvorgangs mit Strom versorgen. Die Gebäude wurden wärmegedämmt, die Heizung von Heizöl auf Erdgas umgestellt. Seit 1999 sollen die textilen Reststoffe einer Pyrolyse zugeführt werden und die zurückgewonnenen Rohstoffe eine Wärme-Kraft-Kopplungsanlage betreiben.

■ **Auszug aus der Stoffstromübersicht der Triumph International AG**

Direkte Input-Output-Bilanz Triumph		Stoffstromübersicht einschließlich Vor- und Nachketten	
Ausgewählte Einzeldaten		Ausgewählte Einzeldaten	
Textile Vorprodukte	2 454 t		
Fertigwaren	751 t		
Betriebsmittel	149 t		
Verpackungen	1 100 t		
Werbemittel	1 004 t		
Verkaufte Produkte	2 900 t		
		Düngemittel	250 t
		Pestizide	3 t
		Appreturchemikalien	60 t
		Farbstoffe	35 t
		Textilhilfsmittel	570 t
		Druckfarbe	10 t
		Druckchemikalien	16 t
		Waschmittel	3 000 t
Primärenergie Direktbezug Triumph (Strom, Erdgas, Heizöl)	$2,6 \times 10^{11}$ kJ $\xleftrightarrow{\times 6}$	Primärenergie gesamt	$1,5 \times 10^{12}$ kJ
Wasserverbrauch	15 800 m³ $\xleftrightarrow{\times 2 600}$	Wasser gesamt	40 500 000 m³
Abwasser, sanitär	15 800 m³ $\xleftrightarrow{\times 27}$	Abwasser, Veredlung	400 000 m³
	$\xleftrightarrow{\times 130}$	Abwasser, Waschen	2 000 000 m³
		CO_2	85 000 t
		NO_x	180 t
		VOC	270 t
		SO_2	110 t
Abfälle Triumph	1 406 t $\xleftrightarrow{\times 6}$	Abfälle gesamt	8 100 t

„Die Abwasserbelastung ist etwas Zentrales, wo der Konfektionär in einem Öko-Audit kein Problem hat. Dort fällt nur Sanitärabwässer und sonst gar nichts. Seine zentrale Aufgabe liegt in der Kommunikation mit dem Lieferanten beim Einkauf", erklärt Bunke.

Dieter Braun, einer der vier Geschäftsführer und Gesellschafter von Triumph, räumt offen ein, was Insider ohnehin wissen: *„Wenn wir keine Farben hätten, dann hätten wir sehr viel weniger Probleme."* Immerhin 40 Prozent der Produktpalette sind farbig. „Wir müssen immer wieder neue Optiken, neue Eindrücke mit unseren Produkten schaffen, um uns vom Vergangenen abzuheben. Das ist der Spannungsbogen, in dem wir uns mit der Mode befinden", so Braun. Bei der *Forderung nach umwelt- und gesundheitsverträglichen Farbmitteln* gehört der Miederwarenhersteller international zu den treibenden Kräften: „In Verbindung mit den Farbstoffherstellern und den Ausrüstungsmittelherstellern hat sich in den letzten Jahren viel getan. Das ist ein sehr zäher und mühsamer Prozess. Die Bundesrepublik oder Mitteleuropa, das sind die treibenden Kräfte. Je weiter die Chemieindustrie aus Europa abwandert, umso mehr ist ein statisches Verhalten zu beobachten, das nur durch die Großkunden, sicher auch durch uns, in Bewegung gesetzt wird. Die europäischen Warenverarbeiter sind zwar nicht unwichtig, haben aber nicht mehr den Stellenwert, den sie vor 10 oder 20 Jahren hatten."

Triumph muss also stark mit vor- und nachgelagerten Akteuren zusammenarbeiten, um effektiv Umweltschutz betreiben zu können. „Wir gehen zur ganzen textilen Kette bis zur Faserindustrie, haben zu den Textilmaschinenherstellern Verbindung, selbstverständlich mit den Veredlern und Konfektionsmaschinenherstellern, und für die Gebrauchsphase sind sicher die Waschmittelhersteller ein wichtiger Partner", beschreibt Braun die eigene Vernetzung.

Die Herstellung textiler Vorprodukte, worunter die Herstellung der Fasern, Garne und Gewebe bzw. Gewirke fällt, ist fast bei allen Umweltproblemen das wichtigste Handlungsfeld. Das belegt die Analyse.

Mit dem *„ökologischen Eingangsfilter"* soll es als produktbezogenes Instrument weitergehen. Schon in den vergangenen fünf bis sechs Jahren hat Triumph etwas Ähnliches praktiziert, nämlich einen „ökologischen Brief" von Lieferanten eingefordert neben Informationen zu den technischen Anforderungen. Dieser orientierte sich im Wesentlichen an den *Anforderungen des Öko-Tex Standard 100.* Zusätzlich fordert Triumph den *Verzicht auf Chlorbleiche, formaldehydfreie Ausrüstung bei Damenunterbekleidung und nickelfreie Materialien* bei Metallteilen. 40 bis 50 Prozent des Sortiments werden auch von einem Testinstitut zertifiziert und erhalten den Button. Dass es nicht mehr ist, ist auch eine Frage der Kosten.

In einem neuen Forschungsprojekt arbeitet das Öko-Institut nun an einem softwaregestützten *Informationssystem, das genaue Aussagen machen können soll über den Lieferanten, das textile Vorprodukt, Inhaltsstoffe* usw. „Genau wissen wir es auch noch nicht, was drin sein muss", räumt Heigl ein. „Wir haben ein Stück weit ein Vorbild, das ist die Firma Kunert. Nun ist der Hersteller nicht ganz mit uns zu vergleichen, weil Kunert auch selbst färbt usw ... Es wird in jedem Fall so, dass wir ausgewählte Vertreter aus den Vorstufen einbeziehen und überlegen werden, was kann man da optimieren."

Durch den Wandel der Textilbranche ist das Feld in der Vorindustrie in den verschiedenen Sparten, speziell in der Hauptgruppe Damenunterbekleidung, schon stark zusammengeschmolzen, die Beschaffungsmärkte sind schon ziemlich ausgelesen. Dazu Dieter Braun: „Wir versuchen mit diesen Partnern in größerem Maße zusammenzuarbeiten und manche Dinge ganz gezielt voranzutreiben. Da können wir sicher noch optimieren." Zum Beispiel bei Spinnpräparationen, die die Verarbeitungseigenschaften von Fasern (Garnen) in der Textilherstellung verbessern (hohe Produktionsgeschwindigkeiten): „Hier versuchen wir auf die Hersteller einzuwirken, deren Einsatz noch abzusenken. Vor Jahren brauchte man noch 7–8 Prozent, in der Zwischenzeit sind es trotz gestiegener Anforderungen durch die größere Geschwindigkeit der Textilmaschinen nur noch 5 Prozent."

Auch bei der Entwicklung von neuen Fasern auf Zellulosebasis wie Lyocell ist Triumph mit dabei. Den Vorteil der Nutzung nachwachsender Rohstoffe bei Lyocell hält Dieter Braun in der Öffentlichkeit noch nicht für ausreichend bekannt: „Wir stellen natürlich fest, dass ein gewisser Informationsbedarf oder auch eine Werbewirkung der Faserhersteller kommen muss, bis zum Handel hin, um das dem Verbraucher auch entsprechend kundzutun. Wir denken, dass das immer mehr Bedeutung gewinnen wird", kommentiert Braun.

Auch Bio-Baumwolle ist beim Markenhersteller Triumph im Gespräch. Als einstufiges[4] Unternehmen sieht man sich hier mit größeren Hürden konfrontiert. Das gesamte Angebotsspektrum mit Bio-Baumwolle abzudecken, hält der Geschäftsführer derzeit nicht für einen gangbaren Weg. „Aber es ist durchaus vorstellbar, dass wir auch Mittel und Wege finden, ein konkretes Projekt durchzuführen", erwägt Braun.

Werbemittel und Verpackungen sind mit Stoffströmen verbunden, die von ihrem Umfang direkt mit denen der Produkte vergleichbar sind. So haben verkaufte verpackte Produkte einen Umfang pro Jahr von 2.900 t, Verpackungen 1.100 t und Werbemittel (Papier) 1.004 t.

Von diesem Ergebnis war man bei Triumph sehr überrascht. „Dass wir hier nicht kleckern, war uns schon klar", räumt die Geschäftsführung ein. „Dass das in dieser Größenordnung liegt, ist schon beachtlich. Das sind auch Dinge, wo wir in absehbarer Zeit etwas verändern werden." Wie das geschehen kann, beschreibt der Leiter des Umweltreferats: „Als Markenartikler betreiben wir viele *POS-Aktionen* (Point of Sale = im Einzelhandel), die einen gewissen Aufwand an Papier, Displays, Kartonagen verursachen. Hier werden durch genaue *Bedarfsanalysen Überkapazitäten vermieden.*" Bei der Produktverpackung an sich wurden bereits die Kartonstärken reduziert, teils ausgestanzt, Faltschachteln in Größen gestaffelt, um Verpackung auf ein Minimum zu reduzieren. Für den Druck werden lösemittelfreie Farben verwendet und die Packungen nicht lackiert. Die Bügel sind einheitlich aus Polystyrol, werden zurückgenommen und im Kreislauf geführt. „Im letzten Jahr hat sich die *Tendenz zur offenen Warenpräsentation* doch erheblich verstärkt. Gerade modische Ware muss unverpackt auf Bügeln aufgemacht präsentiert werden. Die Konsumentinnen müssen die Ware sehen, damit der Appetit geweckt wird", illustriert Braun. Zusätzlichen Verpackungsaufwand erzeugen bestimmte Händler, die sich die Option offen halten wollen und neben dem Bügel auch die Kartonverpackung anfordern. Dagegen mag sich Triumph nicht verschließen. „Gewisse Wege muss man einfach mit gehen – auch als Markenartikler", gesteht Heigl.

Überraschend hoch liegt mit 47 Prozent der Anteil der *NO_x-Emissionen, die durch Personentransporte* aus Dienstreisen und Wegen zur Arbeit mit dem Pkw bedingt sind im Vergleich zu 53 Prozent durch diverse Gütertransporte. Umsteigen bei Personentransporten auf Bahn plus Taxi könnte NO_x-Emissionen in diesem Bereich um 82 Prozent reduzieren, kalkuliert das Öko-Institut. Die aktuelle Stoffstromübersicht geht von 2.000 km für die Transportwege der textilen Vorprodukte aus, da sie aus dem europäischen Ausland stammen bzw. aus Afrika. Sollte sich das ändern, die Rohbaumwolle zum Beispiel aus den USA oder Kasachstan kommen, hätte dies einen entscheidend negativen Einfluss auf die Stickoxidemissionen der Transporte.

Welche Möglichkeiten sieht die Geschäftsführung, dem zu begegnen? „Es ist sicherlich nicht vorstellbar, dass Außendienstmitarbeiter mit der Bahn zum Kunden fahren. Sie müssen die Kollektion transportieren und auch relativ nahe zum Kunden hinkommen", argumentiert der Geschäftsführer Dieter Braun. Die Außendienstgebiete sind bereits so eingeteilt, dass die Fahrten optimiert sind. Der Flottenverbrauch konnte im Jahr 1998 durch Ausstattung des *Außendienstes mit 6-Liter-Autos* deutlich reduziert werden.

Für die Belegschaft gibt es am Standort Heubach schon seit Jahrzehnten Zubringerbusse für die Umgegend als kostenfreien Service.

Die Anzahl der Fahrten zwischen den Standorten versucht die Geschäftsführung durch *Videokonferenzen* zu reduzieren. Das erfordere eine andere Art der Vorbereitung. Man müsse sich sehr diszipliniert verhalten.

Wie fast alle Konfektionäre produziert Triumph in Passiver Lohnveredelung (s. a. S. 23) in Osteuropa und bezieht Fertigwaren aus Fernost. Schon vor 30 Jahren hat der Miederwarenhersteller begonnen, in Ungarn zu produzieren, später in Jugoslawien. Neben den günstigeren Produktionsbedingungen spielt auch die Erschließung des Lokalmarkts eine Rolle, da dann Zollschranken und sonstige Beschränkungen des Warenverkehrs wegfallen. Triumph hat unter anderem Niederlassungen auf den Philippinen, in Marokko und in Thailand. Damit trägt der Miederwarenhersteller auch *Verantwortung für die Arbeitsbedingungen* in den Zulieferbetrieben und Tochterunternehmen im In- und Ausland. „Triumph hat zwei Holdings: eine in der Schweiz, die Europa und Israel abdeckt, und die andere in Hongkong, die für die restliche Welt zuständig ist."[5] In einer Untersuchung im Auftrag von Südwind 1996 hat die philippinische Niederlassung, eine 100%ige Tochter von Triumph International, vergleichsweise sehr gut abgeschnitten. Es gibt eine anerkannte Gewerkschaft, die in Arbeitskämpfen für die Arbeiterinnen gute Konditionen aushandeln konnte. Zwar werden sehr hohe Leistungen gefordert, doch müssen die Beschäftigten im Gegensatz zu früher in der Regel nicht mehr als acht Stunden arbeiten. Für Überstunden gibt es eine Zusatzvergütung. Sicherheits- und Gesundheitsmaßnahmen werden in Zusammenarbeit mit Vertretern der ArbeiterInnen überwacht. Triumph vergibt nicht wie sonst üblich Unterverträge an kleine Firmen und damit auch keine indirekte Arbeit an Kinder. Das waren Ergebnisse des Forschungsinstitutes IBON, Manila im Auftrag von Südwind.[6]

Als Mitglied des europäischen Herstellerverbandes EURATEX und der deutschen Verbände der Bekleidungsindustrie (BBI) unterstützt Triumph die *Selbstverpflichtungserklärungen* zur Einhaltung der fünf Kernkonventionen der Internationalen Arbeitsorganisation (s. a. S. 266). Die schriftliche *Festlegung eines eigenen Sozialkodex wird aktuell diskutiert.* „Solche Kriterien sind für uns – seit wir im Ausland tätig sind – selbstverständlich", argumentiert Braun. Im Familienunternehmen hätten schon die Altvorderen sehr gute Grundsätze gehabt und sehr früh eine Versorgungseinrichtung gegründet. „Wir haben noch nie Kinder beschäftigt oder in Gefängnissen arbeiten lassen. Es gibt keine Diskussionen, dass wir die lokalen Arbeitsvorschriften, auch Arbeitszeit, Urlaubsregelungen und vor allem die Bezahlung erfüllen. In Fernost haben wir in der Regel nur eigene Betriebe. Wir zahlen als ausländisches Unternehmen sowieso besser. Wir haben in der Regel klimatisierte Räume, eine Gesundheitsvorsorge und sehr verbilligtes Kantinenessen in allen Betrieben. Das sind soziale Leistungen, mit denen wir uns nicht zu verstecken brauchen. Wir legen diese Elle auch an unsere Lohnveredlungspartner an. Unseres Wissens gibt es bei diesen Betrieben keine Verstöße." Triumph *fordert schriftliche Bestätigungen* zur Einhaltung seines Sozialkodex. In Einzelfällen werde bei Handelspartnern nachgeforscht. Eine externe Kontrolle besteht bisher nicht. „Unsere eigenen Unternehmen, die kontrollieren wir selbst, mit unseren Lohnveredlungspartnern stehen wir in sehr enger Verbindung. Auch beim Zukauf haben wir die Dinge unter Kontrolle... Die Beauftragten, die mit den Partnerorganisationen praktisch laufend zu tun haben, wissen, auf was sie achten müssen, und schauen, dass diese Dinge eingehalten werden", kommentiert Braun.

Bei Lizenznehmern, die den Lokalmarkt beliefern, bewertet Braun die Einflussmöglichkeiten auf soziale Standards sehr kritisch: „Triumph hat hier ein gewisses Interesse vom Qualitätsniveau her, von den Produkten, von der Vermarktung, das sind Ansprüche und Kriterien, die hier vorgegeben werden. Die anderen Dinge sind mehr den Auftragnehmern überlassen. Da können wir nicht von oben einwirken, weil wir kein Direktionsrecht haben."

In seinem Abschlussbericht rät das Öko-Institut Triumph zu mehr Transparenz: „Wichtig ist es, um die notwendige Transparenz zu gewährleisten, alle *Lieferanten und Zulieferstrukturen lückenlos offen zu legen* und einen konkreten Zeitrahmen zu benennen, innerhalb dessen die Umsetzung abgeschlossen sein soll." *Das fällt Triumph schwer, auch aus Gründen des Wettbewerbs.* „Wir haben nichts zu verbergen, aber würden auch ein Problem darin sehen, Ross und Reiter zu nennen", meint Braun.

Auch bei den hohen *Umweltbelastungen in der Gebrauchsphase* an Energie und Abwässern sieht sich der Miederwarenhersteller in der Mitverantwortung. Das Öko-Institut hatte ausgerechnet, dass ein *Absenken der Waschtemperatur von 60 auf 40 Grad den Primärenergieaufwand um mehr als die Hälfte senken könnte.* Mit den Waschmittelherstellern besteht bereits ein Dialog, damit der schöne Weißton des Produkts auch die erste Wäsche überdauert. Mit Bedauern stellt Dieter Braun fest: „Mit dem ersten Waschgang ist alles perdu. Die Produkte sind dann in nicht unerheblicher Weise verändert." Die Nummer 4 unter Europas Bekleidungsherstellern sieht sich eher als kleines Licht im Interessenkonzert des Gesamtmarkts an Bekleidung und Haushaltswäsche, „sodass unsere Gesichtspunkte für die Waschmittelhersteller nicht so vorrangig sind", räumt Dieter Braun ein.

Auf der einen Seite will Triumph das Maximum, was an Waschtemperatur möglich ist, kennzeichnen. Für die Wäscheexperten wäre es denkbar, einen Hinweis auf die umweltschonendere Behandlung bei niedrigerer Waschtemperatur aufzunehmen. Als *Empfehlung könnte im Wäscheetikett* neben der 95- oder 60-Grad-Wäsche als Maximaloption die 40-Grad-Wäsche für Energiesparer zum Beispiel mit einem Smily gekennzeichnet sein.

Auch für chemische Neuentwicklungen, die den schlechten Geruch in der Wäsche aufnehmen sollen, ist das Unternehmen offen. Auf mittlere und lange Sicht hält die Geschäftsleitung das für sinnvoll. Im Forschungsbereich ist Triumph über Vorlieferanten an Projekten beteiligt, die den *Frischeduft* des Materials länger erhalten und damit die Wäsche länger tragbar machen sollen. Hier stellt sich im Vorfeld natürlich die Frage nach der Abklärung ökologischer und toxikologischer Risiken.

Nicht nur mit dem Anfang, auch mit dem Ende der textilen Kette, d.h. den Waschmaschinenherstellern oder Verbraucherverbänden, möchte der Miederwarenhersteller in Verbindung stehen. „Wenn Verbraucher besser aufgeklärt werden, ist das sicher für alle Beteiligten und auch für die Umwelt ein Gewinn", so Braun.

Dass das neue Integrierte Stoffstrommanagement in Verbindung mit den Neuen Medien auch neue Chancen für mehr Transparenz schafft und auch mehr Vertrauen in der Kommunikation mit Handel und Verbrauchern, davon sind die Auftraggeber aus Heubach überzeugt. „Wir überlegen das *Internet zu benutzen, auch für den Umweltbericht bzw. für das Stoffstrommanagement* bzw. die Homepage Triumph." Bei der Vermarktung des Unternehmens auf dem Sektor Umweltschutz sitzt die Geschäftsführung noch in der Denkstube. Klar ist: „Wenn ein Unternehmen auf dem Feld aktiv ist, dann muss das auch in aller Breite kommuniziert werden", so Heigl.

Im Pilotprojekt hat das Öko-Institut auch verschiedene *Umweltzeichen* für Textilien untersucht und genannte Problemstoffe in das Bewertungssystem integriert. Einen Teil des Sortiments zeichnet Triumph mit dem Öko-Tex Standard 100 aus, und Migros fordert die Einhaltung der Migros-eco-Kriterien. Die Entwicklung der Anforderungen schreitet voran. So soll die Euroblume in Zukunft nationale Umweltzeichen ersetzen oder der Öko-Tex-Standard 100plus mehr Raum gewinnen (s. a. S. 433 ff.). Für eine Öko-Sozial-Kollektion von Triumph empfiehlt das Öko-Institut das strenge Markenzeichen des Arbeitskreises Naturtextil, „da dieses Label bei den Verbraucherinnen und Verbrauchern hohes Vertrauen genießt", schreibt das Öko-Institut. *Um sich in Zukunft alle Absatzwege offen zu halten, raten die Umweltschützer dazu, Maximalanforderungen zu erfüllen*, um allen Kennzeichnungen problemlos zu genügen.

Einer speziellen Öko-Kollektion steht die Geschäftsführung allerdings kritisch gegenüber. Im Gegensatz zur Naturtextilszene definiert sich ein ökologisches Produkt aus der Sicht Heigls auch durch seinen Energie- und Wasserverbrauch und Sonstiges im Laufe seines Produktlebens, nicht nur über kontrolliert biologischen Anbau der Fasern. Es könne durchaus aus einer Chemiefaser hergestellt sein.

Die Verbraucherin verlange Umweltschutz zum Nulltarif und kaufe sehr preisbewusst ein. „Da sehen wir einen Widerspruch. Wir müssen den Tendenzen im Markt Rechnung tragen, gerade dem Druck auf die Preise, und weiterhin unsere Produkte den Umwelterfordernissen und der Humanökologie entsprechend anbieten. Wenn dieser Trend so anhalten wird, wird es *schwierig, Schritte zu tun, die wirklich kostenintensiv sind*, die gewisse Investitionen erfordern, sich aber bei gleichen Preisen nicht amortisieren", gibt Dieter Braun zu bedenken. Auch der Markenartikler beobachtet, dass die Billiganbieter gute Zuwächse gemacht haben. Das stimmt skeptisch gegenüber Umfrageergebnissen zum ethischen Konsum. „Sie geht zu Hennes & Mauritz und kauft sich da einen BH für 14,95 DM. Da weiß sie nicht, wo das Teil herkommt", bemängelt der Leiter des Umweltreferats. Befürchtet wird, dass auch Investitionen in mehr Transparenz für den Verbraucher vom Markt nicht honoriert und von Mitbewerbern nicht erbracht werden.

Neue Chancen könnten *strategische Allianzen* bieten – vergleichbar mit QuesNet von Quelle und Steilmann (s. a. QuesNet, S. 353). Im Zusammenhang mit dem Integrierten Stoffstrommanagement sieht Heigl die Möglichkeit, nicht nur die Lieferanten, sondern auch den Handel über die Zahlen und Fakten zu sensibilisieren: „Auch da gibt es sicherlich sensible Konzernhäuser oder Versender, die bereit sind, in einen Dialog einzusteigen."[7]

Literaturhinweise, Anmerkungen:

[1] Bezugsquelle des Endberichts „Stoffstrommanagement und Bewertung im Textilbereich" (Kosten plus Versand ca. 64 DM, Kurzfassung: 5 DM): Öko-Institut e.V., Geschäftsstelle Freiburg, Postfach 6226, 79038 Freiburg, Tel. 07 61/4 52 95-0, Fax: 07 61/47 54 37

[2] Forschungsvorhaben „Chemikalien in der Umwelt mit Wirkung auf das endokrine System" des BMU/BMBF

[3] vgl. Öko-Institut: Stoffstrommanagement und Bewertung im Textilbereich, Freiburg 1998, S. XV

[4] Triumph arbeitet ausschließlich als Konfektionär und überlässt die vorhergehenden Stufen wie Fasergewinnung, Spinnerei, Strickerei, Färberei und Veredlung anderen Herstellern.

[5] Südwind, AMRC, IBON: Kleiderproduktion mit Haken und Ösen, Texte 6, Siegburg 1997, S. 53

[6] vgl. Südwind 1997, s. o.

[7] Kontakt: Triumph International AG, Harald Heigl, Marsstr. 40, 80323 München, Tel. 089/5111-8394, Fax: 089/5111-8427, e-mail: harald. heigl@triumph-international.de

Kapitel 5: Spielregeln für den Welthandel

Neue Spielregeln für den Welthandel | Kapitel 5.1

Freihandel kann nicht genügen

Aus der Sicht der Welthandelsorganisation (WTO) und anderer *Freihändler steht die Handelsliberalisierung nicht im Konflikt zu Umweltschutz und Entwicklung,* sondern hilft ihr dabei, diese Ziele zu erreichen. Auf der anderen Seite beklagen viele Nicht-Regierungsorganisationen (NGO) die Umweltschäden, die eine einseitige Liberalisierungspolitik der WTO nach sich ziehe. Zahlreiche Entwicklungsländer sind sich mit den NGOs einig, dass die WTO in erster Linie den Interessen der Industrieländer und dort beheimateter multinationaler Konzerne diene, aber kaum den Menschen in Entwicklungsländern.[1] *Aus der Sicht der Gewerkschaften verschärft die Handelsliberalisierung die Entwicklungsunterschiede, die Umweltzerstörung, die Ausbeutung von Arbeitern und das Ungleichgewicht der Geschlechter.* – Die Unterdrückung von Gewerkschaften, Standortvagabundismus und das Abdrängen der Produktion in Heimarbeit wurden im ersten Kapitel dargestellt.

Die *Regelungslücke* entsteht dadurch, dass Unternehmen sich ihr Zielland frei wählen können und gerade das herauspicken, das ihnen die günstigsten Bedingungen bietet. Damit entsteht soziales oder ökologisches Dumping als Instrument im internationalen Konkurrenzkampf um die Kapitalanleger.

Neue Balance ins UN-System

Die WTO verfolgt Freihandel als oberstes Ziel. Aus der Sicht von NGOs sollte die Liberalisierung des Handels den Zielen der nachhaltigen Entwicklung untergeordnet werden und das *Kräfteverhältnis zwischen der WTO und den internationalen Organisationen im UN-System, die sich mit nachhaltiger Entwicklung, politischen und sozialen Menschenrechten beschäftigen, neu ausbalanciert* werden. Es sei nicht sachgemäß, dass auf der UN-Ebene bestehende Organisationen und Konventionen wie das Hochkommissariat für Menschenrechte, die Internationale Arbeitsorganisation, die Kommission für nachhaltige Entwicklung, die Biodiversitäts- und Klimaschutzkonvention keine völkerrechtlich bindenden Entscheidungen treffen könnten, beziehungsweise keine ausreichenden Instrumente zu deren Durchsetzung hätten. Dagegen verfüge die WTO über viel mächtigere Mittel, Liberalisierungspflichten zu erzwingen.[2] – Denn die Schiedssprüche im Streitschlichtungsverfahren bei Handelsbeschränkungen sind nicht nur verbindlich für die Mitglieder der WTO (134, davon 100 Entwicklungsländer). Dem Gewinner wird das Recht eingeräumt, Handelssanktionen zu verhängen. Nationalstaaten geraten daher in Zugzwang, ihre Gesetze in Einklang mit WTO-Regeln zu bringen, sind aber in deren Entstehung nicht involviert.[3] Von den deutschen NGOs wird kritisiert, dass die Kompetenzen und die Finanzausstattung der Institutionen im UN-

System stagnieren, während die führenden Wirtschaftsblöcke im Bereich der Weltwirtschaft substantielle qualitative Neuerungen fördern, die entstehenden globalen Steuerungsstrukturen also von den ökonomischen Machtverhältnissen dominiert werden.[4]

Für eine nachhaltige Entwicklung fehlen den Beschlüssen von Rio die Taten: Die *UNCED-Konferenz von Rio 1992 brachte einen multilateralen Konsens zur Notwendigkeit einer nachhaltigen Entwicklung.* Im Grundsatz 8 der Rio-Deklaration haben sich die Unterzeichnerstaaten verpflichtet, nicht nachhaltige Produktions- und Verbrauchsstrukturen abzubauen und zu beseitigen. Die Agenda 21 hat alle Staaten aufgefordert, nationale Umsetzungsstrategien zu erarbeiten. 32 Punkte der Agenda beziehen sich auf die Handlungsmöglichkeiten von Unternehmen (s. a. S. 394).

Das Problem sei, dass sich die Industrieländer nicht an ihre damaligen Verpflichtungen hielten und stattdessen unilaterale Maßnahmen im Welthandelssystem legitimieren wollten. Die bessere Alternative wäre, multilaterale Umweltabkommen auszuhandeln und den Entwicklungsländern bei deren Umsetzung zu helfen, so lautete der allseits unterstützte Kommentar des pakistanischen Botschafters beim WTO-Symposium im März 1999.[5]

Welche Rolle spielt das UNEP?

Aus der Sicht des Exekutivdirektors des *Umweltprogramms der Vereinten Nationen (UNEP)*, Klaus Töpfer, müssen die Fragen von Handel, Umwelt und Entwicklung gemeinsam angegangen werden. UNEP sei bereit, mit anderen internationalen Institutionen und der Zivilgesellschaft zusammenzuarbeiten, um eine nachhaltige Weltwirtschaft aufzubauen. Der Deregulierungsansatz der Handelsliberalisierung sei zu einfach und stehe in manchen Fällen im Gegensatz zu Regulierungsmaßnahmen, die benötigt würden, um externe Umweltkosten zu internalisieren. Mit anderen Worten: Die Preise müssen die ökologische Wahrheit sagen, damit das knappe Gut Umwelt im marktwirtschaftlichen System geschützt wird.

„Die UNEP arbeitet eng mit nationalen Regierungen, internationalen Instituten und der Zivilgesellschaft zusammen, um ein Arbeitsprogramm für Handel und Umwelt auszuarbeiten und umzusetzen, das mit den Anliegen und Entwicklungsprioritäten der Länder übereinstimmt." Insbesondere will Töpfer die Entwicklungsländer diesbezüglich unterstützen.[6]

Die Internationalen Umweltübereinkommen zum Schutz der Nordsee und des Nordatlantiks (OSPARCOM) sowie der Ostsee (HELCOM) wurden im zweiten Kapitel dargestellt. Die Diskussion des Risikopotentials der Textilchemie hat deutlich gemacht, dass in der globalisierten Wirtschaft Produktion und Handel von Chemikalien auf internationaler Ebene verbindlich geregelt werden sollten. Das Umweltprogramm der Vereinten Nationen könnte dazu mit entsprechenden Kompetenzen ausgestattet werden.

Ministerkonferenz in Seattle ohne Entscheidung

Auf der alle zwei Jahre stattfindenden Ministerkonferenz der WTO, diesmal vom 30.11. bis 3.12.1999 in Seattle/USA, sollte entschieden werden, ob als neues Thema Investitionen (nach dem Scheitern des Multilateralen Investitionsabkommens) oder die Verankerung von Sozial- und Umweltstandards in der WTO in die Verhandlungsrunde aufgenommen wird.[7] Das Festhalten von Clinton an der Forderung, dass in künftigen Handelsverträgen ein Minimum an Arbeitnehmerrechten garantiert werden soll, war für viele Länder in Asien und Lateinamerika unannehmbar. Andererseits wird auch die Zustimmung der Entwicklungsländer benötigt, da sie in der WTO die große Mehrheit stellen. Damit war das Scheitern der Verhandlungen in Seattle vorgezeichnet. (Von verschiedener Seite wurde auch heftige Kritik am Verfahren geübt.) – *Doch in vielen Industrieländern – nicht nur in den USA – wird für die Zustimmung zu einer weiteren Liberalisierungsrunde erwartet, dass das Umweltthema bzw. Sozialklauseln dabei sind.*

Die Brisanz der Konferenz äußerte sich in den großen Demonstrationen mit 40.000 bis 100.000 Teilnehmern, zu denen eine breite Allianz von Gewerkschaften, Umweltschützern und Menschenrechtsgruppen aufgerufen hatte. „La reinette verte" (Der grüne Apfel) legte die Stromversorgung zu Beginn der Konferenz für zwei Stunden lahm. Grund für den Sabotageakt sei, dass die WTO keine Rücksicht auf die Menschen nehme, hieß es im Bekennerbrief. Dass es in Seattle nicht nur gewaltfrei zugehen würde, war zu erwarten. Die „Battle in Seattle" war angekündigt. Gut organisierte Gewalttäter aus Oregon werden dafür verantwortlich gemacht.[8] Trotz einer aggressiv reagierenden Polizei war die große Mehrzahl der Demonstranten friedlich und im gewaltlosen Ungehorsam geschult.[9] Im Jahr 2000 soll ein neuer Anlauf genommen werden, eine neue Liberalisierungsrunde zu beschließen.

Für das Umweltthema ist zu erwarten, dass es in den kommenden Verhandlungen nur dann eine Rolle spielen wird, wenn die Industrieländer dafür Kompensationen in andern Bereichen anbieten, zum Beispiel durch stärkeren Technologietransfer.[10]

Deutsche NGOs fordern Reform des WTO-Regimes

Sie fordern eine grundlegende WTO-Reform statt einer „Millenium-Runde". Zu den politischen Forderungen der deutschen NGOs zur Reform des WTO-Regimes an die EU-Kommission gehören unter anderem:

- Anerkennung von internationalen Standards in den Bereichen Arbeit, Umweltschutz, etc.
- Das Verhältnis von WTO-Regelwerk und Multinationalen Umweltabkommen (MEA) muss geklärt werden – im Streitfall mit Vorrang für MEA
- Verankerung des Vorsorgeprinzips, daraus folgend eine Umkehr der Beweislast im Streitschlichtungsverfahren bei entsprechenden Fällen
- Aufnahme formeller Zusammenarbeit zwischen der WTO und internationalen Umweltorganisationen
- Transparente Festsetzung von internationalen Standards im Gesundheitsschutz unter Beteiligung von Verbraucherverbänden
- Einrichtung einer Arbeitsgruppe zum Thema Handel und Arbeitsstandards
- Zusammenarbeit der WTO mit der Internationalen Arbeitsorganisation (ILO)
- Gewährleistung einer demokratischen und parlamentarischen Kontrolle der WTO durch die nationalen Parlamente
- Technische Hilfe für Entwicklungsländer bei Klagen vor dem WTO-Schiedsgericht[11]

Pro und Kontra: Umwelt- und Sozialklauseln in der WTO

Während die EU-Kommission und die USA einen Teil der Umweltforderungen mit den NGOs teilen, lehnen die Entwicklungsländer die Integration des Umweltthemas in die WTO ab. Ihre Regierungen vermuten dahinter nur eine versteckte Form des *Protektionismus der reichen Industriestaaten.*

Auch Sozialstandards, die schon länger gefordert werden, sind für Südländer ein Konfliktthema.[12] Sie befürchten, dass Kapitalströme sich auf reichere Länder konzentrieren, die die Mindeststandards problemloser garantieren können.[13] Rafidah Aziz, Sprecherin des südostasiatischen Staatenbundes ASEAN und der G-15, einer Gruppe von Entwicklungsländern, der unter anderem Malaysia, Indonesien und Indien angehören, unterstellt den Vertretern der Sozialklauseln eigennützige Motive. Die Sozialklauseln sollen den einzigen echten Wettbewerbsvorteil der Entwicklungsländer, die *niedrigen Arbeitskosten, ausradieren.*[14]

Bereits 1986 hatten die USA vergeblich versucht, Sozialklauseln in die Uruguay-Runde einzubringen. 1993 kamen Kanada, Frankreich und Italien dazu und auf der Welthandelskonferenz in Singapur 1996 Norwegen sowie andere Mitgliedsstaaten der Europäischen Union (insgesamt 12), die sich für die Einführung arbeitsrechtlicher Mindeststandards in Handelsverträgen einsetzten. In Deutschland wurde von der damaligen Opposition (SPD/Grüne) heftig kritisiert, dass die Bundesregierung gemeinsam mit Großbritannien gegen das Mandat der EU kämpfte. 1993 kam von der Seite des amerikanischen Präsidenten Clinton gemeinsam mit der französischen Regierung der Vorschlag für die *Verknüpfung der wesentlichen ILO-Standards mit Handelssanktionen oder -präferenzen.*[15] Während der DGB Handelssanktionen als Durchsetzungsmittel befürwortet, gibt es NGOs wie die Menschenrechtsorganisation FIAN, die solche Mindeststandards in Handelsverträgen ablehnen und für die Durchsetzung der Rechte auf politischer, gewerkschaftlicher und Unternehmensebene eintreten.[16]

Aktuell plädieren die USA in Seattle auf der Ministerkonferenz der WTO für die Einrichtung von sechs Arbeitsgruppen in der WTO zum Feld Handel und Sozialstandards. Die EU spricht sich für die Einrichtung einer ständigen gemeinsamen Arbeitsgruppe ILO/WTO aus über Handel, Globalisierung und die Belange der Arbeit, um den Dialog und das Verständnis zwischen den Parteien zu fördern.[17]

Im Gegensatz zu den Regierungen sind NGOs aus Entwicklungsländern gegenüber Sozialklauseln eher aufgeschlossen. Der Internationale Bund Freier Gewerkschaften (ICFTU), der 213 nationale Gewerkschaften in 143 Ländern vertritt, setzt sich *seit dem ICFTU-Kongress in Caracas/Venezuela 1992 für Sozialklauseln* in internationalen Handelsverträgen ein.[18] In Seattle fordert die ICFTU eine neue Institution innerhalb der WTO zu der Analyse und Entwicklung von Verfahren und Instrumenten zum Umgang mit Kernarbeitsstandards. Eine solche Einrichtung sollte Maßnahmen eruieren, die ergriffen werden, wenn die Handelsliberalisierung mit der Verletzung von Kernarbeitsstandards verknüpft ist.[19]

1994 ist der Deutsche Gewerkschaftsbund der Forderung der Textilgewerkschaften für Sozialklauseln gefolgt. Heute fordert der DGB, dass nur Länder Marktzugang haben sollen, die sich an die Spielregeln halten und nicht durch Öko- und Sozialdumping die Preise auf unfaire Weise zu Lasten Dritter drücken. Im Grundsatzprogramm des DGB heißt es: „Keine Volkswirtschaft kann es sich auf Dauer leisten, ihre Grenzen für Produkte aus Ländern zu öffnen, die sich ihre *Wettbewerbsvorteile durch Umwelt- und Sozialdumping* verschaffen. Darum müssen die Menschen in den Entwicklungsländern im Gegenzug für die Öffnung der Märkte demokratische Freiheitsrechte bekommen und unabhängige Gewerkschaften gründen können."[20] Aus der Sicht der Gewerkschaften dient die Forderung von Sozialstandards auch als Beitrag zur *Steigerung der Massenkaufkraft* und damit der Entwicklung von Binnenmärkten in wirtschaftlich weniger entwickelten Ländern. Aus der Sicht der ehemaligen Gewerkschaft Textil Bekleidung sind „nicht die hohen Textilzölle schuld, dass Nigeria, Senegal, Ghana oder auch Mexiko in der textilen Exportlandkarte nicht mehr auftauchen, sondern die Volksrepublik China mit 4,2 Mrd., die Türkei mit 4 Mrd., Hongkong mit 2,4 Mrd. und Polen mit 1,8 Mrd. DM Textilexporten nach Deutschland. In den meisten dieser Länder werden Menschenrechte verletzt."[21] (Zur Auseinandersetzung um den zähen Abbau von Schutzzöllen siehe: ATC S. 34)

Die Internationale Arbeitsorganisation – ein zahnloser Tiger?

Im Dezember 1996 war in der Abschlusserklärung der Ministerkonferenz zum *WTO-Gipfel in Singapur* die Aufforderung zur Beachtung international anerkannter Arbeitsstandards zwar enthalten, allerdings dürften Arbeitsstandards Wettbewerbsvorteile der Niedriglohnländer nicht beeinträchtigen und müsse *auf Handelssanktionen bei Verstößen verzichtet* werden. Für die soziale Dimension sei die Internationale Arbeitsorganisation (ILO oder IAO) zuständig.[22] Damit war die Angst vor dem Sanktionsapparat der WTO genommen, denn der ILO fehlt ein solches Instrument.

Wer ist die ILO? Die International Labour Organisation wurde 1919 gegründet und ist seit 1946 eine Sonderorganisation der Vereinten Nationen. Das Internationale Arbeitsamt mit Sitz in Genf bildet das ständige Sekretariat und die Anlaufstelle für alle Aktivitäten unter Aufsicht des Verwaltungsrates und Führung des Generaldirektors. In der ILO arbeiten *Vertreter der Regierungen, der Unternehmen und der Beschäftigten aus 174 Mitgliedstaaten* (sozusagen der ganzen Welt) zusammen, um die soziale Sicherung sowie die Lebens- und Arbeitsbedingungen zu verbessern. Sie treffen sich alljährlich im Juni zur Internationalen Arbeitskonferenz in Genf. Die wichtigste Aufgabe der ILO ist es, *internationale Arbeitsnormen zu setzen und deren Einhaltung zu überwachen.* Daneben betreibt sie auch technische Zusammenarbeit, also Entwicklungsarbeit. „Mit der Verfassung der IAO wurden die wirtschaftlichen und sozialen Rechte als integrale Bestandteile der Menschenrechte international anerkannt. Sie sollen nach dem Willen der IAO ebenso unabdingbar sein wie die bürgerlichen Rechte."[23] Seit 1919 hat die ILO *182 Konventionen* verabschiedet, die in sehr unterschiedlichem Maß von den Mitgliedern umgesetzt wurden. Die ILO hat außerdem 188 Empfehlungen formuliert, die einen unverbindlichen Charakter haben und Entwicklungen anregen sollen.[24] Darunter befinden sich auch einige Empfehlungen und Konventionen zur Verhütung von Arbeitsunfällen (Em. 31), zum Arbeitsschutz (Em. 164) und das Übereinkommen über Berufskrebs (Nr. 139).

Einige Konventionen werden als Kernstandards eingestuft. Sie sind zugleich in der universellen Deklaration der Menschenrechte enthalten.[25] Auf die entsprechenden Übereinkommen entfallen bisher nur 862 statt der 1218 möglichen Ratifikationen.[26] Um die Bedeutung der Kernstandards angesichts der Globalisierung zu stärken, entstand im Juni 1998 die *„Erklärung über grundlegende Prinzipien und Rechte der Arbeit"*, die ohne Gegenstimme angenommen wurde. Sie besagt, dass alle Mitgliedstaaten der ILO, auch wenn sie die betreffenden Übereinkommen nicht ratifiziert haben, verpflichtet sind, die Grundsätze dieser Übereinkommen in gutem Glauben und gemäß der Verfassung einzuhalten, zu fördern und zu verwirklichen, nämlich das Verbot von Kinderarbeit, der Diskriminierung der Arbeit, der Zwangsarbeit und den Respekt der Vereinigungs- und Tariffreiheit. Diese Verpflichtungen gelten auch bei allen grenzüberschreitenden Handlungen, die von einem Mitgliedsstaat ausgehen. Während die ILO technische Hilfe und Zusammenarbeit anbietet, müssen die Mitgliedstaaten jährlich über ihre Aktivitäten zur Beachtung der Grundprinzipien berichten. Die Erklärung enthält auch einen Hinweis, dass die Normen der ILO nicht für handelsprotektionistische Zwecke verwendet werden dürfen und diese Erklärung nicht für solche Zwecke geltend gemacht oder sonst wie verwendet werden darf.[27]

Von der ILO sind in den letzten Jahren verschiedene Übereinkommen beschlossen worden bzw. in der Diskussion, die den *Schutz der Arbeit im informellen Bereich und die schlimmsten Formen der Kinderarbeit* betreffen:

- Im Jahr 1996 wurde die ILO-Konvention zum *Schutz der Heimarbeit* von der Internationalen Arbeitskonferenz beschlossen und mittlerweile von Finnland und Irland ratifiziert, so dass das Übereinkommen am 22.04.2000 in Kraft trat.
- Im Juni 1999 wurde die ILO-Konvention gegen *ausbeuterische Kinderarbeit* (182) verabschiedet, die die unverzügliche Beseitigung der schlimmsten Formen der Kinderarbeit verlangt wie z. B. Schuldknechtschaft, Zwangsarbeit, gesundheitsschädliche Arbeiten oder Prostitution.[28]
- Zur ILO-Konvention zur *Vertragsarbeit* kam noch kein Konsens zustande. Sie soll bis 2002 wieder auf die Tagesordnung der Konferenz gesetzt werden.[29]

Im Jahr 1991 startete *das Internationale Programm zur Abschaffung der Kinderarbeit (IPEC)* unter der Schirmherrschaft der ILO, das zahlreiche nationale Programme in Kooperation mit Regierungen, NGOs und den Verbänden von Arbeitgebern und Arbeitnehmern entwickelt hat. Aktueller Schwerpunkt sind die schlimmsten Formen der Kinderarbeit, u. a. auch in der Teppichknüpferei.

Internationale Übereinkommen können wie völkerrechtliche Verträge nur dann in Deutschland wirksam werden, wenn der Gesetzgeber zustimmt (Art. 59 GG). *Sie binden nur Staaten, erreichen erst den Bürger, wenn sie ins nationale Recht transformiert worden sind.* Kein Staat kann zur Ratifikation eines Übereinkommens gezwungen werden. Als *ILO-Mitglied hat er aber die*

Pflicht, verabschiedete Übereinkommen den gesetzgebenden Körperschaften vorzulegen. Hier beginnt zumindest in demokratischen Staaten für alle Parteien die Chance, dazu Stellung zu nehmen. Wenn ein Staat eine ILO-Konvention ratifiziert hat, muss die Regierung der ILO Bericht erstatten, welche Maßnahmen sie ergriffen hat, um die Konvention ins nationale Recht umzusetzen.

Ein *Sachverständigenausschuss überwacht die Einhaltung der Verpflichtungen in den Mitgliedstaaten.* Die Ergebnisse werden in einem jährlichen Bericht veröffentlicht und die gravierendsten Fälle auf der Internationalen Arbeitskonferenz diskutiert. Die schärfste Form der Normenkontrolle besteht in der Einsetzung eines Untersuchungsausschusses, eines gerichtsähnlichen Verfahrens mit politisch-moralischer Wirkung.[30] Der *Berichtsmechanismus der ILO* ist zwar hoch entwickelt, *zielt aber auf die moralische Sanktion von Nationalstaaten* durch die Öffentlichkeit. Das Verfahren nimmt aber nicht einzelne Unternehmen unter die Lupe und führt damit auch nicht zu echten Sanktionen, urteilen die Gewerkschaften.[31]

Was kann die Multis zähmen?

Grundsatzerklärung der ILO ohne Griff

An den Regelungslücken der internationalen Politik setzen Verhaltenskodizes für Transnationale Unternehmen an, die von wachsender Bedeutung im wirtschaftlichen Geschehen sind. Die Summe ihrer Direktinvestitionen wächst laut Weltinvestitionsbericht der UNCTAD beständig. Sie wickeln weit mehr als ein Drittel des internationalen Handels ab.[32]

1977 führte die ILO einen speziellen Code of Conduct für Multinationale Unternehmen ein, die „Dreiseitige Erklärung zu Grundsätzen über Multinationale Unternehmen und Sozialpolitik". In dieser Erklärung sollen *multinationale Unternehmen dazu verpflichtet* werden, sich *fördernd im Aufnahmeland zu verhalten.* Sie sollen zum Beispiel das Recht auf gewerkschaftliche Aktivitäten garantieren (Vereinigungsfreiheit, Kollektivverhandlungen). Weitere Inhalte sind: Beschäftigungspolitik, Gleichheit, Arbeitsplatzsicherheit, Fortbildung, Gesundheit und Sicherheit. Die Grundsatzerklärung fußt auf 15 Übereinkommen und 8 Empfehlungen der ILO.[33]

Auf der anderen Seite sollen die *Mitgliedstaaten durch geeignete Gesetze und Politiken den positiven Beitrag fördern,* den die Unternehmen zum wirtschaftlichen und sozialen Fortschritt leisten können, und dazu beitragen, dass entstehende Probleme möglichst gering gehalten werden.

Der Kodex ist freiwillig, obwohl sich Gewerkschaften und Entwicklungsländer dafür eingesetzt haben, ihn bindend werden zu lassen. Kritisiert wird, dass es kein Anrufungsverfahren gibt und die Berichte der ILO keine Öffentlichkeit über die Verstöße einzelner Unternehmen schaffen.[34]

UN-Verhaltenskodex gescheitert

Von internationalen Institutionen wurden verschiedene Kodizes entwickelt oder sind schon im Versuch stecken geblieben, die ganz unterschiedliche Interessen verfolgen.

In der Reihe der gescheiterten Versuche, Transnationale Konzerne auf grundlegende Standards zu verpflichten, sind die Erklärung der UNCTAD „Restriktive Unternehmenspraktiken" von 1980 und der UN-Verhaltenskodex zu nennen.[35] Dazu war bereits im Jahr 1976 eine Arbeitsgruppe gebildet worden. Die *Interessensgegensätze zwischen Nord und Süd verhinderten eine Einigung.* Während die Entwicklungsländer verpflichtende Regeln wollten, die sich ausschließlich an die Transnationalen Unternehmen richten, wollten die Industriestaaten überhaupt keinen Kodex. Wenn überhaupt, sollte er sich an alle Unternehmen richten und Ziele schützen wie Kompensationen im Falle von Verstaatlichung.[36]

Kampf für wirksamere OECD-Leitlinien

Als Reaktion auf den ILO-Code von 1977 gelten die Leitsätze der OECD, die aber bereits 1976 eingeführt wurden und darauf abzielten, das Klima für Investitionen zu verbessern. In den Leitsätzen werden verschiedene Themen behandelt wie Informationspolitik, Besteuerung, Beschäftigung, Umweltschutz, industrielle Beziehungen oder Wissenschaft und Technologie. Auch *einige Punkte betreffen die Pflichten gegenüber Arbeitnehmern* und ihrer Vertretung, wie das Organisationsrecht für Gewerkschaften, gesetzlicher Mindestlohn oder die Einführung legaler Standards für Beschäftigung etc.

Die Anforderungen haben für die Unternehmen nur empfehlenden Charakter. Mitgliedstaaten werden auf der anderen Seite verpflichtet, die *Transnationalen Unternehmen in gleicher Weise zu behandeln wie nationale* auch hinsichtlich Investitionsanreizen und -Beschränkungen.[37]

Im Frühjahr 2000 steht wieder eine Aktualisierung der OECD-Leitsätze an. Hier wird eine Stärkung des Umweltkapitels erwartet sowie die Ausweitung ihrer Gültigkeit auf die Tätigkeit von OECD-Unternehmen im Nicht-OECD-Raum. NGOs, Gewerkschaften und einige kritische Regierungen drängen darauf, mit Kontrollmechanismen die Unverbindlichkeit der Leitsätze zu überwinden.[38]

Investitionsschutz für Konzerne?

In der internationalen Handels- und Investitionspolitik dominiert seit Mitte der 80er Jahre die Liberalisierung des Marktes und der Schutz des Kapitals.

Eine Studie der UNCTAD hat allein zwischen 1991 und 1994 weltweit 373 Fälle gezählt, in denen nationale Bestimmungen über ausländische Investitionen verändert wurden, und nur in fünf Fällen ist es gelungen, die Transnationalen Konzerne einer größeren Kontrolle zu unterwerfen.[39] In bilateralen *Investitionsschutzverträgen verankern die Industrieländer zum Beispiel die Rechte ihrer international operierenden Konzerne, ohne ihnen zugleich Pflichten aufzuerlegen.*[40]

Als Vorstoß zur weiteren Liberalisierung der Märkte ist das „M.A.I." Ende 1998 gescheitert. Mehr als drei Jahre hatten die 29 reichen OECD-Staaten sowie acht Schwellenländer und die EU verhandelt. Was unter dem Namen „Multilaterales Investitionsabkommen" (MAI) von der OECD forciert wurde, um einen einheitlichen Investitionsschutz für die Konzerne zu schaffen, hätte gleichzeitig gravierende Eingriffe in die nationale Souveränität, die kulturelle Identität und eine Beschneidung von Sozial- und Umweltstandards bedeutet.[41] Eine breite Opposition verschiedener gesellschaftlicher Gruppen brachte das Vorhaben relativ schnell zu Fall.

Aber für die nächste Verhandlungsrunde im Rahmen der WTO kann das Thema Investitionsschutz für Transnationale Konzerne auf der Tagesordnung stehen.

EU Parlament ergreift Initiative, Belgien ist Vorreiter

Im Januar 1999 hat das Europäische Parlament eine Resolution unterstützt, die die Verantwortlichkeit von Multinationalen Unternehmen mit Sitz in Europa über Initiativen im Bereich der Codes of Conduct fördern soll. Außerdem ruft das Europäische Parlament die Kommission und den Europäischen Rat an, sich über das Thema „Europäische Monitoring Plattform" zu einigen und schlägt Anhörungen zum Thema vor. *Der Rat und die Kommission sind aufgefordert, Bedingungen für gesetzliche Maßnahmen zur Überwachung multinationaler Unternehmen zu schaffen.*[42]

In *Belgien* wurde ein Gesetz über sozial-verantwortliche Produktion erlassen, das an grundlegenden ILO-Konventionen ansetzt. Es sieht vor, dass ein *Zertifikat für Unternehmen und ein Label für Produkte* entwickelt werden sollte, die dem entsprechen. Ein unabhängiges Komitee wurde gebildet, das diese Initiative weiter entwickelt.

Ein weiteres Gesetz wurde vorgeschlagen, dass Tatbestände, die das belgische Recht verletzen, auch verfolgt werden können, wenn sie im Ausland geschehen sind.

Ein Änderungsantrag zum belgischen Recht über faire Handelspraktiken wurde eingebracht, der soziale Fragen berücksichtigt. Dieses Recht vertritt das Prinzip, dass der *Verkäufer eines Produktes die Pflicht hat, Fragen eines Käufers zu beantworten*, wenn sie die Entscheidung des Käufers beeinflussen. Als bestimmende Faktoren gelten bisher: die Qualität, der Preis und bestimmte Umweltmerkmale. Im Änderungsantrag werden hier soziale Faktoren ergänzt.

Als wichtiger Punkt dieses Änderungsantrags gilt, dass NGOs als Kläger gegenüber Firmen auftreten dürfen, die mit falschen oder irreführenden Aussagen werben.[43] Auch das Konzept des Deutschen Gewerkschaftsbundes will den Staat einbeziehen.[44]

DGB-Konzept für Verhaltensregeln

Vom *Deutschen Gewerkschaftsbund* wurde ein Konzept für Verhaltensregeln für grenzüberschreitende Wirtschaftsbeziehungen, Zertifizierung und soziale Gütesiegel entworfen, das ähnlich wie der OECD-Kodex – und doch mit anderem Interesse – die finanzielle Seite mit der sozialen kombiniert.

Staatliche Fördermittel, die aus nationalen und internationalen Töpfen wie der OECD fließen, ermöglichen Unternehmen oft erst grenzüberschreitende Aktionen. Ihre Gewährung könnte *mit sozialen Pflichten verknüpft* werden. Als Inhalte werden die Dreiseitige Erklärung der ILO vom Juni 1998 diskutiert, die vier Gruppen zentraler Grundrechte hervorhebt (s.o.) und noch erweitert werden könnte. Angesprochen werden weitere arbeits- und sozialrechtliche Themen, die ILO-Erklärung über multinationale Unternehmen und Sozialpolitik von 1977, die möglicherweise die Akzeptanz bei Entwicklungsländern erhöht, und Fragen ökologisch nachhaltigen Wirtschaftens.

Aufgrund der immensen wirtschaftlichen Interessen, die im Spiel sind, sollte aus der Sicht des DGB *der Staat an der Umsetzung beteiligt* sein neben den Gewerkschaften, den Arbeitgebern und Bürgern. Parallel zu einem unternehmensinternen Auditingsystem unter *Beteiligung der Arbeitnehmer, ihrer Gewerkschaften und gewählten Vertretungen* sei zusätzlich eine *unabhängige Kontrolle* unerlässlich. Die ILO wird als weiterer Kooperationspartner vorgeschlagen. Zertifikate und Gütesiegel könnten im Interesse von Unternehmen liegen und damit ein Motiv sein, sich überhaupt auf Kodizes einzulassen.[45]

Literaturhinweise, Anmerkungen:

1 Klaus Liebig: Hochrangiges Aneinander-Vorbeireden bei der WTO, Einschätzungen zu den High Level Symposia „Handel & Umwelt" sowie „Handel & Entwicklung", Forum Umwelt & Entwicklung, Rundbrief 1/1999, S. 20 f.

2 Tobias Reichert, AG Handel im Forum Umwelt und Entwicklung: Vor der „Millennium-Runde die Millennium-Reform" Die besondere Situation der Entwicklungsländer im Welthandelssystem. In: Forum Umwelt & Entwicklung 1/1999 S. 18 f.

3 Die WTO – die mächtigste aller internationalen Organisationen, Forum Umwelt & Entwicklung Rundbrief 3/1999, S. 15

4 Deutsches NRO-Forum Umwelt & Entwicklung: Kommentar: Reform des Welthandelssystems oder neue Liberalisierungsrunde? In: Brücken zwischen Handel und Zukunftsfähiger Entwicklung, Germanwatch, Ausgabe 9/1999, http://www.germanwatch.org

5 Liebig, s. o.

6 WTO-High Level Symposium über Handel und Entwicklung, Statement des Exekutivdirektors der UNEP, Klaus Töpfer. In: Forum Umwelt & Entwicklung, Rundbrief 1/1999, S. 22 f.

7 Martina Schaub: Perspektiven der neuen Welthandelsrunde. In: Forum Umwelt & Entwicklung, Rundbrief 3/1999, S. 15 f.

8 WTO-Konferenz ringt weiter um gemeinsamen Beratungsabschluss, Handelsblatt am 03.12.1999

9 Die Welt ist nicht genug von Stewart O'Nan. in: FAZ vom 04.12.1999

10 Forum Umwelt und Entwicklung 4/1998, S. 26, f.

11 Deutsches NRO-Forum Umwelt & Entwicklung, 9/1999, s.o.

12 Die Konkurrenz um Investitionen findet erfahrungsgemäß hauptsächlich innerhalb der jeweiligen Gruppe der Industrie-, Schwellen- und Entwicklungsländer statt, das heißt, die Entwicklungs- bzw. Schwellenländer sind sich vor allem gegenseitig Konkurrenten.

13 Ergebnis einer Arbeitsgruppe der IAO im November 1998; die Akzeptanz von Kodizes ist bei Entwicklungsländern gering; DGB-Positionspapier Verhaltensregeln vom 17.12.98, s. u.

14 Stuttgarter Zeitung vom 15.12.96, S. 5

15 Ursula Engelen-Kefer: Podium 4/Neue Allianzen versus neue Vertragsklauseln, S. 124, in: Kreissl-Dörfler, s. u.

16 weitere Informationen: FIAN: Soziale Menschenrechte jetzt! Nahrung, Arbeit, Wohnung, Gesundheit … FIAN, s. Adressen

17 Seattle conference must tackle labour standards, warns ICFTU. Brussels, 4.11.1999, ICFTU OnLine; http://www.icftu.org

18 DGB-Bildungswerk Materialien Nr. 42: Mit Sozialklauseln den Welthandel regeln? Düsseldorf 12/1995; Klaus Priegnitz: Sozialklauseln im internationalen Handel. In: Materialien Nr. 28: Entwicklungspolitik: Kinderarbeit in der Dritten Welt, Kap. 4

19 Seattle conference must tackle labour standards, warns ICFTU. (s. o.)

20 Grundsatzprogramm des Deutschen Gewerkschaftsbundes, beschlossen im Nov. 1996 in Dresden

21 Les jeux sont faits, Podium I, Werner Mahlau, S. 42/ 54, in: Wolfgang Kreissl-Dörfler (Hrsg.): Mit gleichem Maß. Sozial- und Umweltstandards im Welthandel. Buch zum internationalen Kongress im November 1995 in München, Die Grünen im Europäischen Parlament

22 vgl. Meldungen der Stuttgarter Zeitung und Frankfurter Rundschau vom 16.12.1996

23 Ernst Kreuzaler: Weltweite Verantwortung, in: Bundesarbeitsblatt 7–8/1998, S. 17–23

24 Ernst Kreuzaler, s. o.

25 Das sind diejenigen gegen Zwangsarbeit (Nr. 29, 105), Diskriminierung in Arbeit und Beschäftigung (Nr. 111), die für Gleichheit des Entgelts (Nr. 100), die Kon-

vention gegen Kinderarbeit (Nr. 138) und die „gewerkschaftlichen Rechte" für Vereinigungsfreiheit (Nr. 87) und Kollektivverhandlungen (Nr. 98).

vgl. Ineke Zeldenrust, Nina Ascoly: Codes of Conduct for Transnational Corporations: An Overview, Hrsg.: IRENE (International Restructuring in Industries and Services), Tilburg/Niederlande 1998

26 Ernst Kreuzaler, s. o.

27 Die ILO-Erklärung über grundlegende Rechte bei der Arbeit. In: ILO-Nachrichten 3/98, Hrsg.: ILO-Vertretung Bonn, s. Adressen

28 Hoffnung für Millionen Kinderarbeiter, ILO-Nachrichten 3/99

29 Erklärung über grundlegende Rechte nimmt die letzte Hürde. In: Die Welt der Arbeit, Nr. 25/1998, S. 13–17, 28

30 Ernst Kreuzaler, s. o.

31 DGB-Positionspapier Verhaltensregeln …, 17.12.1998, s. u.

32 Peter Fuchs: Spielregeln für Global Players. Ansätze für soziales und ökologisches Wirtschaften. In: Presente 3/1999, S. 4–9

33 siehe: Tripartite Declaration of Principles concernig Multinational Enterprises and Social Policy, http://www.ilo.org/public/english/50normes/soures/mne.htm

34 Das Sekretariat der ILO untersucht die praktischen Ergebnisse des Codes, in dem sie Fragebögen an die Regierungen verschickt, die in Kooperation von Arbeitgebern und Arbeitnehmern beantworten sollen. Das Sekretariat fasst das Ergebnis in einen Bericht, der von den Direktoren des Komitees der Multinationalen Unternehmen diskutiert wird, zusammen. Die Berichte sind oft unvollständig und da spezielle Untenehmen nicht genannt werden dürfen, sind sie in allgemeine Klauseln gefasst. Zeldenrust, Ascoly, s. o.

35 Südwind 1997, S. 127

36 Zeldenrust, Ascoly, s. o.

37 „The Declaration and Decisions on International Investment and Multinational Enterprises"; Zeldnerust, Ascoly, s. o.

38 Peter Fuchs, s. o.

39 Südwind 1997, S. 125, f.

40 Peter Fuchs, s. o.

41 siehe auch: M.A.I. Der Gipfel der Globalisierung, Reader zum internationalen Kongress, 25.04.1998, Universität Bonn, Komitee Widerstand gegen das M.A.I., Blumenstrasse 9, 50670 Köln
Maria Mies (Hrsg.): Lizenz zum Plündern. Das Multilaterale Abkommen über Investitionen M.A.I. Globalisierung der Konzernherrschaft – und was wir dagegen tun können. Rotbuch-Verlag, Hamburg 1998

42 Euro Vision on Codes. In: Clean Clothes newsletter no. 11, August 1999, S. 14

43 Much Activity in Belgium During the Past Six Months. Clean Clothes newsletter no 11/1999, S. 22

44 Auch andere Staaten fordern auf gesetzlichem Weg von Konzernen mehr Benimm. Unter anderem wurde in den USA 1995 die Harkin Bill beschlossen, die die Einfuhr von Produkten auf den US-Markt verbietet, die mittels Kinderarbeit produziert wurden. The Child Labor Deterrence Bill of 1995, s. 706, 104th Congress, First Session, 1995, siehe: ILO: Globalization of the footwear, textiles and clothing industries, Geneva 1996, S. 109

45 Verhaltensregeln für grenzüberschreitende Wirtschaftsbeziehungen, Zertifizierung, soziale Gütesiegel. DGB, Abt. Arbeitsmarktpolitik und Internationale Sozialpolitik, Düsseldorf, 17.12.1998

Selbstverpflichtung von Industrie und Handel

Neben internationalen oder nationalen Vereinbarungen auf der staatlichen Ebene, die zuerst dargestellt wurden, haben Industrie und Handel sich zum Teil auf Verbandsebene für die Einhaltung bestimmter sozialer Mindeststandards ausgesprochen. Regelungen zum Umweltschutz sind dabei nur am Rand Gegenstand.[1]

In den vergangenen Jahren wurde seitens der Verbände Textil, Bekleidung, Leder und der Handelsverbände eine Vielzahl solcher Erklärungen und Empfehlungen abgegeben, die in der *Öffentlichkeit kaum bekannt* sind. Sie überschneiden und decken sich teilweise in ihren Inhalten, aber sind von unterschiedlichem Charakter. Die Wirkung dieser teilweise noch ganz jungen Erklärungen muss sich noch herausstellen. Sie können als *bloße Absichtserklärung* schnell wieder in Vergessenheit geraten (sein) oder sie können einen ernst zu nehmenden *Rahmen bilden*, an dem sich Wirtschaftspartner orientieren. Sie können in Zukunft auch den *Ausgangspunkt für gemeinsame Kontrollmechanismen* bilden, um ein Monitoring über die gesamte textile Kette effektiver zu betreiben bzw. ein Labelling begleitet von unabhängigen Kontrollen. Solche Erklärungen trifft zum Teil die gleiche Kritik wie die unternehmenseigenen Kodizes (s. S. 277 ff.). Es sind teilweise einseitige Erklärungen wie die der Außenhandelsvereinigung des Deutschen Einzelhandels (AVE), die einen Konsens innerhalb der Verbände und Unternehmen beschreiben. Sie halten sich auch nicht unbedingt genau an die Formulierung entsprechender ILO-Konventionen.

In 1997 hat der Weltverband der Sportartikelhersteller (World Federation of the Sporting Goods Industry, W.F.S.G.I. mit Sitz im Schweizer Verbier) einen Musterkodex entwickelt, an dem einzelne Firmen ihre Kodizes ausrichten sollten. Anstrengungen um ein gemeinsames Kontrollsystem sind allerdings gescheitert.

In der Auswahl der dargestellten Vereinbarungen sind: die Magna Charta (1993), die Erklärung der europäischen und deutschen Gewerkschaften und Herstellerverbände (1997/98), die Erklärungen der AVE (1997/99) sowie die US-amerikanische Vereinbarung der Apparel Industry Partnership (1997).

Einen anderen Charakter und Gegenstand haben die Basisrichtlinien des internationalen Dachverbandes des biologischen Landbaus IFOAM, die u. a. für die Verarbeitung von Textilien aus zertifizierten Naturfasern Richtlinien formuliert haben und ökologische wie soziale Anforderungen für nationale Naturtextillabel aufstellen.

Die Magna Charta

Als Ergebnis einer Initiative der Europäischen Textilindustrie übernahmen im Mai 1993 eine große Anzahl von *Arbeitnehmer- und Arbeitgeberverbänden in der Textil-, Bekleidungs- und Schuhindustrie in 24 Ländern weltweit* – eingeschlossen die Mitgliedstaaten der Europäischen Gemeinschaft, Mexiko, Kanada und die Vereinigten Staaten – eine Charta über fundamentale Prinzipien des Welthandels mit Textilien und Bekleidung.

Diese Magna Charta fordert von allen Staaten die Zustimmung und Umsetzung der folgenden Grundsätze für alle Beschäftigten in der Textil- und Bekleidungsbranche, inklusive der Freihandelszonen: Recht auf Organisationsfreiheit und auf Kollektivverhandlungen, Verbot von Kinderarbeit/Mindestalter, gesetzliche Mindeststandards für die Regulation der Arbeitszeit, der Entlohung und der Gesundheits- und Sicherheitsbedingungen, die Abschaffung von Diskriminierung in der Beschäftigung und vorbeugender Schutz gegen berufsbedingte Unfälle und Krankheiten. Der Text enthält ebenso ein System zur Überprüfung und Stärkung dieser Regeln und Grundsätze.[2] Das Label der Schweizer Stiftung Double Incentive Projects bezieht sich auf die Magna Charta.

Europäische und deutsche Charta Textil-Bekleidung

Weniger umfassend als die Magna Charta ist die Regelung der Euratex von 1997. Offen und fair soll der Welthandel funktionieren. Das vereinbarten die Sozialpartner auf europäischer und auf deutscher Ebene in gegenseitigen Erklärungen in den letzten Jahren.

Im Juli 1997 wurde die *„Charta der europäischen Sozialpartner des Textil- und Bekleidungssektors"* vereinbart. Der Europäische Verband für Textil und Bekleidung (EURATEX) und der Europäische Gewerkschaftsverband Textil-Bekleidung und Leder (EGV/TBL) fordern ihre Mitglieder auf, die folgenden Grundkonventionen der ILO zu respektieren:

- die *gewerkschaftlichen Rechte* der Koalitions- und Vereinigungsfreiheit (Konventionen Nr. 87, 98),
- das *Verbot von Zwangsarbeit* (Konventionen Nr. 29, 105)
- und *Kinderarbeit* (Konvention Nr. 138)
- und das *Diskriminierungsverbot* (Konvention Nr. 111).

Jährlich wird über die Anwendung der Charta Bilanz gezogen. Es besteht ein *Monitoringsystem, das Verletzungen des Standards allerdings anonymisiert dokumentiert,* um wirtschaftliche Konsequenzen für die betroffenen Firmen auszuschließen.

Nach dem europäischen *Verhaltenskodex* folgte am 25.06.1998 einer *auf nationaler Ebene,* der sich ebenso auf die o.g. Grundnormen bezieht, und zwischen dem Gesamtverband der Textilindustrie in der Bundesrepublik Deutschland *(Gesamttextil),* dem *Bundesverband der Bekleidungsindustrie* (BBI) und der *Industriegewerkschaft Metall/*Gewerkschaft Textil-Bekleidung abgeschlossen wurde.

Ein Kontrollsystem wurde mit der Vereinbarung nicht verknüpft, lediglich der Hinweis zur Verbreitung und Förderung der Vereinbarung. Gesamttextil, BBI und IGM/GTB verpflichten sich, die Charta an die Mitglieder weiterzugeben. Die Dachverbände Gesamttextil und BBI appellieren an ihre Mitgliedsorganisationen, die Anwendung der Charta in den Unternehmen durch Informationen und Ratschläge zu fördern.

AVE-Erklärungen gegen Kinderarbeit, Zwangsarbeit und ausbeuterische Gefangenenarbeit

Auf nationaler Ebene hat die Außenhandelsvereinigung des Deutschen Einzelhandels (AVE)^3 mit Sitz in Köln bereits drei Erklärungen zu Sozialstandards abgegeben. Der AVE gehören neun Verbände des Einzelhandels und 31 Firmen an, u.a. Karstadt, Otto, Metro, Quelle, Neckermann, C&A und Peek und Cloppenburg. Die erste Erklärung kam im Juli *1997 zur Kinderarbeit*: In der Erklärung verpflichten sich die Mitglieder dazu, sich für die Abschaffung von Kinderarbeit einzusetzen, insbesondere ihrer krassen ausbeuterischen Formen. Parallel dazu fordern sie die Verantwortlichen in Regierung, Politik und Wirtschaft auf, mit an der Beseitigung der Ursachen zu arbeiten.

AVE-Erklärung gegen Kinderarbeit

Am 25.07.1997 hat die Außenhandelsvereinigung des Deutschen Einzelhandels e.V. (AVE) folgende Erklärung zur Kinderarbeit abgegeben.

„Rund 250 Mio. Kinder im Alter von 5–14 Jahren müssen nach neuester Schätzung der in Genf ansässigen Internationalen Arbeitsorganisation (ILO) arbeiten. Rund 120 Mio. Kinder sind ganztätig, rund 130 Mio. in Teilzeitarbeit beschäftigt. Kinderarbeit ist und bleibt eine Schande der Gesellschaft. Es gibt sie überall, vor allem in den armen Ländern, rund 150 Mio. in Asien, rund 80 Mio. in Afrika. Sie benachteiligt nicht nur die betroffenen Kinder, sondern beeinträchtigt auch die Zukunftsfähigkeit der betroffenen Gesellschaften.

Besonders verabscheuungswürdig sind die ausbeuterische, gesundheitsschädigende oder sklavenartige Kinderarbeit. Für eine weltweite Ächtung und Beseitigung dieser Kinderarbeit engagieren sich die AVE und die in ihr zusammengeschlossenen Firmen. Diese nutzen ihre Möglichkeiten gegenüber ihren Lieferanten, um darauf hinzuwirken, dass Produkte, die durch diese menschenverachtende, ausbeuterische, gesundheitsschädigende und sklavenartige Kinderarbeit hergestellt worden sind, insbesondere in Deutschland weder angeboten noch verkauft werden. Das gilt in gleicher Weise für Dienstleistungen und muss darüber

---

hinaus bei dem Export und den Investitionen in den betroffenen Ländern beachtet werden.

Die AVE und die in ihr zusammengeschlossenen Firmen setzen sich aber für die Abschaffung der Arbeit von Kindern auch dann ein, wenn diese nicht als ausbeuterisch, gesundheitsschädlich oder sklavenartig anzusehen ist. Diesbezügliche Maßnahmen dürfen allerdings im Interesse der Kinder und ihrer Familien besonderer Umsicht und Sorgfalt. Es muss vermieden werden, dass sich die Verhältnisse der Kinder und ihrer Familien durch einen Arbeitsverlust verschlechtern. Erreicht werden muss eine kindgerechte Entwicklung und eine schulische Ausbildung.

Die AVE und die in ihr zusammengeschlossenen Firmen appellieren daher an die Verantwortlichen in Regierung, Politik und Wirtschaft, sich an der Beseitigung der Ursachen der Kinderarbeit zu beteiligen. Das zielt vor allem auf die Armutsbekämpfung, die Schaffung leistungsfähiger wirtschaftlichern Strukturen und Ausbildungsmöglichkeiten, die Schaffung eines ungehinderten Marktzugangs für die Produkte der betreffenden Länder auf den Märkten der Industriestaaten, betrifft aber auch die finanzielle Unterstützung der Internationalen Arbeitsorganisation in ihrem Kampf gegen die Kinderarbeit, insbesondere die Unterstützung ihres internationalen Programms für die Abschaffung der Kinderarbeit (IPEC). Bei allem zwischenstaatlichen und internationalen Vorgehen müssen kooperative einvernehmliche Lösungen erreicht werden. Mit erklärter moralischer Entrüstung oder vordergründigen Aktionen und Sanktionen wird den betroffenen Kindern und Familien nicht geholfen. Erforderlich ist ein Konzept der sozialen Gerechtigkeit, das auf dem Respekt der personalen Würde sowie dem Bewusstsein der Solidarität beruht und Kinderarbeit unmöglich macht. Diesen Zielen fühlen sich die AVE und die in ihr zusammengeschlossenen Firmen verpflichtet."

In einer *zweiten Erklärung* haben sich die AVE und ihr europäischer Dachverband Foreign Trade Association zusätzlich gegen die Vermarktung von Produkten aus ausbeuterischer Gefängnisarbeit oder Zwangsarbeit ausgesprochen.

Mit den Lieferanten werden folgende Bedingungen vereinbart: „Ferner versichert der Lieferant, dass die gelieferte Ware weder durch ausbeuterische, gesundheitsschädigende oder sklavenartige Kinderarbeit, noch durch Zwangsarbeit oder ausbeuterische oder sonst die Menschenwürde verletzende Gefängnisarbeit hergestellt worden ist."4

AVE-Verhaltensregeln zur Beschaffung

Ende 1999 stellte die AVE umfassendere *Verhaltensregeln zur Beschaffung* vor, die der Verband auch auf europäischer Ebene etablieren möchte.[5] Die Erklärung soll als Rahmen und Orientierung für AVE-Mitgliedsunternehmen dienen zur Aufstellung eigener Kodizes, um in einem Prozess bestimmte Standards in Anlehnung an die einschlägigen ILO-Konventionen zu erreichen. Sie bilden sozusagen einen Minimalkonsens, die nach oben offene Orientierungsmarke, auf die sich die sehr unterschiedlich aktiven Mitglieder einigen konnten. Hier ist z. B. Kinderarbeit nicht vollkommen tabu, jedoch ihre ausbeuterische Form. Folgende Anforderungen werden genannt:

- Verbot der Zwangsarbeit und der die Menschenwürde verletzenden Gefängnisarbeit;
- Aufstellung und Einhaltung von Anforderungen an die Sicherheit des Arbeitsplatzes und die Gesundheit der Beschäftigten;
- Verbot der Kinderarbeit, vor allem in ihrer ausbeuterischen, gesundheitsschädigenden und sklavenartigen Ausprägung;
- Verbot von menschen- und arbeitsrechtswidrigen Praktiken in Bezug auf die Ausgestaltung des Arbeitsplatzes, eines Umfeldes oder der Arbeitszeit;
- Sicherstellung einer auf der Grundlage der örtlichen Verhältnisse und dem Entwicklungsstand angemessenen Entlohnung, welche zumindest die Erfüllung der grundlegenden materiellen Erfordernisse der Beschäftigten gewährleistet;
- Verbot der Diskriminierung aus Gründen der Rasse, Hautfarbe, Geschlecht, Religion, politischen Überzeugung, sozialen Herkunft;
- Recht auf Vereinigung und Führung kollektiver Verhandlungen im Rahmen der Förderung eines demokratischen Grundkonsenses.[6]

Aus der Sicht von Konrad Neundörfer, Hauptgeschäftsführer der AVE, liegt das Problem nicht in der Akzeptanz der Regelung, sondern in der *Sicherstellung einer funktionierenden Überwachung.* Was die Kontrolle angeht, sieht er in der firmeneigenen Kontrolle der Einhaltung von Kodizes einen ersten Anfang, der „aber auf die Dauer keine gute Lösung darstellt. Wir sind auch der Meinung, dass wir eine objektive Stelle finden sollten, die diese Rolle übernimmt, auch in unserem eigenen Interesse. Wenn irgendetwas nicht funktioniert und wenn nachgewiesen wird, dass ein Kodex nicht eingehalten wird, dann steht dieses betreffende Unternehmen am Pranger."[7]

In der AVE-Erklärung heißt es diesbezüglich: „Die in der AVE zusammengeschlossenen Unternehmen werden in Kenntnis der Komplexität der bestehenden Probleme und im Rahmen ihrer Einflussmöglichkeiten durch geeignete Maßnahmen Sorge dafür tragen, dass den genannten Anforderungen Geltung verschafft wird. Dies erfolgt durch *Festschreibung und Umsetzung dieser Regelung* und durch deren *Kontrolle, auch gegenüber Sub-Unternehmen.*" Die AVE-Erklärung enthält auch einen Passus zur Anwendung der Regeln, der die Verantwortung des Lieferanten herausstellt und das Bemühen um kooperative Problemlösungen: „Die Anwendung der Verhaltensregeln erfolgt auf der Basis von Dialog, Kooperation und Konsens unter Respektierung der *Eigenverantwortung der Lieferanten.*

Im Fall der Feststellung einer Zuwiderhandlung werden die Unternehmen mit dem betroffenen Lieferanten in unverzüglichen Verhandlungen nach Wegen zur Abhilfe suchen, die den Interessen der Beschäftigten Rechnung trägt und einen *Boykotteffekt vermeidet.* Sollte dabei eine entsprechende Lösung in einer vertretbaren Frist nicht erreicht werden können, ist dies ein *Grund, die Geschäftsbeziehungen zu beenden.*"

Im Sommer 2000 will die AVE ihr Kontrollsystem vorstellen. Im Vorfeld war zu erfahren, dass der Schuhhersteller Deichmann, Mitglied der AVE, die Gesellschaft für Technische Zusammenarbeit bzw. dessen Tochter protrade gebeten hat, mit ihr zusammen ein soziales Monitoringsystem zu entwickeln und in einem Pilotprojekt umzusetzen. Bei erfolgreichem Ergebnis kann dies den Mitgliedern des AVE als Basis dienen.

White House Apparel Industry Partnership (AIP)

Auch in den USA hat die Bekleidungs- und Schuhindustrie einen Verhaltenskodex entwickelt. Er wurde in Aufbruchsstimmung im April 1997 von Vertretern der Industrie, Verbraucherorganisationen, Gewerkschaften und NGOs unterzeichnet. Zu den beteiligten Firmen gehören: Nike, Reebok, Phillips-Van Heusen und Liz Claiborne u. a. Die Initiative „White House Apparel Industry Partnership" genießt die Unterstützung des amerikanischen Präsidenten. Der Kodex umfasst die Kern-Konventionen der ILO (s. o.) und zusätzlich das Recht auf einen Mindestlohn und Überstundenentgelt, keine Disziplinierungsmaßnahmen, die Begrenzung der Arbeitszeit und das Recht auf eine gesunde und sichere Arbeitsgestaltung.[8] Der Standard gilt für alle Produktionsbetriebe einschließlich der Zulieferer der beteiligten Firmen weltweit. Zur Vereinbarung gehören auch Prinzipien für das interne und unabhängige externe Monitoring.

In den *Details der Formulierungen konnte aber keine Einigung gefunden werden, so in der Frage der Transparenz der Überwachung.* Als die Unternehmen nach zwei Jahren der Verhandlungen die Menschen- und Arbeitsrechtsgruppen nicht von ihrer Forderung nach ausreichenden Löhnen, den sog. *„living wages",* abbringen konnten, trafen sich einige Menschenrechtsgruppen mit den Firmen separat. Im November 1998 verkündete dann eine Untergruppe, dass sie zu einem Übereinkommen für eine Überprüfungs- und Zertifizierungsorganisation *„Fair Labor Association"* (FLA) gekommen seien. Zwei Gewerkschaften (the Union of Needletrades, Industrial and Textile Employees and the Retail, Wholesale and Department Store Union) und das ökumenische Interfaith Center for Corprate Responsibility lehnen es ab, das Übereinkommen zu unterzeichnen, weil es die Unternehmen bevorzuge. Mark Levinson, Direktor für Forschung bei der Needletrades Union, ist von dem Übereinkommen nicht überzeugt: „Wie können wir über die Abschaffung von Sweatshops sprechen, ohne eine Verpflichtung, einen ausreichenden Lohn zu zahlen? Und das Übereinkommen erlaubt Firmen, in Ländern zu produzieren, die systematisch die Rechte von Arbeitern verbieten, und es erlaubt ihnen das zu tun, ohne die Forderung an sie, etwas zu sagen, um in diesen Ländern diese Rechte zu schützen", schreibt Steven Greenhouse in der New York Times.[9] Dieser Aussage widerspricht die Nike Inc. in ihren Ausführungen zur Geschichte der AIP. Demnach müssen Mitgliedsfirmen Schritte unternehmen, um gerade die gewerkschaftlichen Rechte in Staaten, die diese missachten, zu schützen. Kritisiert wird auch die zu große Unternehmenskontrolle bei der Überwachung. „Unter anderem verweigern die Firmen mit dem Hinweis auf mögliche Konkurrenznachteile, ihre Wertschöpfungskette transparent zu machen. Die Unternehmen können daher nach Zertifizierung das Siegel der Fair Labour Association zu Werbezwecken verwenden, ohne dass wirklich sichergestellt ist, dass ihre Erzeugnisse nicht in Sweatshops hergestellt wurden."[10] Allerdings sieht der Monitoringplan vor, dass Mitgliedsfirmen der FLA u. a. eine vertraulich behandelte Liste aller Produktionsstätten – sowohl der firmeneigenen wie der Vertragspartner – überlassen müssen. Die Auseinandersetzungen haben dazu geführt, dass das US-Außenministerium eine Studie in Auftrag gegeben hat, in der Löhne, Zulagen, Armutsgrenzen u. a. in Herstellerländern von Bekleidung untersucht werden sollen.[11] Sechs Markenhersteller, u. a. die Sportwarenhersteller Nike, Reebok und jetzt auch adidas, unterstützen neben einigen Verbraucher- und Menschenrechtsgruppen die FLA, die nun auch Partner unter den höheren Schulen und Universitäten in den USA sucht.[12]

IFOAM Basics

Ende November 1998 hat die IFOAM-Generalversammlung über ihre „Basic Standards" abgestimmt, das heißt über grundlegende Standards für die ökologische Landwirtschaft und die Verarbeitung dieser Produkte, u. a. im Bereich Textilien.[13] Die IFOAM-Mitglieder haben den Entwurf im Bereich Textil zunächst nur als Empfehlung in Kraft gesetzt, der jedoch nach Überarbeitung durch das „Standard Komitee" in verpflichtende Standards übergehen sollen. Diese Standards werden von diesem internationalen Komitee ständig nach neuesten Erkenntnissen aus Forschung und Praxis aktualisiert und gelten als

Rahmen für differenziertere nationale oder regionale Standards. Sie bilden sozusagen ein gemeinsames *Dach für das Strickmuster von Naturtextillabeln* rund um den Globus. Eine Stufung in Empfehlungen und Standards ist aus der Einsicht entstanden, dass weltweite Rahmenrichtlinien eine „gewisse Luft" lassen müssen für unterschiedliche nationale Anspruchsniveaus.

Ein Beispiel: Die Empfehlung lautet 100 Prozent Rohfasern aus kontrolliert biologischem Anbau bzw. Tierhaltung. Die zukünftigen Standards dagegen lassen auch Spielraum für Produkte, die zur Erhöhung der Haltbarkeit ausgewählte synthetische Fasern beimischen bzw. bei mangelnder Verfügbarkeit auch konventionelle Fasern zumischen. Liegt der Anteil von Fasern aus kontrolliert biologischer Landwirtschaft unter 95 % bis 70 %, muss genau deklariert werden: „Hergestellt mit …% Fasern aus kontrolliert biologischer Herkunft." Sind weniger als 70 % der Inhaltsstoffe aus Bio-Anbau, darf sich das Produkt als Ganzes nicht mehr „organic" bzw. „bio" nennen.

Roland Sturm, hess natur-Mitarbeiter im Bereich Forschung und Entwicklung, erkennt in den IFOAM-Standards deutlich die Handschrift der Skandinavier, die etwas ganzheitlicher, mehr auf Ressourcenschonung und am Prozess orientiert denken, weniger an der Schadstoffprüfung haften, wie wir es gewohnt sind. Dabei ist er keineswegs mit dem aktuellen Stand der Richtlinien zufrieden, zum Beispiel in Sachen Ressourcenschonung. Er fordert, mehr in die Prozesse zu gehen. „Qualitätssicherung muss schon während der Produktion einsetzen." Auch Christine Bärlocher, Projektleiterin Textilökologie beim WWF Schweiz, fordert eine stärker prozessorientierte Perspektive. „Wir wollen eine gezielte Förderung des Bio-Baumwollanbaus, eine gute Sicherung des Warenflusses von der Baumwolle über alle Produktionsstufen, Umweltmanagementsysteme in allen Produktionsstufen und längerfristig Positivlisten für die eingesetzten Hilfsmittel. Dort ist eine Zusammenarbeit mit der Industrie sehr wichtig. Es geht um einen Aushandlungsprozess, der fordert, dass man sich auf ein Modell zur ökologischen Bewertung von Hilfsmitteln und Farbstoffen einigt." Der Änderungsantrag, eine Positivliste für zulässige Inhaltsstoffe und Textilhilfsmittel zu entwickeln, ist von der Generalversammlung sogar angenommen worden. Bis diese vorliegt, darf nicht das ganze Produkt, sondern nur die Rohfaser gelabelt werden.

Die IFOAM Basic Standards schließen in ihren Empfehlungen bereits bestimmte soziale Mindeststandards wie Gesundheitsschutz, den Schutz von Kindern, soziale Sicherheit oder Nichtdiskriminierung mit ein. Die gewerkschaftlichen Rechte werden aber nicht genannt. In den verpflichtenden Standards gelten Menschenrechtsverletzungen als Ausschlusskriterium. Ganz allgemein heißt es: „Das Zertifizierungsprogramm soll sicherstellen, dass Hersteller eine Politik für soziale Gerechtigkeit betreiben." Eine sehr wolkige Formulierung, die auf die aktuelle Unfähigkeit zu weiterer Präzisierung verweist, aber nicht an mangelndem guten Willen festgemacht werden will.

Gestärkt ist IFOAM aus dem Kampf mit dem US Department of Agriculture hervorgegangen, das 1997 mit dem Versuch, die IFOAM-Standards zu untergraben, gescheitert ist. Thomas Cierpka, Geschäftsführender Direktor von IFOAM, geht in die Offensive: „Wir sehen uns gestärkt durch die Regelung der Welthandelsorganisation bezüglich der Technical Barriers to Trade (TBT). Da heißt es, dass wenn es einen privaten Standardsetzer gibt, soll der Staat keinen neuen parallelen Standard setzen, sondern den bestehenden übernehmen und für dessen Umsetzung sorgen. Das nehmen wir für uns in Anspruch und wollen zunehmend dafür sorgen, dass die Staaten keine eigenen Standards formulieren, sondern nur noch unsere anpassen und umsetzen."

Literaturhinweise, Anmerkungen:

[1] Gesamttextil trat im Jahr 1995 der Selbstverpflichtungserklärung der deutschen Industrie zum Energiesparen und zur Vermeidung von CO_2-Emissionen bei. Die Chemische Industrie will, überprüft durch ein externes Monitoring, ihre energiebedingten Kohlendioxidemissionen von 1990 bis 2005 um mindestens 30 Prozent senken (Chemikalien, s. S. 42, 47)

[2] Coordination Committee for the Textile Industries of the European Community (COMTEXTIL): Text of the Magna Carta and the press communiqué (Brussels), Magna Carta, No. 2, Association No. 4/1993, 1 June 1993, nach: ILO: Globalization of the footwear, textiles und clothing industries, Geneva 1996, S. 114

[3] Außenhandelsvereinigung des Deutschen Einzelhandels e.V., s. Adressen

[4] Konrad Neundörfer: Brauchen wir neue Spielregeln für den Welttextilhandel? S. 20–29 In: Evang. Akademie Bad Boll u. a. (Hrsg.): UmweltGerechte TextilWirtschaft Vision oder Wirklichkeit? Stuttgart 1998

[5] AVE-Erklärung betreffend Beschaffungs-Verhaltensregeln (Code of Conduct) zur Gewährleistung von Sozialstandards vom 22.11.1999

[6] AVE-Presseerklärung zur Jahrespressekonferenz am 06.12.1999 in Köln

[7] Konrad Neundörfer, s. o., S. 104

[8] Report of Apparel Industry Partnership, 09.12.1997; das trifft auch auf den FLA-Workplace Code of Conduct zu. Der vollständige aktuelle Text ist im Internet auf der Seite des Lawyers Committee for Human Rights einzusehen: http://www.lchr.org/sweatshop

[9] Steven Greenhouse: Plan to Curtail Sweatshops Rejected by Union. New York Times, 5.11.1998; Nike Inc.: Apparel Industry Partnership History, Nov. 1998

[10] Christoph Scherrer: Kann den Konzernen der Benimm beigebracht werden? Dokumentation, in: Frankfurter Rundschau vom 26.11.99

[11] Ingeborg Wick: Neues aus der europäischen Kampagne, in: Kampagne für ‚Saubere' Kleidung, Rundbrief 2/1999, S. 2

[12] weitere Informationen über: SWEATSHOP WATCH, s. Adressen

[13] IFOAM (International Federation of Organic Agriculture Movements): Basis-Richtlinien für ökologische Landwirtschaft und Verarbeitung, 12. vollständig überarb. Aufl., Tholey-Theley, November 1998

Haben die Wölfe Kreide gefressen? Selbstverpflichtungen von Unternehmen?

Neben dem Otto Versand, Reebok und C&A haben sich noch viele andere Hersteller- und Handelshäuser firmeneigene Sozialregeln gegeben, sozusagen einen ethischen Standard, der unter Managern „Code of Conduct" genannt wird. Als erstes multinationales Unternehmen reagierte Levi Strauss auf sozial motivierte Verbraucherproteste mit einem Verhaltenskodex. In den USA war bekannt geworden, dass ein Zulieferer von Levi's in Saipan, einer Pazifikinsel, die dem US-Gesetz untersteht, chinesische Arbeiter unter sklavenähnlichen Bedingungen für sich arbeiten ließ.[1] Um einem Imageverlust entgegenzuwirken, führte der größte Markenbekleidungshersteller seinen Code of Conduct ein und kehrte sich zum Beispiel von Birma und China als Produktionsstandorten ab, weil Menschenrechtsverletzungen für Levi's als Ausschlusskriterium bei der Länderauswahl gelten.*[2] Solche rigorosen Schritte beschreiben aber nicht den Trend der eher weichen Kodizes.

Zwischen Licht und Schatten

Wie eine Welle schwappt der Segen der Kodizes übers Land. Im Frühjahr 1999 hat die Firma Steilmann die Einführung von Verhaltenskodizes angekündigt, die sich aktuell noch in der Erprobungsphase befinden. Im Versandhaus Neckermann wurden sie im Frühjahr 2000 erwartet. Auch bei Quelle wird daran gearbeitet.

Ernsthaft angewendet gelten Verhaltenskodizes als *Schrittmacher für bessere Arbeitsbedingungen*. Solche beziehen alle Geschäftspartner mit ein, egal ob Auftragnehmer, Subunternehmer oder Zulieferer. Im Vergleich zu den nationalen Arbeitsrechten haben sie den Vorteil, länderübergreifend angewendet zu werden. Sie stoßen also in die Lücken fehlender weltwirtschaftlicher Regelungen. Aber – Codes of Conduct dürfen nicht als Ersatz für verbindliche völkerrechtliche und nationalstaatliche Regelungen missverstanden werden.

Schattenseiten

Verhaltenskodizes haben auch *Schattenseiten*: Sie fordern einen Strukturwandel, der im Einzelfall die Situation verschlechtern kann. Tendenziell nehmen Verhaltenskodizes Kindern und Heimarbeiter/innen die Arbeit weg. Das kann zur Folge haben, dass Kinder in gefährliche Erwerbssektoren gedrängt werden, wenn flankierende Maßnahmen fehlen.

Die Anprangerung von Verstößen gegen Firmenkodizes kann auch den Druck in anderen Firmen erhöhen, Missstände nicht öffentlich zu machen.

---

* Im April 1998 änderte Levi's seine Meinung bezüglich China, obwohl die Menschenrechtssituation sich dort eher noch verschlechtert hat!

Das Council on Economic Priorities (CEP), hierzulande als Herausgeber des Einkaufsführers ‚Shopping for a Better World' bekannt, stellt in seiner Erhebung von 1997 fest, dass von 70 in den USA untersuchten Firmenkodizes nur 20 % das Recht auf Vereinigungsfreiheit und nur 10 % des Recht auf Kollektivverhandlungen enthalten.[3] Eine Untersuchung der Internationalen Arbeitsorganisation (ILO) von 215 Firmenkodizes weltweit zieht ähnliche Schlüsse: Nicht mehr als ein Drittel der Kodizes nehmen Bezug auf internationale Arbeitsrechte. Nur 15 % benennen die gewerkschaftlichen Rechte auf freien Zusammenschluss und Kollektivverhandlungen, nur 25 % berücksichtigen Zwangsarbeit, 40 % Arbeitslöhne, 45 % Kinderarbeit und ca. 66 % Diskriminierung. Im Vergleich zu anderen Branchen gehört die Textil-, Bekleidungs- und Schuhbranche noch zu den aktiven, die häufiger als andere gewerkschaftliche Rechte oder Arbeitslöhne berücksichtigen. Die Studie merkt auch an, dass die Branche dazu neigt, sich auf Kinderarbeit und Zwangsarbeit zu konzentrieren.[4] Wesentliche *Schlüsselforderungen fehlen* also in vielen Fällen.

In ihrer *Reichweite* beschränken sich unternehmenseigene Verhaltenskodizes zumeist auf die eigenen Tochterunternehmen, beziehen also nicht die gesamte Sublieferantenkette mit ein. Während die unternehmenseigenen Verhaltenskodizes die *Freiwilligkeit* betonen, streben die Gewerkschaften an, diese Kodizes in Tarifverträgen zu verankern.[5]

Die ILO sieht drei grundlegende Schwächen:
- Kodizes werden in der Regel ohne Beteiligung der eigentlich Betroffenen in den Drittländern entwickelt und umgesetzt. Sie sind ihnen oft auch nach jahrelanger Geltung unbekannt.
- Die Themen der Kodizes variieren mit dem öffentlichen Diskurs über mögliche Verpflichtungen der Unternehmen.
- Die Umsetzungsinstrumente und Kontrollen über die Einhaltung der Codes sind weitgehend nicht vorhanden. Dort wo sie existieren, sind sie so vielfältig und undurchschaubar, dass ihnen die Glaubwürdigkeit fehlt.[6]

Wunsch oder Wirklichkeit?

Die *Überwachung* von Kodizes kann unterschiedlich organisiert sein. Sie kann unternehmensintern Teil eines Qualitätssicherungssystems sein und dabei unter Umständen die betrieblichen Interessenvertreter einbeziehen. Sie kann auch weiter gehen und regionale NGOs und Gewerkschaften in das Monitoringsystem integrieren. Zu den externen Kontrolleuren gehören Wirtschaftsprüfungsgesellschaften, staatliche Einrichtungen, internationale Gewerkschaftsdachverbände und Nichtregierungsorganisationen. Die meisten Kodizes werden, wenn überhaupt, nur intern kontrolliert. Aber ohne wirksames Kontrollsystem sind Kodizes sinnlos und gefährlich. Sie werden als reines PR-Instrument *von Unternehmen missbraucht, um das Image aufzupolieren* und negativen Pressemeldungen über Aktivitäten in Drittländern zu begegnen. Betriebsräte oder Gewerkschafter werden äußerst selten am Zustandekommen von firmeneigenen Kodizes beteiligt. Es kann für die Unternehmen kostengünstiger sein, wirksame PR-Arbeit zu betreiben, als tatsächlich die Missstände zu beheben.

Die Studien des CEP fanden heraus, dass Firmenkodizes dazu tendieren, „in hohem Maße inkonsistent zu sein. Dass sie teuer und ineffizient zu überwachen sind wegen unklarer Definitionen und dem Fehlen ausgebildeter Auditoren. Solche Kodizes und ihre Monitoringsysteme tendieren also dazu, weich in der Überwachung zu sein und sensibel für lokale Gesetze und Praktiken."[7]

Verschiedene Forschungsberichte haben wiederholt die Verletzung der firmeneigenen Kodizes angeprangert. Zum Beispiel der Bericht „Blood, Sweat and Shears", den das Asia Monitor Resource Center (AMRC), Hongkong im Auftrag von Corporate Watch und Sweatshop Watch im September 1997 vorlegte, der gravierende Verletzungen der Kodizes von Nike und Reebok in chinesischen Schuhfabriken aufzeigt.[8] Oder die Studien von AMRC in Südchina und von IBON (Philippines Databank and Research Center), Manila auf den Philippinen, erstellt im Auftrag von Südwind, haben viele Missstände und Differenzen zu firmeneigenen Kodizes offen gelegt.[9] Das gilt auch für die jüngste CCC-Studie von 1998 „Made in Eastern Europe"[10] über die Produktionsbedingungen der versammelten Bekleidungsbranche in Osteuropa (s. S. 310). Der Clean Clothes newsletter berichtet regelmäßig über aktuelle Beispiele. Auf den Internetseiten der Clean Clothes Campaign werden auch einzelne Firmen unter die Lupe genommen. Zu verweisen ist hier u. a. auf den offenen Brief an Phillip Knight, CEO von Nike, vom 22.09.1999, der von 45 NGOs unterzeichnet wurde.[11]

Elaine Bernard, Direktorin des Harvard Trade Union Programm, beschreibt ein ganzes *Rechtfertigungsprogramm*, mit dem Konzerne gegen die Anschuldigung grober Verstöße gegen internationales Arbeitsrecht vorgehen. Das fängt mit dem Abstreiten der Vorwürfe an. Dann werden andere, vor allem die Zulieferer verantwortlich gemacht. In der dritten Phase versucht man den Imageverlust durch Verharmlosen oder Einschränken der Vorwürfe zu begrenzen. Im nächsten Schritt wird ein eigener Verhaltenskodex eingeführt und mittels PR-Firmen bekannt gemacht. Die frühere Reputation wird weiter gestärkt, wenn von anerkannter unabhängiger Seite die Einhaltung des Kodex bescheinigt wird.[12]

Der Blick richtet sich nun exemplarisch auf eine Hand voll Firmen und vergleicht deren Codes of Conduct (s. Tabelle) sowie Angaben zum Management- und Überwachungssystem. Grundlage sind dafür weitgehend Informationsmaterialien und Aussagen der Firmen selbst, die nicht weiter überprüft wurden.

■ **Verhaltenskodizes im Vergleich** (in Auszügen)

	Otto Versand	Necker-mann	C & A	Nike	adidas-Salomon	Reebok
Jahr der Einführung	1997	geplant	1995	1992	1998	?
Verbot von Zwangs-arbeit	ja	ja	ja	ja	ja	ja
Nichtdiskriminierung	ja	geplant	–	ja	ja	ja
Verbot von Kinder-arbeit	ja	ja	ja	ja	ja	ja
Schutz des Vereini-gungsrechts	ja	geplant	ja	ja	ja	ja
Recht auf Kollektiv-verhandlungen	ja	geplant	–	ja	–	ja
Zahlung aus-reichender Löhne	1	3 geplant	1	1	1	1
Bezahlung von Über-stunden	ja	–	1	1	ja	–
Limitierung der Arbeitszeit	ja 1, 2, 4	1 geplant	–	1, 2	2	2
Sicherheit und Hygiene am Arbeits-platz	ja°	geplant	ja	ja°	ja°	ja
Keine Belästigung/ Gewalt*	ja	–	ja	ja	ja	–
Rechtsverbindlich-keit	ja	ja	ja	5	ja	?
Mitwirkungspflicht	ja	ja	ja	ja	–	ja

Anmerkungen: Grau unterlegt: Punkte betreffen die Kernarbeitsstandards der ILO

*) keine körperliche, verbale, sexuelle oder psychische Gewalt bzw. Belästigung

° gilt auch für Unterkünfte von Mitarbeitern/innen

1) Verpflichtung auf nationale Gesetze, bei Löhnen auf branchenübliche Löhne bzw. nationale Mindestlöhne, wenn diese höher liegen, inklusive gesetzliche Zusatzleistungen

2) regelmäßig mindestens ein freier Tag und nicht mehr als 60 Stunden die Woche (inklusive Überstunden)

3) mindestens den nationalen Mindestlohn (inkl. Zusatzleistungen)

4) maximale Wochenarbeitszeit von 48 Stunden

5) Nike unterscheidet zwischen Prinzipien und Standards

Die angesprochenen Rechte korrespondieren mit folgenden Übereinkommen der Internationalen Arbeitsorganisation, die von den Firmenkodizes i.d.R. aber nicht genannt werden:

1. Verbot von Zwangsarbeit (Konventionen 29, 105)
2. Nichtdiskriminierung (Konventionen 100, 111)
3. Verbot von Kinderarbeit (Konvention 138)
4. Gewerkschaftsfreiheit /
   Schutz des Vereinigungsrechts (Konvention 87)
5. Recht auf Kollektivverhandlungen (Konvention 98)
6. Zahlung ausreichender Löhne (Konventionen 131, 26, Dreiseitige Erklärung zu Grundsätzen über Multinationale Unternehmen u. Sozialpolitik)
7. Limitierung der Arbeitszeit (Konventionen 1, 14)
8. Sicherheit und Hygiene am Arbeitsplatz (Konvention 155)

Gewerkschaftliche Rechte?

Stellen sich die Unternehmen mit ihren Kodizes tatsächlich grundlegenden ILO-Konventionen?

Die Themen zentraler ILO-Konventionen werden zwar behandelt (siehe Kasten), doch wird *auf die ILO-Konventionen in der Regel nicht Bezug genommen.* Der Otto Versand verweist in seiner Definition von Kinderarbeit auf die Vereinten Nationen, und Reebok bezieht sich im Kodex auf international anerkannte Menschenrechte.

Die Themen Zwangsarbeit, Kinderarbeit und Nichtdiskriminierung sind in den meisten betrachteten Firmenkodizes enthalten. Was den weiteren Kanon der Regeln angeht, dem sich die Firmen verpflichtet zeigen, ist die Frage der *gewerkschaftlichen Rechte* eine empfindliche. Sie ist häufig umstritten, denn freie Gewerkschaften und kollektive Verhandlungen um Tarifverträge fungieren als Türöffner für bessere Arbeitsbedingungen. Nike, C&A und der Otto Versand haben ihre Kodizes auf öffentliche Kritik hin in diesem Punkt nachgebessert. Im Kodex von C&A fehlt allerdings noch das Recht auf Kollektiv-Verhandlungen. C&A achtet die Vereinigungsfreiheit, soweit nationale Gesetze dem nicht widersprechen. Bei der aktuellen Praxis profitieren die Handelshäuser von gewerkschaftsfeindlichen nationalen Gesetzen und Unternehmen, wie zum Beispiel auf den Philippinen.[13] Nike plädierte in seinem Verhaltenskodex (1997) dafür, entsprechende Länder nicht zu boykottieren, und stellte heraus, dass Verhaltenskodizes in gewerkschaftsfeindlichen Ländern durch Schulungen und Überwachung zu mehr Verständnis und Toleranz für die Rechte der Arbeiter beitragen können.

Verhaltenskodizes könnten auch vorsehen, in Staaten, in denen Menschenrechte so missachtet werden, generell keine Geschäfte zu machen. Das wäre ein Druckmittel auf die Politik, das dem Trend entgegenläuft. Und Verhaltenskodizes könnten schließlich dazu verpflichten, sich auf betrieblicher wie politischer Ebene für gewerkschaftliche Freiheiten entsprechend der Möglichkeiten einzusetzen.

Zahlung ausreichender Löhne

Geldfragen sind immer heikel. Wer bezahlt in einer Marktwirtschaft freiwillig mehr als sein Konkurrent? In der Lohnfrage beziehen sich die betrachteten firmeneigenen Kodizes auf lokal branchenübliche Tarife bzw. die nationalen Mindestlöhne, wenn diese höher liegen. Die nationalen Mindestlöhne beschreiben das unterste Limit.

Zusätzliche Regelungen, die die Lohnhöhe beeinflussen, werden in firmeneigenen Kodizes teilweise genannt wie die Pflicht zur Bezahlung von Überstunden, das Verbot der Einbehaltung von Löhnen als Disziplinarstrafe oder die Pflicht zur direkten Auszahlung an die Arbeitnehmer. In vielen Ländern werden die Arbeiter durch Agenten vermittelt, die dann das Geld einnehmen. Das können verpfändete Arbeiter sein, die sich über Generationen verschuldet haben.

Ob der Lohn dazu ausreicht, eine Familie mit dem notwendigsten Lebensbedarf an Nahrung, Kleidung und Wohnung zu versorgen und ein wenig auf die Seite legen zu können (im Sinne der Dreiseitigen Erklärung … der ILO von 1977, Absatz 34 s. o.), wird von den hier betrachteten Kodizes nicht hinterfragt. Mit der Ratifizierung der ILO-Übereinkommen 131 verpflichtet sich der Staat, ein Mindestlohnsystem einzuführen, das u. a. die Bedürfnisse der Arbeitnehmer und ihrer Familienangehörigen beachtet. Es ist bekannt, dass in vielen Ländern die Mindestlöhne weit unter der Armutsgrenze liegen und die Senkung von Mindestlöhnen von Staaten missbraucht wird, um Investoren anzulocken.

Wo liegt die Verantwortung, einen Riegel vor Hungerlöhne zu schieben? Reicht es aus, den Ball den Regierungen zuzuspielen, die oft hoch verschuldet sind, oder den Gewerkschaften, die teilweise als „gelbe Gewerkschaften" nicht die Interessen der Arbeiter/innen vertreten wie in China oder aggressiv unterdrückt werden wie auf den Philippinen oder in Indonesien? Wenn Unternehmen sich für soziale Mindeststandards aussprechen, was nutzt da die Garantie für ein Mindestlohnsystem seitens der Kodizes, das nicht zum Leben reicht?

Limitierung der Arbeitszeit

Ebenso heikel ist die Frage der Limitierung der Arbeitszeit. In den meisten hier betrachteten Verhaltenskodizes wird einerseits auf die Einhaltung nationaler

Arbeitsgesetze hingewiesen, grundsätzlich ein freier Tag in der Woche zugestanden und eine Beschränkung auf 60 Arbeitsstunden gefordert. Die 48-Stunden-Woche, die von der ILO-Konvention Nr. 1 gefordert wird, taucht in den betrachteten Firmenkodizes nur bei Otto auf und in der Empfehlung Reeboks (s. u.). Die erste Konvention der ILO begrenzt die reguläre Arbeitswoche in gewerblichen Betrieben auf 48 Stunden. Diese Übereinkunft für das Gewerbe stammt aus dem Jahr 1919 und wurde nur von 52 Staaten ratifiziert. 1987 merkte die ILO zum Thema Arbeitszeit u. a. an: „Überschreitet die Normalarbeitswoche 48 Stunden, so sollten sofortige Maßnahmen getroffen werden, um sie auf diese Stundenzahl herabzusetzen, ohne dass die Löhne der Arbeitnehmer im Zeitpunkt der Arbeitszeitverkürzung irgendeine Verminderung erfahren."

Bezeichnender Weise hat die ILO-Konvention Nr. 61 zur Verkürzung der Arbeitszeit in der Textilindustrie (auf durchschnittlich 40 Arbeitsstunden pro Woche) von 1937 keine Unterzeichner gefunden und ist damit nicht in Kraft getreten. Dagegen wurde die ILO-Konvention Nr. 14 von 1921 über den wöchentlichen Ruhetag in gewerblichen Betrieben von 117 Staaten ratifiziert. Demnach sollte in einem Zeitraum von 7 Tagen eine Ruhezeit von mindestens 24 aufeinanderfolgenden Stunden gewährt werden, also ein freier Tag pro Woche.

Gibt es unternehmenseigene Umweltstandards?
Hier geht es in der Regel nicht um ILO-Konventionen (sofern sie nicht die Arbeitsbedingungen betreffen), sondern um ökologische Mindeststandards. Was verstehen die Firmen unter der Beachtung von Umweltstandards? Diese werden oft schwammig formuliert und reichen von der Einhaltung nationaler Regelungen über das Bemühen, die Situation zu verbessern, bis zur Einforderung internationaler Vereinbarungen oder spezieller Standards.

Nike: „(Der Lieferant) bestätigt, dass er die im jeweiligen Land geltenden Umweltbestimmungen einhält, und dass er sich schriftlich dazu verpflichtet hat, Nikes spezifischen Umweltstrategien und -verfahren für Fabriken/Lieferanten zu entsprechen, die auf dem Konzept einer kontinuierlichen Verbesserung der Verfahren und Programme zur Verminderung der Einwirkung auf die Umwelt basieren." Aktuell sollen 9 von 10 Nike-Schuhe mit sichereren Lösungen auf Wasserbasis hergestellt werden. Ein Programm (OSHA) untersucht die Innenraumluft in asiatischen Schuhfabriken.

adidas-Salomon fordert von seinen Geschäftspartnern, dass die relevanten nationalen Umweltgesetze und Bestimmungen erfüllt werden. Seit 1995 betreibt adidas ein Prüf- und Überwachungsprogramm zum Thema Gesundheit, Sicherheit und Umwelt. Daraus hat das Unternehmen eigene Normen für den Bereich Gesundheit und Sicherheit am Arbeitplatz festgelegt. Die Forderung nach Einhaltung der nationalen Umweltgesetze und Bestimmungen gilt grundsätzlich auch für *C&A*. Hier sieht man das Thema unter dem Aspekt des im Land Erreichbaren. Der Kodex formuliert ganz allgemein: „Wir werden mit unseren Lieferanten daran arbeiten, unsere gemeinsamen Verpflichtungen gegenüber der Umwelt zu erfüllen."

Bei *Neckermann* verpflichtet sich der Lieferant „von der Produktentwicklung über die Arbeitsorganisation und Produktion bis zum Vertrieb sich zu bemühen, umweltschonend zu verfahren. In jedem Fall sichert der Lieferant zu, dass die gelieferte Ware sowie ihre Verpackung den in Deutschland und der Europäischen Union geltenden Umwelt- und Verbraucherschutzvorschriften entspricht." Im Entwurf der neuen Verhaltensregeln verpflichtet sich der Lieferant außerdem, die nationalen Gesetze, internationale Verpflichtungen wie zum Artenschutz, zum Schutz der Ozonschicht, zum Schutz der Wälder (Forest Stewardship) sowie den Öko-Tex Standard 100 einzuhalten.

Die „Handlungsgrundsätze für einen sozialverantwortlichen Handel" des *Otto Versands* enthalten ausschließlich soziale Regelungen. Doch hat sich das Unternehmen sowohl zu einer sozialverträglichen wie umweltgerechten Handelstätigkeit verpflichtet. „Unsere kommunikativen Möglichkeiten nutzen wir, um Lieferanten und Verbraucher von der Bedeutung des Umweltschutzes zu überzeugen und den Faktor Umwelt im Wechselspiel von Angebot und Nachfrage zu stärken ... Wir berücksichtigen die Einhaltung von Umweltnormen und –standards bei der Zusammenarbeit mit Lieferanten, sonstigen Vertragspartnern sowie den Behörden", heißt es in den Handlungsgrundsätzen der Umweltpolitik. Konkret umgesetzt werden die Standards u.a. in den Anforderungsprofilen für einzelne Funktionsbereiche wie Textilien (s. a. Labelling S. 453).

Konditionen der Umsetzung und Kontrolle von Kodizes

Eine Analyse der internen Monitoringsysteme oben genannter Unternehmen ist hier nicht möglich. Doch können verschiedene *Prüfsteine für eine glaubwürdige Umsetzung* benannt werden.

1. Unabhängiges Vorgehen

Als ein Grundprinzip für Überwachung/Überprüfung haben NGOs aus Großbritannien sechs Grundprinzipien, u.a. unabhängiges Vorgehen, beschrieben. Demnach sollen Überwachungs- und Überprüfungsverfahren von Einrichtungen durchgeführt werden, die kompetent und vollkommen unabhängig von den betroffenen Unternehmen und ihren Vertretern sind. Die Beglaubigungseinrichtung muss kompetent und völlig unabhängig sein.[14]

Bei internen Kontrollverfahren ist der Punkt der Unabhängigkeit in jedem Fall anzuzweifeln, auch wenn verschiedene Abteilungen oder Tochterunternehmen dafür zuständig sind.

2. *Kooperatives Vorgehen*

Wichtig erscheint, ob die Auftraggeber die Lieferanten bei der Umsetzung der Kodizes unterstützen. Was tun die Firmen dafür, dass ihre Geschäftspartner eingehend darüber informiert sind?

Unsichtbar bleibt, ob ein Handelsunternehmen genug zahlt, damit der Lieferant ausreichende Löhne auszahlen, schrittweise in Verbesserungen der Arbeitsbedingungen investieren kann und trotzdem noch eine angemessene Marge selbst daran verdient. Nicht unwesentlich ist die Frage, wer die Auditkosten trägt. Sie sollten nicht auf die Beschäftigten abgewälzt werden.[15]

3. *Verbindliches Vorgehen*

Fordern die Hersteller die Umsetzung der Kodizes tatsächlich ein? Als ersten sichtbaren Schritt haben einige Handelshäuser die Rechtsverbindlichkeit der Vereinbarungen als Bestandteil des Produktionsvertrages für die Zulieferkette bereits als Teil des Verhaltenskodex niedergelegt. Wesentlich erscheint, dass die gesamte Lieferantenkette berücksichtigt wird, damit u. a. auch der „informelle Sektor" an Heimarbeit oder kleinen Nähstuben, in dem sehr schlechte Bedingungen beschrieben werden, mit erfasst wird.

4. *Transparente Umsetzung in der Praxis*

Investiert das Unternehmen in die (interne) Kontrolle? Müssen die Lieferanten die Kontrollmaßnahmen unterstützen, relevante Daten bereitstellen, Inspektionen jederzeit zulassen?

Zu den Methoden gehören zum Beispiel unangemeldete Inspektionsbesuche, Interviews, schriftliche Befragungen und Verbesserungsverfahren. Sind die Verfahren transparent, die Ergebnisse dokumentiert und allen direkt Betroffenen zugänglich, damit sie auch von den Beschäftigten oder dessen Vertretern eingefordert werden können?

Bei internen Kontrollverfahren werden bei Vertragsverletzung Ross und Reiter nicht öffentlich benannt. Das wird aber von Seiten der NGOs als Grundregel formuliert.[16]

Ermöglicht das Überwachungs- und Überprüfungsverfahren tatsächlich eine schrittweise Verbesserung? Wird Lieferanten eine Anpassungsfrist gewährt, in der sie Veränderungen ohne Sanktionen umsetzen können? Anschließend folgt ein kurzer Blick auf Kodizes der o. g. Unternehmen.

Quelle Schickedanz AG & Co

Während die Kampagne für ‚Saubere' Kleidung noch Anfang 1999 die ignorante Haltung des Unternehmens Quelle monierte, „das jegliche Anerkennung derartiger Missstände (grundlegende Arbeitsrechtsverletzungen, in die sie über ihren internationalen Warenbezug verwickelt sind, d. Red.) – und die Notwendigkeit ihrer Beseitigung – vermissen ließ",[17] antwortet Manfred

Gawlas: „Zu dieser schwer wiegenden Problematik die grundsätzliche Position unseres Unternehmens: Das Haus Quelle hat sich Grundsätzen verschrieben, die das wirtschaftliche und soziale Handeln in unserem Unternehmen regeln. Wir lehnen jegliche Form von Zwangsarbeit ab. Ein Bezug von Waren, die gerade auf Basis von Ausbeutung menschlicher Arbeitskraft hergestellt werden, ist mit der Unternehmenskultur unseres Hauses nicht zu vereinbaren. Unsere Mitarbeiterinnen und Mitarbeiter in der Zentrale und in unseren Einkaufsbüros sind über diese Problematik informiert und angewiesen, auf Einkaufs- und Inspektionsreisen bei unseren Lieferanten auf Einhaltung der Sozialklauseln einzuwirken sowie bei Verstößen mit Konsequenzen – sprich: Abbruch der Geschäftsbeziehungen – zu reagieren." Laut Mitteilung des Unternehmens fanden durch einzelne Einkaufsbüros „Factory evaluations" statt, bei denen auch das Thema Sozialstandards berücksichtigt wurde.

Auch bei Quelle werden *Vorbereitungen für einen Verhaltenskodex* getroffen. Mit weiteren Informationen hält man sich bedeckt, da man noch mitten im Abstimmungsprozess steckt. Quelle ist außerdem an der Entwicklung der AVE-Beschaffungs-Verhaltensregeln (s. o.) beteiligt und weist auf die hier geplante Einführung einer systematischen Kontrolle hin.

Versandhaus Neckermann

Zu den Einkaufsbedingungen der Firma Neckermann gehören Mindestforderungen, wie sie zum Teil auch vom Einzelhandelsverband empfohlen werden. „Der Lieferant sichert zu, dass die gelieferte Ware weder durch ausbeuterische, gesundheitsschädigende oder sklavenartige Kinderarbeit noch durch Zwangsarbeit oder ausbeuterische oder sonst die Menschenwürde verletzende Gefängnisarbeit hergestellt worden ist." Neckermann unterstützt das Positionspapier der Außenhandelsvereinigung des Deutschen Einzelhandels (AVE) zur Kinderarbeit (s. S. 267) und arbeitet an der *Einführung eines Verhaltenskodex*, der bis Frühjahr 2000 eingeführt werden sollte. In seiner Entwurfsfassung deckt dieser sich weitgehend mit anderen dargestellten Kodizes, beispielsweise von C&A oder vom Otto Versand. Bei Kinderarbeit wird zusätzlich die neue ILO-Konvention 182 gegen ausbeuterische, gesundheitsschädliche und sklavenartige Kinderarbeit aufgenommen, um deren Bedeutung zu unterstreichen.

Zur Frage der Durchsetzung und Kontrolle schreibt Neckermann über die eigenen Planungen: „Die Einhaltung der Bedingungen des Code of Conduct soll durch entsprechende Kontrollen und Sanktionen sichergestellt werden. Stichprobenweise so genannte interne Kontrollen werden für ausreichend erachtet. Bei auftretenden Verletzungen ist im Interesse der Betroffenen vom Grundsatz der Boykottvermeidung auszugehen.

Die Durchsetzung und Anwendung der Sozialbedingungen
- sollen auf der Basis von Dialog, Konsens und Kooperation unter Respektierung der Eigenverantwortung des Lieferanten erfolgen,
- müssen sich an den Interessen der Betroffenen orientieren, deren Arbeits- und Lebensumstände verbessert werden sollen, und
- haben den jeweiligen Verhältnissen, einem möglichst effizienten wirtschaftlichen Einsatz der dafür aufzuwendenden Mittel und dem Grundsatz der Verhältnismäßigkeit Rechnung zu tragen."

Otto Versand

Im Herbst 1997 hat der Otto Versand „Handlungs-Grundsätze für einen sozialverträglichen Handel" formuliert. Darin wird von allen Lieferanten und Sublieferanten gefordert, die nationalen Arbeitsrechte, u. a. den Mindestlohn, einzuhalten. Außerdem sind Kinderarbeit, Zwangsarbeit und Diskriminierung verboten (s. a. Tabelle S. 280). In der Frage der gewerkschaftlichen Rechte hat der Otto Versand seinen Kodex im Jahr 1998 nachgebessert: „Wir haben in unseren Codes of Conduct festgelegt, dass die *gesetzlich* vorgeschriebenen Rechte, sich gemeinsam zu organisieren, nicht behindert werden dürfen", erklärt Johannes Merck, Direktor der Umwelt- und Gesellschaftspolitik des Otto Versands. Das gilt auch für das Recht auf Tarifverhandlungen. In China, wo keine Gewerkschaftsfreiheit besteht, sollten vergleichbare Maßnahmen gesucht werden, dass Arbeitnehmer sich Gehör verschaffen können, erläutert Merck.

Zur Umsetzung der Leitlinien fordert das Handelshaus die verbindliche Einhaltung von allen Geschäftspartnern. Lieferanten und Sublieferanten müssen sich damit einverstanden erklären, dass die Befolgung des Verhaltenskodexes vom Otto Versand oder einer von ihm beauftragten Organisation überprüft wird. Über Sanktionsmaßnahmen schreiben die „Handlungs-Grundsätze": „Jeder Verstoß gegen diesen Verhaltenskodex, der dem Otto Versand bekannt wird, kann zur Einstellung der Geschäftsbeziehung führen. Vorrangiges Ziel jedoch ist es, den Lieferanten in die Pflicht zu nehmen, für eine Beseitigung der Missstände zu sorgen."

Der Kodex enthält keine Regelungen zu Informationspflichten der Lieferanten oder Verbesserungsplänen. Das Gleiche gilt für Schulungen des Handelsunternehmens zum Kodex. Dazu befragt, betont der Otto Versand im Bereich Sozialverantwortung das Prinzip der Kooperation und Partnerschaft mit dem Lieferanten. „So werden vor jeder Auditierung in den Märkten mit den Lieferanten Workshops durchgeführt, in denen wir die Lieferanten auf die Anforderungen der Handlungsgrundsätze schulen. Die nachfolgenden Sozialaudits werden im Rahmen der Qualitätsauditierung durchgeführt. Dies führt zu einer erheblichen Versachlichung und größeren Akzeptanz der Thematik. Sollten sich in den Audits Abweichungen von unseren Handlungsgrundsätzen ergeben, werden mit den Lieferanten so genannte ‚Corrective Action Plans' vereinbart, die unter einer angemessenen zeitlichen Befristung stehen." Den Hauptauditoren stehen als Assistenten so genannte QC-Inspektoren zur Verfügung, die als heimische Mitarbeiter „das richtige Kulturverständnis, die korrekte Bewertung der Dokumente und die wortgetreue Übersetzung häufig sehr sensibler Fragen und entsprechender Antworten" gewährleisten sollen. Sie stehen Lieferanten als Mentoren und Trainer für die Umsetzung von Korrekturmaßnahmen zur Verfügung.

Über den Stand der internen Kontrollen sagt Johannes Merck im Januar 1999: Insgesamt haben wir in den vergangen vier Jahren über eintausend Produktionsstätten auditiert. Die insbesondere der Kinderarbeit und dem Arbeitsschutz geltenden Kontrollen sind seit 1998 deutlich ausgeweitet worden mit Blick auf die Berücksichtigung aller in unserem Code of Conduct genannten Kriterien. Alle vom Otto Versand berücksichtigten Lieferanten werden von uns entsprechend auditiert.

Nach Auskunft des Handelshauses habe sich das interne Monitoring-Verfahren bisher als ausgesprochen wirksam erwiesen. Die Verbesserungspläne seien umgesetzt worden. Nur in einem Fall gab es eine Verwarnung und zweite Nachauditierung.

Bis zum Jahr 2002 will das Unternehmen den internen Kodex bei allen Hauptlieferanten sowie deren Sublieferanten auditieren. Dabei stehen die Lieferanten von Bekleidungstextilien im Zentrum. Schrittweise sollen die Lieferanten von Schuhen und Spielzeug einbezogen werden. Im Sommer 2000 soll ein Sustainability Report erscheinen, der Umwelt- und Sozialberichtswesen miteinander verbindet.

Der Otto Versand plädierte als einer der Ersten (u.a. im Januar 1999) für die Einführung eines unabhängigen Kontrollsystems. Im verzweigten Netz der Sublieferanten und vorgelagerten Produktionsstufen stoße das Kontrollsystem Ottos an seine Grenzen. Daher setzen die Hanseaten auf das Projekt Social Accountability 8000 (SA 8000), das auch Avon oder die französische Kette Promodés verfolgen (s. u.). Wir brauchen die Bündelung der globalen Marktkräfte, „ein globales Steuerungssystem, das unmittelbar in den Produktionsstätten wirksam wird", lautet Mercks Botschaft.

Peu à peu soll das soziale Audit nach SA 8000 zur Voraussetzung für Lieferanten von Otto werden. Das interne Monitoring-Verfahren des Otto Versand dient auch dazu, die Lieferanten auf die Anforderungen des SA 8000 zu schulen. Wesentliche Unterschiede sind die Zahlung ausreichender Löhne und die Einrichtung eines Sozialmanagementsystems bei den Lieferanten. Derzeit testet das Unternehmen die Praktikabilität des Systems an seinen Textillieferanten und stellt fest, dass die zusätzlichen Anforderungen erheblich sind: „Dies gilt insbesondere für mittelständische und kleine Lieferanten, die nicht bereits über Managementsystemerfahrung verfügen. Ähnliches gilt für die living wage-Erfordernis, wenn der gesetzliche Mindestlohn erheblich unter den Lebenshaltungskosten liegt. Hier müssen wir uns mehr denn je die Frage stellen, ob der SA 8000 als marktwirtschaftliches Instrument in der Lage ist, diese strukturell-politischen Probleme zu lösen", so Achim Lohrie. Er sieht Regierungs- und Nichtregierungsorganisationen, Gewerkschaften und supranationale Einrichtungen mit in der Pflicht dafür zu sorgen, dass nationale Mindestlöhne an die tatsächlichen Lebenshaltungskosten in den Märkten angepasst werden.

„Wir werden auch zukünftig im Aufsichtsrat der CEPAA unseren Einfluss zur Lösung dieses schwierigen Problems geltend machen", verspricht Lohrie. Von einer Problemlösung hängt es ab, wann erste Zulieferer des Otto Versand nach SA 8000 zertifiziert sein werden.

Auf die Frage nach steigenden Verbraucherpreisen antwortet Johannes Merck bereits im Januar 1999: „Der Anteil der Kunden, die in der Lage und bereit sind, mehr zu bezahlen, ist gering. Wir müssen Wege finden, wie wir diese Optimierungsprozesse – das kennen wir aus der Umweltdiskussion – so initiieren und in die Kette bringen, dass die Mehrkosten nicht an den Konsumenten weitergegeben werden müssen. Das beschreibt aber auch die Grenzen, die wir bei dem Optimierungsprozess natürlich haben."

C&A

C&A führte im Jahr 1995 seinen Code of Conduct ein, der wie üblich mit der Zeit verändert wird. Auf Kritik aus der Öffentlichkeit folgte eine Nachbesserung in der Frage der Vereinigungsfreiheit. Betrachtet man die Kodizes im Vergleich (s. Tabelle S. 280), fallen bei C&A einige Lücken auf: das Recht auf Kollektivverhandlungen, das Recht auf Nichtdiskriminierung. Die Limitierung der Arbeitszeit und die Bezahlung von Überstunden gehören ebenso nicht zu den Regeln, sofern sie keine nationalen Rechte sind. Andererseits enthält der Kodex auch einen Passus gegen Korruption und zum Schutz von Urheberrechten.

C&A sieht sich mit Realitäten konfrontiert, die vom eigenen Kodex weit entfernt liegen. Das beschreibt der Jahresbericht der Auditgesellschaft Service Organisation Compliance Audit Management (SOCAM, SOCAM ist eine Tochtergesellschaft von C&A, die die geschäftlichen Standards bei der Warenbeschaffung im Namen der in Europa tätigen C&A-Einzelhandelsgesellschaften überwacht.): „C&A nutzt eine große Anzahl von Produzenten und sucht ständig nach neuen Lieferanten. Nicht alle von diesen stimmen bereits mit dem Kodex überein. Auch gibt es viele Gebiete, in denen SOCAM sich speziell auf

Kinderarbeit und grundlegende Arbeitsbedingungen konzentriert hat, um die Standards anzuheben. Aber ökologische Missstände und Gewerkschaftsfreiheit sind Ziele, die mehr Aufmerksamkeit erfordern", formuliert SOCAM im Jahresbericht 1997. Jochen Overmeyer, Mitglied der Geschäftsleitung von C&A Deutschland im Januar 1999: „Wir übernehmen die Verantwortung dafür, wie unsere Ware hergestellt wird. Dabei ist für uns das *Verhindern von Kinderarbeit derzeit eine der vorrangigsten Aufgaben*." Gemeint ist damit nicht die juristische Verantwortung, die laut Vertrag beim Lieferanten liegt, sondern die ethische Verantwortung. Aus der ethischen Verantwortung resultieren das Kontrollsystem und das Korrektursystem des Handelshauses. Im Mai 1999 hat das Modehaus gemeinsam mit dem Kinderhilfswerk terre des hommes, Osnabrück ein Projekt in der indischen Textilstadt Tirupur gestartet – ein Berufsbildungszentrum für ehemalige Kinderarbeiter, in dem 120 Kinder pro Jahrgang eine Ausbildung finden.[18]

Im Kodex heißt es unter dem Stichwort Information und Ausbildung: „Wir werden alles Notwendige tun, um sicherzustellen, dass sich unsere Mitarbeiter und Lieferanten vollständig unserer Standards und Forderungen bewusst werden. Wir werden alle erforderlichen Maßnahmen treffen, um ein umfassendes Verständnis und ein gemeinsames Handeln bezüglich der Absichten und Ziele dieser Codes zu fördern." Diese Aufgaben liegen aus der Sicht Overmeyers auf beiden Seiten.

Seit Anfang 1996 kontrolliert SOCAM die Geschäftspartner des Handelshauses. Die Büros, die für verschiedene Länder zuständig sind, liegen in Hongkong, Singapur, Madras und Brüssel. Ihre Partner sind das C&A Sourcing Department und das Buying Department (Mondial mit 30 Büros). Im Jahr 1997 waren 10 Personen ganztags bei SOCAM beschäftigt, ihr Jahresbudget beträgt etwa 3 Mio. US-Dollar.

Der Verhaltenskodex ist Vertragsgrundlage für jede Warenorder. Sie enthält die Verpflichtung, die gesamte Lieferkette offen zu legen. Mit den Zulieferern hat C&A vertraglich vereinbart, dass den SOCAM-Kontrolleuren jederzeit die Möglichkeit gegeben wird, alle Produktionsstätten unangemeldet zu kontrollieren. In Prüfberichten werden Verstöße gegen den Kodex dokumentiert, die die juristische Grundlage von Sanktionen bilden. Overmeyer: „Wir reagieren sofort. Unsere Maßnahmen reichen dabei von einem Warnbrief bis hin zum Abbruch der Geschäftsbeziehungen gegenüber unserem Vertragspartner. SOCAM hat bis heute weltweit über 3.500 Kontrollen von Produktionsstätten durchgeführt. In über 160 Fällen – und dabei meine ich nicht Produktionsstätten, sondern Geschäftsverbindungen –, haben wir bisher vertragliche Konsequenzen gezogen, das heißt, wir sind aktiv gegen Missstände vorgegangen – und dies seit 3 Jahren."

Laut *Jahresbericht 1997* (bis 31.03.1998) wurden von *SOCAM über 1000 Firmenstandorte besucht. Von 80 Lieferanten wurden die Verträge storniert. Von diesen wurden 30 nach einem Verbesserungsplan wieder aufgenommen. In weiteren 50 Fällen wurden strenge Verwarnungen ausgesprochen.* Wurde die Geschäftsbeziehung von C&A abgebrochen, kann sie nur wiederhergestellt werden, wenn der Lieferant einen überzeugenden Verbesserungsplan vorgelegt hat. Ein Verbesserungsplan sollte zum Beispiel alternative Möglichkeiten für arbeitende Kinder enthalten, um ihnen den Schulbesuch zu ermöglichen oder den Kindergarten zu bezahlen. Die wichtigste Ursache für die Unterbrechung von Geschäftsbeziehungen waren entweder Kinderarbeit oder nicht akzeptable Arbeitsbedingungen.[19]

Forderungen nach unabhängiger Kontrolle stoßen bei C&A auf Ablehnung. Die Beteiligung von Gewerkschaften oder NGOs am Kontrollsystem hält Jochen Overmeyer für nicht handhabbar: „Allein die Forderung nach Offenlegung der Lieferquellen und Akzeptanz von SOCAM war nur unter der klaren Prämisse der strikten Vertraulichkeit überhaupt durchzusetzen." Die Möglichkeit der Offenlegung sei ein unakzeptables Damoklesschwert.

adidas-Salomon

Im Gegensatz zu den Konkurrenten Puma, Nike oder Reebok hat adidas-Salomon erst im Juni 1998 die „Standards of Engagement" eingeführt. „Wir waren längere Zeit der Hoffnung, dass die Sportartikelindustrie diese Normen (die Normen des Weltverbandes der Sportartikelindustrie WFSGI, d. Red. S. 265) einführen kann", erklärt Peter Csanadi. Nach über zwei Jahren musste adidas erkennen, dass die Industrie nicht zu einer gemeinsamen rechtsverbindlichen Regelung in der Lage war.

Vergleicht man den Standard von adidas-Salomon zum Beispiel mit dem des Otto Versand oder von C&A, fällt bei adidas bei den gewerkschaftlichen Rechten eine klare Formulierung auf für das Recht jedes Mitarbeiters, Vereinigungen nach eigener Wahl zu gründen oder beizutreten – ohne einen Hinweis auf mögliche nationale Einschränkungen. Die Verpflichtung auf nationale Gesetze erfolgte im Kodex bereits eingangs. Aber in der Liste fehlt das Recht auf Kollektivverhandlungen, ein Kern-Standard der ILO, der auch Teil der Erklärung über grundlegende Prinzipien und Rechte der Arbeit der ILO von 1998 ist! Unter dem Punkt Arbeitszeit erwähnt adidas bezahlten Jahresurlaub. Und laut Kodex bevorzugt der Markenhersteller Geschäftspartner, „die sich um eine Verbesserung der Bedingungen in den Ländern, in denen sie tätig sind, bemühen".

Der Verhaltenskodex dient als rechtsverbindlicher Teil der Herstellungsverträge und als Voraussetzung für die Zusammenarbeit mit einem Unternehmen.

Im Januar 1999 wurde bei adidas-Salomon die Abteilung für soziale und ökologische Fragen eingerichtet, die von David Husselbee geleitet wird. In der Abteilung sind 27 Mitarbeiter tätig, von denen 23 regelmäßig die Fabriken besuchen. Daneben sollen auch andere Mitarbeiter, wenn sie vor Ort sind, die Bedingungen prüfen.

adidas-Salomon hat sich (wie Reebok und Nike) der *„Fair Labor Association"* (s. FLA) in den Vereinigten Staaten angeschlossen. Ihr Kodex schließt u.a. das Recht auf Kollektivverhandlungen ein, das im adidas-Kodex fehlt, und sieht ein externes Überwachungssystem vor, sodass „wir so viele unabhängige Audits im Jahr 2000 so weit wie möglich mit regierungsunabhängigen Organisationen für die Überwachung organisieren werden", erklärt David Husselbee im Dezember 1999. Im Augenblick arbeitet der Sportwarenhersteller noch nicht mit NGOs für die Überwachung. „Momentan bauen wir Beziehungen zu NGO-Monitoren auf. In El Salvador hoffen wir, dass GMIES – die unabhängige Monitoring Gruppe von El Salvador – bald mit ihrer Arbeit beginnen wird". adidas-Salomon stehe mit GMIES im Gespräch, habe aber noch keine Vereinbarungen bezüglich der Methodik treffen können. Damit geht adidas ein Stück auf die Forderungen der Clean Clothes Campaign zu. „Die ‚Kampagne für Saubere Kleidung' baten wir, uns mögliche regierungsunabhängige Prüfer in weiteren Ländern vorzuschlagen."

Nike

Mit der Einführung ihres Verhaltenskodex im Jahr 1992 gehört Nike zu den Vorreitern. Der Kanon enthaltener Rechte ähnelt dem anderer hier betrachteter Firmen.

Die Beschreibung der Arbeitspraktiken und des Sanktionssystems sind ausführlich. Der Verhaltenskodex ist Teil des Produktionsvertrags. Nicht erwähnt wird die Gültigkeit des Standards bei Untervertragsvergabe. Auch werden nicht alle Punkte für Geschäftspartner in gleicher Form als bindend erklärt. Nike unterscheidet zwischen Prinzipien und Standards. Zu den sog. Prinzipien, die den Geist der Geschäftsbeziehung verkörpern sollen, fallen u. a. die gewerkschaftlichen Rechte, das Gebot der Nichtdiskriminierung, körperliche Strafen oder Missbrauch. Möglicherweise will Nike damit Konflikte an Produktionsstandorten vermeiden, an denen diese Rechte nicht offiziell eingeräumt bzw. umgesetzt werden. Zu den sog. Standards zählen Regelungen zu folgenden Punkten: Zwangsarbeit, Kinderarbeit, Entlohnung, Vergünstigungen, Arbeitszeit/Überstunden, Umwelt-, Sicherheits- und Gesundheitsmanagement sowie Dokumentation und Kontrolle. Unter dem Druck der Öffentlichkeit hat Nike 1998 das Mindestalter in der Schuhproduktion von 14 auf 18 Jahre heraufgesetzt und im Bekleidungssektor auf 16 Jahre (vorausgegangen war der Film

„The Big One" von Michael Moore mit Kommentaren des Präsidenten Phil Knight, der die Beschäftigung 14-jähriger Mädchen rechtfertigte). Schon bei der Einstellung müssen Beschäftigte informiert werden, dass Überstunden eine Bedingung für die Beschäftigung sind. Das Soll liegt bei 60 Stunden die Woche und einem freien Tag. Unter dem Punkt *Dokumentation und Kontrolle* fordert der Nike-Kodex: „(Der Lieferant) verpflichtet sich, jene Unterlagen in Evidenz zu halten, die nötig sein könnten, um die Einhaltung dieses Verhaltenskodexes nachzuweisen, und verpflichtet sich weiter, diese Unterlagen Nike oder einer von Nike beauftragten Prüfung auf Anfrage zur Verfügung zu stellen."

Als Erweiterung des Nike Standards wurde 1998 angekündigt, dass sie das Programm *Job + Education* (Arbeit und Ausbildung), an dem sich bis Juni 1999 20 Produktionspartner in Indonesien beteiligten, bis Ende 2001 eingeführt haben müssen.

In den Erläuterungen schreibt Nike u. a., dass der Nike-Kodex in den Fabriken ausgehängt werden muss und jeder Arbeiter eine Karte in Taschenformat erhält mit einer übersetzten Zusammenfassung des Kodex und Gesundheits- und Sicherheitstipps. Hier erscheinen auch die Rechte auf Gewerkschaftsfreiheit und Kollektivverhandlungen und auch eine Aussage mit Bezug zur Antidiskriminierung: „Bezahlung und Förderung beruhen allein auf ihrer Fähigkeit, ihre Arbeit zu tun." Die maximale Arbeitszeit wird allerdings nicht in Wochenstunden konkretisiert.

Fabrikeigentümer, Manager und Vorarbeiter sollen Schulungen vom Verhaltenskodex erhalten.

Die *Kontrolle* geschehe hauptsächlich durch eigenes speziell geschultes Personal, teilweise auch durch unabhängige Prüfer, schreibt Nike. In jeder Fabrik sollen Mitglieder des Personals von Nike eigens für diese Aufgabe abgestellt sein, insgesamt über 1000 in annähernd 350 Fabriken. Monatlich finde eine sog. „SHAPE-Prüfung" statt. Das System bietet ein Verfahren, um den Fortschritt korrigierender Maßnahmen zu messen.

Wenn korrigierende Maßnahmen nicht ausreichen, greift das *Sanktionssystem* zunächst zu Geldstrafen. Der Lieferant muss die Summe dazu einsetzen, die Kodexverletzung zu korrigieren, soweit das möglich ist. Anderenfalls müssen die Mittel so investiert werden, dass sie das Los der Arbeiter/innen verbessern. Die Vollstreckungsverfahren werden von einer Stelle koordiniert (Labor Practices Division). Diese Stelle führt auch Schulungen zum Kodex durch und sammelt Informationen. Im asiatischen Raum ist die Abteilung mit vier Zentralen am weitesten entwickelt (Vietnam, Indonesien, China und Philippinen). Ähnliche Teams sind für Nord-, Mittel- und Südamerika sowie Europa geplant.

Bei schwer wiegenden und fortgesetzten Kodexverletzungen, die der Marke schaden könnten, beendet Nike seine Geschäftsbeziehung.

1994 hat Nike nach eigenen Angaben begonnen, zusätzliche unabhängige Kontrollen einzuführen. Daran beteiligt sind: das Wirtschaftsprüfungsunternehmen Price Waterhouse und Ernst & Young, Cal Safety in Los Angeles, der Konzern Grant Thorton in Pakistan, die Wirtschaftsuniversität von Ho Chi Minh Stadt in Vietnam (erstes landesweites Monitoring durch CESAIS 1997) und CARE Internationale. 1998 erklärte sich Nike bereit, lokale NGOs in das Monitoring der Fabriken einzubeziehen.

Seit 1996 ist Nike auch Mitglied der *Apparel Industry Partnership* und stimmte der Fair Labor Association 1998 zu. In 1999 wurde der Sportwarenhersteller Mitglied der Global Alliance for Workers and Communities, die sich mit der Verbesserung von Arbeitsbedingungen befasst.

Unter anderem in Vietnam, Indonesien und Thailand bestehen Pilotprojekte mit NGOs, die sich auf Entwicklungsmaßnahmen beziehen. Nike führt gemeinsam mit einigen Lieferanten ein Bildungsprogramm durch und vergibt Kleinkredite zur Förderung der ländlichen Entwicklung.[20]

Reebok

Betrachtet man den Verhaltenskodex Reeboks im Vergleich mit den oben genannten, deckt er sich in vielen Punkten mit dem Standard von adidas oder Nike. Bei der Nennung gewerkschaftlicher Rechte werden keine Einschränkungen erwähnt. Aber im Gegensatz zu adidas oder Otto fehlt ein Hinweis, dass Überstunden zu honorieren sind. Zur Frage der Gewalt am Arbeitsplatz durch sexuelle Übergriffe oder Disziplinierungsmaßnahmen ist keine Regelung vorgesehen. Unter dem Punkt Sicherheit und Gesundheit am Arbeitsplatz heißt es: „Reebok will Geschäftspartner auswählen, die sich bemühen, den Beschäftigten einen sicheren und gesunden Arbeitsplatz zuzusichern und die Arbeiter keinen gesundheitsschädlichen Bedingungen aussetzen." Bezüglich der Arbeitszeit deckt sich der Kodex zunächst mit der Mehrzahl der anderen (60 Std.-Woche, 1 freier Tag). Doch will Reebok Partner bevorzugen, die als Regelarbeitszeit 48 Stunden pro Woche praktizieren, und rückt damit ein Stück näher an die ILO-Konvention. In seinem Kodex ist kein allgemeiner Verweis auf nationales Recht (mit Ausnahme des Mindestlohnes) zu finden. Reebok beschränkt sich auf internationale Standards.

Was die Umsetzung der Regelungen betrifft, wendet Reebok seine „Human Rights Production Standards" bei der Auswahl der Geschäftspartner an. Reebok sucht das *Einverständnis von Handelspartnern und deren Zulieferern*. Der Verhaltenskodex ist Bestandteil des Vertrags mit dem Auftragnehmer. Um sich der Umsetzung rückzuversichern, wählt das Unternehmen Partner, die es vollständig in die genutzten Produktionswege Einblick nehmen lassen, und ergreift unterstützende Maßnahmen wie Betriebsinspektionen, um die Standards umzusetzen und zu überwachen, so der Firmenkodex.

„Wenn bei einem Vertragspartner Zustände beschrieben werden, die unterhalb der Reebok-Standards liegen, arbeiten wir mit der Fabrik, dieses Problem zu lösen. Wenn sich Hersteller auf der anderen Seite als unwillig oder unfähig erweisen, gute Bedingungen zu schaffen, machen wir unsere Geschäfte woanders, was wir in verschiedenen Fällen in der Vergangenheit getan haben", erläutert Doug Cahn, Direktor des Menschenrechtsprogramms von Reebok.

„Wir überwachen regelmäßig Produktionsstätten bezüglich der Verletzung des Reebok-Kodex. Unsere Methoden umfassen: Interviews mit Arbeiter/innen (durchgeführt mit Muttersprachlern der lokalen Sprache, in Abwesenheit des Managements der Firma), Einsicht in die betrieblichen Aufzeichnungen wie Zahlungsbelege, Zeiterfassung, Personallisten, Interviews und Treffen mit dem betrieblichen Management." Zur Arbeit gehört auch die Auswertung von Menschenrechtsberichten entsprechender Organisationen oder Berichten von Kampagnen.

Auf der Reebok-Homepage erfährt der Besucher, dass die Arbeitsbedingungen mit Unterstützung von externen Monitoren beurteilt werden.[21]

Reebok ist *Mitglied der White House Apparel Industrie Parntership*, die daran arbeitet, ein System unabhängiger externer Kontrolle aufzubauen (FLA, s. o.). Ein solches System sei ein wichtiger Schritt, der das interne Monitoring-Programm von Firmen glaubwürdiger werden lasse und eine verfügbare Quelle von Informationen bieten werde über die Ergebnisse, die die Arbeiter anstreben, urteilt Doug Cahn.

Reebok war ein Mitglied des Advisory Board (Beirat) des CEPAA, die den SA 8000 vergibt. Warum die Firma das Gremium verlassen hat, dazu kann nur spekuliert werden. Cahn hat dazu nicht Stellung genommen.

Resümee

Immer mehr Unternehmen führen einen Code of Conduct ein, das fällt bereits in der kleinen Auswahl der betrachteten Unternehmen auf. – Auch fällt auf, dass die Sozialregeln sich aneinander angleichen. Bei vielen Fragen ist eine Übereinstimmung zu beobachten. Üblich scheint auch die Einführung eines internen Kontrollsystems. Ob dieses tatsächlich funktioniert oder ob es sich nur um Lippenbekenntnisse handelt, kann hier nicht beurteilt werden. Der Trend deutet an, dass externe Kontrollsysteme, die noch am Anfang stehen, zunehmend befürwortet werden. Über die Gestaltung solcher Systeme scheiden sich die Geister.

Literaturhinweise, Anmerkungen:

1 Herbert Klemisch: Umweltschutz in der Textil- und Bekleidungsbranche, Klaus Novy Institut, Köln 1999, S. 108 f.

2 Levi Strauss: Marked by Paradoxes: Clean Clothes newsletter no. 10 1998, S. 6 f.; auf dem Internationalen Forum über Clean Clothes berichteten mehrere Zeugen auch über Verletzungen des Kodexes in Fabriken in Borgor, Tangerang und Mauritius, die für Levi's produzieren.

3 Shareen Hertel, Colin Chellman, Jerome W. Powell: International Sourcing Report, Council on Economic Priorities, New York 1998

4 International Labour Office, Governing Body, Overview of Global Developments and Office Activities Concerning Codes of Conduct, Social Labelling and Other Private Sector Initiatives Addressing Labour Issues, ILO, Geneva 1998

5 Christoph Scherrer: Kann den Konzernen Benimm beigebracht werden? In: Frankfurter Rundschau vom 26.11.1999 (Der Text basiert auf einem Gutachten im Auftrag der Friedrich-Ebert-Stiftung.)

6 nach: DGB-Positionspapier vom 17.12.1998, s. S. 259

7 Introduction CEPAA, Webseite, Oktober 1999, http://www.cepaa.org/intro.htm

8 Asia Monitoring Resource Centre and Hong Kong Christian Industrial Committee: Blood, Sweat & Shears. Working Conditions in Sport Shoe Factories in China.

Making Shoes for Nike and Reebok, Hong Kong, September 1997

9 Südwind, AMRC, IBON: Kleiderproduktion mit Haken und Ösen, Texte 6, Siegburg 1997

10 Made in Eastern Europe, Hrsg.: Clean Clothes Campaign, Amsterdam 1998

11 Clean Clothes Newsletter, Bezug: Schone Kleren Kampagne, Adresse s. Anhang; offener Brief an P. Knight: http://www.cleanclothes.org/nike-99-9-22.htm

12 vgl. Scherrer, FR 26.11.99, s. o.

13 Südwind 1997, s. o. S. 48, 49, 52

14 Maggie Burns et al.: Open trading. Options for effective monitoring of corporate codes of conduct, Hrsg. New Economics Foundation/Catholic Institute for International Relation, London 1997, nach: Südwind 1997, s.o., S. 132

15 Burns nach Südwind, s. o.

16 Burns nach Südwind, s. o.

17 Kampagne für Saubere Kleidung aktuell, Aktionszeitung der Kampagne, Ausgabe 1/1999

18 Pressemitteilung von terre des hommes vom 27.05.1999

19 SOCAM 1997 Annual Report, Brüssel, Mai 1998

20 vgl. Nike Verhaltenskodex 1997; nike: Global Perspectives, May 1999; http://nike-bisz.com/labor/

21 http://www.reebok.com/humanrights/home.html

Mit externer Kontrolle: SA 8000

Kapitel 5.4

Nach der internationalen Norm ISO 9000 für Qualitätsmanagement, der ISO 14001 für Umweltmanagement folgt die SA 8000 für „soziale Verantwortlichkeit", die bislang noch keine internationale Norm darstellt. Ihre Initiatoren arbeiten aber daran, sie auch als internationale Norm anerkennen zu lassen.

Wie ist die SA 8000 entstanden? Das Council on Economic Priorities (CEP), ein gemeinnütziges Forschungsinstitut in New York, hat sich auf ethische Produktion und ethischen Konsum spezialisiert. *1994 begann es mit Forschungen über Codes of Conduct.* 1995 wurde gemeinsam mit der ILO ein Forschungsprojekt gestartet, das Interviews und Diskussionsrunden durchführte, um herauszufinden, inwieweit firmeneigene Kodizes geeignet sind, Kinderarbeit abzuschaffen. Diese Studie zeigte, dass nur wenige Fassungen alle zentralen Konventionen der ILO berücksichtigten, sie zudem häufig nur auf dem Papier standen – ohne den Druck einer externen Zertifizierung und Rückhalt durch die Öffentlichkeit. Das CEP erkannte die Notwendigkeit, ein *System zu schaffen, das unabhängig und branchenübergreifend Unternehmensstandorte nach einem von allen Seiten anerkannten sozialen Mindeststandard überprüft.*[1]

Um das zu realisieren, wurde die *Tochter CEPAA (Council on Economic Priorities Accreditation Agency) gegründet.* Um eine hohe Akzeptanz zu finden, wurden in den Aufbau des Standards Social Accountability 8000 inklusive Kontrollsystem weite Kreise einbezogen. Insbesondere waren die Mitglieder des *„CEPAA Advisory Boards"* dabei an einem konsensorientierten Prozess beteiligt. Die Zusammensetzung dieses internationalen Gremiums ist gemischt und soll eine Basis für den Interessenausgleich insbesondere zwischen Beschäftigten und Unternehmen bilden: Dabei sind derzeit drei Mitglieder von Gewerkschaften, fünf von NGOs, acht von Firmen, drei von Audit- und Sozial-Investment-Gesellschaften und ein Regierungsvertreter. Weitere Mitglieder können vorgeschlagen werden. Die Kampagne für ‚Saubere' Kleidung kritisiert die ungenügende Einbeziehung von NGOs, denn Transnationale Konzerne plus Wirtschaftsprüfer hätten ein Übergewicht im Beirat.

Dieser *Beirat fungiert als Mitgestalter und Kontrollorgan* der Öffentlichkeit. Außer der Mitarbeit an den SA 8000 Standards sind zwei Mitglieder des Gremiums im Accreditierungs-Prüfungsausschuss, wobei einer aus einem Unternehmen, der andere aus dem zivilen Sektor kommt. CEPAA wird von einem Team aus fünf *Direktoren* geführt, das sind Michael Goldstein, Leni Darrow, Alice Tepper Marlin, Dana Chasin und Jonathan Bell.

Mitglieder im CEPAA Advisory Board / Beirat

Ivano Barberini/	
Alessandra Vaccari (abwechselnd)	Lagacoop Nazionale (Italien)
Dorianne Beyer/Jeffrey F. Newmann	
(abwechselnd)	Nationales Komitee für Kinderarbeit
	(Nationale Child Labor Committee) (USA)
Jagdish Bhagwati	Vorsitzender, CUTS (Indien)
Simon Billenness	Trillium Asset Management (USA)
Joseph Blumberg	Grupa M, S.A. (Dominikanische Republik)
Tom DeLuca	Toys ,R' Us (USA)
Bertrand Duliscouet	CIM Promodes (Frankreich)
Oded Grajew	Abrinq Foundation (Brasilien)
Sharon Hayes	Dole Food Company (USA)
Hon. Alan G. Hevesi/	
Steve Newmann (abwechselnd)	Rechnungsprüfungsbüro der Stadt New York
	(Office of the Comptroller, City of New York)
	(USA)
Fitz Hilaire	Avon Products, Inc. (USA)
Jeffrey L. Horner/	
John Brookes (abwechselnd)	SGS International Certification Services (Schweiz)
Philip Jennings	International Federation of Commercial, Clerical,
	Professional and Technical Employees (Schweiz)
Neil Kearney	Internationale Textil-, Bekleidungs- &
	Lederarbeiter-Vereinigung (Belgien)
Miriam Donovan Lyons/	
Robin Garland (abwechselnd)	Projekt Mala (Indien)
Johannes Merck/	
Achim Lohrie (abwechselnd)	Otto Versand (Deutschland)
Jack Sheinkman	Präsident Emeritus, ACTWU (USA)
Geoff Spriegel/	
Petrina Fridd (abwechselnd)	Sainsbury's (Großbritannien)
Winthrop M. Swenson/	
Anancy Callaghan (abwechselnd)	KPMG Peat Marwick (USA)
Alice Tepper Marlin	Council on Economic Priorities (USA)
David Zwiebel/	
Rochelle Zaid (abwechselnd)	Eileen Fischer Inc. (USA)

Welche Rechte gehören zum SA 8000 Standard?

- *Verbot von Kinderarbeit:* gilt in den meisten Fällen für Kinder unter 15 Jahren. Zertifizierte Firmen müssen Ausbildungsfonds für Kinder einrichten, die bisher als Arbeitnehmer/innen beschäftigt wurden.
- *Verbot von Zwangsarbeit:* Arbeit muss freiwillig geleistet werden. Die Hinterlegung von Personalausweisen und Kautionen als Bedingung für die Einstellung ist nicht zulässig.

- *Arbeits- und Gesundheitsschutz:* Sichere und gesundheitsverträgliche Arbeitsbedingungen. Dazu gehören u. a. Trinkwasser und Pausenräume, Sicherheitsausrüstungen und Sicherheitstraining. Diese Anforderungen gelten auch für die Unterbringung von Arbeiter/innen.
- *Vereinigungs- und Tariffreiheit:* Die Arbeitnehmer haben das Recht, sich nach ihren Wünschen zu organisieren, und das Recht auf ungestörte Kollektivverhandlungen. Repressionen aufgrund entsprechender Betätigungen sind verboten.
- *Diskriminierungsverbot:* kein/e Beschäftigte/r darf aufgrund von Rasse, Kaste, Nationalität, Religion, Behinderung, Geschlecht oder sexueller Orientierung am Arbeitsplatz diskriminiert werden. Auch die Mitgliedschaft in Gewerkschaften oder politische Aktivitäten dürfen zur keiner Benachteiligung führen.
- *Verbot von Disziplinarmaßnahmen:* Körperliche Bestrafung, mentale oder physische Ausbeutung von Arbeiter/innen sind verboten. Das gilt ebenso für Beschimpfungen.
- *Begrenzung der Arbeitszeit:* Die maximale Arbeitszeit pro Woche beträgt 48 Stunden bei mindestens einem arbeitsfreien Tag pro Woche. Maximal zulässig sind 12 Überstunden pro Woche bei Zahlung von Überstundenzuschlägen.
- *Bezahlung:* wenigstens die gesetzlichen Mindestlöhne; darüber hinaus muss der Lohn hoch genug sein, um die Grundbedürfnisse der Arbeitnehmer einschließlich Familie zu befriedigen. Eingeschlossen ist hier auch ein Betrag zur freien Verfügung.

Dieser Kodex stellt ein *Minimalsystem* dar, das als „Stopper" gegen eine weitere Spirale nach unten verstanden wird, d. h. gegen einige der schlimmsten Formen menschenunwürdiger Ausbeutung und Missbrauch. Wichtige Unterschiede zu diversen betrieblichen Kodizes sind:
- SA 8000 garantiert die gewerkschaftlichen Rechte. Außerdem fordert das „Guidance Document", eine Art Audit-Leitfaden, ergänzende Maßnahmen, um die *Möglichkeiten der Arbeiter sich zu organisieren auch in Staaten zu erleichtern, in denen dies gesetzlich unterdrückt* wird, wie zum Beispiel in China. Dabei sollte das Management sich nicht in den Prozess einmischen.
- Als weiteren zentralen Unterschied fordert SA 8000 eine *ausreichende Entlohnung im Sinne der ILO.* Die Angemessenheit wird vom Auditor unter Berücksichtigung verschiedener qualitativer und quantitativer Methoden auf der Grundlage des „Guidance Documents" abgeschätzt. Das schließt u.a. die Befragung der Arbeiter/innen bzw. lokalen Experten ein.

Systematische nachvollziehbare Kontrolle

Auch bei der Umsetzung von Kodizes auf betrieblicher Ebene und deren Kontrolle bestehen erhebliche Unterschiede. Die Social Accountability 8000 orientiert sich in ihrem *Überprüfungssystem an der ISO 9000 für Qualitätsmanagment* und ergänzt verschiedene Elemente, die internationale Experten für Menschenrechte als unverzichtbar für ein soziales Audit identifiziert haben. Das dafür entwickelte „Guidance Dokument" bezieht sich hauptsächlich auf das verarbeitende Gewerbe. In ihm ist eingehend dargestellt, wie der Standard überprüft werden muss. Eine Zertifizierung ist immer für jedes einzelne Unternehmen notwendig. Heimarbeit ist nicht vorgesehen.

Jeder Hersteller muss mit seinem *Management aktiv daran mitwirken*, den Verhaltenskodex umzusetzen. Das fängt bei einem eindeutigen Bekenntnis der Unternehmensführung zur Einhaltung der Sozialstandards an. Gefordert wird weiter die Festlegung von Verantwortlichen im Unternehmen für die Einhaltung der Sozialstandards. Die Arbeiter/innen müssen über den Kodex und ihre Rechte informiert werden! Auch vor- oder nachgelagerte Lieferanten müssen in das Sozialsystem einschließlich Kontrolle einbezogen sein. Die Geschäftsführung muss das Sozialsystem regelmäßig auf seine Funktionstüchtigkeit überprüfen. Das beinhaltet Dokumentationspflichten für die Kontrollen durch unabhängige Prüfer. Das heißt, das Management muss die Einhaltung des Kodex belegen können. Auch muss der Lieferant mit allen interessierten Anfragern kommunizieren.[2]

Das *Kontrollsystem* besteht aus dem *Zertifizierungsaudit durch unabhängige akkreditierte Prüfer, das alle drei Jahre wiederholt* wird. Zwischen diesen Audits wird halbjährlich die Einhaltung aller Anforderungen in *Überwachungsaudits* kontrolliert. Für die Aussagefähigkeit solcher Systeme spielt die Beteiligung lokaler NGOs und Gewerkschaften eine wichtige Rolle. Von den Zertifizierungsunternehmen wird verlangt, dass sie vor jedem Audit lokale Vertreter dieser Gruppen anhören. Ebenso werden die Unternehmen dazu ermuntert, mit diesen Gruppen in Dialog zu treten.

Bietet SA 8000 auch Möglichkeiten zur Nachbesserung? Wenn das Prüfungskomitee bei einem Audit noch Differenzen angemerkt hat, gibt es noch eine *Nachbereitungsphase*. Hier sollen Änderungen eingeleitet, dokumentiert und umgesetzt werden. Das Prüfungskomitee bestimmt die Rangfolge der Wichtigkeit. Nach sechs Monaten wird die Umsetzung der Korrekturen überprüft.[3]

Von den *Auditoren* werden zahlreiche *Qualifikationen* verlangt, u. a.:
- bestimmte Trainingskurse bestanden zu haben,
- in Audits geschult und in einer führende Position zu sein, um ein Audit leiten zu können;

- Sprachprüfungen ablegt zu haben;
- sich in der betreffenden Branche auskennen,
- mit den lokalen Bräuchen und Gewohnheiten und gesetzlichen Grundlagen vertraut sein.

Um die Qualität der Prüfungen sicherzustellen, wird die Arbeit der Auditoren regelmäßig überwacht.[4] Die Ausbildung der Auditoren ist ein Prozess, an dem unter Beteiligung des CEPAA Advisory Boards ständig weitergearbeitet wird.

Das Verfahren zeigt sich *offen für kritische Anregungen von Dritten.* NGOs und Gewerkschafter sind eingeladen, an Ausbildungskursen für Auditoren teilzunehmen, und können prinzipiell auch Auditoren werden.

Ein wesentliches Element von SA 8000 ist das *Beschwerdeverfahren:* Wem eine Verletzung des Kodex bei einer auditierten Firma auffällt, hat die Möglichkeit, über ein Beschwerde- und Anrufungsverfahren die Angelegenheit einzubringen. Je nach Notwendigkeit kann die Beschwerde an die Firma, an die Auditgesellschaft oder an CEPAA gerichtet werden. Korrigierende Maßnahmen, die als Konsequenz ergriffen werden, werden dokumentiert und den Beschwerdeführenden mitgeteilt. Dieser Weg steht *allen interessierten Parteien* offen und ist insbesondere für Gewerkschaften, NGOs und Arbeiter/innen von Interesse.

SA 8000 wurde in Zentralamerika, Mexiko und in den USA getestet, bevor der Standard 1997 veröffentlicht wurde.

Bis September 1999 sind drei Organisationen akkreditiert, SA 8000 Audits durchzuführen: SGS-ICS Ltd, DNV (Det Norske Veritas) und BVQI. 25 Hersteller wurden bis Herbst 1999 zertifiziert, darunter zahlreiche Spielzeughersteller aus China. Beim Otto Versand befindet sich SA 8000 noch in der Erprobungsphase (s. S. 288).

Und wer trägt die Kosten?

Aus den Reihen der Fair Handels-Bewegung wird kritisiert, dass NGOs noch nicht glaubhaft eingebunden seien.[5] Auch die Clean Clothes Campaign (CCC) bemängelt trotz einiger Verbesserungen noch immer eine ungenügende Einbeziehung von NGOs, u. a. im Beirat. Von der Fair Handels-Bewegung wurde die Vermutung geäußert, dass die Lasten, sprich Kosten für die Einführung des Verfahrens, voraussichtlich einseitig nach unten verteilt würden.[6] Nun besteht durch SA 8000 ein Schutz für die Kalkulation der Arbeitslöhne und deren Auszahlung, sofern das System funktioniert. Die Frage lautet nun, wie die neuen Lasten (höheren Löhne und Kosten des Verfahrens) verteilt werden: ob die Lieferanten ihre Mehrkosten den Auftraggebern in Rechnung stellen können oder einseitig die eigene Gewinnmarge kürzen müssen?

In der Frage der Verantwortlichkeit räumte Johannes Merck vom Otto Versand (Mitglied des Beirats) im Januar 1999 Nachbesserungsbedarf ein: „Andererseits sieht die CCC im SA 8000 noch einige Unzulänglichkeiten, die wir übrigens teilweise auch sehen. Stichwort Verantwortungsbegriff. Da muss beim SA 8000 noch einmal nachgebessert werden." Bis November 1999 ist das nicht geschehen. „Die Diskussion um die Verantwortlichkeit der verschiedenen Parteien in der Durchsetzung des SA 8000 ist noch nicht abgeschlossen", erläutert Merck. „Beispielsweise mit Blick auf die Diskussion um die Durchsetzung der „living wages" bleibt die Frage nach der Verantwortung umstritten. Unseres Erachtens ist dies *kein Thema, das Lieferant und Handelshaus allein ausmachen können*, da hier Umfeldfaktoren wirksam sind, die durch andere Instanzen zu beeinflussen wären, insbesondere auch durch Regierungsinstanzen wie supranationale Organisationen. Wir lassen uns in dieser Frage von der Prämisse leiten, dass jede Partei nach Maßgabe ihres Wirkungsgrades in die Verantwortung einbezogen werden muss. In der Präambel des SA 8000 wird dies nach dem gegenwärtigen Stand der Diskussion wohl keinen Niederschlag finden, anstelle dessen wohl in den einschlägigen Passagen innerhalb des „Guidance Documents" geregelt werden müssen."

Die Kampagne für ‚Saubere' Kleidung bleibt aktuell bei ihrer Kritik, dass die Verantwortung der Global Players wie Otto Versand für die Arbeitsbedingungen in der Bekleidungskette nach SA 8000 auf die Produzenten abgeschoben wird. „Diese tragen im Normalfall die Kosten für die Zertifizierung. Das entspricht nicht unserer Analyse der ökonomischen Machtverteilung in der textilen Kette", kritisiert Ingeborg Wick vom Südwind Institut. Eine Hintertür im System SA 8000, die die Kampagne für ‚Saubere' Kleidung noch nicht geschlossen sieht, sind die Zulieferer: „Es gibt bei SA 8000 keine Pflicht zur Offenlegung aller Zulieferbetriebe, die überprüfbar ist." Es müsse nur angegeben werden, wie viele Zulieferer bereits zertifiziert sind, sich zertifizieren lassen wollen und wie viele Zulieferer es insgesamt gibt, so Wick. Die Frage der Verantwortung und Einbeziehung von NGOs gab für die CCC in 1998 den Ausschlag, das Angebot abzulehnen, Mitglied es CEPAA-Beirats zu werden.[7] Die Clean Clothes Campaign baut an ihren eigenen Modellen zur unabhängigen Kontrolle, um die es anschließend gehen wird.

Literaturhinweise, Anmerkungen:

[1] Clarifying the SA 8000 Verification System. CEPAA, Website: WWW.CEPAA.ORG; Kontakt: Council on Economic Priorities Accreditation Agency, 30 Irving Place, 9th Floor, New York, NY 10003, Tel. 001/ 212/358-7697, Fax: 001/ 212/358-7723, e-mail: info@CEPAA.org, http://www.CEPAA.org

[2] Daten und Fakten. Social Accountability 8000 (SA 8000), Presseinformationen des Otto Versand, Jan. 1999

[3] CEPAA Guidance Document SA 8000, August 1998

[4] Comments and Corrections Regarding the SA 8000 System, A Response to the June 1999 LARIC Report on SA 8000, P. 3, Website: WWW.CEPAA.ORG

[5] Statement von Meinolf Remmert/gepa auf einer Veranstaltung der GTZ/pro trade am 5./6.11.1998 in Eschborn

[6] Soziale Standards, soziale Entwicklung und fairer Handel, Gerd Nickoleit/gepa, Wuppertal am 12.08.98, in Dokumentation: Workshop: Vernetzung ökologischer und sozialer Zeicheninitiativen für Produkte aus Entwicklungsländern, 5./6.11.1998 in der GTZ, (Hrsg.) protrade, Eschborn

[7] Von Seiten der NGOs und Gewerkschaften wird aktuell ein Positionspapier zu SA 8000 erarbeitet. Weitere Informationen: Ingeborg Wick, Südwind, Adresse siehe Kampagne für ,Saubere' Kleidung.

Clean Clothes Campaign: Die Zivilgesellschaft fordert den Schutz von Menschen- und Arbeitsrechten

„... noch nie ist eine Tragödie verstanden worden, die vom Mund zum Ohr ging. Sie muß vom Auge zur Seele gehen."
Mother Jones, eine Gründerin der amerikanischen Gewerkschaftsbewegungen.[1]

Kritische Konsumenten wachen auf

In der Öffentlichkeit ist ein zunehmendes Interesse für das Thema Globalisierung spürbar, ein Prozess, der in den Branchen Textil/Bekleidung am weitesten fortgeschritten ist. *Kritiker befürchten den globalen Ausverkauf von Mensch und Umwelt auf einem schrankenlosen Weltmarkt*, wo Aufträge nur dorthin vergeben werden, wo noch unverbrauchte Arbeitskräfte billig „verheizt" werden können, das Trinkwasser noch nicht versalzen und wieder ein überschuldeter Staat ein neues Steuerparadies in einer Freihandelszone eröffnet.

Aufgebracht sind hierzulande nicht nur Hunderttausende Arbeiterinnen und Arbeiter, die in den Sparten Textil- und Bekleidung in den letzten Jahrzehnten ihren Arbeitsplatz verloren haben. Zum Protestpotential gehören auch kaufkräftige Verbraucher, die kritisch geworden sind, sich einem wachsenden Angebot von Ramsch gegenüber sehen. Sie wollen gerne wissen, ob die Hose oder der BH, welche sie gerade für teures Geld erstanden haben, aus einem indischen Sweatshop stammen oder aus einer Weltmarktfabrik in El Salvador.

Ihre Nachfrage beim Einkaufen hat die Verkäuferin gereizt abgewiegelt. „Daran können wir doch nichts ändern!" Aber *kritische Verbraucher wollen sich nicht weiter mit Hochglanzprospekten verdummen lassen.* Ihnen genügt nicht die Lifestyle-Verpackung, in der die neuste Kollektion mit einem Lächeln ins richtige Ambiente gesetzt wurde. Natürlich wollen sie schicke, modische, komfortable und preisgünstige Kleidung. Aber sie wollen nicht zum Komplizen einer ruinösen Ausbeutungsspirale gemacht werden. Sie *fordern die Einhaltung sozialer Mindeststandards in der Bekleidungsproduktion und deren externe Kontrolle.* In ihnen kocht der Groll, von unlauteren Geschäftsleuten betrogen zu werden.

Der Protest der Zivilgesellschaft gegen die skrupellosen Ausbeutungspraktiken der internationalen Bekleidungsproduktion kanalisiert sich in Europa in der Clean Clothes Campaign und in den USA in der Anti-Sweatshop-Bewegung.

Missstände kommen ans Licht

Die Kampagnen haben aufgedeckt,
- dass die Arbeiterinnen und ihre Familien trotz 60–80 und mehr Stunden Arbeit in der Woche kaum von den Niedriglöhnen leben können,
- dass Überstunden oft erzwungen und nicht bezahlt werden,
- dass Kinderarbeit ausgenutzt wird
- und die Bildung von Gewerkschaften massiv unterdrückt wird,
- dass viele Frauen sexuellen Übergriffen ausgesetzt sind usw.

Die meisten Näherinnen sind nicht älter als 25 Jahre, verbringen ihre „besten Jahre" in moderner Sklaverei, bis sie das Soll nicht mehr erfüllen können oder schwanger geworden sind. *Das alles wiederspricht international anerkannten Menschen- und Arbeitsrechten.*

Verschiedene *Forschungsstudien* haben sich in den vergangenen Jahren mit den Arbeitsbedingungen in der Textil- und Sportbekleidungsbranche befasst: das Internationale Arbeitsamt (ILO)[2], das AMRC (Asia Monitor Resource Center) in Hongkong, das philippinische Institut IBON (Philippines Databank and Research Center)[3] und das Forschungsinstitut SOMO in Amsterdam.[4] Da ein großer Teil der in der EU angebotenen Textilien in Osteuropa verarbeitet wird, unternimmt die Clean Clothes Campaign seit 1997 Forschungsreisen nach Polen, Rumänien und Bulgarien, die von SOMO koordiniert werden.[5]

Von den vergleichsweise hohen Verbraucherpreisen bleibt für die Näherin einer Jeans in Osteuropa nur etwa ein Prozent (s. S. 31). Enorme Budgets fließen beim Kampf der Giganten dagegen in die Werbung.

In Bulgarien zum Beispiel bezifferten die Mehrzahl der interviewten Arbeiterinnen einen Monatslohn zwischen 120–150 DM. Dieser kann bis zur Hälfte gekürzt werden, wenn die vorgegebenen Stückzahlen nicht erreicht werden oder die Aufträge zurückgehen. Heute liegt der Mindestlohn in Bulgarien mit 75 DM unterhalb der Armutsgrenze. Die durchschnittlichen Lebenshaltungskosten einer 4-köpfigen Familie werden mit 880 DM beziffert. Um zu überleben, betreiben die Haushalte nebenher Garten- und Landwirtschaft.[6]

„Berichte, die vorher insbesondere aus Bekleidungsfabriken in Asien oder Zentralamerika stammten, kommen heute auch aus Bulgarien: Arbeiter/innen werden eingeschlossen, bis sie ihre Stückzahl erreicht haben, neben der offiziellen wird eine schwarze Lohnliste geführt, um die Sozialabgaben zu umgehen, Arbeiter/innen werden beleidigt, die Räume sind dunkel, kalt und laut; und es werden exzessiv unbezahlte Überstunden geleistet. In allen besuchten Fabriken gab es keine Gewerkschaften", schreibt die Kampagne über ihren Besuch im April 1999.[7]

Zeugen vor dem Internationalen Forum in Brüssel

Vivien Liu, ein Forscherin des Asia Monitor Ressource Center in Hongkong, berichtet über Bedingungen im Pearl River Delta in Südchina, wo für den deutschen Markt produziert wird: „Wir interviewten Arbeiterinnen in acht Fabriken. In den meisten Fabriken haben wir *überlange Arbeitszeiten, die Verletzung gesetzlicher Standards bei der Entlohnung und der Vernachlässigung von Sicherheits- und Gesundheitsprogrammen* festgestellt. Ein Teil der Arbeiterinnen arbeitet zwölf Stunden am Tag. Und sie bekommen sehr wenig Lohn, höchstens geringfügig mehr als der lokale Mindestlohn vorsieht, obwohl sie viel Zeit in der Fabrik verbringen." Auch die Lebensbedingungen sind schlecht: „Normalerweise sind zwölf Personen in einem relativ schmalen Schlafraum untergebracht, in dem es nur sechs Doppelbetten gibt. Mit anderen teilen sie Bad und Toilette."

Vivien Liu war eine der Zeuginnen auf dem Brüssler „Permanent People's Tribunal", einen Tribunal ohne Gesetzeskraft, das an die Macht der Öffentlichkeit appelliert und im Rahmen des Internationalen Forums Clean Clothes vom 30.4.–3.5.1998 von der europäischen Kampagne organisiert wurde. „Ich denke, es war ein großes Ereignis. Es war eine öffentlichkeitswirksame Veranstaltung, die den Konsumenten mehr Vorstellungen über die konkreten Zustände der Arbeitsbedingungen gebracht hat", so Liu. 1.200 Personen nahmen an der Eröffnungsveranstaltung teil. Fünfzehn Zeugen und Zeuginnen aus zehn Staaten beurteilten das Verhalten von sieben multinationalen Unternehmen. Dabei waren: Nike, adidas, C&A, Levi Strauss, Otto Versand, H&M und Walt Disney. Nur von der schwedischen Kette H&M bezog ein Vertreter vor Ort Stellung.

Als ein Ergebnis des Tribunals wird herausgestellt, dass die Bedingungen in der Bekleidungs- und Sportwarenindustrie sich weltweit gleichen. „Von Bangladesch bis Bulgarien, von Haiti bis Simbabwe – überall in den Herstellungsbetrieben der bekannten Kleider- und Sportschuhmarken herrschen katastrophale Zustände: Gesetzliche Bestimmungen zu Lohn, Arbeitszeiten, Organisationsfreiheit, Mindestbeschäftigungsalter, Überstunden und ihrer Bezahlung werden regelmäßig verletzt. Sicherheitsvorkehrungen und Hygiene spotten jeder Beschreibung. Die 80 Prozent Frauen in der Branche werden systematisch in ihrer Menschenwürde verletzt und sexuell missbraucht. Die Bedingungen verschlimmern sich bei Unterauftragnehmern, Kleinstbetrieben und Heimarbeiterinnen", resümieren die Veranstalter. Nach den Empfehlungen des Tribunals will die Clean Clothes Campaign (CCC) Informationen von den Unternehmen auf legalem Weg einfordern und Firmen verklagen, die gegen Gesetze oder Verhaltenskodizes verstoßen. Das Recht der Konsumenten auf Information sei in verschiedenen Regeln des nationalen und internationalen Rechts verankert.[8]

Was will die Clean Clothes Campaign?

„Clean" („sauber") meint sozialverträglich. Die Kampagne für ‚Saubere' Kleidung ruft nicht zu Boykott-Aktionen bestimmter Marken oder Produkte auf, die gerade in die Kritik geraten sind. Die Kampagne will langfristige Veränderungen bewirken:

- bessere Arbeitsbedingungen in der internationalen Bekleidungsbranche durchsetzen,
- den Einzelhandel zur Einhaltung sozialer Mindeststandards entlang seiner Beschaffungswege verpflichten,

- die Betroffenen von Arbeits- und Menschenrechtsverletzungen unterstützen und[9]
- Verbraucher über die Einhaltung des Kodex und die Arbeitsbedingungen in der Industrie auf dem Laufenden halten.

Die Kampagne lebt aus dem Kontakt zu den Arbeiterinnen vor allem in Asien, Osteuropa oder Mittelamerika, die von Arbeits- und Menschenrechtverletzungen betroffen sind, sich informieren und organisieren, und sie lebt vom Engagement kritischer Bürgerinnen- und Konsumentinnen, die diese Verhältnisse bekannt machen und auf verschiedenste Weise dem Einzelhandel ihre Meinung kund tun.[10]

Ein internationales Netzwerk: Clean Clothes Campaign

In Europa gewinnt die Clean Clothes Campaign zunehmend an Stärke. Ihre Keimzelle hatte die Bewegung Anfang der 90er Jahre nicht aus Zufall im internationalen Schmelztiegel Amsterdam in den Niederlanden. Am Anfang standen 1990 die Enthüllungen des niederländischen Forschungsinstituts SOMO über den Bekleidungsmulti C&A, der u. a. in den Niederlanden Aufträge an so genannte Sweatshops mit illegal beschäftigten Einwanderern vergeben hatte. *Wesentlich waren die Erfahrungen von Solidaritätsgruppen mit Beziehungen im asiatischen Raum.* In den Niederlanden haben sich 1994 der Gewerkschaftsdachverband FNV und die Entwicklungshilfeagentur NOVIB angeschlossen, die ihre Partnerorganisationen in Deutschland, Belgien, Frankreich und England angesprochen haben. 1995 stellte SOMO einen Förderantrag bei der Europäischen Kommission, um die Kampagne auf europäischer Ebene weiterzutragen. Mittlerweile haben sich in zehn europäischen Staaten Gruppen zur Clean Clothes Campaign organisiert, die international kooperieren. Vierteljährlich treffen sich die Vertreter auf europäischer Ebene zu Koordinationsgesprächen. *Die Aktiven stammen aus dem Umfeld der Dritte-Welt-Bewegung, der kirchlichen Gruppen und Frauenorganisationen. Dazu kommen Gewerkschaften, Entwicklungsorganisationen und Menschenrechtsgruppen.* Auf das „globale Outsourcing" der Arbeitskräfte durch die Handelsketten folgt damit die internationale Antwort der Zivilbevölkerung, die ihre Aktivitäten aufeinander abstimmt. Sprachrohr der Kampagne ist der *Clean Clothes newsletter,*[11] der zweimal im Jahr erscheint. Die Kampagne hat eine *zentrale Internet-Adresse* (http://www.cleanclothes.org), von der aus Links zu verschiedenen Mitgliedern bestehen. Einen Einblick in die verschiedenen Aktivitäten vermittelt die Tabelle (S. 317).

Ob im Süden, Norden, Osten oder Westen, überall bilden sich Gruppen interessierter und betroffener Bürgerinnen und Bürger. Bei den Aktivitäten sind *zwei große Strategien ablesbar. Die eine zielt auf den Konsum, die andere auf die Produktion.* Die *Verhältnisse müssen erforscht und kommuniziert* werden. Verschiedene Forschungsprojekte wurden oben erwähnt.

Missstände an die Öffentlichkeit

In den reichen *Industrieländern* überwiegen die Aktivitäten, *Öffentlichkeit über die Situation in den Betrieben* zu schaffen und die Verbraucher zu sensibilisieren. Das geschieht am effektivsten über die Massenmedien Fernsehen, Hörfunk und die Print-Medien, in denen viele hundert Beiträge und Artikel in Europa erschienen sind. Große Ereignisse wie das Internationale Forum in Brüssel werden geschaffen oder genutzt wie die Fußballeuropameisterschaft 2000. Prominente Persönlichkeiten aus Politik, den Gewerkschaften und dem Sport werden als Unterstützer gesucht. Zu den Erstunterzeichnern des Appells an den Bekleidungshandel in Deutschland gehören zum Beispiel: Rita Süßmuth/CDU, Rudolf Scharping/SPD, Ursula Engelen-Kefer/DGB und Maria Jepsen/Bischöfin EKD.

Eine Fülle an *Medien* wurde erarbeitet und teilweise übersetzt: Zeitungen, Zeitschriften, Flugblätter und Postkarten, Videos und Diaserien, Ausstellungen, Plakate, Videos, Bücher und Spiele oder Materialien für die Schule und Bildungsarbeit (Medienversand bei der Christlichen Initiative Romero[12]).

In *Rundreisen* berichten Mitglieder aus Gewerkschaften oder Forschungsinstituten z. B. aus Asien oder Mittelamerika immer wieder von ihren Erfahrungen und Ergebnissen. Im Oktober 1999 war es eine Frauenrechtlerin aus El Salvador (s. u. Marina Ríos).

Unterschriftensammlungen richten sich an den Einzelhandel oder dessen Verbände, Postkarten oder Musterbriefe an Politiker, Promis und die Hersteller. Selbst T-Shirts von Fußballern oder Einkaufstaschen werben massenhaft für die Kampagne.

In Fußgängerzonen ziehen groß arrangierte *Events* die Aufmerksamkeit des Publikums an mit Musik, Installationen oder Podien. So im Mai 1999 in den Niederlanden: Nicht „verkopft", sondern ganz spielerisch und körperbezogen sammelte die Kampagne im Amsterdam Fußabdrücke als „foot protests", die an adidas gerichtet sind, eine Protestform, die Spaß macht. Puppen verteilen Informationen.

Politische *Theatergruppen* haben das Thema Clean Clothes aufgegriffen. Die Berliner Compagnie ist in Deutschland dafür bekannt, dass sie politisch Brisantes wie Rüstungsexport oder Asyl auf die Tagesordnung setzt in einer Weise, die einprägsam ist und unter die Haut geht. „Schöne Eine Welt" heißt ihr neues Stück, mit dem sie seit September 1999 zum Thema Clean Clothes mit Gastspielen Partei ergreift.[13]

In Österreich entstand das Stück „Susanna im Fadenkreuz" aus der Zusammenarbeit mit der österreichischen Kampagne und einer mexikanischen Theatergruppe.[14]

In der *Bildungsarbeit* sprechen die Kampagnen gerade auch die Kinder und Jugendlichen an, so an Projekttagen oder mit Wettbewerben. In Deutschland haben beispielsweise die Weltläden Marburg, Gießen und Gladenbach dazu den „Jeans-Parcours" erarbeitet.[15] In Seminaren diskutieren die Aktiven ihre Erfahrungen und Aktionen und tauschen sich aus.

In den Niederlanden wurde als neuer Ansatz die Idee der *„Clean-Clothes-Kommunen"* geboren, um mehr lokale Gruppierungen zu erreichen und auf diese Weise das öffentliche Bewusstsein für die Arbeitsbedingungen in der Bekleidungsbranche zu lenken. Zu diesem Thema wird ein Handbuch für Interessierte erstellt. Grundgedanke ist eine lokale Agenda über internationale Handelsbeziehungen am Beispiel der Bekleidungs- und Sportwarenindustrie. Diese Agenda steht im Zusammenhang mit der Lokalen Agenda 21 als Auftrag der Rio-Konferenz zum Aufbau nachhaltiger Konsum- und Produktionsverhältnisse. In kommunalen Kampagnen eröffnen sich Felder, um internationale Solidarität zu üben, die Politik von Firmen zu beeinflussen, Verbraucher und Politiker im eigenen Quartier zu sensibilisieren.[16]

Umsetzung von Kodizes und unabhängige Kontrolle

Der Dialog mit den Herstellern und Handelshäusern ist in den verschiedenen Ländern unterschiedlich weit gediehen. Teilweise können die Kampagnen schon Erfolge verbuchen: Im Dezember 1995 hat die Textileinzelhandelskette *The GAP* einen Vertrag mit NGOs über die Einhaltung sozialer Mindeststandards bei dem Zulieferbetrieb Mandarin in El Salvador abgeschlossen, der zu wichtigen Verbesserungen geführt hat. GMIES überprüft seit drei Jahren Mandarin. Hier arbeiten das gewerkschaftsnahe Forschungsinstitut CENTRA und drei Organisationen aus Kirche und Universität zusammen.[17]

In Frankreich hat die Bekleidungsfirma *Auchan* als Erste in Europa im Juni 1997 einen Verhaltenskodex mit der französischen Kampagne unterzeichnet, in dem sie sich für weitgehende soziale Mindeststandards und die Entwicklung eines unabhängigen Überwachungssystems einsetzt. Die Vereinbarung ist in vielen Aspekten weicher formuliert als der Verhaltenskodex der CCC. So achtet Auchan das Recht auf Vereinigungsfreiheit nur in Staaten, in denen die Gesetzgebung das auch tut. Auchan plant, implementiert und kontrolliert den Kodex unter Beteiligung der französischen CCC. Pilotprojekte laufen zunächst in Bangladesch und Madagaskar, später auch in Vietnam.

Und in den Niederlanden wurde nach zweijährigen Verhandlungen mit den Verbänden der Textil- und Bekleidungshersteller im März 1999 eine Stiftung gegründet, die *„Fair Wear Charter Foundation"*, die die Einhaltung der Standards über die gesamte Lieferantenkette überprüfen soll. Der vereinbarte Kodex ist sehr ähnlich zu dem CCC-Model. Gewerkschaften, NGOs, Händler und Hersteller sind im Gremium paritätisch vertreten, mit einer unabhängigen Stimme. Ein Expertengremium fungiert als Beirat. Die beteiligten Parteien wollen in der ersten Phase von zwei Jahren das Monitoring-System entwickeln.[18]

Die schwedische Kampagne verhandelt mit den Firmen *H&M, KappAhl, Lindes und Indiska*. Im Juli 1998 erreichte die Kampagne mit allen vier Firmen eine Absichtserklärung, eine unabhängige Kontrolle der Bekleidungsproduktion einzuführen. Die Firmen wollen sich einem firmenübergreifenden Kodex unterstellen und eine Stiftung für den schwedischen Markt unterstützen, die eine unabhängige Kontrolle koordiniert.[19] Aktuell werden bestehende Modelle noch analysiert und Pilotprojekte in China, Bangladesch und Indien geplant. Eine europäische Stelle soll aufgebaut werden, die die Entwicklungen zum unabhängigen Monitoring koordiniert.[20]

In England entstand 1997 die Ethical Trading Initiative, die mit dem Unternehmen *Marks & Spencer* die Umsetzung eines gemeinsamen Verhaltenskodex plant.

In der Schweiz haben die großen Einzelhandelsketten *Migros-Genossenschafts-Bund* und sein Konkurrent *Coop* dem CCC-Kodex zugestimmt. Im nächsten Schritt soll gemeinsam die Umsetzung und Kontrolle geplant werden.[21]

Bildungs- und Beratungsprojekte für die Arbeiterinnen

Für die Arbeiterinnen in der Branche führen die Aktivitäten der Kampagnen zu Bildungs- und Beratungsprojekten. Im *Women Working Worldwide's Education and Consultation Project (WWW)* geht es um Verhaltenskodizes. Im Bildungs- und Beratungsprojekt haben sich Arbeitsgruppen in Bangladesch, Indien, Indonesien, Pakistan, den Philippinen und Sri Lanka gebildet. Diese Gruppen unterstützen die Arbeiterinnen, die Bekleidung für den Weltmarkt herstellen, ob in Fabriken oder Nähstuben, innerhalb oder außerhalb von Freihandelszonen. WWW arbeitet mit der Kampagne in Großbritannien zusammen. Shadida, eine junge Arbeiterin aus Bangladesch, die an einer Übung teilnahm, sagt: „Ich habe erfahren, wie wir von den Fabrikbesitzern behandelt werden sollten. Ich werde dieses Wissen einsetzen, damit es uns besser geht."

Ein ähnliches Projekt besteht in Zentralamerika in Kooperation mit *UK Central America Womens Network* (s. a. mittelamerikanischer Ethikkodex).

Die Erfahrungen zeigen, dass die Arbeiterinnen in der Regel nichts über firmeneigene Kodizes wissen. Bei ihnen besteht Interesse, mehr über die Lage von Kollegen in der Branche zu erfahren und von den Erfahrungen anderer zu profitieren. Die Idee, selbst formulierte Kodizes durchzusetzen – wie die Arbeiterinnen in den Weltmarkfabriken in Nicaragua, stößt zum Beispiel in Pakistan auf Begeisterung.[22]

Auch in Bulgarien fand im Rahmen der jüngsten Forschungsreise der CCC mit der IG-Metall und Mitgliedern der Gewerkschaften und NGOs ein Treffen statt, wo Kontakte vertieft, Informationen und Standpunkte ausgetauscht wurden.

Urgent Actions, sog. Eilaktionen, werden immer wieder gestartet, um über Briefe an Unternehmen und Politiker Arbeitskämpfe zu unterstützen. Zum Beispiel im Februar 1998, nachdem 2.000 Beschäftigte in der Textilindustrie nach Streiks für eine Lohnerhöhung in Harare/Simbabwe auf die Straße gesetzt wurden.

Die Kampagne sammelt auch *Spendengelder* wie im Fall der Eden-Arbeiterinnen, um konkret praktische Hilfe für die Betroffenen zu leisten. Hier waren 700 Näherinnen der Firma Eden in Thailand, einem Zulieferer von Quelle, Klingel, Kaufhof, Metro, Otto, Neckermann u.a., Ende 1996 ohne die gesetzliche Abfindung auf die Straße gesetzt worden.

Die Erfahrungen und Strategien der Arbeiterinnen werden in *Veranstaltungen von IRENE* immer wieder diskutiert und ausgetauscht.[23]

Rechtliche Basis für Kontrolle

Gesetzesinitiativen sind mit dem Brüssler Forum stärker zum Thema gemacht worden. Diesen Weg beschreitet „Modello di Sviuppo" in Kooperation mit anderen italienischen NOGs mit der Kampagne *„transparent shopping"*, die von 500 Gruppen unterstützt wird. Es geht darum, *für den italienischen Markt ein Gesetz zu schaffen, das ein Kontrollorgan für öko-soziale Bedingungen der Produktion schafft inklusive Offenlegung der Zulieferer.* Ein *Qualitätslabel für Firmen* („QL+") soll zusätzlich an Firmen vergeben werden, deren Aktivitäten die Einhaltung der nationalen Arbeitsrechte und die Achtung fundamentaler Arbeits- und Menschenrechte bei Zulieferern belegen:

- Firmen mit einem Umsatz über eine Mio. ECU (d.h. mit Ausnahme der Kleinsten) werden dazu verpflichtet, einen öko-sozialen Bericht zu veröffentlichen, der die relevanten Informationen über Güter und Dienstleistungen für den italienischen Markt enthält.
- Das Gesetz fordert die Schaffung einer Überwachungsstelle für öko-soziale Bedingungen während der Produktion, die untersucht und berichtet. Bei festgestellten Verstößen soll die Überwachungsstelle den Auftraggeber/Verantwortlichen zwingen, die Ergebnisse auf eigene Kosten in der Presse zu veröffentlichen.
- Das Gesetz fordert die Schaffung eines Qualitätszertifikates für Arbeit „QL+" für Firmen, die das nationale Arbeitsrecht einhalten und keine Geschäfte

mit Zulieferern machen, die fundamentale Menschen- und Arbeitsrechte verletzen.

- Diese Auszeichnung kann den Firmen einen Vorteil verschaffen für die Garantie finanzieller Hilfen des Staates bei Auslandsaktivitäten.
- Der Überwachungsstelle wird ein Beirat zur Seite gestellt, der Vertreter der Regierung, Gewerkschaften, Verbände, Verbraucher und internationaler Netzwerke enthält.
- Auf Produktlabeln muss das Herkunftsland angegeben werden.[24]

■ Schwerpunkte und Aktionen der Clean Clothes Campaign

Land	Ausgewählte Schwerpunkte und Aktionen
EU-CCC	Internationales Forum 1998, CCC-Kodex, Schwerpunkt C&A, Forschungsprojekt Zentral- und Osteuropa, Play Fair-Kampagne zur Fußball-Europameisterschaft 2000/Play-Fair Tickets, Marathons, Zeugenreise mit Journalisten, Arbeitsgruppen zu Monitoring, Kampagne, Solidarität, Gesetzesinitiativen
Niederlande: Schone Kleren Kampagne	Fair Wear Charter Stiftung, Clean-Clothes-Kommunen, Aktionen zu Nike u. adidas, Programm mit Schulen, Podien mit Politikern/Gewerkschaftern, Werbe-T-Shirts, Play Fair zur Euro 2000
Belgien: Vêtements Propres/ Schone Kleren	Runder Tisch mit Unternehmen, Postkartenaktionen, fairtrade-T-Shirts, Produktionsbedingungen bei GB und Benetton, Schwerpunkt Levis, Gesetzesinitiativen, Plakatierung, Unterschriftensammlung, Verhandlungen mit Einzelhandel und dessen Verband FEDIS, Play Fair zur Euro 2000
Frankreich: L'Ethique sur l'Etiquette	Kampagne „Treibe Sport", Unterschriften und Postkarten an den Einzelhandel (La Redoute, Groupe André, Decathlon), Kooperation mit Auchan beim Monitoring/Einkäuferschulung, Carrefour, Diskussion mit dem Dachverband des französischen Einzelhandels, Unterstützung der EU-Resolution zu code of conducts
Großbritannien: Labour Behind The Label	Verbraucherbewusstsein, Postkartenaktionen, Heimarbeit, Frauenfrage, Kampagne für ausreichendes Einkommen, Fair Wear Projekt mit WWF und Women Working Worldwide (WWW), WWW-Projekt, Verbindung zur Ethical Trading Initiative
Deutschland: Kampagne für ‚Saubere' Kleidung	Forschungsprojekte, Kooperationen mit NGOs/Gewerkschaften in Osteuropa und Mittelamerika; Eilaktionen (Eden, Formosa usw.), Events, Ausstellungen, Verhandlungen mit dem Einzelhandel u.a. Otto Versand u. adidas, Kundenkarte, Rundbrief, Play Fair Euro 2000, Theater „Schöne Eine Welt"
Schweiz: Clean Clothes Campaign	Aktionen zu C&A, H&M, Sportschuh-Kampagne mit terre des hommes: Let´s go fair, Broschüre, Postkartenaktionen, Bildungsarbeit/Materialien Erklärung v. Bern, Kooperation mit Migros, Coop für unabhängiges Monitoring, Journal
Italien: Modello di Sviuppo	Kampagne „Transparentes Shopping/Unterschriftensammlung, Gesetzesinitiativen, T-Shirts gegen Kinderarbeit, Benetton

Spanien: Campana Ropa Limpia	Informationsvermittlung, Nike, adidas/Rücksendeaktionen von Sportschuhen, e-mails und Postkarten, Beteiligung am globalen Marsch gegen Kinderarbeit 1998, Symposium
Schweden: Kampanjen Rena Kläder	Absichtserklärung von H&M, KappAhl, Lindes und Indiska, Monitoringsystem, Verbraucherbewusstsein/adidas, Kinderarbeit, Kampagne Sportswear, ILO-Studientag
Österreich: Clean Clothes Campaign	Aufmerksamkeit in den Medien, Postkartenaktion an Nike u. adidas, Journal für Interessierte, Forum Frauensolidarität, Theater: Susanna im Fadenkreuz, Ausstellung internationale Arbeitsteilung, Projekt: Arbeit neu denken/Jugendbildung, Spiel: Maquila Bar
USA: Campaign for Labour Rights, Global Exchange, Sweatshop Watch	ausreichendes Einkommen/Veranstaltungen an Universitäten, Öffentlichkeit über kritische Aktionäre, Dialog mit Fair Labour Association (FLA); Forschungsarbeit mit AMRC, diverse Gerichtsverfahren wegen der Verletzung des amerikanischen Bundes- und Arbeitsrechtes
Australien: Textile, Clothing and Footwear Union Australia (TCFUA)	Kodex für Heimarbeiter/Gerichtsverfahren, Verhandlungen mit Unternehmen zur Unterzeichnung des Kodexes

Katalog von Mindestforderungen

Die europäische CCC hat sich auf eine *Sozialcharta mit acht zentralen Forderungen* geeinigt, die an die grundlegenden Konventionen der Internationalen Arbeitsorganisation (ILO) angelehnt sind. Die Realisation dieser Bedingungen gilt nicht als Endziel, sondern als Einstieg in einen Demokratisierungsprozess:

1) *Keine Zwangsarbeit:* freiwillige Beschäftigung, auf Zwangsarbeit wird nicht zurückgegriffen. (ILO-Konventionen 29, 105)

2) *Nichtdiskriminierung:* Arbeitgeber fördern die Gleichbehandlung hinsichtlich der Auswahl und Entlohnung der Arbeitenden. Das heißt, Arbeitgeber dürfen sich keiner Diskriminierung aufgrund von Rasse, Hautfarbe, Geschlecht, politischer und religiöser Überzeugung, sozialer Herkunft oder des Herkunftslandes schuldig machen. (ILO-Konventionen 111 und 100)

3) *Keine Kinderarbeit:* Arbeitgeber halten sich an das von der ILO festgelegte Mindestalter (das heißt 15 Jahre) für Arbeitskräfte. (ILO-Konvention 138)

4) *Gewerkschaftliche Rechte:* Arbeitnehmer haben das Recht, sich frei zu organisieren. Sie können sich unabhängigen Gewerkschaften und anderen Interessenverbänden ihrer Wahl anschließen, ohne dass dafür eine vorherige Genehmigung erforderlich wäre. Ebenso haben sie das Recht, sich bei Tarifverhandlungen von Organisationen ihrer Wahl vertreten zu lassen. Diese Tarifverhandlungen werden ohne unzulässige Behinderungen durchgeführt. (ILO-Konventionen 87, 98)

5) *Zahlung ausreichender Löhne:* Die Entlohnung der Arbeiter muss wenigstens deren notwendigsten Lebensbedarf (Nahrung, Kleidung, Wohnraum) und den der unmittelbar von ihnen abhängigen Familienmitglieder decken. Diese Entlohung genügt mindestens dem gesetzlichen Mindestlohn des jeweiligen Landes. (ILO-Konventionen 26 und 131)

6) *Keine überlangen Arbeitszeiten:* Die Zahl der wöchentlichen Arbeitsstunden und die Regelung hinsichtlich der Bezahlung von Überstunden entsprechen für alle Arbeiter und Arbeiterinnen den von der ILO festgelegten Normen (48 Std./Woche und ein freier Tag; maximal 12 Überstunden pro Woche, Überstunden-Entgelt). (ILO-Konvention 1)

7) *Menschenwürdige Arbeitsbedingungen:* Die Arbeitsbedingungen im Sicherheits- und Gesundheitsbereich genügen den von der ILO festgelegten Normen. (ILO-Konvention 155)

8) *Festes Beschäftigungsverhältnis:* Arbeits- und sozialrechtliche Bestimmungen für feste Beschäftigungsverhältnisse sollen nicht durch Kontraktarbeit oder Ähnliches umgangen werden. (ILO-Konvention zur Vertragsarbeit, befindet sich in der Diskussion)

Prüfsteine für ein glaubwürdiges Kontrollsystem

Unternehmen, die bisher im Kreuzfeuer der Kritik standen, versuchten über die Einführung eines „Code of Conduct", d.h. interner Verhaltensregeln, wieder neues Vertrauen bei kritischen Käufern zu gewinnen. Diese Kodizes bringen an sich noch keine Garantie für Verbesserungen. Die Anforderungen stehen und fallen mit einem aktiven Management, das sich um die Umsetzung bemüht, und mit einem funktionsfähigen Kontrollsystem. Die Clean Clothes Campaign fordert, in die Kontrolle auf oberster Ebene einbezogen zu werden.

Im Februar 1998 hat die CCC einen *Arbeitsverhaltenskodex für die Bekleidungsindustrie einschließlich Sportswear* vorgelegt, der bis Januar 1999 von rund 200 Organisationen weltweit mitgetragen wurde und eine Grundlage für die Entwicklung eines *unabhängigen Kontrollsystems* bilden soll. Er richtet sich an Unternehmen, Industrieverbände und Arbeitgeberorganisationen, die als Partner gewonnen werden sollen. Mit der Unterzeichnung übernimmt das jeweilige Unternehmen Verantwortung für die Arbeitsbedingungen in der gesamten Lieferantenkette. Gegenstand sind die acht in der Sozialcharta genannten Standards.

Eine gemeinsam zu gründende *Stiftung soll die Unternehmen bei der Umsetzung des Kodex unterstützen, die Einhaltung des Kodex überprüfen bzw. überprüfen lassen und die Verbraucher informieren.* Die Stiftung soll unabhängig sein durch die Beteiligung von Unternehmen, Industrieverbänden, Arbeitgeberorganisationen, Gewerkschaftsorganisationen und Nichtregierungsorganisationen.

Elemente des Vertrags sind u. a.:

- Im Unternehmen sind die *verantwortlichen Stellen* zur Umsetzung des Kodex benannt. Der Vorstand überprüft regelmäßig die Durchführung. Die Umsetzung des Kodex wird mit Geschäftspartnern vertraglich geregelt.
- Ein *transparentes Prüfverfahren*, das festgelegt ist und übliche Normen achtet, d.h. auch die Vertraulichkeit von Geschäftsinformationen. Prüfberichte gehen an alle beteiligten Parteien.
- Das Unternehmen übernimmt *Mitwirkungspflicht*, lässt u. a. unangekündigte Inspektionsbesuche und vertrauliche Gespräche mit Beschäftigten zu. Informanten dürfen nicht diskriminiert werden.
- In allen beteiligten Unternehmen muss der *Kodex in der lokalen Sprache* aushängen bzw. ausliegen und den Arbeitern und Arbeiterinnen zusätzlich mitgeteilt werden. Die Informationen müssen die Beschäftigten unterstützen, der Stiftung über Verstöße gegen den Kodex zu berichten.
- Wenn der Kodex nicht eingehalten wird, muss das Vertragsverhältnis gekündigt werden. Die Empfehlung der Stiftung zielt zunächst auf eine Verbesserung der Situation. Dabei soll ein zeitlich begrenztes Verfahren praktiziert werden, das Beteiligten ermöglicht, einmalige *Verstöße zu korrigieren.*
- „In Bezug auf *Kinderarbeit* sollen derartige Verfahren vorsehen, dass keine weiteren Kinder mehr eingestellt werden und dass befristete Maßnahmen getroffen werden, um die Kinderarbeiter/innen durch eine Begrenzung der Arbeitszeit, das *Angebot von Bildungsmöglichkeiten und wirtschaftliche Hilfe* für den Übergang zu unterstützten. Schließlich müssen die KinderarbeiterInnen durch Erwachsene, wenn möglich aus derselben Familie, ersetzt werden."[25]

Schwerpunkte der Kampagne in Deutschland

In Deutschland hat die Kampagne 17 Trägerorganisationen (s. Kasten). Rund 40 weitere Gruppen arbeiten mit ihr zusammen. Die Koordinationsstelle ist beim DGB-Bildungswerk in Düsseldorf angesiedelt.

Trägerorganisationen der Kampagne in Deutschland

Christliche Initiative Romero e.V., Frauenstr. 3–7, 48143 Münster, Tel. 02 51/8 95 03, Fax: 02 51/8 25 41, e-mail: CI-ROMERO@oln.comlink.apc.org
Deutsche Angestellten Gewerkschaft Berufsgruppe Handel u. Private Dienste, Johannes-Brams-Platz 1, 20355 Hamburg, Tel. 0 40/34 91 52 13, Fax: 0 40/34 91 52 69
DGB-Bildungswerk Nord-Süd-Netz, Postfach 101026, 40001 Düsseldorf, Tel. 02 11/4 30 12 58, Fax: 02 11/4 30 15 00, e-mail: werner.oesterheld@dgb-bildungswerk.de

---

Evangelische Frauenarbeit in Deutschland e.V., Emil-von-Behring-Str. 3, 60439 Frankfurt a.M., Tel. 0 69/9 58 01 20, Fax: 0 69/95 80 12 26, e-mail: efdffm@CompuServe.com

Evangelische Frauenhilfe in Westfalen, z. Hd. Heike Koch, Postfach 1361, 59473 Soest, Tel. 0 29 21/3 71-246, Fax: 0 29 21/3 71-4026

Evangelische StudentInnengemeinde Deutschlands, Tel. 02 21/2 57 74 55, Fax: 02 21/25 66 74, e-mail: ESGGD@aol.com

Gewerkschaft Handel-Banken-Versicherungen, Kanzlerstr. 8, 40472 Düsseldorf, Tel. 02 11/9 04 03 15, Fax: 02 11/9 04 03 99

IG-Metall, Abt. Frauenpolitik, Lyonerstr. 32, 60528 Frankfurt a. M., Tel. 0 69/66 93 25 89, Fax: 0 69/66 93 20 07

Informationsstelle El Salvador e.V., Heerstr. 205, 53111 Bonn, Fax: 63 12 26, e-mail: salva@link-lev.dinoco.de

Katholische Arbeitnehmer Bewegung, c/o KAB-DV Trier, Tel. 06 51/9 77 11 72, Fax: 9 77 11 99, e-mail: KAB-Trier@aol.com

Katholischer Deutscher Frauenbund, Kaesenstr. 18, 50677 Köln, Tel. 02 21/31 49 30, Fax: 02 21/32 29 54

Katholische Landjugendbewegung Deutschlands, Drachenfeldstr. 23, 53604 Bad Honnef-Rhöndorf, Tel. 0 22 24/9 46 50, Fax: 0 22 24/94 65 44, e-mail: bundesstelle@kljb.org

NRO-Frauenforum, c/o Bettina Musiolek, Diesterwegstr. 2, 40723 Hilden, Tel. und Fax: 0 21 03/6 33 75, e-mail: MUSIOLEK@link-lev.de

Ökumenisches Netz Rhein-Mosel-Saar, Pfarrstr. 8, 56564 Neuwied, Tel. 0 26 31/35 41 40, Fax: 0 26 31/35 41 41

Südwind-Institut für Ökonomie und Ökumene, Lindenstr. 58–60, 53721 Siegburg, Tel. 0 22 41/5 36 17, Fax: 0 22 41/5 13 08, e-mail: suedwind.institut@t-online.de

Terre des Femmes e.V., Postfach 2565, 72015 Tübingen, Tel. 0 70 71/7 97 30, Fax: 0 70 71/79 73 22, e-mail: tdf@swol.de, http://www.terre-des-femmes.de

Vereinte Evangelische Mission Wuppertal, Rudolfstr. 137, 42285 Wuppertal, Tel. 02 02/89 00 41 75, Fax: 02 02/89 00 41 79

Koordinationsbüro der Kampagne für „Saubere" Kleidung, c/o DGB-Bildungswerk, Postfach 103055, 40021 Düsseldorf, Tel. 0211/4301-317, Fax: 0211/4301-387, e-mail: ccc-D@dgb-bildungswerk.de

Appell an den Bekleidungshandel

Am 22.01.1999 in Bonn traten drei große Handelsunternehmen, der Otto Versand, adidas-Salomon und C&A, gemeinsam mit Vertretern der Kampagne vor die Öffentlichkeit. Anlass war die Übergabe von 26.717 Unterschriften unter den „Appell an den Bekleidungshandel". „Damit würde der Handel endlich Verantwortung für menschenwürdige Arbeit an den Nähmaschinen übernehmen", erklärt Gudrun Hamacher, Vorstandsmitglied der IG Metall. In dem Appell werden die Handelsunternehmen aufgefordert, grundlegende soziale Mindeststandards in der Bekleidungs- und Sportartikel-Industrie einzuhalten und unabhängig überwachen zu lassen. Zum Aktionstag am 23.01.1999 organisierten Gruppen in 25 deutschen Städten und 160 Orten zum Beginn des Winterschlussverkaufs Veranstaltungen.

Nicht die kleinen Hersteller, sondern die großen Handelshäuser werden als Verhandlungspartner gesucht. Mit C&A, H&M, Otto, Quelle und Karstadt hat die Kampagne in Deutschland Gespräche geführt. Im Zentrum der Verhandlungen steht der Arbeitsverhaltenskodex. Über die inhaltlichen Forderungen der Sozialcharta besteht weitgehende Übereinstimmung mit den Handelsunternehmen. In Einzelfragen gibt es unterschiedliche Ansichten. Während die C&A, Karstadt und der Otto Versand die grundlegenden Arbeitsrechtsverletzungen in Gesprächen mit Vertreterinnen der KSK bedauerten, leugne Quelle die Missstände und die Notwendigkeit ihrer Beseitigung. *Bisher sehen alle Unternehmen in der geforderten Offenlegung ihrer Lieferantenkette bis hin zu Heimarbeiterinnen ein erhebliches Problem.*

Als Hauptdifferenz zwischen dem Ansatz der Clean Clothes Campaign und SA 8000 (s. o.) sieht der Otto Versand, dass SA 8000 die Verantwortung beim Produzenten bzw. Zulieferer sieht, der CCC-Kodex jedoch beim Handel. Der Otto Versand akzeptiere zwar wegen seiner Einflussmöglichkeit eine wirtschaftsethische Mitverantwortung, die aber nicht justitiabel und deshalb nicht der richtige Ansatzpunkt für eine Kontrolle bzw. Zertifizierung sei. Die *Kampaigner lehnen die Verlagerung der Verantwortung auf die Lieferanten ab.*

Verbraucherwünsche via Kundenkarte

In Deutschland trägt die Kampagne die Verbraucherwünsche nach sozialverträglich hergestellter Kleidung mit einer besonderen *„Kundenkarte"* in den Einzelhandel. Halb so groß wie eine Postkarte passt sie in jede Geldbörse und kann beim Bummel oder Einkauf gemeinsam mit dem Schein bzw. der Kreditkarte gezückt werden, um an die Geschäftsführung weitergeleitet zu werden. Darauf steht:

„An die Geschäftsführung

Sehr geehrte Damen und Herren,

heute war ich in Ihrem Geschäft und habe mir die Auslagen angesehen. Viel lieber wäre ich Kunde/Kundin bei Ihnen, wenn ich sicher sein könnte, dass Ihre Textilien und Sportsachen unter fairen Produktionsbedingungen hergestellt

werden. Darunter verstehe ich das, was die Kampagne für ‚Saubere' Kleidung für die ArbeiterInnen fordert:
ein existenzsichernder Lohn
das Recht auf freie Organisation
das Recht auf Gesundheitsvorsorge und Arbeitsschutz
Verzicht auf Arbeitszwang
der Schutz vor Diskriminierung
Mit freundlichen Grüßen"

Fit für die Fußball-Europameisterschaft 2000

„Fit for Fair" lautet das Motto der Kampagne im Jahr 2000. Die Fußball-Europameisterschaft sollte für die Arbeiterinnen in der Sportwarenindustrie ein Erfolg werden. Mit *„Fit for Fair"-Läufen,* der *Rücksendung von Sportkleidung* mit dem Vermerk „sozialer Markenfehler" und *Infoständen bei Sportveranstaltungen* richtet sich die Kampagne an die Öffentlichkeit. Die Christliche Initiative Romero hat eine *Werkmappe* zum Thema erstellt.

Gegenübergestellt werden die Werbemilliarden, mit denen die Sportmarken ihr Image verbessern, und die Hungerlöhne, mit denen die Näherinnen abgespeist werden. So hat Nike 1997/98 rund 1,7 Milliarden DM für Werbung ausgegeben, adidas-Salomon etwa 1,3 Mrd. DM. Die Näherinnen zweier bulgarischer Hersteller, die Trikots für Puma, adidas und Reebok zusammennähen, erhalten gerade von 140 DM im Monat, also weit weniger als die Lebenshaltungskosten.[26] Hier soll umverteilt werden.

Die verschiedenen europäischen Kampagnen haben die Hersteller aufgefordert, den CCC-Kodex zu unterzeichnen und ihre Produktionsstandorte unabhängig kontrollieren zu lassen.

Die verschiedenen Kampagnen appellieren an die UEFA (Union Européenne de Football) und das Organisationskomitee von EURO 2000, den FIFA-Kodex anzuwenden. Es soll sichergestellt werden, dass die Anforderungen des FIFA-Kodex für die Vergabe des *FIFA-Label* für Produkte tatsächlich unabhängig überwacht werden und den Anforderungen entsprechen.[27] Der FIFA-Kodex (Fédération Internationale de Football Association) fordert die Einhaltung von *sieben grundlegenden Arbeitsrechten* für alle Produkte, die das FIFA-Logo tragen. (Er wurde 1996 von der FIFA mit den Gewerkschaftsdachverbänden ICFTU, ITGLWF und dem „Internationalen Bund der Privatangestellten" (FIET) ausgehandelt. Die Einhaltung des Verhaltenskodexes soll nach gemeinsam verabschiedeten Vorgaben von *unabhängigen Inspektoren* überprüft werden, die sowohl von Menschenrechts-, Dritte-Welt- und Kirchenorganisationen als auch von Unternehmen benannt werden. Für entsprechend geprüfte Produkte wird das FIFA-Label vergeben.)

Bereits während der Fußball-Weltmeisterschaft blies dem *Branchengewin- ner adidas-Salomon* der Wind der Kampagne ins Gesicht: 12.000 gebrauchte Paar Sportschuhe gingen mit „False in fabrication" aus Belgien zurück an den Absender und türmten sich medienwirksam vor dem belgischen adidas- Gebäude; sieben Spieler der spanischen Nationalmannschaft erhielten über 50.000 Postkarten aus der spanischen Campan Ropa Limpia, und bei der deut- schen Kampagne wurden von Juli–Dezember 1998 etwa 40.000 Gelbe Karten nachgefragt. „Ich glaube zurzeit ist es noch nicht so, dass wir vom Konsumen- ten direkt unter Druck gesetzt werden … Der Druck wächst, das ist ganz klar, die Anzahl der Karten nimmt zu", urteilte Pressesprecher Peter Csanadi im Januar 1999, und die Kampagne stürmt voran.

adidas-Zulieferer Formosa in El Salvador

Ein Bericht im *Nachrichtenmagazin Monitor* vom 13. August 1998 gab den Anstoß. Berichtet wurde über Zustände beim adidas-Zulieferer Formosa in El Salvador. In der Freien Produktionszone San Bartolo bei San Salvador nähen hier rund 1000 junge Frauen adidas-Trikots: 60 bis 70 Stunden die Woche für ei- nen Monatslohn von umgerechnet rund 240 DM.[28] Die Stückvorgaben seien so hoch angesetzt, dass auch erfahrene Näherinnen statt einer Sollzeit von 8 Stun- den dafür 12 Stunden benötigten. Überstunden würden nicht bezahlt. Sexuelle Belästigungen und Missbrauch der jungen Frauen seien an der Tagesordnung. Die Firmenleitung führe monatlich Schwangerschaftskontrollen durch. Eine 22-Jährige berichtete in Monitor von ihrer Entlassung nach einem positiven Schwangerschaftstest. Die Christliche Initiative Romero, eine Trägerorganisa- tion der deutschen Kampagne für ‚Saubere' Kleidung, machte sich zum Sprach- rohr der salvadorianischen Arbeiterinnen. Daraufhin schickte Auftraggeber adidas ein Untersuchungsteam nach El Salvador. Der Pressesprecher räumte Missstände ein, allerdings mit Einschränkungen. *adidas sagte in Zusammenar- beit mit Formosa Verbesserungsmaßnahmen zu.* Es dürfte keine unbezahlten Überstunden mehr geben und die Arbeiterinnen dürften nicht daran gehindert werden, mehrmals täglich zur Toilette zu gehen. Auch gewerkschaftliches Engagement dürfte nicht behindert und der Schwangerschaftstest müsse abge- schafft werden, so Peter Csanadi. Eine Beschwerdestelle in der Firma sollte für einen Ausgleich zwischen Vorarbeitern und Näherinnen sorgen.[29] „Seit adidas im letzten Oktober Veränderungen zugesagt hat, hat sich meines Erachtens nichts geändert. Alles ist wie zuvor", lauten die harten Worte von Marlene Vega Erazo im Januar 1999 aus El Salvador. Im Gefecht der Widersprüche fordert die Christliche Initiative Romero im Mai 1999 ein unabhängiges Gutachten, um die Situation zu klären, da sich nach Information der Menschenrechtsorganisation nur wenig verändert hat. Für Ende Mai *sagt adidas ein Sozialaudit zu.*[30]

Ein halbes Jahr später im Oktober 1999 kommt *Marina Ríos von der Frauen-rechtsorganisation M.A.M.* (Movimiento de Mujeres Mélida Anaya Montes) nach Deutschland, die die Verhältnisse bei Formosa aus erster Hand kennt. Sie steht in Kontakt zu mehreren Beschäftigen im Betrieb. M.A.M. macht die jungen Näherinnen über Radiospots auf sich aufmerksam und besucht sie in den Freihandelszonen. In *Rechtsberatungen* lernen die Arbeiterinnen ihre Möglichkeiten kennen und erfahren, wie sie ihre Rechte einfordern können.

Marina Ríos spricht noch immer über *Pflichtüberstunden, die gleiche Reglementierung von Toilettengängen (nur zwei täglich) und von Schwangerschaftstests* bei der Einstellung. Die Christliche Initiative Romero hatte von der Praxis berichtet, Frauen unter 18 Jahren ohne Sozialversicherung unangemeldet zu beschäftigen. Das geschieht im Moment nicht mehr in nennenswertem Umfang. Offensichtlich seien die Kriterien für die Personalauswahl geändert worden. „Es ist schwierig von großen Verbesserungen zu sprechen", so Ríos. „Aber auf den internationalen Druck hin haben sich einige Arbeitsbedingungen verbessert. Zu nennen sind in erster Linie: die schlechte körperliche Behandlung, der Zugang zu Trinkwasser, der vorher behindert war, und dass die koreanischen Supervisoren durch salvadorianisches Personal ersetzt worden sind." Von der Einrichtung einer internen Beschwerdestelle ist ihr nichts bekannt. Im Juni 1998 hatte adidas seine „Standards of Engagement", das heißt Verhaltensregeln eingeführt, die auch für alle Zulieferbetriebe gelten sollen (s.o.). Über den Verhaltenskodex von adidas und die Verhandlungen, die der Auftraggeber geführt hat, war den Beschäftigten nichts bekannt.

Als *unabhängigen Gutachter* engagierte adidas im Mai 1999 die US-amerikanische *Firma Verité*. Anfang August 1999 legt Verité ihren Bericht vor, der sich auf die Formosa und den benachbarten Betrieb des gleichen Eigentümers Evergreen bezieht. „*Es darf keine Pflichtüberstunden geben, keine physische oder verbal schlechte Behandlung der Arbeiterinnen, die hygienischen Bedingungen müssen wesentlich verbessert werden*, u. a. die Toiletten gereinigt. Es gibt etliche Bestimmungen zu Arbeitsschutz und Arbeitssicherheit, auch im Bereich von Gesundheitsbedingungen, die zu verbessern sind. Staub soll abgesaugt werden, und die Luft soll in Zukunft ventiliert werden, weil es sehr heiß ist (33 °C und mehr, d. Red.). Darüber hinaus soll es eine ausreichende Anzahl von Notausgängen geben", zitiert Ríos die Forderungen des Wirtschaftsprüfers. Zusätzlich merkt M.A.M. zu den gesundheitlichen Bedingungen an, dass die Toiletten für die Arbeiterinnen immer zugänglich sein sollten. Auch sollte es immer möglich sein, sich in einem Krankenhaus medizinisch versorgen zu lassen. Schließlich zahlten die Frauen dafür Versicherung.

Anfang 1999 wurden 200 Arbeiterinnen wegen geringerer Aufträge entlassen, wobei sie laut dem Bericht Verités teilweise dazu gezwungen wurden zu kündigen. 1998 wurden bei Formosa 20 Arbeiterinnen entlassen, weil sie für eine Versammlung warben.[31]

Meine wiederholte Bitte an adidas um Stellungnahme u.a. zum Gutachten von Verité und weiteren Schritten zu einer unabhängigen Kontrolle blieb lange unbeantwortet. Die Christliche Initiative Romero forderte von adidas die *Einrichtung eines ständigen Monitorings bei Formosa* und schlug dafür *GMIES* vor, eine salvadorianische Gruppe, die auch den GAP-Zulieferer Mandarin kontrolliert (s. o.).[32] *Auf diese Forderung wollte adidas eingehen,* (s. a. S. 292). Anfang Dezember teilte David Husselbee mit, er hoffe, dass GMIES bald mit dem Monitoring beginne.

Aus der Sicht von Marina Ríos und ihrer Organisation M.A.M. „sollten die Arbeitsbedingungen und die Arbeitsrechte von nationalen Organisationen kontrolliert werden, damit eine *Partizipation von Nichtregierungsorganisationen* möglich wird. Es sollte eine sehr transparente Form sein, die die Bedingungen offen legt und die Maßnahmen, die für die Verbesserung der Arbeitsbedingungen getroffen werden können. Für uns fungiert ein Monitoring zum Beispiel durch internationale Wirtschaftsprüfer wie Verité oder die Kampagne für ‚Saubere' Kleidung auf einer zweiten Ebene, die durchaus das nationale Monitoring ergänzen kann."

Albrecht Schwarzkopf von der Christlichen Initiative Romero hält parallel zum Monitoring auf nationaler Ebene eine Beteiligung der Zivilgesellschaft auf internationaler Ebene für sinnvoll, damit ein gewisses Druckpotential durch die Öffentlichkeit auf die Firmen ausgeübt werden kann.

Die *Frauenrechtsorganisation M.A.M.* arbeitet mit einigen Gewerkschaften und Menschenrechtsorganisationen in El Salvador zusammen, mit denen sie zum Beispiel Anfang Dezember 1999 sich für ein gerechtes und rechtzeitig ausgezahltes Weihnachtsgeld einsetzen will. Aber der Organisationsgrad der Textilarbeiterinnen in El Salvador tendiert gegen Null. Zwar gibt es in El Salvador ein verfassungsmäßiges Recht sich zu organisieren. Doch die im Arbeitsgesetzbuch ausgesprochene Kontrolle, die Bildung von Gewerkschaften zu ermöglichen, wird vom Staat de facto nicht ausgeübt. Bei Versuchen, eine Gewerkschaft zu bilden, wurden die Protagonistinnen entlassen, moniert Marina Ríos.[33]

Ein wichtiges politisches Instrument ist für M.A.M. der *mittelamerikanische Ethikkodex*, der von Maquila-Arbeiterinnen in Nicaragua entwickelt wurde und von den Maquiladora-Betreibern eingefordert wird. (Maquilas nennt man die Bekleidungsfabriken in Mittelamerika.) Im Vergleich zum CCC-Kodex räumt er u. a. dem Schutz Schwangerer mehr Bedeutung ein. „Wir halten ihn für ebenso wichtig wie den Kodex der Kampagne für ‚Saubere' Kleidung" so Ríos.

Der mittelamerikanische Ethikkodex

Die Forderungen in Kürze:

1. Keine Diskriminierung auf Grund von Schwangerschaft, Alter, Ethnie, Religion, politischer Überzeugung oder Bildung.
2. Kündigungsschutz, vor allem während Schwangerschaft und Mutterschutz.
3. Keine körperliche, psychische, sexistische und verbale Gewalt.
4. Arbeitssicherheit und Gesundheitsschutz.
5. Abführung der Sozialleistungen und Zugang zu den entsprechenden Leistungen.
6. Gesetzlicher Mindestlohn.
7. Geregelte Arbeitszeiten und Bezahlung der Überstunden.
8. Organisationsfreiheit und Recht auf kollektive Verhandlungen.
9. Keine Beschäftigung von unter 14-Jährigen.[34]

Die Unterstützung durch die internationale Kampagne, hier konkret aus Deutschland, ist für die Arbeiterinnen bei Formosa direkt spürbar. Marina Ríos konnte beobachten, dass *als Erfolg auf die Firmengespräche bei adidas-Salomon eine höhere Bereitschaft entstanden ist, sich für die Arbeitsbedingungen in El Salvador einzusetzen*, u. a. weil dies die Arbeitsharmonie in den Betrieben verbessert.

„Es ist gut, wenn die Konsumentinnen und Konsumenten in Europa Druck machen. Wir glauben, dass ein Verhaltenskodex zum Gewinn aller beitragen würde, u.a. auch dazu, dass ein Teil der Gewinne, die entstehen, an die Arbeitskräfte weitergeleitet werden können." adidas konnte allein im Jahr 1997 seinen Gewinn (vor Steuern) um 52 Prozent auf 677 Mio. DM steigern. Dagegen sind die Niedriglöhne bei Formosa keineswegs ausreichend. „Eine Frau verdient in der Maquila-Industrie 1.260 Colones pro Monat, das entspricht 140 US-Dollar. Nach den Abzügen bleiben davon umgerechnet 60 bis 100 Dollar übrig. Demgegenüber beträgt der nationale Warenkorb für den Grundbedarf 2.500 Colones. Im allgemeinen gilt, dass *viermal der Mindestlohn notwendig ist, um eine Familie mit fünf Personen ernähren zu können*", erklärt die Frauenrechtlerin.

Literaturhinweise, Anmerkungen:

[1] Djuna Barnes: Solange es Frauen gibt, wie sollte da etwas vor die Hunde gehen? Wagenbach, Berlin 1996

[2] ILO: Globalization of the footwear, textiles and clothing industries, Geneva 1996

[3] Südwind, AMRC, IBON: Kleiderproduktion mit Haken und Ösen, Texte 6, Siegburg 1997; Asia Monitoring Resource Centre and Hong Kong Christian Industrial Committee: Blood, Sweat & Shears. Working Conditions in Sport Shoe Facto-

ries in China. Making Shoes for Nike and Reebok, Hong Kong, September 1997

4 SOMO (centre for reseach on multinational corporations), Amsterdam: C&A, The Silent Giant, Marijke Smit& Lorette Jongejans, 6/1989; The Nike Way, Big through Subcontracting in Asia, Marijke Smit, 7/1994;

5 Clean Clothes Campaign: Made in Eastern Europe, Amsterdam 1998

6 Inside Bulgaria. Clean Clothes newsletter no 11, August 1999, S. 11–12

7 Inside Bulgaria, s. o. S. 12

8 Pressemitteilung zum Internationalen Forum Saubere Kleidung Mai 1998, CCC

9 Aktionszeitung der Kampagne: Kampagne für Sauber Kleidung aktuell, Januar 1998

10 Regine Grienberger: Die Macht der Konzerne regiert die globalisierte Welt. In: Menschenrechte für die Frau TERRE DES FEMMES 4/1998, S. 21–24

11 Clean Clothes newsletter, Bezug: Schone Kleren Kampagne, s. Anhang

12 Christliche Initiative Romero, Frauenstr. 3–7, 48143 Münster, Tel. 02 51/8 95 03, Fax: 02 51/8 25 41, e-mail: CI-ROMERO@oln.comlink.apc.org

13 Berliner Compagnie Tourneeplanung, Kontakt: Karin Fries, Wilhelmstr. 137, 46145 Oberhausen, Tel. 02 08/64 01 38

14 vgl. Clean Clothes newsletter 9/99, Kontakt: Clean Clothes Kampagne, Bergstr. 7, A-1090 Wien, Österreich, Tel. 00 43/13 17 30 90-0, Fax: 00 43/13 17 30 95, e-mail: suedwind.agentur@oneworld.at, http://www.oneworld.at/cleanclothes.htm

15 Der Jeans-Parcours kann beim Weltladen Marburg ausgeliehen werden: Tel. 0 64 21/6 66 10, Fax: 0 64 21/68 62 44 oder bei Erdmute Gabriel-Seter Tel./Fax: 0 49 48/99 00 68.

16 Looking into the future: Clean Clothes Communities. Clean Clothes newsletter no 11, August 1999, S. 18–19

17 Henrike Henschen: Alles unter Kontrolle? adidas und sein Zulieferer Formosa, in: Presente 2/1999, S. 22, 23

18 Weitere Informationen: Stichting EHH, Paul Valk, Beneluxlaan 909/Postbus 3140, 3502 GC Utrecht, Tel. 0031/3 02 84 45 17, e-mail: pvalk@wispa.nl

19 Protokoll zum 3. Strategieseminar der KSK im Oktober 1998 in Hattingen

20 Report from Sweden. Clean Clothes newsletter no 11, August 1999, S. 21

21 Switzerland: New Campaign Makes a Splash, Clean Clothes newsletter no 11, August 1999, S. 21

22 Involving Workers in the Debate on Company Codes: Women Working Worldwide's Education and Consultation Project. Clean Clothes newsletter No. 11, August 1999, S. 4–6

23 IRENE International Restructuring Education Network Europe, s. Anhang

24 Italian Campaign Pushes for Legislation. Clean Clothes newsletter no 11/1999, S. 23

25 Arbeitsverhaltenskodex für die Bekleidungsindustrie einschließlich Sportindustrie, S. 199–209, in: UmweltGerechte TextilWirtschaft Vision oder Wirklichkeit? Stuttgart 1998, Herausgeber/Bezug: Evangelische Akademie Bad Boll, Tel. 07 11/9 23 66-0, Fax: 9 23 66-23

26 CCC: Made in Eastern Europe, s.o. S. 42

27 Play Fair in Europe! In: Clean Clothes newsletter no. 11, August 1999, S. 13

28 Vgl. Eilaktion der Kampagne für Saubere Kleidung „adidas trotz Zusagen tatenlos" vom 24.02.1999

29 Henrike Henschen: Eins zu null für ‚Saubere' Kleidung. In: Présente 4/1998, S. 18–21

30 Henrike Henschen: Alles unter Kontrolle? In: Présente 2/1999, S. 22–23

31 Henrike Henschen: Monitoring bei adidas-Zulieferer Formosa bestätigt andauernde Missstände, in: Kampagne Saubere Kleidung, Rundbrief Nr. 2/1999

32 Henschen, Rundbrief 2/1999, s. o.

33 vgl. auch ICFTU Jahresberichte

34 nach: Sabine Broscheit: „Wir müssen uns alle an einen Tisch setzen" Interview mit Sandra Ramos zu Verhaltenskodizes. In Présente 3/1999, S. 10–13

Der faire Handel will mehr

Kapitel 5.6

Was ist eigentlich fairer Handel?

Für Verbraucher verschwimmen die Unterschiede zwischen dem, was z. B. die Kampagne für ‚Saubere' Kleidung anstrebt, und dem so genannten „fairen Handel". Was ist eigentlich fairer Handel? Der faire Handel tritt für eine sozial gerechtere Weltwirtschaftsordnung ein, um besonders benachteiligte Produzenten in den Ländern Afrikas, Asiens oder Lateinamerikas zu fördern. Nicht durch Almosen, sondern durch gerechtere Konditionen, ein partnerschaftliches Miteinander und durch Bildungs- und Öffentlichkeitsarbeit sollen die Länder des Südens eigenständige Entwicklungsmöglichkeiten erhalten.

Benachteiligte Zielgruppe

Das Engagement für am Markt benachteiligte Gruppen gilt als wesentliches Kennzeichen der Fair-Handels-Bewegung. Die Bewegung versteht sich als Anwalt derjenigen, die am Weltmarkt durch die bestehenden Machtverhältnisse und Marktregeln diskriminiert werden. Sie verschafft Organisationen von Kleinproduzenten im Handwerk oder der Landwirtschaft einen Marktzugang zu günstigeren Konditionen. Aus entwicklungspolitischer Sicht werden Partner *aus benachteiligten Regionen* oder weniger privilegierten *Völkergruppen* bevorzugt, wie Kooperativen von Frauen oder indigene Völkergruppen. Wesentliche soziale Anforderung ist ihre *Ausrichtung auf die Existenzsicherung und verantwortliche Mitwirkung.*[1] „Wir begrüßen es, wenn unsere Projektpartner auch politisch aktive Gruppen sind. Außerdem sind wir bestrebt Organisationsformen zu unterstützen, die basisdemokratisch arbeiten", erläutert Daniel Haltaufderheide von El Puente, einer der Großhändler im fairen Handel. Auch unter den Handelsorganisationen werden bestimmte als „fair" eingestuft, weil sie für die Interessen der Produzenten eintreten wie die Equitable Marketing Association in Indien oder Raymisa in Peru (s. Raymisa S. 343).

Der größte Großhändler im fairen Handel ist die gepa. In der Auswahl der Zielgruppen ist bei der gepa eine *Öffnung gegenüber industriellen, nicht genossenschaftlich organisierten Produktionseinheiten* zu beobachten, sofern ihr Management sozial engagiert ist. „Die Anforderungen an Handelspartner mit abhängig Beschäftigten dagegen zielen auf die Einhaltung und Verbesserung der Rechte der Arbeiter, der Verbesserung der Arbeitsplatzbedingungen und auf Verbesserung des sozialen, ökologischen und wirtschaftlichen Umfeldes", so die gepa.[2] Damit soll die Situation benachteiligter und unterdrückter Arbeiter in Fabriken und Plantagen verbessert werden. Die „fairen Fußbälle" der gepa stammten aus einer Fabrik.

Faire Handelsbeziehungen

Der *„faire Preis"*, den der alternative Handel bietet, wird üblicherweise *vom Partner selbst kalkuliert*. Durch die *Ausschaltung überflüssiger Zwischenhändler werden höhere Margen möglich*, d. h. ein wesentlich höherer Lohnanteil. Außer der unmittelbaren Befriedigung von Grundbedürfnissen soll ein Spielraum für Zukunftssicherung enthalten sein. El Puente kalkuliert beispielsweise bei Handwerksprodukten ein Drittel des Preises für den Produzenten und leistet projektbezogene Zusatzzahlungen für soziale wie politische Programme. Im Geschäftsjahr 1998/99 hat der große Bruder gepa fast 5 Millionen DM an Mehrpreis für Maßnahmen der Weiterbildung, Anhebung der Mindestlöhne und soziale Absicherung an Handelspartner in Übersee überwiesen. Auch umweltgerechte Anbau- und Verarbeitungsmethoden werden durch finanzielle Zuschläge und durch Beratungsangebote gefördert.

Alle alternativen Handelshäuser bieten bei Bedarf auch *finanzielle Vorschüsse für Produktionskosten* und vermitteln Kreditinstitute, die keine Wucherzinsen fordern. Neben finanzieller wird auch technische Zusammenarbeit geleistet, um die Arbeitsorganisation zu optimieren oder den Arbeitsschutz zu verbessern.

Neue Unternehmenskultur

Alternative Handelsorganisationen pflegen eine *neue Unternehmenskultur*, die sich zuerst am Dialog festmacht – statt am Diktat von Niedrigpreisen. Zum partnerschaftlichen Umgang gehören *Kooperationsbereitschaft, Transparenz und die Ausrichtung auf eine langfristige Zusammenarbeit*. Im Rahmen von „Partnerschaftsverträgen" setzt sich die gepa für die Einführung sozialer und ökologischer Standards ein. Hier verpflichten sich beide Seiten zu bestimmten Geschäftspraktiken und Leistungen, d. h. es wird festgelegt, in welchen Schritten die Vereinbarungen umgesetzt werden und wie die Leistungen des fairen Handels den Produzenten bzw. den Arbeitern zugute kommen – also ganz konkret: wie sich die höheren Einkaufspreise in einer Anhebung der Löhne, in Krankenversicherung oder in Maßnahmen gegen Staub oder Verbesserung der Sicherheitskleidung niederschlagen sollen.[3] Vertraglich wird auch festgehalten, was aktuell verändert werden muss. Entwicklung wird als Prozess verstanden, in dem sich beide auf ein Ziel hin bewegen, erläutert Barbara Schimmelpfennig von der gepa.

Ein Beispiel aus dem Partnerschaftsvertrag der gepa mit Urvashi Industries, Mumbai, einem Hersteller von Besteck, das ebenso gut im Textilbereich denkbar wäre. Hier ist u.a. vertraglich geregelt, dass die Firma für zwei beschäftigte Mädchen unter 14 Jahren ein monatliches Stipendium über 600 Rupies an die Familien zahlen muss mit der Auflage, dass sie die Schule regelmäßig besuchen und währenddessen keine andere Arbeit übernehmen dürfen. Die gepa hat die Berechtigung, dies nachzuprüfen oder nachprüfen zu lassen.

Um gegenseitiges Vertrauen zu schaffen und langfristige Beziehungen aufzubauen, beteiligt die El Puente GmbH Projektpartner als Gesellschaftergruppe. Seit 1994 sind bereits etwa 15 Partner Mitgesellschafter der Handelsorganisation geworden. „Diese Mitbestimmungsmöglichkeit nimmt die Produzenten des Südens faktisch ernst", erläutert Daniel Haltaufderheide den Ansatz der Importorganisation El Puente, übersetzt „Die Brücke". Und die Langfristigkeit der Geschäftsbeziehung erlaubt Handelspartnern mehr wirtschaftliche Planung.

FINE definiert: Was will der faire Handel?

Die internationalen Dachorganisationen des fairen Handels, kurz FINE (FLO, IFAT, NEWS und EFTA; s. a. S. 335) haben sich am 24.03.1999 in Utrecht auf eine gemeinsame Definition des fairen Handels und dessen Ziele geeinigt: „Der Faire Handel ist ein alternativer Ansatz zum konventionellen Welthandel: eine Handelspartnerschaft für eine nachhaltige Entwicklung für ausgeschlossene und benachteiligte Produzent(inn)en. Mittel dazu sind bessere Handelsbedingungen, Bewusstseinsbildung und Kampagnen.

Ziele des Fairen Handels:

1. *Verbesserung des Auskommens und Wohlergehens* der Produzent(inn)en durch Verbesserung des Marktzugangs, Stärkung der Produzenten-Organisationen, Zahlung besserer Preise und Gewährung von Kontinuität in der Handelsbeziehung.
2. *Förderung der Entwicklungschancen* für benachteiligte Produzent(inn)en, besonders Frauen und Ureinwohner, sowie Schutz der Kinder vor Ausbeutung im Produktionsprozess.
3. *Stärkung des Bewusstseins unter den Verbraucher(inne)n* bezüglich der negativen Auswirkungen des Welthandels auf die Produzent(inn)en, so dass sie ihre Kaufkraft positiv einsetzen können.
4. *Vorleben eines Beispiels der Partnerschaft im Handel* mittels Dialog, Transparenz und Respekt.
5. *Durchführung von Kampagnen* für Änderungen bei den Regeln und Praktiken des konventionellen Welthandels.
6. *Wahrung der Menschenrechte* durch die Förderung sozialer Gerechtigkeit, umweltfreundlicher Praktiken und wirtschaftlicher Sicherheit."[4]

Die Weltläden als Pioniere und Fachgeschäfte des fairen Handels

Im Oktober 1996 hat die deutsche Arbeitsgemeinschaft der Dritte-Welt-Läden (AG3WL, heute Weltladen-Dachverband) eine *Konvention* beschlossen, mit der

der „Alternative Handel" sich auf bestimmte Kriterien verpflichten soll, um mehr Transparenz gegenüber Verbrauchern zu schaffen und sich gegenüber Trittbrettfahrern abzugrenzen. Bis Oktober 1999 haben sich 303 der rund 750 Weltläden in Deutschland dazu selbst verpflichtet, die Kriterien einzuhalten. Offene Ablehnung äußern nur ganz wenige Läden.

Mit der Konvention hebt sich der faire Handel in mehreren Punkten deutlich vom üblichen Marktgeschehen und dessen Strukturen ab. Er versteht sich als Katalysator für eine Entwicklung zu mehr Verteilungsgerechtigkeit, Gleichberechtigung und Mitbestimmung. Am deutlichsten wird dies in den Forderungen nach:

- *Reinvestition von Gewinnen* und der *Verpflichtung zu Transparenz* untereinander, die selbst die Tabuzone finanzieller Fragen einschließt.

- Der Alternative Handel versteht sich als *Aufklärer*, der mit jedem Päckchen Kaffee und jedem bedruckten T-Shirt die Botschaft für mehr soziale Gerechtigkeit verpackt und so zu einem Strukturwandel beitragen will. Die gesellschaftlichen Gruppen, die hinter den Weltläden stehen, beteiligen sich an Kampagnen für kritischen Konsum.

  Anfang Mai jeden Jahres wird am europäischen *Weltladentag* ein Thema fokussiert: 1998 „Saubere" Kleidung. Tausende T-Shirts „Made in Dignity" wurden am Aktionstag 1998 verkauft. 20.000 Postkarten wurden von Verbrauchern unterzeichnet, die an den damaligen Bundesarbeitsminister Blüm, den Otto Versand und Karstadt adressiert waren mit dem Appell, sich für mehr Gerechtigkeit in der Produktion einzusetzen.

- Die Kriterien für den Alternativen Handel betreffen heute nicht mehr nur die Handelspartner im Süden, sondern sind – wie in jeder *echten Partnerschaft* – wechselseitig. Jedes Kriterium hat für alle Beteiligten bestimmte Forderungen zur Folge, für Produzenten, Importorganisationen und die Weltläden.

Zur Konvention der Weltläden, die unten dargestellt wird, gehört ein einheitliches Design, das sich in vielen Elementen im Laden wiederholt. Wichtig dafür ist insbesondere das *Weltladenlogo* (s. Abb.), das Mitglieder dieses Ansatzes überall im Land wiedererkennbar macht. Dadurch wollen sie sich in der Außendarstellung gegenüber Konkurrenten abgrenzen. Weltläden, die sich auf die Konvention verpflichtet haben, stellen heraus, dass sie im Gegensatz zu TransFair beispielsweise auf dem Handelsweg nur alternative Organisationen zulassen, die ihre Gewinne wieder der Sache zugute kommen lassen.

Als Orientierungshilfe für die Weltläden hat auch der deutsche Weltladen-Dachverband wie seine europäischen Kollegen zahlreiche Importorganisationen auf der Basis der Konventionen untersucht und daraus Empfehlungen abgeleitet, die im *ATO-TÜV* (ATO steht für alternative trade organisations) ver-

öffentlicht wurden.[5] Als Reaktion auf die Bewertung haben bereits drei Organisationen die angesprochenen Kritikpunkte ausgeräumt.

Auch auf europäischer Ebene hat sich die *Organisation der Weltläden in Europa (NEWS! Network of European World Shops)* auf gemeinsame Kriterien verständigt, die wesentliche Punkte umfassen wie: die Zielgruppe benachteiligter Produzenten, finanzielle bzw. technische Unterstützung von Produzenten, Non-Profit und Verbraucherinformation.

Die Dachorganisationen der Weltläden IFAT und EFTA

Schon vor Jahren hatten sich verschiedene *Importeure im Alternativen Handel auf gemeinsame Leitlinien* verständigt. Die *IFAT (International Federation For Alternative Trade)*[6], 1989 gegründet mit Sitz in Akron/USA, ist ein internationales Netzwerk von alternativen Handelsorganisationen und Produzenten-Organisationen in Afrika, Asien, Europa, Lateinamerika, Nordamerika und der Pazifik-Region. Grundsätzlich wollen die Mitglieder den Lebensstandard Bedürftiger durch Handel verbessern.

Die IFAT versteht sich vor allem als Forum zum Informationsaustausch der Akteure im fairen Handel. Hauptziele sind neben Vernetzung und Informationsaustausch auch technische und geschäftliche Unterstützung, besserer Marktzugang und Lobby- sowie Öffentlichkeitsarbeit.

In der *EFTA, European Fair Trade Association*, mit Sitz in Maastricht, haben sich 1990 *zwölf Importeure von Fair-Trade-Produkten aus neun europäischen Ländern* organisiert: Österreich, Belgien, Frankreich, Deutschland, Italien, Niederlande, Spanien, Schweiz und Großbritannien. Ihr Interesse liegt in mehr Effizienz durch gemeinsamen Import von Fair-Handels-Produkten. Unter

Mitgliedern werden Informationen über Produkte und Produzent(inn)en ausgetauscht oder Hilfen zur bilateralen Zusammenarbeit gewährt. Innerhalb der EFTA-Mitglieder besteht eine gewisse *Arbeitsteilung*, sodass eine Organisation schwerpunktmäßig für bestimmte Handelspartner und deren Überwachung zuständig ist und andere daran teilhaben. Die fair gehandelten Fußbälle importiert beispielsweise die gepa für die gesamte EFTA. Auch die EFTA hat sich Richtlinien gegeben, die allerdings keine festgelegten Standards darstellen, sondern die Zielrichtung formulieren, zum einen für die Hersteller, zum anderen für die Handelsorganisationen.

Mit der Arbeitsteilung im Monitoring geht einzelnen alternativen Importeuren die Kontrolle über nicht betreute Produkte teilweise verloren. Schließlich werden einzelne Aspekte von den verschiedenen europäischen Importorganisationen unterschiedlich gewichtet. Um für alle Beteiligten mehr Transparenz zu schaffen, wurde von drei Mitgliedern der EFTA (Claro, gepa, Oxfam) das *„FAIR-DATA System"* entwickelt, in das nach streng standardisierten Vorgaben Informationen zu den Handelspartnern gemeinsam eingepflegt werden. „Im Vergleich zur bisherigen Praxis wird damit das *Monitoring weiter intensiviert und standardisiert"*, erläutert Barbara Schimmelpfennig, Pressesprecherin der gepa. Als zweite wichtige Aufgabe benennt die EFTA die Lobby- und Kampagnenarbeit.

Um handlungsfähig zu bleiben, hat die EFTA die Zahl ihrer Mitgliedsorganisationen auf 15 große Handelshäuser beschränkt. Die „kleine dritte-welt partner GmbH" z. B. konnte nicht Mitglied werden und hat sich daher andere kleine Partner gesucht wie Commercio Alternativo aus Italien oder Tampere aus Finnland.

Konvention der Weltläden – Kriterien für den Alternativen Handel

1. *Sozial- und Umweltverträglichkeit:* Im Alternativen Handel stehen die Menschen und ihre elementaren Bedürfnisse im Vordergrund. Qualität bezieht sich nicht nur auf die Hochwertigkeit der gehandelten Produkte, sondern auch auf die Sozial- und Umweltverträglichkeit im Herstellungsprozess. Alternativer Handel darf sich nicht an der Ausblendung sozialer und ökologischer Kosten beteiligen. Sein Preis spiegelt stattdessen auch die Kostenfaktoren wider, die durch Einhaltung bzw. Erreichen bestimmter Sozial- und Umweltstandards entstehen. Die Anforderungen der jeweiligen nationalen Gesetze und die einschlägigen internationalen Konventionen zum Arbeits-, Sozial- und Umweltrecht dürfen nicht unterschritten werden.

2. *Transparenz:* Eine Grundlage des Alternativen Handels ist die umfassende und wechselseitige Transparenz. Dies bedeutet, dass Produzenten, Importorganisationen und Weltläden es ermöglichen, dass ihre Zielsetzung, Organisationsstruktur, Prozesse der Entscheidungsfindung, Besitzverhältnisse,

finanzielle Situation, Handelswege und Kriterien für die Auswahl ihrer Handelspartner einsichtig sind.

3. *Organisationsform:* Produzenten, Importorganisationen und Weltläden müssen unabhängig von formalrechtlichen Strukturen eine ausreichende Mitbestimmung aller Mitarbeiterinnen und Mitarbeiter gewährleisten.

4. *Non-Profit:* Gewinnmaximierung – die Unterordnung aller anderen Aspekte unter die Erzielung eines höchstmöglichen Gewinns – ist kein Ziel des Alternativen Handels. Auf allen Ebenen des Handels soll ein Teil der Erlöse für Gemeinschaftsaufgaben verwendet werden (z. B. Bildung, Gesundheit, Zukunftsinvestitionen, Informationsarbeit).

5. *Informations- und Bildungsarbeit:* Weltläden tragen zur entwicklungspolitischen Bewusstseinsbildung bei und vermitteln Informationen zu Produkten, Produzenten, Herkunftsländern, Handelswegen und zur Problematik des Welthandels. Entsprechendes Informationsmaterial wird von den am Handel Beteiligten zur Verfügung gestellt. Darüber hinaus sollen Weltläden sich an öffentlichen Veranstaltungen und politischen Aktionen – gegebenenfalls in Zusammenarbeit mit anderen Initiativen – beteiligen. Weltläden bevorzugen den Verkauf „politischer Produkte", die auf dem Weltmarkt besonderen Benachteiligungen unterliegen oder an denen sich die Situation der Produzentenländer und ihre Stellung im Welthandel beispielhaft darstellen lässt.

6. *Kontinuität:* Die Kontinuität der (Handels-)Beziehungen ist Grundlage für eine echte Partnerschaft im Alternativen Handel. Kontinuität drückt sich z.B. in langfristigen Lieferverträgen, Qualität der Produkte, interner Weiterbildung, gegenseitigen Beratungsangeboten und kontinuierlicher Betriebsführung aus.

7. *Besondere Regeln für Ergänzungsprodukte:* Ergänzungsprodukte sind Produkte, deren Hauptrohstoffe nicht von Handelspartnern in so genannten Entwicklungsländern stammen. Bei diesen Produkte sollte auf allen Ebenen auf ähnliche Kriterien geachtet werden, wie sie für den übrigen Alternativen Handel beschrieben wurden. Ein inhaltlicher Zusammenhang zu den anderen Produkten und deren Zielen des Alternativen Handels sollte gegeben sein. Sie sollten Alternativen zu konventionellen Herstellungs- und/oder Vermarktungsstrukturen aufzeigen und Betriebe unterstützen, die sozial- und umweltverträglich produzieren.[7]

Fair-Trade-Textilien vorgestellt

Vorgestellt werden anschließend verschiedene Textilien aus dem fairen Handel, die in Weltläden oder übers Versandgeschäft angeboten werden: Jeans, T-Shirts, Sweatshirts, Polohemden oder Tücher aus alternativen Projekten.

Jeans von der gepa

Jeans, der Inbegriff eines textilen Massenprodukts, sollte es auch aus fairem Handel geben. Dieser Herausforderung stellte sich die gepa. Was auf dem Weltladentag angekündigt war, konnte wenige Monate später in den Weltläden anprobiert werden. Bluejeans aus einem hochwertigen Denim. *„La Khochalita"*, ein Produzentenzusammenschluss aus Bolivien, einem der ärmsten Länder Lateinamerikas, präsentierte ein Produkt, das rein äußerlich (bis auf das Label) auch aus der Jeanshalle hätte stammen können. Zu einem Schnitt für beide Geschlechter kommt nun noch eine Version speziell für Frauen.

Die Jeansprodukte stammen aus *einer kleinen Fabrik mit rund 20 Mitarbeitern,* die ihr Know-how aus Argentinien mitgebracht haben. Alle arbeiten zu gleichen Bedingungen als Team. Bezahlt wird nach Stücklohn ein durchschnittliches Monatseinkommen für Techniker, Meister und Arbeiter von 300, 280 bzw. 250 US-Dollar. Im Gegensatz zu anderen Jeansproduzenten liegen die *Löhne deutlich höher.* Außerdem bietet die Vermarktungsorganisation La Khochalita, der über 500 Familien angeschlossen sind, auch *medizinische Versorgung.*

La Khochalita porduziert und vermarktet außer Jeansprodukten u. a. Trockenbananen, Musikinstrumente und Alpaka-Strickwaren.

Die gepa hat sich zusätzlich für die soziale Absicherung der Arbeiter und Arbeiterinnen eingesetzt, ein Aspekt, der von Mindeststandards nicht berücksichtigt wird. *Für die Jeansproduzent/innen fließt zusätzlich pro Jeans 1 US-Dollar in einen Pensions- und Notfallfond.* Die Kosten dafür werden – wie im Partnerschaftsvertrag festgelegt – je zur Hälfte von den Mitarbeitern der Jeansfabrik und von der gepa übernommen.

Jeans von La Khochalita haben ein überwiegend soziales Profil, keine typische ökologische Ausrichtung – auch wenn vom Fair Handelshaus betont wird, dass die Reißverschlüsse und Nieten nickelfrei sind, die Jeans mit einem Enzymbad anstatt Chlornachbehandlung gewaschen werden und die Transportwege wegen „regionaler" Verarbeitung (der verarbeitete Denim kommt aus Brasilien bzw. Kolumbien) vergleichsweise kürzer sind.[8] Aber die Baumwolle stammt eben nicht aus biologischem Anbau, die Abwasserbehandlung in der Färberei wird nicht erwähnt usw. Das ist in der Naturtextilbranche grundsätzlich anders.

T-Shirts von El Puente

Zum sozialen Profil gehört bei T-Shirts und Sweatshirts von ASSISI Garments aus Indien die *Förderung junger Frauen und Integration Behinderter.*

Hinter dem Stand mit den T-Shirts bedruckt im Ethnolook lachen mich zwei dunkle Augen an. Es ist eine geistliche Schwester aus Indien, Schwester Michael Francis, die Begründerin von Assisi Garments.[9] Der indische

ASSISI organic

Frauenorden bietet behinderten Frauen eine Chance: „Wir haben dieses Projekt gestartet, um taubstumme junge Frauen zu rehabilitieren. Nach der höheren Schule bekommen nur fünf Prozent irgendeinen Job. Um ihnen eine Lebensperspektive zu geben, haben wir Assisi Garments gegründet." Seit 1993 wird Schulabgängerinnen die Möglichkeit geboten, bei Assisi Garments zu arbeiten, nachdem sie eine *Schneiderausbildung* in einem Assisi-Konvent erhalten haben. *Taubstumme, Nichtbehinderte und Schneiderinnen arbeiten zusammen* in Teams, die von Ordensschwestern und Managementkräften geleitet werden. Pro Tag können 750 T-Shirts hergestellt werden, aber auch andere Kleidungsstücke.

Die reguläre Arbeitszeit beträgt 8 Stunden pro Tag, unterbrochen durch zwei längere, feste Pausen. Die Mahlzeiten werden in sauberen, hellen Räumen eingenommen. Der Sonntag ist arbeitsfrei. Überstunden werden höher bezahlt, sind aber auf die Zeit bis maximal 21 Uhr begrenzt. Der Lohn von etwa 1.500 Rupies liegt über dem Mindestlohn und bietet laut El Puente ein *gutes Auskommen.* Hinzu kommen die kostenfreie Unterkunft und Verpflegung sowie *Gesundheitsversorgung.* Die Beschäftigungsverhältnisse sind ganzjährig und unbefristet, während in regulären Textilfabriken oft mit Monats- oder Halbjahresverträgen gearbeitet wird. Alle Beschäftigten müssen mindestens 18 Jahre alt sein, und *Frauen mit Kindern erhalten Schulgeld,* um ihren Kindern den Schulbesuch zu ermöglichen.

Die *Produktlinie von „ASSISI organic"* beginnt mit der Bio-Baumwolle, die direkt von einer mittelindischen Genossenschaft stammt (‚Viharaba Organic Farmers Association'). Sie wird von der deutschen Firma agreco in Kooperation mit der Gesellschaft für Technische Zusammenarbeit (GTZ) zertifiziert. Alle weiteren Arbeitsschritte finden in Südindien in der Nähe von ASSISI Garments statt. Gefärbt wird garantiert ohne gefährliche Azo-Farben und schwermetall-frei. Assisi Garments näht die T-Shirts und Sweatshirts zusammen. Verkauft werden sie u.a. an El Puente nach Deutschland, an den Body Shop in England und an Global Village in Japan.

Tücher vom dritte-welt partner

Equitable Marketing Association (EMA), die „Vereinigung zur gerechten Vermarktung" ist eine größere indische Handelsorganisation mit Sitz in Kalkutta/Bengalen, die *überwiegend von Kooperativen und Familienbetrieben getragen und demokratisch organisiert* ist. Ihre Hauptaufgaben sieht sie in der Vorfinanzierung, technischen Beratung und dem Vertrieb für indische Hand-werker und Kooperativen.

Die *sozialen Leistungen liegen über dem Landesüblichen*: Für die übliche 48-Stunden-Woche erhalten alle Angestellten mehr als den gesetzlich vorgeschrie-benen Mindestlohn sowie einen Inflationsausgleich. Von ihren Gehältern zah-len sie 10 Prozent in die staatliche Rentenversicherung, EMA gibt den gleichen Betrag dazu. 14 bezahlte Urlaubstage, 15 zur Hälfte bezahlte Krankheitstage so-wie ein jährlicher Bonus gehören zu den sozialen Leistungen EMAs.

Zur Produktpalette der Vermarktungsgemeinschaft zählen neben Tee, Bürs-ten, Hornkämmen, Ledertaschen oder Börsen, Keramik, Trommeln und Räu-cherstäbchen auch *diverse Textilien*. Die Frauenkooperative Uday Villa aus Kalkutta, die an die 200 Frauen einen Arbeitsplatz bietet, verspinnt, webt, strickt, färbt, bedruckt und näht Baumwolltücher und Tagesdecken selbst. Gedruckt wird im Blockdruck. Teilweise wird mit Pflanzenfarben gefärbt, die selbst hergestellt werden.

Für die Produktion von Seidentüchern hat EMA eine durchgehende Pro-duktionskette in *Bengalen* initiiert. Die *Seidenraupenzucht geschieht in Fami-lienbetrieben*. Diese pflanzen die Maulbeerbäume und betreiben die Zucht in kleinen Lehmhütten. Nach dem Abtöten der Raupen spulen sie den hauch-dünnen Faden der Kokons von Hand ab. *Weberfamilien* weben daraus auf Handwebrahmen 12 Meter lange Bahnen. Sowohl die Züchter- wie die Weber-familien verdienen an ihrer Arbeit ein Viertel mehr als üblich. Von dort gelan-gen die Stoffe zu einer *Männerkooperative, die sie bedruckt und einfärbt*. Zum Schluss schneidern zwei *Frauenkooperativen* daraus hauptsächlich *Saris oder säumen Tücher* für den Exportmarkt. Insgesamt vertreibt EMA nicht mehr als ein Viertel über den Export und will sich davon auch nicht abhängig machen.[10]

„Transparente" öko-fair-Shirts aus Afrika

Mit öko-fair produzierten T-Shirts und Sweatshirts will die *Katholische Land-jugendbewegung (KLJB) ein Zeichen setzen*. Die branchenfremden Idealisten,

© KLJB

Die Textilkampagne der KLJB

die sonst Broschüren und pädagogisches Material publizieren, führen mit ihrem ersten Kleidungsstück vor, dass die Produktion von Bekleidung unter ökologisch wie sozial optimierten Bedingungen durchaus praktisch möglich ist. Markenzeichen ist das eingestickte *Logo „Öko-fair tragen"*. Was sich für alle Beteiligten anfangs als Lernstück gestaltete – von der Logistik bis zu den Qualitätsstandards – läuft mit gutem Erfolg.

Verarbeitet wird *biologische Baumwolle aus Tansania*, einem Projekt der Entwicklungszusammenarbeit der GTZ-Tochter Protrade. Hier konnten im Jahr 1998 109 Tonnen Bio-Baumwolle geerntet werden. Materielle Vorteile bestehen für die rund *400 Kleinbauern* im Distrikt Meatu in Tansania. Sie haben einen wirtschaftlichen Anreiz durch den Mehrpreis für den Bioanbau und geringere Produktionskosten. Andererseits wird ihr Umstellungsrisiko durch intensive landwirtschaftliche Beratung und Schulung begrenzt. Zweimal monatlich werden sie von landwirtschaftlichen Beratern der *Spinnerei Tansales in Bukoli* besucht, die die Baumwolle aufkauft. Außerdem erhalten sie dreimal jährlich Schulungen von Bioherb, einem Beratungsbüro für ökologische Landwirtschaft mit Sitz in Witzenhausen. Da die Bauern und Bäuerinnen nicht mehr mit gefährlichen Pestiziden arbeiten müssen, sind sie weniger Gesundheitsrisiken ausgesetzt. Kontrolliert wird der Bioanbau durch das Institut für Marktökologie (IMO) in der Schweiz gemäß der EU-Richtlinie.

Da vor Ort in Tansania die Partner fehlen, wird die öko-fair Kollektion von Firmen in *Kenia weiterverarbeitet*. Der gesamte Produktionsprozess wurde 1998 vom Kölner eco-Umweltinstitut vor Ort anhand der strengen Richtlinien des Arbeitskreis Naturtextil untersucht. Die empfohlenen Verbesserungen wurden von den Maschinenölen über Fleckdampfer bis zu den Weichmachern umgesetzt, erklärt Roland Hansen von der KLJB. *Gefärbt bzw. gebleicht werden die T-Shirts bei Bhupco Textile Mills Ltd. in Nairobi, Kenia.* Dazu werden schwermetallfreie Reaktivfarbstoffe verwendet, gebleicht wird mit Sauerstoff. Bhupco verfügt über eigene Vorkläranlagen. Auch der Konfektionär Wild Elegance Ltd., Nairobi, wo die T-Shirts teilweise bedruckt werden, hat seit Herbst 1998 eine eigene Kläranlage gebaut. Ein Druckservice bietet den Eindruck eigener Motive mit umweltverträglichen Farben (Auro-Naturfarben, color spa und lösemittelfreie Plastisolfarben) an. Um hochwertige, langlebige Produkte zu erhalten, hat die KLJB eine aufwendige Verarbeitung mit Doppelsteppnähten gewählt.

Die Partnerfirmen in der Verarbeitung haben sich vertraglich dazu verpflichtet, *soziale Mindeststandards* einzuhalten. Dazu gehören u. a. kollektive Lohnverhandlungen, keine Kinderarbeit, Einhaltung nationaler Arbeitsschutzbestimmungen und ein fairer Lohn. Darunter versteht die KLJB einen Monatslohn von umgerechnet rund 150 DM inklusive Zuschlägen, ein Betrag, mit dem die Gewerkschaften zufrieden sind. (Der Mindestlohn liegt bei knapp 100 DM.) *Pro verkauftem Stück fließt zusätzlich 1 DM in den Sozialfonds der kenianischen Färberei und Näherei (Bhupco, Wild Elegance),* über dessen Verwendung ein Gremium mit Arbeitnehmermehrheit entscheidet. Möglich sind Gesundheits- und Weiterbildungsprojekte und Kleinkredite, auf die die Mitarbeiter bei sozialen Schwierigkeiten zugreifen können.

Beim Konfektionär Wild Elegance Fashions Ltd. in Nairobi, der die Designs entwirft, zuschneidet, näht, stickt, druckt, säubert und für den Transport verpackt, wurden kostenarme Verbesserungen durchgesetzt: Das heißt, mehr Sauberkeit in einzelnen Bereichen, bessere Zugänglichkeit von Feuerlöschern, häufigere Verwendung vom Ohrenschützern und sorgsame Verlegung von Absaugschläuchen.[11]

Die *Produktpalette der öko-fair-Basics wird weiter ausgebaut.* T-Shirts, Sweatshirts, Polo-Hemden in verschiedenen Schnitten und Farben: Weiß, Natur, Rot, Blau und Anthrazit. Ein T-Shirt kostet den Verbraucher im Endverkauf ca. 28,80 DM. Peter Schardt von der KLJB *wünscht sich starke Partner:* „Uns fehlen für eine richtige Vermarktung Partner mit finanziellem Hintergrund." Gute Erfolge verbucht die Kampagne in den Verbänden, dem katholischen und evangelischen Netzwerk und in Kooperationen mit dem Pestizid Aktions Netzwerk (PAN) und den Weltläden.

Entwicklungen und Ziele im fairen Handel

Am Anfang stand in der Aktion Dritte-Welt-Handel die Forderung nach einem Preis, der den Produzenten neben der Existenzsicherung auch Spielraum für Gesundheitsvorsorge, Bildung und Verbesserungen in Produktion und Vermarktung lässt. Dabei sind direktere Vermarktungswege oft ein Schlüssel zu günstigeren Konditionen für die Produzenten. Dazu kommen heute ökologische Fortschritte in der Umsetzung. Ein gutes Beispiel dafür ist *Raymisa/Peru*. Der Handelspartner von dritte-welt partner, TEAM-Versand u.a. konnte mit deren Unterstützung eine *zentrale Wollwaschanlage in den Anden* installieren, die rund 630 Alpakero-Familien ermöglicht, ihre geschorene Wolle zu waschen. Eine Solaranlage wärmt das kühle Gletscherwasser für die Wäsche auf. Das Abwasser wird in einer Pflanzenkläranlage gereinigt.[12] Die verarbeitete Faser wird von den Hirten selbst genutzt bzw. an Kleinhandwerker zum Stricken und Weben weiterverkauft. Vorher kaufte eine Großfirma die Alpakawolle billig auf und verkaufte nach der Wäsche das Rohmaterial teuer weiter. In diesem Jahr (1999) läuft die erste Produktion.

Allmählich kommen zu den stärker sozial orientierten Aspekten auch ökologische Anforderungen dazu wie die Pflanzenkläranlage oder die Solaranlage für die Wäscherei. Das lässt sich ebenso an der Marke „ASSISI organic" beobachten wie parallel im Food-Bereich. Zu Beginn 1986 stand im alternativen Bananenhandel der ökonomische Überlebenskampf im Vordergrund mit Stichworten wie Beschäftigungssicherheit, Mitbestimmung, beschreibt Rudi Pfeifer/BanaFair, Gelnhausen. „Heute ist eine fair oder alternativ gehandelte Banane undenkbar, die nicht auch eine ökologische Komponente in sich trägt."[13] Der Textilsektor hinkt in der Umgestaltung unter sozial-ökologischen Aspekten deutlich hinter dem Food-Bereich her. Eine ökologische Orientierung steckt hier erst in den Anfängen.

Ethisch oder fair?

In der Auseinandersetzung gesellschaftlicher Gruppen, die sich für soziale Mindeststandards im Welthandel einsetzen, gibt es von Seiten der Weltladen- bewegung deutliche Abgrenzungsbestrebungen. Damit soll der eigene *höhere Anspruch in entwicklungspolitischer Hinsicht* klar herausgestellt werden – u. a. gegenüber der „Kampagne für ‚Saubere‘ Kleidung" (Clean Clothes Campaign). Der Weltladenbewegung ist es wichtig, die Ansätze fairer Handel und soziale Mindeststandards klar zu unterscheiden. Mindeststandardkonzepte zielen auf die Massenproduktion, betreffen die Arbeitsbedingungen von Millionen Menschen. Die Fair-Handels-Bewegung will die konventionelle Wirtschaft mit positiven Beispielen anregen und bietet wenigen besonders benachteiligten Produzenten eine Chance. Der faire Handel leistet deutlich mehr und hat daher auch höhere Kosten zu bestreiten, die sich in höheren Verbraucherprei- sen niederschlagen. Seine „fairen Preise" liegen deutlich über den „living wages" der Mindeststandard-Konzepte. Dazu kommen weitere Zuschläge und Leistungen im Bereich der wirtschaftlichen und technischen Zusammen- arbeit.

Zur Einordnung muss ergänzt werden: Die Clean Clothes Campaign ver- steht die Durchsetzung sozialer Mindeststandards wie der gewerkschaftlichen Rechte als Voraussetzung für einen selbstbestimmten Entwicklungsprozess, sozusagen als Türöffner für die schrittweise Verbesserung von Arbeits- und Lebensbedingungen und nicht als wünschenswertes Niveau von Bedingungen (s. Seite 311f.).

Auch *innerhalb des fairen Handels gibt es verschiedene Anspruchsniveaus.* Der Weltladen-Dachverband fordert, die gesamte Handelskette inklusive Groß- und Einzelhandel nach den Kriterien des fairen Handels umzugestalten. Die gepa zum Beispiel beliefert nicht allein die Weltläden, sondern hat sich in den vergangenen Jahren zunehmend den konventionellen Handel als Absatz- schiene gesucht. Labelling-Ansätze wie TransFair und Rugmark, die die Pro- duktions- und Lebensbedingungen in den Herstellungsländern verbessern oder sich auf einzelne Aspekte wie keine Kinderarbeit beschränken, greifen aus der Sicht der Weltläden zu kurz. Unter anderem fehle das Merkmal Partner- schaftlichkeit. Auch Unternehmen wie der TEAM-Versand oder der Dritte- Welt-Shop entsprechen nicht den Vorstellungen des Weltladen-Dachverbands von Transparenz und Mitbestimmung.

Doch erscheint es eher *fraglich,* dass die Mehrzahl der Kunden zwischen den verschiedenen Anspruchsniveaus von Produkten und Handelswegen mit ethischen und politischen Ansprüchen differenzieren kann bzw. dass diese *Unterschiede einer breiten Öffentlichkeit vermittelbar* sind.

Welche Qualität ist messbar und kann garantiert werden?
Gleichzeitig führt die Diskussion über Standards und der Vergleich ihrer Instrumente auch zu internen Kontroversen über die Wirksamkeit, Glaubwürdigkeit und Außenwirkung des fairen Handels.

Aus der Handhabung der Anforderungskataloge des Alternativen Handels spricht das *Bemühen, nicht als protektionistisch zu gelten* und trotzdem Anstrengungen um die Verbesserung der Situation einzufordern. Deutlich wird dies z. B. im Punkt *Kinderarbeit*, wo kein radikaler Ausschluss erfolgt, sondern eine *Regelung gewählt wurde, die von den Kinderprojekten selbst vorgeschlagen* wurde. Gemäß der Konvention der Weltläden wird Kinderarbeit zwar im Allgemeinen abgelehnt. „In Fällen, in denen die Alternative dazu für die Kinder schlechter wäre (z. B. Prostitution, der Straße überlassen zu sein) wird sie unter folgenden Voraussetzungen toleriert:
- Zugang zur Schule und Ausbildung muss gewährleistet sein.
- Schwere körperliche oder gesundheitsschädigende Tätigkeiten sind auszuschließen.
- Eine maximale Arbeitszeit wird nicht überschritten.
- Kinder unter 10 Jahren sind in besonderem Maße vor Arbeit, die das Kind körperlich oder seelisch negativ beeinträchtigen, zu schützen.
- Die Entlohnung muss derjenigen der Erwachsenen entsprechen."[14]

Grundsätzlich tut der faire Handel sich schwer, seine Handelspartner nach einem starren Raster einzustufen, das die Dynamik des Geschehens und kulturspezifische Unterschiede außen vor lässt. „Standardisierungen sind schwierig, zumindest auf der Ebene der konkreten Kriterien, da es zum Beispiel ein Anliegen von El Puente ist, nationale und damit auch kulturelle Besonderheiten bei der Organisationsweise der Produzenten zu berücksichtigen, umso Entfremdungen und missionarische Bevormundung zu verhindern", erläutert Daniel Haltaufderheide vom Importeur El Puente. Zunächst wird nach den Perspektiven gefragt: Welche Verbesserungen sind dem Handelspartner möglich, auch wenn das gewünschte Kriterium im Moment noch nicht optimal erfüllt werden kann? Welche Fortschritte in einer bestimmten Zeit möglich sind, ist von vielen Faktoren abhängig. Mit dem *FAIRDATA-System* der EFTA (s. S. 336) sollen solche Schritte zumindest teilweise messbar werden. Wie kann man Partnerschaftlichkeit messbar machen? Es ist nicht einfach, diese Frage zu operationalisieren, sie formal überprüfbar zu machen. Wesentliche Merkmale sind sicher ein offener Dialog und regelmäßiger Kontakt, beständiges Bemühen, gegenseitige Rücksichtnahme und beidseitiges Interesse.

Nachhaltigkeit ist einhellige Forderung des Alternativen Handels. Alois Möller vom kirchlichen Hilfswerk „Brot für die Welt" beobachtet (unabhängig von der unten genannten Studie), dass die *Entwicklungswirksamkeit von*

Handelsbeziehungen bisher zu wenig Beachtung findet: inwieweit in einer Kooperative zum Beispiel tatsächliche partizipative Strukturen entstanden sind bzw. Männer und Frauen gleichberechtigt sind. Auch die ökologische Orientierung stehe im Spannungsfeld mit ökonomischen Zielen, wie die Diversifizierung versus Monokultur beim Kaffee.

„Ein ganz essentieller Bestandteil des Fairen Handels ist, dass wir direkten Kontakt zu den Produzenten haben", so Claudia Dünnwald vom Weltladen-Dachverband. „Täglich gehen Faxe oder Briefe hin und her, und wir machen uns ein Bild vor Ort." Im Gegensatz zum undurchschaubaren Geflecht der Unterver-tragsvergabe im konventionellen Handel wird von den alternativen Organisa-tionen der Handelsweg transparent gemacht. Der Weltladen-Dachverband appelliert an das Vertrauen von Kunden. Vertrauen allein kann aber nicht aus-reichend sein. Es muss objektiv überprüfbar sein, ob die geforderten Mindest-kriterien im fairen Handel im Einzelfall eingehalten werden oder nicht.

In der Privatwirtschaft wird das Prinzip der Selbstkontrolle von Verhaltens-kodizes zu recht kritisiert. Wenn auf der einen Seite transparente Kriterien und externe Monitore für die Konzerne verlangt werden, warum soll im Alternativen Handel das Prinzip der Transparenz ausreichend sein? Die *Weltläden müssen sich kritischen Fragen ihrer Kunden stellen* und für die garantierte Qualität ihrer Produkte haften. Der Anspruch der Transparenz ist an sich außergewöhnlich, ermöglicht dem Kunden aber trotzdem nicht, die Verhältnisse tatsächlich nach-zuprüfen. Wer kann zum Beispiel nach Guatemala reisen, um die Herkunft seiner Weste nachzuvollziehen, oder ist in der Lage, dort die Glaubwürdigkeit der Aussagen zu überprüfen? Auch das ehrenamtliche und entwicklungspoliti-sche Engagement vieler Mitarbeiterinnen und Mitarbeiter, in Ehren, verschafft noch keine Garantie für die Einhaltung selbst gewählter Standards.

Die *Kette des fairen Handels*, also importierende Weltläden, Aktionsgruppen und Fair-Handelsorganisationen, *kontrolliert sich ausschließlich selbst*. Neben Vertretern der Importorganisation sind bei den Gesellschaften gepa, El Puente und dritte-welt partner jeweils Vertreter der Weltläden in den so genannten Projektpartnerausschuss (PPA) einbezogen, die (aufgrund ihres wirtschaft-lichen Interesses) nicht per se als unabhängige Dritte gelten können.

Aus der Sicht von Misereor könne das Monitoring gerade bei größeren Gruppen von Lieferanten und Abnehmern nicht alleine aus den eigenen Ressourcen gewährleistet werden. Deshalb sei zumindest eine teilweise Aus-lagerung des Monitorings an kommerzielle Prüfgesellschaften (unter Beteili-gung von Arbeitern, ihren Vertretern und NGOs) unabdingbar.[15]

Die Studie „Politische Wirkungen des fairen Handels", die von Misereor und Brot für die Welt in Auftrag gegeben wurde und im August 2000 bei der Mise-reor Vertriebsgesellschaft in Aachen erscheinen wird, soll das fehlende externe

■ **Vergleich von Mindeststandardkonzepten und fairem Handel**

	SA 8000, Clean Clothes Campaign	Fairer Handel
Zielgruppe	Arbeitsplätze in der industriellen Produktion in den städtischen Zentren von Entwicklungs- und Schwellenländern, Freihandelszonen, informeller Sektor, CCC speziell im Bekleidungssektor & Sportswear	Vor allem organisierte Kleinproduzenten in Handwerk und Landwirtschaft, zum Teil auch benachteiligte Arbeiter in Fabriken und Plantagen
Anspruchsniveau	Einhaltung sozialer Mindeststandards gemäß der Konventionen der Internationalen Arbeitsorganisation (ILO), CCC: „Stop nach unten", Voraussetzungen für die Organisation kollektiver Interessen	Entlohnung, die über die unmittelbare Befriedigung der materiellen Bedürfnisse hinaus Investitionen in die soziale, wirtschaftliche, kulturelle Entwicklung des Einzelnen und seiner Gemeinschaft ermöglicht. „Empowerment": Partner verändern aufgrund der Wirtschaftsbeziehung ihre Bedingungen.
Monitoring	Kriterien sind klar definiert und durch Monitoring überprüfbar, externes Monitoring unter Beteiligung von ArbeiterInnen, Gewerkschaften und NGOs wird gefordert und eingeführt.	Monitoring geschieht bisher wenig formalisiert. Internes Monitoring soll zunächst ausgebaut werden, auf das ein externes Monitoring folgen soll (NEWS!, IFAT, EFTA). System soll die spezifischen Kennzeichen des Entwicklungsmodells (keine starren Kriterien) und der Partnerschaftlichkeit berücksichtigen und auch von kleinen Herstellern zahlbar sein.
Reichweite	Mainstream, breite Verbraucherschaft	Vorwiegend bewusste Konsumenten, zunehmend breite Verbraucherschaft

Monitoring als einen Hauptkritikpunkt benennen, – das war schon vorab aus informierten Kreisen unter der Hand zu erfahren.

Auf internationaler Ebene ist in Sachen Monitoring viel in Bewegung geraten. „Auf der Ebene von *NEWS!, EFTA und IFAT* wurde verabredet, ein *internes Monitoring* aufzubauen, ein Informationssystem, auf das die Beteiligten gemeinsamen Zugriff haben. Es soll die *Vorstufe zu einem extern überprüften System* bilden. Grundsätzlich sind sich die Akteure einig, dass ein externes Monitoring notwendig ist. Aber man weiß noch nicht genau, wie das aussehen wird", so Asbrand.

Aus der Sicht der gepa sollte die Anwendung der Richtlinien des fairen Handels transparent sein und überprüft werden. Das Monitoring soll den Entwicklungsansatz und den Ansatz der partnerschaftlichen Handelsbeziehungen berücksichtigen. Es soll weiterhin zahlbar sein und die kleinen Handelspartner mit geringem Handelsvolumen nicht überproportional belasten.[16]

Auf Beschluss der Mitgliederversammlung von TransFair Deutschland im Juni 1999 soll die *Notwendigkeit eines externen Monitorings für TransFair geprüft* werden. Bei den Fair-Label-Organisationen sind für die Prüfung Wirtschaftsprüfungsgesellschaften und eigenes bzw. beauftragtes Personal zuständig. TransFair sieht sich selbst als externer Monitor und bezieht seit Jahren als Co-Monitor die Wirtschaftsprüfungsgesellschaft KPMG (Hartkopf und Rentrop Treuhand KG, Köln) mit ein. Durch verstärktes Cross-Monitoring soll die Kontrolle innerhalb des Dachverbandes FLO in Zukunft noch effektiver gestaltet werden. Schon seit mehreren Jahren fließen die Ergebnisse des Monitorings in eine gemeinsame Datenbank in Bonn.

Literaturhinweise, Anmerkungen:

1 gepa-Stellungnahme zur Idee der Gründung einer Arbeitsgemeinschaft des Fairen Handels, Thomas Speck, Gerd Nickoleit, 12.04.1999

2 gepa-Stellungnahme zur Idee … vom 12.04.1999 s. o.

3 Gerd Nickoleit: Soziale Standards, soziale Entwicklung und fairer Handel, gepa Fair Handelshaus, 12.08.1998

4 Information der gepa, Wuppertal, 22.04.1999

5 Weltladen-Dachverband: Der ATO-TÜV. Bewertung von Importorganisationen (ATO) anhand der „Konvention der Weltläden", Darmstadt 1998; Bezug: Weltladen-Dachverband, s. Adressen

6 International Federation For Alternative Trade, Adresse s. Anhang

7 Konvention der Weltläden (Broschüre): AG3WL (Hrsg.), Oktober 1996 (Bezug: Weltladen-Dachverband s. Anhang)

8 gepa Produktinfo: Jeans von La Khochalita, 5/1998

9 Adresse: ASSISI Garments, Kulathupalayam, Palangarai (PO), Avinashi – 641654. Tel. 0091-04296-52603, Fax: 0091-04296-52602

10 Projektbeschreibung von dwp, Ravensburg

11 Öko-fair-tragen, Kleidung für eine nachhaltige Zukunft, März 1998, Hrsg.: Katholische Landjugendbewegung Deutschlands, S. 62, Bezug: KLJB Bundesverband, Landjugendverlag GmbH, s. Adressen

12 TEAM-Katalog Herbst Winter 1999/2000. Peru: Eine gemeinsame Waschanlage für Alpakafaser von Indios in den Anden, S. 84 f.; Inti Raymi ist die Hilfsorganisation von Raymisa, Kontakt: Walter Burkart, Entwicklungshilfefonds, Postfach 100829, 44708 Bochum, Tel. 02 34/3 07 93 24

13 Rudi Pfeifer: Alltagshandeln ist politisches Handeln, BanaFair-Info 11/1998, S. 3–5, hier S. 4

14 Konvention der Weltläden, AG3WL (Hrsg.), Darmstadt 1998; weiterführende Lektüre: Arbeitende Kinder stärken. (Hrsg.): Manfred Liebel, Bernd Overwien, Albert Recknagel, IKO Verlag, Frankfurt a. M. 1998

15 Klaus Piepel/Misereor, Entwurf eines Positionspapiers zum Verhältnis von TransFair Deutschland zu ethischen Verhaltenskodizes in Produktion und Handel für die TransFair-Mitgliederversammlung im Juni 1999

16 gepa-Stellungnahme zur Idee … vom 12.04.1999 s. o.

Kapitel 6: Alternativen am Markt

Raus aus der Nische! | Kapitel 6.1
Zur wirtschaftlichen Entwicklung öko-sozialer
Textil- und Bekleidungssortimente

Das Angebot ökologisch oder nachhaltig produzierter Textilien bzw. Bekleidung bewegt sich bisher hauptsächlich in einem kleinen Nischenmarkt. Nach einem kurzfristigen Boom Anfang der 90er Jahre, begleitet von Werbekampagnen großer Handelshäuser, konnte *noch keine breite Marktdurchdringung* erzielt werden.[1] Anders sieht die Entwicklung des Angebots humanökologisch optimierter Bekleidung aus, die sich immer mehr durchsetzt.

Im Nischenmarkt der ökologisch anspruchsvollen Naturtextilien haben aber einige Firmen deutliche Marktzuwächse verbucht – mit weiter steigendem Trend. Die Zuwächse sind heute weniger steil als in den Anfangsjahren. *Zu geringe Stückzahlen halten das Preisniveau hoch.* Damit bestätigt sich die Branche selbst und gelangt schwer an neue Käuferschichten.

Als Sonderfall gilt die Schweizer Coop. Ihr ist es durch aktives Marketing und eine geschickte Preispolitik gelungen, mit Öko-Textilien in den Massenmarkt einzudringen. Mit einem ausgefeilten Konzept streben jetzt auch die Firmen Steilmann und Otto Versand dieses Ziel an.[2] Dass in diesem Markt noch weitere Potentiale schlummern, lässt die Entwicklung in anderen Branchen vermuten. Während der konventionelle Lebensmittel- und Kosmetikmarkt stagniert, wachsen die Umsätze bei Ökowaren teils in zweistelligen Raten.[3]

Die Anbieter umweltschonender Produkte verfolgen unterschiedliche Ansätze. Während wenige „Hardliner" ihr gesamtes Produktsortiment von Anfang an nach ökologischen bzw. sozialen Kriterien orientieren, gehen andere den Weg einer allmählichen Umgestaltung, der einen unterschiedlich großen Einsatz des Unternehmens fordern kann.

Zuwachs bei großen Versandhäusern

Otto Versand auf Öko-Kurs

1994 ist der *Otto Versand* mit der „future collection" groß eingestiegen, musste seine Erwartungen allerdings zurückschrauben. Gleichzeitig konnte der Umsatz mit der „future collecion" gesteigert werden – von 20,8 Mio. DM im zweiten Halbjahr 1996 auf 23,4 Mio. DM in Vergleichszeitraum 1997. Das Angebot wurde gestrafft. Statt für Damen, Herren und Kinder gibt es die *„future collection"* nur noch im DOB-Bereich. Lag die Anzahl der Modelle im zweiten Quartal 1996 bei 110, schrumpfte sie ein Jahr später auf 85. Die ökologisch anspruchsvolle Kollektion machte im *zweiten Halbjahr 1997 5,2 Prozent der verkauften Produkte im DOB-Sortiment aus und stagniert seither.*

Den Erfolg der Öko-Kollektion erklärt Otto mit dem Markenprofil. Verkauft wird keine Verzichtsideologie, sonder lebensfrohe Mode für einen Massenmarkt. Der Schwerpunkt der „future collection" liegt derzeit im Casualwear mit sehr vielen Strickelementen.

Wesentlich größer und dynamischer verhält sich der Anteil *humanökologisch optimierter Artikel*, an die in der Schadstoffprüfung verschärfte Anforderungen angelegt werden. Mit 528 Modellen und 2.493 Artikeln machen sie 19 Prozent des Gesamtsortiments an Textilien (II 1997) aus.[4] Bis zur Frühjahr/Sommer-Saison 1999 konnte dieser Bereich sogar auf rund 3.000 Artikel oder *40 Prozent des Textilsortiments* ausgeweitet werden. An die schadstoffgeprüften Textilien stellt Otto die gleichen modischen Anforderungen wie an die Standardsortimente. Michael Arretz, beim Otto Versand für die ökologische Optimierung des Textilsortiments zuständig, erwartet, dass mittelfristig schadstoffarme Bekleidung Standard sein wird. Dazu werden die Zulieferer geschult.

Mit der Naturkostfirma Rapunzel startete der Otto Versand ein *Anbauprojekt für Bio-Baumwolle* in der Türkei, das im Hauptkatalog Herbst/Winter 1999 zu ersten Angeboten im Bademantel- und T-Shirtbereich geführt hat und weiter ausgebaut werden soll. Ein eigener *Katalog für Naturtextilien*, Manufactum, befindet sich noch in der Konzeptionsphase.[5] (Die inhaltlichen Anforderungen der hier genannten Label werden im Kapitel 7 dargestellt; Otto s. S. 454 f.)

Quelle zieht mit

Zu den ganz Großen im Einzelhandel zählt auch das *Versandhaus Quelle*. Der Öko-Umsatz ist bei Quelle Schickedanz AG & Co in Fürth auf Erfolgskurs. Insgesamt machte das Versandhaus einen Umsatz mit ökologisch optimierten Textilien von 268 Mio. DM im Geschäftsjahr 1997/98, das sind 100 Mio. DM mehr als im Jahr zuvor. Der Kurs wurde auch im zweiten Halbjahr 1998 fortgesetzt auf 330 Mio. DM für das Geschäftsjahr 1998. Damit ist man bei Quelle sehr zufrieden. Im Öko-Textil-Bereich überwiegt der humanökologische Ansatz mit dem Label *„Hautfreundlich weil schadstoffgeprüft"*. Höhere Ansprüche erfüllen insbesondere *„Gut für mich"* und die „Britta Steilmann-Kollektion", die auch Fasern aus kontrolliert biologischem Anbau verarbeiten. Der Anteil ökologisch verbesserter Textilien am gesamten Textilangebot im Hauptkatalog ist auch bei Quelle rapide gestiegen und betrug im *Frühjahr 1999 rund 30 Prozent.*

Das ökologisch verbesserte Angebot richtet das Versandhaus an die breite Masse, nicht an exklusive Zielgruppen: „Wir sprechen mit unseren ökologisch verbesserten Textilien die gleichen Zielgruppen an wie mit unseren konventionellen Textilangeboten. Wir führen deshalb keinen speziellen ‚Öko-Katalog'. Ebenso wenig beschränken wir uns auf einzelne Öko-Shops, sondern legen Wert auf eine Verteilung dieser Angebote über das gesamte Sortiment", erläutert Manfred Gawlas, der Referent für Wirtschaft und Umwelt. Beschränkte sich das Sortiment anfangs vor allem auf Damenoberbekleidung, gibt es heute

Angebote in allen Produktgruppen. Das Preisniveau war hier bis vor einigen Saisons noch höher als in den aktuellen Angeboten. Heute ist lediglich die Kollektion „Gut für mich" im Preisniveau etwas höher angesiedelt. „Der Grund liegt insbesondere darin, dass wir bei diesen Angeboten kostenintensive produktionsökologische Aspekte stärker berücksichtigt haben", so Gawlas.

Bei ökologischen Verbesserungen im Textilbereich kooperiert die Klaus Steilmann GmbH & Co. KG als Vorlieferant mit der Quelle Schickedanz AG & Co seit Ende 1994. *QuesNet steht für Quelle Ecology Steilmann Network.* Die Einsicht, dass ökologische Vorteile im Versandhandel besser kommunizierbar sind, hatte u. a. zur Kooperation zwischen dem Versandhaus Quelle und dem großen Modehersteller aus Wattenscheid geführt. Themen der Projekte sind bzw. waren u. a., Umweltbelastungen aus Retouren zu vermindern, Entwicklung und Test von Verpackungsmaterial aus nachwachsenden Rohstoffen, die industrielle Maßkonfektion, die Entwicklung von UV-Schutz-Bekleidung und Kollektion aus Naturfasern, die besonders umweltschonend gewonnen werden.[6]

■ **Umsätze mit „Öko-Textilien" im konventionellen Handel**

Firma	Kontakt	Jahresumsatz im Bereich …	
Otto Versand	Otto Versand 20088 Hamburg Tel. 01 80/5 30 30 http://www.otto.de	future collection schadstoffgeprüft	44,5 Mio. DM/1997 273,6 Mio. DM/1997
Quelle Schickedanz AG & Co.	Quelle Schickedanz AG & Co. 90750 Fürth Tel. 09 11/1 42 02 23 http://www.quelle.de	Hautfreundlich weil schadstoff-geprüft, Gut für mich, Britta Steilmann-Kollektion	330 Mio. DM/1998
Coop Schweiz	Coop Schweiz Postfach 2550 CH-4002 Basel Tel. 00 41/6 13 36-7198 Fax: 00 41/6 13 36-7135	Coop NATURA Line	21,6 Mio. Fr/1998
Migros-Genossenschafts-Bund	Migros-Genossenschafts-Bund, Postfach 266 CH-8031 Zürich Tel. 00 41/1/2 77 20 68 Fax: 00 41/1/2 77 23 33	eco-Label	220 Mio. Fr/1998
Peter Hahn GmbH	Peter Hahn, Peter-Hahn-Platz 1 73649 Winterbach Tel. 0 71 81/7 08-708 http://www.peterhahn.de	„reine Naturqualitäten" NaturaBel Hautfreundlich weil schadstoffgeprüft	371 Mio. DM/1998

Große Resonanz hatte Britta Steilmann mit ihrer „Schurwolle Pure"-DOB-Kollektion über den Quelle-Katalog.[7] Die Britta Steilmann-Kollektion steht für eine durch die ganze textile Kette optimierte modische Kollektion, die es aktuell nicht mehr gibt. Nachdem Britta Steilmann den elterlichen Betrieb verlassen hat, fließt ihr Know-how in die Steilmann-Kollektion. Bei Quelle heißt es, „wir wollen die Projektarbeit sogar intensivieren ... Wir werden mit unseren Partnern aus der Industrie weiter an Innovationen im Textilbereich – insbesondere auch ökologischer Art – arbeiten." Das *Angebot soll ökologisch weiter aufgewertet werden.*

Über die Kooperation mit den Lieferanten beobachtet Gawlas eine positive Entwicklung. Immer mehr Lieferanten ließen sich zertifizieren und verstärkten ihre Anstrengungen, den höheren Ansprüchen der Handelsunternehmen gerecht zu werden. Dabei leiste Quelle Aufklärungs- und Überzeugungsarbeit hinsichtlich der gestiegenen Ansprüche ihrer Kunden. Allerdings müssten sich Ökologie und Ökonomie in diesem Prozess gleichgewichtig entwickeln, um das Erreichte abzusichern und Fortschritte angehen zu können. Quelle ist u. a. Mitglied im Arbeitskreis Umwelt der Bundesarbeitsgemeinschaft der Mittel- und Großbetriebe des Einzelhandels (BAG).

Peter Hahn

Einen bedeutenden Marktanteil an Textilien, die ausschließlich Naturfasern als Erkennungsmerkmal kennzeichnen, hat die Quelle-Tochter *Peter Hahn.* Was garantiert die Marke „Peter Hahn – Ein Leben in Natur"? Am Anfang steht die Auswahl von Produkten edler Naturfasern und die Qualitätskontrolle des Einkaufs. Ein kleiner Teil des Angebots quer durch das Sortiment ist mit dem Quelle-eigenen Label *„Hautfreundlich weil schadstoffgeprüft"* gekennzeichnet, das an den Öko-Tex Standard 100 angelehnt ist.

In der Warengruppe Wäsche wurden naturbelassene Artikel unter der Marke *„NaturaBel"* aufgenommen – ohne chemische Ausrüstung, ungebleicht, ohne optische Aufhellung und Formaldehyd.

50 Prozent des Sortiments von Peter Hahn sind Eigenmarken, die andere Hälfte Fremdlabels wie Delmond, Jobsi, Fuchs & Schmitt, Green Cotton oder Bogner. Der Naturmodeversender machte im Geschäftsjahr 1998 einen Umsatz von 371 Mio. DM. Er betreibt neben dem Versandhandel acht Modehäuser in Deutschland sowie fünf in der Schweiz. In den Bereichen Herren, Wäsche und Heimtextilien soll das Sortiment ausgebaut werden. Bisher erreicht Peter Hahn die meisten Kundinnen in der Altersgruppe um 60 Jahre. Als *Zielgruppe will der Versender vermehrt auch die 40-Jährigen* ansprechen.[8]

Chritsoph Fritzsch aus Karben bietet seine hochwertigen Seidenkollektionen u. a. auch in konventionellen Katalogen bei Klingel, Wenz, Heine und Peter

Hahn an, daneben bei den Öko-Versendern und in speziellen Läden für Übergrößen. Der Pionier für Öko-Seide bewegt sich sozusagen als *Wanderer zwischen den Welten*. Das Beispiel der Fritzsch-Kollektionen macht deutlich, dass ökologisch optimierte Textilien für Verbraucher nur durch klar definierte Markenqualitäten oder Label erkennbar werden. Seinen Umsatz von 10 Mio. DM/1998 möchte er halten (s. a. Öko-Mode vorgestellt S. 408 f.).

Nicht alle Unternehmen geben Auskunft über die Entwicklung der Geschäftspolitik in ökologischen und sozialen Fragen. Der Otto Versand gehört zu den Ausnahmen. Weder das Versandhaus Bruno Bader noch Klingel haben auf wiederholte Anfragen reagiert. Auch Neckermann hielt sich in finanziellen Fragen zum Öko-Textil-Segment bedeckt.

Schweizer Einzelhandel liegt vorn

Migros auf eco-Kurs

In der kleinen Schweiz ist die Entwicklung öko-sozialer (Textil)-Angebote schon weiter fortgeschritten als in Deutschland. 1996 hat der Schweizer *Migros-Genossenschafts-Bund*, Zürich, angekündigt, dass zukünftig unter dem Label „eco" nicht nur einzelne Segmente, sondern das gesamte Textilsortiment lanciert werden soll. Bis zum Jahr 2000 sollten zwei Drittel der Bekleidungssortimente auf eco-Produkte umgestellt werden. Wie weit ist diese revolutionär klingende Ankündigung gediehen? *Das ehrgeizige Zwei-Drittel-Ziel wird Migros voraussichtlich erst im Jahr 2001/2002 erreichen.* 1998 wurden 980 Artikel mit dem eco-Label ausgezeichnet, 11,2 Mio. Teile verkauft und damit ein Umsatz von 220 Mio. Franken erzielt, was 31 Prozent des Gesamtsortimentes an Bekleidung und 11,7 Prozent Steigerung zum Vorjahr entspricht. 1999 will Migros einen Anteil von 40 Prozent erreichen. *Der größte Teil der Permanent-Sortimente ist bereits auf „eco" umgestellt.* Das sind die Bereiche Wäsche, die Strumpfwaren, T-Shirts, Sweatshirts, Hosen und Jeans. Ab 1997 begann Migros eine Ausweitung auf den Heimtextil-Bereich. Das betrifft gefüllte Bettwaren, das Standardprogramm an Fixleintüchern, einen Großteil der Bettwäsche, Frottierwäsche, Tischdecken und Servietten. Andere Bereiche wie Sportbekleidung, Schuhe und Berufskleidung stehen noch aus.

Vorzeigeprojekt von der Schweizer Coop

Die *Coop Schweiz* macht mit ihrer NATURA Line den anderen vor, dass Naturtextilien auch zu gleichen Preisen angeboten werden können wie konventionelle Ware. Socken für umgerechnet 4,70 DM oder Männerunterhemden für 15,50 DM sind das Ergebnis eines familienfreundlichen Konzeptes, das Coop im Naturtextilsortiment verfolgt. „Coop NATURA Line soll *kein elitäres Produkt* sein, sondern eines, das sich jede Familie leisten kann. Deshalb lancieren wir auch verschiedene Angebote zu speziell günstigen Cooprofit-Preisen", so Jürg Peritz, Non-Food-Chef und Vater der Öko-Kollektion.[9] Coop hatte von Anfang an den Massenmarkt anvisiert und kann sehr gute Ergebnisse vorweisen.

Seit der Umstellung von Baumwolle aus integrierten Anbau auf Bio-Baumwolle im Jahr 1995 hat die Coop NATURA Line durchschlagenden Erfolg. Von 1995 bis 1998 haben sich die Umsätze der Coop NATURA Line insgesamt versechsfacht. Der größte Teil der Umsatzsteigerung liegt im ausgebauten *Standardsortiment an Tagwäsche* und der neuen *Bett- und Frottierwäsche.* Der Erfolg wird auch auf die verstärkte *Aktionstätigkeit* im Rahmen der Coop Profitcard-Aktivitäten zurückgeführt, von der rund 2,5 Mio. im Umlauf sind. Die Profitcard können alle Kunden anfordern und damit wöchentlich etwa 10 Sonderangebote wahrnehmen.

Das NATURA Line-Angebot umfasst 69 Modelle der Tagwäsche für Babys, Kinder, Damen und Herren. Weiter gehören Nachtwäsche, Socken, Bettwäsche dazu wie auch Frotteewäsche und Fixleinentücher in vielen Farben und im Streifenmuster. Diese Artikel sind in allen Coop-Verkaufsstellen mit Textilsortiment erhältlich. Größere Verkaufsstellen führen außerdem ein breites Angebot für Babys sowie saisonal wechselnd modisch aktuelle Oberbekleidung für alle Geschlechter und Altersgruppen. Das sind hauptsächlich Basics wie T-Shirts, Sweatshirts und Pullover, Hemden und Hosen, Jogginghosen oder Shorts. Die NATURA Line deckt bereits rund 20 Prozent am gesamten Baumwollsortiment von Coop ab.[10]

Warum ist die Coop NATURA Line so erfolgreich? Uwe Schneidewind vom Lehrstuhl für Produktion und Umwelt (PUM) an der Carl von Ossietzky-Universität Oldenburg nennt eine ganze Reihe von Erfolgsfaktoren:

■ **Umsätze Coop Natura Line**

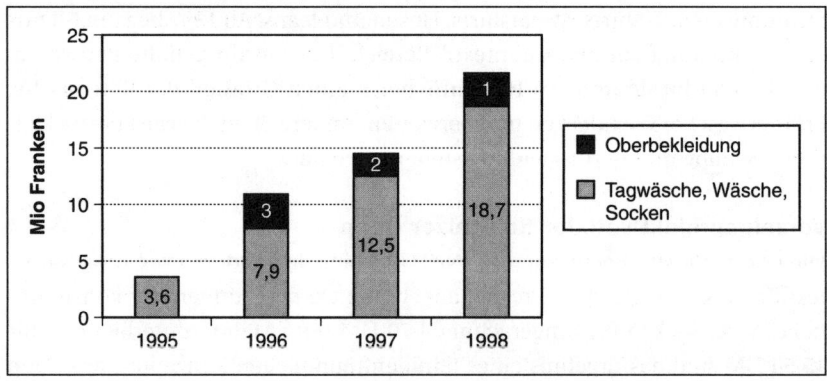

- Coop hat sofort auf den Massenmarkt gesetzt und konnte dadurch notwendige Mengen realisieren.
- Die Firma zeigt Pragmatismus in der Abwägung von Ökologie und Kosten (zum Beispiel Synthetik-Fäden und -Einnäher am Anfang).
- Es besteht eine gute Kooperation in der Kette, die fähig war, Anfangsschwierigkeiten auszuhalten.
- Coop führt einen umfassenden Dialog mit Anspruchsgruppen und wissenschaftlichen Institutionen zur Sicherung der Glaubwürdigkeit des Projektes.
- Das Marketingkonzept hat die Ökologie nicht in den Vordergrund gestellt. In der Kommunikation haben soziale Aspekte wie der Bezug zur Herkunft der Baumwolle aus dem Maikaal-Projekt besondere Bedeutung.
- Die NATURA Line ist Teil einer umfassenden ökologischen Positionierungsstrategie von Coop, zu der u. a. NATURAPlan Lebensmittel und die NATURA Line Kosmetik gehören.[11]

Das Maikaal-Projekt hat seit seiner Gründung 1992 eine positive Entwicklung genommen. Initiator ist Patrick Hohmann, Geschäftsführer der Schweizer Garn- und Textilhandelsfirma Remei AG, Rotkreuz. Er baute mit dem Inder Mrigenda Jalan die Maikaalspinnerei auf. Zusammen mit 223 Bauern wagte er den Schritt zum biologisch-dynamischen Baumwollanbau, begleitet von einem Beraterteam unter der Leitung von Tadeu Caldas, einem brasilianischen Agraringenieur. Stetig konnten die Anbaufläche und das Ergebnis des Maikaal-Projekts ausgebaut werden (s. Tabelle) Heute sind über 930 Baumwollbauern

■ **Entwicklung der Garnerzeugung aus Biobaumwolle im Maikaalprojekt, Indien**

Jahr	Acres/ha	Anzahl der Bauern	Entkörnte Baumwolle in t	Garn in t
1992/1993	35/14	Pilotprojekt		
1993/1994	467/189	223	68	42
1994/1995	1.340/543	568	185	135
1995/1996	3.000/1215	649	468	336
1996/1997	4.585/1857	688	713	500
1997/1998	5.204/2108	699	627	436
1998/1999	6.195/2509	888	835*	581*
1999/2000	8.000*/3240	930*	1.082*	757*

*) geschätzt Zahlen. Quelle: Remei AG, Nov. 1998

am Projekt beteiligt, die für ihre Baumwolle Abnahmegarantien erhalten. Zertifiziert wird der Bioanbau durch das Institut für Marktökologie, Sulgen.

Was Coop gelingt, dem möchten andere nicht nachstehen. Am Lehrstuhl für Produktion und Umwelt ist Ende 1999 ein Projekt angelaufen zur Ökologisierung von textilen Massenmärkten u. a. mit den Firmen Otto Versand und Steilmann. Bei Otto soll der Baumwoll-Pfad untersucht werden, bei Steilmann Polyesterpfade (antimonfreies Polyester).

Naturtexilien – ein aufstrebendes Marktsegment

Auch in die Öko-Nische ist Bewegung gekommen. Bisher produzierten nur wenige Hersteller nach den strengen Richtlinien des ehemaligen Arbeitskreises Naturtextil, dem 16 Mitgliedsfirmen angehörten. Der deutsche Markt an Öko-Textilien lässt sich aktuell nicht präzise in Zahlen fassen. Zum einen bereitet die Abgrenzung zwischen ökologisch optimierten Textilien und Naturtextilien Probleme, zum anderen liegen von der Branche bisher kaum Daten vor. Eine Zusammenstellung der *größten Versandhäuser von Naturtextilien zeigt die Tabelle*. Adresslisten von Verbraucher-Verbänden (Verbraucher-Initiative Bonn oder Wissenschaftsladen Bonn) enthalten noch wesentlich mehr kleine Versender wie Biber in Lindau oder Greenpeace in Hamburg usw.

Zur Gründung des Internationalen Verbandes der Naturtextilwirtschaft (IVN) im Januar 1999 wurden rund 500 Mio. Umsatz zu Endverbraucherpreisen genannt, die Verbandsmitglieder jährlich erwirtschaften. Die reinen Öko-Versender und kleinen Einzelhandelsfachgeschäfte machen davon jeweils schätzungsweise 250 Mio. DM Umsatz im Jahr. Das sind nicht einmal 0,5 Prozent des geschätzten Marktvolumens 117,5 Mrd. (s. S. 34).

Einen Anhaltspunkt für die aufsteigende Bedeutung dieses Marktes bietet die Entwicklung der InNaTex (*In*ternationale *Na*tur-*Tex*tilmesse, zuvor Öko TEX Messe), die sich jenseits der branchenübergreifenden Bio-Fachmesse im ardeck-Center in Wallau etabliert hat.[12] Im Oktober 1999 haben hier 220 Aussteller ihre Produkte und Dienstleistungen vorgestellt. Vertreten waren Damen- und Herrenoberbekleidung, Kindermoden, Sport, Outdoor, Strickwaren, Haus- und Heimtextilien, Schuhe, Felle, Accessoires, Spielwaren, textile Möbel, Wickelsysteme und Zubehör. Auch Hersteller aus den Vorstufen, die Stoffe, Farben, Polster oder Garne anbieten, waren vertreten. Ebenso Unternehmen aus dem Bereich Prüfwesen und Consulting.

Zunehmende Konzentration erwartet

Mitte der 90er Jahre konnte Alb Natur Zuwächse von bis zu 50 Prozent verzeichnen. Im September 1998 beklagte Geschäftsführer Eberhard Schmid

■ **Wachsende Umsätze bei Naturtextilversendern**

		Jahresumsatz	davon Textilien
Hess Naturtextilien	Hess Naturtextilien Postfach 35504 Butzbach Tel. 01 80/53 56-800 Fax: 01 80/53 56-808 http://www.hess-natur.com	123 Mio. DM in 1997	113 Mio. DM
Waschbär Umweltversand	Waschbär Umweltversand 79093 Freiburg Tel. 01 80/5 39 56 Fax: 07 61/13 06-150 http://www.waschbaer.de	60 Mio. DM in 1997/98	knapp 30 Mio. DM
Alb Natur	Alb Natur Versand Postfach 1180 89144 Laichingen Tel. 01 80/5214-510 Fax: 01 80/52 14-511	16 Mio. DM in 1998	ca. 14,4 Mio. DM
Panda Versand	Panda Versand Versandbüro 76272 Ettlingen Tel. 01 80/5 88 90 Fax: 01 80/5 23 23 20 http://www.panda.de	100 Mio. DM in 1998	knapp 50 Mio. DM
Köppel Versandhaus	Köppel Versandhaus für bioLogische Produkte Bregenzer Str. 15 88131 Lindau/Bodensee Tel. 0 18 05/23 82 39 Fax: 0 83 82/2 53 87	ca. 10 Mio. DM in 1998	8,5 Mio. DM 1998
Maas Naturwaren GmbH	Maas Naturwaren Werner von Siemens Str. 2 33334 Gütersloh Tel. 0 52 41/9 67 70 Fax: 0 52 41/6 70 72 http://www.maas-natur.de	keine Angaben	

Anmerkungen: Für Telefonnummern mit der Vorwahl 0180 gilt der Tarif 24 Pf/Minute; die Zusammenstellung hat keinen Anspruch auf Vollständigkeit

gegenüber der niederländischen Zeitung greenspoun die wachsende Konkurrenz aus dem konventionellen Lager. Im März 2000 wurde AlbNatur von der Waschbär Umweltprodukt Versand GmbH übernommen. Auch der Markführer Hess Naturtextilien musste seinen Kurs korrigieren. „Inzwischen sind die Zeiten der zweistelligen Zuwachsraten vorbei" stellt Heinz Hess gegenüber der Zeitschrift natur im November 1998 fest. Als vor zwei Jahren der erste Umsatzrückgang kam, musste die Hess Naturtextil GmbH 23 Mitarbeiter entlassen.

Den Öko-Versendern geht es besser als den kleinen Einzelhandelsgeschäften. Hier gab es erhebliche Verwerfungen. Ulrich Rösch von Rakattl beobachtet, dass in den letzten drei Jahren die *wirtschaftliche Grundlage immer schwieriger geworden* ist. Der Markt sei im Einzelhandel zusammengebrochen. „Wir haben vor fünf Jahren fünfhundert Einzelhandelskunden gehabt und jetzt sind es noch 180. – Nicht, weil die nicht mehr Rakattl beziehen, sondern weil es sie nicht mehr gibt." Rösch fordert daher vom stationären ökologischen Handel mehr Professionalisierung.

Für die Zukunft erwartet Björn Eschner von Living Crafts eine Konsolidierung unter den rund 100 überwiegend kleinen Naturtextilherstellern. Er *erwartet*, dass eine *stärkere Spezialisierung* einsetzt und in fünf Jahren vielleicht nur noch 20 oder 30 Unternehmen übrig bleiben. Dazu Arnt Meyer, Forscher am Institut für Wirtschaft und Ökologie der Universität (IWÖ-HSG) St. Gallen, der seine Doktorarbeit über die Naturtextilwirtschaft schreibt: „In der gegenwärtigen Situation des Bekleidungshandels sind Prognosen ausgesprochen schwierig. In den stagnierenden und bereits übervollen deutschen Markt treten immer mehr internationale Anbieter ein, Hersteller betreiben Direktvertrieb, das Internet steigt in der Bedeutung als Vertriebskanal usw. Ich halte vor diesem Hintergrund und angesichts der Tatsache, dass den konventionellen Anbietern auch nur noch marginale Profilierungsoptionen bleiben, Ökologie durchaus als Wettbewerbschance – trotz der bisher wenig bekundeten Relevanz im Verbraucherverhalten."

Hess Naturtextilien

Das *älteste und mittlerweile größte Versandhaus für Naturtextilien* mit Sitz in Bad Homburg bzw. Butzbach und Niederlassungen in der Schweiz und in Österreich wurde bereits 1976 von Heinz Hess gegründet. 1997 betrug der Konzernumsatz 123 Mio. DM, die Zahl der Mitarbeiter 320. Die wachsende Nachfrage im Ausland führte zur Gründung von Niederlassungen in der Schweiz (1994) und in Österreich (1996). Das Unternehmen zählt zu den *Schrittmachern neuer Entwicklungen* in der Naturtextilbranche, das Anbauprojekte ökologischer Fasern initiiert oder neue Maßstäbe für die transparente Deklaration der Produkte im Katalog gesetzt hat. Hess betreibt u. a. Anbauprojekte für kontrolliert biologische Baumwolle in der Türkei, in Peru und im Senegal.

Als Schwesterunternehmen ist *hess futur* für den weltweiten *Handel mit ökologischen Rohstoffen und Garnen* zuständig und soll für Optimierung in ökologischer und ökonomischer Richtung sorgen.

Die gebremste wirtschaftliche Entwicklung hat bei hess natur zu einem neuen Beschaffungskonzept beigetragen. Statt 120 Lieferanten sind es nur noch 35 Betriebe, die *just in time* beliefern. Lediglich ein kleiner Teil der Ware ist bei Erscheinen des Katalogs fertig genäht. Hess kauft zunächst nur die Halbfertigprodukte und bestimmt erst bei Bestelleingang deren Verwendung.

„Um den Verbraucher bei der Kaufentscheidung zu unterstützen, hat das Unternehmen in den letzten drei Jahren *ökologische Produkt-Datenblätter* entwickelt, die den gesamten Produktionsweg eines Textils für Hess Natur festhalten. Der Werdegang eines jeden Artikels kann anhand einer Deklaration im Katalog nachvollzogen werden. Darüber hinaus können sich Kunden telefonisch bei einer ökologischen Produktberatung über andere Parameter informieren." Erste Erfahrungen mit dem Servicetelefon zeigen, dass dieses Informationsangebot angenommen und die Transparenz begrüßt wird.[13]

Einen Schritt in neues Terrain machte Heinz Hess 1998 im Bereich *Berufsbekleidung*. „Menschen, die heilen, sollten auch gesunde Kleidung tragen können", war der Ansatz, das Schwesterunternehmen hess natur Berufsmoden zu gründen, den ersten Anbieter von Berufskleidung für weiße Berufe aus reinen Naturtextilien.

Im Herbst/Winter 1999/2000 stellte Heinz Hess seine nun vollständige *„exclusiv"-Kollektion* in einem kleinen eigenen Katalog vor. Das Kunstmuseum in Bonn bot das geeignete, großzügige und sachliche Ambiente. „Konzentration auf das Wesentliche – vereinfachen – getreu der Maxime ,weniger ist mehr' beschreibt das moderne Zeitgefühl", heißt es dort. Stilistisch sind es klare, reduzierte Designs, die die natürlichen Materialeigenschaften besonders gut zur Geltung bringen. Die Farbskala bewegt sich überwiegend zwischen Schwarz und Weiß, Beige- und Brauntönen (s. auch S. 371 u. 406).

Waschbär Umweltprodukt Versand

Weniger exklusiv in den Ansprüchen und niedriger in den Preisen ist der Waschbär Umweltprodukt Versand. Er spricht eine jüngere, weniger gesellschaftlich etablierte Zielgruppe an. Im Katalog ist auch ein Modell mit Tattoo nicht tabu. Improvisation und Pioniergeist wird gleichzeitig im Versand mit verpackt. Firmengründer Leo Pröstler will Alternativen für Menschen mit ganz verschiedenem Umweltbewusstsein bieten. „Die wichtigste Zielgruppe sind Frauen zwischen 30 und 40 Jahren in der Familienphase mit etwas höherer Bildung bzw. Einkommen. Die Lebenssituation lässt ihnen das Umweltthema bewusst werden, auch über die eigenen Kinder", urteilt Pröstler.

Seit 1994 gibt es eine *zunehmend breitere textile Schiene*, zu der Damen-, Herren-, Baby- und Kinderbekleidung, ferner Wäsche, Haustextilien, Bettwaren, Vorhänge und Teppichböden gehören. Das Sortiment wird sowohl optisch wie preislich und ökologisch ganz unterschiedlichen Ansprüchen gerecht.

Weil Waschbärkunden langlebige Alltagsprodukte mit modischem Chic erwarten, so genannte *„Wohlfühlklamotten"*, müssen Passform und Verarbeitung stimmen und die Bekleidung hohen Wasch- und Bügeltemperaturen standhalten. An die Echtheiten werden hohe Anforderungen gestellt.

Auch der Freiburger Umweltversand *Waschbär bleibt auf Erfolgsspur.* Das Geschäftsjahr 1997/98 brachte mit einem Umsatz von 60 Mio. DM eine Wachstumsrate von 11 Prozent. Innerhalb des Sortiments gewann der Bereich Textilien im Vergleich zu 1996/1997 erheblich an Gewicht und steigerte seinen Anteil von gut 30 Prozent auf fast die Hälfte des Umsatzes. Auch im Geschäftsjahr 1998/99 rechnete Waschbär mit einem weiteren Umsatzplus, insbesondere mit einer *Nachfragesteigerung im Bereich Naturtextilien.* Im Katalog Herbst/Winter 1998/99 deklarieren die Freiburger Herkunft und Inhaltsstoffe im Bereich Naturtextilien.

Um seine Wachstumswünsche weiter zu realisieren, sucht sich auch der Waschbär zunehmend *erfahrene Köpfe aus dem konventionellen Umfeld.* Nach Hans-Peter Borst, der als zweiter Geschäftsführer im Jahr 1996 von Neckermann kam, hat Unternehmensgründer Leo Pröstler Helmut Pflaumer von Quelle für die Bereiche Marketing, Vertrieb, Öffentlichkeit und Großhandel mit ins Boot geholt. Pröstler kann sich damit auf der Suche nach neuen Produkt- und Projektideen weiter aus dem operativen Geschäft zurückziehen.[14]

Alb Natur

Vor mehr als zehn Jahren gründeten Angela Braitinger und Eberhard Schmid den *Naturtextilversand auf der Schwäbischen Alb.* Sie wollten nicht nur Verbrauchern ökologisch sinnvolle Textilien zu akzeptablen Preisen anbieten, sondern möglichst auch Hersteller aus der traditionellen Textilregion einbeziehen. Direkt neben dem Firmensitz in Laichingen bei Ulm wird Bettwäsche für den Versand gewebt. Das Leinengarn für die eigene Fertigung stammt aus dem Ökolin-Projekt (s. Ökolin S. 412).

Das Versandhaus erstellt zwei 240 Seiten starke Hauptkataloge mit Naturmode für Erwachsene und Kinder, Nacht- und Unterwäsche sowie Naturschuhen und Accessoires. Dazu kommen Bettwaren.

Der Naturtextilversender von der Schwäbischen Alb konnte 1999 seinen Umsatz von 16 auf 20 Mio. DM steigern. Der Geschäftsführer Eberhard Schmid setzt auf *Professionalisieren.* Qualifiziertes Personal wurde für die Bereiche *Qualitätsmanagement, Beschaffung* und *Marketing* herangeholt. Schmid reagiert damit u. a. auf Qualitätsprobleme in der Konfektion. „Was uns geliefert wurde, hat nicht immer dem entsprochen, was wir unter einem hochwertigen

Naturtextil verstehen – bezüglich Passform und Verarbeitung. Da müssen wir hier im Hause das Know-how aufbauen, um es in die Betriebe unserer Lieferanten zu transferieren." Ursprünglich wollte Alb Natur diese Aufgabe den Lieferanten selbst überlassen, musste aber erkennen, dass sie oft nicht dazu in der Lage sind.

Mit Zahlungsschwierigkeiten begründete der Laichinger Versender die Übernahme im März 2000 durch den Waschbär Versand. Alb Natur soll aber seinen 100.000 Kunden als eigenständige Marke für Naturtextilien erhalten bleiben. Das Sanierungskonzept sieht vor, 72 der 88 Arbeitsplätze in Laichingen abzubauen.

Panda Versand

Am Anfang des Panda Versandhandels stand 1976 die Idee, über den Vertrieb von WWF-Kalendern, Buttons und Postern zusätzliche Fördermittel für den Natur- und Umweltschutz zu erwirtschaften. Daraus entwickelte sich das WWF-Tochterunternehmen, Panda Versandhandel GmbH mit Sitz in Ettlingen. Panda verschickt jährlich 2 Haupt- und 4 Spezialkataloge in einer Auflage von mehr als 1 Mio. Exemplaren. Die Kataloge umfassen über 3.000 Artikel mit den Schwerpunkten Mode und Wohnen.

Auch die WWF-Tochter will nicht nur die gut Betuchten erreichen. Johannes Kloppenborg, Umweltbeauftragter des Panda Versands, will Ökologie und Konsum versöhnen. Für ihn stehen auf der einen Seite die ökologischen Kriterien in der Produktionskette und auf der anderen Seite modische Aspekte, die es zu integrieren gilt. „Uns ist wichtig, dass *ökologischer Konsum für die breite Masse* möglich wird. Wir wollen kein elitärer Kaufladen sein, sondern für jeden soll der Einstieg in den ökologischen Konsum möglich werden", so Kloppenborg. Daher bietet Panda sowohl Naturmode für Anspruchsvolle, die „hundert Prozent ökologischen Ansprüchen standhält", und daneben auch solche, die nur einem abgespeckten Niveau entspricht, dafür aber preisgünstiger ist.

Maas Naturwaren

Seit 15 Jahren bietet das Versandhaus mit Sitz in Gütersloh ein wachsendes Sortiment im Bereich Naturtextilien für die ganze Familie. Ergänzt wird das Angebot durch ökologisch orientiertes Spielzeug, Geschenkartikel und Bücher. Das Kostenargument war für Rainer Maas der Motor, in das Versandgeschäft einzusteigen. Möglichst vielen Menschen sollten ökologisch verbesserte Produkte zu einem günstigen Preis zugänglich gemacht werden. Besonders wichtig sind dem Pionier innovative Entwicklungen wie Neurodermitis-Wäsche und ein spezielles Frühchen-Programm aus demeter-Schurwolle. Die Firmen-Philosophie verbindet die *Vision einer ökologischen mit der einer menschenge-*

rechten Zukunft. Der Naturwarenhändler ist sowohl an Fair-Trade-Konzepten beteiligt als auch an ökologischen Innovationen. Beim Firmenneubau verwirklichte Maas ein Energiekonzept mit Erdwärme in Verbindung mit einem Block-Heizkraftwerk. Das Handelshaus wurde als zukunftsweisendes Beispiel von der *Expo 2000* Initiative OWL ausgewählt.

Jährlich erscheinen zwei Hauptkataloge mit je 464 Seiten sowie zwei Geschenkkataloge, ein Weihnachtskatalog und ein Babyspezialkatalog.

Stecknadel im Heuhaufen: Naturtextilien im Facheinzelhandel
Außer im Versandhandel finden Verbraucher entsprechende Angebote im gehobenen konventionellen Facheinzelhandel, zum Beispiel Gewebtes Mondlicht neben Calvin Klein. Spezielle Naturtextil-Fachgeschäfte finden Verbraucher nur ganz vereinzelt. Ihre Zahl ist in den letzten Jahren auf etwa 150 bis 180 stationäre Läden geschrumpft. Hersteller verbreiten in Anzeigen Adressen von Fachgeschäften, die ihre Produkte aktuell anbieten.[15]

Mit besonderem Engagement geführte Läden sind beispielsweise *Vivendi Natur & Mode* in Tübingen oder *Violà Naturtextilien* in Saarbrücken.[16] Vivendi wirbt nicht nur mit einem hohen Anspruch an Produktionsökologie und Gebrauchstauglichkeit, sondern spricht auch die Sozialverträglichkeit an: „Wir achten beim Einkauf auf humane und gerechte Bedingungen für die in den Ernteprozess eingebundenen ArbeiterInnen."[17]

Violà in Saarbrücken will Qualität neu definieren, *Umweltschutz und Ästhetik den gleichen Rang* einräumen: „Unserer Erfahrung nach wäre es eine Herausforderung für den Naturtextilbereich, die höchsten ökologischen Kriterien mit dem entsprechenden ästhetischen Anspruch – in Bezug auf Schnitt und Fertigung – in Einklang zu bringen", so die Geschäftsführerin Astrid Saint-Germain. Für die Fachfrau kommt es auf der Seite der Hersteller wie der Händler auf Professionalisierung an: „Denn nur mit Kompetenz können Sie so etwas wie Dialog aufbauen, und nur im Dialog ist die Transparenz zu erreichen." In ihren Laden in Saarbrücken kommen nicht mehr die Müslis, sondern Leute, die Qualität wollen, vor allem berufstätige Frauen, die ebenso bei Streness oder Jil Sander kaufen, aber das Niveau noch lieber in Öko-Qualität hätten. Saint-Germain hat ein Auge für die feinen Unterschiede, zum Beispiel für das Leinen von Holstein Flachs: „Die Faser ist wesentlich luxuriöser als konventionelle." Aber diese Qualität ist vielen Einzelhändlern im Einkauf zu teuer.

Im *Öko-Kaufhaus* Rommelmühle in Bissingen an der Enz hat das Naturtextilversandhaus Alb Natur ein weiteres Ladengeschäft eingerichtet, in dem die Kunden und Kundinnen im Gegensatz zum Katalog die Ware anfassen, die Qualität leichter beurteilen und eine große Auswahl anprobieren können. Solche Öko-Kaufhäuser, die auch schon in Köln oder Krefeld entstanden sind,[18] sind mit ihrem Angebot von Waren und Dienstleistungen ideal auf die Zielgruppe der „grünen Konsumenten" zugeschnitten (s. S. 422). Es muss sich noch herausstellen, ob solche Zentren für ökologisch bzw. sozial innovative Produkte auch breitere Kundenkreise ansprechen oder hier nur die Insider unter sich bleiben.

Warum ist das Angebot nachhaltiger Bekleidung bisher so spärlich, und warum sind die großen Kaufhausketten nicht dabei? Böse Zungen behaupten, dass der konventionelle Einzelhandel sich mit öko-sozial optimierten Produkten zurückhält, weil sonst auf die konventionelle Ware ein schlechtes Licht fiele. Dieses Argument wirkt wenig überzeugend, denn in allen Branchen finden sich verschiedene Qualitätsansprüche im Umweltbereich nebeneinander. Überzeugender klingt das Kostenargument von Herbert Klemisch: „Mit Eigenmarken können darüber hinaus deutlich höhere Handelsspannen erzielt werden als mit Markenprodukten (bis zu 200%)." Da Öko-Textilien in der Produktion meistens kostenintensiver sind und der Verbraucher nur bedingt zusätzliche Preisbereitschaft mitbringt, fallen die Gewinnspannen entsprechend niedriger aus.[19]

Kooperation und Kompetenz

Fachkompetente Beratung gefragt – Schulung im Angebot

Seit über zehn Jahren ist u.a. die Firma Engel GmbH aus Reutlingen, Spezialist für Wäsche für Babys und Erwachsene, im Einzelhandel präsent und sammelt positive und negative Erfahrungen. „Um Kosten zu sparen, wird zunehmend ungeschultes Aushilfspersonal eingestellt. Eine solche Personalpolitik wirkt sich auf den Absatz von Öko-Textilien kontraproduktiv aus", bemängelt Gabriele Kolompar, Geschäftsführerin von Engel.[20] (s. a. S. 426)

Schon vor Jahren wurden vom Arbeitskreis Naturtextil Defizite im Facheinzelhandel erkannt, die speziell das Marketing von Öko-Textilien betreffen. Die Verkäuferinnen und Verkäufer müssen besonders geschult sein, um mit Fragen zur Warenkunde, zum Labelling oder zur Kennzeichnung kompetent umgehen zu können. (Daneben ist das grundsätzliche Know-how für den Fachhandel relevant, ob Sortiment- und Ladengestaltung, Kostenkontrolle oder Neue Medien usw.) Seit 1998 bietet die Firma BorgMann aus Soest *textilökologische Fachschulungen* für Naturtextil-Fachhändler an.[21] Begleitend evaluiert der Internationale Verband der Naturtextilwirtschaft den Schulungsbedarf aufseiten des Einzelhandels.

Heike Hackmann von Ökopartner in Kiel fördert die Vermarktung von umweltverträglichem Leder. Die Geschäftsführerin hat ein *Projekt für die Qualifizierung des Personals im Handel in schuh-, lederfachlicher und verkaufsmetho-*

discher Hinsicht gestartet.[22] Außerdem will die Umweltberaterin die Kooperation zwischen verschiedenen Akteuren in der Branche verbessern und den Informationsfluss zwischen Kunden, Handel und Herstellern intensivieren. Verschiedene Hersteller von Schuhen wie GEO, !THINK, Schwarz-Schuhwerk oder von Polstermöbeln wie WASA bieten bereits ausführliche Produktinformationen. Diese Informationen müssten aber auch in geeigneter Form transportiert und präsentiert werden. Hier könnten Koalitionen zwischen Lederherstellern, -verarbeitern und dem Handel die Vermarktung fördern. Ökopartner erwartet vom Projekt mit dem Handel auch Aufschlüsse über die Eigenschaften, die Verbraucher tatsächlich von Schuhen erwarten und warum die Nachfrage nach hochwertigen, umwelt- und gesundheitsverträglichen Schuhen bisher so träge ist.

Preisbereitschaft, Zielgruppe und Marketing

Von verschiedenen Herstellern wird vertreten, dass der Verbraucher nicht dazu willens oder fähig sei, für ein Ökoprodukt mehr zu bezahlen. Dazu Arnt Meyer: „In der Tat sind die Preise für Ökotextilien noch erheblich über denjenigen Produkten, die einen ähnlichen Nutzen für Konsumenten versprechen! Die nicht vollständig ökologisch bewussten Konsumenten sind diese Preise selten zu zahlen bereit. Dies liegt zum einen an den höheren Produktionskosten. Zum anderen beruht es jedoch auch auf strategisch auf Nischen fokussierten Preiskalkulationen und einem ungenügenden Kooperationsmanagement."

Für den Verbraucher ist der zusätzlich empfundene Nutzen an einem Öko-Textil gering. Dieser *Vorteil, der dem Gemeinwohl zugute kommt, ist für den Einzelnen wenig erfahrbar.* Damit erworbenes Wissen und Erfahrungen über die ökologischen und sozialen Hintergründe der Produktion sich auf die emotionale Ebene auswirken kann, müssen Einzelne diese Informationen und Erfahrungen entsprechend verarbeiten und gesellschaftlich gegen den Strom schwimmen. Das ist offensichtlich nur wenigen möglich, nicht der Masse.

Meyer beobachtet, dass sich die meisten Ökotextilien bisher an besonders umweltbewusste Verbraucher richten, was er für Öko-Pionierunternehmen auch zunächst als strategisch sinnvoll bewertet, „da sie sich hierdurch von der konventionellen Konkurrenz abgrenzen können. Große Handelshäuser haben mit einer solchen Öko-Nischenstrategie jedoch Probleme, da ihre Öko-Produkte intern gegen mutmaßlich besser absetzbare Artikel konkurrieren." Bisher gebe es keine Ansätze dafür, *Ökotextilien auch für nicht ganz so umweltbewusste Zielgruppen* anzubieten. In solchen Ansätzen und deren Umsetzung sieht Meyer den Schlüssel für eine breitere Marktdurchdringung.

Rolf Klinke, Exdekan der Fachrichtung Textil-Bekleidung an der Fachhochschule Niederrhein, vertritt die These: die Ökologie-Diskussion muss sich vor dem Hindergrund der *Marktanforderungen mit Blick auf ästhetische, technolo-*

gische und symbolische Ziele (Identifikation mit Marken, Idolen) abspielen. Und ökologische Produktaussagen müssen für den Handel und den Konsumenten verständlich sein.[23] In die gleiche Richtung weist die Position von Uwe Schneidewind.

Er fordert ein Marketing, das sich von herkömmlichen Vorstellungsmustern für ökologisch optimierte Textilien löst. „Es gilt *ökologische Aspekte mit neuen Inhalten wie Technik, Erotik und sozialen Aspekten zu verknüpfen.* Auch neue Kommunikationsformen sollten genutzt werden wie Internet-Plattformen, Szene-Marketing oder Identifikationsträger."[24] Aus der Sicht Schneidewinds gibt es keinen klaren Fit von bestimmten Zielgruppen und Produkten mehr. Jeder Konsument baue heute um ein Produkt seine eigenen Geschichten und Riten. Das mache es dem klassischen Marketing schwer. „Statt One-way braucht es zunehmend dialogische Kommunikation im Marketing."

Bei einem Gespräch auf der Leipziger Messe formulierte Manfred Kirchgeorg vom Lehrstuhl Marketing Management der Handelshochschule Leipzig den Vorschlag, ähnlich wie in der Autoindustrie auch in der Bekleidungsbranche über die „Gläserne Fabrik" nachzudenken, die Produktion von Mode aus der Black-box herauszuholen und dem Verbraucher Lust am Kaufen näherzubringen.[25]

Naturtexilbranche formiert sich im Verband
Am 21. Januar 1999 gründete sich der Internationale Verband der Naturtextilwirtschaft in Wallau bei Wiesbaden. Das neue Verbandslogo ist dem Markenzeichen „Naturtextil" entliehen, dem strengen Gütesiegel des Arbeitskreises Naturtextil (AKN), der in dem neuen Verband aufgehen wird. Allen voran zählen Initiatoren wie die Versender Hess Naturtextilien, Köppel, Maas, Panda, Alb Natur und Waschbär oder das eco Umweltinstitut zu den rund 60 Gründungsmitgliedern. Die Zahl der Mitglieder war bereits bis Oktober 1999 auf 87 angewachsen – quer durch Vorstufen, Hersteller, Dienstleistungsunternehmen und Handel. Dazu gehören auch der Bioland Verband, das Demeter-Marktforum oder das Textilforschungsinstitut Thüringen-Vogtland. Mitgliedsfirmen des Verbandes decken damit ein aufstrebendes Marktsegment ab und sollen für den Wettbewerb mit den großen Texilunternehmen in Zeiten der Globalisierung durch mehr Kooperation gestärkt werden. Um fünf Prozent wollen die Verbandsmitglieder in den nächsten fünf Jahren ihren Umsatz steigern.

Gemeinsam günstiger produzieren
Verbandsintern soll die *Kommunikation innerhalb der textilen Kette gefördert und durch Synergieeffekte eine effizientere Wirtschaftsweise* ermöglicht werden. Gemeinsam könne man zum Beispiel Rohstoffe in größeren Mengen bestellen

Who is who im Internationalen Verband der Naturtextilwirtschaft?

Der Vorstand wird für zwei Jahre durch die Mitgliederversammlung gewählt. Er setzt sich aus Vertretern der drei Bereiche Hersteller, Versender und Einzelhandel zusammen. Namentlich sind dies: Björn Eschner/Living Crafts, Egon Heger/Holstein Flachs, Simon Morgenstern/Morgenstern Naturtextilien und Leif Noergard/Green Cotton, Dänemark. Für die Versender sind stellvertretend in den Vorstand gewählt Johannes Kloppenborg/Panda Versand, Ernst Schütz/Hess Naturtextilien. Der Einzelhandel ist vertreten durch Astrid Saint-Germain/Voila Naturtextilien. Geschäftsführer ist der bisherige Geschäftsführer des Arbeitskreis Naturtextilien, Frank-Michael Mähle.

Mitgliederversammlung bildet die ständigen Fachgruppen – Hersteller und Vorstufen, Versender und stationärer Einzelhandel, in denen Mitglieder des Verbandes an zentralen Fragen des Verbandes arbeiten.

Der Richtlinienausschuss führt die Arbeit der bisherigen Kommission fort, formuliert neue Standards gemäß des aktuellen Stands der Forschung und Technik und kontrolliert die Qualitätssicherung. Hier wird über die Labelung eines Produktes entschieden. Er ist besetzt mit Experten der Mitgliedsunternehmen und Institutionen.

Mitglieder sind derzeit: Sandra Benner/Waschbär Umweltversand, Ernst Bollhalder/Pflanzenfärberei, Marcus Brügel/Institut für Marktökologie, Björn Eschner/Living Crafts, Rolf Heimann/BorgMann, Reinhard Kauf/Richter Kammgarn, Bettina Krummer/Maas, Frank Kuebart/eco Umweltinstitut, Angelica Rügamer/Panda Versand, Eberhard Schmid/Alb Natur, Dietmar Schneider/Schneider Textilveredlung, Roland Sturm/Hess Naturtextilien.

Der Kontrollausschuss soll in Problemfällen klären. Ihm gehören als Vertreter der Hersteller Rolf Schauwecker/Schauwecker Natur-Textil GmbH und der Verbraucher Cornelia Voß/Wissenschaftsladen Bonn neben Rechtsanwalt Herbert Ladwig als unabhängigem Juristen an.

und so die Produktionskosten senken. Auch Werbemaßnahmen könnten flächendeckender geschehen.

In Zukunft will die Naturtextilbranche auch genauso günstig produzieren wie die Konventionellen, postuliert Björn Eschner, Vorstandsmitglied im IVN. Derzeit lägen die Kosten der umweltorientierten Erzeugung noch 40 bis 60 Prozent höher als bei herkömmlicher Qualitätsware. Voraussetzung für Kostenreduktion ist aus der Sicht von Johannes Hummel, ehemals wissenschaftlicher Mitarbeiter am Institut für Wirtschaft und Ökologie der Universität St. Gallen, „die Herstellung großer Mengen, aber auch und zu allererst eine neue Art des ‚way of doing business'".[26] Hummel analysierte die Kostenseite der Coop NATURA Line. Auch Uwe Schneidewind, der mit dem Institut in St. Gallen zusammenarbeitet, fordert ein *professionelles Kostenmanagement* für Öko-Textilien. Auf der Kostenseite sei ein Controlling entlang der gesamten Wertschöpfungskette notwendig, um im Massenmarkt erfolgreich sein zu können. „Nur so lassen sich mindestoptimale Produktionsmengen ermitteln, Zielkonflikte zwischen ökologischen und betriebswirtschaftlichen Anforderungen identifizieren und lösen sowie Engpässe überwinden."

Auch zwischen Mitgliedern des IVN und dem Otto Versand besteht ein Dialog. Michael Arretz von Otto sieht die Chance, durch den Einstieg in die Biobaumwolle den Markt zu vergrößern und damit die Kosten zu reduzieren. „Im Bereich Öko-Baumwolle denken wir diese Märkte mit beeinflussen zu können, weil wir als Otto Versand auch Abnahmemengen realisieren könnten, die allen helfen würden. Im Moment ist es das Problem, dass es keinen Markt gibt und jeder auf seiner Stufe die Risikozuschläge großzügig kalkuliert ... Die Chance liegt jetzt darin, den *Markt größer zu machen und damit automatisch die Kosten zu reduzieren.*"

Die Arbeit des IVN kann diesen Prozess unterstützen. Mit höheren Auflagen und einer ökologischen Qualitätssicherung durch die Label des IVN sollen gute Produkte besser positioniert werden.

Traditionell gilt die Nähe zu *Wissenschaft und Forschung als ein wichtiger Motor* und Impulsgeber für die Textilwirtschaft. Von der Bundesregierung wurden dafür zum Beispiel im Jahr 1997 59 Millionen DM zur Verfügung gestellt. Im Sinne der Interessenlage der Verbandsmitglieder im IVN hält Ernst Schütz es für sinnvoll, zukünftig bei Forschungsprojekten nicht allein aus der eigenen Substanz des Unternehmens zu schöpfen, sondern auch verstärkt öffentliche Mittel zu beanspruchen.

Mehr Wirtschaftspartner ins Boot holen

Der Verband steht allen Unternehmen offen, die einen Schwerpunkt im Bereich Naturtextil haben. Die Gründung des IVN bedeutet eine Öffnung. Wurde früher von Mitgliedern verlangt, dass sie ihr gesamtes Angebot den strengen Richtlinien entsprechend produzieren, wird heute das *einzelne Produkt mit der gesamten Produktlinie bewertet* und gelabelt. Mit dem Jahr 2000 kommen als Naturtextil gelabelte Produkte in zwei Qualitätsstufen (Better und Best) auf den Markt. Der Arbeitskreis Naturtextil hat rund 70 Umweltsiegel auf dem deutschen Textilmarkt gezählt, nur 10 davon seien wirkliche Ökosiegel.

„So ist die Schaffung eines *einheitlichen Qualitätssiegels für Naturtextilien eine erste gemeinsame Maßnahme*. Es gilt, die hochwertige Naturmode gegenüber der konventionellen Modeindustrie und ihren nicht vergleichbaren Öko-Standards deutlich abzuheben und so eine Transparenz für den Verbraucher zu schaffen", so Schütz. Damit will der Verband einen international anerkannten Standard für Naturtextilien formulieren, der mit den neuen IFOAM Basic Standards als Rahmenrichtlinien harmonieren soll (s. a. S. 271). Von der Perspektive hat die Branche aber weiterhin nicht allein das Produkt im Blickfeld, sondern zertifiziert Betriebe mit bestimmten relevanten Produktlinien. Die Vermeidung von Schadstoffen wird bereits in der Produktion und nicht erst am Endprodukt kontrolliert.

Dazu Ernst Schütz: „Wir haben ein Labelling auf Produktebene vorgesehen, um zu ermöglichen, dass ein gutes Produkt – auch wenn es aus einem 80 Prozent konventionell produzierenden Unternehmen kommt – trotzdem gelabelt werden kann. Denn wir finden es sinnvoll, dass auch dieses Produkt für den Kunden transparent gemacht werden kann. Es ist für den Betrieb eine Rechenaufgabe, ob er Mitglied werden will oder Lizenznehmer."

So erhoffen sich die Initiatoren des IVN, mehr Produzenten mit ins Boot zu holen. *„Nur durch die Offenheit werden wir auch eine Vergrößerung erringen. Wir wollen uns abheben, aber nicht abgrenzen"*, lautet die Botschaft. Das sind neue Töne, die hier angestimmt werden.

Auch zu anderen Verbänden, die im textilen Umfeld arbeiten, wie zu Gesamttextil, zum europäischen Herstellerverband EURATEX und zum Bundesverband des Textileinzelhandels BTE wird der IVN den Dialog suchen müssen. „Ich muss das ganz deutlich sagen: Wir sind offen für den Dialog mit anderen Institutionen. Ich glaube, das ist auch ganz richtig, dass wir in Dialog kommen, um an der einen oder anderen Stelle partnerschaftlich Dinge in Bewegung zu bringen", so Schütz.

Als *Resümee* lässt sich festhalten: Zu konkurrenzfähigen Preisen produzieren, mit den Qualitätszeichen Better und Best Profil schaffen und die Rahmenbedingungen durch Kooperationen verbessern, das sind drei Ansatzpunkte, mit denen die Naturtextilwirtschaft im Verband ihren Markterfolg steigern will.

Textilmarken mit Ökoprofil

Der Wissenschafter Arnt Meyer forderte in der Gründungsphase des IVN von der Naturtextilbranche, dass sie sich weiter von ihren maximalen Umweltstandards lösen muss, um einen größeren wirtschaftlichen Erfolg und damit zugleich wachsenden ökologischen Erfolg zu erzielen. Es gehe bei weitem noch nicht genügend modische Kleidung, um den Naturtextilien einen größeren Markt zu erschließen. Der Schlüssel zu Erfolg liege darin, den *Markt zu verbreitern und eine Marke aufzubauen.*[27]

Ganz langsam gelingt es wenigen Textilherstellern mit ökologischem bzw. öko-sozialem Profil, eine eigene Marke aufzubauen. Eine Übersicht über Markentextilien aus Biobaumwolle von zehn verschiedenen Herstellern bietet das Schweizer Modeheft „deux pièces", darunter die Coop NATURA Line, Green Cotton, Karen Green, Rakattl oder Tebaron.[28]

Was charakterisiert eine Marke? Das sind Markenname und Markenzeichen, die gleiche Aufmachung und gleich bleibende Qualität, ein Garantieversprechen und ein hoher Bekanntheitsgrad. Die Marke dient dem Kunden bei anonymem Einkauf als Versicherung.

„Green Cotton", der geschützte Markenname der Firma Novotex mit Sitz in Ikast/Dänemark, hat international einen hohen Bekanntheitsgrad erreicht – unterstützt durch zahlreiche Auszeichnungen, zuletzt 1994 durch den American Fashion and Ecology Award in Kooperation mit der UNEP. Der Zusatz „Organic" kennzeichnet nur einen Teil der Green Cotton-Produkte, die aus Biobaumwolle hergestellt werden. Novotex beschreibt seine Vision folgendermaßen: „Green Cotton Textilien werden nach der Lebenszyklus-Philosophie hergstellt. Das Produkt soll in allen Phasen, von der keimenden Baumwollpflanze bis zum ausrangierten Kleidungsstück, Menschen und Natur so wenig wie möglich belasten." Um Glaubwürdigkeit zu gewinnen, ist für die Marke Green Cotton Dokumentation grundlegend wichtig. Novotex betreibt Umweltmanagement nach ISO 14001 und der EMAS-Regelung der EU.[29]

Von der Design-Philosophie ist Green Cotton ein Basic-Produkt mit engem Körperkontakt. Kleidung, die das Label trägt, muss angenehm zu tragen sein. Ihre Vorzüge sind: Komfort, Qualität, eine gute Passform und Gebrauchstauglichkeit.

Wie Novotex hat der größte deutsche Naturtextilversender, die Hess Naturtextilien GmbH, *„hess natur" als Marke* etabliert. Sie kennzeichnet Textilien aus reinen Naturfasern, die sich durch ihren Gebrauchswert und ihre Designqualität auszeichnen und entlang der gesamten textilen Kette nach anspruchsvollen ökologischen Standards produziert werden. Zur ganzheitlichen Firmenphilosophie gehören auch das Engagement in Anbauprojekte zur biologischen Fasergewinnung, die Sicherung der Sozialverträglichkeit in der Herstellung und gegenüber dem Kunden Service und eine offene Informationspolitik (s. S. 360).

Eine starke Marke hilft dem Anbieter, im harten Wettbewerb des Bekleidungshandels zu bestehen. In der Flut der Anbieter und der noch größeren Flut an Marken kann „ein strategisches Markenmanagement helfen, die für Verbraucher nahezu homogenen Bekleidungsprodukte unterscheidbar zu machen, die immer geringere Kundenloyalität zurückzugewinnen und sich als einzelnes Unternehmen dadurch einen Wettbewerbsvorteil zu verschaffen", erläutert Meyer vom IWÖ-HSG.

Marketingfachleute sagen, die *Marke benötigt eine Alleinstellung*. Wenn sie ganz *am Ende der Skala* steht, *benötigt die Marke Hilfe durch ein Label*, so Michael Ständer, Unternehmensberater von Ökologie + Marketing in Offenbach. Ständer zitiert das Beispiel der Honig-Kekse von Allos, „Ernie und Bert". Die Figuren aus dem Kinder-TV Sesamstraße, für sich eine Marke, haben den Umsatz mit dem Produkt verfünffacht. „Nun darf Allos nicht zu ‚Ernie und Bert' werden", warnt Ständer.

Auch die Firma Living Crafts Naturtextilien konnte mit dem Markenzeichen „Naturtextil" (heute die Qualitätszeichen Better und Best) enorme Umsatzzuwächse erzielen. Im übertragenen Sinne könnte man vermuten, dass das Produktlabel „Naturtextil" die Marke des Herstellers Living Crafts dominiert hat, sich stärker beim Verbraucher eingeprägt hat als die Herstellermarke Living Crafts. Besteht für Marken wie hess natur oder Green Cotton durch das neue IVN-Label eine Gefahr?

Arnt Meyer sieht für diese Marken kurz- bis mittelfristig keine Bedrohung. „Beide haben eine relativ gute Marktposition und haben jahrelang an ihrem Markenprofil gearbeitet." Dagegen sei der neu gegründete Internationale Verband der Naturtextilwirtschaft (IVN) außerhalb der Nische kaum bekannt. Der Marktforscher aus St. Gallen hält ein solches *Dach-Label für ausgesprochen sinnvoll*. Und der Öko-Tex Standard 100 zeige, dass Konflikte zwischen Produktmarken und Labels nicht unbedingt auftreten müssen, sofern das Label als Zusatz zur Marke verstanden wird.

Für die Markenführer starker Marken sind aus der Sicht Michael Ständers von Ökologie+Marketing Regelungen wie die EG-Bio-Verordnung interessant, die einen bestimmten gesetzlichen Rahmen (mit Beschreibung der Kontrollstelle) garantieren, aber keine Konkurrenz zur eigenen Marke aufbauen.[30]

Literaturhinweise, Anmerkungen:
[1] Gerd U. Scholl, Matthias Ertel/IÖW Heidelberg: Die Verbreitung von Umweltkennzeichen und ihre Handelsimplikationen. Wachsende internationale Bedeutung. In: Ökologisches Wirtschaften 3–4 1998, s. 31–33

2 Uwe Schneidewind: „Öko-Textilien im konventionellen Handel – ein Beispiel mit Erfolg" Vortrag auf der 3. Bielefelder Fachtagung „Umweltverträglichkeit von Textilien" am 15.09.99

3 Pressemitteilung der Messe Stuttgart zur Neuen Gesundheit im Oktober 1999: Trendforum für gesund Produkte

4 Otto Versand, Hamburg, Umweltbericht 1998

5 Öko-Test Sonderausgabe zur Biofach im Februar 1999, S. 37

6 AKN-Fachkongreß: Haben Naturtextilien Zukunft? Vom 19.–20 4.1996 in Bad Honnef

7 Klaus Steilmann. In: UmweltGerechte TextilWirtschaft, s. o., S. 14

8 vgl. TextilWirtschaft 24.12.98, S. 47

9 Modisch in den Frühling. Coopzeitung Nr. 11, 11.3.1998, S. 31

10 Coop-Hintergrund-Informationen April 1999

11 Vortrag von Uwe Schneidewind, Bielefeld 9/99, s. o.

12 Veranstalter der InNaTex ist die CDH Hessen-Thüringen, Wirtschaftsgemeinschaft der hessischen Handelsvertreter GmbH, s. Adressen im Anhang

13 Ute auf der Brücken: Erfolgreiches Öko-marketing – das Beispiel Hess Natur, in: Herbert Klemisch: Umweltschutz in der Textil- und Bekleidungsbranche, Klaus Novy Inst., Köln 1999, S. 94

14 Pressemitteilung, Waschbär Winter 1998

15 Wissenschaftsladen Bonn hat zum Einkaufsleitfaden Naturtextilien eine aktualisierte Adress-Sammlung mit Einkaufsquellen erstellt, Bezug: Wissenschaftsladen Bonn, s. Adressen im Anhang.

16 Vivendi Natur & Mode, Collegiumsgasse 6, 72070 Tübingen, Tel. 0 70 71/2 20 41; Voilà Naturtextilien oHG, Cecilienstr. 27, 66111 Saarbrücken, Tel./Fax: 06 81/39 02 05

17 Selbstdarstellung der Mitglieder des Internationalen Verbands der Naturtextilwirtschaft, Öko-Tex Messe im Januar 1999

18 Weitere Informationen zum Projekt Öko-Kaufhaus mit BUND, Wuppertal Institut u. a.: CAF, Clearing-house for Applied Futures GmbH (Büro für angewandte Zukünfte), Völklinger Str. 3a, 42285 Wuppertal, Fax: 02 02/2 80 63 30, e-mail: caf@oln.comlink.apc.org

19 Herbert Klemisch: S. 90, s.o.

20 Monika Balzer: Von Dreien, die nicht konnten zusammenfinden. In: Textil und Bekleidung, BUND LV B.W. (Hrsg.), 1996, S. 85–87

21 BorgMann, Doyenweg 17, 59494 Soest, Tel. 0 29 21/7 09-50, Fax: 7 09-58 e-mail: service@borgmann-concepts.de

22 Ökopartner Beratung + Bildung, Eggerstedtstr. 11, 24103 Kiel, Tel. 04 31/97 94 02-0, Fax: -77

23 Yvonne Heinen-Foudeh: Achener Textiltagung / Uns geht es schlecht – auf hohem Niveau. In: Bekleidung Wear 24/1997, S. 28–30

24 Uwe Schneidewind, Thesenpapier zum Vortrag, s. o.

25 Marlis Heinz: Gedankenaustausch von Bekleidungsexperten in Leipzig. In: Bekleidung Wear 1/1999, S. 51

26 Bekleidung Wear 11/1996, S. 6

27 vgl. Frankfurter Allgemeine Zeitung vom 22.01.1999

28 herausgegeben vom WWF Schweiz und der Erklärung von Bern im April 1998

29 Broschüre von: Green Cotton A/S, Ellerhammervej 8, DK-7430 Ikast, Tel. +45 97 15 44 11, Fax: +45 97 25 10 14, e-mail: nvirotex@green-cotton.dk, http://www.green-cotton.dk

30 Vortrag von Michael Ständer/Ökologie + Marketing, Agentur zur Absatzförderung ökologischer Produkte GmbH, Offenbach: Neue Märkte für Produkte aus Entwicklungsländern mit Eco/Social- oder Fair Trade Label; Überlegungen zum Labelling aus Merketingtheorie und -praxis, Workshop: Vernetzung ökologischer und sozialer Zeicheninitiativen für Produkte aus Entwicklungsländern, Veranstaltung am 5. und 6.11.1998 in der GTZ in Eschborn, Veranstalter: Protrade

Fair-Trade: Der ganz andere Markt im Schatten

Kapitel 6.2

Der Fair-Trade-Bereich, also Produkte, die sozial gerechter produziert und gehandelt werden, sind Verbrauchern meistens von Lebensmitteln bekannt, insbesondere durch Kaffee oder Honig mit dem TransFair-Siegel oder dem Markenzeichen der gepa.

Seitdem die *Dritte-Welt-Bewegung* als Basisbewegung Ende der 60er Jahre ihren Anfang nahm, hat sie sich *zunehmend etabliert und professionalisiert.* Dazu gehören die Entwicklung nationaler und internationaler Organisationen (Weltladen-Dachverband, der europäische Dachverband NEWS! (Network of European Worldshops) und international der IFAT (Internationale Federation For Alternative Trade) und FLO International (Fair Trade Labelling Organisation)) und deren Konventionen und Leitsätze (s. Der faire Handel will mehr, S. 331 ff.)

Insgesamt macht *der faire Handel mit Textilien und Bekleidung nur ein winziges, monetär schwer fassbares Stück vom Umsatzkuchen* aus. Im Gegensatz zum übrigen Einzelhandel können im fairen Handel allerdings positive Entwicklungen vermerkt werden.

Mehr Professionalität bei Weltläden

Ein *Netz von 750 Weltläden überzieht Deutschland,* in Europa sind es insgesamt 2.500. Dazu kommen Tausende Aktionsgruppen, in Deutschland allein 6.000, die ein gemischtes Sortiment alternativ gehandelter Produkte vertreiben. Hierzulande sind knapp die Hälfte der Weltläden im Weltladen-Dachverband organisiert.

Viele Weltläden werden nur *ehrenamtlich geführt,* befinden sich abseits der Einkaufszentren und haben nur wenige Stunden täglich geöffnet. Ihre Umsätze liegen entsprechend niedrig. Dass hier viel Entwicklungspotential ruht, erscheint nahe liegend. Andererseits sind bessere Lagen auch wesentlich teurer.

Die großen Importorganisationen der Weltläden, die Gesellschaft zur Förderung der Partnerschaft mit der Dritten Welt mgH (gepa), die dritte-welt partner GmbH und die El Puente GmbH, sowie die Weltladen-Dachverbände betreiben seit 1997 ein Unterstützungsprogramm. Mit professionellem Knowhow sollen *Weltläden zu Fachgeschäften des fairen Handels* entwickeln werden. Dazu gehört vor allem Beratung in Fragen des Marketings, auch Dekorationshilfen, Unterstützung bei Umzug und Schulungen. Außendienstmitarbeiter der gepa sind für verschiedene Regionen zuständig, eine Stelle koordiniert die Aktivitäten. Sowohl gepa wie dritte-welt partner haben zur Anschauung einen Musterweltladen ins Leben gerufen. Mehrmals im Jahr werden von der gepa Produktschwerpunkte gesetzt, Hilfen zur Verkaufsförderung zur Verfügung gestellt und entsprechende Produktschulungen durchgeführt. El Puente entwickelt im Hinblick auf den Weltladentag und den Weltgebetstag Produkte zu den Schwerpunktthemen, die sich besonders für die Öffentlichkeitsarbeit eignen.

Der Weltladen-Dachverband unterstützt die Weltläden begleitend mit Materialien zur Öffentlichkeitsarbeit und Pressearbeit. Teil des Marketing-Konzepts sind auf der inhaltlichen Ebene gemeinsame Konventionen und auf der gestalterischen Ebene ein wiedererkennbares Design (s. Weltladen-Logo S. 335).

Diese Anstrengungen zu mehr Professionalität zeigen guten Erfolg. Insgesamt konnten die Weltläden und Aktionsgruppen als Kundengruppe der gepa im Geschäftsjahr 1997/98 fünf Prozent Umsatzplus verbuchen und im Jahr darauf weitere 2,5 Prozent. Die *100 umsatzstärksten Läden mit gepa-Ware steigerten sich im Vergleich zu vor zwei Jahren (1997) um 26 Prozent.*[1] Wirtschaftlich geht es in den schätzungsweise 10 bis 20 Prozent professionell geführten Läden bergauf. Einige konnten ihre Umsätze sogar verdoppeln oder verdreifachen. Barbara Asbrand, Vorstandsmitglied im Weltladen-Dachverband, die als Gruppenberaterin mit Weltläden in Baden-Württemberg arbeitet, sieht hier noch ein großes Potential und sehr viele Läden, die mit diesem Prozess beginnen.

Albrecht Thomas Haller, Geschäftsführer vom Pro Terra Weltladen in Stuttgart, beobachtet im Ballungsraum eine *zunehmende Konkurrenz innerhalb der öko-fairen Anbieter.* Denn die Zahl der Weltläden ist im Raum Stuttgart in den letzten zehn Jahren gewachsen. Zusätzlich nimmt das Versandgeschäft zu und bietet der konventionelle Handel vermehrt TransFair-Produkte an. Dagegen stagniert die wirtschaftliche Lage, fluktuieren die Kunden stärker und *wollen für Beratung keinen Preisaufschlag akzeptieren.* Für den Weltladen Pro Terra lautet die Strategie: Konzentration aufs Kerngeschäft, Geschäftsräume in besserer Lage finden und zusätzlich auch das Internet mit einer Homepage und Bestellmöglichkeiten nutzen.[2]

Fair-Labels

Im Jahr 1994 wurde das *TransFair-Siegel* am Markt eingeführt, um *Fair-Handels-Produkte auch in die Regale des konventionellen Handels* zu bringen und damit einen weiteren Personenkreis zu erreichen. Träger von TransFair, des Vereins zur Förderung des Fairen Handels mit der „Dritten Welt", sind rund 40 Organisationen aus den Bereichen Kirche, Entwicklungspolitik, Verbraucherschutz und Sozialarbeit. Seit der Einführung klettert der *Bekanntheitsgrad* des TransFair-Siegels beständig nach oben und liegt bereits bei *37 Prozent* der Bevölkerung, enorm hoch für ein noch so junges Label. Parallel dazu ist der Umsatz mit besiegelten Produkten auf 130 Mio. DM/1998 angewachsen.

Während durch den Preiskrieg der Großen der Absatz von TransFair Kaffee erstmals rückläufig war (minus 8%), boomt der Absatz im Bereich der Süßwaren.[3] TransFair konzentriert seine Kräfte weiter auf den Food-Bereich, wo Orangensaft mit dem TransFair-Siegel als nächstes Produkt eingeführt wird.

Der Non-Food-Bereich bleibt bis auf weiteres außen vor, obwohl schon seit mehreren Jahren die Besiegelung von Textilien diskutiert wird. TransFair International war bereits mit einer internationalen Arbeitsgruppe aktiv geworden. Die Katholische Landjugendbewegung (KLJB) hatte sich sehr engagiert, für die „Öko-fair-tragen"-Kollektion (s. S. 340ff.) als Erste das TransFair Label für Textilien zu erhalten,[4] aber ohne Erfolg. Auch innerhalb des Dachverbandes der unabhängigen Siegelinitiativen FairTrade Labelling Organizations International (FLO)[5] sieht TransFair-Geschäftsführer Dieter Overath *keine Dynamik in Richtung auf die Besiegelung von Textilien*. Erfahrungen im Textilbereich sammelt Overath nun durch die Kooperation mit Rugmark, deren Geschäftsführung er 1998 übernommen hat. In den Zielen liegen beide Ansätze nah beieinander, arbeiten beide gegen Kinderarbeit und für faire Arbeitsbedingungen von Erwachsenen.

Das *Rugmark-Siegel* steht für die kontrollierte Herstellung von Teppichen ohne ausbeuterische Kinderarbeit. Die Rugmark-Stiftung wurde als Zusammenschluss indischer Nichtregierungsorganisationen und Exporteure, dem „Indisch-Deutschen Exportförderungsrat" und UNICEF Indien, im Jahr 1993 gegründet. Die Stiftung begann ihre Kontrollen im September 1995 in Indien, weitete sich 1996 auf Nepal aus und zieht weitere Kreise. In

Pakistan hat eine Rugmark-Gesellschaft begonnen, die notwendigen Strukturen aufzubauen. In *Indien werden heute bereits fast 30 Prozent aller handgeknüpften Orientteppiche gelabelt, während in Nepal der Prozentsatz noch relativ niedrig* liegt. Bisher haben sich 35 europäische Importeure (u. a. Karstadt, Kibek und das Versandhaus Klingel-Wenz) verpflichtet, die an eine schwankende Anzahl von Einzelhändlern in Europa liefern. Ende Juni 1999 soll der 1,5-millionste Rugmark-Teppich importiert werden, entsprechend einem Jahresumsatz (Endverkaufswert) von ca. 120 Mio. DM. Da die Orientteppichbran-

■ **Rugmark-Erfolgsbilanz für Indien und Nepal 1999**

	Indien[1]	Nepal[2]	Anmerkungen
Bekannt gewordene Fälle von Kinderarbeit	1250	290	Auch leere Plätze an Knüpfstühlen, Familienmitglieder ohne Schulnachweis etc. Diese Zahlen betreffen nur die Knüpfbetriebe mit Rugmark-Lizenz und Aufnahmekontrollen.
Von Rugmark getragene Rehabilitationseinrichtungen und Schulen	5	4	Das Transit Home wird von Rugmark und anderen Hilfsorganisationen geführt.
Kinder in Rugmark-Schulen	922		In Indien werden Abendkurse für Teppichknüpfer (Eltern) durchgeführt, 191 Teilnehmer.
Kinder in Rehabilitationszentren und -programmen	61	207	In Indien wurden diese Kinder aus Schuldknechtschaft befreit. Reha-Center in Nepal mit Schulbetrieb, Kooperation mit Nichtregierungsorganisationen
Kinder, die in ihre Familien zurückgekehrt sind		81	
Projekte für ehemalige Kinderarbeiter aus der Teppichindustrie	10		Brot für die Welt, Misereor, terre des hommes und UNICEF finanzieren über 4.000 Kindern Schul- und außerschulische Bildung
Lizenzgebühren deutscher Importeure	1.440.528,07 DM		1996–31.12.1998, zur Finanzierung der Rugmark-Sozialprogramme in Indien und Nepal
Exportierte Teppiche mit Rugmark-Label	1.322.466	68.667	
Lizensierte Exporteure	202	80	
Knüpfstühle, die für Rugmark arbeiten	23.679	5.908	Nur bereits lizensierte Knüpfstühle
Kontrollen von Knüpfstühlen	48.582	regelmässig alle	Zahl umfasst Mehrfach- und Eingangsprüfungen
Rugmark-Inspekteure	17	4	
Importeure mit Rugmark-Lizenz			32 Deutschland, 1 Niederlande, 1 Schweiz, 1 Belgien, 1 Luxemburg, 2 USA
Lizenzabschlüsse in Vorbereitung (Importeure)			1 Deutschland, 2 USA, 2 Großbritannien, 1 Kanada

Anmerkungen: 1) Stand 31.03.1999 ab September 1995; 2) Stand 23.04.1999 ab Dezember 1996, Quelle: Rugmark Deutschland che insgesamt in einer tiefen Krise steckt und für 1998 ein Umsatzminus von 20 Prozent verzeichnete, blieb davon auch Rugmark nicht verschont, musste ein Minus von 10 Prozent bei den Einnahmen verkraften. Für 1999 ist durch den Einstieg von Europas größtem Teppich-Importeur, Teppich-Kibek, in Nepal mit einer erheblichen Ausweitung der Rugmark-Teppichimporte zu rechnen.

Die deutschen *Importeure leisten eine Abgabe von mindestens 1 Prozent des Exportpreises, die zur Finanzierung von Sozialprogrammen* für ehemalige Teppichkinder und Kinder aus Knüpferfamilien verwendet wird. Auf diese Weise wird sichergestellt, dass befreite Teppichkinder nicht in eine neue soziale Notlage geraten. Daneben wird Rugmark von mehreren *Hilfswerken finanziell unterstützt*, von Brot für die Welt, terre des hommes und UNICEF. In Indien können z. B. über 900 Kinder Rugmark-Schulen besuchen. Die Tabelle beschreibt die Erfolgsbilanz, die die Initiative seit ihrem Start 1995 vorweisen kann.

Das schweizer Pendant zu Rugmark ist die *Stiftung STEPP*, die noch weitere Fair-Handels-Kriterien mit ihrem Anforderungsprofil verbindet. Unter den Initiativen einzelner Teppichhändler ist das *Terra-Prinzip* des Stuttgarter Teppichhauses SABET besonders bemerkenswert. Das Terra-Prinzip nutzt die freiwillige Selbstbesteuerung der Wirtschaft als Ressource für unabhängige Entwicklungspolitik.[6]

Die Aktion *Caire und Fair* dagegen, die vom Teppichverband ins Leben gerufen wurde, darf nicht mit einer Label-Organisation verwechselt werden. Es handelt sich um eine reine Fundraising-Maßnahme für Sozialprojekte in Indien und Nepal.

Dritte-Welt-Shop und TEAM-Versand

Die *Dritte-Welt-Shop GmbH* wurde 1976 als *Tochter der Deutschen Welthungerhilfe* gegründet. Mit einem Jahresumsatz von rund 35 Mio. DM in 1998 steht sie in Deutschland im fairen Handel an zweiter Stelle hinter der gepa, vermarktet allerdings nicht allein Produkte aus fairem Handel. Siebenmal jährlich erscheint der DW-Katalog (Auflage: 250.000–300.000) mit 44–120 Seiten, vier davon sind Hauptkataloge, die *neben Kunsthandwerk hauptsächlich Bekleidung und Heimtextilien aus Naturfasern* enthalten, teilweise aus Green Cotton (s. S. 371). Parallel zum Versand werden die Waren über vier Ladengeschäfte vertrieben, in Düsseldorf-Derendorf, Dortmund, Bonn und Bonn-Beuel.

Intern besteht eine enge Kooperation zwischen Projekten der Deutschen Welthungerhilfe und dem Dritte-Welt Shop, der u.a. Waren aus Entwicklungsprojekten vermarktet. Das Handelsunternehmen ist profitorientiert. Die *Gewinne aus dem Versandgeschäft fließen anteilmäßig zurück in Entwicklungsprojekte der Deutschen Welthungerhilfe*. Im Jahr 1998 waren das 2,1 Mio.

DM. Das zeichnet den DW-Shop im Vergleich zu anderen besonders aus. Kontrollorgan ist die Gesellschafterversammlung der Deutschen Welthungerhilfe und ein Beirat, der von ihr gestellt wird.

Als Mitglied der IFAT (International Federation for Alternative Trade) tauscht die Welthungerhilfe Erfahrungen im Alternativen Handel aus und unterstützt deren Leitsätze. Die vermarkteten *Produkte stammen zu zwei Dritteln aus Initiativen und Genossenschaften und zu einem Drittel aus Industrieproduktion.* Damit verschafft der DW-Shop bevorzugt besonders benachteiligten Produzenten eine Chance – zum Beispiel den Herstellern von Alpaka-Strickwaren aus Bolivien. Im Rahmen der Projekte der Deutschen Welthungerhilfe werden von Fall zu Fall Vorschüsse gewährt, um Produktionskosten vorzufinanzieren. Strukturen der Selbstverwaltung und Frauenförderung sollen von den Projektpartnern gefördert werden. Auch der Umweltschutz ist ein Thema: Beim Anbau von Baumwolle wird sowohl der ökologische wie der integrierte Anbau gefördert. Ein Entwicklungsprojekt betrifft zum Beispiel den Bau einer Kläranlage.

Um lieferfähig zu sein, könne man aber nicht auf Industrieprodukte verzichten. Denn ein Kunde, der eine Jacke bestellt, bringt nicht die Bereitschaft mit, darauf ein halbes Jahr zu warten.

Von den rund 55 Handelspartnern produzieren 35 Textilien und Bekleidung. Zu den *fairen Handelskonditionen gehört ein Mehrpreis, der im Durchschnitt 20–30 Prozent über dem des lokalen Marktes* liegt. Die Einhaltung sozialer Mindeststandards wird bei allen Lieferanten stichprobenartig überprüft. In Projekten der Welthungerhilfe ist die Kontrolle der Arbeitsbedingungen durch den engen Kontakt für den DW-Shop vergleichsweise einfach. Auch die anderen Lieferanten, die sich vertraglich zur Einhaltung sozialer Mindeststandards verpflichtet haben, werden stichprobenartig kontrolliert. Zum Schutz der Verbraucher untersucht der DW-Shop seit Jahren Textilien auf Chemikalienrückstände im Herkunftsland wie in Deutschland.

Die *Eine Welt TEAM-Versand GmbH* & Co KG geht auf zwei Unternehmen zurück, die in den 70er Jahren mit der Dritte-Welt-Bewegung entstanden sind: auf die „Dritte-Welt-Läden GmbH", eine Importorganisation für Weltläden und Aktionsgruppen, und auf den TEAM-Versand, ein Versandhaus für Endverbraucher. 1993 fusionierten die Firmen unter dem Namen „Eine-Welt TEAM Versand GmbH" und übernahmen 1996 die Waschbär Tochter „Sancho Pansa". Der TEAM-Versand hat mit einem Jahresumsatz von ca. 9,8 Mio. DM/1998 eine beachtliche Größe erreicht, musste aber seit 1996 kräftige Einbußen hinnehmen. Das Handelshaus mit Sitz im Bohmte bei Osnabrück produziert jährlich zwei dicke Kataloge (ca. 195 Seiten) mit einer Auflage von ca. 230.000/1999 und beschäftigt etwa 40 Mitarbeiter.

Der *TEAM-Versand vereint im Textilbereich die Kombination von ökologischen und sozialen Anforderungen.* Das Unternehmen hat sich von Anfang an den fairen Handel auf die Fahnen geschrieben. Die Abkürzung TEAM steht für „The European Alternative Marketing". Als Gründungsmitglied unterstützt der TEAM-Versand die Leitsätze der IFAT. *TEAM vermarktet zu etwa 75 Prozent Produkte aus Zusammenschlüssen von Handwerkern und Kleinbauern aus Ländern der so genannten Dritten Welt.*[7] Wie im Alternativen Handel üblich kalkulieren die Handelspartner den „fairen Preis" selbst, der akzeptiert wird, sofern er marktfähig ist. Er soll neben einer angemessenen Entlohnung auch Spielräume für neue Investitionen und Gemeinschaftsaufgaben enthalten. Im Gegensatz zu anderen alternativen Handelshäusern sind der TEAM-Versand wie der DW-Shop *privatwirtschaftliche Unternehmen,* die gewinnorientiert arbeiten. Allerdings fließen die Gewinne seit Jahren in das Unternehmen zurück bzw. werden zur Vorfinanzierung laufender Projekte verwendet. TEAM leistet zudem Beratung in Fragen der Produktion und Produktgestaltung.

Etwa 150 Lieferanten sind Partner des Versandhauses, davon 13 aus dem Bereich *Heim-Tex/Bekleidung.* Die Kleidungsstücke sind modisch geschnitten und berücksichtigen aktuelle Farben – darunter *viele Basics, Freizeitbekleidung aus indischer Bio-Baumwolle* (Maikaal-Projekt) oder in *traditioneller Handwerkstechnik* hergestellt (handgewebt, mit der indischen Block-Druck-Technik). Ein Alpaka-Pullover stammt aus kontrolliert ökologischer Wolle von der Firma „peru naturtex", eine Rarität. Verarbeitet werden nur reine Naturfasern, *teilweise aus kontrolliert biologischer* Herkunft. TEAM stellt auch zusätzliche Anforderungen an die Auswahl von Farbstoffen und beschränkt sich auf mechanische Ausrüstung ohne Kunstharze. Selbst die Zutaten sind aus Naturmaterialien, Metallteile müssen nickel- und chromfrei sein. Die Einhaltung der ökologischen und sozialen Standards wird stichprobenartig überprüft. Der Weltladen-Dachverband kritisiert am TEAM-Versand vor allem *mangelnde Transparenz* (die Projektauswahl geschieht intern, Bilanzen werden nicht veröffentlicht) und fehlende Mitbestimmungsmöglichkeiten für die Weltläden, die ein Viertel des Umsatzes ausmachen.[8] Ludwig Flatau, der Geschäftsführer, hat dazu nicht Stellung nehmen wollen.

Die großen Importorganisationen
Zu den großen Importeuren des Alternativen Handels, die u. a. Textilien/Bekleidung vermarkten, zählen die *dritte-welt partner GmbH (dwp), El Puente GmbH und die gepa mbH.* All drei Handelsunternehmen entstanden in den 70er Jahren und entsprechen dem Profil der Weltladen-Konventionen (ATO-TÜV). Das heißt auch, dass die erzielten Gewinne zurück in den fairen Handel fließen. (s. S. 336, Weltladenkonventionen)

■ Ausgewählte Handelsorganisationen und Marken im Fair-Trade Segment

Label	Adresse des Labelgebers	Besiegelte Produkte	Jahresumsatz
TransFair	TransFair Remigiusstr. 21, 50937 Köln Tel. 02 21/94 20 40-0 Fax: 02 21/94 20 40-40 e-mail: info@transfair.org http://www.transfair.org	Kaffee, Tee, Honig, Zucker, Bananen, Kakao, Orangensaft	130 Mio. DM 1998
Rugmark	Rugmark Deutschlandbüro Remigiusstr. 21, 50937 Köln Tel. 02 21/9 41 12 53 Fax: 02 21/94 20 40 40 e-mail: rugmark@transfair.org http://www.rugmark.de	handgeknüpfte Orientteppiche	120 Mio. DM 1998/99

Versand-/ Großhandel	Adresse	Lieferanten	Jahresumsatz
Dritte-Welt-Shop GmbH	Eduard Rhein-Str. 5–7 53639 Königswinter Tel. 0 22 44/8 83-0 Fax: 0 22 44/8 83-119 e.mail: dw-shop@mediata.de http://www.dw-shop.mediata.de	55, davon 35 von Textilien	ca. 35 Mio. DM 1998
Eine Welt TEAM-Versand GmbH	Am Teichgraben 2 49163 Bohmte Tel. 0 54 71/95 66-66 Fax: 0 54 71/95 66-99 e-mail: info@team-versand.de http://www.team-versand.de	150, davon 13 von Heim-Tex plus Bekleidung	9,8 Mio. DM 1998
dritte-welt partner GmbH	Deisenfangstr. 31 85212 Ravensburg Tel. 07 51/3 61 55 23 Fax: 07 51/3 61 55 33 e-mail: info@dwp-rv.de	55, davon 8–10 von Textilien	4,3 Mio. DM 1998/99
El Puente GmbH	Hildesheimer Str. 59 31177 Harsum OT Asel Tel. 0 51 27/9 88 60-0 Fax: 0 51 27/9 88 60-28 e-mail: el-puente@t-online.de http://www.el-puente.de	75, davon 5 von Textilien	4,5 Mio. DM 1998/99
gepa mbH	Gewerbepark Wagner Bruch 4, 42279 Wuppertal Tel. 02 02/2 66 83-0 Fax: 02 02/2 66 83-10 e-mail: infoservice@gepa.org http://www.gepa3.de	160, davon ca. 5 von Textilien	58 Mio. DM 1998/99

Ihre wichtigste Kundengruppe sind die Weltläden, wobei eine Öffnung für andere Absatzkanäle beobachtet werden kann. Der Umsatz der gepa erreichte im Geschäftsjahr 1998/99 58 Millionen DM. Wachstum verzeichnete sowohl der Umsatz in Supermärkten (+ 5%), von Großverbrauchern (+ 11%) sowie in Weltläden (+ 2,5%).

In Kooperation mit der gepa vertreibt die Misereor Medienproduktion und Vertriebsgesellschaft mbH, Aachen den *Eine-Welt-Versand „Fair Gehandelt!"*. Von 28 Seiten im Katalog 1999/2000 sind hier fünf Seiten textilen Produkten gewidmet.

Verglichen mit dem Riesen gepa erreichen El Puente (ca. 4,5 Mio. DM/ 1998/99) und dwp (4,3 Mio. DM 1998/99) kaum 10 Prozent des Umsatzes. Sie beliefern hauptsächlich die Weltläden (über 80 bzw. 90 Prozent)[9], Naturkostläden, Aktionsgruppen, kleine Fachgeschäfte, und einige Großkunden gehören weiterhin zu den Abnehmern. Über das Internet wollen beide *zukünftig auch direkt Privatpersonen* erreichen. Vorrangig wird das Internet aber der Kundenbetreuung dienen, betont El Puente. *Große Kaufhausketten werden von ihnen als Partner abgelehnt.*

Informations- und Bildungsarbeit gilt im Fairen Handel als obligatorisch und will Veränderungen über die Projekte hinaus bewirken. Der Ravensburger dwp betrachtet Informations- und Bildungsarbeit sogar als vorrangiges Ziel, El Puente formuliert es als gleichrangig neben dem Handel! Aber Bildungsarbeit rechnet sich nicht – war die Erfahrung der gepa. Im Jahr 1997 wurde das Fair Handelshaus unter wirtschaftlichem Druck intern umstrukturiert. In der Konsequenz verlagerte das Unternehmen die Bildungsaktivitäten im Inland sowie kosten- und beratungsintensive Förderung von Handelspartnern in Übersee auf den Fair Trade Verein.[10] Vom Verein können gezielt Mittel für die Aufgaben Beratung, Bildung und Information beschafft werden.[11]

Zu den Veränderungen in der gepa gehört der *Rückzug aus der Bekleidungslinie.* Von den rund 160 Produzentenzusammenschlüssen, mit denen die gepa zusammenarbeitet, stellten 1997 noch 20 Textilien und Bekleidung her. Heute sind es nur noch etwa 5 größere Textilhandelspartner, u.a. Dezign und Cooptex. Im Programm sind Klassiker wie Seiden-Schals, Alpaka-Pullover, Jeans oder T-Shirts, die weitgehend unabhängig von modischen Trends langfristig geplant werden können. Wichtiger noch sind Heimtextilien wie Tischwäsche oder Geschirrtücher.

Bei El Puente (6% des Umsatzes) und dritte-welt partner (ca. 10% der Umsatzes) sind Textilien etwas stärker vertreten. Von *Sortiment und Machart ist das Textil-Angebot bei beiden ähnlich zusammengesetzt.* Sie bieten *ausschließlich kunsthandwerkliche Produkte*, in der Regel mit Elementen traditioneller Muster und kulturspezifischen Techniken. Im Bereich Heim-Tex und Bekleidung sind das: Bettüberwürfe, Tischdecken und Handtücher, Teppiche, Babytragetücher, Taschen und Rucksäcke, Mützen und Schals, T-Shirts, Jacken, Alpaka-Pullover mit traditionellen Motiven, Hemden oder Westen im „Ethno-Design" und farbige Tücher aus Bauwolle oder Seide in vielfältigen Designs.

■ **Drei Alternative Importorganisationen im Profil**

	gepa mbH	dritte-welt partner GmbH	El Puente GmbH
Fairer Preis	vom Partner kalkuliert, teils festgelegte Mehrpreise (Food)	vom Partner kalkuliert	vom Partner kalkuliert
Vorfinanzierung	auf Anfrage	50% der Produktionskosten	bis zu 120% der Produktionskosten
Beratung	Produktberatung, Bio-Umstellungsberatung	Produktions- und Produktberatung	Produktberatung
Zusammen-arbeit	Partnerschaftsvertrag, Transparenz, Kontinuität	Transparenz, Kontinuität	Transparenz, Kontinuität
Zielgruppen	Selbsthilfegruppen, Kleinbauern, Handwerker, Kleingewerbetreibende, Frauen, in ländlichen Regionen, (halb-) industrielle Unternehmen	benachteiligte Produzentengruppen mit emanzipatorischen Zielen, i.d.R. keine Privatwirtschaft	Kleinbetriebe und Genossenschaften, weniger Privilegierte, keine Industrieproduktion
Umweltschutz	nachwachsende Ressourcen, ökologischer Anbau, angepasste Technologien	Herstellung ökologisch vertretbar, nicht gesundheitsschädlich, einheimische Rohprodukte, angepasste Technologien	nachhaltige Projekt- und Produktentwicklung, Umweltschutz nicht vorrangig
Regional-entwicklung	Förderung des ländlichen Raums, Vernetzung, Pilotprojekte	Erhaltung regionaler Strukturen, langfristig regionale Vermarktung	Förderung Infrastruktur, regionale Vermarktung
Informations- und Bildungsarbeit	Informationen über Projekte und Hintergründe, Zusammenarbeit mit Fair Trade Verein, Bildungsarbeit für Multiplikatoren	vorrangiges Ziel, Infomaterialien, Reisen in Vorbereitung	gleichrangiges Ziel neben Handel, Informationen und Seminare

	gepa mbH	dritte-welt partner GmbH	El Puente GmbH
Marketing	ca. 750 Weltläden, ca. 5000 Aktionsgruppen, Großverbraucher, Naturkostläden, Lebensmitteleinzelhandel	Weltläden, ca. 450, zahlreiche Aktionsgruppen, einige Naturkostläden	900 Weltläden, ca. 1000 Aktionsgruppen, E-Commerce
Leitsätze IFAT	Mitglied	Mitglied	Mitglied
Arbeitsbedingungen			
Ges. Mindestlohn	Mindestbedingung, Selbsthilfegruppen mit gerechter Entlohnung bevorzugt	Mindestbedingung, Gewinne für Gemeinschaftsaufgaben	wird berücksichtigt
Gesunde, sichere Arbeitsbedingung	Mindestbedingung, bei Selbsthilfegruppen gefördert	„humane Arbeitsbedingungen"	Arbeits- und Lebensbedingungen werden berücksichtigt
Soziale Absicherung	Maßnahmen werden gefördert	Basisabsicherung sollte gefördert werden, teilweise vorhanden	wird berücksichtigt
Aus-/ Fortbildung	Selbsthilfe gefördert	werden gefordert	werden berücksichtigt
Kinderarbeit	Mindestbedingung, keine ausbeuterische Kinderarbeit	keine ausbeuterische Kinderarbeit	keine ausbeuterische Kinderarbeit
Diskriminierungsverbot	Mindestbedingung	Mindestbedingung	Mindestbedingung
Gewerkschaftliche Rechte, Mitbestimmung	Mindestbedingung	Mindestbedingung, Projekte mit basisdemokratischer Grundstruktur	werden berücksichtigt

Literaturhinweise, Anmerkungen:

1 gepa Pressemitteilung vom 23.03.1999, Weltläden im Aufwind

2 Erinnerungsprotokoll vom Treffen 15.07.1999 aus dem Pro Terra-Umfeld, Pro Terra Weltladen Stuttgart, Fa. Albrecht Thomas Haller

3 Pressemitteilung von TransFair, Köln vom 1.6.1999 „TransFair steigert Gesamtumsatz"

4 Olaf Paulsen: TransFair – das Gütesiegel für Fairen Handel, S. 145–147. In: Umwelt-Gerechte TextilWirtschaft – Vision oder Wirklichkeit? (Hrsg.) Evangelische Akademie Bad Boll, ZEB, Wirtschaftsministerium Baden-Württemberg, Stuttgart 1998

5 FairTrade Labelling Organizations International, Adresse s. Anhang.

6 Peter Spiegel: Das Terra-Prinzip. Das Ende der Ohnmacht in Sicht: Wirtschaftler werden Revolutionäre, Horizonte Verlag, Stuttgart 1996

7 Weltladen-Dachverband: Der ATO-TÜV. Bewertung von Importorganisationen (ATO) anhand der „Konvention der Weltläden", Ausgabe 1998, Bezug: Weltladen-Dachverband e.V., Adresse siehe Anhang.

8 vgl. Weltladen-Dachverband 1998, s. o.

9 vgl. Weltladen-Dachverband 1998, s. o.

10 gepa Presse-Information vom 1.7.1997: „Fairer Handel im Aufbruch"

11 Monika Balzer: Ansätze zur Verbesserung der Sozialverträglichkeit in Produktion und Handel mit Textilien und Empfehlungen zur Fortentwicklung der Richtlinien des Arbeitskreis Naturtextil im Bereich Sozialverträglichkeit, Stuttgart 1997, unveröffentlichtes Manuskript, aktualisiert

Ökologisches Modedesign wird salonfähig oder „eco goes fashion"

„Poesie des Tuns
Es ist schön ein hungerndes Kind zu sättigen,
ihm die Tränen zu trocknen,
ihm die Nase zu putzen,
es ist schön, einen Kranken zu heilen.
Ein Bereich der Ästhetik,
den wir noch nicht entdeckt haben,
ist die Schönheit der Gerechtigkeit.
Über die Schönheit der Künste, eines Menschen,
der Natur können wir uns halbwegs einigen.
Aber - Recht und Gerechtigkeit sind auch schön,
und sie haben ihre Poesie,
wenn sie vollzogen werden.“
Heinrich Böll

Die „Ökos" haben sich auf den Weg gemacht und ihre enge Nische verlassen. Nur ganz wenige, die sich öko-fair kleiden, wollen ihre Ansprüche wie einen Sticker mit dem Outfit zur Schau tragen. Für die Mehrheit gilt: umwelt- und gesundheitsschonende sowie sozialverträgliche Herstellung soll (und kann) man nicht sehen. Sie gehören vielleicht ins liberal-intellektuelle Milieu, zählen zu den Individualisten, die sich mehr soziale Gerechtigkeit und die Versöhnung von Mensch und Natur wünschen. In jeder Situation möchten sie sich angemessen angezogen fühlen, vom sexy Dessous bis zum Businessware, nachhaltig produzierte Textilien für alle Lebensalter und Situationen. Kann die Branche diese Wünsche bereits erfüllen?

Mit Maximalforderungen fing es an

Am Anfang haben sich die Vorreiter in den Branchen Textil und Bekleidung zur Aufgabe gemacht, strenge Richtlinien zu erarbeiten nach der Devise „so naturbelassen und umweltschonend wie möglich" mit besonderem Blick auf die eingesetzten Chemikalien, weniger auf die Aspekte Ressourcenschonung oder Öko-Management. Im krassen *Gegensatz zu den konventionellen Herstellern wurden Maximalforderungen* formuliert. Die Bio-Szene greift zu 100 Prozent zu Naturfasern – möglichst aus kontrolliert ökologischer Herkunft. In der Verarbeitung wird auf alle erlässlichen Hilfsmittel verzichtet. Eingesetzte Substanzen müssen weitgehend biologisch abbaubar oder recycelbar sein, die ganze textile Kette möglichst umgestellt auf Naturstoff-Chemie, vom Waschmittel bis zur pflanzlichen Färbung, den Weichmachern oder Maschinenölen auf der Basis tierischer oder pflanzlicher Fette und Öle. Die natürliche Hightechfaser bleibt ungebleicht, ungefärbt, ohne chemische Appreturen und Ausrüstungen und wird auf Rückstände kontrolliert. Das Design ist betont körperfreundlich, heute als Schlabberlook verschrien. Selbst Accessoires sind aus Naturstoffen wie Horn oder Perlmutt. Bis zum regionalen Verarbeitungskonzept, das neue Arbeitsplätze schafft und Transportwege einspart, reicht die Palette an Forderungen. Dazu kommt der Anspruch auf sozialverträgliche Produktionsbedingungen.

Kampf um Akzeptanz: weg vom Müsli-Image
Heute haben Naturtextilhersteller an ihrem Image schwer zu tragen, am Müsli-Look, mit dem die Bewegung 1993/94 ihren Anfang nahm und als Modewelle durch die Schaufenster schwappte. Naturfarbene grobe Naturtextilien im Schlabberlook, auf dem Holzständer oder Strohballen präsentiert. Heute beschreibt Egon Heger, Geschäftsführer von Holstein Flachs, sehr plastisch, welche Vorurteile er bei Einkäufern auf der CPD, der großen Modemesse in Düsseldorf, überwinden muss: „Ooch, Öko-Look! – Komm wir gehen wieder zurück." Ulrich Rösch, Geschäftsführer von Rakattl, der von Anfang an mit am Ball war, klingt nicht anders: „Ich kann ihnen ein Dutzend führende Bekleidungshäuser in Deutschland nennen, die gesagt haben, nein, wir haben es mit Britta Steilmann versucht, wir haben kein Interesse an ökologischer Bekleidung mehr." Gegenüber der Zeitschrift natur räumt die Modemacherin Defizite ein: „Was mir fehlte, war die Marketingstrategie am Point of Sale (im Einzelhandel, d. Red.). Die war saublöd dekoriert, die Ware, in der Müsliecke", so Britta Steilmann.[1]

Jetzt *kämpfen Naturtextilhersteller um die Akzeptanz hochwertiger Artikel mit modischem Anspruch* im konventionellen Einzelhandel. Sie wollen nicht in die Öko-Ecke gestellt werden, zum Beispiel auf der CPD in Düsseldorf in die Fashion & Ecology Halle, schreibt das Öko-Test Magazin.[2] Von den Fehlern des Anfangs distanziert sich mittlerweile das Gros der Hersteller.

Johannes Kloppenborg, Umweltbeauftragter des Panda Versands, bestätigt: „Sehr wichtig ist uns, dass dieses Müsli-Image wegkommt." Auf der Suche nach modischer Kompetenz arbeitet die WWF-Tochter mit verschiedenen Designern zusammen und entwickelt Kollektionen, „die für moderne Menschen tragbar sind." Neue Anregungen hat der Panda Versand durch die Ausschreibung von Design-Wettbewerben gewonnen: „Wir haben an mehreren Fachhochschulen einen Design-Wettbewerb ausgeschrieben, wo Studenten über ein Semester Modelle entwickelt haben. Daraus sind mehrere Dinge entstanden", berichtet Kloppenborg.

Neue Impulse: weniger Ideologie, mehr geistige Freiheit
Vom theoretischen Ansatz her brachten in den letzten Jahren zum Beispiel Anne-Marie Grundmeier von der Deutschen Meisterschule für Mode in Mün-

chen, die COSY-Workshops in Sankt Gallen oder Alf Steinhuber, Professor an der Hochschule für Gestaltung, Technik und Wirtschaft in Pforzheim, neue Impulse. Anne-Marie Grundmeier macht deutlich, dass trotz ökologischer Anforderungskataloge ein breit gefächertes Angebot für alle Bereiche und Milieus – vom Sportswear bis zur Abendgaderobe – abgedeckt werden muss. Entgegen der teilweise dogmatisch anmutenden Haltung mancher Naturtextilhersteller zeigte Grundmeier mehr geistige Freiheit in der Betrachtung: Nicht allein Naturfasern, auch die neue zellulosische Chemiefaser Lyocell (mit den Marken Lyocell und Tencel) können auf umweltschonendere Weise als bisher aus nachwachsenden heimischen Rohstoffen hergestellt werden. Das Lösungsmittel bleibt dabei weitgehend in einem geschlossenen Kreislauf. Als wichtige *Kennzeichen einer Zukunftsmode* benennt Grundmeier: Rohstoffeffizienz, Kreislauffähigkeit und Multifunktionalität.[3]

Michio Kaku setzt der Phantasie keine Grenzen. Aus der Sicht des japanischen Zukunftsforschers könnte intelligente Bekleidung der Zukunft noch sensibler auf die physiologischen Bedürfnisse des Menschen eingestellt werden.[4] Der Phantasie freien Lauf lässt auch die *Methodik der Zukunftswerkstatt* zur kreativen Lösung ökologischer Probleme. In Form einer Zukunftswerkstatt hat das Institut für Wirtschaft und Ökologie der Universität Sankt Gallen (IWÖ-HSG) ein neues Konzept, den *COSY-Workshop* (Company Oriented Sustainability), 1997 mit Vertretern der Textilbranche zum Themenbereich Farben/Visionen einer Textilbranche Anno 2010 durchgeführt.[5] Einen Einblick in die Ergebnisse vermittelt die Tabelle.

■ Ökologie und Farben – Visionen für die Textilbranche

Farbvisionen	Textilvisionen	Gesellschaftsvisionen
• Färbung durch Lichtbrechung	• Kleidung als virtuelles Erlebnis	• Internet als wichtigstes Kommunikationsmedium
• Farbveränderung durch Stimmungs-, Feuchtigkeits- oder Temperaturwechsel	• nur noch ökologisch optimierte Kleidungsstücke	• allgemeines Umweltbewusstsein und –verhalten
• ein natürlicher Basisfarbstoff für die gesamte Farbpalette	• Ökologie als Wettbewerbsvorteil	• „Fit for use"
• verstärkte Nutzung farbig gewachsener Fasern	• Informationen für die gesamte textile Kette zugänglich	• Abkehr von der Wegwerfgesellschaft
• Färbung mittels Computerchips	• Fasern aus ubiquitären Rohstoffen	• Parallelwelten Information-, High-tech- und High-spirit-planet
• Ächtung umweltbelastender Farbstoffe	• nanotechnische Reparaturen	• ganzheitliche Schul- und Zusatzausbildung
• geschlossene Stoffkreisläufe	• kollektive Kleiderschränke	• Neudefinition der Erwerbsarbeit
		• Sozial- und Umweltdienste

Quelle: IWÖ-HSG: Diskussionsbeitrag Nr. 58, 1998, S. 13

Zu den Professoren, die einen eher ganzheitlichen Ansatz verfolgen, gehört Alf Steinhuber aus Pforzheim. Er hat mit seinen Studenten u.a. eine viel beachtete *Longlife-Kollektion* erarbeitet. Aus seiner Sicht ist Longlife eine Grundhaltung. Schon in der Produktentwicklung müssen Materialien, Design, Farben und sonstige Kriterien auf Langlebigkeit geprüft werden. Um ein qualitativ gutes Produkt zu entwickeln, müsse hart gearbeitet werden, auch die Gebrauchstauglichkeit getestet werden. Steinhuber fragt danach, was mit den Menschen in der Produktion passiert, was die Verantwortlichen zum Beispiel gegen die Staublunge oder Schwerhörigkeit in Webereien unternehmen.

Produkte, die am Markt eine Chance haben wollten, müssten eine Identität besitzen. Sie könnten vielleicht dazu beitragen, die eigene Identität wieder zu finden. „Indem wir etwas finden, was uns entspricht, in dem wir uns wohlfühlen, lernen wir uns kennen. Vielleicht kommt es dazu, dass wir wieder in Sachen wohnen und bestimmte Geschäfte und Marken bevorzugen, wo wir immer wieder Stücke finden, die uns entsprechen."[6]

Leitbild Nachhaltigkeit als gesellschaftliche Forderung

Grundstein für das Leitbild der Nachhaltigkeit legte die Rio-Konferenz 1992. Nachhaltige Entwicklung sucht ein Leben und Wirtschaften innerhalb der Grenzen der physischen Tragfähigkeit der Ökosysteme bei sozialem Wohlergehen für die jetzige und zukünftige Weltbevölkerung.[7] Es geht um ein Modell, das die *soziale, ökonomische und ökologische Entwicklung gleichrangig* bewertet und auch tragfähig ist, wenn *alle Menschen* das Gleiche für sich beanspruchen.

Im Grundsatz 8 der Rio-Deklaration haben sich die Unterzeichnerstaaten – darunter Deutschland – *verpflichtet, nicht nachhaltige Produktions- und Verbrauchsstrukturen abzubauen und zu beseitigen.* Die Agenda 21 hatte 1992 alle Staaten aufgefordert, nationale Umsetzungsstrategien zu erarbeiten. 1993 wurde auf der Ebene der Vereinten Nationen eine Kommission gegründet, die den Stand der weltweiten Bemühungen bilanziert, die Regierungen motiviert und die Arbeit der Gremien vernetzt. Es ist die *Kommission für nachhaltige Entwicklung* (Commission on Sustainable Developement, *CSD*) mit Sitz in New York. Ihre Vereinbarungen haben aber lediglich auffordernden Charakter. So verankerten die Empfehlungen der 7. CSD zum Thema Konsum die Begriffe Öko-Effizienz oder integrierte Produktpolitik oder auch den Hinweis auf besonders verschwenderischen Konsum reicher Bevölkerungsschichten. Noch warten die Deutschen auf ein nationales Programm: Im Gegensatz zu ihrem Vorgänger hat die neue deutsche Bundesregierung sich zumindest im Koalitionsvertrag vorgenommen, eine *Nachhaltigkeitsstrategie* zu erarbeiten.[8]

Massive Interessensunterschiede verschiedener gesellschaftlicher Gruppen kennzeichnen die Diskussion. Die Studie „Zukunftsfähiges Deutschland", die das Wuppertal Institut im Auftrag vom Bund für Umwelt und Naturschutz Deutschland (BUND) und der Organisation für Entwicklungszusammenarbeit MISEREOR 1995 erstellte, hat das Leitbild der Nachhaltigkeit weiter ausformuliert. Vorschläge für eine weitere Umsetzung u.a. im Textilbereich erarbeitete das Umweltbundesamt (UBA) 1997 in „Nachhaltiges Deutschland". Das UBA initiierte 1997 in Tutzing eine Tagung zum nachhaltigen Haushaltskonsum und lässt an verschiedenen Instituten untersuchen, wie nachhaltiger Konsum gezielter betrieben werden kann. Im Juni 2000 steht eine weitere Publikation des BUND, Berlin in der Reihe BUND-Positionen zum Bereich Textilien vor der Tür.

In Veranstaltungen haben vor allem die *Grünen*, auch die *SPD öko-soziale Entwicklungen im Textilbereich thematisiert.* Im März 1997 hatten Die Grünen/ Bündnis 90 im Landtag in Bayern in der traditionellen Textilregion Münchberg zur Tagung „Mode-Weg-Werfen" eingeladen. Angeklagt wurde ein Massenmarkt zu Niedrigpreisen und ständig wechselnden Moden, der einen Verschwendungskonsum in dieser Wohlstandsgesellschaft anheize. Ein Design, das auf eine stoffliche Verwertung keine Rücksicht nimmt, programmiere die Verbrennung bereits mit ein. Gudrun Lehmann von den Grünen forderte Produktverantwortung für Textilien: „Auch für Textilien muss in Zukunft für Hersteller und Verbraucher das Gebot der Nachhaltigkeit gelten." Produktverantwortung schließe ein, dass die Auswahl der verwendeten Rohstoffe, deren Wiederverwertbarkeit, Langlebigkeit und Abfallarmut berücksichtige und bei Produktionsverfahren mit Energie sparsam umgegangen werde. Gefragt sei ein neues Konsumleitbild für mehr Qualität und längere Lebensdauer.

Auch die Gewerkschaften machen sich seit Jahren für das neue Leitbild stark. 1999 wurde der Preis „Mode und Gesundheit" für ein entsprechend gestaltetes Kleidungsstück zum vierten Mal für Designer ausgelobt – diesmal nicht mehr von der Gewerkschaft Textil-Bekleidung, sondern von der Industriegewerkschaft Metall im Verbund mit der AOK.

Volkmar Lübke vom Institut Markt-Umwelt-Gesellschaft (imug) beschreibt die Diskussion um nachhaltige Textilien im Nachklang zur Veröffentlichung der Studie „Zukunftsfähiges Deutschland" aus der Sicht von *Verbraucherorganisationen*: als Entscheidungskriterien für den Konsum wäre ein veränderter Lebensstil zu mehr Sparsamkeit, Langlebigkeit, Regionalisierung und gemeinsamer Nutzung zu fordern.[9]

Sylvia Lorek, Koordinatorin der AG Lebensweisen im Forum Umwelt & Entwicklung schreibt: „Eine effektive Änderung des Konsums verläuft über den Lebenszyklus von Gütern und Dienstleistungen, eine Verringerung der Energie- und Stoffströme durch Energieeinsparung und weniger Material- und Produktverbrauch, Reduzierung der Schadstoffströme und sozialverträgliche Produktions- und Handelsbedingungen ... Bei der *Verständigung über Leitbilder nachhaltiger Konsummuster* muss von der Pluralität der unterschiedlichen Lebensstile ausgegangen werden. Unterschiedliche Lebensabschnitte sind dabei ebenso von Bedeutung wie die Berücksichtigung des Geschlechterverhältnisses."[10]

Kleidung als Zeichensprache

Kleidung ist kein reiner Gebrauchsgegenstand, den man mit rationalen Augen betrachtet und verwendet. Gerade die *Öko-Szene*, die Hardliner, hatten das aus dem Blick verloren. Für sie kommt *zuerst die Umwelt- und Gesundheitsverträglichkeit*. Gerade die Naturtextilszene hat wieder mehr die physiologischen Bedürfnisse von Bekleidung in den Mittelpunkt gestellt, mit dem Ziel, Kleidung zu kreieren, die gesund erhält und das Wohlbefinden fördert. Dahinter verbirgt sich die Einsicht, dass der Mensch als „nackter Affe" seinen Körper bedecken muss. Der Körper verlangt Unterstützung, um seine Temperatur regulieren zu können. Deswegen sollte Kleidung je nach Bedarf Wärme speichern können, Schweiß aufnehmen und für Kühlung sorgen, vor gefährlicher UV-Strahlung schützen und die Hautatmung nicht beeinträchtigen.

Die Kulturgeschichte und die Völkerkunde belegen, dass nicht unbedingt die körperlichen Bedürfnisse oder das Schamgefühl den Menschen dazu gebracht haben, sich zu bedecken. Noch *wichtiger sind psychische und soziale Motive*. Denn erst durch das Styling wird – vom Make-up bis zu den Schuhen – aus dem biologischen ein sozial bedeutsames Wesen. Was jede/r von Natur aus mitbringt, passt er oder sie dem eigenen Selbstbild an. Diese Gestaltung vergewissert und verpflichtet auf die persönliche Geschichte, Wünsche, soziale Beziehungen und Gruppenzugehörigkeit, d. h. Identität.

Doch selbst kurz vor der Jahrtausendwende bestimmte nicht allein die Individualität den Bekleidungsstil. Erst im Mai 1995 erlaubte beispielsweise das Justizministerium Rechtsanwältinnen vor Gericht in Hosen zu erscheinen.

Ästhetische Einstellungen sind das Ergebnis von gleichen Lebensbedingungen, Grundorientierungen und Lebenszielen. Ein Modell, das soziale Gruppen und deren Lebenswelten in diesem Sinne erfasst, ist das Konzept der sozialen Milieus (s. Kasten).

Will ein ökologisches Modedesign Erfolg haben, muss es *auf bestimmte Zielgruppen exakt zugeschnitten* sein und zugleich den Bedürfnissen nach Individualität und nach Gruppenzugehörigkeit gerecht werden. Der Trendforscher Carlo Michael Sommer sieht für die Zukunft, dass die alte Gleichsetzung „ökologisch = natürlich = unbehandelt" mehr aufgegeben werden muss. Denn Hochtechnologie spiele für die Lösung ökologischer Probleme in Produktion und Logistik eine zunehmende Rolle. Ökologische Bekleidung müsse mit Lifestyle-Aspekten verbunden werden und insbesondere Trendsetter-Gruppen ansprechen.[11]

Soziale Milieus in Westdeutschland

Das Institut Sinus in Heidelberg untersucht seit mehr als 15 Jahren im Rahmen der Marktforschung die sozialen Milieus in Deutschland. Diese Milieus charakterisieren salopp gesagt „Gruppen Gleichgesinnter". Das Konzept unterteilt die westdeutsche und die ostdeutsche Gesellschaft in zehn bzw. elf soziale Milieus mit spezifischen Lebensstilen, die teilweise vergleichbar sind und sich zunehmend angleichen. Im Folgenden werden die westdeutschen Milieus kurz charakterisiert:[12]

- Zum *kleinbürgerlichen Milieu* (8 Prozent der Bevölkerung) gehören ein hoher Anteil von Rentnern und Pensionären, kleine Angestellte, Selbstständige und Landwirte mit kleinen bis mittleren Einkommen. Hier überwiegen der Wunsch, in geordneten Verhältnissen zu leben, das Festhalten an traditionellen Werten und die Absicherung des Erreichten. Entsprechend ist der Lebensstil geprägt durch Anpassung an den Mehrheitsgeschmack, Selbstbeschränkung und die Vorliebe für zeitlose, gediegene Produkte. Kleidung gilt nicht als Mittel der Selbstdarstellung. Sie soll mit den Konventionen übereinstimmen und vor allem praktisch sein, also bequem, haltbar und preiswert.

- Das *konservativ-technokratische Milieu* (10 Prozent) repräsentiert viele leitende Angestellte, höhere Beamte sowie Selbständige, Unternehmer und Freiberufler, die über hohe und höchste Einkommen verfügen. Zu ihren Lebenszielen gehören beruflicher und materieller Erfolg durch Leistung, Zielstrebigkeit, Führungs- und Gestaltungsbereitschaft. Sie wollen zur gesellschaftlichen Elite gehören mit hohem Lebensstandard und intaktem Familienleben. Im Lebensstil ist die Abgrenzung nach unten wichtig – im Privatleben und in der Freizeitgestaltung. Ausgeprägte Exklusivitätsansprüche werden in diesem Milieu ausgelebt und Traditionsbezüge bewusst hergestellt.

- Zum *traditionellen Arbeitermilieu* (4 Prozent) gehört ein hoher Anteil an Facharbeitern, angelernten bzw. ungelernten Arbeitern und Rentnern mit kleinem bis mittlerem Einkommen. Hier dominiert der Wunsch nach gutem Auskommen, sicherem Arbeitsplatz bzw. gesichertem Alter und nach Anerkennung bei Freunden und Kollegen. Der entsprechende Lebensstil ist durch eine pragmatisch-nüchterne Grundhaltung bestimmt. Man hat nur bescheidene Konsumansprüche und umgibt sich mit soliden, zweckmäßigen Produkten. Kleidung wird als Gebrauchsgegenstand gesehen, muss praktisch und pflegeleicht sein. Der Lebensstil ist sparsam, ohne übertriebene Ansprüche oder Prestigekonsum.

- Die Angehörigen des *traditionslosen Arbeitermilieus* (11 Prozent) kommen aus den untersten Einkommensschichten und verfügen aber nicht über eine eigene politische oder kulturelle Tradition, auf der sie ihren Stil aufbauen könnten. Zu dieser Gruppe gehören überdurchschnittlich viele ungelernte und angelernte Arbeiter, viele Arbeitslose. Sie versuchen Anschluss an die Konsum-Standards der breiten Mittelschicht zu finden, träumen vom besonderen Leben in Prestige. Die Gruppe lebt häufig über ihre Verhältnisse, konsumiert spontan und greift schnell neue Trends auf.
- Das *aufstiegsorientierte Milieu* (20 Prozent) verfügt über ein gehobenes Einkommen. Der berufliche Aufstieg gilt als oberstes Lebensziel, Konsumwerte haben große Bedeutung. In diese Gruppe fallen viele Facharbeiter, qualifizierte Angestellte, kleinere Selbständige und Freiberufler. Sie orientieren sich am Lebensstil gehobener Schichten. Bevorzugt werden anerkannte Markenprodukte als Statussymbol.
- Mitglieder des *modernen bürgerlichen Milieus* (9 Prozent) sind i.d.R. meist einfache bzw. mittlere Angestellte und Beamte mit mittleren Einkommen. Sie legen Wert auf ein harmonisches Familienleben und gemeinschaftsorientiertes Privatleben. Wichtig sind gesicherte Verhältnisse und individuelle Selbstbestimmung. Soziale Werte haben große Bedeutung. Sie verbindet der Wunsch nach Lebensqualität, Komfort und Genuss. Im Stil wird eine konventionell-moderne Ästhetik bevorzugt – ohne kleinbürgerliche Ordnungszwänge.
- Im *liberal-intellektuellen Milieu* (10 Prozent), in dem hohe Einkommen verdient werden, befinden sich qualifizierte und leitende Angestellte und Beamte, Freiberufler und viele Studenten. Zu ihren Lebenszielen gehören soziale Gerechtigkeit und die Versöhnung von Mensch und Natur, Selbstverwirklichung und Persönlichkeitswachstum. Elemente des Lebensstils sind ein bewusstes Einkaufs- und Konsumverhalten mit dem Verzicht auf Überflüssiges. Zur Genussphilosophie passen Kennerschaft und Verfeinerung, Understatement und Distinktion.
- Das *moderne Arbeitnehmermilieu* (9 Prozent) besteht vor allem aus jüngeren Leuten mit mittlerer Ausbildung und Einkommen, die im modernen Dienstleistungssektor arbeiten: z.B. qualifizierte Angestellte, Beschäftigte im Öffentlichen Dienst. Sie verfügen über mittlere bis gehobene Einkommen und streben nach einem selbstbestimmten, autonomen Leben ohne zu viel Stress, aber auch mit gewissen materiellen Vorzügen. Ihr Anspruchsniveau ist flexibel, ihr Lebensstil aufgeschlossen für Neues. Die Gruppe bewegt sich im Mainstream der jungen Freizeitkultur. Hightech ist selbstverständliches Element im Alltag.

- Typisch für das *hedonistische Milieu* (13 Prozent), dem überwiegend junge Menschen bis 30 Jahre angehören, insbesondere auch Subkulturen wie Punks, Hip-Hopper oder Raver, ist der Wunsch nach intensivem Lebensgenuss, nach Spontaneität und Ungebundenheit. Sie verfügen meist über kleine bis mittlere Einkommen und haben Freude am guten Leben, an Luxus und Komfort. Bewusste Stilbrüche und eine „Ästhetik der starken Reize" machen das Provokative aus.
- Der Wunsch nach Selbstverwirklichung und nach einer „besseren Welt" bestimmt die Grundhaltung des *postmodernen Milieus* (7 Prozent). Der Altersschwerpunkt liegt zwischen 20 und 35 Jahren, mit vielen Singles, Angestellten, Freiberuflern, Schülern und Studenten. Sie experimentieren mit unterschiedlichen Lebensstilen, leben in verschiedenen Szenen, Welten und Kulturen. Die Lebensstrategie ist ich-bezogen, möglichst ohne Verpflichtungen. Konsum dient der narzistischen Selbstinszenierung.

Von den Maximalforderungen zum Machbaren

Schrittweise rückt die Naturtextilszene von ihren Maximalforderungen ab hin zu umweltschonender und sozialverträglicher hergestellten Textilien. Synthetische Fasern finden für gezielte Anwendungen ihre Berechtigung, wie der Polyesterkern im baumwollummantelten Nähgarn oder wenige Prozent Elastanbeimischung im Bündchen oder der Legging, um die Passform zu verbessern und den Verschleiß zu vermindern. Flasin, ein neues Faserprodukt, das durch chemischen Aufschluss aus Flachs gewonnen wird, erhöht in Mischung mit Baumwolle die Gewebestabilität ohne Kunstharzausrüstung. Im Waschbär-Katalog hat zum Beispiel auch Sympatex als recyclingfähiger Wetterschutz seinen Platz. Bei synthetischen Fasern aus nachwachsenden Rohstoffen wie Viskose, Modal, Lyozell oder Tencel scheiden sich die Geister (s. IFOAM-Rahmenrichtlinien S. 271f.). Synthetisch gefärbt darf es sein, aber mit weniger Schwermetallen und möglichst ohne Chlorchemie (s. a. S. Better und Best, S. 443f.). Wichtig ist dem Internationalen Verband der Naturtextilwirtschaft die ökologische Optimierung der gesamten Produktionskette und nicht allein die Prüfung des Endprodukts.

Reduktion auf das Wesentliche

Die höchste Entwicklungsstufe des theoretischen Denkens liegt aus der Sicht von Bazon Brock im Design. Für den Experten ist die Modebranche „Kulturtäter der modernsten Art."[13]

Fragt man *Naturtextilhersteller* nach ihren *gestalterischen Leitbildern*, tauchen Namen auf wie Chanel, Armani oder Streness. Chanel, die Rebellin gegen das Modediktat der Houte Couture, die einer Revolution gleich bequeme Reiterhosen für Frauen entwarf und sich auch in ihrem Lebensstil über gesellschaftliche Konventionen hinwegsetzte, welche gegen die Rhythmen der menschlichen Natur gerichtet waren. Auch in Giorgio Armanis Design ist die Auflehnung gehen die Macht versteckt. Er will keinem eine Mode überstülpen, niemandem jede Saison eine neue Richtung diktieren. Dem Quereinsteiger ist es gelungen, einen zeitlosen zeitgemäßen Stil zu finden, der sich auf das Wesentliche in eleganter Weise beschränkt und das Bequeme betont.[14]

Die Reduktion auf *die Einheit von Form und Funktion*, wie sie vom Bauhaus gefordert und realisiert wurde, findet aus ökologischer Sicht neue Aktualität. Überflüssiger „Schnickschnack" wie Borten, angedeutete Taschen oder Reißverschlüsse, mit denen sich keine Funktion verbindet, kosten zusätzlich Material und verursachen Umweltbelastungen, die heute nicht mehr zeitgemäß sind.

Das einzelne Stück muss von der modischen Aussage mehrere Jahre Gültigkeit behalten. Veränderungen finden eher in den Details statt. Wer nicht nur für eine Saison produzieren will, sucht *das Klassische, das Zeitlose*. In der Beschränkung auf das Wesentliche und in einem zeitlosen und trotzdem modischen Stil finden ästhetische wie umweltpolitische Forderungen eine Synthese. Hierhin passt die Idee der *Lieblingsstücke*, in denen man wohnt, die zur zweiten Haut geworden sind, mit denen Individualität und besonderer Tragekomfort, aber auch hohe Ansprüche an Strapazierfähigkeit und Pflegbarkeit verknüpft werden.

Mode schwingt mit

Kundenbedürfnisse fordern klar eine modische Ausrichtung der Sortimente. Das begreift die Naturtextilbranche zunehmend. Mittlerweile haben „Öko" und Mode also näher zusammengefunden, wird umweltschonender hergestellte Bekleidung eher den gesellschaftlichen Anforderungen und denen des Individuums auf der Suche nach seiner Identität gerecht. Farben haben Schritt für Schritt Einzug gehalten, teure Pflanzenfarben wie ausgewählte synthetische, auch mit Blick auf die großen Trends. Dabei behält das Naturfarbene seinen Platz. Es optimal zur Wirkung zu bringen, bleibt eine Herausforderung für die Gestaltung. Das Design berücksichtigt teilweise modische Entwicklungen in den Längen, Materialien oder Silhouetten. *Gute Passform und Tragekomfort stehen hoch im Kurs, auch mehr Convenience bei der Pflege.* „Trading up" zu hochwertigeren und damit auch preiswürdigen Produkten wird von einigen

Herstellern als Chance erkannt. Unter den Machern und Händlern der Natur-textilszene sind immer mehr mit Erfahrung aus dem konventionellen Bereich.

Trotzdem zeigt der Markt an ökologisch optimierten Textilien noch erheb-liche Lücken: Vor allem in speziellen Genres wie der Abendgarderobe, im Sportbereich, wo es schwerer fällt, auf die Petrochemie ganz zu verzichten bzw. ein konkurrenzfähiges Produkt auf den Markt zu bringen.

Öko-Design von Anfang an

Die eigene Identität eines ökologischen Designs wird durch die ganze Produk-tionskette bestimmt. Das *Weglassen* fängt schon am Anfang der Kette an, beim Einsatz synthetischer Pestizide oder Mineraldünger in der Landwirtschaft, wenn die Fasern aus ökologischem Anbau bzw. Tierhaltung stammen.

Diverse *Ausrüstungen* bleiben wegen problematischer Hilfsmittel generell außen vor wie z. B. die Biozidausrüstung oder der Flammschutz. Bei Appretu-ren werden synthetische i. d. R. durch Stoffe natürlicher Herkunft ersetzt. Gesucht werden alternative Ausrüstungsverfahren, die mit biotechnisch gewonnenen Enzymen auskommen und im geschlossen Kreislauf arbeiten. Hier brauchen die kreativen Köpfe zusätzlich kompetente Ratgeber und Orientierungssysteme.

In der Naturtextilbranche ist generell der *Verzicht auf Kunstharze* zur Pflege-leichtausrüstung üblich. Anstelle dessen wird die Ware mechanisch vorbehan-delt, um das spätere Einlaufen (Krumpfen) zu verringern.

Grundsätzlich stellt sich die Frage: Wie viel an Ausrüstung und *Farbe* ist not-wendig und sinnvoll für ein langlebiges Produkt? Muss exakt dieser Farbton mit sehr hoher Echtheit gefärbt werden, der sich preisgünstig nur mit Hilfe des Schwermetalls Chrom färben lässt, oder darf es einer sein, der fast abwasser-frei gefärbt wird oder schon von Natur aus so gewachsen ist? Auch bei den Far-ben macht die Naturstoffchemie Fortschritte, obgleich die Naturfärberei wesentlich aufwendiger und teurer ist und bisher nur einen winzigen Teilbe-reich unter den Naturtextilien abdeckt (s. Kasten).

Als Wetterschutz-Ausrüstung hat die BorgMann GmbH auch eine Wachsbe-schichtung (rainCare) entwickelt, die sich durch besondere Umweltverträg-lichkeit auszeichnet (s. Kasten).

Am Anfang wird schon ans Ende gedacht. Ist ein einziger textiler Rohstoff für alles machbar, um das Abfallprodukt problemlos zu rezyklieren, wie es das *ECO LOG Recycling-Network* für Bekleidung aus *Polyester* entwickelt hat? Dem Netzwerk gehören verschiedene Firmen an (u. a. Gütermann in Gutach-Breis-gau), die sich dazu verpflichtet haben, sortenreine Textilien oder Zutaten aus 100 Prozent Polyester herzustellen und durch Rücknahmegarantien für ein Recycling zu sorgen.

Naturfarben für besondere Ansprüche

Nur eine Hand voll Färbereien haben sich in Deutschland auf Pflanzenfarben spezialisiert: Ernst Bollhalder in Dornach bei Basel, die Bioland Wollmanufaktur Fildes in Steinhaben bei Bielefeld, die Pflanzenfärberei Kroll in der Eifel, die Pflanzenfärberei Neckarmühle in Ingersheim und die Firma Luckscheiter und Rink in Mindersdorf. Sie alle können mit handwerklichen Verfahren eine breite Farbpalette mit Naturfarben erzeugen. Dabei verzichten sie auf den Einsatz von Schwermetallen, um vor- oder nachzubehandeln. Als Beize dienen zum Beispiel Alaun, Weinstein oder Weinsäure. Mit dem geeigneten Färbemittel auf der entsprechenden Faser können auch mit Pflanzenfarben gute und sehr gute Echtheiten erreicht werden. Das Textilforschungsinstitut Thüringen-Vogtland in Greiz hat 19 geeignete Färbepflanzen dokumentiert. Davon sind für sieben bereits Anbauverfahren entwickelt, für zwölf Pflanzen teilweise.[15]

Ein spezielles Gütesiegel für rein pflanzlich gefärbte Textilien gibt es noch nicht. Bei tierischen Fasern wie Wolle und Seide könne der Verbraucher davon ausgehen, dass die Kennzeichnung zutreffe. Bei zellulosischen Fasern wie Baumwolle oder Leinen seien auch Fälschungen auf dem Markt, schreibt das Öko-Test Magazin.[16]

Mit dem Siegeszug der billigeren synthetischen Farbstoffe ist viel Erfahrungswissen über die Naturfärberei verloren gegangen. Heute werden von der Textilindustrie schnell anwendbare pflanzliche Farbextrakte gewünscht. Um Pflanzenfarben für die industrielle Anwendung u. a. im Textilbereich weiterzuentwickeln, koordiniert die Fachagentur für Nachwachsende Rohstoffe in Gülzow ein Forschungsprojekt. Hier geht es um die Gewinnung von Extrakten aus fünf Färberpflanzen, die reproduzierbare gleichmäßige Färbeergebnisse ermöglichen.[17]

Auch verschiedene Firmen leisten im Bereich Naturfarben Entwicklungsarbeit. Zum Beispiel beliefert Allegro Natural Dyes aus Colorado/USA den amerikanischen, japanischen und australischen Markt mit Naturfarben und Beizen in Pulverform. Die Sehestedter Naturfarben in Kooperation mit dem Kölner Katalyse Institut und BorgMann aus Soest haben Textildruckpasten auf der Basis nachwachsender Rohstoffe ohne Chlor- und Petrochemie entwickelt. BorgMann arbeitet als Bindemittel mit pflanzlichen Ölen und Harzen, die Sehestedter Naturfarben mit Chitosan, das aus Krabbenschalen gewonnen wird. Bei den Druckpasten werden Ergebnisse erreicht, die den Ansprüchen an die Licht- oder Waschechtheit genügen. Allerdings sind die Produkte 5–10 % teurer als synthetische.[18]

Umweltschonend wetterfest: „rainCare"

Die Firma BorgMann bietet eine Wachsbeschichtung für Outdoorprodukte namens „rainCare". Das Produkt wird in zwei Varianten angeboten: raincare trend als leicht fließende Ware für Freizeitjacken o. Ä., geeignet für leichten Regen und für Staunässe raincare active. Beide Varianten sollen atmungsaktiv, schweißecht, speichelecht sein, die Lichtechtheiten gut, die Reibechtheiten gut bis befriedigend. Zur Pflege wird die Handwäsche empfohlen.

Auf dem Werbeprospekt fliegt ein Skifahrer durch die Luft. Können diese Produkte tatsächlich mit den Wind und Wasser abweisenden Produkten aus Goretex oder Sympatex konkurrieren? Gore-Tex oder Sympatex-Membranen halten einer Wassersäule von 10 Metern stand, d. h. Dauernässe oder einem Gewitterregen, und Mikrofasertextilien halten eine Wassersäule von 50 Zentimetern, lassen einen Regenschauer problemlos überstehen. Vergleichbare Tests wurden mit rainCare nicht durchgeführt, erklärt Claudia Hiepel. Die wachsbeschichtete Baumwolle zeigt im Spraytest des Herstellers mit 70 bzw. 80 Prozent ein gutes Perlverhalten.

Ökologische Fragen standen bei der Produktentwicklung im Vordergrund: Die Grundware besteht aus einem Baumwollgewebe aus kontrolliert biologischem Anbau, die Beschichtung aus einer CMC-Schlichte aus Wachsen, Bindemitteln, Pigmenten und Hilfsstoffen, die laut Hersteller für Mensch und Umwelt ungiftig sind. Die Ausrüstung enthält keine Schwermetalle, Lösemittel, halogenorganische Verbindungen und stört auch nicht die Aktivität von Abwasserbakterien. Das Material ist vollständig kompostierbar und kann problemlos in die natürlichen Stoffkreisläufe zurückgeführt werden.[19]

Welche Verarbeitungsschritte erlauben ein kompostierbares Endprodukt, wie bei der *Greenline*-Serie des *Teppichboden*herstellers Donau Tufting in Ingolstadt?[20] Auch die Firma Rohner Textil AG aus Heerbrugg in der Schweiz hat einen *Möbelbezugsstoff* entwickelt, der nach Ablauf der Benutzungszeit im Kompost vollständig biologisch abgebaut werden kann. Für das Produkt „*Climatex Lifecycle*" wurden die Naturfasern Ramie und Wolle kombiniert. Auch an die Farbchemie wurden besondere Anforderungen gestellt. In Deutschland vertreibt der Textilgroßhandel Jaab in Bielefeld diesen Bezugsstoff.[21]

Gerade die *sorgfältige Auswahl der Materialien*, der Inputs, ist ökologisch gesehen besonders wichtig in Bezug auf die ökologische Gesamtbilanz. Hier werden sozusagen die Weichen gestellt für die Füllung der „ökologischen

Rucksäcke", die die Stoffe und Zutaten bereits mitbringen oder später noch erzeugen. Ein Produkt, das immer separat gewaschen werden muss, kostet während der Nutzungsphase ein Vielfaches an Waschmittel, Wasser und Energie. Auf der anderen Seite können gerade die pflegefreundliche Machart und entsprechende Pflegehinweise für den Verbraucher die Umwelt entscheidend entlasten (s.a. Stoffstrommanagement S. 243).

Öko-Design fordert Kontinuität und „Entschleunigung"

Ökologisches Design steht damit auch im Spannungsfeld der Rebellion gegen modische Zwänge, nicht unbedingt jede Entwicklung mitzumachen. Produktionsintegrierter Umweltschutz fragt danach, welche Farben, Fasern oder Zutaten sind ökologisch vertretbar, und welche technischen Verfahren bieten wann die optimale Lösung?

Eine umweltschonende Produktion verlangt in der Veredlung die *Produktion größerer Chargen*, um bei einem Optimum eines effektiven Ressourceneinsatzes arbeiten zu können. Das steht dem Trend in der Modeproduktion entgegen, die schnelle Farbwechsel fordert und kleine Serien in schnellem Rhythmus verlangt. Schon die Gewinnung von Fasern aus kontrolliert biologischem Anbau fordert langfristige Vorarbeit, viel *Entwicklungsarbeit* und Kooperation, um entsprechende Mengen und Qualitäten zu erzeugen und zu bevorraten.

Um ökologische Qualitätsstandards garantieren zu können, wird die Zusammenarbeit mit Partnern aufgebaut, die die geforderten Standards nachvollziehbar überprüfen und kontrollieren lassen. Von Vorteil sind dazu Umweltmanagementsysteme. Betriebliche Abläufe umzustellen geht nicht von heute auf morgen. Das gilt in gleicher Weise für den sozialen Bereich.

Im Rahmen des Nachhaltigkeitsbegriffs wird die soziale Dimension mitgedacht. Die Mitglieder des Arbeitskreis Naturtextil hatten sich auch soziale Standards in die Richtlinien geschrieben. Dazu zählte u. a. die Charta für Fairen Handel mit Kleidung. Diese Anforderungen sind von den neuen Labeln Better & Best des Internationalen Verbandes der Naturtextilwirtschaft übernommen worden (s. S. 445). Wie in den ökologischen Fragen ist auch auf dem Feld der sozialen Standards ein intensiver Dialog mit den Geschäftspartnern notwendig. Hier seht die Entwicklung noch im Hintertreffen verglichen mit den ökologischen Fragen, werden Systeme zum internen und externen Monitoring erst entwickelt und erprobt.

Ressourcenschutz fordert *Verlangsamung der Stoffströme auch beim Verbraucher*. Da die ökologische Bilanz eines Kleidungsstückes in entscheidender Weise von der Nutzungszeit abhängig ist, liegt hier ein Schlüssel der Problemlösung. Walter R. Stahle vom Genfer Institut für Produktdauerforschung rechnet vor: *Verdoppelt sich die Lebensdauer eines Produktes, sinkt der*

Ressourceneinsatz um 50 Prozent. Zusätzlich werden noch einmal 50 Prozent der Umweltbeeinträchtigungen, die entlang der Kette bei der Verpackung, dem Transport oder der Entsorgung auftreten, vermieden.[22] Bei langlebigen Produkten lohne es sich, sie instand zu halten und zu reparieren. Dabei entstehen zusätzlich neue Arbeitsplätze vor Ort.

Öko-Mode vorgestellt

Schon vor fünf Jahren waren 200 verschiedene Öko-Kollektionen bzw. Kollektionssegmente auf dem Markt zu finden. Seither hat sich die Branche weiter entfaltet. Anschließend werden einzelne Hersteller kurz vorgestellt. Auf die ausführliche Analyse von Naturtextil-Kollektionen, die Cornelia Voß vom Bonner Wissenschaftsladen erarbeitet hat, soll hier verwiesen werden.[23]

Morgenstern Naturtextilien: zeitlos klassisch

Die modischen Vorbilder der Morgensterns liegen im *zeitlos klassisch Eleganten.* „Es klingt sicher völlig vermessen, wenn ich Namen wie Chanel oder Hermes nenne. Man sollte sicher versuchen, einen Anstrich davon auch hineinnehmen zu wollen", antwortet Simon Morgenstern, Geschäftsführer von Morgenstern Naturtextilien in Leutkirch. Für die kreative Arbeit an der Kollektion ist Anneliese Morgenstern zuständig. Bestimmte Artikel sind im Programm immer wieder zu finden. Ein Zugeständnis an mehr Casualwear und Bequemlichkeit sieht der Geschäftsführer zum Beispiel in einem Double Face, gestrickt in Baumwolle außen und Wolle innen. Ganz im Trend liegt ein bukleeartiger Stoff für ein Damen-Cape in einem Materialmix aus Wolle, Angora und Alpaka. Das Unternehmen war bisher Mitglied des Arbeitskreis Naturtextil und will auch im Internationalen Verband der Naturtextilwirtschaft (IVN) seinen Qualitätsstandard halten.

Simon Morgenstern möchte das eigene Programm gerne stark modisch ausrichten, stößt dabei aber an die Schranken einer eher konservativen Klientel. „Wir orientieren uns schon an allgemeinen Modethemen und versuchen die für uns zu reduzieren." Doch die puren Modethemen sind „im Naturtextilsegment doppelt untragbar." Morgenstern beobachtet die starke Orientierung seiner Kundinnen auf Basic-Artikel und macht das an einem Beispiel fest: „Letzten Sommer hatten wir ein kurzes Top. Das mussten wir aus der Kollektion nehmen, weil es einfach nicht verkauft wurde. Im Gegensatz dazu ist ein Basic T-Shirt sehr gut gelaufen … Wenn wir jetzt die modischen Längen nehmen für nächsten Sommer: da müsste das Knie bedeckt sein. Ich habe viele Kunden, die akzeptieren das nicht. Wir versuchen an dieser Stelle etwas zu tun." Während im konventionellen Bereich die Silhouetten wieder weiter werden, verhält sich die Öko-Szene gegenläufig. „Wir versuchen vorsichtig etwas Körperbetonung mit hinein zu bringen", beschreibt Morgenstern.

Kontakt: Morgenstern Naturtextilien, Bettelhofen 13, 88299 Leutkirch, Tel. 0 75 61/7 01 70, Fax: 0 75 61/7 03 70; Verkauf hauptsächlich über den Naturtextil-Facheinzelhandel, geringer Anteil über Versender

Living Crafts Naturtextilien: Trading up

Die Leitbilder werden auch bei Living Crafts Naturtextilien in Achberg hoch gehängt. „Meine Designerin wird mich zwar ohrfeigen, wenn ich sage, es geht Richtung Armani, klassische Mode ... Armani ist ein bisschen übertrieben. Über Marco Polo auf jeden Fall", skizziert Björn Eschner die Zielrichtung. Modisch will Living Crafts *im klassischen Bereich* bleiben, aber mit einem *kleinen Anteil* auch *junge Mode* machen, keine flippige – für die Dame unter 30.

Trading up lautet die Devise in Achberg. Die Firma bietet ein komplettes Strumpfprogramm, Feinstrumpfhosen, Unterwäsche in Baumwolle und Wolle-Seide, Nachtwäsche und Damen-Oberbekleidung. Eschner will noch stärker hochwertige Grundfasern verarbeiten und mehr Wert auf qualitativ perfekte Weiterverarbeitung legen (s. a. Filzfreiausrüstung S. 150). Passform und Tragekomfort müssen top sein. Das heißt, von 20 Personen muss die Kollektion mindestens 15 passen. Seit der Fusion mit Turmalin im Mai 1999 ist Herr Barzen neuer Geschäftsführer.

Kontakt: Living Crafts Naturtextilien GmbH, Wangenerstr. 4, 88147 Achberg, Tel. 0 83 80/98 30-0, Fax: 0 83 80/98 30-30, e-mail: info@livingcrafts.com, http://www.livingcrafts.com, Bezug über Fachhandel und Versandhandel

Hess Naturtextilien: Longlife

Dem Versender Hess Naturtextilien wird heute auch von konventioneller Seite modische Kompetenz bescheinigt. Heinz Hess, der Geschäftsführer und Begründer des ersten und mittlerweile größten Versandhauses für Naturtextilien in Deutschland, erhielt 1997 den Internationalen Designerpreis des Landes Baden-Württemberg für ein Brautkleid. Sein modisches Konzept geht Richtung Klassik, nicht flippig oder verspielt, sondern gradlinig, klar. Fast 70 Prozent der Kollektion werden im eigenen Haus entworfen nach dem *Konzept der Lieblingsstücke*, den eigenen Vorstellungen von Ästhetik. Es ist kein Geheimnis, dass er u. a. eine italienische Designerin für sich engagiert hat. Zuschriften von Kunden und Kundinnen führten zur Einführung der Ganzjahreskollektion.

In Klagenfurt erhielt Hess natur auf der Messe für nachhaltige Technologien, Produkte und Dienstleistungen vom Verein „Faktor 4+ Klagenfurt" für die Longlife-Kollektionen 1998 eine Faktor 4+ Auszeichnung für eine besondere Innovation zur Verbesserung der Ressourcenproduktivität. „Faktor 4+" heißt,

„doppelter Wohlstand bei halbiertem Ressourceneinsatz – diese einfache Formel bedeutet, dass wir Energien und Rohstoffe zukünftig um ein Vielfaches besser nutzen müssen als bisher, wollen wir unseren Wohlstand erhalten, ohne unsere Umwelt zu zerstören."[24] Longlife-Artikel sind quer durchs Sortiment gestreut, es gibt Hemden, Hosen, Shirts, Pullover und Jacken, insgesamt etwa 200 Artikel im Herbst/Winter-Katalog 1999/2000. Kunden, die innerhalb von drei Jahren – nach sachgemäßer Pflege und Behandlung – eine Beanstandung haben, erhalten ihr Geld zurück.

Kontakt: Hess Naturtextilien, Versand: Postfach, 35504 Butzbach, Laden: Hessenring 82, 61348 Bad Homburg, Tel. 01 89/53 56-800, Fax: 01 80/53 56-808, http://www.hess-natur.de

Pachamama: Sprache der Indianer

Dem Konzept der Lieblingsstücke lässt sich auch Pachamama zuordnen. Viel Erfolg erntet Ramiro Robles, Geschäftsführer von Pachamama, Blieskastel mit Alpakapullovern aus Bolivien. Über 25.000 Pullover verkauft Robles im Jahr. Mariell Gonzales, die Designerin der Kollektionen, gilt als die entscheidende Figur. „Sie ist die Person überhaupt, die dieser Firma einen Stil gegeben hat. Ohne sie hätten wir nicht den Absatz. Es gibt viele Firmen in Lateinamerika, die das überhaupt nicht kapieren, dass eine Designerin absolut wichtig ist. Es ist einfach zu beobachten, dass die Menschen etwas sehen, etwas taktieren und dann entscheiden", beschreibt der Geschäftsführer.

Wird in dem Design auch eine nationale Sprache transportiert? Mariell Gonzales studiert die *Symbolik der indianischen Vorfahren.* „Und sie stilisiert diese Symbolik so schön, dass auch die Deutschen das annehmen können", kommentiert Robles. Von der Mode sieht sich der Bolivianer wenig beeinflusst, obgleich Pachamama die Entwicklung verfolgt. „Wir haben eine eigene Entwicklung. Unsere Pullover sind so besonders, dass sie sich nicht nach der Mode richten, sondern nach dem, was schön ist."

Robles verbindet seine unternehmerische Verantwortung mit dem *Aufbau eines Dorfes am Titikaka-See,* in dem die 324 Strickerinnen und Stricker in Würde leben können sollen.

Kontakt: Ramiro Robles, Alte Marktstr. 1, 66440 Blieskastel, Tel. 0 68 42/5 37 60-1, Fax: 0 68 42/5 37 60-6, e-mail: pachamama@arcormail.de, Bezug: Direktversand, Naturtextilversender, Messen, Fachhandel

Lanamaris: interessante Einzelstücke

„Das ist mein Stil, etwas anderes könnte ich zurzeit gar nicht machen" erklärt Lisa Springer von Lanamaris in Braunschweig. Sie kreiert *Wollpullover für den Facheinzelhandel in geometrischen Mustern und meist kräftigen gebrochenen Farben.* Ihr Stil kommt beim Verbraucher gut an. „Es spricht die Masse an, weil es nicht zu speziell ist. Das ist nicht zu individuell, zu verrückt und doch ein Einzelstück, aber kein typisches Designermodell", analysiert die Macherin. Sie arbeitet mit konventioneller Merinowolle aus Australien, die mit Säurefarben gemäß den Richtlinien des Arbeitskreises Naturtextil in Dänemark gefärbt und nicht weiter ausgerüstet wird. Gerne würde die Designerin auf Wolle aus kontrolliert biologischer Tierhaltung zugreifen, auch aus Deutschland. „Es gibt hier in Deutschland Anbieter von demeter Wolle, aber diese hat nicht den Feinheitsgrad, ist zu grob", bemängelt Springer. (Die Weichheit der Wolle hängt nämlich mit der Feinheit der Faser zusammen. Deutsche Wolle ist deutlich gröber als australische, hat normalerweise einen Faserdurchmesser von 25–26 μm, während die Wollfasern australischer Merinoschafe zum Beispiel 18–23 μm stark sind – ein Ergebnis jahrelanger Züchtung, die sich nur in der Massenproduktion lohnt.)

Kontakt: Lanamaris, Lisa Springer, Ostlandstr. 2, 38108 Braunschweig, Tel. 0 53 09 / 19 45, Bezug: Facheinzelhandel

Cocon Fritzsch: zwischen Mode und Klassik

Christoph Fritzsch aus Karben hat sich mit Naturtextilien aus Seide einen Namen gemacht. „Bereits 1977, als noch grellbunte Synthetikgarne den Markt für Handstrickgarne beherrschten, setzten wir auf reinen Naturfasern", wirbt sein Prospekt. Schon früh hatte er das Feeling für den Trend zu individueller Kleidung aus natürlichen Materialien. „Wir treffen die Balance *zwischen klassischer Eleganz*, die zeitlose Akzente setzt, und *modischer Aktualität.*" Seine Modelle werden von Frauen für Frauen entworfen. „Wir machen hochwertige zeitlose Mode für 25-Jährige und aufwärts. Junge Mode machen wir weniger", beschreibt Fritzsch: „Das ist eine neue Entwicklung, das ist nicht modisch und nicht konservativ, sondern eine Mischung zwischen Klassik und Mode." Der Spezialist bietet *vier Kollektionen*: DOB / Modern Women Coordinates aus Seide und Seidenmischungen, die DOB Flachstrick aus Seide, Seide / Merino, Merino, die Seidenmode in großen Größen für starke Frauen und nicht zuletzt Seidenwäsche, jetzt auch für Herren, aus Öko-Seide in Umstellung.

Dem Trend entsprechend ist die Silhouette auf der Frühjahrsmesse 1999 zwar schmal, aber jetzt körperumspielend statt eng. In den Materialkombinationen kommt das Spiel der Kontraste mit matt und glänzend zum Tragen oder unterlegte Transparenz. Der Trend zum Lässigen zeigt sich in Kapuzen oder Tunnelzügeln. Bei den Farben variiert Grau mit Farbeinschlag ins grünlich und bläulich, pudrige Pastells mit viel Grau. Grün erscheint in allen Schattierungen – von Messing bis Khaki. Damit bewegt sich Cocon stark im Trend.

Seide aus ökologischem Anbau ist noch eine ganz junge Entwicklung, für die Christoph Fritzsch Vorreiter ist. Im Frühjahr 1997 initiierte er die erste biologische Maulbeeraufzucht in der Nähe von Danyang City, Jiangsu Provinz, d. h. in der Gegend um Shanghai. Hier neue Wege zu gehen, erfordert einen hohen Entwicklungsaufwand. Denn über Jahrtausende etablierte Hilfsmittel, die die Ernte der Maulbeerblätter und Seidenraupen begünstigen, müssen einzeln überlegt und eventuell ersetzt werden. Im Projekt betreut das OFCD (Organic Food Development Centre of China EPA) die Maulbeerblätter- und Seiden- raupenaufzucht. Auch die getrennte Vorbereitung und das Abhaspeln der biologisch gewonnenen Seidenkokons stellen in China eine besondere Her- ausforderung dar, weil Ausnahmen zu den üblichen Produktions- und Han- delsstrukturen ausgehandelt werden müssen. Finanziell unterstützt wurde die Entwickungsarbeit vom Panda Versand.

Das Schweizer Institut für Markt und Ökologie (IMO) hat die Seidenraupen- zucht zertifiziert. Solche Seide („organic in conversion") wird für die COCONICE Unterwäsche-Kollektion verarbeitet. Langfristig will der Unternehmer die öko- logische Seidenproduktion auf seine ganze Produktion ausweiten.

Kontakt: Christoph Fritzsch GmbH, Seidentextilien & Naturgarne, Postfach 1160, 61187 Kar- ben, Tel. 0 60 39/20 71, Fax: 0 60 39/20 74, http://www.cocon-seide.com, Bezug: Versandhandel (Klingel, Wenz, Heine, Peter Hahn, Öko-Versender), Spezialgeschäfte für Übergrößen

Rakattl: Mode und mehr

Neue modische Akzente setzt die Firma Rakattl aus Wangen im Allgäu. *Sach- lichkeit*, ein gewisser *Purismus und Authentizität* sind Botschaften, die die Kol- lektion im Herbst 1999 transportierte.

Modische Tendenzen, die als Grundlage für den Aufbau der Kollektion gedient haben, sind „Flausch, ganz weiche Materialien, strukturierte Materia- lien, Bouclé usw.", beschreibt Rudolf Peterzelka, der das Rakattl-Team in der Schweiz führt. Besonders ausgefallen im Material sind die weichen leicht transparenten Blusen aus Pashmina-Wolle, ähnlich wie Kaschmir oder Ober- teile in Jersey-Pique aus einer weichen Torf-Bio-Baumwoll-Mischung. Als Strick- oder Webware wird Wolle gemischt mit Alpaka ungefärbt in der Grau- und Beige-Skala verarbeitet.

Ulrich Rösch ergreift Position für Bio-Anbau in Indien: „Wir wissen, dass die Baumwollproduktion eine der größten Umweltverschmutzungen darstellt. Wir versuchen den ökologischen Anbau von Baumwolle gerade in Indien zu för- dern. Deswegen beziehen wir die Bio-Baumwolle ausschließlich aus dem Maikaal-Projekt.

Für Peterzelka geht die hautanliegende Zeit dem Ende zu. „Wir haben in unserer Fashion-Kollektion die Bequemlichkeit, das *Wohlfühlen, in den Mittel- punkt* gestellt. Von der Silhouette her schlichte Formen, ohne Schnick- schnack."

Auch *Convenience* – Bequemlichkeit ist für Rakattl ein erklärtes Ziel. Eine verbesserte Webtechnik vermindert das Knitterverhalten und optimiert die Stabilität von Baumwoll-Flanell-Gewebe. „Das Gewebe ist dichter, und die Bindung variiert", erklärt Ulrich Rösch. Mit einer Weberei-Ingenieurin hat Rösch die Konstruktionen entwickelt und das Konzept in die Praxis umgesetzt. Wie bei jeder Veränderung gewohnter Bahnen, mussten dabei Überzeugungsarbeit geleistet und Widerstände überwunden werden.

Die *Basics* und *Kinder-Kollektion* werden von der deutschen Gruppe kreiert und der *DOB*-Bereich von der neuen schweizer Gruppe. Drei Profis aus der konventionellen Damenoberbekleidung, die für die ökologische Idee Feuer gefangen haben, sind als Teilhaber bei Rakattl eingestiegen. Rösch orientiert sich weiterhin nach den strengen Richtlinien des Arbeitskreis Naturtextil. „Insofern ist das ein sehr glückliches Zusammentreffen, dass sich hier nicht Alternative in Mode versuchen, sondern modische Leute den Zusatznutzen der Ökologie entdeckt haben", kommentiert Rösch.

Kontakt: Rakattl Werkkunst GmbH, Simoniusstr. 39, 88239 Wangen, Tel. 0 75 22/97 17-0, Fax: 0 75 22/97 17-77, e-mail: rakattl@t-online.de und Rakattl AG, Linde 12, CH-9565 Rothenhausen TG, Tel. 0 71/62 27 17-1, Fax: 0 71/62 27 17-2, e-mail: info@rakattl.ch; Bezug: Einzelhandel und Naturtextilfachhandel

Holstein Flachs: Gewebtes Mondlicht

Auch Holstein Flachs hat für das Design Know-how aus der konventionellen Ecke dazu geholt. Ganz so fremd war dem Geschäftsführer Egon Heger die Person wohl nicht. „Es ist meine Lebensgefährtin, die das gelernt hat und konventionelle Berufserfahrung en masse mitbringt." Wichtige Schritte *von der Leinenbekleidung zur Leinenmode* sind für den Öko-Hardliner, „dass die Sachen kombinierbar sind, ein Farbkonzept haben, das zielgruppengerecht ist und für die kommenden Saisons nicht allzu viel verbaut." Als Zielgruppe gilt die Frau zwischen 25 bis 40, modisch bewusst, qualitätsbewusst, die gut angezogen sein möchte. Allein durch die Wahl eines anderen Oberteils sollen völlig unterschiedliche Anlässe korrekt abgedeckt werden.

„Die Natur-Mode war die letzten Jahre kastig, relativ weit geschnitten. Bei einer Reihe von Kollegen ist sie das auch noch, sodass die Damen, die etwas stärker sind, dort auch noch ihre Produkte finden. Aber für unsere Zielgruppe glauben wir, dass wir *körpernähere Passformen* entwickeln sollten. Wo es figürlich notwendig sein sollte, haben wir Strickwaren, die anpassungsfähig sind."

Einlaufen ist bei Leinen ein bekanntes Problem. Selbst Leinen aus der gleichen Garnpartie kann unter Umständen sehr unterschiedliche Restkrumpfwerte aufweisen. Bei vier Prozent liegt die Toleranzschwelle. Zur Qualitätssicherung testet Egon Heger die Ware vorab. Das Leinen wird vorgekocht und vorgewaschen, um die Auslieferung fehlerhafter Ware zu vermeiden. Um Lieferverzögerungen in Zukunft auszuschalten, habe sein Veredlungs-Partner ein neues Verfahren entwickelt.

Bei der Einführung von Pflanzengefärbtem hatte Holstein Flachs die Nase vorn. „Wir waren vor Jahren *die Ersten*, die *mit Pflanzenfarben* in industriellen Mengen gearbeitet haben", erzählt Heger. „Das hat viel Geld gekostet, Reklamationen, die offensichtlich bei jeder Neuentwicklung unumgänglich sind." Greenpeace wollte damals unbedingt anthrazitfarbene Herrenhemden in Pflanzenfarbe. „Ich bin froh, dass die das wollten, aber das Produkt war noch nicht so weit ausgereift. Greenpeace war uns böse, und wir selbst haben viel Geld verloren", gesteht Heger ein. Heute riskiert der Vorreiter weniger Schnellschüsse. „Jetzt prüfe ich die Dinge erst im eigenen Haus auf Herz und Nieren und gehe erst dann damit los."

Für den Winter 1999 ist eine *Strick-Damenkollektion* dazugekommen aus einer Wolle-Leinen-Mischung, die weniger wärmt als eine reine Wolle, ein intelligenter Stoff für den Aufenthalt in beheizten Räumen. Für Frühjahr/Sommer 2000 gibt es erstmals ein *Complets für den Mann* aus reinem Leinen in uni und als feiner Nadelstreifen.

Beim Qualitätsniveau gilt: *So hochwertig wie bezahlbar.* Bei einem Hemd aus Sommer-Leinen wird unter der Knopfzeile und im Kragen unsichtbar Webstoff eingearbeitet, der die Passform verbessert und dem Kragen mehr Stand verleiht. „Insbesondere im Jerseybereich sind wir mit unseren Lieferanten sehr zufrieden. Im Flachgewebebereich ist es immer wieder sehr schwierig, Konfektionäre im Inland zu finden", bemängelt der Unternehmer.

Kontakt: Holstein Flachs, Flachsveredelungsgesellschaft mbH, Alte Ziegelei, 23795 Mielsdorf, Tel. 0 45 51/20 42, Fax: 0 45 51/69 90, e-mail: holstein.flachs@flachs.de, http://www.flachs.de, Bezug: Fachhandel und Versandhandel

Livos, Schomisch & Sanova: Partner für besondere Schuhe
Im Kapitel 3, Thema Chromleder wurde bereits eco-pell als alternatives Produkt vorgestellt (s. S. 221). Sanova verarbeitet eco-pell-Leder zu Schuhen.

Die Färberei ist noch Sache der Lederhersteller. Natürlich dürfen keine verbotenen Azofarben eingesetzt werden. Außerdem achtet J.P. Schomisch auch auf die Schwermetallfreiheit der Farben und bemängelt, dass die Farbmittelhersteller sich hier nicht immer in die Karten schauen lassen. Mit dem Naturfarbenhersteller LIVOS hat Schomisch auch Pflanzenfarben für Leder entwickelt. Die Firma Sanova hat daraus Schuhe hergestellt. Das Besondere an diesem Produkt ist das Färbeverfahren, die Bürstfärbung, mit der das Leder nur einseitig angefärbt wird. Auf diese Weise kann auf ein ungefärbtes Futterleder verzichtet werden.

Kontakt: Sanova GmbH, Im Gewerbegebiet 10, 06679 Hohenmölsen, Tel. 03 44 41/46-0; Schomisch GmbH, Heinrich-Nicolausstr. 31, 87480 Weidnau, Tel. 0 83 75/9 21 90, e-mail: schomisch.kettwig@t-online.de; s. a. http://www.ecopell.de

Ökolin: echt öko-regional

Tanja Biedenbach, die Modedesignerin aus Burgstetten, macht tragbare Mode für *Ökolin* aus zertifiziertem Bio-Leinen von der Schwäbischen Alb. Ein weitgehend *regional verarbeitetes Produkt* mit wenigen Produktionskilometern, das auch auf der Alb gestrickt und ausgerüstet wird. Hier entstehen Stücke, „die man jederzeit anziehen kann, ohne als ‚öko' von weitem erkannt zu werden", meint die Schnittdirectrice. Mit der kleinen DOB-Kollektion, die sich auch an körpernahe Schnitte wagt, gewinnt die Anfängerin immer mehr Kunden. Besonders ungefärbte Strickware ist gefragt. „Schwerer Singleleinenjersey, weich fallende Mode, lange schlanke Silhouetten und häufig weitere Sachen, die auch ältere Kundschaft tragen kann", erklärt die modebewusste Mittzwanzigerin. Für den Winter füttert Tanja Biedenbach die Artikel teilweise mit Bio-Baumwolle. Bei den Farben variiert Grau in allen Abstufungen. Je nach Anzahl der Wäschen in der Ausrüstung wird das Leinen heller. Einzige Farbe ist Taubenblau aus pflanzlichem Indigo. Angebaut wird der Flachs von Bioland-Bauern in der Ostalb. 1998 waren es über 13 Hektar, aus denen 7.000 Kilogramm Garn hergestellt werden konnten, doppelt so viel wie im Vorjahr. Die Garnqualität von der Alb ist etwas gröber als die von der Konkurrenz. „Wir haben nur 10er und 14er Garne im Programm. Wir sind für jeden Fortschritt offen und testen aus", erklärt die Designerin. Diesmal will Ökolin auch noch feinere Garne aussortieren, um den Anforderungen am Markt nachzukommen.

Kontakt: Georg Keller, Kernerstraße 32, 70182 Stuttgart, Tel. 07 11/24 04 35, Fax: 07 11/24 04 36, e-mail: oekolin@t-online.de; Tanja Biedenbach; Modedesignerin, Schnittdirectrice, Panoramastr. 10, 71576 Burgstetten Erbstetten, Tel./Fax: 07191/954946

Literaturhinweise, Anmerkungen:
1 Sigrid Faltin: Britta Steilmann: Die Macherin, in: Natur 11/1998, S. 92/94
2 Martina Arnold: Neue Herbst- und Wintermode. Auf den Spuren von Marco Polo. Öko-Test Magazin 9/1998, S. 76ff.
3 Anne-Marie Grundmeier: In oder out – hat Öko-Mode Zukunft, in: Textil und Bekleidung, BUND, Stuttgart 1996, S. 6–11

4 Wilhelm Thesing: Gastkommentar. In: Bekleidung Wear 22/1998, S. 24
5 IWÖ-HSG/Arnt Meyer: Ansätze für ökologische Zükünfte in der Textilbranche. Ergebnisse der COSY-Workshops, IWÖ-Diskussionsbeitrag Nr. 58, Universität St. Gallen, April 1998
6 Longlife als Grundhaltung. Alf Steinhuber im Interview mit Monika Balzer, in: Textil

und Bekleidung, BUND Themenheft 1996, S. 12–13

[7] Sylvia Lorek: Änderung der Konsum- und Produktionsgewohnheiten. Position und Aufgabe der AG Lebensweise. In: Forum Umwelt & Entwicklung Rundbrief 1/1998, S. 33

[8] Jürgen Maier, Heike Leitschuh-Fecht: UN-Nachhaltigkeitskommission bemüht sich um neuen Schwung. In: Forum Umwelt & Entwicklung Rundbrief 2/1999, S. 7f.

[9] Statement von Volkmar Lübke, Diskussion zu: Die Macht der KonsumentInnen – Handel als Motor für die Menschenrechte. S. 114, In: Wolfgang Kreissl-Dörfler (Hrsg.): Mit gleichem Maß. Sozial- und Umweltstandards im Welthandel. Das Buch zum internationalen Kongreß November 1995 in München, Die Grünen im Europäischen Parlament

[10] Sylvia Lorek: Konsum – ein Dauerthema, nicht nur bei der CSD. In: Forum Umwelt & Entwicklung, Rundbrief 4/1998, S. 15f.

[11] Carlo Michael Sommer, Psychologisches Institut der Universität Heidelberg: Sozialpsychologische Aspekte der Kleidermode, S. 25–33 in: Stiftung Verbraucher Institut: Bekleidung auf dem Prüfstand, Berlin 1996

[12] Outfit 4, SPIEGEL-Verlag 1997

[13] Monika Jipp: Mode wieder „gesellschaftsfähig" machen. In: Bekleidung Wear 19/1998, S. 6 f.

[14] vgl. Ingrid Loschek: Die Mode-Designer, Beck'sche Reihe, München 1995

[15] A. Vetter: Potentielle Pflanzen zur Gewinnung von Naturfarbstoffen – Bedeutung und Markt, S: 21–38, in: Gülzower Fachgespräche „Forum Färberpflanzen", Dornburg 4./5. Juni 1997, Fachagentur Nachwachsende Rohstoffe Gülzow

[16] Edda Greiner-Schuster: Naturfarben: Ein Stück vom Regenbogen. In: Öko-Test Magazin 9/1998, S. 70 ff.

[17] Fachagentur Nachwachsende Rohstoffe e.V. (Hrsg.): Gülzower Fachgespräche Forum Färberpflanzen 1997 und 1999, Gülzow, (Adresse s. Anhang)

[18] Textildruck Natürlich bunt, Naturschutz heute 3/1998, S. 36, Kontakt: Adolf Riedl/Sehestedter Naturfarben GmbH, Alter Fährberg 7, 24814 Sehestedt, Tel. 04357/1049, Internet: http://www.chito.com/, Frank Waskow/Kölner Katalyse Institut: Tel. 0221/9440-480 (Adressen s. Anhang)

[19] BorgMann, Rolf Heimann, Tel. 02921/70950, (Adresse s. Anhang)

[20] Margot Waltenberger-Walte: Kompostierbar und ohne Mottenschutz. In: Globus 7/1994, S. 18–25; Donau-Tufting, Teppichbodenvertrieb GmbH & Co KG, Steinheilstr. 3, 85053 Ingolstadt, Tel. 08 41/9 64 17-25

[21] weitere Informationen finden Sie im Internet unter: http://www.climatex.com

[22] Ökonomy 11/1998, S. 6 f.

[23] Cornelia Voß hat 1995 etwa 140 Anbieter von Naturtextilien systematisch nach ihrem Anspruchsniveau untersucht. Cornelia Voß: Kann denn Mode öko sein? Einkaufsleitfaden Naturtextilien, Wissenschaftsladen Bonn e.V., Bonn 1995

[24] hess natur Forum Frühjahr '99. Ernst Ulrich von Weizsäcker, Amory B. Lovins und L. Hunter Lovins hatten 1995 das Buch „Faktor vier" veröffentlicht, das als Renner mittlerweile in der 10. Auflage erschienen ist und in fünf Sprachen übersetzt worden ist. 50 Technologien wurden vorgestellt, die Energie und Materialien viermal so gut nutzen wie bisher.

Kapitel 7: Verbraucher

Schere zwischen Wünschen und Handeln | Kapitel 7.1

In der Marktwirtschaft bestimmen letztlich die Konsumenten, welche Produkte am Markt erfolgreich sind. Ihr *Kaufverhalten wirkt zurück auf das Angebot (umwelt- und sozialgerecht) produzierter und gehandelter Produkte.* Das Problembewusstsein ist bei Verbrauchern in den letzten Jahrzehnten gewachsen, findet aber in der Kaufentscheidung wenig Niederschlag. Natürlich lässt sich der umweltschonende Umgang mit Bekleidung nicht auf die Kaufentscheidung reduzieren, doch ist sie wirtschaftlich von entscheidender Bedeutung. Allgemein hat sich die Dynamik des soziokulturellen Wandels Ende der 90er Jahre abgeschwächt, bemerken Marktforscher. Das sehr komplexe Thema fordert aber, genauer hinzuschauen, denn das Verbraucherverhalten ist äußerst vielschichtig. So gibt es traditionelle Verhaltensroutinen, die dem Umweltschutz dienen, aber nichts mit den gemessenen Einstellungen zu tun haben.

Einstellung zu Umweltschutz und sozialer Verantwortung
Mega in oder mega out? Soziale Probleme haben dem Umweltschutz in den 90er Jahren den Rang abgelaufen. Trotzdem gilt Umweltschutz noch immer als gesellschaftspolitische Aufgabe mit hohem Stellenwert. Betrachtet man den großen Trend, ist in den letzten zwei Jahrzehnten das Umweltbewusstsein bei Verbrauchern auf ein hohes Niveau gewachsen, ist eine *hohe Grundsensibilität* gegeben, obwohl das Thema aktuell von anderen überlagert wird.

Über die Hälfte der Bevölkerung kann als allgemein umweltbewusst bezeichnet werden, wobei je nach Thema große Unterschiede bestehen. Bei Fragen zum allgemeinen Umweltbewusstsein ist zwischen 1996 u. 1998 nicht nur der relative Stellenwert des Umweltproblems gesunken, sondern auch das allgemeine Problembewusstsein.[1]

Schaut man genau hin, sind es Sorgen um Gesundheit und den Arbeitsplatz, die sich nach vorne geschoben haben, kommentiert Michael Werschbauen, Experte im Umweltbundesamt. Bereits Anfang der 90er Jahre ist die *Arbeitslosigkeit* wichtiger geworden. Auf die Frage, welche Unternehmen Verbraucher bevorzugen würden, liegen die Themen Kinderarbeit und Arbeitsplätze in der imug-Emnid Studie 1996 vor den Anliegen Ressourcen schonen oder auf Tierversuche verzichten (s. Abb.: Entscheidungsrelevante Aspekte unternehmerischer Verantwortung im Zeitvergleich 1993–1996).

Zum Feld Unternehmen bzw. Verbraucher und Verantwortung führten die Institute imug und Emnid 1993 und 1996 zwei aufeinander aufbauende repräsentative Studien durch.[2] Sie belegen, dass ein Großteil der Verbraucher von Unternehmen erwartet, in ihren Entscheidungen ökologische und soziale Verantwortung zu übernehmen. Gut zwei Drittel der Bundesbürger würden demnach Produkte verantwortungsvoller Unternehmen zumindest manchmal bevorzugen, 56 Prozent oft. Fast ein Viertel äußert sich unentschlossen, was die

■ Entscheidungsrelevante Aspekte unternehmerischer Verantwortung im Zeitvergleich 1993–1996

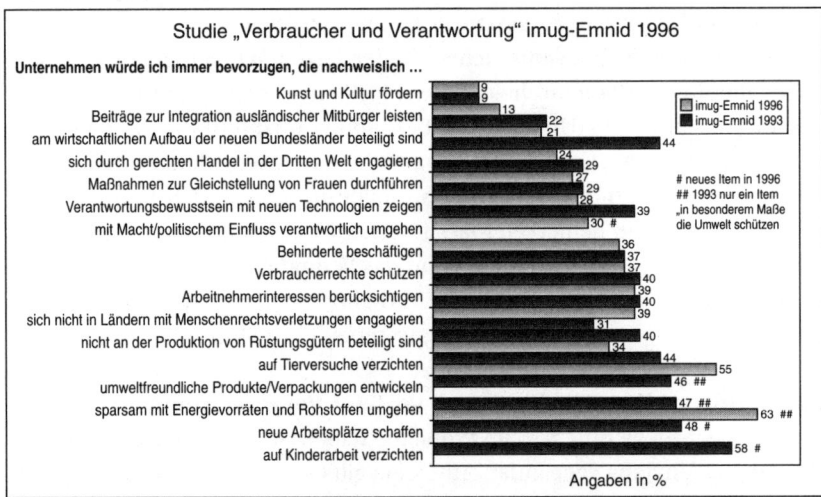

Studie „Verbraucher und Verantwortung" imug-Emnid 1996

Forscher in Zusammenhang mit der mangelhaften Informationssituation bringen. Nur wenige äußerten sich diesbezüglich ablehnend (s. Abb.: Präferenz für Produkte verantwortungsvoller Unternehmen 1996).

Grundsätzlich sind Frauen deutlich stärker engagiert als Männer. Unter den Jugendlichen wird besonders der Einsatz für Menschen in den Entwicklungsländern durch gerechten Handel bewertet. Die Mehrheit der Konsumenten ist der Ansicht, durch ihr Kaufverhalten erheblichen Druck auf Hersteller ausüben zu können.[3]

■ Präferenz für Produkte verantwortungsvoller Unternehmen 1996

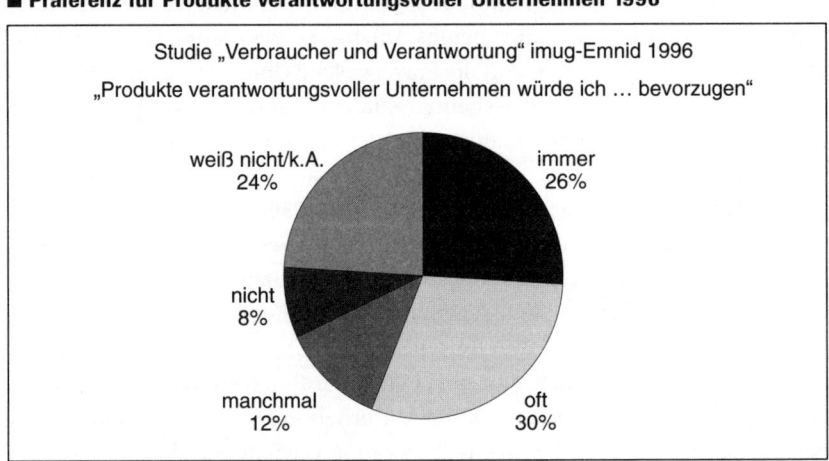

Studie „Verbraucher und Verantwortung" imug-Emnid 1996

„Produkte verantwortungsvoller Unternehmen würde ich ... bevorzugen"

Harald Neitzel, damals noch im Umweltbundesamt, äußerte die Einschätzung, dass Verbraucher, die altruistische Ziele beachten, keine besonderen Präferenzen für die eine oder andere Anforderung haben, „sondern – idealtypisch – alle verfolgt bzw. berücksichtigt wissen wollen."[4]

Das Sinus-Institut, Heidelberg (1997) beobachtet eine *starke hedonistische und konsummaterialistische Grundströmung, die von immer mehr Menschen in Frage gestellt* wird. „Der Kontext des Konsums und die längerfristigen Auswirkungen unseres Wohlstandsmodells werden von einer wachsenden Zahl von Verbrauchern zunehmend bewusst reflektiert. Man beachtet die Umwelt- und Gesundheitsverträglichkeit von Produkten, man bevorzugt das qualitativ Hochwertige, setzt auf das Langlebige und Wiederverwertbare und bemüht sich, zwischen Nützlichem und Überflüssigem zu unterscheiden." Die ungebrochene Lust am Konsum ist vor allem in Bevölkerungskreisen anzutreffen, die über ein geringes und tendenziell abnehmendes Budget verfügen, während gut situierte, kaufkräftige Konsumenten ethisch korrekt konsumieren wollen und zum Understatement und freiwilligen Verzicht neigen.[5]

Die Sozialforscher Diekmann und Preisendörfer äußern die Vermutung, dass möglicherweise *fehlende strukturelle Setzungen* am Rückgang des Umweltbewusstseins nicht ganz unbeteiligt sind. „Denn vermutlich kann über eine längere Zeit ein hohes Niveau des Umweltbewusstseins in der Gesellschaft nicht durchgehalten werden, wenn die Rahmenbedingungen eine Einlösung dieses Bewusstseins erschweren."

Beim Kaufverhalten spielt viel mit

Die geäußerte Verhaltensabsicht wird nur von einem kleinen Teil tatsächlich umgesetzt. *Keiner will einschneidende Verhaltensänderungen, größere Unbequemlichkeiten und besonderen Zusatzaufwand treiben.*[6] Neue empirische Untersuchungen bestätigen die These, dass „Einstellungen der Bevölkerung primär dann eine Rolle spielen, wenn es keine klaren Kostensignale in einer Situation oder einem Verhaltensbereich gibt."[7]

Mehr Licht in das sehr komplexe Thema bringt eine neue Veröffentlichung von Peter Preisendörfer zu Umweltbewusstsein und Umweltverhalten in Deutschland, die die Umfrageergebnisse des Umweltbundesamtes in den 90er Jahren dokumentiert.[8] In der Regel wird immer wieder die Kluft zwischen Umweltbewusstsein und -verhalten thematisiert. Hier wird meistens nur eine Richtung angenommen: hohes Umweltbewusstsein und geringe Umsetzung in die Praxis. Preisendörfer kann zeigen, dass das sehr stark vom Alter abhängt. Er unterscheidet in seiner Typologie: Umweltrhetoriker, Umweltignoranten, konsequente Umweltschützer und Einstellungsungebundene Umweltbewusste. Das sind vor allem alte Leute, die traditionelle Verhaltensroutinen haben, die

die Umwelt schützen, aber beim gemessenen Umweltbewusstsein negativ abschneiden, weil das Thema für sie eher negativ besetzt ist.

Familien mit kleinen Kindern liegen im Umweltbewusstsein oben, denn die Eltern sind besorgt. Sind die Kinder größer, ändert sich das. Was paradox klingen mag, lässt sich mit Pragmatik im Alltag und den wachsenden Konsumwünschen der Kinder leicht erklären.

Anfang 1999 veröffentlichte das *Institut für sozial-ökologische Forschung* (ISOE) in Frankfurt a.M. die ersten Zwischenergebnisse einer *qualitativen Untersuchung*, die sich u. a. mit dem *Wissen und den ökologischen Ansprüchen von Konsument/innen im Textilbereich* befasst.[9]

Mehr Klarheit schafft es, die Anschaffungsentscheidung zu betrachten. *Welche Qualitätsaspekte spielen beim Bekleidungskauf eine Rolle?*

ISOE hat im Interview diese Situationen mit Beispielen rekonstruiert und bestimmte Grundlinien beschrieben. Am Anfang steht ein Bedarf, der ganz verschiedene Beweggründe haben kann. Dann wird das Gewünschte bei einer *bestimmten Quelle* gesucht, z. B. in einem Katalog, einem bestimmten Laden, bei einer bestimmten Marke. Hier werden Erfahrungswissen und die individuellen Ansprüche kombiniert. „Wer beispielsweise das Kleidungsstück im Katalog eines Naturtextil-Anbieters sucht, erwartet, dass entscheidende Probleme gelöst sind. Der Käufer will sich nicht mehr um die komplizierten Details der Textilökologie kümmern müssen. Die Marke, der Katalog, der Laden soll eine bestimmte Qualität und ein bestimmtes Niveau ökologischen Fortschritts garantieren", schreibt Konrad Götz. Eine Untersuchung von imug zur Auswahl von Einkaufsquellen erscheint voraussichtlich bis Ende 2000.[10]

■ **Welche Qualitätsaspekte spielen beim Bekleidungskauf eine Rolle?**

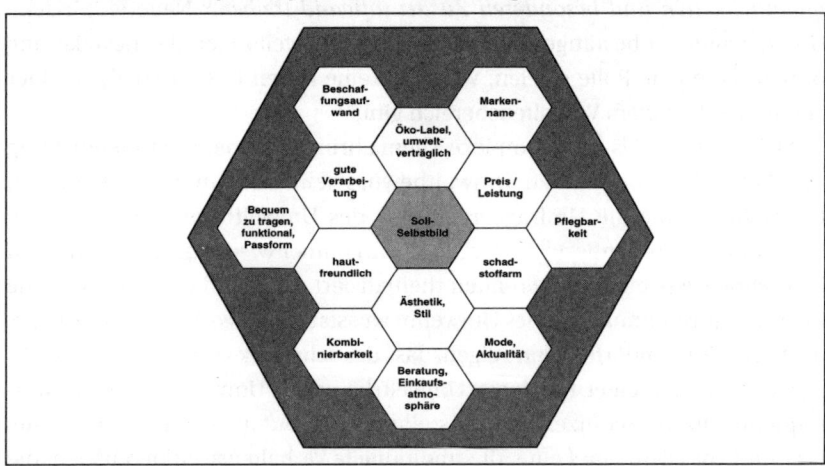

■ **Entscheidungskriterien beim Kauf von Bekleidung**

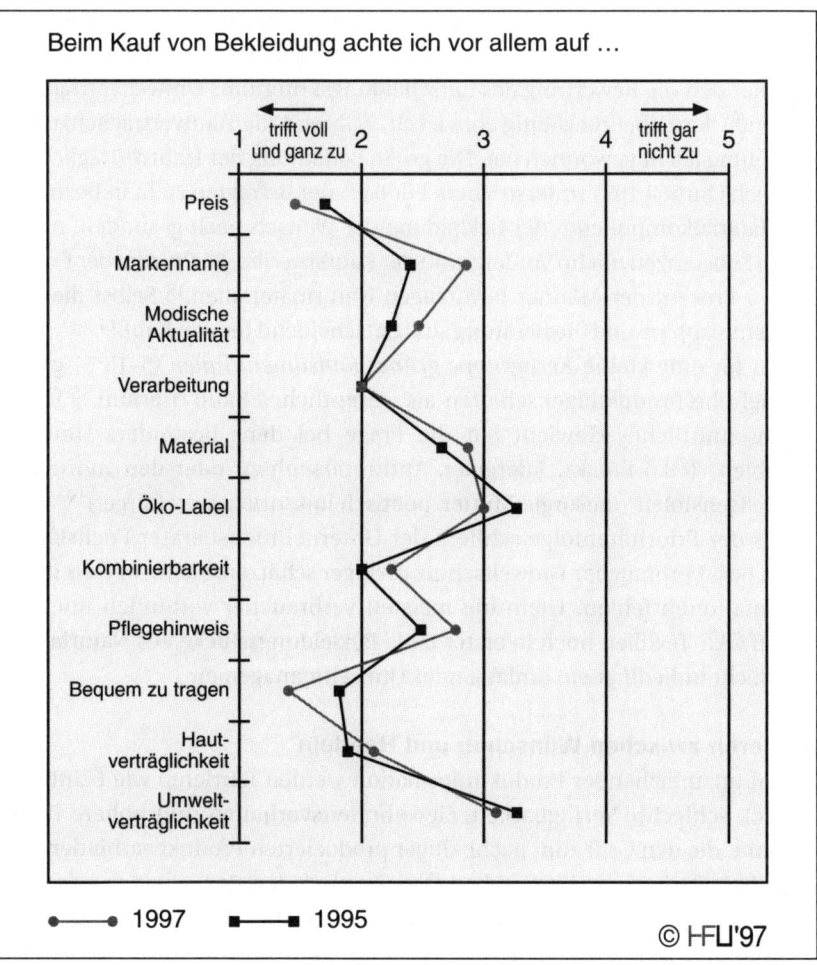

Beim Kauf von Bekleidung achte ich vor allem auf …

● —— 1997   ■ —— ■ 1995

© HFU'97

Bei der Auswahl aus dem Angebot ist ein *stilistisch-ästhetisches Signal* ausschlaggebend, dann wird das Kleidungsstück *sensorisch geprüft*. Hier fließen Informationen ein, die auf *Etiketten und Labels* stehen, die *Beratung* der Verkäufer/innen. Wenn ein Stück in Frage kommt, wird *anprobiert und überprüft*, ob es zur Person passt, wie man sich darin fühlt. An dieser Stelle ist der Berater oder die Beraterin gefragt. Bei der Entscheidung spielen also viele Aspekte eine Rolle, die vereinbart werden müssen.[11]

Die *Hermann Fuchslocher Unternehmensberatung*, Düsseldorf hat Verbraucher 1995 und 1997 nach ihren Kaufargumenten für Bekleidung befragt (s. Abb.: Entscheidungskriterien beim Kauf von Bekleidung)[12]

Für das Gros der Verbraucher zählt in der Kaufsituation von Bekleidung vor allem das Preis-Leistungs-Verhältnis, die Verarbeitung, Kombinierbarkeit und Bequemlichkeit beim Tragen sowie die Hautverträglichkeit. Zwischen 1995 und 1997 hat sich die Bewertung des Entscheidungskriteriums Umweltverträglichkeit und Öko-Label rückläufig entwickelt, während die Hautverträglichkeit an Bedeutung leicht gewonnen hat. Die große Bedeutung der Hautverträglichkeit hat auch Outfit 4 1997 unterstrichen. Für 84% der Befragten steht in Bezug auf die Materialkomponente der Bekleidung der Wunsch nach gesunden, natürlichen Substanzen mit im Vordergrund der Kaufkriterien. 85 Prozent der Frauen und 79 Prozent der Männer bevorzugen Naturmaterialien.[13] Selbst die Einkaufsatmosphäre und die Beratung sind entscheidend für den Kauf.[14]

Nur für eine kleine *Kerngruppe grüner Konsument/innen* (5–15%) gelten ökologische Produkteigenschaften als wesentliches Kaufkriterium.[15] Überdurchschnittliches Gewicht hat die Frage bei den „besonders Umweltsensiblen" (Öko-Freaks, Allergiker, Anthroposophen) oder den „normalen Umweltsensiblen" (besorgte Mütter, politisch linksorientierte Bürger)[16].

Aus der Prioritätenfolge schließt der Unternehmensberater Fuchslocher nicht, dass Verbraucher Umweltschutz geringer schätzen; vielmehr dass ihnen Informationen fehlen. Denn die meisten Verbraucher verbinden mit dem Begriff Öko-Textilien noch in erster Linie Bekleidungsstücke aus Naturfasern, aber nicht unbedingt ein umfassendes Umweltmanagement.

Barrieren zwischen Wünschen und Handeln

Neben unzureichender Produktinformation werden Barrieren wie Echtheitszweifel, schlechte Verfügbarkeit, Gewohnheitsverhalten und höhere Preise genannt, die den Griff zum nachhaltiger produzierten Produkt verhindern.

1. *Höhere Preise:* Laut ISOE haben Öko-Textilien den Ruf, teuer zu sein.[17] In der Tat sind die Mehrzahl der umweltfreundlichen Textilien im hoch- bis mittelpreisigen Segment zu finden.[18] Das Sinus-Institut weist 1997 auf ein extrem preissensibles Kaufverhalten in fast allen Konsumbereichen hin. Im Bereich Bekleidung/Mode werde fast durchgängig seltener und billiger gekauft. Betroffen sind hoch- und mittelpreisige Segmente. Gegen das Preisargument spricht, dass Konsumenten, die ethisch korrekt konsumieren wollen, sich eher unter den kaufkräftigen befinden, die auf hohem Niveau konsumieren wollen.

   In Bezug auf Umweltvorteile ist die Preisbereitschaft gewachsen. In der Allensbach-Studie von 1993 waren es nur 38%, die für ein umweltfreundliches Bekleidungsstück bereit waren, einen höheren Preis zu zahlen, in der Fuchslocher-Befragung von 1997 sind es 49% der Verbraucher und in der Outfit 4-Studie 1997 erklären sich 63% der Befragten bereit, für umweltfreundliche Produkte mehr Geld auszugeben. Eine höhere Preisbereitschaft für sozialverträgliche Produktion beteuern Schweizer Verbraucher. Die Stiftung Double Incentive Projects (DIP), Zürich stellte bei Marktuntersuchungen zwischen 1995–98 fest, dass 86,5 Prozent der Konsumenten und Konsumentinnen in der Schweiz bereit sind, für ein Clean-made-Kleidungsstück in der Größenordnung von 20 US-Dollar 10 Prozent mehr zu bezahlen.[19]

2. *Schlechte Verfügbarkeit:* Im Einzelhandel ist das Angebot öko-fairer Bekleidung bisher spärlich (s. S. 364). Das müsste sich ändern, soll der Massenmarkt bedient werden. „Es wäre besser, wenn ich in einen Laden gehen könnte oder wenn es ein Kaufhaus von mehreren Öko-Firmen gäbe, wo ich dann mal rumgucken und mir was aussuchen könnte ... ohne die Huddelei mit dem Postamt ...", lautet der Kommentar einer 69-jährigen Rentnerin. Bedacht werden muss auch, dass auf vielen Haushalten ein Rationalisierungs- und Ökonomisierungsdruck lastet. Neues Wissen kann dann nur noch handlungsrelevant werden, wenn es in die Routinen passt.[20]

3. *Gewohnheitsverhalten* spielt zum Beispiel bei der Auswahl der Einkaufsquelle oder dem Wahrnehmen von Informationen eine Rolle und lässt sich nur sehr schwer verändern.

4. *Kein adäquates Alternativprodukt* verfügbar, das andere Qualitätsaspekte wie Mode, Image oder Komfort erfüllen kann. Gefordert wird bei der Produktgestaltung die Vereinbarkeit mit den ästhetischen Mustern des jeweiligen sozialen Milieus (s. S. 396f.). Öko-Mode hat noch immer den Ruf langweilig und farblos zu sein, ohne Pfiff im Schlabberlook, beobachtet ISOE, obwohl sich diesbezüglich am Markt einiges verändert hat. Sie muss sich vom Öko-Image abkoppeln, um andere Zielgruppen anzusprechen. Was die Erwartungen an den Pflegekomfort betrifft, gibt es zwei Gruppen von Verbrauchern, diejenigen, die sehr pfleglich und sehr persönlich mit Kleidung umgehen, als wäre sie ein Teil der Person und mehr Pflegeaufwand akzeptieren, und eine zweite Gruppe, die Kleidung eher wie eine ästhetische Verpackung begreift, deren Pflege schnell und bequem möglich sein soll. Ein hoher Aufwand für Pflege und Instandhaltung wird von ihnen nicht in Kauf genommen.[21]

5. *Unzureichende Produktinformation* und Echtheitszweifel: Ob ein Kleidungsstück gefällt und sich angenehm anfühlt, können Verbraucher leicht selbst herausfinden. Was den meisten Verbrauchern fehlt, sind verlässliche Informationen über die „nicht sichtbaren Qualitätsaspekte", wie eine umweltschonende oder sozialverträgliche Herstellung. Und ökologisch orientierte Kollektionen sind nur einer Minderheit bekannt; selbst stark interessierte Personen haben teilweise Informationsdefizite. In Westdeutschland sind die Öko-Kollektionen besser bekannt als bei Befragten in

■ **Informiertheit der Verbraucher über Umweltbelastungen im Zusammenhang mit Bekleidung**

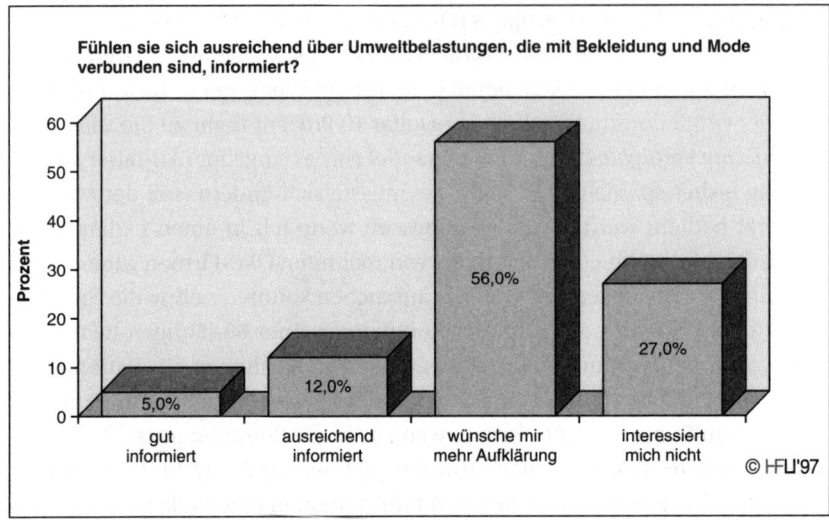

Fühlen sie sich ausreichend über Umweltbelastungen, die mit Bekleidung und Mode verbunden sind, informiert?

Prozent — gut informiert 5,0% · ausreichend informiert 12,0% · wünsche mir mehr Aufklärung 56,0% · interessiert mich nicht 27,0%

© HFU'97

Ostdeutschland (ISOE 1999). Laut imug-Emnid 1996 fühlen sich drei Viertel der Deutschen über die Aspekte gesellschaftlicher und umweltpolitischer Verantwortung von Unternehmen eher *schlecht oder sehr schlecht informiert.* Nur 21% der Männer fühlen sich gut informiert und 14% der Frauen. Auf die Frage der Hermann Fuchslocher Unternehmensberatung (1997): „Fühlen Sie sich ausreichend über Umweltbelastungen, die mit der Bekleidung und Mode verbunden sind, informiert?" wünschen sich 56% mehr Aufklärung (siehe Grafik: Informiertheit der Verbraucher).
Ein besonderes Interesse an schneller und verlässlicher Produktinformation hat die kleine kritische Minderheit der „grünen Konsumenten".

Was interessiert und wer ist vertrauenswürdig?
Der überwiegende Teil der Konsumenten hat Interesse am Produktionsprozess. *Verbreitet ist das Interesse an gesundheitlich relevanten Schadstoffen im Endprodukt,* teilweise auch in der Produktion. Das oft zitierte Allergieproblem wird als Frühwarnsystem für Risiken verstanden. Ein Großteil der von ISOE Befragten reagiert empört auf das Thema Ausbeutung und Kinderarbeit und signalisiert, zum Handeln bereit zu sein. Ein Teil der Verbraucher formuliert auch ein sinnbildliches Interesse an der Produktion und dortigen sozialen Bedingungen. *Die „industriekritischen" Verbraucher wünschen Kontrolle durch neutrale Institutionen* im Gegensatz zu den Markenbewussten, die den Herstellerinformationen blind vertrauen.

Die *Markenbewussten verlangen vom Hersteller zunehmend eine ethische Verantwortlichkeit*, sehen die Marke als Garantie. Zur Frage, ob er als Konsument Informationen über die Umweltfreundlichkeit des Kleidungsstücks wünsche, antwortet zum Beispiel ein 27-jähriger Zahntechniker: „Nein, warum sollte mich das interessieren? Ich gehe davon aus, dass jeder Hersteller heute so umweltbewusst ist, dass ich das nicht zu meiner Aufgabe machen muss" und zur Frage der Kinderarbeit und Ausbeutung: „Mit Sicherheit sehr dramatisch, es ist tragisch, entsetzlich. Aber soll uns hier als Verbrauchern ein schlechtes Gewissen eingeredet werden? Wissen Sie – da ist der Verbraucher überfordert. Ich will konsumieren ... da weigere ich mich als Konsument in die Bresche zu springen ... das ist Sache der Hersteller ... Die sollen die Firmen ruhig an den Pranger stellen."[22] Auf diese Erwartung an Kleidungsmarken weisen auch die Ergebnisse hin, die das Sinus-Institut in der Outfit 4-Studie 1997 gebracht hat. Die vier wichtigsten Erwartungen, die Verbraucher formuliert haben, waren:

- Verwendung gesunder und natürlicher Substanzen (84 % sehr wichtig und wichtig),
- dass die Marke genau zu meiner Persönlichkeit passt (80 %),
- Umweltfreundlichkeit (76 %),
- dass die Produkte nicht in Tierversuchen getestet werden (75 %).[23]

Extrem *schlechte Noten gaben Verbraucher dem Öko-Labelling* bereits 1997 in der Fashion & Ecologie-Studie von Fuchslocher. Die meisten Verbraucher bzw. Verkäufer halten Öko-Labels für weniger oder nicht glaubwürdig (s. Grafik: Kennzeichnung [Öko-Label] über ...).[24] Daher fordern die Verbraucherverbände seit Jahren weniger Umweltzeichen mit besserer Glaubwürdigkeit.

■ **Kennzeichnung (Öko-Label) über die Umweltverträglichkeit von Bekleidung halte ich für ...**

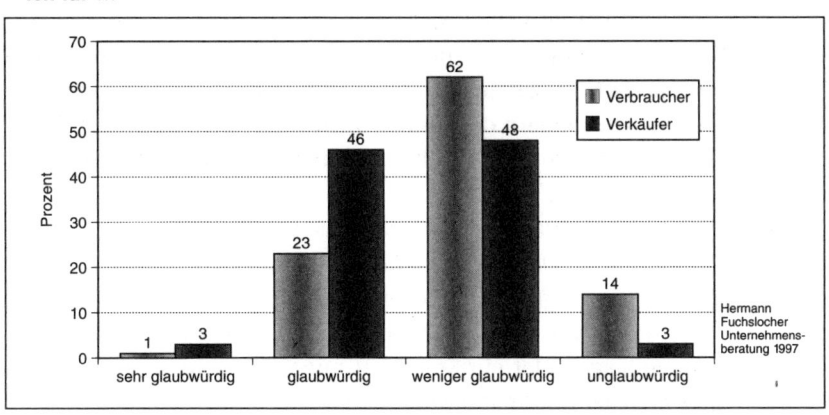

■ **Beurteilung der umweltorientierten Beratung durch Verkaufspersonal**

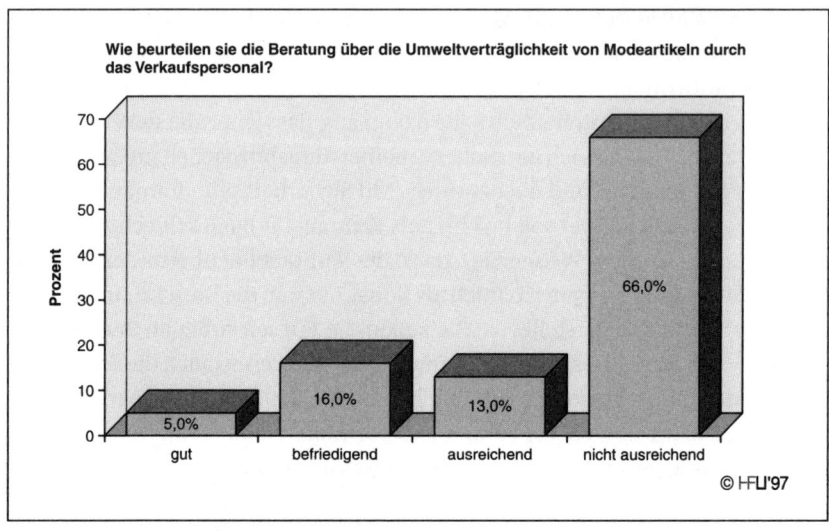

Im November 1998 belegt eine Untersuchung der GfK Textilmarktforschung: Die meisten Öko-Labels für Textilien sind bei Verbrauchern in Deutschland kaum bekannt. Das Niveau bewegt sich zwischen 1–20%. Einzige Ausnahme bildet der WWF/Panda, der sich auch über den Textilbereich hinaus als Umweltorganisation einen Namen gemacht hat. Wenn es um die inhaltliche Beurteilung der Öko-Labels geht, sind oft 40 bis 50% der Befragten überfordert. Das große Informationsdefizit gilt nicht für das Wollsiegel. Das Materialkennzeichen für reine Schurwollprodukte ist bei Verbrauchern seit Jahren bekannt und genießt einen Vertrauensvorsprung.[25]

Die Ergebnisse Fuchslochers decken auch *erhebliche Defizite des Handels* auf. Zwei Drittel der Kunden bewerten 1997 die umweltorientierte Beratung durch Verkaufspersonal als nicht ausreichend, nur 5 % mit gut (s. Grafik: Beurteilung der umweltorientierten Beratung durch Verkaufspersonal). Die Verbraucherzentrale NRW z.B. fordert daher vom Handel nicht nur gelabelte Produkte anzubieten, sondern die Kunden auch zu beraten, damit diese Produkte angekommen werden. Dazu sollten genügend und geschulte Mitarbeiter/innen vorhanden sein.[26]

Emnid fragte 1995 Verbraucher, wie Informationen übermittelt werden sollten. Dabei wurde eine *vergleichende Produktinformation*, die Marken und Hersteller vergleicht, bevorzugt, d.h. die Textnote und der Textbericht der Stiftung Warentest. An dritter Stelle kam das persönliche Verkaufsgespräch. Abgeschlagen waren kurze Siegel oder ein Kennblatt mit Verbrauchswerten (s. Abb.: Beurteilung der Art der Informationsübermittlung).[27]

■ Beurteilung der Art der Informationsübermittlung

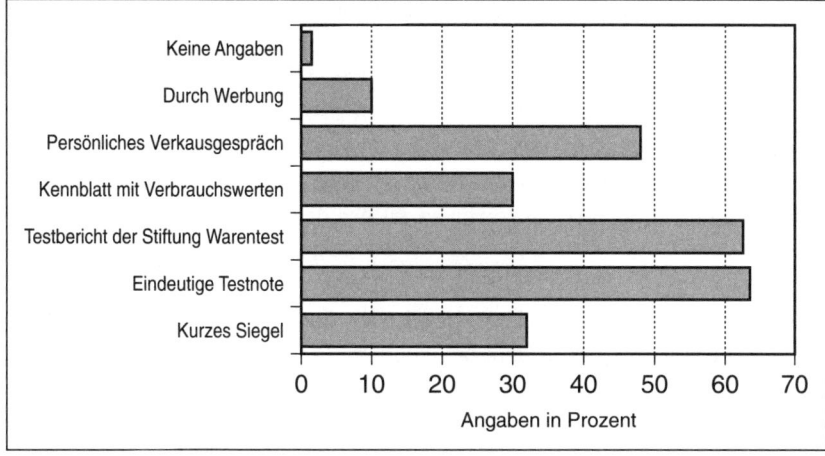

Quelle: IÖW/EMNID 1995

Eine unabhängige *vergleichende Beurteilung von Unternehmen* im Unternehmenstest (s. Kasten), wie es sie für die deutsche Nahrungs- und Genussmittelindustrie und die Branchen Kosmetik, Körperpflege, Waschmittel gibt[28], fehlt für die Branchen Textil- und Bekleidung.

Was ist ein Unternehmenstest?

Ein Unternehmenstest untersucht das Handeln von Unternehmen. Er fragt nicht nur nach der Produktverantwortung, sondern *bewertet, inwieweit Unternehmen in ausgewählten Bereichen sozial und ökologisch verantwortlich handeln.* Die Untersuchung geschieht von unabhängiger Seite, d.h. ökonomisch wie personell unabhängig von den untersuchten Unternehmen. Die Methode wurde vom Institut für Markt-Umwelt-Gesellschaft e.V. (imug), Hannover entwickelt. Daran beteiligt sind auch die Arbeitsgemeinschaft der Verbraucherverbände (AgV), die Verbraucherinitiative, die Verbraucherzentralen Baden-Württemberg, Niedersachsen und Nordrhein-Westfalen und das Öko-Test Magazin.[29]
Die Untersuchung geschieht unaufgefordert anhand transparenter Kriterien, die Auswahl der Unternehmen erfolgt nach ihrer Marktrelevanz, Vergleichbarkeit, Konzentration usw., ähnlich wie bei Stiftung Warentest. Der Untersuchungszeitraum bezieht sich im Wesentlichen auf die gegenwärtigen Unternehmensaktivitäten. Die Offenheit des Unternehmens bildet eine Voraussetzung.

Beim Unternehmenstest werden wie bei einem Öko-Audit Indizien dafür gesucht, dass die Unternehmen wesentliche Bereiche erkannt haben, in denen Umweltbelastungen von ihnen ausgehen, und die organisatorischen Voraussetzungen zur Minderung dieser Belastung getroffen wurden. Es wird keine Gesamtnote vergeben, sondern Urteile über Bereiche in Form von Symbolen ausgesprochen. Damit erhält der Verbraucher eine Entscheidungshilfe in die Hand. Das Instrument schafft somit ein Sanktionspotential für den Markt und Chancen für sozial-ökologische Innovationen.[30]

Auch Konrad Götz vom ISOE beschreibt den Verbraucherwunsch nach reduzierter Komplexität: „Es gibt bei einem großen Teil der Konsumenten den *Wunsch, nicht alles wissen zu müssen* ... Viele wünschen sich daher:
- Die Kompliziertheit der wissenschaftlichen Zusammenhänge soll den Experten überlassen bleiben;
- das noch schwierigere Problem des Zusammenhangs von Verhalten, ökologischen (bzw. sozialen) Folgen und Moral soll durch eine einfache Empfehlung à la Stiftung Warentest oder Ökotest gelöst werden;
- die Einhaltung der ökologischen und sozialen Standards soll den Herstellern bzw. den sie kontrollierenden Instanzen überlassen bleiben."[31]

Als Frage bleibt offen, wenn soziale und ökologische Innovationen auf Expertenebene ausgefochten werden, wie Konsumenten dabei als Regulativ mitbestimmen.

Resümee: Die Betrachtung der Barrieren für den Kauf nachhaltiger Bekleidung verdeutlicht viele Punkte, an denen *Hersteller und Handel* gemeinsam auf die Erwartungen und Bedürfnisse von Verbrauchern zugehen können. Offensichtlich wird auch, dass der *Gesetzgeber* durch entsprechende Rahmenbedingungen für Kennzeichnung und Labelling die Informationssituation der Beteiligten verbessern sollte.

Literaturhinweise, Anmerkungen:

1 Peter Preisendörfer: Umweltbewusstsein und Umweltverhalten in Deutschland. Empirische Befunde und Analysen auf der Grundlage der Bevölkerungsumfragen „Umweltbewusstsein in Deutschland 1991–1998". Herausgegeben vom Umweltbundesamt, Leske + Budrich, Opladen 1999, S. 46

2 imug-Emnid: Unternehmen und Verantwortung, 1993; Verbraucher und Verantwortung, 1996; nach: Institut für Markt, Umwelt Gesellschaft e.V. imug: Unternehmenstest, Verlag Franz Vahlen, München 1997

3 imug 1997, s. o. S. 67

4 Dokumentation, Workshop: Vernetzung ökologischer und sozialer Zeicheninitiativen für Produkte aus Entwicklungsländern, Veranstaltung am 23./24.10.1997 in der GTZ, protrade, Eschborn, S. 8

5 Berthold Bodo Flaig: Sinus-Institut: Der vielschichtige Verbraucher, in: Outfit 4, Spiegel Verlag 1997

6 Sven Hasselmann: Marktorientiertes Umweltmanagement in der deutschen Textil- und Bekleidungsindustrie – eine theoretische und empirische Analyse, Verlag Josef Eul, 1996

7 Andreas Diekmann, Peter Preisendörfer: Umweltbewusstsein und Umweltverhalten in Low- und High-Cost-Situationen. Eine empirische Überprüfung der Low-Cost-Hypothese. In: Zeitschrift für Soziologie, Jhg. 27, Heft 6, Dezember 1998, S. 438–453

8 Peter Preisendörfer 1999, s. o.

9 Zum Textilthema wurden 50 qualitative Interviews durchgeführt; die Auswahl der Stichprobe zielte auf eine breite Streuung durch alle Milieus in Deutschland, um charakteristische Typen zu bilden. Es handelt sich nicht um quantifizierte statistisch repräsentative Aussagen. Konrad Götz: Ansprüche an ökologische Innovationen im Textilbereich; ISOE DiskussionsPapiere 11, Frankfurt a.M. April 1999, ISOE GmbH, Hamburger Allee 45, 60488 Frankfurt a.M., Tel. 069/ 707 69 190, Fax: 069/ 707 69 19-11, e-mail: info@isoe.de, http://www.isoe.de

10 imug-EMNID: Einkaufen und Verantwortung, (Adresse s. Anhang)

11 Konrad Götz/ISOE 1999, s. o., S. 10, f.

12 Hermann Fuchslocher Unternehmensberatung GmbH: Studie zum Thema Fashion & Ecology im Rahmen der HFU-Industrie-, Handels- und Verbraucherstudie 1997/1998, Düsseldorf; Fallzahl zum Thema Fashion & Ecologiy: Verbraucher n = 1086, Kontakt: HFU, Xantener Str. 10, 40474 Düsseldorf, Tel. 0211/439937-39, Fax: 454 1469

13 Outfit 4, SPIEGEL-Verlag, Hamburg 1997

14 BBE-Verbraucherbefragung 1994, nach Hasselmann 1996, s.o.

15 International Institute for Environment and Development: Changing Consumpti-

on and Production Patterns. London 1997, S. 15, nach: Gerd U. Scholl, Matthias Ertel: Die Verbreitung von Umweltkennzeichen und ihre Handelsimplikationen Wachsende internationale Bedeutung, in: Ökologisches Wirtschaften 3–4/1998, S. 31–33

16 Diekmann/Preisendörfer 1992, nach Hasselmann, s.o.

17 Konrad Götz/ISOE 1999, s. o., S. 17

18 Herbert Klemisch: Umweltschutz in der Textil- und Bekleidungsbranche, Klaus Novy Institut, Köln 1999, S. 88

19 Paul Ketterer: DIP – ein Weg aus der Globalisierungsfalle? S. 40–43, in: UmweltGerechte TextilWirtschaft – Vision oder Wirklichkeit? Hrsg.: Evang. Akademie Bad Boll, Stuttgart 1998

20 Konrad Götz/ISOE 1999, s. o. S. 17, 38

21 Konrad Götz/ISOE 1999, s. o., S. 32, 33, 17

22 Konrad Götz/ISOE 1999, s. o., S. 20, 21

23 Berthold Bodo Flaig 1997, s. o.

24 Hermann Fuchslocher Unternehmensberatung, Düsseldorf 1997; u.a. in: BW 24/1997

25 GfK-Studie: Öko-Labels bei Textilien, 1998; GfK Marktforschung GmbH, Textilmarktforschung, Petra Dillemuth, Nordwestring 101, 90319 Nürnberg, Tel. 0911/395-2766, Fax: 395-4034

26 Vortrag von Barbara Neukirchen, Verbraucherzentrale NRW: Anforderungen an eine kompetente Kundenberatung. Öko-Label als Kundeninformation? 15.09.1999, 3. Bielefelder Fachtagung der Hans-Böckler-Stiftung „Umweltverträglichkeit von Textilien" Zukunft von Arbeit und Umwelt in Handel und Produktion

27 Frieder Rubik, Cornelia Weskamp: Verbraucherschutz durch Produktkennzeichnung. Schriftenreihe des Instituts für Ökologische Wirtschaftsforschung Nr. 89/86, Berlin 1996

28 Entsprechende Unternehmenstests sind im Buchhandel als Paperbacks erschienen.

29 Herbert Klemisch, S. 112, s. o.

30 imug (s.o.)

31 Konrad Götz/ISOE 1999, s. o., S. 38

Labels: Orientierung auf einen Blick?

Kapitel 7.2

Die Textilproduktion erweist sich oft als wahre „Materialschlacht", die viel Wasser und Energie verbraucht, giftige Abfälle und verseuchte Gewässer oder versteppte Landschaften zurücklässt. Die Abgase aus der Produktion tragen zum Treibhauseffekt bei, zu saurem Regen und zur Bildung von bodennahem Ozon. Nicht alle Produkte belasten Umwelt und Gesundheit in gleichem Ausmaß. Öko-Labels für Textilien gelten als ein wichtiges Instrument zur *Verbraucherinformation*. Zugleich gelten sie als marktwirtschaftliches *Instrument der Umweltpolitik*. Mit ihnen können Marktpartner zeigen, dass sie freiwillig sorgsam mit der Umwelt umgehen und auf die Menschen Rücksicht nehmen, also eine nachhaltige Entwicklung fördern.

Auf der anderen Seite werden strenge Umwelt- und Soziallabel von einzelnen Entwicklungsländern bzw. im Rahmen der WTO als *Handelshemmnis* kritisiert. So wurde der Öko-Tex Standard 100, der sich quasi zu einer neuen internationalen Norm entwickelt hat, häufig als protektionistische Maßnahme der Industrie gedeutet.

Öko-Label für Textilien tauchen tatsächlich immer häufiger auf, insbesondere an Kindersachen und Bekleidungsstücken, die hautnah getragen werden wie Wäsche, Strümpfe oder Oberhemden. Den höchsten Verbreitungsgrad hat der Öko-Tex Standard 100, der schon mehr als 5.900 mal ausgestellt wurde. Doch die Markforschung hat aufgezeigt (s. S. 426), dass die Umweltbuttons beim Verbraucher noch längst nicht angekommen sind. Damit Öko-Labels vom Verbraucher akzeptiert werden können, müssten sie bekannt sein, glaubwürdig sein und tatsächlich am Markt vorhanden sein! Bisher überwiegt die Verwirrung über die große Anzahl der bunten Kennzeichen, die mittlerweile entwickelt wurden und deren Richtlinien i. d. R. für den Laien nicht transparent gemacht werden.

Was prüfen Öko-Label?

Produktbezogene Kennzeichen unterscheiden sich in ihren Anspruchsniveaus ganz erheblich. Zwischen ihnen liegen Welten.

Manche beziehen sich im Wesentlichen auf die *Materialzusammensetzung* wie reines Leinen, reine Schurwolle oder reine Seide. Das eingetragene Warenzeichen „Rein Leinen" der westeuropäischen Leinenindustrie kennzeichnet Textilien, die ausschließlich aus Leinen oder aus Halbleinen (mit bis zu 50 % Baumwollbeimischung) hergestellt sind. Das internationale Baumwollzeichen garantiert „100 % Baumwolle", das Seidenzeichen „Reine Seide". Das Wollsiegel des Internationalen Wollsekretariats fragt nach reiner Schurwolle, vom lebenden Schaf geschoren und erstmals verarbeitet. Außerdem fordert das Wollsiegel Filzfreiheit von Strickwaren und Farbechtheit gegenüber Licht und Wasser (s. Abb.). Diese Warenzeichen kennzeichnen Textilien natürlichen

Wollsiegel-Qualität

Reine Schurwolle

Ursprungs, deren Fasern aus nachwachsenden Rohstoffen bestehen, deren Herkunft und Verarbeitung aber nicht vorrangig gezielt auf ökologische Ansprüche – wie z. B. biologischen Anbau oder Verzicht auf Ausrüstung mit synthetischen Harzen – ausgerichtet sind. Es sind Qualitätszeichen für das Material, keine Öko-Siegel, zu denen sie manchmal gemacht werden.

Andere Label prüfen die verschiedenen Dimensionen der Nachhaltigkeit: die *gesundheitliche Unbedenklichkeit*, den *Umweltschutz* oder *soziale Gerechtigkeit*.[1] Ecolabel können nur das Endprodukt oder den gesamten Lebenszyklus untersuchen. Dabei können sie unterschiedlich viele Aspekte berücksichtigen (s. Tabelle: Öko-Labels für nachhaltige Textilien betrachten ...). Öko-Label können zum Beispiel mit der Auslobung eines einzelnen Kriteriums – „hergestellt aus handgepflückter Baumwolle" oder „ohne Formaldehyd" – den unbedarften Verbraucher täuschen, es handele sich um ein besonders umweltschonendes Produkt. Wesentlich aussagekräftiger ist dagegen eine Lebenszyklusperspektive, die den ganzen Prozess oder zumindest dessen wichtigste Teile in vielen Punkten verbessert hat.

Auch sagt ein einzelnes „sauberes" Produkt noch nichts über das *gesamte Unternehmen* wie ein Umweltmanagementsystem nach ISO 14000 oder EU-Öko-Audit. Gunther Le Maire von der Kunert AG, Immenstadt ist von „Ökopapperln" für Produkte nicht überzeugt. „Ich kann in sämtlichen anderen Abteilungen einen ökologischen Saustall haben, aber gleichzeitig ein hervorragendes Produkt auf den Markt bringen und werde dafür prämiert." Le Maire fordert die Offenlegung der betrieblichen Öko-Bilanz.[2] (Im Juni 1999 hat Kunert als erstes Unternehmen in Europa einen Leistungsbericht nach der neuen Umweltnorm ISO 14031 vorgelegt. Geplant ist in den nächsten Jahren, die Umweltleistungsbewertung mit Umweltzustandsindikatoren auszubauen, insbesondere an den Kunert-Standorten mit Färbereien.[3])

Dieser Kritik folgend haben verschiedene Label auch Instrumente des Umweltmanagements aufgegriffen wie Öko-Tex 1000 oder das eco-Label von Migros (s. u.). Auch die Euro-Blume empfiehlt, ein Umweltmanagementsystem zu betreiben.

Bisher werden Anforderungen an den *sozialen Bereich* von Eco-Labels häufig ausgespart, sind eher Teil grundsätzlicher Erklärungen von Unternehmen, wie in Kapitel 5 beschrieben. Es zeichnet sich aber ab, dass soziale Anforderungen zunehmend ins Labelling einbezogen werden. Als erfolgreiches Bei-

■ Öko-Labels für nachhaltige Textilien betrachten ...

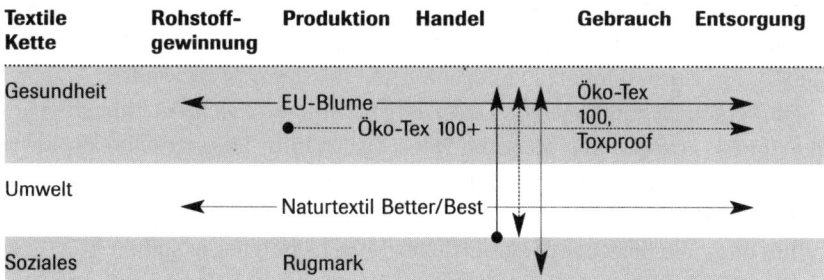

Textile Kette	Rohstoff-gewinnung	Produktion	Handel	Gebrauch	Entsorgung

Gesundheit — EU-Blume, Öko-Tex 100+, Öko-Tex 100, Toxproof

Umwelt — Naturtextil Better/Best

Soziales — Rugmark

spiel kann auf die Blumenbranche verwiesen werden. Am Gütesiegel für Blumen „Aus menschen- und umweltschonender Produktion" ist u. a. FIAN mit Sitz in Herne beteiligt. Soziale Kriterien sind die Garantie sozialer Mindeststandards, u.a. Verbesserungen des Arbeitsschutzes, höhere Löhne und projektbezogene Entwicklungsmaßnahmen. Als reines Soziallabel wurde Rugmark für Teppiche ohne Kinderarbeit bereits vorgestellt (S. 379 f.).

Perspektive: Lebenszyklus oder Endprodukt?
Die Abbildung macht deutlich, dass die Euro-Blume bisher noch keine Anforderungen an den sozialen Bereich stellt und der Öko-Tex Standard 1000 die Rohstoffgewinnung ausgeklammert hat.

Am häufigsten wird ähnlich wie beim Öko-Tex Standard 100 ausschließlich die gesundheitliche Unbedenklichkeit des Endprodukts für den Verbraucher garantiert. Solche Kleidungsstücke werden auch als humanökologisch optimiert bezeichnet. Es können aber auch Anforderungen an die Produktlinie von der Wiege bis zur Bahre gestellt werden wie bei den Labels des Internationalen Verbands der Naturtextilwirtschaft „Better" und „Best". Sie sind humanökologisch und produktionsökologisch optimiert und berücksichtigen eine sozialverträgliche Produktion.

Eigenmarken, Verbands- und Institutslabel:
Wer entwickelt und kontrolliert sie?
Umweltkennzeichen können von Firmen stammen, so genannte *Eigenmarken*, von Behörden wie der Blaue Engel oder die Euro-Blume oder von *Verbänden bzw. unabhängigen Instituten* wie Better und Best oder die Öko-Tex Standards. Firmeneigene Label werden meistens nicht von unabhängigen Stellen entwickelt und kontrolliert, aber hier gibt es auch Ausnahmen. Wenn an der Erarbeitung der Kriterien unterschiedliche Interessengruppen beteiligt sind, wächst der Stellenwert des Labels in der Öffentlichkeit. Daher und durch die

Garantenstellung des Staates erhöht sich der Stellenwert staatlicher Zeichen. Die Glaubwürdigkeit eines Signets sinkt, wenn die Kriterien und das Vergabeverfahren nicht transparent gemacht werden.[4] Eigenmarken bergen die Gefahr, von Unternehmen zu Imagezwecken missbraucht zu werden.

Die Vergabebedingungen für Öko-Label orientieren sich nicht unbedingt an dem jeweils erreichbaren höchsten Stand der Technik. Das wurde im Kapitel 3 (Ausgewählte Problemstoffe) ausführlich diskutiert. Von verschiedener Seite wird gefordert, dass die zugrundegelegten *Qualitätsstandards* textiler Öko-Labels oberhalb bestehender gesetzlicher Vorschriften liegen sollten.[5]

Öko-Label sind ein freiwilliges Anreizsystem, das der Handel z. B. von seinen Lieferanten in Asien oder Osteuropa einfordert. Erreichbare Fortschritte müssen hier immer im Kontext der bestehenden Voraussetzungen und Notwendigkeiten beurteilt werden. So bedeutet bereits die Klärung von Produktionsabwässern an vielen Standorten einen wesentlichen Fortschritt. Hier erweist sich ein dynamischer Standard (mit einem Umweltmanagementsystem) als vorteilhaft.

Mittlerweile sind sogar die technischen Voraussetzungen geschaffen worden, um beispielsweise Informationen über Produkt, Hersteller und Fertigungszeitpunkt in Webetiketten (Rinke Etiketten) verschlüsselt zu speichern. Der Code garantiert in Verbindung mit EDV-Verarbeitung per Scanner die Fälschungssicherheit des Etiketts.[6]

Muss die Politik neue Regeln setzen?
Klar ist, der Kunde braucht ein einfaches, glaubwürdiges Orientierungssystem. Schon 1994 hatte die *Enquete-Kommission* „Schutz des Menschen und der Umwelt" empfohlen, „die Transparenz (Verfügbarkeit und Verständlichkeit) der Informationen über ökologische und gesundheitliche Wirkungen der textilen Kette zu erhöhen", um die Voraussetzungen für bewusste Konsumentscheidungen zu verbessern. Im Bereich des Öko-Labelling sollte der Blick vom Endprodukt stärker in Richtung Verfahrensrisiken ausgeweitet werden. Als Informationsvermittler zwischen den Akteuren wurde ein Warenbegleitbrief vorgeschlagen, der technisch, ökologisch und toxikologisch relevante Substanzen abfragt.[7]

Nicht nur die Enquete-Kommission, auch *Verbraucherverbände* setzen sich seit vielen Jahren für weniger und dafür glaubwürdigere Umweltzeichen ein, ebenso für die stärkere Beachtung ökologischer und sozialer Qualitätsaspekte. Jüngst forderte Barbara Neukirchen von der Verbraucher-Zentrale NRW von Öko-Labels: „Sie sollen durch anbieterunabhängige Institutionen vergeben werden, sie müssen auf nachprüfbaren Kriterien basieren, sie müssen überprüft und befristet vergeben werden und sie sollen einen möglichst umfassenden Ansatz in Richtung ‚zukunftsfähiger/nachhaltiger Konsum' haben."[8]

Der Verbraucher ist überfordert, sich die Informationen über die Labels und deren Einordnung selbst zu beschaffen und richtig zu bewerten. Sie müssen für ihn aufbereitet und an ihn herangetragen werden.

Merkmale idealer Öko-Label

- *Unabhängigkeit:* Kontrollierte und beschränkte Einflussmöglichkeiten potentieller Zeichennehmer auf die Kriterienentwicklung und die Zeichenvergabe.[9] Daran sollten Interessengruppen wie Verbrauchervertreter, Gewerkschaften bzw. Umweltverbände beteiligt sein.
- *Glaubwürdigkeit:* Klare Ableitung der Vergabekriterien aus dem ökologischen oder sozialen Profil des Produktes bzw. der Dienstleistung. Formulierung nachprüfbarer Kriterien, die ausreichend differenziert sind und mit angemessenem Aufwand prüfbar.[10] Kontrollen durch unabhängige Dritte u. befristete Vergabe.
- *Transparenz:* Lückenlose Dokumentation des Vergabeprozesses, aktive Informationspolitik,[11] öffentliche Kriterien und Prüfverfahren, Beschwerdemöglichkeit für Betroffene oder Verbände.
- *Lebenszyklusperspektive:* Die gesamte Produktlinie von der Rohfaser bis zur Entsorgung wird betrachtet.
- *Zielsetzung Nachhaltigkeit:* Berücksichtigt werden Aspekte der Ressourcenschonung, des Gesundheitsschutzes und der sozialen Gerechtigkeit in globaler Sicht.
- *Qualifiziertes Anspruchniveau:* das sich deutlich vom üblichen Marktniveau abhebt und eine dynamische Anpassung vorsieht.

Die *Internationale Normenorganisation ISO* sieht in ihrem Normenprogramm zum Umweltmanagement (ISO 14000) auch einen Teil zu Umweltkennzeichen vor. Die ISO-Normenreihe 14020 bis 14025 über das Eco-Labeling richtet sich an alle, die Umweltlabel entwickeln wollen. Die Richtlinien stellen freiwillige Systeme zur Auszeichnung von Produkten und Dienstleistungen dar. Die Normen basieren auf drei Kategorien, geben aber kein konkretes Anspruchsniveau vor.

Die ISO-Normenreihe bietet damit ein Raster für eine internationale *Harmonisierung*, also die Angleichung von Produktkriterien. Das internationale G.E.N. *Global Ecolabelling Network* arbeitet auf die internationale Angleichung nationaler und supranationaler Programme aus allen Kontinenten hin. Es umfasst 21 nationale Programme, das heißt mehr als drei Viertel der Umweltzeichensysteme. Das G.E.N. hat den Auftrag, Informationen auszutauschen mit dem langfristigen Ziel einer Harmonisierung der Systeme.[12]

Wir machen mit! – Einblicke in die Öko-Fair-Szene

Ein vom Umweltbundesamt gefördertes Projekt (1997–1999) hat die *Verknüpfung von Öko- und Fair-Trade-Initiativen* zum Ziel. Die Idee: Initiativen, die sich für den Schutz der Umwelt und für soziale Gerechtigkeit einsetzen, soll ein systematischer Austausch ermöglicht werden. Ihre Erfahrungen sollen einem breiten Interessentenkreis zugänglich gemacht werden. Im hochkarätigen Projektbeirat haben 18 Organisationen aus dem Spektrum Umwelt/Arbeit/Dritte Welt mitgewirkt, u. a. die Arbeitsgemeinschaft der Verbraucherverbände, der DGB, die Menschenrechtsorganisation FIAN, der Weltladen-Dachverband, die Arbeitsgemeinschaft Ökologischer Landbau und die Jury Umweltzeichen. Entstanden ist unter Leitung der SCC in Wöllstein ein Handbuch, das mehr Transparenz über entsprechende Siegel-, Lobby-, Öko- und Fair-Trade-Organisationen schafft. Voraus ging die Befragung einer Vielzahl von Firmen, Verbänden und Vereinen, von denen rund 60 einen ausführlichen Fragebogen beantworteten. Als Ergebnis liegt Ende 1999 das *Handbuch „Im Zeichen der Nachhaltigkeit* – Verknüpfung von Öko- & Fair Trade-Initiativen – Produkte, Firmen und Organisationen – Handeln im Agenda 21 Prozess" vom Fair Trade e.V. auf dem Tisch. Es will Verbrauchern, Einkäufern, Multiplikatoren und AGENDA 21-Gruppen Handlungsmöglichkeiten aufzeigen. Das Handbuch ist bei den Verbraucherzentralen und beim Fair Trade e.V., Wuppertal, erhältlich, der auch das entsprechende *Plakat* („Fairer Handel + Ökologischer Wandel – *Wir machen mit*") vertreibt.

Ob aus den gesammelten Informationen ein *„Öko Fair Net 2000"* im Internet entsteht, ist bisher nicht entschieden. Durch eine aktuell gehaltene Datenbank böte sich die Chance, weitere Initiativen und ihre Standards zu dokumentieren, direkte Internet-Links zu den jeweiligen Organisationen herzustellen, gemeinsame Projekte in den Bereichen Produktentwicklung, Marketing, Logistik zu fördern bzw. interessierten Unternehmen einen leichteren Einstieg in den ethischen Markt zu ermöglichen.[13]

Aus der Sicht des Fairen Handels fehlt noch ein ethisches Warenzeichensystem für fair gehandelte Produkte.[14] Im Gegensatz zur EG-Bio-Verordnung *fehlt für den Begriff „Fair" im Sinne von „Fair Trade" noch eine gesetzliche Regelung*, die den Begriff schützt und die Auszeichnung kontrolliert.

Auf Initiative von Wissenschaftsladen Bonn und Klaus Novy Institut Köln trafen sich engagierte Vertreter der Branche mit Verbänden und Behörden bereist *1995 und 1996 am „Runden Tisch"*, um über die Perspektiven des Öko-

und Soziallabelings zu diskutieren. Unter den Beteiligten war die Zustimmung für ein einheitliches Öko-Label in der Branche mit 85 % hoch, ebenso für ein Sozial-Label (78 %). Am Runden Tisch war die Mehrheit dafür, kein neues Umweltlabel zu kreieren, sondern aus den bestehenden Labeln eine neue Struktur zu entwickeln. Ein mehrstufiger Ansatz eines Umweltzeichens schälte sich als dominant heraus. Als unterste Stufe wurde die Gesundheitsverträglichkeit des Produktes (Öko-Tex Standard 100) vorgeschlagen, als zweite Stufe zusätzlich eine umweltverträgliche Produktion (etwa EU-Umweltzeichen) und als höchste Stufe anspruchsvolle Umweltanforderungen und soziale Kriterien (etwa das ehemalige Markenzeichen Naturtextil). Gleichzeitig äußerte sich das Forum überwiegend gegen eine Verknüpfung ökologischer und sozialer Aspekte in einem Label. Im sozialen Bereich war neben einem Soziallabel die betriebliche Einführung von „Codes of Conduct" Thema. Auch der sozial-ökologische Unternehmenstest sollte als Ansatz geprüft werden.[15]

Auch nach der Einführung der Qualitätszeichen Better und Best für Naturtextilienwollen der Wissenschaftsladen Bonn und das Kölner Klaus Novy Institut versuchen, noch einmal alle an einen Tisch zu bringen. „Wir fühlen uns weiterhin dem Thema verpflichtet und wollen nicht nach dem ersten Straucheln den Parcour verlassen", kommentiert Cornelia Voß. 12 Verbände bzw. Vereine und 19 Firmen haben ihr Interesse angemeldet.

Ein neues Gesetz will aufräumen im Labelwald

Noch von der Oppositionsbank hat sich die SPD-Fraktion im Bundestag im Mai 1997 für ein einheitliches Öko-Label für Textilien plus Warenbegleitbrief ausgesprochen.[16] Umwelt- und gesundheitsverträgliche Textilien sollten umfassend gekennzeichnet werden. Ein solcher Standard dürfe nicht der kleinste gemeinsame Nenner sein, auf den Produzenten und Händler sich einigen können. Das Siegel, für das die Bundesregierung europaweit eintreten müsse, solle vorrangig ökologische und gesundheitliche Schäden vermeiden. In der Rezeptur stehen: nachprüfbare Kriterien, leicht verständliche Verbraucherinformationen plus Pflege- und Entsorgungshinweise. Im Warenbegleitbrief sollen sämtliche verwendete Materialien einschließlich der Garne und Accessoires aufgelistet werden. Die damalige CDU-Bundesregierung sollte mit gutem Beispiel vorangehen und entsprechende Bekleidung für ihre uniformierten Bediensteten beschaffen. Und was geschieht nach dem Wechsel?

Im ersten Regierungsjahr hat sich in den Sachen Textilkennzeichnung noch nichts bewegt, wurden die Prioritäten anders gesetzt. Inhaltlich rechnet Marion Caspers-Merk von der SPD aber mit Zustimmung: „Da ich bereits in den Ausschusssitzungen der vergangenen Legislaturperiode von Bündnis90/

Die Grünen Unterstützung für meinen Antrag erhalten habe, gehe ich auch bei einer rot-grünen Bundesregierung von einem breiten Konsens aus."

Institutionelle Label

Anschließend werden zunächst mehrere wichtige institutionelle Ecolabel für Textilien beschrieben und ausgewählte firmeninterne Eigenmarken.

Institutionelle Label werden von unabhängigen Institutionen entwickelt und vergeben. *Sie machen normalerweise ihre aufgestellten Kriterien und Entscheidungsverfahren transparent.* Damit erhöht sich für den Verbraucher die Glaubwürdigkeit eines solchen Labels. Eine Auswahl bedeutender Vertreter wird anschließend vorgestellt, bei der nicht alle berücksichtigt werden können. Außerdem gibt es zum Beispiel noch Toxproof und Ecoproof vom TÜV Rheinland, das Stichting Milieukeur in Den Haag und EKO von SKAL in Zwolle in den Niederlanden, den Weißen Schwan des Nordischen Rats (Finnland, Island, Norwegen und Schweden), das vorgestellte Rugmark-Label und das Signet „Teppichboden schadstoffgeprüft" von der Gemeinschaft umweltfreundlicher Teppichboden in Aachen.[17]

Öko-Tex Standard 100: Schadstoffprüfung am Endprodukt

Der Öko-Tex Standard 100 ist *ein Basis-Label für die gesundheitliche Unbedenklichkeit von Textilien.* Im Gegensatz zu den Labeln der Naturtextilwirtschaft ist er für die Prüfung aller Textilien ausgelegt, auch solcher aus Synthetik. Unterschieden werden vier Artikelgruppen: Produkte für Babys, Produkte mit bzw. ohne Hautkontakt und Ausstattungsmaterialien.

Der Öko-Text Standard 100 garantiert u.a., dass Textilien frei von Allergie auslösenden Farbstoffen sind, keine Farbstoffe oder Spaltprodukte von Farbstoffen enthalten, die als Krebs erregend gelten. Die Schadstoffprüfung berücksichtigt Grenzwerte für Schwermetalle, Pestizide, Formaldehyd (s. a.Tabelle S. 451:) und zum Teil organische Lösungsmittel. Textilien müssen über einen hautsympathischen pH-Wert verfügen. Artikel für Säuglinge und Kleinkinder bis zum Alter von zwei Jahren, für die teilweise schärfere Grenzwerte gelten, müssen speichel- und schweißecht sein. Grundsätzlich müssen die Wasser-, Schweiß- und Reibechtheiten von Farben bestimmte Mindestnoten erfül-

TEXTILES VERTRAUEN
Schadstoffgeprüfte Textilien
nach Öko-Tex Standard 100
Prüf-Nr. 00.0.0000 · FI Hohenstein

len, was auch für den Gebrauchswert entscheidend ist. Biozid- oder Flammfestausrüstungen dürfen für Bekleidung nicht verwendet worden sein.[18]

Der Wunsch nach dem Schutz der eigenen Gesundheit und nach „vertrauenswürdiger" Bekleidung fordert vom Verbraucher kein altruistisches Interesse. Es handelt sich eigentlich um Kriterien, die für Bekleidung selbstverständlich sein sollten und auf Defizite seitens der Gesetzgebung und Kontrolle hinweisen. Im Bereich der gesundheitsrelevanten Anforderungen geht der Öko-Tex Standard 100 in vielen Punkten *über die gesetzlichen Regelungen hinaus*, war bzw. ist ihnen voraus. Der Öko-Tex Standard 100 schließt u. a. die Verwendung allergieverdächtiger Farbstoffe bereits dezidiert aus, schreibt einen schärferen Grenzwert für das Konservierungsmittel PCP inklusive Ersatzstoff TCP vor und berücksichtigte krebserzeugende Farbstoffe schon früher als der Gesetzgeber (s. a. Dispersionsfarben S. 108, 113, PCP S. 170, Azofarben S. 95, Schwermetalle S. 201 f.).

Die Silbe „Öko" weckt die Assoziation, es handele sich um ein Zeichen, das nicht nur die Gesundheit schützt, sondern auch die Umwelt schont, mahnen die Verbrauchervertreter. Dem ist nicht so. Zumindest zielten die Macher ausschließlich auf den *Schutz der Gesundheit während der Gebrauchsphase*. Die Gewinnung der Rohfasern oder der Produktionsprozess insgesamt spielt für die Vergabe dieses Labels keine Rolle. Der Fairness halber soll erwähnt werden, dass die scharfe Formulierung der Schwermetallgrenzwerte für das Endprodukt auch die Verwendung von Schwermetallen in der Produktion zurückdrängt.

Der Öko-Tex Standard 100 wurde 1992 vom Forschungsinstitut Hohenstein und dem Österreichischen Textil-Forschungsinstitut in Wien entwickelt. Zur Internationalen Gemeinschaft für Forschung und Prüfung auf dem Gebiet der Textilökologie kamen noch zahlreiche weitere unabhängige Institute. Insgesamt sind 13 Institute international aus Europa und Asien für die Prüfung des Öko-Tex Standards 100 zugelassen. Alle beteiligten Prüfinstitute arbeiten nach den selben Prüfvorschriften und überwachen die Qualität ihrer Arbeit durch interne Rundversuche. Die *Prüfung geschieht unabhängig* von den Zeichennehmern, die in den Prozess nicht involviert sein dürfen.

Im Zertifizierungsantrag müssen Händler bzw. Hersteller Angaben zur Verarbeitung des Textils machen: Alle eingesetzten Chemikalien inklusive Sicherheitsdatenblätter müssen angegeben werden. Im nächsten Schritt wird das Textil im Labor geprüft. Außerdem muss das Unternehmen ein Qualitätssicherungssystem praktizieren, damit sichergestellt ist, dass nur konforme Produkte zu dem Geprüften ausgezeichnet werden. Die Zertifizierung erfolgt in Deutschland nicht von den prüfenden Instituten selbst, sondern von der Zertifizierungsstelle in Eschborn. Das *Zertifikat gilt für ein Jahr*. Wenn das

Produkt länger mit diesem Label verkauft werden soll, muss eine Verlängerung beantragt werden. Zur Absicherung der Zertifikate finden Verbraucher auf dem ausgezeichneten Produkt eine Prüfnummer und die Angabe des prüfenden Institutes. Insofern lässt sich nachvollziehen, ob das Label berechtigt verwendet wurde.[19]

Öko-Tex Standard 100 plus / Öko-Tex Standard 1000

Um umweltschonende Produktionsverfahren zu fördern, folgte der Schritt zum *„Öko-Tex-Standard 100 plus"*. Das Kombilabel stellt zusätzlich zum schadstoffarmen Produkt nach Öko-Tex Standard 100 Anforderungen an die Produktionsökologie, d.h. die Prüfung der Produktionsstätten und die Einführung von Umweltmanagementsystemen. Untersucht wird die Produktionskette ab der Rohfaser – von der Spinnerei bis zur Konfektion. (Das heißt, die Faserproduktion in der Landwirtschaft bzw. Chemischen Industrie bleibt außen vor!) „Wir müssen alle Betriebe in der Kette anschauen. Am Endprodukte lässt sich vieles nicht mehr nachweisen", so Raimar Freitag, Generalsekretär des Textilprüfinstituts TESTEX in Zürich, das die Betriebe zertifiziert, wie sieben weitere unabhängige Institute von Öko-Tex International. Werden die Anforderungen erfüllt, erhält das Unternehmen das Zertifikat „Öko-Tex Standard 1000". „Zielsetzung des Standards 1000 von Öko-Tex International ist, Betriebsstätten und Produkte auf ihre Umweltverträglichkeit zu überprüfen und unabhängig zu dokumentieren, dass Umweltbemühungen gemacht werden und dabei bereits ein gewisses Niveau erreicht ist."[20] Wurden alle Betriebe der Produktionskette ausgezeichnet, darf das Endprodukt den „Öko-Tex Standard 100 plus" tragen.

Zu einem universellen Katalog harter Kriterien wie dem *Ausschluss bestimmter sensibilisierender, Krebs erregender oder schwer abbaubarer Chemikalien* kommt ein *Bewertungssystem von Bonus- und Maluspunkten für die Emissionen in Abwasser und Abluft.* Hier sollen die Stärken und Schwächen in der Gesetzgebung des Produktionslandes berücksichtigt werden. Eine Mindestpunktzahl muss erreicht werden. Wie die Bewertung im Einzelfall funktioniert,

ist aus den veröffentlichten Richtlinien aber nicht ablesbar. Besonders umweltbelastende Verfahren werden nicht a priori ausgeschlossen, doch wird der Schadstoffgehalt im Abwasser mit Maluspunkten bewertet (s. Chlorbleiche, Filzfreiausrüstung S. 140, Schwermetalle S. 199). Grundsätzlich müssen die

Abwässer in einer funktionierenden mehrstufigen Kläranlage behandelt werden.

In den *Anforderungen zum Arbeitsplatz* heißt es: „Die nationalen gesetzlichen Vorschriften zum Schutz der Arbeitenden vor gefährlichen und gesundheitsschädlichen Chemikalien sind einzuhalten. Die Minimierung der Belastung deutlich unter solche Grenzwerte ist anstrebenswert". Beim Umgang mit gefährlichen Stoffen am Arbeitsplatz sind Schutzausrüstungen bereitzustellen. Kinderarbeit (gemäß ILO-Übereinkommen 138) ist verboten.

Der dritte Baustein für die Vergabe von Öko-Tex 1000 ist die Einführung eines funktionsfähigen *Umweltmanagementsystems.*^{21} Das Zertifikat wird für drei Jahre vergeben. Während dieser Zeit muss Qualitätssicherung betrieben werden und besteht die Pflicht, dem Prüfinstitut in einem jährlichen Bericht darzulegen, inwieweit die selbst anvisierten Umweltziele erreicht wurden.

Als erstes Unternehmen war der Textilausrüster Cilander in Herisau in der Schweiz mit dem Öko-Tex Standard 1000 ausgezeichnet worden und in Deutschland die Firma Mattes & Amann, ein Hersteller feiner Maschenware aus Meßstetten. Bis Ende Oktober 1999 wurden sieben Betriebsstätten zertifiziert. Vier Betriebe erhielten Öko-Tex 100+ für Zwischenprodukte. TESTEX erwartet, dass im ersten Quartal 2000 die ersten Endprodukte im Einzelhandel mit dem neuen Öko-Tex Standard 100+ zu haben sind.^{22}

Qualitätszeichen für Naturtextilien: Better und Best
Zeitgleich zum neuen Millenium wird der Internationale Verband der Naturtextilwirtschaft (IVN) seine neuen Qualitätszeichen „Better" und „Best" am Markt einführen. Die Produktlabel für Naturtextilien kombinieren Anforderungen an das Produkt mit Anforderungen an den gesamten Produktionsprozess auf einem anspruchsvollen Niveau unter der Perspektive der Nachhaltigkeit.

Mit dem Labelsystem werden Qualitätsnormen für Naturtextilien eingeführt, die dem Verbraucher mehr Transparenz bringen sollen, aber auch unnötige Kosten sparen helfen können. Mit am Tisch saßen und sitzen Fachleute aus der Branche und den kontrollierenden Instituten IMO und eco-Umweltinstitut, die den Standard auch in Zukunft weiter entwickeln.^{23} Eine Verbrauchervertreterin ist im Kontrollausschuss dabei, der in Streitfällen aktiv wird (s. S. 368 Who is who im IVN?).

„,BETTER' ermöglicht die Herstellung auch technisch anspruchsvoller Naturtextilien auf hohem ökologischem Niveau. ,BEST' zeigt das im Augenblick maximal realisierbare Niveau auf. Bewusst wird damit vorerst eine eingeschränkte Palette an Qualitäten und Produkten in Kauf genommen", definieren die Richtlinien.^{4}

Die beiden Qualitätszeichen knüpften am ehemaligen Markenzeichen „naturtextil" und an den Richtlinien für die Mitglieder des ehemaligen Arbeitskreis Naturtextil an, der im IVN aufgegangen ist.

Grundsätzlich werden an die Abbaubarkeit aller eingesetzten Färbe- und Hilfsstoffe wesentlich strengere ökologische und toxikologische Anforderungen gestellt, als der Gesetzgeber es verlangt (s. S. 50), sofern diese nicht im Kreislauf geführt werden. Wie bisher gibt es eine Negativliste unzulässiger Stoffe, wo u. a. Phenole, halogenierte Lösemittel und problematische Tenside und Komplexbildner zu finden sind. Auch alle Chemikalien, die als allergisierend, fruchtschädigend, Krebs erregend oder erbgutschädigend eingestuft worden sind, werden ausgeschlossen.

Von Betrieben, die vorbehandeln, färben oder veredeln, wird mindestens eine *zweistufige Kläranlage* verlangt. Zu den Grundanforderungen gehört auch, dass Substanzen, die durch den Einsatz gentechnisch modifizierter Organismen gewonnen oder verändert wurden, vermieden werden sollen. Allerdings ist der grundsätzliche Ausschluss dieser Substanzen mangels Kontrollierbarkeit noch nicht möglich.

Für *Rückstände* an Pestiziden, Schwermetallen, Formaldehyd oder den Ersatzstoff Glyoxal und bedenklichen Farbstoffen sind anspruchsvolle Richtwerte für die Untersuchung von Fasern, Geweben und Gestricken angegeben, die auf das Endprodukt abzielen. Werden diese überschritten, kommt es zu Sanktionen. Wie bisher werden nur 20 ppm an Formaldehyd toleriert. Geblieben sind auch die Summengrenzwerte für Pestizide[*] von 0,1 ppm für Zellulosefasern und Seide, 1,0 ppm für konventionelle Schurwolle und neu eingeführt für Wolle aus kontrolliert biologischer Tierhaltung 0,5 ppm. Der pH-Wert muss in einem hautsympathischen Bereich liegen. Für Dispersionsfarbstoffe, die normalerweise nicht in der Färberei von Naturfasern eingesetzt werden, ist ein Grenzwert eingeführt, der ihren Einsatz ausschließt. Zusätzlich werden die vom Bundesministerium für Gesundheit als allergen eingestuften Dispersionsfarben (s. S. 108) ausgeschlossen. In der Liste der Krebs erregenden Farben stehen Basic Red 9, Disperse Blue 1 und Acid Red 26. Für die kanzerogenen Azofarben gilt die gesetzliche Regelung (s. a. S. 95).

Worin unterscheidet sich nun das Beste vom Besseren? „Best" fordert generell die Verarbeitung von zertifizierten *Naturfasern* aus bio-dynamischer oder bioorganischer Erzeugung, die auch aus Umstellungsbetrieben stammen können, und erinnert damit an das alte Markenzeichen. „Better" gibt sich zumindest noch vorübergehend mit Naturfasern konventioneller Provenienz zufrieden, mit Ausnahme der Baumwolle, die schon in ausreichender Menge in Bioqua-

---

[*] insgesamt werden 49 Pestizide berücksichtigt

lität bereitsteht. Selbst zellulosische Chemiefasern (Lyozell, Viskose usw.) sind nicht gestattet – außer fürs Etikett; das gilt auch für synthetische Fasern mit wenigen Ausnahmen als Zugeständnis an die Produktionstechnik oder Elastizität. Elastan ist gestattet als Beimischung für Bündchen und Spitze und auch im Wäschebereich in unterschiedlichem Umfang, bei „Better" mehr denn bei „Best". Unter dem Stichwort „Vision" träumen die Macher bereits von natürlichen Elastomeren.

Bei der *Färbung* sind in der „Alpha-Qualität" neben zertifizierten natürlichen Farben a la Markenzeichen „naturtextil" auch bestimmte umweltschonende chemische Farbstoffe zulässig, die aber nur eine eingeschränkte Farbpalette ermöglichen. Diese Substanzen sind in jedem Fall schwermetallfrei und haben einen moderaten AOX-Wert (s. S. 156), an dessen Verringerung weiter gearbeitet wird. Bei „Better" sind die Anforderungen diesbezüglich schwächer, um alle Farben anbieten zu können. Für „Better" werden auch Ausnahmen eingeräumt, um bestimmte Blau-Grün-Türkis-Töne mit Hilfe kupferhaltiger Stoffe färben zu können, ebenso gibt es Kompromisse in der Seidenfärberei.

Wie bisher sind chemische *Ausrüstungen* in der Regel nicht zugelassen, sondern nur mechanische und physikalische Verfahren. Bei der Filzfreiausrüstung sind für die Qualitätsstufe „Better" enzymatische und physikalische Verfahren erlaubt. Beschichtungen sind mit natürlichen Rohstoffen erlaubt, die verrottbar sein müssen. Bei den Weichmachern fordert „Best" ausschließlich Rohstoffe auf natürlicher Basis, während „Better" sich mit der Einhaltung der Grundanforderungen an die Stoffauswahl zufrieden gibt.

Unter dem Punkt *Kennzeichnung* wird die vollständige Deklaration aller verwendeten Fasern verlangt. Die Materialdeklaration nicht-textiler Stoffe, die das Markenzeichen „naturtextil" gebracht hatte, ist in die Rubrik „Vision" gerutscht. Was einzelne Firmen an Transparenz heute schon gegenüber dem Kunden zeigen – die Angabe des Herkunftslandes der Fasern und der Verarbeitung, die Nennung der Ausrüstungsverfahren, ob mit chemischen oder natürlichen Farben gefärbt wurde und welche Empfehlungen zur Pflege gegeben werden – wird von den Siegeln noch nicht geregelt. In Zukunft sollen Verbraucher die Produktionsgeschichte durch artikelbezogene Kontrollnummern im Internet nachvollziehen können (www.naturtextil.com).

Berücksichtigt wird dagegen die *Prüfung von Echtheiten*, wobei im Vergleich zu Öko-Tex auch die Lichtechtheit, die Waschechtheit bei 60°-Wäsche und Einlaufwerte (3–8 %) als wichtige Aspekte der Gebrauchstauglichkeit eines langlebigen Produktes zusätzlich berücksichtigt sind.

Zur Frage der *Entsorgung* schwebt der Richtlinienkommission langfristig ein in der textilen Fläche verrottbares Produkt vor. Das heißt, Accessoires sind davon ausgenommen. Wo es technisch möglich ist, soll die Kleidung bereits einer Wiederverwertung zugeführt werden.

Die neuen Richtlinien sehen wie bisher auch anspruchsvolle *Sozialstandards* für alle Herstellungsstufen vor. Zunächst müssen nationale Arbeitsvorschriften eingehalten werden. Dazu kommt die Charta für Fairen Handel mit Kleidung von 1995, die die sieben Kernkonventionen der Internationalen Arbeitsorganisation (ILO) umfasst (s. S. 254). Zusätzlich werden ein ausreichender Lohn (Anlehnung an ILO-Konv. 26), geregelte Arbeitszeit (Anlehnung an ILO-Konv. 1), sichere und gesunde Arbeitsbedingungen (Anlehnung an ILO-Konv. 155) erwartet. Schließlich sollen die Arbeitnehmer auch im Krankheitsfall, bei Unfällen oder bei Schwangerschaft sozial abgesichert sein.

Um eine *unabhängige Kontrolle* zu gewährleisten, sind zwei anerkannte Institute mit der Richtlinienüberwachung beauftragt worden: das Schweizer Institut für Marktökologie (IMO) aus Sulgen und das Kölner eco Umweltinstitut[25]. Kombiniert werden Betriebsprüfungen mit Rückstandskontrollen über die gesamte Produktionskette. Bei den Kosten ist eine degressive Staffelung vorgesehen. Neben den angekündigten Kontrollen behalten sich die Institute auch unangekündigte Kontrollen vor. Die Stichproben werden aus der laufenden Produktion gezogen.

Für die Zertifizierung der verschiedenen Stufen wurde eine *Übergangsregelung* eingeführt, die mit den besonders umweltbelastenden Prozessen der Veredlung und Färbung beginnt und schrittweise bis zum Jahr 2002 den gesamten Prozess inklusive Konfektion erfassen soll. Mit der Zertifizierung des Betriebs liegt die Verantwortung beim Lieferanten. Für Betriebe, für die noch kein Zertifikat vorliegt, übernimmt der Labelnehmer mit einer Konformitätserklärung die Verantwortung für die Einhaltung der IVN-Richtlinien.[26]

Neue Chance für die Euro-Blume auf Textilien?

Die Euro-Blume wird derzeit für fast 200 verschiedene Produkte vergeben, u. a. auch für Schuhe und für Textilien. Aber wer hat sie schon einmal entdeckt? Bislang hat kein deutscher Hersteller die Blume für Textilien beantragt, nur wenige in anderen europäischen Staaten. Die Chancen, dass sich das ändert, sind im Steigen begriffen. Denn auf europäischer Ebene wurde die *Vergabegrundlage* für die EU-Blume für Textilien *novelliert* und der Geltungsbereich von Bettwäsche und T-Shirts auf Bekleidungs- und Heimtextilien (außer Bodenbelägen) generell ausgeweitet.[27]

Grundsätzlich hat die Blume nämlich einen guten Ansatz: Sie wird europaweit vergeben, berücksichtigt die Bereiche Umwelt und Gesundheit und betrachtet den gesamten Lebenszyklus.

Wichtige Punkte sind z. B.:

- Krebs erregende Azo-Farben werden ausgeschlossen (22 MAK-Amine, s. S. 94)
- oder allergene Dispersionsfarben werden geregelt (8 Dispersionsfarben dürfen nur schweißecht gefärbt eingesetzt werden, s. S. 113). Die Regelungen wurden bereits im Kapitel 3 diskutiert.
- Bei Formaldehyd ähnelt die Regelung der von Öko-Tex: 30 ppm für Bekleidung von Kindern unter zwei Jahren, 75 ppm für Erzeugnisse mit Hautkontakt und maximal 300 ppm in allen anderen Erzeugnissen.

Die Anforderungen an die Fasern enthalten zum *Teil Limits für Rückstände im Endprodukt bzw. für Emissionen während der Produktion.* So müssen Baumwolle und Wolle auf bestimmte Pestizide untersucht werden. Auf der schwarzen Liste werden bestimmte problematische Tenside, Komplexbildner und halogenierte Carrier für die Produktionsprozess ausgeschlossen; dazu gehören auch Pentachlorphenol und Tetrachlorphenol.

Die Richtlinien für die Euroblume müssen von einer Mehrheit der Mitgliedsstaaten angenommen und von der EU-Kommission verabschiedet werden, bevor sie für den nächsten drei Jahre gelten. Die *Transparenz im Verfahren und die breite Beteiligung* verschiedener Interessengruppen bei der Erarbeitung wird gelobt, zu denen auch die Gewerkschaften und Verbraucher- und Umweltorganisationen gehören.[28] Die Kriterien schaffen einen Konsens auf niedrigem Niveau.

Jens Soth, Geschäftsführer des Hamburger EPEA-Instituts, saß bei der letzten Revision für das Europäische Umweltbüro mit am Verhandlungstisch. Er ist nicht glücklich mit dem, was an Änderungen durchgesetzt wurde. Vieles bereitet dem Wissenschaftler umweltpolitische Kopfschmerzen: „Hauptkritikpunkt ist für mich, dass alle Faserarten drin sind, ob Modacrylfaser, PVC oder Cupro. Auch Flammschutz- und Biozidausrüstung sind zugelassen." Bestimmte Flammschutzmittel sind allerdings ausgeschlossen. Biozidausrüstungen lehnt der Wissenschaftler ab: „Ein Textil so auszurüsten, dass man es nicht waschen muss, davon halten wir nichts. Waschen lässt sich als Prozess optimieren mit Servicekonzepten, Wiederauffangen von Waschmitteln und dergleichen."

Gelobt wird am EU-Zeichen die *Lebenszyklusperspektive.* Es gibt bestimmte Prozesskriterien, die eingehalten werden müssen, wie die biologische Abbaubarkeit oder Eliminierbarkeit von Hilfsmitteln, Abwassergrenzwerte oder Anforderungen an die Abluft und Gebrauchstüchtigkeit des Endprodukts.

Die Anforderungen an die Abwasserbehandlung sind minimal, betreffen nur den Chemischen Sauerstoffbedarf (CSB), den pH-Wert und die Temperatur. Dabei liegt der Chemische Sauerstoffbedarf (als Parameter für die insgesamt chemisch abbaubaren Stoffe) mit 25 g/kg zwei Kommastellen über dem Wert, der im Rahmen der PARCOM-Empfehlungen und auch auf deutscher Ebene für die Einleitung ins Gewässer gefordert wird (0,16 g/l). Mischabwässer aus Textilveredlungsbetrieben haben CSB-Werte in der Größenordnung von 0,4 bis 3,0 g O_2/l – ohne Abwasserbehandlung![29] Analysiert man die Anforderungen im Abwasserbereich im Detail (s. Schwermetalle S. 199 f.), ist das Ergebnis ebenso enttäuschend. Ob ein gutes Energiemanagement optional ist oder verpflichtend wurde diskutiert, aber vorläufig abgelehnt.

Für Soth ist die energetische Frage bei der Textilherstellung nicht so ein Knackpunkt wie die toxikologische: „Unser Schwerpunkt liegt darauf, das Giftzeug da raus zu kriegen." Der Wissenschaftler hat das EPEA-Konzept der Positivlisten ins EU-Gremium eingebracht mit dem Verweis, dass sie in einem Anhang kontinuierlich aktualisiert werden können.

Am schwachen Grenzwert für Antimon (300 ppm) ließ sich nicht rütteln. Zwar steht ein Alternativprodukt, der antimonfreie Katalysator der Firma Akzo (C 94), zur Verfügung, das aber erst in geringem Umfang eingesetzt wird. Erst ab einem Marktanteil von 30 % würde die Verschärfung von den Vertretern der EU-Mitgliedsstaaten befürwortet. An der gleichen fragwürdigen Hürde sei die Beschränkung auf Bio-Baumwolle gescheitert.

Die Vergabe des Umweltzeichens funktioniert in drei Schritten. Der Hersteller oder Importeur kontaktiert die national zuständige Stelle, in Deutschland *RAL (Institut für Gütesicherung und Kennzeichnung* in Sankt Augustin), der er nachweisen muss, dass das betreffende Textilprodukt den Anforderungen genügt. Der Antrag kostet 500 Euro Bearbeitungsgebühr. RAL prüft den Antrag inklusive Unterlagen. Entscheidet das Institut, dass dem Antrag statt gegeben wird, informiert es die Europäische Kommission darüber. Die EU-Kommission gibt die Mitteilung an alle anderen Mitgliedsstaaten weiter. Falls diese innerhalb von 30 Tagen keine Einwände geltend machen, vergibt die nationale Stelle das Logo. Die jährlichen Nutzungsgebühren der EU-Blume betragen 0,15 % des Umsatzes der Produkte mit dem Umweltzeichen und können durch nationale Stellen um 20 % erhöht oder gesenkt werden.

Schon jetzt wird an den Themen der nächsten Novelle in drei Jahren gearbeitet. Auf dem Programm stehen u. a. die Chlorbleiche, optische Aufheller, Biozidausrüstung und Polyester.

Pluspunkte des „Gänseblümchens" sind, dass es eine Messlatte für Massenprodukte auf niedrigem Niveau darstellt, das einen Einstieg in eine sauberere Produktion dokumentieren kann. Die Kontrolle der Azo-Farben drückt diese

Blasenkrebsgifte weiter aus dem Markt. Das trifft ebenso auf Chlorphenole als Konservierungsstoffe und sensibilisierende Farbstoffe zu, soweit sie nicht schweißecht gefärbt wurden.

Firmeneigene Label

Eigenmarken der Hersteller gibt es wie Sand am Meer: „Natural Cotton" von CALIDA, „NaturaBel" von Peter Hahn oder „ECOBASIC" von Benetton. Ein jeder versucht sich damit zu profilieren und auch die Zielgruppe der „grünen Konsument/innen" zu erreichen. Die bekannten Eigenmarken hess natur und Green Cotton wurden schon dargestellt (s. S. 371). Unter den Beschriebenen befinden sich auch zwei Beispiele aus der Schweiz, die wegen ihres umfassenden Ansatzes und der Beteiligung externer Kontrolleure zukunftsweisend erscheinen.

Schrittweise das Niveau heben: Neckermann plus Umweltprädikat

Die *Neckermann Versand AG* hat 1990 angefangen, das gesamte Sortiment unter ökologischen Gesichtspunkten der Produktlebenszyklen zu analysieren. Abgefragt wird bei Textilien die Herkunft der Fasern, die Vorbehandlung, Färbung und Veredlung. Hier werden die Auswahl der eingesetzten Chemikalien bzw. Verfahren abgefragt, die Zertifizierungen von Produkten bzw. Unternehmen oder die betrieblichen Umweltschutzmaßnahmen wie Klärtechnik, Brauchwasser- und Wärmerückgewinnung.

Diese Analyse ist u.a. für den Textilbereich geschehen und hat den Anstoß zu verschiedenen Umweltzeichen gegeben. Für Produkte mit mindestens einem Umweltvorteil gibt es den Umwelt-Button, für mehrere Umweltvorteile wird das „Neckermann Umweltprädikat" vergeben, und für Textilien aus Naturfasern steht „Beautiful World".

Ausschlaggebend für die Vergabe des *Neckermann Umweltprädikats* sind zum einen der Verzicht auf bestimmte Stoffe bzw. Verfahren wie optische Aufheller, gesundheits- und umweltschädigende Farbstoffe und die Chlorbleiche, zum anderen die Praxis von Alternativverfahren und der erreichte Stand der Umwelttechnik. Für den Ausschluss kritischer Farben sind Empfehlungen des Bundesministeriums für Gesundheit und

Forschungsergebnisse maßgeblich. Für den Einsatz von Schwermetallen in Farbstoffen sind bestimmte Ausnahmeregelungen definiert. Unter den Alternativverfahren werden die mechanische Formstabilisierung genannt sowie der Ausschluss von Formaldehyd. In der Umwelttechnik interessieren zum Beispiel geschlossene Wasserkreisläufe und Energiesparmaßnahmen.

Mindestanforderungen an *Beautiful World* sind:

- 100 Prozent Naturfasern
- ohne Chlor gebleicht und
- ohne Formaldehyd ausgerüstet,
- ohne optische Aufheller ausgerüstet,
- mit einem hautfreundlichen pH-Wert.

Die Beautiful-World-Kollektion wie auch das Neckermann-Umweltprädikat werden sowohl für Kinder und Babys wie für Damen und Herren angeboten. Das Sortiment umfasst auch Nachtwäsche und Bettwäsche. Gelabelte Artikel sind sowohl im Hauptkatalog wie in den Spezialkatalogen zu finden.

Und wie wird die *Vergabe der Umweltzeichen kontrolliert?* Nach Abfrage der Prüfkriterien in den Bereichen Fasern, Vorbehandlung, Färbung und Veredlung und nach Rücksprache mit dem Lieferanten wird entschieden, ob ein Umweltzeichen vergeben werden kann. Soweit dies möglich ist, sollen Zertifikate von unabhängigen Instituten vorliegen wie Öko-Tex Standard 100. Darüber hinaus werden die Kriterien, die bei Neckermann selbst geprüft werden können, in den Labors noch einmal untersucht (z. B. Farbechtheit). In produktionsökologischen Fragen, die am Endprodukt nicht mehr nachprüfbar sind, kontrolliert Neckermann nach eigenen Angaben vor Ort selbst. Jedes Unternehmen wird individuell beurteilt. Der Entscheidungsprozess wird aber nicht transparent gemacht, was die Glaubwürdigkeit mindert. Zu den harten Kriterien für die Vergabe des Neckermann-Umweltprädikats gehören: die Beschränkung auf Naturfasern, kein Einsatz von Chlorbleiche, das Verbot sensibilisierender oder Krebs erregender Farbstoffe und der Verzicht auf Kunstharze in der Formstabilisierung (s. Tabelle S. 451).

Allerdings wird von Seiten der Umweltkoordination betont, dass mittelfristig das Gesamtsortiment ökologischer gestaltet werden soll. Das hat die Neckermann Versand AG auch in ihrer Umwelterklärung von 1995 zum Ausdruck gebracht. Als Hilfsmittel dient dazu ein so genannter *„Öko-Pass"* für jede Produktgruppe, der als *Informationsinstrument für den Einkauf* und zur *Sensibilisierung der Lieferanten* dient. Von Saison zu Saison wird eine Statuserhebung über das gesamte Sortiment vorgenommen, um durch die Auswertung der Daten auf Materialien und Herstellungsverfahren Einfluss nehmen zu können. Langfristig sollen damit bestimmte Materialien und Herstellungsverfahren für das Gesamtsortiment nicht mehr zum Einsatz kommen.

■ Was versprechen Ökolabels für Textilien? Innovationen ökologisch, gesundheitlich, sozial

Ausgewählte Ökolabels für Textilien	Untersu-chungsper-spektive	Faserarten	Chlor-bleiche	Schwer-metalle in Farbstoffen	Allergene, kanzerog. Farbstoffe	Formal-dehyd in ppm	Formsta-bilisierung	Spezielle soziale Aspekte	Entwicklung und Vergabe intern/extern
EU-Label Euroblume	Lebens-zyklus	synthetische u. Naturfasern	zulässig	Grenzwerte für Farbmittel, Abwässer	verboten, Ausnahme-regelung[1]	Baby 30, hautnah 75, hautfern 300	chemisch zulässig	nein	EU/RAL, Deutsches Institut für Gütesicherung und Kennzeich-nung e.V. (extern)
Öko-Tex-Standard 100	Endprodukt	synthetische u. Naturfasern	zulässig	Grenzwerte f. Schwerm. Endprodukt	verboten	Baby 20, hautnah 75, hautfern 300	chemisch zulässig	nein	Internationale Gemeinschaft Öko-Tex / Forschungsinstitut Hohenstein (extern)
TOXPROOF	Endprodukt	synthetische u. Naturfasern	zulässig	Grenzwerte f. Schwerm. Endprodukt	verboten	Baby 20, hautnah 75, hautfern 300	chemisch zulässig	nein	TÜV Rheinland (extern)
eco!	Lebens-zyklus	synthetische u. Naturfasern	nicht zulässig	Ausnahme-regelungen zugelassen	verboten	kein Grenzwert f. Endprodukt	chemisch zulässig	ja	eco-tex Institut für angewandte Ökologie GmbH, Köln, Migros Schweiz (extern/firmenintern)
Naturtextil Better	Lebens-zyklus	Naturfasern, Baumwolle k.b.A.[2]	nicht zulässig	Ausnahme-regelungen zugelassen	verboten	20	nur mechanisch	ja	Internationaler Verband der Naturtextilwirtschaft (IVN), Institut f. Marktökologie (IMO) eco Umweltinstitut, (extern)
Naturtextil Best	Lebens-zyklus	Naturfasern aus k.b.A./T.	nicht zulässig	nein	verboten	20	nur mechanisch	ja	IVN, IMO, eco-Umweltinstitut, (extern)
Neckermann Umwelt-prädikat	Lebens-zyklus	Naturfasern	nicht zulässig	Ausnahme-regelungen zugelassen	verboten	20	nur mechanisch	nein	Neckermann, (firmenintern)

■ Was versprechen Ökolabels für Textilien? Innovationen ökologisch, gesundheitlich, sozial (Fortsetzung)

Ausgewählte Ökolabels für Textilien	Untersu- chungsper- spektive	Faserarten	Chlor- bleiche	Schwer- metalle in Farbstoffen	Allergene, kanzerog. Farbstoffe	Formal- dehyd in ppm	Formsta- bilisierung	Spezielle soziale Aspekte	Entwicklung und Vergabe intern/extern
GREEN COTTON	Lebens- zyklus	Baumwolle, z.T. k.b.A.	nicht zulässig	nein	verboten	20	nur mechanisch	ja	Novotex, (firmenintern)
Gut für mich	Lebens- zyklus	Synthetische u. Naturfasern	nicht zulässig	nein	verboten	20	chemisch zulässig	nein	Quelle, (firmenintern)
Future COLLECTION	Lebens- zyklus	Naturfasern, z.T. k.b.A.	nicht zulässig	nein	verboten	Baby 20, hautnah 20, hautfern 100	nur mechanisch	nein	OTTO Versand, (firmenintern)
Coop NATURA Line	Lebens- zyklus	Naturfasern aus k.b.A./T.	nicht zulässig	nein	verboten	20, Pigment- druck 75	chemisch zulässig	ja	Coop Schweiz, IMO (firmenintern/extern)

Anmerkungen:
1) 8 potentiell sensibilisierende Dispersionsfarben, wenn die Schweißechtheit der Färbung mindestens 4 beträgt;
2) k.b.A./T. = kontrolliert biologischer Anbau/Tierhaltung

Folgende Fragestellungen werden im Bereich Textilien abgefragt:
- Material (Natur-, Zellulose- oder Chemiefaser)
- Bleiche, wenn ja, chlororganisch
- mechanische Krumpfung als Ausrüstungsverfahren
- Einsatz formaldehyd- bzw. glyoxalhaltiger Kunstharze in der Ausrüstung
- Einsatz von Bioziden oder Flammschutzmitteln in der Ausrüstung
- Einsatz schwermetallhaltiger Farbmittel
- Einsatz von Farbstoffen, die giftig sind, nachweislich sensibilisierend oder Krebs erzeugend wirken bzw. dessen verdächtigt werden. Die fraglichen Stoffe werden im Öko-Pass aufgelistet. Unter den potentiell sensibilisierenden Farbstoffen werden z. B. 33 Stoffe benannt.

„Wir haben neben unseren 41 Einkaufsabteilungen alle weiteren davon betroffenen Stellen im Haus wie auch unsere Einkaufsbüros in Italien, der Türkei und Fernost intensiv geschult", erläutert Frau Konrad-Schwämmlein, Umweltkoordinatorin der Neckermann Versand AG.

Zu den Einkaufsbedingungen der Firma Neckermann gehören Mindestforderungen, wie sie zum Teil auch vom Einzelhandelsverband empfohlen werden: „Der Lieferant verpflichtet sich, von der Produktentwicklung über die Arbeitsorganisation und Produktion bis zum Vertrieb sich zu bemühen, umweltschonend zu verfahren. In jedem Fall sichert der Lieferant zu, dass die gelieferte Ware sowie ihre Verpackung den in Deutschland und der Europäischen Union geltenden Umwelt- und Verbraucherschutzvorschriften entsprechen." Die ökologischen Anforderungen sollen in einem neuen Verhaltenskodex, der kurz vor der Einführung steht, erweitert werden. Darin sind u. a. der Öko-Tex Standard 100 für Textilien enthalten und die Kern-Konventionen der ILO (Neckermann Verhaltenskodex s. S. 286f.).

„Gut für mich" von Quelle

Das Versandhaus Quelle-Schickedanz bietet im Textilbereich humanökologisch optimierte Textilien unter der Eigenmarke *„hautfreundlich, weil schadstoffgeprüft"*, die dem Öko-Tex Standard 100 (s. o.) entsprechen. Die Lieferanten müssen den Prüfbericht eines neutralen Forschungsinstitutes oder -labors vorgelegt haben. Als schadstoffgeprüft sind große Teile des Wäschebereichs, der T-Shirts und der Kinderbekleidung ausgezeichnet (s. a. S. 285, 352).

Aus der Sicht des Verbraucherschutzes wäre es wünschenswert, dass Artikel, die von einem unabhängigen Institut nach bekannten Regeln geprüft wurden, auch als solche erkennbar und überprüfbar bleiben (Kontrollnummer).

Die Eigenmarke *„Gut für mich"*, die für Bekleidung aus Naturfasern und synthetischen Fasern vergeben werden kann, verbindet das schadstoffgeprüfte Endprodukt mit zusätzlichen Umweltauflagen an die Herstellung:

• Verzicht auf Formaldehyd oder Glyoxal in der Herstellung,
• schwermetallfreie Farbstoffe,
• keine Chlorbleiche, kein Chlor in der Ausrüstung.

Bei Baumwollmaterialien sind einige Textilien aus handgepflückter, farbig gewachsener Baumwolle hergestellt (s. Tabelle S. 452).

Auf Fragen zum Kontrollsystem für diese Label ist die Firma nicht eingegangen.

Zu beklagen ist ein deutlicher Mangel an Transparenz und aktueller Verbraucherinformation zu den Labels. Offenbar wurde intern der Mangel erkannt. Im Jahr 2000 will Quelle dazu eine neue Kundenbroschüre herausbringen.[30]

Produktionsökologisch optimiert: Ottos „future collection"

Als Öko-Kollektion, die auf produktionsökologische Optimierung setzt, hat der *Otto Versand* die „future collection" eingeführt (s. a. S. 351). Die Kollektion besteht aus Naturfasern, die zum Teil aus ökologischer Herkunft stammen. Zurzeit liegt der Anteil der Biobaumwolle, die aus dem Maikaal Projekt stammt, schätzungsweise unter 10 Prozent. Schon in naher Zukunft, bis etwa 2001 sollen es bei der „future collection" 100 Prozent sein, erklärt Michael Arretz.

Zum Anforderungsprofil der Ökomarke gehört außerdem: keine Chlorbleiche, keine optischen Aufheller, das sind Forderungen, mit denen sich die Marke von gewöhnlichen schadstoffkontrollierten Produkten abhebt. Zu den „Muss-Kriterien" zählen schließlich: mechanische Formstabilisierung ohne Formaldehyd, schwermetallfreie Farben sowie energie- und wassersparende

Verfahren. Der Verzicht auf Flammschutzmittel oder Bizidausrüstung sind Selbstverständlichkeiten. Beim Umstieg auf Fasern aus kontrolliert biologischer Herkunft will Otto sich zunächst auf die Baumwolle konzentrieren, weil die andern Fasern wie Wolle, Leinen oder Seide auch mengenmäßig weniger ins Gewicht fallen. Hier sind aktuell organisatorische Probleme zu lösen, dass Qualitäten zu den Zeitpunkten ohne Verzögerung verfügbar sind, wenn sie im Versandhandel geordert wurden. „Wenn wir diese Strukturprobleme bei der Baumwolle kennen gelernt und gelöst haben, hoffen wir das natürlich auch auf Wolle und die anderen Haupt-Naturfasern übertragen zu können", beschreibt Arretz. Die Öko-Kollektion sieht keine speziellen sozialen Verbesserungen vor, doch hat sich das Unternehmen unabhängig davon auf soziale Mindeststandards verpflichtet (s. S. 287f.).

Der Otto Versand will den Anbau der Ökobaumwolle voranbringen, um gute landwirtschaftliche Nutzfläche zu erhalten und zu fördern. Um die Nachfrage zu steigern, will das Versandhaus sich nicht auf die future collection begrenzen. Unabhängig von der einzelnen Kollektion hat das Unternehmen durch Transportverlagerungen und –einsparungen jährlich gut 30% weniger klimaschädigendes CO_2 gegenüber 1993 emittiert.

Otto betreibt eine offene Informationspolitik: Es gibt eine Broschüre, die die Öko-Kollektionen vorstellt. Die Details der Richtlinien für die ökologisch optimierte Bekleidung („future collection" und „Schadstoffgeprüfte Textilien") sind in übersichtlicher Form zusammengefasst und auf Anfrage ohne weiteres erhältlich.

Produktionsökologisch & sozial optimiert: das eco-Label von Migros

Im Kapitel 6 (Alternativen am Markt) wurde bereits das Konzept des Schweizer *Migros*-Genossenschafts-Bunds dargestellt, der langfristig sein gesamtes Textil- und Bekleidungssortiment auf die eco-Kriterien umstellen will (s. a. S. 355). Partner für das Konzept des und dessen Kontrolle ist das Kölner eco-tex Institut für angewandte Ökologie GmbH.[31] Das eco-Label umfasst Kriterien für die Umwelt- wie die Sozialverträglichkeit.[32]

Bestehende Lieferanten der Migros und ihre Produzenten sollen vom eco-tex Institut so eingerichtet werden, dass Migros-Artikel den Anforderungen entsprechend produziert werden können. Das Institut führt Audits durch und berät die Produzenten bei den notwendigen Korrekturen. „*Das Konzept* beruht auf der Dokumentation aller an der Produktion beteiligten Stufen durch die gesamte Lieferkette, von der Faser bis zum Konfektionär, sowie aller eingesetzten Chemikalien, Farbstoffe, Hilfsmittel und Audits vor Ort", erläutert Birgit Karpa von eco-tex den Begin-of-pipe-Ansatz.

„Produkte mit dem Migros eco-Label werden unter ökologisch optimierten Bedingungen nach dem Prinzip Best Available & Achievable Practice produziert", zu Deutsch nach dem Prinzip der besten verfügbaren und erreichbaren Unternehmenspraxis.

Wie bei anderen Audits sehen die eco-Kriterien eine stufenweise Verbesserung der Anforderungen vor. *In der aktuellen Phase* müssen bestimmte Voraussetzungen im

Management, im sozialen, ökologischen und gesundheitlichen Bereich als Mindeststandard im Rahmen des eco-Programms der Migros erfüllt werden.

Zur *Dokumentation* gehören komplette Angaben (Auditfragebögen) aller beteiligten Vorstufen. Der Informationsfluss über die Herkunft der Fasern und deren Beschaffenheit muss bei Vorlieferanten vorbereitet werden. Über alle Substanzen, die während der Produktion eingesetzt werden, müssen Sicherheitsdatenblätter bzw. Angaben von toxikologischen und ökologischen Werten vorliegen. Generell muss die Einhaltung der Migros eco-Kriterien durch glaubwürdige Testergebnisse belegt werden.

Einige *besonders gesundheitsschädliche bzw. umweltbelastende Chemikalien* bleiben außen vor. Chlorhaltige Bleichmittel dürfen nicht eingesetzt werden. Allerdings gibt es definierte Ausnahmen. Auch der Konservierungsstoff Pentachlorphenol oder Drucksysteme auf Schwerbenzinbasis bleiben außen vor. Andere in der Produktion ökologisch relevante Schadstoffe sollen reduziert werden. Benannt werden hier Schwermetalle, Formaldehyd und APEO. Bestimmte gesundheitsschädliche Farbstoffe werden ausgeschlossen. Dazu gehören Azofarben, die unter reduktiven Bedingungen aromatische Amine der Klassen MAK III A1 und A2 abspalten können. Hier werden 22 aromatische Amine genannt. Diese Anforderung muss auch von Zutaten, Stick- und Nähgarnen eingehalten werden. Verboten sind außerdem Farbstoffe, die als allergisierend eingestuft werden, und Farbstoffzubereitungen, die als giftig eingestuft werden.[*]

Für Zutaten wird in bestimmten Fällen, wie bei Hornknopfimitationen, ein Test auf Formaldehyd verlangt. Für metallenes Zubehör gilt ein Grenzwert für Nickel von 0,5 µg/cm^2/Woche. Dieser Grenzwert entspricht dem Wert im Lebensmittel- und Bedarfsgegenständegesetz (LMBG), ab dem nickelhaltige Metallteile gekennzeichnet werden müssen.[33] Die Schadstoffkontrollen finden im Prozess statt, nicht am Endprodukt.

Auch im *sozialen Bereich* werden Forderungen formuliert. So sollen sozialverträgliche Strukturen geschaffen werden. Benannt werden die Bereiche: Arbeitsschutz, Hygiene, medizinische Versorgung und Verpflegung. Bezüglich der Problematik der Kinderarbeit werden pragmatische Hilfestellungen für Kinder gefordert, d. h. Schul- und Ausbildungsstätten und Lohnfortzahlung in der Ausbildungszeit.

In der *Phase 2 bzw. 3 werden in Zukunft* die Anforderungen an die zulässige potentielle Toxizität, Dokumentation und Kontrolle verschärft und Recyclingmöglichkeiten eruiert. In Phase 2 sind Pigmente auf der Basis krebserzeugender aromatischer Amine ausgeschlossen (s. a. S. 86). Zur Dokumentation der eingesetzten Chemikalien kommt die Dokumentation aller Fasern und Toxi-

---

* akute Toxizität kleiner als LD$_{50}$ (oral, Ratte) von 200 mg/kg

zitätswerte verwendeter Substanzen. Auch sollen dann die Recyclingmöglichkeiten der eingesetzten Stoffe bewertet werden. In der Phase 3 geht es schließlich um die Kontrolle der biologischen Abbaubarkeit aller verwendeten Substanzen.

Aus der Sicht der Schweizer Migros scheint sich die Entscheidung für das eco-Label zu lohnen: „Die Überprüfung aller Arbeitsschritte in der ganzen Textilkette ist sehr anspruchsvoll, bringt aber für alle den größten Nutzen. Wir erwarten von unseren Partnern, dass sie sich den Herausforderungen einer umweltverträglichen Produktion stellen und mit uns zusammen daran arbeiten. Wir werden uns verstärkt auf gute Partner konzentrieren. Zudem werden wir den Migros-Verhaltenskodex, welchen wir in Abstimmung mit *Clean Clothes Campaign* (CCC) erarbeitet haben, im Laufe dieses Jahres mit allen unseren Lieferanten vertraglich festlegen und mit der CCC eine unabhängige Überprüfung der Umsetzung aufbauen", kündigt Walter Staub von der Migros an.

Produktionsökologisches Konzept mit sozialer Verantwortung: die Coop NATURA Line

Da Migros nun vorgeprescht ist (oder wer war zuerst?), kommt der Konkurrent Coop nicht daran vorbei mitzuziehen. Auch Coop sieht eine Ausweitung seines sozialen Engagements auf alle seine Lieferanten im Sinne des Clean Clothes Verhaltenskodex vor und schreibt, „dass diese Forderungen für unsere ökologische Textillinie Coop NATURA Line im Wesentlichen erfüllt sind".[34]

Nun zunächst zum Konzept der *Coop Natura Line* (CNL), das für Textilien und Kosmetik eingeführt wurde (s. a. S. 355 ff.). Es vereint Produktionsökologie und Gesundheit mit sozialer Verantwortung.

Die Qualitätskriterien für die CNL-Produkte werden in spezifischen Anforderungsprofilen definiert, die für die Hersteller verbindlich sind. Die Kriterien werden periodisch dem Stand der Technik und Wissenschaft angepasst.

Die CNL-Textilien sind aus *Naturfasern*, die aus dem Anbau oder der Tierhaltung nach den Richtlinien für Bio-Landbau der Biosuisse oder der EG-Bio-Verordnung stammen. Im Stoff sind andere Materialien nur beschränkt und in dem Ausmaß zugelassen, wie dies für die Strapazierbarkeit, die Trag- und Gebrauchseigenschaften nachweisbar notwendig ist. Zutaten sind soweit möglich und sinnvoll aus natürlichen Materialien. Nicht erlaubt sind allergieträchtige Materialien.

Andere Fasern und die Zutaten müssen zumindest den Anforderungen von Öko-Tex Standard 100 entsprechen.

In der Faserproduktion und Verarbeitung sind verboten:
- ökologisch und toxikologisch schädliche Schwermetalle,
- Elementarchlor und chlorabspaltende Verbindungen,
- Färbung und Veredlung mit Formaldehyd; für Formaldehyd gelten Grenzwerte gemäß dem Jap. Law 112 vom 20 ppm, Ausnahme: 75 ppm für mit Pigmentdruck gestaltete Flächen oder dem Druck nahe stehende Flächen;
- gentechnisch veränderte Organismen.

Neben der biologisch angebauten Baumwolle sind auch alle anderen Verarbeitungsschritte und Zutaten ökologisch optimiert.

Auch Verpackung und Transport der CNL soll ökologischen Kriterien genügen: In den Richtlinien heißt es: „Die Verpackung muss anspruchsvollen ökologischen Kriterien entsprechen. Eine Ökobilanz zeigt, dass die Verpackung dem Standard mindestens ebenbürtig ist. Die Wahl der Transportwege und –mittel geschieht nach ökologischen Gesichtspunkten."

Für Bio-Baumwolle, die aus dem indischen *Maikaal-Projekt* stammt, wird den Bauern ein Preisaufschlag von mindestens 15 Prozent und eine Abnahmegarantie gewährt. Der biologische Anbau verbessert die Lebens- und Arbeitsbedingungen der Familien. Ein Sozialfonds wurde zur Überbrückung von Missernten angelegt und ist in eine Stiftung überführt worden. Aus diesen Geldern konnten bereits kleinere Projekte in Zentralindien realisiert werden: Wasserleitungen, Biogasanlagen, Baumaterialien für ein Schulhaus. Unterstützung erhalten die Bauern aus dem Maikaal-Projekt auch für die Nichtbaumwoll-Bioprodukte, die beim Anbau der Baumwolle zugleich anfallen – ein wichtiger Aspekt des Marketings.[35]

Die *CNL-Projekte in der „Dritten Welt"* fördern die Sicherheit im arbeitstechnischen Bereich, legen Wert auf eine sozialverträgliche Entlohnung und verbieten ausbeuterische Kinderarbeit, beschreiben die Coop-Richtlinien. Das betrifft das Spinnen der Baumwollgarne, das Färben, die Stoffherstellung, das Bedrucken und die Konfektion für die Saison-Oberbekleidung in Indien. In einem Schreiben geht Coop näher auf die Bedingungen in Indien ein: Zu den Sozialkriterien der Verarbeitung gehört nicht nur das Verbot ausbeuterischer Kinderarbeit, sondern auch die Auflage, dass die Arbeiter/innen mindestens 14 Jahre alt sein sollen. „In den Fabrikationsstätten sollen die gleichen Vorsichtsmassnahmen bezüglich Sicherheit und Gesundheit gelten wie in westeuropäischen Betrieben. So sind viele Arbeitsplätze klimatisiert oder zur Verbesserung der Raumluft mit Ventilatoren ausgerüstet." Auch liege der Lohn 10 % über dem von den Gewerkschaften vereinbarten und betrage das Doppelte des lokalen Mindestlohnes.

Die *Vergabe des Signets* geschieht nach einem vorgeschriebenen Verfahren, dem interne und externe Fachstellen zugezogen werden. Die Hersteller bzw.

Lieferanten verpflichten sich zu einer Zertifizierung durch ein akkreditiertes Kontrollinstitut. Kontroll- und Zertifizierungsstellen haben jederzeit das Recht zu unangemeldeten Kontrollen und Stichproben. Die Einhaltung des Anforderungsprofils wird intern durch das Coop Qualitäts-Center und bei Bedarf durch unabhängige Kontrollstellen überwacht. Das Zentrallabor kontrolliert laufend die Endprodukte auf Schwermetalle und Formaldehyd. Im weiteren geschieht eine Stufenkontrolle vom Boden über die Rohbaumwolle und alle Fertigungsschritte bis zum Endprodukt. Die Überprüfung an der Produktion beteiligter Unternehmen geschieht regelmäßig durch das Schweizer Institut für Marktökologie.[36] Das betrifft sowohl den Anbau der Baumwolle als auch alle in die Fabrikation einbezogenen Betriebe.

Literaturhinweise, Anmerkungen:

[1] Öko-Institut: Stoffstrommanagement und Bewertung im Textilbereich, Freiburg 1998

[2] Statement von Gunther le Maire im November 1995 auf dem Podium Verbrauchermacht in München; in: Wolfgang Kreissl-Dörfler (Hrsg.): Mit gleichem Maß, Die Grünen im EU Parlament, Brüssel, S. 113

[3] Umweltleistungsbericht 1998 nach DIN EN ISO 14031, Kunert AG, Julius-Kunert-Str. 49, 87509 Immenstadt, Tel. 0 83 23/12-0, Fax: 0 83 23/12-389, e-mail: ir@kunert.de, http://www.kunert-ag.de

[4] Margit Huber-Berninger: Labels – Marketinginstrumente, die Bewusstsein schaffen. In: VGL Information 3/1999, S. 4 f.

[5] Herbert Klemisch: Umweltschutz in der Textil- und Bekleidungsbranche, Gerd Scholl: Label für nachhaltige Produkte, (s. u.)

[6] Rinke Etiketten: Labels machen Mode unverwechselbar, Multidata-Labeling durch Webetiketten. In: Bekleidung Wear 19/1998, S. 16

[7] Enquete-Kommission „Schutz des Menschen und der Umwelt" des Deutschen Bundestages (Hrsg.): Die Industriegesellschaft gestalten. Perspektiven für einen nachhaltigen Umgang mit Stoff- und Materialströmen, Economica Verlag, Bonn 1994, S. 194 f.

[8] Vortrag von Barbara Neukirchen, Verbraucherzentrale NRW: Anforderungen an eine kompetente Kundenberatung. Öko-Label als Kundeninformation? 15.09.1999, 3. Bielefelder Fachtagung der Hans-Böckler-Stiftung „Umweltverträglichkeit von Textilien" Zukunft von Arbeit und Umwelt in Handel und Produktion

[9] Darstellung und Bewertung umwelt- und sozialbezogener Kennzeichen für Produkte und Dienstleistungen, Institut für Ökologische Wirtschaftsforschung (IÖW), Gerd Scholl, Angela Hinterding, Hrsg.: bfub, Bremen 1996; neue Auflage: Label für nachhaltige Produkte, s. u.

[10] Scholl und Hinterding 1996

[11] Scholl und Hinterding 1996

[12] Margit Huber-Berninger, s. o.

[13] weitere Informationen: Fair Trade Verein e. V. oder SCC GmbH in Wöllstein/Norbert Weißmann, Tel. 0 67 03/93 44-0

[14] Einblick in den Diskussionsprozess bieten die Dokumentationen der protrade Workshops: „Vernetzung ökologischer und

sozialer Zeicheninitiativen für Produkte aus Entwicklungsländern", 1997 und 1998; Bezug: Protrade/GTZ GmbH, Postfach 5180, 65726 Eschborn, Tel. 0 61 96/79 31 66, Fax: 79 74 71

15 vgl. Herbert Klemisch, Cornelia Voß (Hrsg.): Runder Tisch „Öko- und Soziallabeling in der Textil- und Bekleidungsbranche" Eine Dokumentation, Bonn im Juli 1997

16 Antrag 13/7530

17 Umweltbundesamt: LOGO? Ökologisch ausgerichtete Kennzeichen für Produkte und Dienstleistungen, Berlin 1998, Hrsg.: UBA, Fachgebiet „Methoden der Produktbewertung, Umweltzeichen", Postfach 33 00 22, 14191 Berlin, Tel. 0 30/89 03-0, Fax: 0 30/89 03-22 85;
Label für nachhaltige Produkte, Bewertung von Produktkennzeichnungen, Dezember 1999, Hrsg.: bfub Bundesverband für Umweltberatung e.V., Bornstr. 12–13, 28195 Bremen, Tel. 04 21/34 34 00, Fax: 04 21/3 47 87 14, e-mail: umweltberatung@t-online.de.
Die neue Auflage wurde für diese Veröffentlichung nicht ausgewertet.

18 Öko-Tex Standard 100, Ausgabe 01/1999 vom 15.03.99, Öko-Tex Zürich; weitere Informationen über das Forschungsinstitut Hohenstein, s. Adressen im Anhang

19 Im Internet sind die Öko-Tex Grenzwerte einsehbar unter http://www.oeko-tex.com

20 Öko-Tex International: Öko-Tex Standard 1000, Ausgabe 07/1997, S. 11

21 D. h., die Umweltleistungen werden erhoben, der Handlungsbedarf wird ermittelt und Zielsetzungen formuliert, eine Dokumentation, Handbücher und Verfahrensweise werden erstellt etc.

22 Kontakt: Öko-Tex International, s. Adressen

23 Für die Zukunft wird Offenheit signalisiert, andere Interessensgruppen wie Umwelt- oder Verbraucherverbände stärker einzubeziehen.

24 IVN Richtlinien Version 1.1-1999. Weitere Informationen: Internationaler Verband

der Naturtextilwirtschaft (IVN), Frank-Michael Mähle, s. Adressen

25 Kontakt: eco-Umweltinstitut GmbH und Institut für Marktökologie (IMO) s. Adressen

26 vgl. IVN: Leitfaden für die Zertifizierung von Betrieben und die Labelung BETTER / BEST

27 Entscheidung der Kommission vom 17. Februar 1999 zur Festlegung von Umweltkriterien für Textilerzeugnisse. In: Amtsblatt der Europäischen Gemeinschaft vom 5.3.1999; weitere Informationen: Umweltbundesamt, Postfach 330022, 14191 Berlin, Tel. 0 30/89 03-36 99, Fax: 89 03-30 99; http://europa.eu.int/comm/dg11/ecolabel/

28 M. Huber: Das europäische Ecolabel. In: VGL Information 3/99, S. 7 (Schweizerische Vereinigung für Gewässerschutz und Lufthygiene, VGL)

29 Die Angabe bezieht sich auf Untersuchungen von Gesamtabwasser von 25 Textilveredlungsbetrieben in den Jahren 1987–1988. Vgl. Schönberger 1993, S. 26 (s. Kap. 3)

30 Weitere Informationen unter der Quelle Umwelthotline: Tel. 01 80/5 51 56 (24 Pf./Min.)

31 Migros-Genossenschafts-Bund MGB, PR+Information, Infostelle Umwelt, Postfach 2 66, 8031 Zürich, Tel. 0041/1/277 2068, Fax: 0041/1/277 2333, e-mail: walter.staub@mgb.ch

32 vgl. Bekleidung Wear 7/1998, S. 14

33 vgl. Anlage 9 zu § 10 Abs. 6, Bedarfsgegenständeverordnung vom 23.12.1998, BGBl. I S. 5

34 Coop Schweiz, Thiersteiner Allee 12, 4002 Basel, Brigitte Zogg, Wirtschaft/Umwelt/PR, Tel. +41/61/3 36 71 43, e-mail: Brigitte.Zogg@cs.coop.ch

35 Richtlinie Coop Natura Line vom Februar 1999

36 Von A bis Z kontrolliert. Coopzeitung Nr. 33, 12.08.1998, S. 32

Abkürzungen, Adressen

Abkürzungen

AMRC	Asia Monitor Resource Center
AVE	Außenhandelsvereinigung des Deutschen Einzelhandels
BBI	Bundesverband der Bekleidungsindustrie
BBU	Bund Bürgerinitiativen Umweltschutz
CCC	Clean Clothes Campaign
CEP	Council on Economic Priorities
CEPAA	Council on Economic Priorities Accreditation Agency
COSY	Company Oriented Sustainability
CSD	Kommission für nachhaltige Entwicklung (Commission on Sustainable Developement)
DOB	Damen-Oberbekleidung
DSBP	Disufostyryl-biphenyl
DTNW	Deutschen Textilforschungszentrum Nord-West
DWI	Deutsches Wollforschungsinstitut
dwp	dritte-welt partner, Ravensburg
EFTA	European Fair Trade Association
EGV/TBL	Europäischer Gewerkschaftsverband Textil-Bekleidung und Leder
EURATEX	Europäischer Herstellerverband für Textil und Bekleidung
FIAN	Food First Informations- & Aktions-Netzwerk
FINE	Dachorganisationen für: FLO, IFAT, NEWS und EFTA
FLA	Fair Labor Association
FWA	Fluorescent Whitening Agents
gepa	Gesellschaft für Partnerschaft mit der Dritten Welt, Fairhandelshaus
Gesamttextil	Gesamtverband der Textilindustrie in Deutschland
HBM	Kommission Human-Biomonitoring
IBFG	Internationaler Bund Freier Gewerkschaften
ICFTU	= IBFG
IFAT	International Federation For Alternative Trade
ILO	Internationales Arbeitsamt, Internationale Arbeitsorganisation; International Labour Organisation
ISO	International Standardization Organisation
IPEC	Internationales Programm zur Abschaffung der Kinderarbeit
ITBLAV	Internationale Textil-, Bekleidungs- und Lederarbeitervereinigung
KLJB	Katholische Landjugendbewegung

KPMG	Hartkopf und Rentrop Treuhand KG, Köln
MAI	Multilaterales Investitionsabkommen
MAM	Movimiento de Mujeres Mélida Anaya Montes
NEWS!	Network of European World Shops
ÖTI	Österreichisches Textil-Forschungsinstitut
SOCAM	Service Organisation Compliance Audit Management
TEGEWA	Verband der Textilhilfsmittel-, Lederhilfsmittel-, Gerberei-hilfsmittel- und Waschrohstoff-Industrie
TITV	Textilforschungsinstitut in Thüringen Vogtland
TRGS	Technische Regeln für Gefahrstoffe
TVI-Verband	Gesamtverband der deutschen Textilveredlungsindustrie
UNEP	Umweltprogramm der Vereinten Nationen
UNICEF	Kinderhilfswerk der Vereinten Nationen
WFSGI	Weltverband der Sportartikelhersteller (World Federation of the Sporting Goods Industry)
WTO	Welthandelsorganisation

Adressen

Textil-/Leder-/Wirtschafts-/ökologische Forschungsinstitute

- Fachagentur Nachwachsende Rohstoffe e.V., Hofplatz 1, 18276 Gülzow, Tel. 0 38 43/693 0-0, Fax: 0 38 43/69 30-102, e-mail: F.N.R.@t-online.de, Internet: http://www.dainet.de/fnr
- Forschungsinstitut für Leder- und Kunstledertechnologie FILK gGmbH, Meißner Ring 1–5, 09599 Freiberg, Tel. 0 37 31/3 66-0, Fax: 0 37 31/3 66-130, e-mail: filkfreiberg@t-online.de
- Forschungsinstitut Hohenstein, Schloss Hohenstein, 74357 Bönnigheim, Abteilung Warenprüfung, Tel. 0 71 43/2 71-120, Fax: 0 71 43/2 71-8741, e-Mail: info@hohenstein.de, http://www.oeko-tex.com
- Deutsche Institute für Textil- und Faserforschung (DITF), Körschtalstr. 26, 73770 Denkendorf, Institut für Textilchemie, Tel. 07 11/9 34 00-100, Fax: 07 11/93 40-288; Institut für Textil- und Verfahrenstechnik, Tel. 07 11/93 40-0, Fax: 07 11/93 40-297
- Textilforschungsinstitut Thüringen Vogtland e.V., Zeulenrodaer Str. 42–44, 07973 Greiz/Thür. , Tel. 0 36 61/6 11-0, Fax: 0 36 61/6 11-222
- Institut für Makromolekulare Chemie und Textilchemie (IMTC), Technische Universität Dresden, Mommsenstr. 13, 01062 Dresden, Tel. 03 51/4 63 37 82, Fax 03 51/4 63 71 22

- Deutsches Wollforschungsinstitut an der RWTH Aachen e.V., Veltmanplatz 8, 52062 Aachen, Tel. 02 41/44 69-0, Fax: 02 41/44 69-100, e-mail: contact@dwi.rwth-aachen.de, http://www.dwi.rwth-aachen.de
- Deutsches Textilforschungszentrum Nordwest e.V. (DTNW), Institut an der Gerhard-Mercator –Universität Duisburg, Gesamthochschule, Frankenring 2, 47798 Krefeld, Tel. 0 21 51/8 43-0, Fax: 0 21 51/8 43-143, e-mail: dtnw@uni-duisburg.de, http://www.uni-duisburg.de/Institute/DTNW/home
- Institut für Wirtschaft und Ökologie der Universität Sankt Gallen (IWÖ-HSG), Tigerbergstr. 2, CH-9000 St. Gallen, Tel. +41/71-2 24 25 84, Fax: +41/71-2 24 27 22, e-mail: Johannes.Schmidt@iwo.unisg.ch
- Institut für sozial-ökologische Forschung, ISOE GmbH, Hamburger Allee 45, 60486 Frankfurt a. M., Tel. 0 69/ 7 07 69 19-0, Fax: 0 69/ 7 07 69 19-11, e-mail: info@isoe.de, http://www.isoe.de
- Öko-Institut e.V., Geschäftsstelle Freiburg, Postfach 6226, 79038 Freiburg, Tel. 07 61/4 52 95-0, Fax: 07 61/47 54 37
- Institut für ökologische Wirtschaftsforschung, Potsdamer Str. 105, 10785 Berlin, Tel. 0 30/88 45 94-0, Fax: 0 30/8 82 54 39
- Prüf- und Forschungsinstitut für die Schuhherstellung (PFI), Hans-Sachs-Str. 2, 66955 Pirmasens/Postfach 22 25, 66930 Pirmasens, Tel. 0 63 31/24 90-0, Fax: 0 63 31/24 90 60

Marktforschungsinstitute
- GfK Marktforschung GmbH, Textilmarktforschung, Petra Dillemuth, Nordwestring 101, 90419 Nürnberg, Tel. 09 11/3 95-0, Fax: 3 95-4 034, http://www.gfk.cube.net
- Institut für Markt-Umwelt-Gesellschaft e.V. (imug), Escherstr. 23, 30159 Hannover, Tel. 05 11/9 11 15-0, Fax: 05 11/9 11 15-95, e-mail: imug.hannover@t-online.de, http://imug.de

Unternehmensberatung/Schulungen
- Enviro Tex, Unternehmensberatung, Provinostr. 52, 86153 Augsburg, Tel. 08 21/56 57 13, 5 69 79 60
- Hermann Fuchslocher Unternehmensberatung GmbH (HFU), Xantener Str. 10, 40474 Düsseldorf, Tel. 02 11/43 99 37, Fax: 4 54 14 69
- CAF, Clearing-house for Applied Futures GmbH (Büro für angewandte Zukünfte), Völklinger Str. 3a, 42285 Wuppertal, Tel. 02 02/2 80 63-0, Fax: 02 02/2 80 63 30, e-mail: caf@oln.comlink.apc.org
- Klaus Novy Institut e.V., Annostr. 27–33, 50678 Köln, Tel. 02 21/93 12 07-0, Fax: 02 21/93 12 07-20, e-mail: 100714.245@COMPUSERVE.COM

- Ökologie + Marketing, Agentur zur Absatzförderung ökologischer Produkte, Mainstr. 143, 63065 Offenbach, Tel. 0 69/82 15 65, Fax: 0 69/82 46 84, e-mail: oekologie_marketing@compuserve.com
- BorgMann, Heimann und Borgschulze GbR, Doyenweg 17, 59494 Soest, Tel. 0 29 21/7 09 50, Fax: 7 09 58, e-mail: service@borgmann-concepts.de
- Ökopartner Beratung + Bildung, Heike Hackmann, Eggerstedtstr. 11, 24103 Kiel, Tel. 04 31/97 94 02-0, Fax: -77, e-mail: oekopartner.kiel@t-online.de
- Umweltberatung, Matthias Haemisch, Auf dem Tie 3, 33739 Bielefeld, Tel. 0 52 06/92 09 70, Fax: 0 52 06/92 09 08, e-mail: MHaemisch@aol.com

Öffentliche Einrichtungen

- Umweltbundesamt, Postfach 330022, 14191 Berlin, Tel. 0 30/89 03-0, Fax: 89 03-2285; http://www.umweltbundesamt.de, www.gesundheit-und-arbeit.de
- Bundesanstalt für Arbeitschutz und Arbeitsmedizin, Friedrich-Henkel-Weg 1, 44149 Dortmund, Tel. 02 31/90 71-0, Fax: 90 71-454; www.baua.de
- Bundesinstitut für gesundheitlichen Verbraucherschutz und Veterinärmedizin, Postfach 330013, 14191 Berlin, Tel. 0 30/84 12-0, Fax: 0 30/84 12-4741
- Internationale Arbeitsorganisation, ILO-Vertretung in Deutschland, Hohenzollernstr. 21, 53173 Bonn, Tel. 02 28/36 23 22, Fax: 35 21 86, e-mail: bonn@ilo.org, http://www.ilo.org

Saubere Kleidung

- Kampagne ‚Saubere' Kleidung, Koordinationsbüro, c/o DGB-Bildungswerk, Postfach 10 30 55, 40021 Düsseldorf, Tel. 02 11/43 01-317, Fax: 02 11/43 01-387, e-mail: ccc-D@dgb-bildungswerk.de, http://www.saubere-kleidung.de
- Clean Clothes Kampagne, Bergstr. 7, A-1090 Wien, Österreich, Tel. 00 43/1-3 17 30 90-0, Fax: 0043/1-3 17 30 95, e-mail: suedwind.agentur@oneworld.at, http://www.oneworld.at/cleanclothes.htm
- Erklärung von Bern, Quellenstr. 25, Postfach 1327, CH-8031 Zürich, e-mail: info@evb.ch, http://www2.access.ch/evb/
- IRENE International Restructuring Education Network Europe, Stationsstraat 39, 5038 Tilburg, The Netherlands, Tel. 00 31/135 35-1523, Fax: 00 31/135 35-0253, e-mail: irene@irene.antenna.nl
- Clean Clothes Campaign, Postbus 11584, 1001 GN Amsterdam, The Netherlands, Tel. +31/2 04 12-2785, Fax: +31/2 04 12-2786, e-mail: ccc@xs4all.nl; Infos im Internet: http://www.cleanclothes.org
- SWEATSHOP WATCH, 310 Eighth Street, Suite 309, Oakland, CA 94607, e-mail: sweatwatch@igc.aps.org, http://www.sweatshopwatch.org

Fair Trade

- FairTrade Labelling Organizations International, Kaiser-Friedrich-Str. 13, 53115 Bonn, Tel. 02 28/94 92 30, Fax: 2 42 17 13
- International Federation For Alternative Trade, PO Box 500, Akron, PA 17501-0500, USA, Tel. (7 17)7 33-3006, Fax: (717)733-0294, e-mail: ifat@ success.net
- Weltladen-Dachverband e.V., Postfach 100 205, 64202 Darmstadt, Tel. 0 61 51/53 73 32, Fax: 95 32 05, e-mail: AG3WLDA@aol.com
- Fair Trade e.V., Gewerbepark Wagner, Bruch 4, 42279 Wuppertal, Tel. 02 02/64 89-220, Fax: 02 02/64 89-235, e-mail: M.Remmert@fairtrade.de
- Rugmark Deutschlandbüro, Remigiusstr. 21, 50937 Köln, Tel. 02 21/9 41 12 53, Fax: 94 20 40 40, e-mail: rugmark@transfair.org, http://www.rugmark.de
- TransFair, Remigiusstr. 21, 50937 Köln, Tel. 02 21/94 20 40-0, Fax: 94 20 40-40, e-mail: info@transfair.org, http://www.transfair.org
- Katholische Landjugendbewegung Deutschlands, KLJB Bundesverband, Drachenfelsstr. 23, 53604 Bad Honnef-Rhöndorf, Tel. 0 22 24/94 65-0, Fax: 0 22 24/94 65-44, e-mail: kljb.org@t-online.de, http://www.kljb.org

Verbände und Vereine: Textil/Leder/Umwelt/Handel/Chemie

- Internationaler Verband der Naturtextilwirtschaft (IVN), Frank-Michael Mähle, Haußmannstr. 1, 70188 Stuttgart, Tel. 07 11/11 23 27 52, Fax: 07 11/23 27 55, e-mail: fank.maehle@naturtextil.com, http://www.natur-textil.com
- Das Ökologische Textil-Netzwerk e.V., e-mail: Kontakt@oekologisches–textil-netzwerk.de, http://www.oekologisches-textil-netzwerk.de
- Außenhandelsvereinigung des Deutschen Einzelhandels e.V. (AVE), Mauriti-ussteinweg 1, 50676 Köln, Tel. 02 21/92 18 34-0, Fax: 0 12 21/92 18 34-6, e-mail: ave-fta@t-online.de
- Industrieverband Körperpflege- und Waschmittel e.V., Karlstr. 21, 60329 Frankfurt a. M., Tel. 0 69/25 56-1322, Fax: 0 69/25 03 45
- bfub Bundesverband für Umweltberatung e.V., Bornstr. 12–13, 28195 Bre-men, Tel. 04 21/34 34 00, Fax: 04 21/3 47 87 14, e-mail: umweltberatung@ t-online.de, http://members.aol.com/bfub/index.htm
- Bund für Umwelt und Naturschutz Deutschland (BUND), Am köllnischen Park 1, 10179 Berlin, Tel. 0 30/2 75 86-0, Fax: 0 30/2 75 86-40; http://www.bund.net
- Arbeitskreis Wasser im BBU, Rennerstr. 10, 79106 Freiburg, Tel. 07 61/27 56 93, Fax: 07 61/28 82 16
- Veranstalter der InNaTex ist die CDH Hessen-Thüringen, Wirtschaftsge-meinschaft der hessischen Handelsvertreter GmbH, Stresemannallee 35–37,

60596 Frankfurt a. M., Tel. 0 69/63 00 92-33, Fax: 0 69/63 00 92-29, Organisation: Heike Scheuer
- Textil- und Bekleidungsberufsgenossenschaft, Oblatenwallstr. 18, 86153 Augsburg, Tel. 08 21/31 59-0, Fax: 08 21/31 59-201
- Verband der Chemischen Industrie (VCI), Karlstr. 21, 60329 Frankfurt, Telefon 0 69/25 56-1564, Fax: 0 69/25 56-1612, e-mail: dialog@vci.de, http: www.chemische-industrie.de
- Verband der Nord-Westdeutschen Textilindustrie e.V., Moltkestr. 19, 48151 Münster, Tel. 02 51/5 30 00-0, Fax: 02 51/5 30 00-35
- Dialog Textil-Bekleidung (DTB), Am Werbering 5, 85551 Heimstetten, Tel. 0 89/4 36 06 60-0, Fax: 089/4 36 06 60-3, e-mail: info@dialog-dtb.de, http://www.dialog-dtb.de
- ETAD, P.O. Box, CH-4005 Basel, Tel. 00 41/61/6 90 99 66, Fax: 00 41/61/6 91 42 78, e-mail: info@etad.com, http://www.etad.com
- BBI, Bundesverband Bekleidungsindustrie, Mevissenstraße 15, 50668 Köln, Tel. 02 21/77 44-0, Fax: 02 21/77 44-118; http://www.fb-network.de
- TEGEWA, Verband der Textilhilfsmittel-, Lederhilfsmittel-, Gerbstoff- und Waschrohstoff-Industrie e.V., Karlstr. 21, 60329 Frankfurt, Tel. 0 69/25 56-1343, Fax: 0 69/25 56-1342
- TVI-Verband, Gesamtverband der deutschen Textilveredlungsindustrie e.V., Frankfurter Str. 10–14, 65760 Eschborn, Postfach 5329, 65728 Eschborn, Tel. 0 61 96/95 91-0, Fax: 0 61 96/95 91-25
- Verband der Deutschen Lederindustrie e.V., Fuchstanzstr. 61, 60489 Frankfurt/M., Tel. 0 69/97 84 31 41, Fax: 0 69/78 80 00 09
- Gesamtverband der Deutschen Textilindustrie, Gesamttextil, Frankfurter Str. 10–14, 65760 Eschborn, Tel. 0 61 96/9 66-0, 9 66-266 (Presse/Öffentlichkeit), Fax: 0 61 96/4 21 70, e-mail: mfischbach@gesamttextil.de
- IFOAM Head Office, Internationale Vereinigung Biologischer Landbaubewegungen, 66636 Imsbach, c/o Ökozentrum Tholey-Theley, Tel. 0 68 53/51 90, Fax: 0 68 53/3 01 10, e-mail: ifoam@t-online.de, http://www.ifoam.org

Zertifizierer / Labors
- Bremer Umweltinstitut, Wielandstr. 25, 28203 Bremen, Tel. 04 21/7 66 65, Fax: 04 21/7 14 04, e-mail: Brumi@t-online.de
- Council on Economic Priorities Accreditation Agency, 30 Irving Place, 9th Floor, New York, NY 10003, Tel. 001/ 212/358-7697, Fax: 001/ 212/358-7723, e-mail: info@CEPAA.org, http://www.CEPAA.org
- eco-Umweltinstitut GmbH, Umweltanalytik, Gutachten, Beratung, Sachsenring 69, 50677 Köln, Tel. 02 21/93 12 45-0, Fax: 02 21/93 12 45-33, e-mail: info@eco-umweltinstitut.com

- Institut für Marktökologie (IMO), Poststr. 8, CH-8583 Sulgen, Tel. +41/71 6449880, Fax: +41/71 6449883, e-mail: IMOCH@compuserve.com, IMO-Deutschland, Postfach 100934, 78409 Konstanz, Tel. 07531/915273, Fax: 07531/915274, e-mail: IMOD@compuserve.com, Dr. Rainer Bächi und Marcus Brügel
- eco-tex Institut für angewandet Ökologie GmbH, Gleueler Str. 373a, 50935 Köln, Tel. 02 21/94 36 72-0, Fax: 02 21/94 36 72-3, e-mail: sh@eco-tex.com
- Öko-Tex International, Prüfgemeinschaft Umweltfreundliche Textilien c/o TESTEX, Gotthardstr. 61, Postfach 585, CH-8027 Zürich, Schweiz, Tel. +41/1 206 4242, Fax: +41/1 206 4230, e-mail: info@oeko-tex.com
- SCC Scientific Consulting Company, Chemisch-Wissenschaftliche Beratung GmbH, Eckelsheimer Str. 37, 55597 Wöllstein, Dr. Norbert Weißmann, Tel. 0 67 03/93 44-0, e-mail: scc@scc-gmbh.de
- TÜV Rheinland Sicherheit und Umweltschutz GmbH, Am Grauen Stein, 51105 Köln (Poll), Tel. 02 21/8 06-03, Fax: 02 21/8 06-1756
- Berliner Institut für Analytik und Umweltforschung e.V. (BIFAU), Obentrautstr. 60, 10963 Berlin, Tel. 0 30/2 17 29 02, Fax: 0 30/2 16 60 33, e-mail: bifau@berlin.snafu.de

Gewerkschaften

- ICFTU, 155 Boulevard Emile Jacqmain, B-1210 Brüssel, Belgien, Tel. 00 32/2 224 0211, Fax: 0032/2 201 5815, e-mail: internetpo@icftu.org, Veröffentlichungen: Luc Demaret, e-mail: preee@icftu.org, http://www.icftu.org
- ITBLAV, Rue Joseph Stevens, 8, B-1000 Brüssel, Belgien, Tel. 0032/2/512 2606, Fax: 0032/2/511 09 04, e-mail: itglwf@compuserve.com
- IG Metall Vorstand, Lyoner Str. 32, 60528 Frankfurt a. M., Tel. 0 69/66 93-0, Fax: 0 69/66 93-2892; http://www.igmetall.de
- Gewerkschaft Handel, Banken, Versicherungen (HBV), Hauptvorstand, Umweltberatung, Kanzlerstr. 8, 40472 Düsseldorf, Tel. 02 11/90 40-315, Fax: 02 21/90 40-399, e-mail: hennecke@hbv.org, http://www.oetv.de
- DGB Bildungswerk, Nord-Süd-Netz, Postfach 103055, 40021 Düsseldorf, Tel. 02 11/43 01-592, Fax: 0211/43 01-500, e-mail: Postmaster@DGB-Bildungswerk.de, http://www.dgb.de

Arbeitsschutz

- Berufsgenossenschaftliches Institut für Arbeitssicherheit (BIA), Alte Heerstr. 111, 53754 Sankt Augustin, Tel. 0 22 41/2 31-01, Fax: 0 22 41/2 31-1333; http://www.hvbg.de; GESTIS-Stoffdatenbank, BIA, http://www.hvbg.de/bia/stoffdatenbank

- DGB-Technologieberatungsstelle Niederrhein, Goebenstr. 4, 41061 Mönchengladbach, Tel. 02161/209750, Fax: 02161/135 12
- Lederindustrie-Berufsgenossenschaft, Lortzingstr. 2, 55127 Mainz (Lerchenberg), Tel. 06131/785-421, Fax: 06131/785-566
- Textil- und Bekleidungs-Berufsgenossenschaft, Oblatterwallstraße 18, 86153 Augsburg, Tel. 0821/3159-385, Fax: 0821/3159-440

Entwicklung
- Aktionsgemeinschaft Solidarische Welt (ASW), Hedemannstr. 14, 10969 Berlin, Tel. 030/251-0265, Fax: 251-1887, e-mail: mail@aswnet.de, http://www.aswnet.de
- Diakonisches Werk der EKD, Brot für die Welt, Stafflenbergstr. 76, 70184 Stuttgart, Tel. 0711/2159-0, Fax: 0711/2159-110
- Misereor, Mozartstr. 9, 52064 Aachen, Tel. 0241/442-0, Fax: 0241/442-524, e-mail: Bildung@misereor.de, http://www.misereor.de
- Food First Informations & Aktionsnetzwerk (FIAN), Overwegstr. 31, 44625 Herne, Tel. 02323/490099, Fax: 490018, e-mail: fian@home.ins.de
- Germanwatch, Kaiserstr. 201, 53113 Bonn, Tel. 0228/604920; Brücken zwischen Handel und Zukunftsfähiger Entwicklung: http://www.germanwatch.org
- Pestizid Aktions-Netzwerk e.V., Nernstweg 32–34, 22765 Hamburg, Tel. 040/399 19 10-0, Fax: 040/390 75 20, e-mail: pan-europe@t-online.de
- Deutsche Gesellschaft für Technische Zusammenarbeit (GTZ) GmbH, Protrade, Postfach 5180, 65726 Eschborn, Tel. 06196/79-0, Fax: 06196/79 74 71
- Terre des hommes Bundesrepublik Deutschland e.V., Hilfe für Kinder in Not, Ruppenkampstr. 11a, 49084 Osnabrück, Postfach 4126, 49031 Osnabrück, Tel. 0541/7101-0, Fax: 0541/707233
- Projektstelle Umwelt & Entwicklung, Am Michaelshof 8-10, 53177 Bonn, Tel. 0228/359704, Fax: 0228/359096, e-mail: forumue@compuserve.com, http://www.oneworldweb.de/forum
- EPIZ, Entwicklungspädagogisches Informationszentrum im Arbeitskreis Dritte Welt e.V., Planie 22, 72764 Reutlingen, Tel. 07121/491060, Fax: 07121/491102

Verbraucher
- Arbeitsgemeinschaft der Verbraucherverbände (AgV), Heilsbachstr. 20, 53123 Bonn, Tel. 0228/6489-142, Fax: 0228/644258, e-mail: mail@agv.de, http://www.agv.de
- Verbraucher Initiative, Breite Str. 51, 53111 Bonn, Tel. 0228/7263393, Fax: 0228/7263399, Elsenstr. 106, 12435 Berlin, Tel. 030/5360733,

Fax: 030/53607345, e-mail: mail@verbraucher-ini.de, http://www.verbraucher-ini.de

- Arbeitsgemeinschaft Allergiekrankes Kind (AAK), Nassaustr. 32, 35745 Herborn, Tel. 0 27 72/92 87-0, Fax: 0 27 72/92 87-48
- Institut für Umweltmedizin und Krankenhaushygiene am Universitätsklinikum Freiburg, Hugstetter Str. 55, 79106 Freiburg i.Br., Tel. 07 61/2 70-5471, Fax: 07 61/2 70-5485
- Wissenschaftsladen Bonn, Zentrum für bürgernahen Wissenstransfer, Buschstr. 85, 53113 Bonn, Tel. 02 28/26 52 63, Fax: 02 28/26 52 87, e-mail: WilaBonn@t-online.de, http://www.wilabonn.de

Stichwortverzeichnis

A

Abfallaufkommen 233
Abluft
  Belastung mit Carriern 185
Absatzmärkte 32
Abwasserbehandlung 204
  AOX 156
  Chrom 215
  mit Enzymen 138
Abwasserbelastung
  Indikatoren 233
Abwassergebühren 54
Abwasserkataster 48, 53
Abwasserreinigung
  Störung 194
Abwasserrelevanzstufen 48
  d. TEGEWA 234
adidas Salomon 291
  Kritik der CCC 324
Agreement on Textiles and
  Clothing 34
AK Umwelt der BAG 354
Aktion Solidarische Welt 217
Alb Natur 362, 364
Alpaka 383
Altstoffe 42
Ames-Test 62
Angebot öko-fairer Beklei-
  dung 351
Anhang 38 51
  AOX-Grenzwert 141
  AOX-Werte 157
  Schwermetalle 203
Anhang 57 151
Anti-Sweatshop-Bewegung
  309
AOX
  leicht/schwer flüchtige
  133, 147
  Strip-Effekt 133
AOX-Messung im Abwasser
  131
AOX-Quellen 147, 155
APEO 53
Apparel Industry
  Partnership 270
Appell an den Bekleidungs-
  handel 321
Arbeitsbedingungen
  Bekleidungs- u.
  Sportwarenindustrie 311
Arbeitsgemeinschaft Aller-
  giekrankes Kind 63
Arbeitsgemeinschaft der Ver-
  braucherverbände 63, 172
Arbeitsgemeinschaft
  Solidarische Welt 213
Arbeitsgruppe „Dermatolo-
  gische Aspekte beim
  Waschen" 126
Arbeitsgruppe „Textilien"
  BgVV 58
Arbeitsgruppe Textilien 61

Arbeitshandschuhe 222
Arbeitskreis Naturtextil 367
Arbeitskreis Textilien
  Empfehlung Dispersions-
  farben 113
Arbeitsplätze
  international 22
Arbeitsplätze im Textilhandel
  30
Arbeitsplätze Textil/
  Bekleidung 9
Arbeitsplatzmessungen 90
Arbeitsplatz-Richtgrenzwerte
  73
Arbeitsproduktivität 18
Arbeitsschutzgesetz 69
Arbeitsstoffe
  fruchtschädigende 162
  kanzerogene 150, 161, 191
  krebsverdächtige 179
Arbeitsverhaltenskodex
  Bekleidung/Sportswear
  319
Armani 400
Armutsgrenze 282
aromatische Amine
  4-Aminoazobenzol 94
  EU-Verbot 100
  Gefahrstoff im Abwasser
  87
  o-Anisidin 94
  parasubstituierte 87
  verbotene 86
aromatische Carbonsäure-
  ester 178
aromatische Kohlenwasser-
  stoffe 177
ASSISI Garments 339
ASSISI organic 339
Atemwegserkrankungen 65 f.
  obstruktive 134
ATO-TÜV 334
Auchan 314
ausbeuterische Kinderarbeit
  ILO-Konvention 255
Ausgaben
  Textilien/Bekleidung 33
Auslagerung
  von Produktions-
  standorten 19
Außendienst 241
Außenhandelsvereinigung
  des Deutschen Einzel-
  handels 267
Ausstieg aus der Chlor-
  chemie 142
Ausziehgrad der Färbung
  193
Autoleder 211
AVE-Erklärungen zu Sozial-
  standards 267
AVE-Verhaltensregeln
  Beschaffung 269, 286

Azofarben 85
  Untersuchungsmethode
  98
Azofarbstoffanalytik 99
Azopigmente 89
  Ausnahmeregelung 97
Azoreduktasen 86
Azospaltung 86

B

BanaFair 343
Banken 27
Bärlocher, Christine 272
BASF 86, 147
Basolan von BASF 148
Bau-Berufsgenossenschaft
  222
Baumwolle
  enzymatische Bleiche 136
Bayer 123
Beautiful World 450
Bedarfsgegenstände-
  verordnung
  Verbot Azofarben 96
Bekleidungsekzem 193
Bekleidungshersteller
  Entwicklung 28
Bekleidungsindustrie
  Entwicklung 12
Bekleidungskauf 420
Bekleidungsleder 211
Bekleidungsphysiologisches
  Institut Hohenstein 15
Bekleidungstechnik 15
Belastung von Leder-
  produkten 92
Bensmann, Kalle und Gabi
  220
Benzidine 85
Benzylbenzoate 178, 181
Berliner Compagnie 313
Berufsbekleidung
  von Hess Naturtextilien
  361
Berufsbildungshandbuch 13
Berufsgenossenschaften
  Arbeitsschutz 69
Berufskrankheiten
  Anzeigen auf Verdacht 66
  Branchen Textil und
  Leder 65
Beschaffungskonzept
  „just in time" 361
Beschwerde- und
  Anrufungsverfahren 303
beste Umweltpraxis 75
Betriebsanweisung 69
Better und Best 443
BgVV 162
Biedenbach, Tanja 412
BIFAU, Analyselabor 109
Bildungs- und Beratungs-
  projekt 315

Bildungsarbeit
  Clean Clothes 314
Billigleder 225
Billigmann, Jürgen 63, 172
Binder GmbH 136
Bio-Baumwolle 240, 352
biologische Abbaubarkeit
  optische Aufheller 126
biologische Landwirtschaft
  272
biotechnische Verfahren 136
Biotests 62
Biphenyl 178
Blasenkrebs
  Ursachen 87
Blauholzfarbstoff 197
Bleiche
  von Synthesefasern 132
BorgMann 403
Borst, Hans-Peter 362
Bremer Umweltinstitut 92,
  166
Bremer Woll-Kämmerei 149
Breyer, Hiltrud 97
Brot für die Welt 345
Bulgarien 310
BUND 395
Bundesanstalt für Arbeits-
  schutz und Arbeitsmedizin
  45
Bundesministerium für
  Gesundheit 226
Bundesverband der
  Bekleidungsindustrie 266
Bunke, Dirk 231

C
C&A 315
C&A-Kodex 289
Cahn, Doug 295
Caire und Fair 381
Carrier
  Gesundheitsrisiko 181
  Osparcom/Helcom 177
  TA-Luft 185
  verbotene 177
Caspers-Merk, Marion 439
CCC-Kodex 318
Central America Womens
  Network 315
CEPAA 299
CEPAA Advisory Board 299 f.
Chanel 400
Charta der europäischen
  Sozialpartner 266
Charta für Fairen Handel
  446
Chemieindustrie 11
Chemikalienverbots-
  verordnung 45
  Cadmium, Quecksilber
  203
  PCP-Grenzwert 161

Chemische Landesunter-
  suchungsanstalten 64, 99
  Freiburg 100, 109, 166
Chlorakne 134, 164
Chlorbleiche
  mit Natriumchlorit 131
  mit Natriumhypochlorit
  131
  OSPARCOM / HELCOM
  142
Chlordioxid 134
Chloremissionen
  Abluft 134
Chlorgas 134
Chlor-Herkosett-Verfahren
  147
Chlorkresole 167
chlororganische Carrier 53
Chlorphenole 170
Christliche Initiative Romero
  324
Chrom 211
  Richtwert Leder 222
Chrom-(VI)
  Herkunft von 223
Chromfalzspäne 215
Ciba Spezialitätenchemie AG
  122, 197
Cierpka, Thomas 273
Clarke, Eric A. 85
Clean Clothes Campaign
  309
  Europa 312
  Öffentlichkeitsarbeit 313
  Schwerpunkte internatio-
  nal 317
  unabhängige Kontrolle 314
  Ziele 311
Climatex Lifecycle 403
Codes of Conduct 277
Coop NATURA Line 356, 457
  Halogengehalt Farben 156
Coop, Schweiz 315, 355, 457
Corrective Action Plans 288
Council on Economic Priori-
  ties 299

D
Dach-Label 372
Depigmentierung 87
Design-Wettbewerb 392
Dettenkofer, Markus 165
Deutsche Gesellschaft
  für Mittelstands-
  beratung mbH 29
Deutsche Welthungerhilfe
  381
Deutscher Gewerkschafts-
  bund 253, 259
Deutsches Textilforschungs-
  zentrum Nord-West 137
Deutsches Wollforschungs-
  institut 137, 148

Blauholzfarbstoff 197
Hautverträglichkeit
  veredelter Wolle 125
Oxidationshaarfärbe-
  systeme 196
Porphinderivate 197
Tragesimulator 59
Dialog Textil-Bekleidung 57
Dichromat-Allergie 225
Die Grünen/Bündnis 90
  395
Diekmann, Andreas 419
Dindigul 217
Dioxinquelle
  PCP 162
Dioxinquellen
  Farbmittel 163
Dioxinrisiko 167
Direkteinleiter 53
Dispersionsfarbstoffe 107
  beschränkte Verwendung
  115
  kanzerogene 111
  kritische 108
  Öko-Label 112
  Untersuchungsprogramm
  VCI 114
Dokumentationspflicht 53
Dreiseitige Erklärung d. ILO
  256
dritte-welt partner 383
  Tücher 340
Dritte-Welt-Bewegung 377
Dritte-Welt-Shop 344, 381
DSBP 121
DW-Shop 382

E
Easy Care 147
Echtheiten von Dispersions-
  farbstoffen 107
Echtheitsniveau der
  Färbungen 116
ECO LOG Recycling-Network
  401
ecopell 221, 411
eco-tex Institut 455
eco-Umweltinstitut GmbH
  91, 446
EFTA 335
Eigenständigkeit 27
Einbeziehung von NGOs 303
EINECS 42
Einfuhr von Leder
  Ländergruppen 217
Eingangsfilter Human-
  toxikologie 233
Einheitslabel 439
Einkaufsbedingungen 93
Einsparpotentiale 149
El Puente 333, 383
  T-Shirts 338
ELINCS 42

Emissionen
Luftweg 46
Emissionsfaktoren 46
Emissionspfade 46
Emissionsregister für
toxische Stoffe 65
Emnid 417, 426
End of Pipe-Technologien 55
Endproduktprüfung 435
Energieaufwand 233
Engel GmbH 365
Enquete Kommission 46 f.,
436
Entschleunigung 404
Entwicklung 404
Envirotex 178
Enzyme
biotechnische 150
gentechnisch 148
EPEA – Internationale
Umweltforschung GmbH
63
Epichlorhydrin 150
Equitable Marketing
Association 340
Erkrankungen durch Asbest
65
Ermittlungspflicht 68
Ersatzstoffe 70
kritischer Dispersions-
farben 111
Ersatzstoffpflicht 68
Erwartung an Kleidungsmar-
ken 425
Eschner, Björn 406
Essigsäureanhydrid 136
ETAD 43, 85
Farbechtheit 116
ETAD-Kodex 93
ETAD-Übereinkunft
Schwermetall-
verunreinigungen 203
Ethik-Kodex der ETAD 73
EU Altstoff-Verordnung 43
EURATEX 266
EU-Richtlinie zur Produkt-
sicherheit 97
EURO 2000 323
Euro-Blume 139, 446
Chlorbleiche 139
Euro-Blume für Textilien
Schwermetalle 199
Eutrophierung 233
Export 35

F
Fachagentur für Nach-
wachsende Rohstoffe 402
Facheinzelhandel 364
Fachschulungen
Leder 365
Naturtextilfachhändler
365

Fair Labor Association 271,
292
Fair Trade 377
Definition 333
ungeschützter Begriff 438
Fair Wear Charter Foundati-
on 315
FAIRDATA-System 336, 345
fairer Handel
Anspruchsniveau 344
Definition 333
Entwicklungswirksamkeit
346
Glaubwürdigkeit 345
Ökologie 343
Vermittelbarkeit von Zie-
len 344
Faktor 4+ Auszeichnung
406 f.
Farbbäder
anaerober Abbau 158
Färbebeschleuniger 177
Färbeklotzflotten 203 f.
Farbmittel
empfehlenswerte 45
Farbstoffe
AOX-Quelle 155
Aufnahme von 107
Färbung
Ausziehgrad 193
Farbverschiebungen 121
FIAN 435
FIFA-Kodex 323
Filzfreiausrüstung
enzymatische 148
FINE 333
Fit for Fair 323
Fixierrate 193
Flatau, Ludwig 383
Flexibilisierung 21
Flüssigmembranpermeation
216
Foreign Trade Association
268
Forschungsberichte
Sozialstandards 279
Forschungsinstitut für
Leder- und Kunstleder-
technologie 215
Forschungskuratorium
Gesamttextil 13
Forschungsprojekt
industrielle Maß-
konfektion 15
Forschungsprojekt Stoff-
strommanagement 231
Forschungsprojekte
Finanzierung 369
Forschungsstelle für
allgemeine und textile
Marktwirtschaft 15
Forum Umwelt & Entwick-
lung

AG Lebensweisen 395
WTO-Reform 251
Frauen 418
Freedom-of-Information-Act
64
Freeman, Susanne 226
Freie Exportzonen 23
Freihändler 249
Frischeduft 243
Fritzsch, Christoph 408
Frosch, Peter 225
Fruchtbarkeit, männliche
122
Fußball-Europameisterschaft
323
Fußekzem 226
future collection 351, 454
FWA 121

G
Gawlas, Manfred 286
Gefahrstoff-Einheiten 234
Gefahrstoffinformationssy-
stem 71
Gefahrstoffverordnung 68,
227
Gefahrstoffverzeichnis 69
Gehörschäden 65
Geier, Johannes 225
Gemeinlastprinzip 54
gepa 332, 383
Jeans 338
Gerbereien in Indien 212
Gerberschule Reutlingen
227
Gerbprozess 223
Gerbstoffe, synthetische 218
Gerbung
vegetabile 219
Gesamteffekt 233
Gesamttextil 266
geschlossene Anlagen 134
Gesellschaft für Konsum-
forschung 426
Gesetz z. soz. Produktions-
verantwortung 258
GESTIS Stoffdatenbank 71
Gesundheitsrisiko 181
Chrom 211
Dispersionsfarbstoffe 109
PCP Verbraucher 165
Gesundheitsschutz
von Kindern 64
Gewässerökologisches
Klassifizierungskonzept
203
Gewerbeaufsichtsämter 69
Gewerkschaft Textil-Beklei-
dung 10
gewerkschaftliche Rechte
301
Gläserne Fabrik 367
Glaubwürdigkeit 436

Glaubwürdigkeit v. Ökolabels
 425
Gleichgewichts-Peressig-
 säure 135
Global Ecolabelling Network
 437
Globalisierung 309
Glutardialdehyd 219
GMIES 326
Gonzales, Mariell 407
Götz, Konrad 428
Green Cotton 371
Greenline 403
Grenzwerte
 AOX filzfrei 152
 AOX, Kupfer 54
 für Chrom in Abwässern
 214
 für PCP 161
 für Schwermetalle Textil
 201
 für Schwermetalle, Ein-
 leitungen 205
 grundlegende Rechte der
 Arbeit 255
Grundmeier, Anne-Marie 392
grüne Konsumenten 422
Guidance Dokument 302
Gut für mich 453
Gütesiegel für Blumen 435

H
H&M 315
Hackmann, Heike 365
Haftung, zivilrechtliche 100
Haller, Albrecht Thomas 378
Haltaufderheide, Daniel 333
Hamsterzelltest 62
Handbuch Nachhaltigkeit
 438
Handelsbeziehungen, faire
 332
Handelshemmnis 433
Handelsliberalisierung 249
Handelsorganisationen, faire
 332
Handelspartner
 Selektion 385
Handelssanktionen 253
Handlungsalternativen 235
Hautkrankheiten 65 f.
Hautreaktionen 107
Heger, Egon 410
Heigl, Harald 236
Heimarbeit 23 ff.
 Schutz der 255
Heine, Elisabeth 149
Helcom 75
Hellinger, Klaus 216
Hellwich, Hartmut 135
Hermann Fuchslocher
 Unternehmensberatung
 421

hess futur 360
hess natur
 als Marke 371
Hess Naturtextilien 360, 406
Hess, Heinz 406
Hightech 14
 flexible 16
Hirschleder
 sämisch gegerbtes 220
Hohmann, Patrik 357
Holstein Flachs 410
Horstmann, Michael 168
HT-Färbung 179
humanökologisch optimiert
 435
Husselbee, David 292

I
IAO 254
IBON 24
ICFTU 253
Identität 394, 396
IFAT 335
IFOAM 271
IFOAM Basic Standards 271
IG Metall 10
ILO 254
 moralische Sanktion 256
ILO-Konventionen 254
 in Verhaltenskodizes 278
ILO-Übereinkommen 254
Importeure im fairen Handel
 335
Importländer
 von Bekleidung 32
Importorganisationen,
 alternative 383
Impotenz 122
Imprägnierung 161
imug 417, 427
Indirekteinleiter 53
Indiska 315
Industriegewerkschaft
 Metall 266
Informations- und Bildungs-
 arbeit 385
Informationsdefizite 423
Informationsverbund
 Dermatologischer Kliniken
 225
informeller Sektor 255
Inkjet-Verfahren 56
Input-Output-Bilanz Tri-
 umph 237
Institut für Arbeitsphysiolo-
 gie 90
Institut für Marktökologie
 446, 459
Institut für Nähtechnik 12
Institut für Produktdauerfor-
 schung 404
Institut für sozial-ökologi-
 sche Forschung 420

Institut für Textilchemie
 Denkendorf 165
Institut für Umweltmedizin
 und Krankenhaushygiene
 Freiburg 165
institutionelle Label 440
integrierte Management-
 systeme 71
Internationale Arbeits-
 organisation 254
Internationale Natur-Textil-
 messe, inNaTex 358
Internationale Normen-
 organisation 437
Internationale Textil-, Beklei-
 dungs- und Lederarbeiter-
 Vereinigung 90
Internationaler Bund Freier
 Gewerkschaften 23, 253
Internationaler Verband der
 Naturtextilwirtschaft 50,
 367 f., 443
Internationales Forum,
 Brüssel 310
Internet 244, 367
Investitionen
 in Transparenz 244
Investitionsschutz 257
IPEC 255
IRENE 316
IVN 57
IVU-Richtlinie 75
 BAT Gerbung 218

K
Kaliumdichromat 190
Kalt-Ktotz-Verweilverfahren
 155
Kampagne Saubere Kleidung
 Koordinationsbüro 320
 Trägerorganisationen 320
Kapitalanlagen 23
KappAhl 315
Karpa, Birgit 453
Katholische Landjugend-
 bewegung
 Öko-fair-Shirts 340
Kaufentscheidung 422
Keller, Georg 412
Kerngeschäft 27
Kernstandards der ILO 254
Kinderarbeit 24, 345
Kirchgeorg, Manfred 367
Klärschlamm 214
Klärschlammbelastung 195
Klassifizierungskonzept für
 Textilhilfsmittel 47
Klebstoffe 223
Kleinstunternehmen 70
Klinke, Rolf 366
Kloppenborg, Johannes 363,
 392
Knight, Phil 293

Knittel, Dierk 137
Kohla, Monika 73
Kollektivverhandlungen
  fehlendes Recht C&A 289
Kolompar, Gabriele 365
Kombinationsverfahren
  Gerbung mit Chrom 219
Kommission für nachhaltige
  Entwicklung 394
Kommission Human-Bio-
  monitoring 162
Kommunikation 244
  dialogische 367
  Einkauf 238
  Lieferanten 453
Konrad-Schwämmlein 453
Konservierung 161
Konservierung mit Eis 169
Konsummuster 396
Kontaktallergene 107, 193,
  224
Kontaktallergien 66
Kontaktdermatitis 212
Kontaktekzem 86
  Diagnose 110
Kontrolle 64
  Kodizes, Management 319
  Stiftungsmodell 319
  von Verhaltenskodizes 278
Kontrolle von Chemikalien
  73
Konvention der Weltläden
  333f., 336
Konzentration
  Naturtextilwirtschaft 358
Konzentrationsprozess 26
Kooperationen 29
Kosten, verursachergerechte
  55
Kostenmanagement 369
Kostensparen 15, 236, 368
KPMG 348
Krebsrisiko 91
Kreditversicherung 27
Kuebart, Frank 99
Kundenberatung 426
Kundenkarte CCC 322
Kunert AG 62, 198, 239
  Eingangsfilter 112
Kunsthandwerk 385
Küpenfarbstoffe 155

L
La Khochalita 338
Ladenpreis 31
Lanamaris 407
Lanasol von Ciba 197
Latenzzeit 87
Lebensmittel- und Bedarfs-
  gegenständegesetz 58
Lebenszyklusperspektive
  435
Lederbezüge 94

Lederfarben, benzidinhaltige
  90
Lederfaserstoff 215
Lederhandschuhe 166
Lederhersteller
  Krebsrisiko 191
Lederproduktion 16
Lehmann, Gudrun 395
Leitbilder im Design 400
Leitsätze der OECD 257
LEKA 220
Leuchtbakterien-Test 194
Liberalisierung
  Forderung nach 251
Liberalisierungsrunde im
  Welthandel 251
Lieferanten Workshops 287
Lieferantenkonzentration 26
Limitierung der Arbeitszeit
  282
Lindes 315
Liu, Vivien 310
Living Crafts Naturtextilien
  406
  Filzfreiausrüstung 150
living wage 289
Livos 411
Lohnanteil 32
Löhne
  Textil-/Bekleidungsbran-
  che 18
Löhne, ausreichende 282,
  301
Lohrie, Achim 289
lokale Agenda
  Clean Clothes Kommunen
  314
Longlife 394
Longlife-Kollektionen 406
Lorek, Sylvia 395
Lübke, Volkmar 395
Lungenkrebs
  Gerbereiarbeiter 212
Lyocell 240

M
Maas Naturwaren 363
Maas, Rainer 363
Magna Charta 265
Maikaal-Projekt 357, 458
MAK-Werte 68
  Carrier 183
Marke 371
Markentextilien 371
Marketing 356
Marks & Spencer 315
Marktdurchdringung 366
Massenkaufkraft 253
Massenmarkt 357
Materiallabel 433
Maximalforderungen 391
McLachlan, Michael 168
Mecheels, Stefan 13

Meldepflicht neuer Stoffe 74
Membran-Technologie 215
Merck, Johannes 287
Metallkomplexfarbstoffe 190
Meyer, Arnt 360
Migros-
  Genossenschafts-Bund
  315, 355, 455
Migros-Verhaltenskodex 457
Mindestlohnsystem 282
Mindeststandards
  im Arbeitsschutz 72
mittelamerikanischer
  Ethikkodex 327
Möbelleder 211
Moll, Philipp 12
Möller, Alois 345
Monitoring 336
  Anpassungsfrist 285
  fairer Handel 346
  Kooperation 285
  Prüfsteine 284
  Transparenz 285
  Unabhängigkeit 284
Morgenstern Naturtextilien
  405
Morgenstern, Simon und
  Anneliese 405
Movimiento de Mujeres
  Mélida Anaya Montes 325
Mühlbach, Rita 216
Multilateriales Investitions-
  abkommen 258
Multinationale Unterneh-
  men
  Verantwortlichkeit 258
Müsli-Look 392

N
Nachchromierungsverfahren
  190
nachhaltige Entwicklung
  250
Nachhaltigkeit 236, 394, 434
Nähstuben 24
Nähtechnik 15
Natur & Mode 364
NaturaBel 354
Naturfärberei 401
Naturfasern, zertfizierte 444
Naturstoff-Chemie 391
Naturtexilien 358
Neckermann 286, 449
Neckermann Umweltprädi-
  kat 449
Neckermann Versand AG
  449
Neolan-A von Ciba 198
Netzwerk öko-fair 438
Neukirchen, Barbara 436
Neundörfer, Konrad 269
Neustoffe 43
NEWS! 335

Nickolaus, Gerhard 213
Niedriglöhne 310
  El Salvador 327
Niedriglohnländer 196
Niedrigtemperaturfärbung
  196
Nieß, Anna 58
Nike-Kodex
  Kontrolle 293
  Mindestalter 292
  Sanktionssystem 293
  unabhängige Kontrolle 293
Nill, Julia 61
NO_x-Emissionen 241
Nutzen, empfundener 366
Nutzungszeit 404

O
OECD Leitlinien 257
Öko Fair Net 238
Öko- und Sozialdumping 19
Ökobilanz Gerbarten 219
Öko-fair tragen 341
Öko-Haus 222
Öko-Image 423
Öko-Info des DTB 57, 112,
  169, 182
Öko-Info für Leder 227
Öko-Institut Freiburg 231
Öko-Kaufhaus 364
Öko-Label 94, 433
  Anspruchsniveau 436
  Better und Best 156
  Carrier 182
  chlorhaltige Chemikalien
    138
  für Leder 227
  PCP/Ersatzstoffe 169
  Prüfsteine für 437
  schlechte Noten für 425
  Schwermetalle 202
  Verbreitungsgrad 433
Ökolin 412
Ökologie + Marketing 372
ökologisch verbesserten
  Textilien 352
ökologische Produkt-Daten-
  blätter 361
ökologische Rucksäcke 403 f.
ökologischer Brief Triumph
  239
ökologischer Eingangsfilter
  239
ökologisches Design 401
Ökopartner 365
Öko-Pass Neckermann 450
Öko-Test Magazin 92, 109,
  138, 166, 179
  optische Aufheller 125
Öko-Tex Forschungsinstitut
  Hohenstein 108
Öko-Tex Standard 100 239,
  440

Öko-Tex Standard 100 plus
  442
Öko-Tex Standard 1000 139,
  442
  Schwermetalle 198
o-Phenylphenol 180, 184
optische Aufheller 121
  Forschungs- und Monito-
    ringprogramm 123
  in Vollwaschmitteln 121
  kritische 124
  OECD-Altstoffprogramm
    123
  Öko-Label 126
Ospar-Helcom
  Schwermetalle 205
Osparcom 75
Osteuropa
  Investitionsländer 23
o-Toluidine 85
Otto Versand 351, 454
  Handlungsgrundsätze 287
  interne Kontrollen 288
  Schulungen Verhaltens-
    kodex 287
Outdoorprodukte
  Wachsbeschichtung 403
Overath, Dieter 379
Overmeyer, Jochen 290
Oxidationsstufe
  Chrom 211

P
Pachamama 407
PADIS 99
Panda Versand 363
Partnerschaftsverträge 332
Passform 400
passive Lohnveredlung 23
PCP 161
  Beschränkungsrichtlinie
    EU 171
  Ersatzstoffe 161
  Helcom/Osparcom 171
  MAK-Wert 163
  Rückstände 164
  Verbraucherforderungen
    171
PCP-Ersatzstoffe 164
Peace Trust 218
Pentachlorphenol 161
Peressigsäure 135
Permanent People's Tribunal
  311
peru naturtex 383
Pestizid Aktions Netzwerk
  77, 342
Pestizidverbrauch 233
Peter Hahn 354
Peterzelka, Rudolf 409
Pflanzenfarben 402
Pflanzenfarben für Leder
  411

pflanzlich gegerbtes Leder
  221
pflegeleicht 147
Photoallergien 125
Photooxidantien 233
Phthalate 180
Phthalimide 178, 180
Phthalocyanin-Komplex-
  farbstoffe 203
Pigmente 41
  AOX-Quelle 155
Plasmabehandlung 149
  von Seide 56
Plasmatechnik 56
POINT-Sitzung 76
Polyester/Woll-Mischgewebe
  177
Polyesterfasern, carrierfrei
  färbbare 177
POP-Konvention 77
Porphinderivate 197
Positiv- bzw. Negativlisten
  63
Positivliste 272
Potting-Echtheit 190
p-Phenylendiamin 87, 110
Preisbereitschaft 244, 366,
  422
Preisendörfer, Peter 419
Pressearbeit 279
Primärenergieaufwand 243
Produktinformation 366,
  423, 426
Produktionsindex 10
Produktionskosten 132
produktionsökologisch
  optimiert 435
Produktionsstandorte 19
Produktionszyklen 29
Produktverantwortung 49,
  395
Professionalisierung 377
Programm Job + Education
  293
Pröstler, Leo 361
Proteinhydrolysat 215
prozess- u. produktions-
  integrierter Umweltschutz
  56
Prüf- und Forschungsinstitut
  für die Schuhherstellung
  91, 165, 222
Prüflabor Porst & Partner
  109

Q
Qualitätslabel für Firmen
  QL+ 316
Qualitätsmessung
  standardisierte 345
Qualitätssiegel 370
Qualitätszeichen des IVN
  443

Quelle-Schickedanz 352, 453
  Kodex 285
QuesNet 353

R
Rahmen-Abwasser-
  Verwaltungsvorschrift 51
Rahmenvereinbarungen 265
Rakattl 409
RAL 448
Rationalisierung 14
Raymisa 343
Reaktivfarbstoffe 155
Rechtfertigungsprogramm
  279
Recycling
  von Chrom 215
Reduktion im Design 400
Reebok-Kodex 294
Reformstau 51
Rehn, Ludwig 85
Reichweite
  von Verhaltenskodizes 278
Reizungen 183
Remei AG 357
Responsible Care 48
Ressourcenverbrauch 233
Restdruckpasten
  Entsorgungspfad 157
Restfarben-Recycling 56
Richtlinie 89/391/EWG 72
Rinke Etiketten 436
Ríos, Marina 325
Risikomanagement von
  Stoffen 74
Robles, Ramiro 407
Rösch, Ulrich 392, 409
Rotterdamer Konvention
  PIC-Konvention 77
Rückstände
  Chrom-(VI) 222
Rugmark 379
Runder Tisch Labelling 438

S
SA 8000 288, 299
  Auditorenschulung 302
  Dokumentationspflichten
  302
  Kontrollsystem 302
  Standard 300
Saint-Germain, Astrid 364
Sanova 411
Schallmeyer, Manfred 12
Schardt, Peter 342
Schattenwirtschaft 23
Schimmelpfennig, Barbara
  332
Schlichtemittel 165
Schmid, Eberhard 362
Schneidewind, Uwe 356, 367
Schoeller Hardturm AG 148
Schomisch GmbH 220, 411

Schomisch, Johann-Peter
  221
Schönberger, Harald 49
Schuhallergene 226
Schuhkauf 226
Schweißeinwirkung 224
Schwermetalle
  als Echtheitsverbesserer
  190
  als Verunreinigungen 189
  in Oxidationsmitteln 190
Sehestedter Naturfarben 402
Seide aus biologischem
  Anbau 408
Selbstkontrollen 169
Selbstverpflichtung 47
  Verbände
Sensibilisierungsvermögen
  107
SG-Schadstoffgeprüft 227
Sicherheitsdatenblätter 74,
  157
Siegelorganisationen
  Fair-Trade 386
Sinus-Institut 397, 419
SOCAM 289
Sommer, Carlo Michael 396
Sonderabfälle 195
Sorgenliste 417
Sozialcharta CCC 318
Sozialdumping 253
soziale Milieus 396 f.
soziale Mindeststandards
  234
  IFOAM Basic Standards
  272
Sozialgesetzbuch 70
Sozialklauseln 252
Soziallabel 435
Spenden 316
Spezialisierung 360
Springer, Lisa 407
Spurenelemente 189
Stand der Technik 51, 75
  Bleiche 132
  Dispersionsfarbstoffe 116
Ständer, Michael 372
Standortmerkmale 16
Staub, Walter 457
Steilmann GmbH & Co. KG
  353
Steilmann, Britta 354
Steinhuber, Alf 394
Stiftungsmodell Niederlande
  314 f.
Stilbenaufheller 121
Stoffstrommanagement 231
  Systemgrenzen 235
Stoffstromübersicht 231
Stoffstromübersicht Triumph
  237
strategische Allianzen 245
Strukturveränderungen 11

Sturm, Roland 272
Substitutionsgebot
  für krebserzeugende Stoffe
  88
Summenparamter 233
Superwash 2000 149
Sweatshops 24
Synergieeffekte 27, 367
Systemverluste, optimierte
  156

T
Tamil Nadu 212
TEAM-Versand 344, 382
Technical Barriers to Trade
  273
TEGEWA 47
Teilbehandlungsmaßnah-
  men 52
Teilstrombehandlung 55,
  216
Tepper Marlin, Alice 299
Terra-Prinzip 381
Testergebnisse
  Dispersionsfarbstoffe 109
TESTEX 442
Textilabwässer, Mutagenität
  45
Textilfarben 41
  Aufnahme von 92
Textilforschungsinstitut
  Thüringen-Vogtland 135,
  402
Textilgesetz 63
Textilhilfsmittelkatalog 41
Textilindustrie 14
Textilkennzeichnungsgesetz
  63
Textilpleiten 29
Textilregionen 9
The GAP 314
thermostabile Enzyme 137
Thesing, Wilhelm 22
Top 10 Bekleidungslieferan-
  ten 28
Top 10 der Textilindustrie 27
Töpfer, Klaus 77
Totalperspektive 231
toxikologische Prüfung
  von Farb- und Textilhilfs-
  mitteln 58
toxikologische Relevanz von
  Schwermetallen 201
Tragekomfort 400
TransFair 348, 378
transparent shopping 316
Transparenz 243
  der textilen Kette 304, 322
  im fairen Handel 346
Treibhauseffekt 233
Trends 400
TRGS 614 88
Trichlorbenzol 179

Trichlormethan 133, 147
Trigema 29
Trinkwasser, vergiftetes 217
Triumph International
    Niederlassung Philippinen
    242
Triumph International AG 231
TRK-Werte 68
Tujan, Toni 24
Turmalin 406
TÜV Rheinland 108, 164, 222
TVI-Verband 47, 177

U
Überwachungspflicht 68
Umsatz
    Fair-Trade 384
    Öko-Textilien 354
Umsatzentwicklung
    Weltläden 378
Umweltbewusstsein 417
Umweltbundesamt 163, 395,
    419
Umweltdumping 253
Umweltklauseln 252
Umweltkosten 17
Umweltkostenmanagement
    17
Umweltmanagement 17
    ISO 14031 434
Umweltmaßnahmen
    Finanzierung 218
Umweltprogramm der Ver-
    einten Nationen 250
Umweltschäden, irreparable
    16
Umweltschutzauflagen 16
Umweltstandards 283
Umweltzeichen 244
unabhangige Kontrolle
    Ablehnung von C&A 291
    AVE 269
    Kontrollsystem 288
    Monitoring 315
    Prüfsteine 319
UN-System, Balance
Unterdrückung von Gewerk-
    schaften 23
Unternehmenskultur 332
Unternehmenstest 427
UN-Verhaltenskodex 257
Urgent Actions 316

V
Verantwortlichkeit 303 f.
Verantwortung 241
Verband der Chemischen
    Industrie (VCI) 59
Verband der Nord-Westdeut-
    schen Textilindustrie 73
Verbesserungsplan 291
Verbraucher, industriekriti-
    sche 424

Verbraucher, kritische 309
Verbraucher, markenbewus-
    ste 425
Verbraucherpreise 289
Verbraucherschutz
    vorbeugender 96
Verbrauchervertretung 61
Verbraucher-Zentrale Ham-
    burg 92, 166
Verbraucher-Zentrale NRW
    426
Verbrennung
    Chromschlämme 216
verfahrenstechnische
    Optimierung 196
Verhaltensänderung 419
Verhaltenskodizes 277
    ILO-Konventionen 278,
    281
    Inkonsistenz 279
    Missbrauch von 279
    Schwächen 277
    Vergleich 280
    Verletzung firmeneigener
    279
Verhaltensregeln
    grenzüberschreitende
    Wirtschaftsbeziehungen
    259
Verité 325
Verkehrsmittel 241
Verpackungen 240
Versandhäuser
    für Naturtextilien 358 f.
Versauerung von Ökosyste-
    men 233
Verteilungskampf 31, 289
Vertragsarbeit
    ILO-Konvention 255
Violà Naturtextilien 364

W
Warangal 213
Warenbegleitbrief 436
Wasch- und Reinigungsmit-
    telgesetz
    Mitteilungspflichten 41
Waschbär Umweltversand
    361
Wäscheetikett 243
Waschtemperatur 243
wassergefährdende Stoffe
    Carrier 184
    PCP 162
    Schwermetalle 194
Wassergefährdungsklassen
    184, 234
Wasserhaushaltsgesetz 51,
    184
Wasserstoffperoxid 132
Wasserverbrauch 233
Weidemann, Hubert 12
Weißmann, Norbert 438

Welthandelsorganisation
    249
Weltläden 377
Weltladen-Dachverband 344
Weltladentag 334
Weltverband der Sportarti-
    kelhersteller
    WFSGI 265
Werbemittel 240
Westdeutsche Rundfunk 92
Wet-blue-Leder 214
Wet-white-Verfahren 219
Wolle
    Anfärbeverhalten 155
    enzymatische Bleiche 137
    enzymatische Carbonisur
    137
    Griffverhalten 155
Wollfärbung 56
Wollwäscherei 151
Women Working Worldwide
    315
WTO 249
WTO-Gipfel Singapur 254
WTO-Reform 251
Wuppertal Institut 395
WWF Schweiz 272

X
Xylole 178

Z
Zahl der Beschäftigten 10
Zertifizierungskosten 304
Zivilgesellschaft 309
Zukunftschancen 12
Zulieferer 26
Zweibadgerbung 211